管理教材译丛

（原书第15版）
采购与供应管理

［加］ **P. 弗雷泽·约翰逊**（P. Fraser Johnson）
西安大略大学

［美］ **安娜·E. 弗林**（Anna E. Flynn）
亚利桑那州立大学

著

杜丽敬 译

Purchasing and Supply Management

(15th Edition)

机械工业出版社
China Machine Press

图书在版编目（CIP）数据

采购与供应管理（原书第 15 版）/（加）P. 弗雷泽·约翰逊（P. Fraser Johnson），（美）安娜·E. 弗林（Anna E. Flynn）著；杜丽敬译 . —北京：机械工业出版社，2020.1

（管理教材译丛）

书名原文：Purchasing and Supply Management

ISBN 978-7-111-63694-6

I. 采⋯ II. ① P⋯ ② 安⋯ ③ 杜⋯ III. ① 采购管理 – 高等学校 – 教材 ② 物资供应 – 物资管理 – 高等学校 – 教材 IV. ① F253 ② F252.2

中国版本图书馆 CIP 数据核字（2019）第 262762 号

本书版权登记号：图字 01-2019-4276

P. Fraser Johnson, Anna E. Flynn. Purchasing and Supply Management, 15th Edition.
ISBN 978-981-4577-22-9
Copyright © 2015 by McGraw-Hill Education.

All Rights reserved. No part of this publication may be reproduced or transmitted in any form or by any means, electronic or mechanical, including without limitation photocopying, recording, taping, or any database, information or retrieval system, without the prior written permission of the publisher.

This authorized Chinese translation edition is jointly published by McGraw-Hill Education and China Machine Press. This edition is authorized for sale in the People's Republic of China only, excluding Hong Kong, Macao SAR and Taiwan.

Copyright © 2020 by McGraw-Hill Education and China Machine Press.

版权所有。未经出版人事先书面许可，对本出版物的任何部分不得以任何方式或途径复制或传播，包括但不限于复印、录制、录音，或通过任何数据库、信息或可检索的系统。

本授权中文简体字翻译版由麦格劳 – 希尔（亚洲）教育出版公司和机械工业出版社合作出版。此版本经授权仅限在中华人民共和国境内（不包括香港、澳门特别行政区及台湾地区）销售。

版权 © 2020 由麦格劳 – 希尔（亚洲）教育出版公司与机械工业出版社所有。

本书封面贴有 McGraw-Hill Education 公司防伪标签，无标签者不得销售。

本书对采购与供应管理领域进行了全面介绍，保持了一贯的系统性和完整性，从战略管理、电子商务、绩效衡量等多个角度探讨了从供应商到最终用户之间物流、信息流和资金流的一体化管理对整个供应链低成本、高效能运作的重要意义。书中附有大量案例，可以为读者分析和解决问题提供参考。

本书既可作为物流管理、物流工程、采购管理、市场营销等专业本科生、MBA 和研究生的专业课教材，也可作为物流等相关领域从业人员的工作用书。

出版发行：机械工业出版社（北京市西城区百万庄大街 22 号　邮政编码：100037）			
责任编辑：孟宪劢		责任校对：殷　虹	
印　　刷：北京诚信伟业印刷有限公司		版　次：2020 年 1 月第 1 版第 1 次印刷	
开　　本：185mm×260mm　1/16		印　张：28.5	
书　　号：ISBN 978-7-111-63694-6		定　价：99.00 元	
客服电话：(010) 88361066　88379833　68326294		投稿热线：(010) 88379007	
华章网站：www.hzbook.com		读者信箱：hzjg@hzbook.com	

版权所有·侵权必究
封底无防伪标均为盗版
本书法律顾问：北京大成律师事务所　韩光 / 邹晓东

About the Authors | 作者简介

P. 弗雷泽·约翰逊（P. Fraser Johnson）

加拿大西安大略大学毅伟商学院利恩德斯供应链管理协会（Leenders Supply Chain Management Association）主席。1995年获得毅伟商学院运营管理专业博士学位。毕业后，于英属哥伦比亚大学工商管理系任教。1998年回到毅伟商学院，讲授供应链管理与运营课程。加入毅伟商学院之前，约翰逊教授曾供职于汽车零部件行业，在财务和运营方面担任若干高级管理职务，具有管理加拿大和美国汽车零部件工厂以及墨西哥合资企业的工作经验。约翰逊教授是供应链管理领域活跃的研究者，在多个杂志和期刊发表文章，并撰写了大量教学案例。他是《供应链管理杂志》（*The Journal of Supply Chain Management*）的副主编，也是该杂志编辑审查委员会的成员。约翰逊教授曾在美国、加拿大和欧洲与一些私有企业和公共部门组织合作，从事咨询和公司教育工作。

安娜·E. 弗林（Anna E. Flynn）

安娜·E. 弗林曾在雷鸟全球管理学院（Thunderbird School of Global Management）和亚利桑那州立大学（Arizona State University）任教，曾任亚利桑那州立大学供应链管理专业本科教学主任、美国供应管理学会（ISM）副主席与副教授。弗林女士在美国、加拿大、墨西哥、加勒比地区、中国香港地区及里斯本开办过2~5天的研讨班。她还曾担任高级采购研究中心（CAPS）的助理研究员，CAPS专注于战略供应管理知识与实践，由全球范围内的高管与学者组成。弗林女士著有 *Leadership of Supply Management*；合著了以下著作：*The Supply Management Handbook*、*NAPM Supply Management Knowledge Series*，Volume Ⅳ：*The Supply Management Leadership Process*，*Value-Driven Purchasing: Managing the Key Steps in the Acquisition Process*。弗林女士先后获得了圣母大学的学士学位，以及亚利桑那州立大学的MBA学位和博士学位。

前言 | Preface

供应已经成为企业维持生存与获得成功的决定性因素，采购与供应管理的重要性也日益凸显。供应链绩效不但影响到企业的运营与财务状况，也影响到企业的声誉。将供应链在全球范围内拓展到发展中国家，赋予供应商和供应部门新的责任，不仅需要对环境、社会、政治和安全等问题进行监管，还会对它们产生一些影响。因此，当今供应经理的职责不仅在于提高供应链效率并降低成本，还需要在供应链中寻找竞争优势。成本控制与改进是其中的一个挑战，增加收益是另一个。供应组织不仅要改善企业的资产负债，提高企业利润，还要改进企业团队中其他成员的工作绩效。供应网络中的上下级内部关系和知识管理体系需要与外部市场相匹配，以确保组织的运营和战略需求能够在未来的市场中得到满足。采购和供应管理的乐趣在于其巨大的挑战性及实现卓越贡献的机会。

80多年以来，本书及之前的版本为采购与供应管理事业而不断改进，基于供应和供应商必须有效地为组织目标及战略做出贡献这一信念。

自本书第14版出版以来，供应领域发生了很多事情。管理信息系统和技术的不断进步为提高供应效率与效益提供了新的途径。安全、环境和透明度方面的新要求以及寻找有意义的供应指标，进一步使世界各地的供应经理所面临的挑战复杂化。因此，在第15版中我们做出了一些改进和更新。第一，新版本中增加了供应链管理的最新理论与最佳实践；在适当的地方，采用了真实案例与当前的研究现状来说明关键点。第二，供应链中信息技术的应用快速持续地变化，包括云计算的发展。为此，本书做了相应的更新，其中第4章做了大量的修改。第三，几个新出现的重要问题，包括可持续性、全球供应链管理风险的挑战以及协同问题。本书对这些问题都做了介绍。最后，本书更新了近1/3的案例，涉及谈判、外包、风险管理与可持续性等主题。本书中的40多个现实的供应链案例，有助于从业者将最新的研究和理论应用于这一领域，帮助其解决所面临的现实问题，发现机会，制定决策。

在第15版中，我们进一步强调了供应决策这一重点。本书的章节按照采购流程的顺序安排。供应决策标准分为三类：①战略标准；②战术标准；③其他标准。第三类标准考虑了资产负债表和利润表、各种风险、环境以及日益相关的社会因素。合理的供应决策面临更加复杂的挑战。

自近 40 年前第 6 版以来，米歇尔·R.利恩德斯（Michiel R. Leenders）一直是本书作者。作为毅伟商学院运筹学教授，半个多世纪以来，米歇尔一直是供应领域的领先者之一。米歇尔著有其他 3 本采购书籍，为毅伟采购经理人指数的创始总监，发表了一系列文章，并在国际会议上做了大量报告。2003 年，米歇尔获得国际采购和材料管理联合会的最高研究荣誉——汉斯·奥福尔宫（Hans Ovelgonne）研究奖。米歇尔没有参与到这一版本的修订工作中，但其过去的工作对这本书依然有很大的贡献。

本书源于许多人的努力，他们的研究和创作扩展了这个领域的知识。因此，感谢学术界同人推动了供应管理理论的发展；感谢众多从业者，证明了理论在现实中可行与否，并提供了大量的案例；感谢案例撰写人员的努力，这一版中近 1/3 的案例都是新的。

案例贡献者如下：Carolynn Cameron, Garland Chow, Jorge Colazo, Jenni Denniston, Dominque Fortier, Manish Kumar, Glen Luinenberg, Eric Silverberg, Dave Vannette 与 Marsha Watson.

教师和学生的辅助资料参见本书网址：www.mhhe.com/johnson15e。为了安全，教师辅助资料设有密码。

任何文本的创作过程，都比作者认识到的还要复杂。感谢 McGraw-Hill Education 出版公司的 Christina Kouvelis, Kaylee Putbrese, Michelle Valenti, Jane Mohr, Dheeraj Chahal 以及其他人员，他们将我们的努力转化为可阅读的书。

感谢毅伟商学院院长鲍伯·肯尼（Bob Kenney）以及同事们的支持！

感谢美国供应管理学会在供应管理教育持续改进方面对我们的帮助！

P. 弗雷泽·约翰逊
安娜·E. 弗林

目 录 | Contents

作者简介
前言

第1章 采购与供应管理 ………………1
1.1 采购与供应管理 ………………2
1.1.1 供应管理术语 ………………3
1.1.2 供应与物流 ………………3
1.2 组织供应支出的规模与财务意义 ………………4
1.3 供应的贡献 ………………6
1.3.1 供应对运营和战略的贡献 ………………7
1.3.2 供应的直接和间接贡献 ………………7
1.4 组织的本质 ………………10
1.5 供应工作的任职资格与供应协会 ………………13
1.6 挑战 ………………14
1.6.1 供应链管理 ………………15
1.6.2 绩效测量 ………………15
1.6.3 风险管理 ………………15
1.6.4 可持续性 ………………15
1.6.5 供应职责的增加和影响力 ………………15
1.6.6 对组织成功的有效贡献 ………………16
1.7 本书内容的组织 ………………16
本章小结 ………………17
复习题与讨论题 ………………17
参考文献 ………………17
案例1-1 丹尼斯顿香料公司 ………………17
案例1-2 埃丽卡·卡森 ………………19

第2章 供应战略 ………………20
2.1 战略规划层次 ………………20
2.2 制定供应目标与战略的主要挑战 ………………21
2.3 供应管理战略规划 ………………22
2.4 风险管理 ………………22
2.4.1 运营风险 ………………23
2.4.2 金融风险 ………………23
2.4.3 声誉风险 ………………23
2.4.4 供应风险管理 ………………23
2.4.5 企业环境 ………………24
2.5 战略组成部分 ………………24
2.5.1 是什么 ………………24
2.5.2 质量 ………………26
2.5.3 有多少 ………………26
2.5.4 谁 ………………27
2.5.5 什么时候 ………………27
2.5.6 什么价格 ………………27
2.5.7 在哪里 ………………27
2.5.8 如何做 ………………27
2.5.9 为什么 ………………28
本章小结 ………………28
复习题与讨论题 ………………28
参考文献 ………………29
案例2-1 斯巴达换热器股份有限公司 ………………29
案例2-2 萨博公司 ………………31

案例 2-3　福特汽车公司：统一业务框架 ………… 32

第 3 章　供应组织 ………… 35
3.1　供应管理的目标 ………… 36
3.2　供应管理的组织结构 ………… 38
3.2.1　中小型组织 ………… 38
3.2.2　大型组织 ………… 39
3.2.3　集中型与分散型供应结构 ………… 39
3.2.4　混合型供应结构 ………… 40
3.2.5　供应职能的专业化 ………… 41
3.2.6　直接支出与间接支出的结构 ………… 43
3.2.7　供应组织变革管理 ………… 43
3.3　组建供应组织 ………… 44
3.3.1　首席采购官 ………… 44
3.3.2　汇报关系 ………… 46
3.4　供应活动和责任 ………… 46
3.4.1　采购什么 ………… 46
3.4.2　供应链活动 ………… 47
3.4.3　参与类型 ………… 48
3.4.4　参与公司活动 ………… 48
3.4.5　行业类型对供应活动的影响 ………… 48
3.5　供应团队 ………… 48
3.5.1　领导与管理团队 ………… 49
3.5.2　跨职能供应团队 ………… 49
3.5.3　其他形式的供给团队 ………… 50
3.6　联盟 ………… 52
本章小结 ………… 53
复习题与讨论题 ………… 53
参考文献 ………… 53
案例 3-1　艾奥瓦升降机公司 ………… 54
案例 3-2　兰伯特马丁汽车系统公司 ………… 56

第 4 章　供应流程与技术 ………… 59
4.1　供应管理流程 ………… 60
4.1.1　战略与目标的一致性 ………… 60
4.1.2　确保流程的法规遵从性 ………… 61
4.1.3　信息流 ………… 62
4.1.4　供应流程步骤 ………… 62
4.2　提高供应流程的效率与效果 ………… 71
4.2.1　供应流程图 ………… 71
4.2.2　战略性采购支出 ………… 71
4.2.3　非战略性采购支出 ………… 72
4.3　信息系统和供应流程 ………… 76
4.3.1　信息系统技术效益 ………… 76
4.3.2　ERP 系统 ………… 77
4.3.3　云计算与供应链 ………… 77
4.3.4　电子采购系统 ………… 79
4.3.5　电子或在线目录 ………… 80
4.3.6　电子数据交换 ………… 80
4.3.7　市场 ………… 81
4.3.8　在线反向拍卖 ………… 82
4.3.9　射频识别 ………… 84
4.4　供应影响 ………… 84
4.5　政策和程序手册 ………… 85
本章小结 ………… 86
复习题与讨论题 ………… 86
参考文献 ………… 86
案例 4-1　齐蒙矿业公司 ………… 87
案例 4-2　东方制药有限公司 ………… 88
案例 4-3　波特兰公交公司 ………… 90

第 5 章　自制或外购、内包、外包 ………… 93
5.1　自制或外购 ………… 93

5.1.1 自制的原因 ················ 95
5.1.2 外购的原因 ················ 95
5.1.3 自制或外购的灰色地带 ······ 96
5.2 分包 ························ 96
5.3 内包和外包 ················ 97
5.3.1 内包 ···················· 98
5.3.2 外包 ···················· 98
5.4 对供应的影响 ·············· 100
5.4.1 供应与物流外包 ·········· 100
5.4.2 供应在内包和外包中的
作用 ···················· 101
本章小结 ·························· 101
复习题与讨论题 ···················· 101
参考文献 ·························· 102
案例 5-1 加兰巧克力公司 ············ 102
案例 5-2 马歇尔保险公司 ············ 104
案例 5-3 艾丽西亚·王 ·············· 105

第 6 章 需求识别与说明 ········ 107

6.1 需求的价值定位标准 ·········· 107
6.1.1 战略标准 ················ 108
6.1.2 传统标准 ················ 108
6.1.3 现行附加标准 ············ 109
6.2 需求的类别 ················ 111
6.2.1 转售 ···················· 111
6.2.2 原材料和半成品 ·········· 112
6.2.3 零件、部件及包装 ········ 112
6.2.4 非生产性物料 ············ 113
6.2.5 资本资产 ················ 113
6.2.6 服务 ···················· 115
6.2.7 其他 ···················· 116
6.3 重复还是不重复的需求 ········ 117
6.4 商品等价物 ················ 117
6.5 早期供应和供应商参与 ······· 118

6.6 描述方法 ···················· 118
6.6.1 品牌 ···················· 118
6.6.2 同等品 ·················· 119
6.6.3 说明书 ·················· 119
6.6.4 工程制图描述方法 ········ 120
6.6.5 其他描述方法 ············ 120
6.6.6 描述方法的组合 ·········· 121
6.6.7 需求规范数据的来源 ······ 121
6.7 标准化和简化 ·············· 122
本章小结 ·························· 123
复习题与讨论题 ···················· 124
参考文献 ·························· 124
案例 6-1 莫伦公司（A）············ 124
案例 6-2 莫伦公司（B）············ 126
案例 6-3 卡森庄园 ················ 127

第 7 章 质量 ···················· 132

7.1 质量在供应管理中的作用 ······ 132
7.2 质量的定义 ················ 134
7.2.1 质量 ···················· 134
7.2.2 功能 ···················· 134
7.2.3 实用性 ·················· 134
7.2.4 可靠性 ·················· 134
7.2.5 质量维度 ················ 134
7.2.6 最佳采购 ················ 135
7.2.7 确定最佳采购 ············ 135
7.3 质量成本 ···················· 136
7.3.1 预防成本 ················ 137
7.3.2 鉴定成本 ················ 137
7.3.3 内部故障成本 ············ 138
7.3.4 外部故障成本 ············ 138
7.3.5 士气成本 ················ 138
7.3.6 全面质量成本观 ·········· 138
7.4 质量管理的工具和技术 ········ 139

　　　　7.4.1　精益思想 139
　　　　7.4.2　全面质量管理 139
　　　　7.4.3　持续改进 140
　　　　7.4.4　质量功能配置 141
　　　　7.4.5　六西格玛 142
　　　　7.4.6　统计过程控制 143
　　　　7.4.7　取样、检验与测试 146
　　　　7.4.8　质量保证和质量控制
　　　　　　　小组 149
　　　　7.4.9　保证采购服务的质量 150
　　　　7.4.10　供应商认证 154
　　7.5　质量标准和奖励计划 154
　　　　7.5.1　ISO 9000 质量标准 154
　　　　7.5.2　ISO 14000 环境标准 155
　　　　7.5.3　美国马尔科姆·鲍德里奇
　　　　　　　国家质量奖 156
　　　　7.5.4　戴明奖 156
　本章小结 156
　复习题与讨论题 157
　参考文献 157
　案例 7-1　电线杆 157
　案例 7-2　卡利登混凝土搅拌机
　　　　　　公司 159
　案例 7-3　温特沃思医院 162

第 8 章　数量和库存 166
　8.1　数量与时间问题 167
　　　　8.1.1　数量与交付 167
　　　　8.1.2　基于时间竞争的策略 167
　8.2　预测 168
　　　　8.2.1　预测技术 169
　　　　8.2.2　协同计划、预测与补货 169
　8.3　确定订货量与库存水平 170
　　　　8.3.1　固定批量模型 170

　　　　8.3.2　固定周期模型 172
　　　　8.3.3　概率模型和服务覆盖率 172
　　　　8.3.4　缓冲库存或安全库存与
　　　　　　　服务水平 172
　8.4　需求计划与资源 174
　　　　8.4.1　物料需求计划 174
　　　　8.4.2　产能需求计划 175
　　　　8.4.3　制造资源计划 176
　　　　8.4.4　需求驱动的物料需求
　　　　　　　计划 176
　　　　8.4.5　企业资源计划系统 176
　　　　8.4.6　物料需求计划系统对
　　　　　　　供应的意义 176
　8.5　库存的功能和形式 177
　　　　8.5.1　库存的功能 177
　　　　8.5.2　库存的形式 179
　　　　8.5.3　库存功能与形式框架 179
　8.6　库存管理 181
　　　　8.6.1　存货计价 181
　　　　8.6.2　ABC 分类法 183
　　　　8.6.3　卖方或供应商管理库存 184
　　　　8.6.4　精益供应、准时制生产
　　　　　　　与看板系统 185
　　　　8.6.5　供应链库存管理 188
　8.7　确定服务采购数量 189
　　　　8.7.1　总需求 189
　　　　8.7.2　服务消费管理 189
　　　　8.7.3　服务数量决策维度 189
　本章小结 191
　复习题与讨论题 191
　参考文献 191
　案例 8-1　丽莎·卡鲁索 191
　案例 8-2　特斯洛尔 – 特斯基
　　　　　　钻探公司 193

第9章 交付 196

9.1 物流 197
9.1.1 物流在经济中的作用 197
9.1.2 供应在物流中的作用 197

9.2 运输 197
9.2.1 外包给第三方物流服务提供商 198
9.2.2 交通管制与放松管制 199
9.2.3 运输中供应职能的参与 ... 199

9.3 运输模式和运输载体 199
9.3.1 公路 200
9.3.2 铁路和联运 200
9.3.3 管道 201
9.3.4 空运 201
9.3.5 水运 201
9.3.6 无线电波 201

9.4 承运商类型、运输服务提供者与服务选择 202
9.4.1 承运商的类型 202
9.4.2 运输服务提供商 202
9.4.3 专业服务选择 203

9.5 运输方式和供应商的选择 203
9.5.1 "最优价值"交付决定 203
9.5.2 关键的选择标准 204
9.5.3 离岸条款和国际贸易术语解释通则 205
9.5.4 费率与定价 206
9.5.5 货运单证 207
9.5.6 推进与追踪运输 208
9.5.7 运费审计 208

9.6 服务交付选项 209
9.6.1 买家位置与供应商位置 209
9.6.2 本地交付与异地交付/基于网络的信息技术交付 209

9.7 运输与物流战略 210
9.8 物流组织 211
本章小结 211
复习题与讨论题 211
参考文献 212
案例 9-1 本内尔医疗产品公司 212
案例 9-2 罗塞尔·威斯林克 213
案例 9-3 卡梅伦电力设备公司 215

第10章 价格 217

10.1 成本与价格的关系 217
成本的含义 218

10.2 供应商如何制定价格 220
10.2.1 成本法 220
10.2.2 市场法 220

10.3 政府对价格的影响 220
法律对定价的影响 221

10.4 采购类型 222
10.4.1 原材料和半成品 223
10.4.2 零件、组件及包装 223
10.4.3 非生产性物料与小额采购 224
10.4.4 资本资产 224
10.4.5 服务 224
10.4.6 转售 225
10.4.7 其他 225

10.5 报价与竞标 225
10.5.1 招标步骤 226
10.5.2 稳固竞标报价 227
10.5.3 确定最有利标 227
10.5.4 串通投标 228
10.5.5 公共部门招标 228
10.5.6 价格相同的问题 230

10.6 折扣 231

10.6.1	现金折扣	231
10.6.2	贸易折扣	231
10.6.3	多重折扣	232
10.6.4	数量折扣	232
10.6.5	价格折扣的问题	232
10.6.6	数量折扣与供应商选择	234
10.6.7	累计或批量折扣	234

10.7 合同期权定价 …… 234
- 10.7.1 固定价格合同 …… 235
- 10.7.2 成本加固定酬金合同 …… 235
- 10.7.3 成本无费用合同 …… 235
- 10.7.4 成本加激励费用合同 …… 235
- 10.7.5 价格变化条款 …… 235
- 10.7.6 撤销合同 …… 237

10.8 期货购买和大宗商品 …… 237
- 10.8.1 生产和销售合同的风险管理 …… 238
- 10.8.2 期货购买与投机 …… 238
- 10.8.3 组织期货采购 …… 238
- 10.8.4 控制期货采购 …… 239
- 10.8.5 商品期货交易所 …… 239
- 10.8.6 交易所的局限性 …… 240
- 10.8.7 套期保值 …… 240
- 10.8.8 价格变化趋势相关的信息来源 …… 242

本章小结 …… 243
复习题与讨论题 …… 243
参考文献 …… 244
案例 10-1 万德科工程产品公司 …… 244
案例 10-2 科拉尔药物公司 …… 245
案例 10-3 价格预测练习 …… 247

第 11 章 成本管理 …… 249

11.1 战略成本管理 …… 250
- 11.1.1 竞争优势来源 …… 250
- 11.1.2 成本管理框架 …… 250

11.2 成本管理工具和技术 …… 253
- 11.2.1 总拥有成本 …… 253
- 11.2.2 目标成本法 …… 257
- 11.2.3 学习曲线 …… 259
- 11.2.4 价值工程与价值分析 …… 259
- 11.2.5 作业成本法 …… 260

11.3 谈判 …… 261
- 11.3.1 谈判策略与实践 …… 261
- 11.3.2 规划框架与谈判准备 …… 262

本章小结 …… 264
复习题与讨论题 …… 264
参考文献 …… 265
案例 11-1 迪尔公司的成本管理 …… 265
案例 11-2 麦克迈克尔公司 …… 266
案例 11-3 卡迈克尔公司 …… 268

第 12 章 供应商选择 …… 270

12.1 供应商选择决策 …… 270
- 决策树 …… 271

12.2 识别潜在供应源 …… 272
- 12.2.1 信息资源 …… 273
- 12.2.2 标准信息请求书 …… 276

12.3 其他供应商选择决策 …… 277
- 12.3.1 单源采购与多源采购 …… 277
- 12.3.2 制造商和分销商 …… 279
- 12.3.3 供应商的地理位置 …… 279
- 12.3.4 供应商的规模 …… 281

12.4 供应商开发/逆向营销 …… 282

12.5 评价潜在供应源 …… 283
- 12.5.1 层次 1：战略标准 …… 284
- 12.5.2 层次 2：传统标准 …… 287
- 12.5.3 层次 3：当前附加标准 …… 289

12.6 对潜在供应商进行排名 ……… 292
本章小结 …………………………… 293
复习题与讨论题 …………………… 293
参考文献 …………………………… 294
案例 12-1 罗兰股份有限公司 …… 294
案例 12-2 凯特琳工业股份
有限公司 ……………… 298
案例 12-3 塑料电缆夹 …………… 301

第 13 章 供应商评估与供应商关系 …………………………… 305

13.1 评估供应商绩效 …………… 305
关键绩效指标法 ……………… 306
13.2 评估方法 …………………… 306
　13.2.1 非正式评估 …………… 306
　13.2.2 半正式评估：高管圆桌
会议 …………………… 306
　13.2.3 正式评估 ……………… 307
13.3 供应商排名 ………………… 309
　13.3.1 不合格的供应商 ……… 309
　13.3.2 合格的供应商 ………… 309
　13.3.3 优选供应商 …………… 309
　13.3.4 杰出供应商 …………… 310
13.4 供应商关系 ………………… 310
　13.4.1 供应商关系环境 ……… 311
　13.4.2 供应商的商誉 ………… 311
　13.4.3 采购商—供应商满意度
矩阵 …………………… 312
　13.4.4 供应商关系管理 ……… 314
13.5 合作伙伴与联盟 …………… 315
　13.5.1 供应/供应商早期参与 … 316
　13.5.2 合作伙伴的选择 ……… 316
　13.5.3 伙伴关系和联盟的
类型 …………………… 317
　13.5.4 长远前景 ……………… 318
　13.5.5 伙伴关系和联盟的
关注点 ………………… 318
　13.5.6 多级供应商关系 ……… 319
本章小结 …………………………… 319
复习题与讨论题 …………………… 319
参考文献 …………………………… 320
案例 13-1 APC（欧洲）公司 …… 320
案例 13-2 德尔菲公司 …………… 324
案例 13-3 东北医院 ……………… 328

第 14 章 全球供应管理 …………… 331

14.1 全球供应的重要性 ………… 331
　14.1.1 全球采购的原因 ……… 332
　14.1.2 潜在的问题区域 ……… 336
14.2 选择与管理海外供应商 …… 342
　14.2.1 全球采购组织 ………… 342
　14.2.2 中间商 ………………… 343
　14.2.3 定位与评估海外供应商
的信息源 ……………… 344
14.3 国际贸易术语解释通则 …… 345
　14.3.1 适用于任何运输方式
的规则 ………………… 345
　14.3.2 适用于海洋和内河航运
的规则 ………………… 346
14.4 全球供应工具 ……………… 347
　14.4.1 反向贸易 ……………… 347
　14.4.2 对外贸易区 …………… 349
　14.4.3 保税仓库 ……………… 351
　14.4.4 临时进口保证金与关税
退税 …………………… 351
14.5 区域贸易协定 ……………… 351
　14.5.1 《北美自由贸易协定》… 351
　14.5.2 欧盟 …………………… 352

14.5.3　东盟 352
　　　14.5.4　南方共同市场 352
　　　14.5.5　安第斯共同体 353
　　　14.5.6　中国贸易协定 353
　　　14.5.7　世界贸易组织 353
　14.6　新兴市场 353
　本章小结 354
　复习题与讨论题 354
　参考文献 355
　案例14-1　加拿大特洁安技术公司 355
　案例14-2　马克·拜伦 358
　案例14-3　萨林制药有限公司 359

第15章　法律与道德 362
　15.1　买方和卖方的法律权力 363
　　　15.1.1　买方的法律权力 363
　　　15.1.2　个人责任 364
　　　15.1.3　供应商代表的权力 365
　15.2　《统一商法典》 365
　　　15.2.1　《统一商法典》的目的 365
　　　15.2.2　采购订单合同 367
　　　15.2.3　承诺 367
　　　15.2.4　口头采购：防止欺诈条例 368
　　　15.2.5　检验 369
　　　15.2.6　接受与拒收货物 369
　　　15.2.7　担保 370
　　　15.2.8　购买货物的所有权 372
　　　15.2.9　防止价格波动 372
　　　15.2.10　取消订单和违反合同 373
　15.3　普通法与购买服务 374
　　　　　软件合同 378
　15.4　电子商务与法律 379
　　　15.4.1　电子签名 379
　　　15.4.2　美国统一电子交易法 380
　15.5　知识产权法律 380
　　　15.5.1　版权法 381
　　　15.5.2　专利 381
　　　15.5.3　商标 382
　　　15.5.4　工业设计 383
　　　15.5.5　地理标志 383
　15.6　产品责任 383
　15.7　非诉讼纠纷解决方案 384
　　　15.7.1　商业仲裁 385
　　　15.7.2　调解 386
　　　15.7.3　内部逐级解决方式 386
　15.8　监管要求 386
　　　15.8.1　《多德-弗兰克法案》与冲突矿物 386
　　　15.8.2　《萨班斯-奥克斯利法案》 387
　　　15.8.3　环境法规 388
　15.9　伦理学 389
　　　15.9.1　感知 391
　　　15.9.2　利益冲突 391
　　　15.9.3　礼物与酬金 391
　　　15.9.4　促进与供应商的积极关系 393
　　　15.9.5　互惠 393
　15.10　企业社会责任 394
　本章小结 394
　复习题与讨论题 394
　参考文献 395
　案件15-1　落基平原酿造有限公司 395
　案件15-2　辛克莱&温斯顿律师事务所 397

第16章 其他的供应责任 ……… 401

- 16.1 收货 ……… 401
- 16.2 物流与仓储 ……… 402
- 16.3 出入厂运输 ……… 402
- 16.4 生产计划 ……… 403
- 16.5 应收账款 ……… 403
- 16.6 投资回收 ……… 403
  - 16.6.1 处置材料的种类 ……… 404
  - 16.6.2 处置材料的责任 ……… 406
  - 16.6.3 盈利处置的关键 ……… 407
  - 16.6.4 处置渠道 ……… 407
  - 16.6.5 处置程序 ……… 409
  - 16.6.6 处置合作伙伴的选择 …… 410
- 本章小结 ……… 410
- 复习题与讨论题 ……… 411
- 参考文献 ……… 411
- 案例 16-1 罗斯·伍德 ……… 411
- 案例 16-2 罗利塑料公司 ……… 412

第17章 供应职能评价及趋势 ……… 414

- 17.1 供应研究 ……… 415
  - 17.1.1 专职或兼职研究职位 …… 416
  - 17.1.2 跨职能团队 ……… 416
- 17.2 供应研究机遇 ……… 417
  - 17.2.1 采购材料、产品或服务 … 417
  - 17.2.2 商品 ……… 420
  - 17.2.3 供应商 ……… 421
  - 17.2.4 供应过程 ……… 423
  - 17.2.5 评估研究成果 ……… 423
- 17.3 供应规划过程 ……… 423
- 17.4 供应预算 ……… 424
- 17.5 绩效测量系统 ……… 424
  - 17.5.1 供应指标值 ……… 424
  - 17.5.2 挑战 ……… 425
  - 17.5.3 供应商绩效评估 ……… 425
  - 17.5.4 供应管理绩效指标 ……… 426
- 17.6 指标开发 ……… 427
  - 17.6.1 设定目标 ……… 427
  - 17.6.2 建立有效的指标 ……… 427
  - 17.6.3 效率指标 ……… 427
  - 17.6.4 有效性指标 ……… 428
  - 17.6.5 运营报告 ……… 428
  - 17.6.6 验证结果 ……… 429
  - 17.6.7 评价团队绩效 ……… 429
  - 17.6.8 供应绩效标准 ……… 430
- 17.7 供应管理的发展趋势 ……… 431
  - 17.7.1 强调全面质量管理和客户满意度 ……… 431
  - 17.7.2 可持续性 ……… 431
  - 17.7.3 全球采购 ……… 432
  - 17.7.4 风险管理 ……… 433
  - 17.7.5 安全与保障 ……… 434
  - 17.7.6 供应流程与技术 ……… 434
  - 17.7.7 供应组织 ……… 434
  - 17.7.8 内部与外部合作 ……… 435
  - 17.7.9 指标和绩效测量 ……… 435
  - 17.7.10 创新 ……… 435
  - 17.7.11 公共采购 ……… 436
- 本章小结 ……… 436
- 复习题与讨论题 ……… 436
- 参考文献 ……… 437
- 案例 17-1 兰达尔公司 ……… 437
- 案例 17-2 斯图尔特公司 ……… 438
- 案例 17-3 塔顿食品公司 ……… 440

Chapter1 | 第 1 章

采购与供应管理

供应决策者的关键问题

我们应该
- 思考供应如何能更有效地为组织目标和战略做出贡献吗？
- 设法查明组织花费在供应方面的总成本实际是多少吗？
- 主动参与到重要的企业活动中来寻求商业机会吗？

我们如何
- 使采购策略与组织战略保持一致？
- 使大家认识到采购/供应管理的利润——杠杆效应？
- 证明供应能够影响我们企业的竞争地位？

每个组织都需要供应商。任何组织都不能独立于供应商存在。因此，组织遴选供应商的方法、采购过程与策略以及组织与供应商之间的关系，不仅影响供应商的绩效，也会影响企业自身的绩效。不论在运营层面还是战略层面，长期还是短期，任何组织都离不开供应商的支持。

供应管理注重供应链与组织环境下的采购过程；着重强调如何制定决策，使供应商网络及采购过程与组织目标和战略保持一致，以确保所投资金的短期与长期收益。

没有一个完美的方法可以同时实现有效的组织供应职能、开展相关活动并整合供应商。这既有趣又富有挑战性。之所以有趣，是因为在不同的需求与供应商的条件下，组织的采购涵盖了非常广泛且复杂的方法集合。挑战性源于问题的复杂性与过程的动态性，即问题并非不变。此外，为了说服供应管理者选择自己的公司作为供应商，组织中的市场营销和销售专家都雇用了这个世界上最聪明的人。每个供应决策均取决于各种不同的因素，而这些因素的组合对一个特定组织来说可能是独一无二的，这也是挑战性之一。

80多年来，本书及前辈们已经提出供应职能与供应商对组织的成功、竞争优势以及顾客满意度来说是至关重要的。然而，在 20 世纪 30 年代这还是一个全新的想法。几十年过去了，供应链管理的领导层对其越来越感兴趣，供应职能对战略目标与目的的影响也日益引起人们的关注。

为了增加长期股东的价值，公司必须增加收入、降低成本或两者兼顾。供应的贡献不只在于降低成本，还有助于增加收入。供应部门与供应商如何帮助组织增加收入或降低成本？这对任何供应管理者来说都是一个普遍存在的问题。

随着科技的进步以及人们在全球性竞争环境下对创新方法的需求，供应职能得以持续发展。单源采购这一趋势给"多源采购可以提高供应安全性"这一传统观点带来挑战。紧密的供应商关系以及与供应商合作带来的效益，对采购商与供应商之间传统的交易方式是否合理提出了质疑。相对于竞争性投标，协商谈判越来越受到重视；长期合同正在取代短期采购技巧；电子商务技术为供应交易方与管理决策者提供了更快、成本更低的解决方案；组织不断重新评估全球采购的风险和机会。这些趋势是组织注重价值管理，并为满足所需质量、数量、配送、价格、服务以及持续性改善等特定供应目标而积极开发供应商的必然结果。

有效的采购和供应管理对组织的成功起到了重要的作用。本书将探讨该作用的本质，以及如何取得良好的采购绩效。"如何以合适的数量、合适的价格，在合适的时间获取合适质量的原材料、服务与设备"，这是公共和私营部门的管理者长期以来持续关注的问题。

在当前的组织目标与供应链管理背景下，重点在于全面供应管理过程。供应情景由于物资或服务充足与短缺的周期性，随着不同的价格、提前期与可用性而快速变化。这给期望从这个领域获取最大收益的组织带来了持续的挑战。另外，环境、安全与金融监管方面的需求，增加了供应和供应商获取竞争优势的复杂度。

1.1 采购与供应管理

部分人员可能认为供应职能最近才引起关注，然而在 1900 年以前，许多国家的铁路机构已经意识到供应职能是独立且非常重要的。

可是，在通常情况下，大多数公司最初认为供应工作仅仅是一项文案工作。然而，在第一次世界大战与第二次世界大战期间，由于市场几乎是无限的，因此公司运营的成功不取决于可以卖什么，而在于从供应商处获取原材料、商品与服务以维持公司运作的能力。由此与供应职能相关的组织、政策与程序开始受到关注，并成为广为人知的管理活动。

在 20 世纪五六十年代，随着受过培训并有能力做出合理供应决策的人才增多，供应管理越来越受到重视。在许多公司，采购主管可以晋升到最高管理职位，如采购副总裁、物料董事，或采购和供应副总裁等职位。

伴随 20 世纪 70 年代这 10 年的经济开放，组织面临两个棘手问题：从第二次世界大战末期开始，几乎所有用于支撑运作的原材料都处于国际性短缺的状态下，且价格增长率远远高于正常值。1973 年夏天，中东石油禁运也加剧了物资短缺与价格上涨。由于能否从供应商处以合适的价格获取所需商品是成功与失败的关键，因此这些形势的发展使得供应成为关注焦点。这再次强调了供应与供应商所发挥的关键作用。

20 世纪 90 年代初，企业开始清晰地认识到如果想在国际市场上的竞争中获得成功，就必须要有一个高效的供应职能部门。21 世纪早期，可持续性、供应链安全性以及风险管理成为新的挑战。

在大型供应组织里，供应专家通常分为两类：处理日常需求的战术家，以及拥有较强分析能力与规划技能并参与战略采购等活动的战略家。特定组织的结构、流程与人员如何才能满足这些发展趋势，这在不同的组织和行业中都是不同的。

为了保持竞争性，进取型策略在未来将逐步取代保守型策略。为满足短期/长期组织的发展目标，公司将采用更多样的方法。战略方面的关注焦点侧重于流程与知识管理。本书不仅讨论了未来战略采购与供应管理的关注点是什么，而且讨论了当今组织该如何做才能保持竞争力。

随着供应职能必要性的增加以及管理人员对供应方面机遇洞察力的提升，组织对采购与供应管理方面的管理兴趣日益增加，并产生了多种相关的概念。类似**采购**、**购买**、**原材料管理**、**物流**、**外包**、**供应管理与供应链管理**之类的词汇几乎是可替换使用的，这些没有统一的定义。在公共与私营机构中具有不同头衔的管理人员可能具有相同的职责。以下定义为对相关词汇的普遍性理解。

1.1.1 供应管理术语

一些学者与从业人员将**采购**限定为购买的过程：感知需求，定位并选择供应商，对价格与其他条款进行谈判，接下来是配送和支付问题。本书不采取这种观点。**采购**、**供应管理**与**购买**是可以相互替代使用的，是指对为高效地提供原材料与服务而产生的相关工作的整合。因此，采购或者供应管理不仅仅涉及采购的标准流程，即①需求感知；②将需求转换为商业上等价的描述；③寻找潜在的供应商；④选择合适的资源；⑤订购或合同细节的协定；⑥商品与服务的配送；⑦供应商付款。

广义上，供应职能的职责还包括收货、监测、仓储、库存控制、原料装卸、包装调度、运入与运出/交通，以及废品处置。供应职能对供应链上的其他组成部分也可承担相关责任，例如组织的客户、客户的客户以及组织供应商的供应商。这也是**供应链管理**这一术语的思想。供应链管理注重通过成本最小化与缩短供应链上下游之间的提前期，为末端客户提供福利。"竞争从企业层面变化到供应链层面"，这一观点已被广泛认可为竞争演变的下一个先进阶段。

除了**运作职责**，**战略职责**也是供应组织日常活动的一部分。**战略采购**注重于长期供应商关系管理与商品采购计划，以在与降低成本、开发新技术及供应市场发展相关的领域内识别发展的机遇。第 2 章中的萨博公司案例为在规划长期采购需求时采取战略视角的必要性，提供了很好的阐述。

精益采购或**精益供应管理**主要是指制造环境和准时制（JIT）工具与技术的应用以确保在供应流程的每一个步骤都增加产品价值，如保持最低库存水平、各加工步骤之间的距离与延迟尽可能最小。对精益采购或精益供应管理中工作状况的即时通信是必不可少的，且通信内容是共享的。

1.1.2 供应与物流

任何采购或供应链活动都存在大量的物理转移，这使人们已经开始关注物流的作用。供应链管理专家委员会认为"物流管理是供应链管理的一部分，是指对物品高效率且有效的正向与逆向流动、商品与服务的存储，以及原材料起源点与商品消费终端之间的信息进行规划、实施并控制，最终满足客户需求"。⊖在该定义中，物流包括输入、输出、内部

⊖ 供应链管理专家委员会，http://cscmp.org/about-us/supply-chain-management-definitions，访问于 2014 年 2 月 15 日。

与外部移动。物流不局限于制造企业，服务机构、私营与公共部门企业都存在物流活动。

该物流概念的特点在于其将"从最初物料需求到最终将商品或服务配送到客户的物料流动"看作一个完整的系统。它尝试提供与沟通、协同及控制相关的方法与机制，以规避物资调运与物料管理之间潜在的矛盾。

供应管理影响着大量的物流活动，例如物资购买量与运输。由于物料流控制越来越受到重视，供应管理还必须关注供应商选择与价格决策问题。第 4 章中的齐蒙矿业公司案例对考虑多个供应点的物流进行了探讨。

为降低成本与改善提前期，组织需要不断地优化商业流程，并探索整合跨职能边界活动的机会。例如，2014 年雷诺日产宣称，通过制造与研发，其可以集成包括采购与物流在内的供应链管理相关活动。通过这一方案，该公司每年节省费用多达 43 亿欧元。⊖

供应链管理是对从原材料供应商到工厂、仓储，直至消费者的整个流程中产生的信息流、物料流与服务流进行系统管理的方法。美国供应管理学会（Institute for Supply Management，ISM）定义**供应链管理**为"对跨组织边界的运作流程进行设计与管理，以实现无缝连接与价值增值，最终满足末端客户的实际需求。人员与科技资源的开发与整合是供应链集成成功的关键"。⊜

价值链是战略研究中常用的术语。它被用来通过产品或服务的多种移动与变换来对其进行追溯，识别在每个接替阶段增加的成本。

一些学者与从业人员认为术语**链**不能合适地传达在一个供应或价值链中实际发生了什么。他们倾向于使用**供应网络**或者**供应网**。

采购、购买、供应与供应链管理这些概念在不同组织中的使用是不一样的。这取决于①它们的发展与/或成熟阶段；②它们所在的行业；③它们的竞争地位。

相对组织中的其他主要职能，供应职能的重要性是其受到管理方面关注的主要因素。本书的目标之一是说明在一定背景下如何评估特定组织的物料与服务需求。本书给出 40 多个案例，对多种情况提出见解，并为解决相关管理问题提供实践帮助。

1.2 组织供应支出的规模与财务意义

组织花费在供应商上的资金数量是令人吃惊的。总体上，北美私营企业与公共组织在供应商方面的花费大概是美国、加拿大与墨西哥三者国内生产总值之和的 1.5 倍，总数至少为 29 万亿美元。

作为总收入支出的一部分，花费在供应商方面的资金数量是评价供应对财务影响的良好指标。很明显，支付给供应商的资金占总收入的比重，因行业、组织不同而有所差异。20 世纪，外包业务的增加明显地提高了投资在供应方面的资金比重。在几乎所有的制造业企业中，供应方面的消费是所有消费资金中最大的单一科目，占总收入的 50%～80%。相比而言，员工薪酬共计占 10%～20%。作为比较，消费在外部供应商方面的总资金占总收入的 25%～35%。第 13 章中德尔菲公司的案例较好地说明了制造企业在供应方

⊖ M. Williams, "Renault-Nissan Could integrate SCM Functions," *Automotive Logistics*, February 5, 2014, www.automotivelogisticamagazine.com/news/renault-nissan-could-integrate-scm-functions, accessed February 15, 2014.

⊜ Institute for Supply Management, "Glossary of Key Supply Management Terms," www.ism.ws.

面资金的重要性。

企业供应支出的财务影响通常由利润—杠杆效应与资产收益率效应来说明。

1. 利润—杠杆效应

供应支出减少的利润—杠杆效应是通过降低采购支出提高的收益来度量的。例如，公司收入为1亿美元，采购费用为6 000万美元，税前利润为800万美元，采购费用降低10%，利润将增加75%。假定利润增加了相同的比例，即增加600万美元，需要增加75%的销售收入，即7 500万美元！增加75%的销售收入或者降低10%的采购成本，哪种更容易实现呢？

这并不意味着降低供应支出的10%是一件容易的事。对一个多年来非常重视供应职能的企业来讲，这是困难的，也许是不可能的。但是对于一个忽视供应职能的企业来讲，这将是可行的。由于供应的利润—杠杆效应，相对于提高较大比例的销售收入而付出的努力而言，要在损益表上获取相同的效果，降低供应支出这种方式将是可行的。

2. 资产收益率效应

财务专家逐渐倾向于采用资产收益率（ROA）作为公司绩效的度量指标。标准的投资收益率模型如图1-1所示。该图中使用的比例与上个例子一致，并假定库存占所有资产的30%。如果采购成本降低10%，库存将降低10%。方框中的数据表示达到10%的资产收益率之前的原始数据。

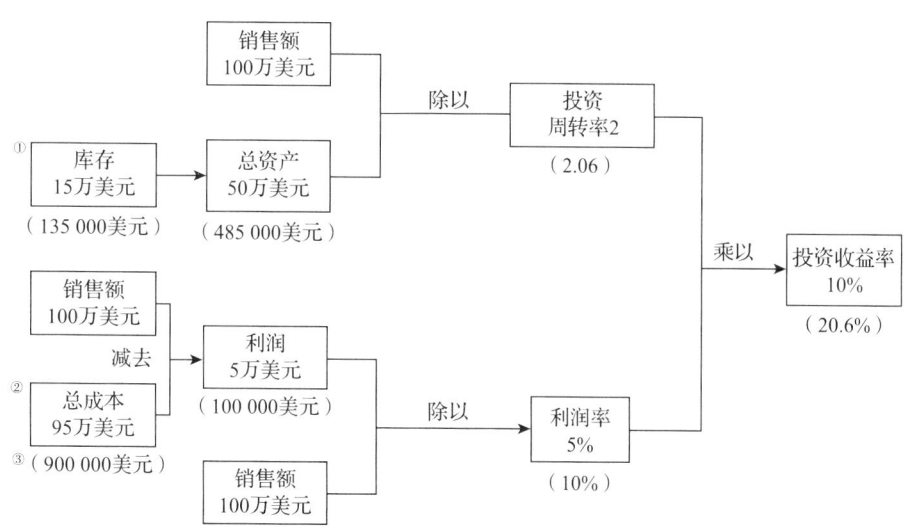

① 库存约占总资产的30%。
② 采购占总销售额的一半，即50万美元。
③ 括号中的数字假定采购成本降低10%。

图1-1　影响投资收益的因素

方框下面的数据为采购成本降低10%之后的数据。最终生成的新收益率为20.6%，实现了大约10%的增长。

3. 库存投资

托马斯多媒体公司的总部在法国巴黎，其高级执行副总裁查尔斯·德赫利说："我希望供应人员坚持测算资本收益率,关注资产负债表。他们对此相当惊讶。"[⊖]德赫利先生不仅使用降低采购价格的方式来减少库存投资(如图1-1中的例子所示),并让供应商肩负起与库存相关的责任与所有权,即供应商管理库存。由此,在计算投资收益率时可不计与库存相关的投资,不过需要承担存货过时的风险、运输与处置库存的成本。财务上用包括运输成本在内的采购成本来衡量采购方库存物资的价值,但供应商则使用制造成本。在通常情况下,相同的物品存储在供应商处,库存投资成本与运输费用相对较低。

因此,管理供应过程使库存达到最低合理水平,是供应管理的首要职责。库存周转率与库存水平是衡量供应链绩效的主要指标。

很明显,供应对财务方面的影响体现在对资产负债表和损益表上,而两者又是经理人、分析专家、金融机构与投资者判断一个企业财务状况的关键指标。尽管供给方面的支出对财务有着显著的影响,但供应绝不是影响公司竞争能力与成功的唯一因素。

1.3 供应的贡献

尽管供应对财务的影响是主要的,但供应职能以其他各种各样的方式促进组织目标和战略的实现。图1-2中展现了供应的三种主要贡献。

(1)运营和战略贡献。
(2)直接和间接贡献。
(3)消极、中立和积极贡献。

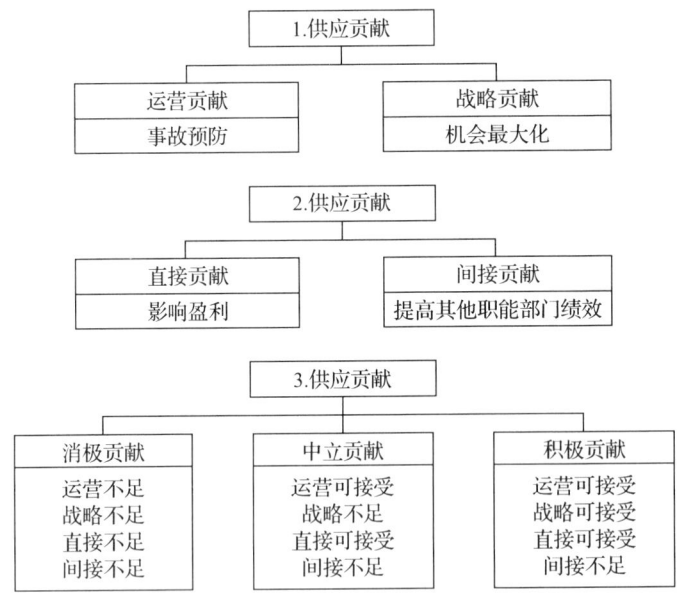

图1-2 采购在运营和战略上的贡献

资料来源:Michiel R. Leenders and Anna E. Flynn, *Value-Driven Purchasing: Managing the Key Steps in the Acquistion Process* (Burr Ridge, IL: Richard D. Irwin, 1995), p. 7.

⊖ M. R. Leenders and P. F. Johnson, *Major Changes in Supply Chain Responsibilities* (Tempe, AZ: CAPS Research, March 2002), p. 104.

1.3.1 供应对运营和战略的贡献

首先,供应的贡献可以从两个层面来理解:运营,其特征是"规避事故";战略,其特征是"机遇主义"。

运营方面的情况是人们最熟悉的。当供应无法满足顾客的最低预期需求时,组织内部的许多人对区别不同的需求满意度感到困惑。质量不佳、数量错误、发货延误可能会使产品或服务需求终端用户的生活变得非常糟糕。很明显,"没有投诉"是衡量供应职能绩效良好与否最基本的指标。但困难的是,许多用户从来没有期望得到任何更多的服务,因此可能也不会有更多诉求。

供应在运营层面关注自身的业务,以及与采购相关的传统日常运作。运营方可以精简业务流程,并设计运作方式实现程序化与自动化。这样一来,供应经理就可以把时间、精力用来关注供应的战略贡献方面。

供应在战略层面以未来为导向并寻求为企业提供竞争优势的机会。运营层面的重点是执行当前设计的任务。战略层面关注的是设计更好的解决方案来迎接组织和供应挑战。第 2 章更详细地讨论了供应在战略层面的主要内容。

1.3.2 供应的直接和间接贡献

第二个观点是供应为实现组织目标带来的潜在直接或间接的贡献。

经证明,供应对该公司的财务产生的直接贡献为节约供应成本、利润—杠杆效应以及资产的收益率效应。有观点认为供应节约的资金会直接增加公司的收益。这一说法似乎是不言而喻的。经验表明,供应节约的资金并不总是用来提高公司的收益。在面对这笔供应节约的资金时,预算主管可能用这笔意外之财满足其他需求。

为了打击这种现象,一些供应组织聘请了财务总监,以确保供应节约的资金都用来提高公司的收益。普莱克斯公司就是这种情况。该公司是全球特种燃气和技术的供应商。为支持财务分析和预算,公司内首席供应官和首席财务官一致认为供应部门需要一名财务总监。财务总监的重要职责是确认所节约的成本,并将节约的成本与各部门业务预算关联起来。⊖

供应直接贡献的特点在于库存的减少与采购节约的资金都是可以量化的,是供应贡献的确切证据。

供应职能部门对组织内的其他部门或个人在提高绩效方面也有间接的贡献。该观点将供应管理作为团队管理的一部分。正如在体育赛事中,团队的目标是取胜。个人得分的高低相对于团队的整体业绩就不那么重要了。例如,较高的产品质量可以减少重复工作,降低保修费用,提高客户满意度,并(或者)提高销售数量或者以更高的价格出售产品的能力。供应商管理的思想可以提高产品设计能力,降低生产成本,并且(或者)可以缩短"思想—设计—生产—完工—客户—配送"周期。每一项改进都可以提高组织的竞争力。

供应的间接贡献来自很多方面:供应提供的信息源,供应对效率、竞争地位、风险以及企业形象的影响,以任务的形式提供的供应领域的管理培训,以及其在制定管理战略与社会政策方面的作用。间接贡献的收益可能会超过直接贡献,但由于间接贡献牵涉许多"软"或者无形的贡献,因而很难量化,不容易衡量。

⊖ Leenders and Johnsom, *Major Changes in Supply Chain Responsibilities*, p. 89.

1. 信息源

供应职能部门在市场上的联络资料为组织内部的其他职能部门提供了有用的信息源。主要的例子有价格信息、商品可用性、新的供给来源、新产品与新技术，以及所有组织内部其他部门感兴趣的信息。销售组织可能对供应商所采用的新的市场营销技术与配送系统感兴趣；大规模投资、合并、收购候选对象、国际政治与经济发展形势、破产申请、大型促销与合约以及当前与潜在客户等方面的信息，也对市场营销、金融、研发以及高层管理有价值。相对于市场，供应职能的独特地位使其应当提供广泛的信息。

2. 对效率的影响

供应流程的执行效率将体现在其他运营成果中。然而，公司的财务系统可能并不完善，以至于不能识别错误的采购决策带来的效率差的问题，这种情况是有可能出现的。如果选择的供应商不能够按照协定的质量标准提供原材料或零部件，那么就可能导致较高的次品率或者代价高昂的返工，以及较多的直接人工成本。如果供应商不能够按照计划配送物资，那么就可能导致高成本的生产计划重组，降低整体生产效率，甚至导致生产线关闭，而就算没有产出，固定成本依然存在。许多供应商经理把使用部门作为内部顾客或客户，并着重提高供应的效率与效益以为其提供出色的服务。

3. 对竞争地位和客户满足度的影响

公司能够将客户所需要的产品或服务以期望的质量、合适的价格配送到客户手中，才能有竞争力。如果供应工作没有做好，那么公司将不能够在需要的时候以合适的价格获得所需质量的原料或服务。合适的价格可以使终端产品的成本具有竞争优势并处于可控范围内。

相对竞争者而言，供应组织应确保拥有获取较高质量、较快配送以及较低价格产品或服务的能力，这不仅能够提升组织的竞争地位，而且可以提高客户满意度，也可以提高响应客户需求变化的柔性。因此，一个具有较高绩效的供应组织在任何企业团队中都是重要的资产。

若一个大型化工生产商能够开发成本明显较低、具有较高的质量且环境友好型的关键原材料，并将其质量较高的最终产品以稍低的价格出售，则该化工生产商的市场份额将翻番，不仅能够提高客户满意度，还能够明显地改善其财务状况并提升竞争地位。

4. 对组织风险的影响

风险管理开始受到持续不断的关注。在运营、金融、信誉风险上，供应职能对组织有明显的影响。在能源、服务，或者直接或间接需求方面的供应中断，将影响组织按照计划与客户期望需求进行生产运作的能力，增加运营风险。

考虑到由商品和金融市场决定的价格可升亦可跌，超出单个购买者的控制范围，而长期供应协议要求提供相应的价格条款，因此供应领域可能存在明显的金融风险。另外，不道德或可疑的供应行为与供应商可能使组织陷于较大的信誉风险中。

5. 对企业形象的影响

供应人员的行为将直接影响企业的公共关系与形象。如果不能以务实的态度对待现有或潜在的供应商，他们将对整个组织形成不好的印象，并将其传达给其他公司。负面形象将不利于采购者获取新的业务,以及寻找新的、更好的供应商。公众信任可以通过明智的行为与道德策略以及两者的合理实施迅速提升。

任何组织在供应方面较大的支出,都吸引着人们对选择的供应商、供应商选择的流程、供应过程中的道德问题以及是否符合监管需求的关注与兴趣。所选择的供应商有没有使用童工?有没有破坏环境的行为?声誉怎么样?采购流程是否合法透明,在道德、战略与运作上是不是良好的行为?供应行为是否充分考虑环境、金融与其他规定的要求,比如国家安全相关的规定?

全球品牌由于其采购政策,以及对供应商的劳动行为视而不见的指控,正受到越来越严格的审查。2013年4月,一个孟加拉国工厂的坍塌造成1 100人死亡。在恶劣的工作条件下,低薪资工人工作的服装公司开始引起世界范围内的关注,包括沃尔玛、班纳通与劳伯劳斯。这次灾难引发了一场对大型零售商应承担的责任的辩论,即大型零售商是否需要确保他们的供应商工厂达到可接受的安全水平并向工人支付可维持生活的工资?孟加拉国估计有5 000个服装制造厂,它们雇用了将近360万名工人。其中许多人的薪资水平为最低标准——每月38美元。

维持正面的企业形象是每个团队成员的职责,供应人员也不例外。

6. 培训基地

供应领域也是一个优秀的新经理人培训基地。经理人需要快速掌握企业的需求。要评价一个人做出合理决策与承担责任的能力和意愿,需要将其置于在不确定条件下制定决策的压力中。该决策可能会产生非常严重的后果。与各个层级、各个职能部门的多个人员联系有助于个人了解组织是如何运作的。许多组织发现将供应工作作为高潜力员工正式的职业轮换机制的一部分是非常有用的。

通用汽车公司的首席执行官玛丽·博拉、默克公司执行副总裁威利·迪斯以及伊顿公司过滤部门总裁理查德·雅各布斯,都是具有大量供应工作经验的高级企业管理人员。

7. 对管理战略的影响

供给也可以作为一种实施管理战略和社会政策的工具。管理者希望引入并鼓励竞争吗?企业在意支持区域差异,关心少数人的权益,关注环境问题与社会问题吗?例如,企业优先使用国内资源吗?所消费的资源是用来帮助少数供应商吗?作为整体组织战略的一部分,供应职能能够给组织带来较大的贡献。

在资源普遍短缺的情况下,能够确保重要物资或服务的供应是一个大的竞争优势。同样,能够以较低的价格或者较高的质量获取产品或服务也代表着实质的增益。企业在市场中的这些战略地位可以通过对国内与国际市场、技术、创新管理系统的积极探索以及对公司资源的巧妙使用来获得。在供应管理中,纵向一体化及其相应的自营还是外包的决策问题是企业无时无刻不在考虑的问题。

供应管理对企业战略潜在的贡献是显而易见的。所能取得的业绩取决于高层管理人员对这一潜在贡献的认知程度以及企业获取所需资源的能力。同时,供应职能管理的负责人有责任寻求所处环境中的战略机会并吸引高层管理者的关注。这需要深入了解组织目标、战略以及长期规划,并且具有在获取新资讯后影响组织目标、战略以及长期规划的能力。第2章讨论了供应对商业战略的潜在贡献以及供应职能具有的主要战略作用。

进步的管理人员已经认识到供应管理领域的潜在贡献，并采取了必要的措施以确保获得相应收益。组织成功的一个重要步骤是将供应经理提升到的最高执行层。尽管供应管理者的头衔并不总与其在组织中的地位和价值一致，但在大多数组织内外这些头衔依然可以说明供应管理的重要性。当前，首席供应干事最常用的职称是副董事长，其次是董事和经理。

在大多数企业中，将首席供应干事提升到高管级别，配给高素质员工，赋予适当的权利并要求其承担适当的责任，可以实现供应职能的潜在贡献，获得令人兴奋的丰富成果。第 3 章将更细致地讨论供应组织的相关问题。

1.4 组织的本质

组织的本质取决于自身结构以及管理其供应职能的形式。无论组织是公共的还是私有的，是生产产品还是提供服务，或两者皆是，组织的任务、愿景、策略、规模、节点数量、定位、资金水平以及名誉，都是影响组织供应选择和决策的因素，这些因素将在下文进行系统论述。

1. 公共或私有组织

公共机构，包括各层级政府机关，下至各州政府上至联邦省会的政府机关，它们大多数是服务的提供者，但不都是这样的，另外还有受制于严厉的管理需求的机构，这些管理需求对获取过程、相关政策做了明确要求。许多国家的公共部门还包括教育、健康、公共事业以及一些代理机构如航运、学院等。第 7 章温特沃思医院的案例就是一个公共机构供应管理的实例。这个案例解释了有多少物资是公共部门可以通过资金解决的，还有多少物资是间接供应的，而正是这些间接供应创造了影响购买最佳值决策的挑战。

很大一部分公共机关所需的购置物，涉及组织的目标任务以及设备的日常维护和办公。组织考虑到公共支出的透明度，以保障对所有符合条件的供应商的公平，此外还要考虑社会目标，例如支持少数民族和贫困团体的发展以及国防。需求说明以及详细的说明往往是供应经理一个人说了算，但是现在转变成允许多个投标人参与。

并不是所有的公共组织都像图 1-3 所示的那样清晰，图 1-3 只展示了几种不同类型的公共组织。

层次：	市，地方自治的	←→	州或省	←→	联邦的
使命：	社会目标	←→	其他，或者社会与经济的组合目标	←→	经济目标
创收：	有限	←→	两者之间	←→	大量
规模：	小		中		大
数量：	单一	←→	少许	←→	许多

图 1-3 公共组织中供应管理的区别

非政府组织（NGO）和非营利组织可能与所列的公共组织有所不同，但它们使用国际化的运作方式。

2. 私有组织

私有组织包括公开交易的上市公司，它们在需求定义、详细说明以及供应商的选择上往往不会有太多约束，土地法（见第 5 章）建立了陆地贸易的主要规定。与供应商达成的协议的透明度最近已成为确保长期委托的重要影响因素，并且公司财务报告会对之做出适当披露。然而在公共机构中，标准化是一种保障供应商公平竞争的方式，在私有组织中，定制规范被视为一种保护竞争优势的方式。

图 1-4 展示的是私有组织中会影响供应管理的因素。可以很明显地看出，不管是公共组织还是私有组织，这些不同之处或多或少将会对长期供应产生影响。

产品或服务：	制造商	↔	两者组合	↔	服务商
使命：	低成本	↔	低成本与差异化组合	↔	差异化
规模：	小	↔	中	↔	大
公共组织数量：	单一	↔	少许	↔	许多
位置：	国内	↔	少量国际	↔	许多国际
财务能力：	弱	↔	中	↔	强
声望：	差	↔	中	↔	出色

图 1-4 私人组织中供应管理的区别

3. 产品或服务生产者

影响供应的另一主要因素是，组织的产品类型即组织是生产产品还是提供服务或二者都提供。产品生产者经常被称为制造商，可能会生产一系列产品，包括工业类产品和消费品。对于产品生产商来说，通常占组织生产开销最大的是购买原材料、零部件、包装、运输过程的成本。对于服务提供者来说，占比最大的开销主要集中在服务，以及优化服务的流程中。本章所提到的埃丽卡·卡森的案例就是描述一个庞大的金融服务性机构的供应决策问题，这个案例认为供应关系能够为顾客价值做出贡献。

下表表明，影响组织需求的因素很有可能取决于组织是制造商还是服务提供商。

制造商	服务提供商
● 需求大部分来自顾客 ● 对供应商最大的支出在于直接的需求，包括销售给客户的产品	● 需求大部分来自为使员工提供相应服务而产生的资金、服务及其他需求 ● 零售中最大的支出在于转售需求

只有极少数组织是单纯的制造商或者服务提供商，大多数组织扮演着混合角色。一家餐厅提供饭菜饮料的同时也提供服务以及就餐场所。一家保险公司提供保险单、索赔服务以便让你心安。一家研发机构，从事研究，也从事撰写研究报告、设计模型以及原型的工作。一个制造商可能提供金融产品，也可以提供维修以及退换服务。

批发商、分销商以及零售商也提供零售产品，与制造商相比虽然数量少一些，但是它们拥有更便利的位置、更便利的时间。对于中间商来说，购买力是衡量成功的严格指标。

资源和矿产组织开发自然资源，想尽办法把它们弄到市场上去；教育机构旨在把学生变成一个受过教育的人，通常要为他们提供伙食、住宿、教室、停车场以及希望、毕业证书或学历证书；卫生健康组织通过投入大量专业人员、设备、仪器以及药物，来为病人提供诊断和康复服务，此外还会使用医疗器械保证病人的健康。

这并不奇怪，组织本质（生产产品还是提供服务）的不同，将会对其供应链需求产生巨大影响。

4. 组织使命、愿景、战略

供应策略必须与组织的策略保持一致，因此组织的使命、愿景、战略是供应功能如何运行、供应决策如何制定实施的关键。一个带有社会目标的非营利组织可能获取的自身办公需求完全不同于其在艰难商业成本竞争或客户市场中的需求。一个专注创新的组织在定义灵活性的时候完全不同于那些主要依赖商品购买、转运、分销的组织。

以前，供应经理主要把精力放在传统的价值决定因素，即质量、数量、运输、价格、服务这些影响供应决策的驱动因素上。今天的供应经理要面对许多新增的忧虑，如共同目标、愿景、风险应对策略、环境因素、社会责任、透明度、规章制度以及创新因素。因此，曾经指导供应经理数百年的关于货币价值的格言，在这几十年以及未来的发展中变得更加复杂。本书主要关注那些适用于雇用了专业供应人员的特殊组织的供应决策。

5. 组织规模

组织越大，在供应商上的支出金额绝对数就越大。支出的金额是有多少资源分配到收购过程中的主要决定因素。考虑到收购成本占所获得的资金的1%～2%，假如有100 000美元的购买资金，最多花费2 000美元在收购中，如果是1亿美元则可以提供200万美元的收购支出，10亿美元的收购支出则高达2 000万美元。

因此，支出金额越大，可以而且应该被分配到收购上的时间和精力就越多。因此，在非常小的组织中，收购的责任可能是一个或多个身兼数职的人的兼职。在大型组织中，专业人员可能会完全基于全职的基础上专注于一个专业领域，而且一个供应团队可能需要上百名专业人员。

6. 单一或者多元点

一个额外的影响是组织是不是基于一个单一或者多元点。最简单的情况就是单一供应点。随着供应点的数量增加，供应管理变得越来越复杂。运输和仓储问题，以及信息交流和控制问题也随之而来。对于不同城市中多对多的供应模式来说尤其如此。

7. 经济力量

通过供应管理，可以明确货物或者服务交易中资金交换的本质。在供应过程中，公司对资金负责，供应商对货物和服务负责。因此，在供应商的眼中，购买组织的支付成为一个非常重要的问题。支付的能力和支付时间上的灵活性依赖于这个组织的经济能力。购买组织在经济上越强大，它对潜在顾客就越有吸引力。在给有吸引力的顾客提供特别好的价值主张时，供应商会更加焦虑。企业接收货物或者服务后快速支付的能力和意愿也能提高采购人员的商讨能力。

8. 声誉

对于采购商和供应商来说，企业在交易中的声誉是建立积极交易印象的另一个重要因素。如果供应管理被定义为一场找出品质更高的供应商的战斗，那么一个好的合作印象和声誉将是最有力的促进因素。品质更高的供应商能够挑选它们的顾客，它们倾向于与品质更高的顾客进行交易。品质更高的顾客也能提高供应商的声誉。"你的表现由你的合作伙伴决定"，在交易的世界中和个人生活中一样适用。通过顾客和供应商之间的合作和交流，供应管理也能对企业的印象产生巨大的影响。

在新西兰和澳大利亚，裴雪派克（F&P）的供应商很早以前就能利用裴雪派克的声誉在那个领域获得更多的消费者。"如果你能优秀到供应F&P的产品，那么对我们来说你足够优秀"是其中一种含义。好的采购—供应关系建立在签订合约时完美的表现基石之上。及时支付正确的数量，及时地运送质量和数量正确的货物或者产品，并能及时弥补过失，这些承诺并不像听起来这么简单。此外，品质更高的顾客和供应商增加了道德上的交易；在未来的发展中，促进了技术、市场和改进机会中的交流；还能持续地为了变得更好而努力。

企业声誉建立在行动和结果之上，而不是仅仅停留在崇高的计划之中。建立一个好的声誉需要很长的时间，但是毁掉声誉只需要一瞬间。

1.5 供应工作的任职资格与供应协会

在意识到供应方面的人才必须能够迎接来自行业的挑战后，公共组织与私人组织，连同供应协会，已主动采取措施，以确保有合格的专业人员从事供应方面工作。

1. 教育

虽然供应方面的入门级工作对教育背景没有统一的要求，但大多数大型组织要求任职者有工商管理或管理学方面的大专学历。如今亚利桑那州立大学、博林格林州立大学、乔治·华盛顿大学、迈阿密大学、密歇根州立大学和西密歇根大学等几个主要教育机构已经设立采购/供应/供应链/物流管理课程，作为工商管理学士学位的一部分。此外，许多学院为全职和在职的学生提供学历或者专业证书。包括亚利桑那州立大学、密歇根州立大学、纽约大学斯特恩商学院和哈佛大学在内的大量学校也设立了供应链管理专业课程，并将其作为工商管理硕士学位课程。

60多年来，在加拿大毅伟商学院，采购与供应课程是获取本科与研究生学位的必修课。巴黎高等商学院（HEC）、拉瓦尔大学、纽约皇家大学、不列颠哥伦比亚大学、维多利亚大学等紧跟其后，对供应链管理的学术热情也达到了前所未有的高峰。

同时，很明显，获得一个大学学位并不能保证一个人的业绩和成功。一个供应专家，在工程、会计、市场营销、信息技术、人力资源或者金融等其他专业拥有一个或多个专业学位，被认为是标准的教育背景。这对供应专业人士参与组织团队工作具有重要作用。

2. 专家协会

随着任一行业的发展成熟，专业协会将发展为致力于推进专业实践和行为的焦点。美国供应管理学会，原名是国家采购代理商协会（National Association of Purchasing

Agents），成立于 1915 年，是美国最大的专家协会。ISM 是一个教育与研究机构，会员超过 4 万人，分布在美国国内与国际的分支协会网络中。

除了赞助区域与国家级会议，ISM 也赞助供应工作人员的研讨会。它出版了关于本领域的多种图书与专著，并于 1965 年发行了该领域领先的学术期刊——《供应链管理杂志》(The Journal of Supply Chain Management)。加拿大的一个类似组织为供应链管理协会（Supply Chain Management Association，SCMA），其前身为加拿大采购管理协会。ISM 与 SCMA 与相关学院及高校合作，鼓励并支持采购与管理及相关方面的教学，并为博士研究生提供资金支持。

2008 年 5 月，ISM 启动了供应管理专业人士认证（Certified Professional in Supply Management，CPSM）项目。该项目重点培养学员在供应商关系管理、商品管理、风险与法规遵从性问题，以及承担社会责任等方面的技能。

在 20 世纪 30 年代早期，ISM 开始发布月度"ISM 商业报告"。"ISM 商业报告"是当前制造业领域公认的商业活动晴雨表。1998 年，该协会创立了非制造业 ISM 商业报告，通常相关调查结果在每个月第 2 个工作日发布。由毅伟商业学院运营的毅伟采购经理人指数（Ivey Purchasing Managers Index）相当于加拿大的 ISM 商业报告，涵盖了包括制造服务与政府部门在内的加拿大全部的经济形态。

高级采购研究中心（Center for Advanced Purchasing Studies，CAPS）成立于 1986 年，是 ISM 和亚利桑那州立大学商学院之间的全国性合作单位。该中心致力于发现并传播战略供应管理知识与最佳实践经验。它进行基准研究，运行经营者圆桌会议和最佳实践研讨会，并在多个领域内发表研究报告。

加拿大的专业协会是供应链管理协会，成立于 1919 年，正式名称为加拿大采购管理协会（Purchasing Management Association of Canada，PMAC）。其会员来自全国 10 个省级与地区研究机构，有将近 8 000 人。它的主要目的是教育并提供供应链管理专业（Supply Chain Management Professional，SCMP）认证程序。此外，它还举办国家级会议。

除了 ISM 与 SCMP 之外，还有其他专业采购协会，如国家政府采购研究所（National Institute of Government Purchasing，NIGP）、美国国家采购官员协会（National Association of State Purchasing Officials，NASPO）、全国教育采购协会（National Association of State Purchasing Officials，NAEP）以及医疗资源和材料管理协会（Association for Healthcare Resource and Material Management，AHPMM）。

这些协会中的几个提供自己的认证程序。大多数工业化国家都有自己的专业采购协会。采购与供应特许学会（Chartered Institute of Purchasing and Supply，CIPS）已在英国、澳大利亚、新西兰、非洲、中国开设分公司。其他的例子有印度材料研究所和日本材料管理协会。这些松散的国家协会组成采购和供应管理国际联合会。这样做的目的是在世界 48 个国家和区域采购协会、约 250 000 名供应专业人士的基础上，促进全球性的采购合作、教育与研究。

1.6 挑战

在未来 10 年，供应行业至少面临六个主要挑战：供应链管理、绩效测量、风险管理、可持续性、供应职责的增加和影响力、对组织成功的有效贡献。

1.6.1 供应链管理

像沃尔玛和飒拉等在利用供应链机会上取得成功的企业使整个供应链管理领域受到越来越多人的关注。不过,重大的挑战依然存在:汽车、电子和零售业领域中的大型公司可以迫使各个供应链成员为其服务,但规模较小的公司没有这种待遇。因此,每个组织都要确定其自身供应链内的影响范围,以及如何响应其他成员倡议的供给链举措。很明显,在减少库存、缩短交货期和距离、更好的计划执行、消除不确定性,并减少供应链浪费方面的空间仍然很大。因此,相关人员、机构在接下来相当长的一段时间内将继续探索供应链中的附加价值。

1.6.2 绩效测量

如何更好地对供应部门进行绩效测量受到多方关注。这不仅能为高级管理层提供更好的有关供应贡献的信息,而且能够评估各种供应实践的收益。没有任何一组测量指标可以满足所有供应组织的需要。因此,找到最适合某特定组织情况的一套措施是绩效测量挑战的一部分。

1.6.3 风险管理

密歇根州立大学的一项研究发现,供应链中断和供应链风险是供应经理们面临的最关键问题之一。⊖供应链已经日益全球化,因此需要面对供应中断的风险、金融和汇率波动、交货时间的可变性、知识产权的安全与保护等问题。单源采购与精益全球供应链的发展趋势也增加了供应链中断的风险。

供应管理人员需要不断地评估供应链中的风险,并在制定供应决策时平衡风险/回报。例如,离岸供应商的优点是价格较低,但选择离岸供应商需要持有额外的安全库存或者面临缺货的风险,因此有可能会造成长期的高成本。第 9 章中罗塞尔·威斯林克的案例描述了一个组织在一个低成本的国家采购项目中是如何遭遇困境的。风险管理将在第 2 章中详细介绍。

1.6.4 可持续性

逆向物流与废品处理通常属于供应组织的职责范畴(见第 16~17 章)。这些活动包括有效和高效地获取并处理来自下游客户的废旧品。然而,最近来自政府和消费者团体的压力促使组织减少其供应链上对自然环境的影响。例如,欧盟已积极地制定了减排温室气体和减少能源消耗的目标,最终制定了新的法律。供应将是可持续性发展中最重要的一部分。高级管理层希望供应部门与其供应商合作,并为其所面临的环境与可持续性挑战寻求解决方案。

1.6.5 供应职责的增加和影响力

CAPS 研究认为,从供应的角色出发,供应职责的增加与其影响力在组织中主要体现

⊖ S. A. Melnyk et al., *Supply Chain Management 2010 and Beyond: Mapping the Future of the Strategic Supply Chain* (The Eli Broad College of Business at Michigan State University, 2006).

在四个方面。⊖首先，因供应职能有效参与组织活动而造成的供应成本在组织总成本中的比重增加。因此，传统的支出种类不包括采购项目的支出类别，如房地产、保险、能源、福利项目、兼职帮助、搬迁服务、咨询、广告与媒体机构方面的营销费用、出差与设施管理、信息技术，及电信与物流，而在更先进的企业中，这些已经成为采购责任的一部分。

其次，在采购或供应主导的供应链活动中，可以看出供应职责的扩大。新增职责包括应付账款、法律、培训与招聘、项目投标与客户支持以及参与新的业务开发。

再次，需要供应的种类和供应链的责任也不断增加。显然，在最低水平下，完全没有供应的参与。下一步是交易或记录工作。接下来，专家参与意味着供应人员有机会在重要的收购过程中发挥他们的专业技能。在最高的层次上，有意义地参与，它最初是伊恩·斯图尔特博士创造的一个术语，代表供应团队成员在行政层中真实的地位。因此，在做出任何重大决定时，"这个决定对供应状况的影响是什么"成为一个和"这个决定对财务状况的影响是什么"一样自然而标准的问题。

最后，供应可以通过参与之前没有参与的企业活动来增加职责。我们预期供应可参与到自制或外购决策、经济预测、易货贸易、内购与外购及供应商会议活动中。其他活动，如战略规划、兼并与收购、富有远见的任务小组和初始项目计划可能是更广泛的企业战略整合中较好的例子。

供应在这四个领域中的每一个领域增长的机会都使得供应职能展开翅膀，增加其贡献的价值。

1.6.6　对组织成功的有效贡献

最终，供应对组织成功的贡献度要放在一个整体中考虑。供应面临的挑战是成为一个有效的团队成员，以积极的方式，在运营与战略上直接或间接地做出贡献。供应参与组织活动的价值可以通过组织内所有成员对供应的认可来证明。

其他企业团队成员对供应人员参与其团队会有多高兴呢？他们明白供应角色是团队成功的关键吗？因此，对供应专业人士和学者来说，不仅要获得高级管理层的认可，也要获得其他职能部门同级经理的适当欣赏。这是一个持续的挑战。

1.7　本书内容的组织

我们在第1章列出采购与供应对所有组织更普遍的影响。在随后的章节中，我们将介绍各种组织中的相关决策，包括组织与供应战略、组织供应过程、自制或购买、组织多样化需求，以及如何将这些转化为商业等价物。随后，我们介绍质量、数量、交付、价格与服务，这五个传统的供应商选择的最终价值标准。供应商位于国内与国外的不同地区，而供应商的地理位置将影响管理供应职能的方式。供应方面的法律和道德框架使双方处于合同的约束下。在介绍如何评估供应商绩效以及协调供应商之后，下一部分内容介绍了供应链的相关职责，这些职责可能是也可能不是供应经理任务的一部分。本书最后介绍了供应职能评价、绩效报告以及该领域当前的发展趋势。

⊖　Leenders and Johnson, *Major Changes in Supply Chain Responsibilities*.

本章小结

如果首席执行官和管理团队的所有成员评价说:"因为我们拥有各种供应商及我们与他们的联系方式,我们可以超越我们的竞争对手并给客户提供满意度更高的服务。"此时,供应职能发挥了其全部潜力。

本书的宏伟目标是:为那些希望更好地理解供应职能的人提供见解,不论他们是否正在从事或即将从事供应工作。

复习题与讨论题

1. 供应的利润—杠杆效应是什么?它在所有组织中是都相同的吗?
2. "供应并不能盈利;相反,因为其消耗了组织资源而减少了组织利润",你同意吗?
3. 典型的供应经理做什么样的决策?
4. "从长远来看,任何一个组织的成功取决于其创造和维护客户的能力。"你同意吗?这与采购和供应管理有什么关系?
5. 采购是一个职业吗?如果不是,为什么?如果是,这一行业以及这一行业的从业人员如何操作,在未来10年如何改变?
6. 区分(贸易)采购、物料管理、后勤、供应管理和供应链管理。
7. 电子商务在哪方面影响供应经理在自己组织中的角色?在管理供应链方面还是网络方面?
8. 在石油和煤炭产品行业,总采购/销售比率是80%,而在食品行业,它大约是60%。解释这些数字是什么意思。对这些行业中的公司的供应经理来说,这些数字有什么意义?
9. 供应管理如何影响资产收益率?你有具体的可以通过供应管理提高资产收益率的方法吗?
10. 私有组织和公共组织、服务提供商和制造商,对供应职能的期望有何不同?

参考文献

Carter C. R.; L. M. Ellram, L. Kaufmann; C. W. Autry; X. Zhao; and T. E. Callarman, "Looking Back and Moving Forward: 50 years of the *Journal of Supply Chain Management*," *Journal of Supply Chain Management* 50, no. 1, 2014, pp. 1–7.

Cavinato, J. L.; A. E. Flynn; and R. G. Kauffman. *The Supply Management Handbook*. 7th ed. Burr Ridge, IL: McGraw-Hill/Irwin, 2007.

Johnson, P. F., and M. R. Leenders, *Supply's Organizational Roles and Responsibilities*, Tempe, AZ: CAPS Research, May 2012, 118 pages.

Lambert, D. M. *Supply Chain Management: Processes, Partnerships and Performance*, Sarasota, Florida: Supply Chain Management Institute, 2004.

Leenders, M. R., and H. E. Fearon. "Developing Purchasing's Foundation," *The Journal of Supply Chain Management* 44, no. 2 (2008), pp. 17–27.

Leenders, M. R., and A. E. Flynn. *Value-Driven Purchasing: Managing the Key Steps in the Acquisition Process*. Burr Ridge, IL: Irwin Professional Publishing, 1995.

Villena, V. H., E. Revilla, and T. Choi, "The Dark Side of Buyer-Supplier Relationships: A Social Capital Perspective," *Journal of Operations Management* 29, no. 6 (2011), pp. 561–576.

案例 1-1 丹尼斯顿香料公司

艾米·林是丹尼斯顿香料公司的物料计划员,该公司坐落在亚利桑那州凤凰城。艾米面临一个由供应商引起的重要问题。该供应商正在实施一个新的企业资源计划(ERP)系统。2014年4月9日,星期三,从前一天汉姆食品公司的销售经理胡安·阿兰达的电话中,艾米得知潜在的供应问题可能始于9月汉姆食品公司印第安纳波利斯厂新系统的上线。为了避免缺货,胡安要求艾米在4月30日前提供9~11月其公司的商品预测需求。由此,他可以安排在8月下旬送货到丹尼斯顿。

丹尼斯顿香料公司

丹尼斯顿香料公司由沃尔特·丹尼斯顿成立于1903年。它是食品行业的全球领导者——制造、营销并配送各种香料、混合香料、调味料以及其他调味产品到各零售、商业和工业市场。该公司总部设在芝加哥,年销售收入为55亿美元,并在全球100多个国家销售其产品。它的客户包括零售店、食品制造商、餐厅连锁店、食品分销商,并开展食品服务业务。丹尼斯顿香料公司也是私人品牌中领先的供应商。

凤凰城工厂制造香料、草药、香料提取物以及调和调味料并配送到美国西南部的零售商与工业用户。艾米·林负责管理约300个存货单元(stock-keeping unit,SKU)。这些存货由从汉姆食品公司购买的香料及混合物组成。汉姆食品公司是这些产品的唯一供应商,其提供给凤凰城工厂的所有存货都来自印第安纳波利斯工厂。

库存管理

为防止缺货,每个SKU要维持一个最低安全库存,这是公司的一项政策。安全库存水平由物料计划员设置,通常可以满足2~4个星期的需求。每个SKU的再订货点设置在其安全库存水平基础上再加4个星期,反映了所有产品从汉姆食品公司订货的提前期。供应商设置了最小订单量。

因为需求的变化,尤其是来自行业客户的需求变化,预测和设置合理的安全库存水平很困难。凤凰城工厂的行业客户是进行零星订货的中小型生产商。

汉姆食品公司所供应的产品价格为每磅⊖50~250美元,保质期为90天、180天或270天。艾米·林工作的主要挑战是如何平衡高库存成本、保质期短的缺货的成本与库存损耗的风险。丹尼斯顿香料公司为客户提供10天的交货提前期,通常订单的处理与配送需要2~7天。凤凰城工厂力求达到的客户服务水平为98%。

建立8月库存清单

艾米·林对胡安·阿兰达的电话并不惊讶。她几周前知道汉姆食品公司正在实施一个新的ERP系统。在这种情况下,她需要购买额外的安全库存。汉姆食品公司是几个丹尼斯顿工厂的关键供应商。由于政府对供应商资质的管控,更换供应商会产生成本与管理问题,短期内更换供应商是不可行的。虽然他们有可能不会遇到任何问题而且供应也将不会中断,但艾米·林不想冒任何风险。艾米·林得到了她的老板即采购总监凯文·谢尔曼的全力支持。

首先,艾米收集8个存货单元在2012年与2013年7~11月的需求数据(见表1)。她还收集了每个存货单元的安全库存水平、最小订单量(minimum order quantity,MOQ)、保质期和单位成本等相关信息。她特地从费用与年需求范围不同的成品中选择存货单元,目的是为每个从汉姆食品公司订货的SKU建立库存策略。艾米知道,2012~2013年的一些特定的事件导致了数据失真。例如,公司在2013年通过收购实现了扩张,并且在那年秋季,由于设施加固工程,工厂需要增加生产以建立额外的成品库存。

看着电子表格中的数据,艾米想是否能够平衡缺货风险、持有成本与库存损耗成本。所以重要的是,她要在下一周内制订一个初步的计划,以便得到采购总监和总经理的批准。利润微薄,艾米知道她必须尽最大努力建立计划,在不影响客户服务水平的情况下控制成本。

⊖ 1磅 = 0.453 59 千克。

表 1　汉姆食品公司产品需求历史数据

SKU#	年	月需求量（磅）					安全库存量（磅）	MOQ（美元/磅）	保存期限（天）	单价（美元/磅）
		7月	8月	9月	10月	11月				
W9450	2012	51	208	80	75	103	1 000	200	90	90
	2013	0	325	3 060	4 770	7 024				
W9451	2012	3 251	5 794	2 492	1 830	3 052	3 600	200	90	195
	2013	956	2 584	2 730	2 621	3 786				
W9452	2012	979	680	460	894	778	600	200	180	65
	2013	360	336	282	325	550				
W9453	2012	189	229	271	397	420	650	200	270	110
	2013	549	642	1 019	1 655	2 588				
W9454	2012	52	56	54	45	50	100	200	270	235
	2013	16	76	18	0	20				
W9455	2012	7	2	0	20	0	400	200	270	65
	2013	724	304	304	376	424				
W9456	2012	120	4	55	1	60	15	80	270	120
	2013	16	1	43	17	15				
W9457	2012	41	157	54	117	0	320	80	270	120
	2013	0	131	82	69	0				

案例 1-2　埃丽卡·卡森

"我们会让你少支付现在所支付价格的10%。"埃丽卡·卡森，大型西方金融机构万事银行的采购经理，已同意与印刷供应商基洛兰公司的销售代表阿特·埃文斯见面。当前万事银行还没有向基洛兰公司采购任何东西。阿特·埃文斯主动的即兴报价关系到万事银行支票的印刷与邮寄业务。

万事银行以吸引消费者存款的促销力度并免费提供标准的定制客户支票而闻名于世。尽管网上银行日益普及，去年万事银行还是为客户免费打印支票和邮寄花费了800万美元的成本。

埃丽卡·卡森是负责万事银行打印业务的采购经理，并直接向供应副总裁报告。在过去的5年中，两个供应商均提供了银行颇为重视的快速与优质的服务。埃丽卡·卡森将支票打印与邮寄业务在两个供应商中平分。几乎所有的支票由供应商直接邮寄到客户家里或者办公地点。由于支票印刷的重要性，一年前埃丽卡·卡森要求做一个特定的成本分析研究。这项研究的结论是，两个供应商都获得了足够的利润率，效率高，并有成本意识，价格结构是合理的。万事银行与每个供应商都签订了一个为期两年的合同。一个供应商的合同已在8个月前更新；另一个在4个月内到期。

埃丽卡·卡森认为，基洛兰公司以低价中标获得一部分的支票印刷业务。反过来，基洛兰公司将有机会获取万事银行的客户名单。埃丽卡·卡森猜想基洛兰公司之后可能会尝试更积极主动地获取客户，而不是像目前的两个供应商一样售卖由顾客自己埋单的特定"景区支票"。

第 2 章 | Chapter2

供应战略

供应决策者的关键问题

我们应该
- 更加关心资产负债表吗?
- 为采购与供应管理设计战略规划吗?
- 花费大量的时间在战略上而非操作性问题上吗?

我们如何
- 预测未来 10 年将面对的专业变化?
- 确保组织的总体战略中包含供应部分?
- 获得制定战略规划所需要的信息?

战略供应的关键问题是:供应和供应链如何对组织目标和战略做出有效的贡献?随之而来的问题是:组织目标和战略如何适当地反映供应链创造的贡献和机会?

战略是旨在实现某种长期目标的行动计划。战略规划应注重成功所必需的关键因素,以及为确保未来的成功,当前应该采取的主要行动。这是一个确定组织与环境的关系,建立长期目标,通过有效的资源分配获取所期望的组织与环境关系的过程。

2.1 战略规划层次

组织必须在以下三个层次上设计战略规划才能取得成功。

(1) 公司。公司层次的决策与计划可以回答如下问题:我们在做什么业务?我们将如何分配资源?例如,铁路公司是开火车呢,还是开展客运和货运(创造时间和空间效用)呢?

(2) 业务单元。在该层次,需要制订特定的业务单元计划,即有助于企业战略实现的计划。

(3) 职能。该层次涉及每一个职能领域是如何有助于业务战略实现的,以及它如何参与内部资源配置。

当前的一些研究强调了供应战略与企业战略相关联的重要性，但许多公司尚未建立将两者相关联的机制。⊖

有效的供应贡献，意味着不仅要对最高管理层的指令做出有效响应，还意味着要参与到战略规划的过程中。由此组织目标与战略将包括供应方面的相关机会与问题。如图 2-1 所示，供应目标、供应战略、组织目标与组织战略之间的关系用双向箭头表示。

图 2-2 从不同的视角来看供应战略，该战略将当前需求与当前市场，以及未来需求与未来市场关联起来。

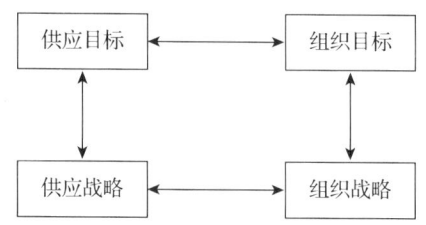

图 2-1 与组织战略相统一的供应战略

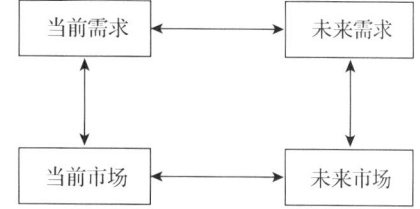

图 2-2 将当前需求与当前市场，以及未来需求与未来市场关联起来的供应战略

建立有效供应战略的一个重大障碍在于将组织目标转化为供应目标的内在困难。例如，福特汽车公司全球采购高级副总裁托尼·布朗，正在执行一项新的供应战略。他相信该战略能提高质量、技术、交付、成本和市场响应速度等方面的绩效。然而，该公司董事长兼首席执行官威廉·克雷·福特二世则对新的供应战略如何提高每股收益并为股东创造价值感兴趣（参见本章章末福特汽车公司的案例）。

在通常情况下，大多数组织的目标可以总结为以下四类：生存、发展、财务和环境。生存是任何组织最基本的需求。发展有多种表述方式，例如发展可以是组织规模的扩张，表现为雇员的数量、资产或运作单元的数量，或具有其组织业务的国家数量或市场份额。财务目标可以包括预算总规模、盈余或利润、总收入、投资回报率、资产收益率、股票价格、每股收益等内容。环境目标不仅包括干净的空气、水和土地等这些传统的环境问题，还包括对组织员工与客户价值和理想的贡献，以及与组织运营所在地区国家的法律和愿景保持一致等。第四个目标体现了良好的公民意识与观念。

不幸的是，典型的供应目标通常用一种完全不同的方式来表达，如质量与性能、交付、数量、价格、条款和服务条件，等等。

2.2 制定供应目标与战略的主要挑战

供应经理面临的第一个挑战是如何有效地理解企业目标和供应目标。例如，考虑到组织希望迅速扩张，确保物资供应保障比获得"跌至谷底"的采购价格更重要吗？

第二个挑战是如何选择合适的计划或战略以达到预期的目标。例如，如果确保供应是至关重要的，那么它是通过单一采购、双源采购还是通过内部采购来实现的？

⊖ R. M. Monczka and K. J. Petersen, *Supply Strategy Implementation: Current State and Future Opportunties* (Tempe, AZ: CAPS Research, 2008). S. D. Hunt and D. Davis, "Grounding Supply Chain Management in Resoutce-Advantage Theory: In Defense of a Resource-Based View of thr Firm," *Journal of Yupply Chain Management* 48, no. 2 (2012), pp. 14-20.

第三个挑战是如何将所识别的供应问题及相应的反馈融入组织的目标和战略中。例如，通过努力在早期的供应工作中获得了新技术，那么如何利用它呢？本章章末斯巴达换热器公司的案例说明了如何将供应工作融入企业战略这一问题。斯巴达公司目标与战略的变化，需要供应战略做出相应的改变。

供应战略的发展需要供应管理者与组织的关键目标与战略保持一致，而且能够识别并抓住机遇，需要最高水平的管理与战略技能来应对以上三个主要挑战，并使挑战中遇到的困难最小化。

2.3　供应管理战略规划

如今，要在高度竞争的全球化市场中获取成功，企业需要与外部环境——社会、经济、政治、法律和科技进行有效关联，进一步预期市场变化、适应变化，以及通过制定和执行战略规划来抓住机遇。这种能力是获取未来收益的主要因素，对企业生存至关重要。供应工作必须有前瞻性。

供应战略是一个旨在实现既定发展目标的行动计划。作为长期规划过程的一部分，良好的战略，可以把公司与环境联系起来。整体供应战略基本上由以下六大类子战略构成。

（1）**供应保障战略**，旨在确保将来在质量和数量上满足供应需求。供应保障战略必须考虑需求与供应两个方面的变化（采购研究中的大多数工作重在提供相关的信息（见第17章））。

（2）**成本控制战略**，旨在降低所必需的采购成本，或者采购与使用这一生命周期的总成本。随着环境和技术的改变，材料、资源和买卖关系的变化，将有多种方法来降低组织的总成本。

（3）**供应链支撑战略**，旨在确保具有足够知识储备和能力的供应链成员，以最大限度地满足采购组织可能的需求。例如，买卖双方需要较好的通信条件，以及时了解并通知相应变化，确保供应库存与生产目标和需求相一致。供应链成员之间也需要建立更好的关系，以进行有效的沟通，确保更高的产品质量与更好的产品设计。

（4）**环境改变战略**，旨在预测和识别总体环境（经济、组织、人文、法律、政府的管理和控制以及系统适用性）的变化，从而使其成为采购组织的长期优势。

（5）**竞争优势战略**，旨在利用市场机遇和组织特点，形成采购组织显著的竞争优势。在公共部门，术语"竞争优势"通常解释为实现项目目标的强大性能。

（6）**风险管理战略**，上述五种战略从各个方面进行了探讨，不过还没有讨论风险管理的内容。因此，2.4节将对其进行扩展。这不是意味着它更重要，而是为了保持内容的完整性。

2.4　风险管理

每一个商业决策都存在风险，供应也不例外。金融投资中利用较高的收益率来补偿投资者或贷款人所承担的较高风险。供应风险主要分为三类：①运营风险，即物料流或服务流中断的风险；②金融风险，即所采购产品或服务的价格发生显著变化的风险；③声誉风险。

这三种风险都会影响组织的生存、竞争力和收益，并且它们有可能同时发生。

2.4.1 运营风险

每个业务连续性规划均认识到可能会发生供应中断与延迟。一些灾难性事件，如地震、龙卷风、飓风、战争或者火灾都可能使一个重要的供应商不能够供货。时长不等的罢工，甚至天气和关键道路上的事故造成的短期中断，或影响供应和（或）运输的任何其他短期因素，都可能影响采购组织为客户提供良好服务的能力。

与采购商和供应商不可控制的因素（如天气）不同，为了防止潜在的供应中断，供应商在选择上游供应商、内部管理和产品配送等方面可以直接处理。在制定采购决策前对供应商进行谨慎的评价可以减少日后供应中断的风险。在持续性供应关系中，与关键供应商的沟通至关重要。本章章末的萨博公司案例说明了这一点。雷·索尔斯重视关键原材料可能出现短缺，因此必须与他的供应商达成协议，以避免可能的供应中断。

不幸的是，供应中断会增加成本。如果最后一刻仍然需要替换供应商，那么代价可能非常高。劳动力和设备闲置，不能兑现对客户的交付承诺，其他公司对客户的掠夺，都增加了与之相关的成本。

2.4.2 金融风险

与采购产品或服务的价格变化直接相关的风险，是与供应中断完全不同的风险。石油价格的上涨影响到燃料、能源以及以石油作为关键原料的产品或服务的价格。这是产品市场中的一个简单例子。

惯用固定价格合同的采购者会发现，由于产品价格下降，竞争对手的竞争能力会增强。货币汇率的变化以及供应中断或短缺的威胁也将影响价格（在供应中断或短缺时，供应商会抬高价格）。税收、通行费、服务费、关税的变化也会影响总成本。

供应中断与价格/成本风险会直接影响组织实现目标与战略的能力，因此需要对其进行正确管理，无论是在供应方面、组织内部，还是在客户方面存在的供应链风险。

2.4.3 声誉风险

声誉的损失对公司来说可能是灾难性的。声誉风险可能比运营或财务风险更严重。所有法律和道德方面的问题都可能会影响到公司的声誉。"近朱者赤，近墨者黑"，不仅适用于个人生活，还适用于企业运营。因此，一个公司所在的供应链上成员的声誉会影响企业自身的形象。内部和外部的通信决策和供应人员的行为对公司都有正面或负面的影响。因此，伦理法律问题的内容（见第15章）与声誉风险高度相关。那些有关贿赂、回扣、质量不合格，环境问题处置不当，与品行较差的供应商合作等的负面宣传，对公司来说都是非常不利的。

2.4.4 供应风险管理

供应风险的管理可分为：①风险的识别与分类；②影响评价；③风险战略。

随着供应全球化的发展，供应网络越来越复杂，风险越来越难识别。前面高度简化地介绍了供应中断风险与价格/成本变化风险，还没有提及技术、社会、政治与环境因素相关的风险。通过系统故障，现有设备、产品或服务的淘汰，或者现有价格/成本的大幅度升高，技术可以潜在地造成供应中断。

为了满足特定需求而坚持采用长期固定价格合同的采购者，会发现其竞争对手采用高科技、低成本的替代品获取了巨大的竞争优势。严格的环境监管，会大大削弱供应商以预期价格交付或完全交付的能力。

消息灵敏的供应经理，最善于识别组织的各种供应风险。风险识别应当作为供应经理工作的一个标准要求，包括对事件发生概率的估计。

影响评估，需要对供应中断和/或价格/成本波动产生的后果进行评估。影响评估需要组织中其他方面的投入，如运营、营销、会计和财务等。对所识别风险的潜在影响评估可能会偏低、适中或偏高。

可以将事件可能发生的概率与潜在的影响评估结合起来，创建一个风险表格。左下角代表低概率、低影响的风险，右上角表示高概率、高影响的风险。

显然，高概率、高影响的风险需要尽可能地解决或者最好避免。

管理供应风险从供应层开始，将会升级到企业的整体层面。简单的供应风险管理方式，包括规避高风险的供应商，避免高风险的地理位置，双重或三重采购，维持安全库存，套期保值，并采用长期和/或固定或下降价格的合同与保护性合同条款等。很长一段时间以来，这些已经成为采购的标准内容。如果大多数买家以这种方式采购，他们就将所有的风险转移给供应商。然而，承担风险需要付出一定的代价，如果供应商承担该风险对供应双方都是有利的，那么应当要求供应商承担该风险。

2.4.5　企业环境

供应风险是任一组织所面临的各种风险之一。传统上，抵御金融风险是财务、不动产财产保险等部门的责任。可以以风险管理者或首席风险官为首，建立企业风险管理小组，将公司作为一个整体来评估其面临的所有风险，并寻求管理所有风险的最佳方法。

由于担心供应中断，供应经理决定不在政治不稳定的国家进行采购，但也可能错过获得以较高价格优势进行采购的机会。兼并和收购以及内包和外包中充满机遇和风险，供应部门的参与在有效化解企业风险中有至关重要的作用。本章不讨论一个组织应该承担多少风险，是自我保险还是寻找第三方保险。然而，很明显，风险管理将是供应经理越来越关注的领域。

图2-3是一个战略供应计划流程的概念流程图。重要的是要认识到规划过程通常侧重于长期的机遇，而不是主要针对当下的问题。

2.5　战略组成部分

在制定总体供应战略时可能涉及的具体战略机遇的数量仅受限于供应经理的想象力。任何战略的选择都应该包括是什么、质量、有多少、谁、什么时候、什么价格、在哪里、如何做和为什么的决策。我们对每一个内容都将进一步进行讨论（见图2-4）。

2.5.1　是什么

在"是什么"这一类别中，一个组织面临的最基本的问题可能是自制或采购、内包与外包。大概来讲，强大的采购优势将更有利于采购战略（见第 5 章 "自制或采购、内包、外包"）。

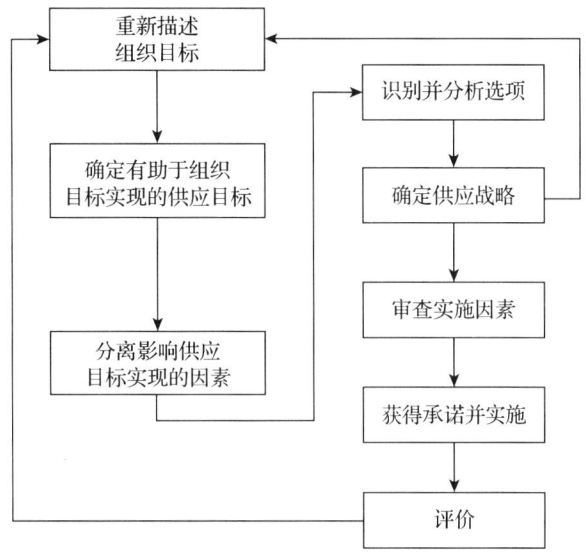

图 2-3　战略供应计划流程

1. 是什么
   自制还是购买
   标准还是特殊品
2. 质量
   质量还是成本
   供应商参与
3. 有多少
   大量与小批量（库存）
4. 谁
   是集中的还是分散的
   员工地点
   高层管理人员参与
5. 什么时候
   现在还是以后
   提前采购
6. 什么价格
   溢价
   标准
   较低
   基于成本
   基于市场
   租赁/自制/购买
7. 在哪里
   是当地的还是区域性的
   国内还是国际
   大规模还是小规模

   单源还是多源采购
   供应商流动率是高还是低
   供应商关系
   供应商认证
   供应商所有权
8. 如何做
   系统与程序
   电子商务
   协商
   竞争性招投标
   固定出价
   一揽子订单/开放订单
   系统合约
   团购
   物料需求规划
   长期合约
   道德规范
   积极还是消极
   采购研究
   价值分析
9. 为什么
   目标一致性
   市场原因
   内部原因
   （1）外部供应
   （2）内部供应

图 2-4　供应战略问题

这一类别也包括采购什么的问题，即组织是采购市场上充足的标准物品和材料，还是采购满足顾客特定需求的产品。标准产品在市场上可以很容易地获得，不过它们可能不能为组织提供特定需求产品可以提供的竞争优势。

2.5.2 质量

"什么"类别中部分与所采购物品或服务的质量有关。第 7 章讨论了质量需求下可能出现的各种权衡。其目的是实现生产或服务的持续改进。

供应商质量确保计划

许多公司总结出，制造出更加稳定的终端产品对于市场份额的维持或增长是必不可少的。供应商必须持续提供品质如一的材料、零部件；这也会明显降低生产成本和内部质量控制管理成本。因此，供应商能够明确质量要求，并制订协助供应商实现质量要求的质量确保计划。三种计划如下所述。

（1）零缺陷（zero defect，ZD）计划。"第一次做就做对"比"做错后改正"更节约成本。

（2）过程质量控制程序。这些程序使用统计控制图来监控各种生产过程以避免产生问题，并在质量较差的产品生产前做出必要的调整（更正）。采购方可能需要协助供应商引入其所需的统计技术。

（3）质量认证程序。在这里，供应商同意进行采购商要求的质量测试，并将测试数据提供给采购商。如果供应商进行必要的出场质量检查，且质量合格，那么采购商可以消除产品入厂检查程序与附带成本。这种方法几乎是在任一准时制（just-in-time，JIT）采购系统中都是一个关键因素，后续章节做了讨论。

2.5.3 有多少

供应战略中另一个主要组成部分是采购总量与单次交付产品数量的问题。第 8 章中讨论了各种可能的均衡采购数量。与以前一次性购买大量产品以获取价格优势不同，在准时制系统（JIT）和物料需求计划（MRP）系统中倾向于根据需求进行小批量采购。在理想的情况下，买家和供应商努力识别和消除供应链中的不确定性因素，减少系统中的库存持有量。转移库存所有权是一个解决"有多少"这一问题的可行方法。

供应商可能会给几个客户提供同一个类型的产品，因此会维持一定的成品库存。供应商为一组客户提供产品所需要维持的安全库存，可能会远远小于客户分别持有的安全库存的总和。这是系统承包成功实施的必要因素（在第 4 章进行了讨论）。

从战略的角度来看，供应部门希望分析所有关键物资的库存优先级，以此为基础与关键供应商制订合作计划。在满足交货需求的情况下，供应商维持占用一定空间与资金的安全库存。理想的情况是，采购与供应双方都应当努力消除系统中的库存。买方仓库中的部分产品库存可由供应商直接进行管理。

沃尔玛和飒拉两家公司形成了适合自身的供应链，并因此创造了竞争优势。这两家公司属于不同的行业，但在保持与竞争对手相同甚至超出竞争对手客户服务水平的情况下，能够保持低库存。

其他方法为准时制采购或寄货采购。如果一个供应商能够在规定的时间内提供质量合适、小批量的产品，采购公司可以大大减少库存投资，获得所需产品的持续供应，并减少接收货的检验成本。为了实现这一目标，需要制订长期计划，且买卖双方之间需要大量的合作与相互理解。

在寄货采购中，供应商的货物存放在买方的设施中，并由买方管控，供应商对库存货物具有所有权。买方有责任对寄货库存中提取的货物进行会计处理，支付所使用数量产品的货款，并通知供应商根据需求补充库存。双方联合对库存中剩余产品的数量进行周期性核验。这个战略对于供应商（确保产品存储量）和买方（降低库存投资）都是有优势的。该战略通常用于流通业。

2.5.4 谁

第 3 章将介绍谁应该去购买，以及如何组织供应职能人员的问题。关键的决策是供应职能应当集中化还是分散化，员工应当在哪些地理位置，高层管理部门与其他职能部门在何种程度上参加采购过程。为实现供应战略，团队作用需要发挥到何种程度？

2.5.5 什么时候

什么时候采购和采购多少两个问题是紧密联系在一起的。显而易见的问题是现在采购还是以后采购？关键在于提前购买与库存策略。在产品方面，提前采购就有机会进入期货市场套期保值。第 10 章提到，有组织的产品交易所提供了一个抵消现货市场与未来市场上的交易差额的机会，从而避免了一些价格较大波动的风险。

2.5.6 什么价格

任何一个组织都会采取某些特定的价格战略。这个问题在第 2 章中进行了深入的探讨。组织需要权衡的关键问题是：是否打算为获取供应商的额外服务与其他承诺而支付高价，比如获取与其他市场相一致的标准价格，或者获取可以取得成本优势的低价格？另外，与基于市场的战略不同，基于成本的战略需要使用大量的工具，如价值分析、成本分析和谈判。第 16 章介绍了固定资产、租赁或自建的战略选择。

2.5.7 在哪里

在很多情况下，采购部门面临着从哪里采购的问题。第 12 章"供应商选择"对这个问题进行了讨论。很明显，所需要权衡的问题包括：从本地、区域、国内还是国际采购；从小型供应商还是大型供应商处购买；单源采购还是多源采购；选择营业额较低的供应商还是营业额较高的供应商，以及供应商认证与供应商所有权问题。最后，通过反向营销或供应商培育，采购方可以创建而不是选择供应商。

2.5.8 如何做

在"如何购买"这一问题下存在大量的选择。其包括但绝不限于，供应链管理集成系统和程序，技术选择，电子商务应用，选用各种类型的团队，利用谈判、拍卖、竞标、合并式采购,以及订单系统,系统承包,团购,长期合同,采购伦理,积极或被动购买,使用采购调研与价值分析,质量确保计划,减少供应基地。其中的大部分将在本书第 3~12 章中讨论。

2.5.9 为什么

每一个战略都需要进行检查,不仅因为其包含各种可选的组成部分,而且要清楚为什么追求该战略。通常,制定供应战略是为了使供应目标与整体的组织目标在运营与战略层面保持一致。其他原因可能包括当前与未来的市场条件。此外,也会有组织内部的原因,无论是外部供应还是内部供应,都要采取某些战略。例如,基于特定的工程需求,有资质的工程部门会制定相关的战略。超额的可用资金可以进行逆向/垂直整合,以获取供应商。供应职能部门内部的原因与供应人员的能力以及数量有关。相对于欠缺资质的供应团队而言,一支训练有素的高效供应团队可以采取相对激进的战略。其他原因可能包括环境因素。例如,针对政府在产品责任和环境保护方面的管控,采取一定的战略。

多种战略选择的组合加上对企业成功潜在影响的大小,使供应战略成为一个令人兴奋的研究领域。强大的供应专业知识和创造性思维的结合,以及对企业目标和战略的充分理解可以促使组织发现战略机遇。这种机遇的规模与影响程度,在其他职能领域是不可得的。

本章小结

当前供应战略及其对组织整体目标和战略的潜在贡献引起越来越多的关注。这是整个供应领域中令人兴奋的进展之一。幸运的是,正如本章指出的,对任何供应经理而言,可行性供应战略的数量几乎是无限的。使这些战略与组织战略保持一致,可能是非常困难的。有效的供应战略发展的长期性观点迫使供应管理者更加注重未来。发挥供应职能对组织成功的全部潜力是一个很大的挑战。愿意接受这一挑战的供应管理者,在未来 10 年中将会取得丰厚的回报。

复习题与讨论题

1. 在当前的社会环境与发展趋势下,供应职能在制定公司战略方面起到什么作用?
2. 供应经理如何确定采取哪一种减少成本的战略?
3. 在公共采购中存在供应战略吗?为什么?
4. 为什么供应经理需要考虑雇用(或内部获得)没有任何供应工作背景的员工?
5. 为减少产品责任诉讼风险,供应工作应该怎么做?
6. 什么因素造成了当前企业对公司战略采购与供应规划的兴趣与关注?
7. 为了有助于组织战略发展,供应部门需要获取什么类型的数据,如何获取?
8. 供应部门如何在组织内部更有效地推销自己?
9. 你认为供应职能成为战略性职能的最大障碍是什么?
10. 供应职能为什么需要关注资产负债表?

参考文献

Carter, P. L.; R. M. Monczka; G. L. Ragatz; and P. L. Jennings. *Supply Chain Integration: Challenges and Good Practices.* Tempe, AZ: CAPS Research, 2009.

Cox, A. *Strategic Sourcing.* Warwickshire, UK: Earlsgate Press, 2008.

Hallikas, J.; A. K. Kähkönen; K. Lintukangas; and V. M. Virolainen, "Supply Management—Missing Link in Strategic Management?" *Journal of Purchasing and Supply Management* 17, no. 3 (2011), pp. 145–147.

Hitt, M. A., "The Relevance of Strategic Management Theory and Research for Supply Chain Management," *Journal of Supply Chain Management* 47, no. 1 (2011), pp. 9–13.

Johnson, P. F., and M. R. Leenders. "Minding the Supply Savings Gaps." *MIT Sloan Management Review* 51, no. 2 (2010), pp. 25–31.

Johnson, P. F., and M. R. Leenders. *Supply Leadership Changes.* Tempe, AZ: CAPS Research, March 2007, 106 pages.

Monczka, R. M.; P. L. Carter; and W. J. Markham. *Risk Management Across the Extended Value Chain.* Tempe, AZ: CAPS Research, June 2012.

Monczka, R. M. and K. J. Petersen. *Supply Strategy Implementation: Current State and Future Opportunities.* Tempe, AZ: CAPS Research, 2008.

Zsidisin, G. A.; G. L. Ragatz; and S. A. Melnyk. "The Dark Side of Supply Chain Management." *Supply Chain Management Review* 9, no. 2 (2005), pp. 46–52.

案例 2-1 斯巴达换热器股份有限公司

斯巴达换热器股份有限公司位于密苏里州春田镇。6月10日,其物料经理里克·科因接到制造业材料部门副总裁麦克斯·布里斯科的电话:"你们材料部门能为斯巴达新的商业战略做什么?我下周需要你们的计划。"

斯巴达换热器股份有限公司

斯巴达公司是世界领先的专业工业传热设备的设计者与制造商。其用户遍布各个行业,如钢铁、铝冶炼、水力发电、纸浆、炼油和石化。公司的主要产品包括变压器冷却器、电机和发电机冷却器、水力发电机冷却器、空气冷却换热器、变压器油冷却器。斯巴达公司将翅片管与久经考验的换热器相结合的设计,得到了北美及国际上的广泛认可。

斯巴达公司年销售收入2 500万美元,工厂面积为125 000平方英尺[⊖]。斯巴达公司是Krimmer公司的下属公司。Krimmer公司是一家大型私人公司,在全球拥有超过10 000名员工,总部在丹佛。

里克·科因将斯巴达在过去10年的商业战略总结为:"我们愿意为每一位客户有关换热器的需求做任何事情。我们愿意在车间做各种尝试来为客户提供独一无二的传热产品。"他补充说:"通过制造新型定制的传热产品,我们的设计和生产人员做出得到最大满意度的产品。设计与研究能力给了我们开发和制造满足顾客需求的任一类型传热产品的能力。10年前,我们是少数能在设计和制造方面为顾客提供定制服务的公司之一。因为客户愿意为定制产品支付更高的价格,该战略具有很大的商业意义。"

制造过程

斯巴达公司几个部门车间的生产运作支撑着产品线的定制服务。每个部门生产特定的零件,送到最终装配区域。每项工作,连同物料清单和工程图,从一个工作中心转移至另一个工作中心。所涉及的第一个过程是将均热管(流体的冷却管)安装到管座中。管座由铝制成。通过旋转挤压工艺,将管座接到内胆管上,在管座上形成螺旋。翅片的深度和它们之间的距离决定

⊖ 1平方英尺 = 0.092 903平方米。

了管表面的气流量,进一步决定了冷却效率和功率单位。

管制作好之后,开始制作机柜和端板。管是焊接到机柜和端板上的。将法兰盘焊接在端板另一边的成对的管上,以此来创建一个循环系统。然后,涂漆,安装风扇与电机。最后,进行泄漏和性能的测试,装箱并运送到施工现场进行安装。

材料部门

斯巴达公司的采购部门采购所需的所有原材料和组件,并负责库存的规划、补货与管理。

里克的职责是管理存储原材料的内部仓库,维持足够的安全库存,与供应商签订采购合同,确保采购的产品满足规范要求,并获得最好的价格。里克所在的部门包括两个采购员、一个材料控制员、一个稽查员和两个托运人。

斯巴达公司通常有多个原材料供应商。物料部使用超过350家供应商的原材料,当前的交货期分别为几天到6周不等。广泛的供应商基础,对采取定制化战略的公司来说是必要的。里克指出,斯巴达公司采购的产品中的大约35%是铝制品,主要是管板。工厂内原材料与半成品的平均存货价值为350万美元,其中原材料库存占了将近40%。里克估计斯巴达公司的库存周转率为每年4次,并认为这具有一定的竞争力。

制造业务部门经常抱怨材料短缺与缺货,定期库存审计发现实际库存与公司计算机系统中的库存记录有显著的差异。此外,大量的库存产品过时,被废弃掉了。里克认为生产人员在定期清除库存时没有做好适当的记录,致使制造部门的工作人员经常发现实际库存量会偏离既定的材料清单数据。

新业务战略

在过去10年中,换热器行业的竞争迅速加剧,大部分新的竞争者来自韩国和欧洲。韩国企业拥有低成本的基础,竞争优势主要是在价格上。欧洲企业则专注于产品线的标准化,侧重于大批量产品生产,并在交货时间和价格方面进行竞争。斯巴达公司在欧洲的竞争对手采用流水线生产,而不是批量处理或车间作业。

高级管理层认为来自欧洲和韩国的竞争是一个迫在眉睫的威胁。最近斯巴达公司的许多客户对定价和交货时间产生了更高的预期。为降低成本和加快交货速度,一些关键客户甚至决定牺牲定制设计服务,选择标准化设计的产品。

行业性质的改变迫使高层管理者不得不重新审视他们的商业战略。因此,为开发新的5年发展战略,斯巴达公司今年1月成立了由技术、制造和销售部门人员组成的跨学科工作组。

5月,其制定了新的企业战略,在6月1日这一整天的职工大会上,管理团队对其进行了审核。新战略主题为所有产品线的标准化,包括设计与制造两个方面。每种产品系列保留三四条基本的生产线,以减少生产线种类。销售部将不再接受定制化订单。新战略的目的是将交货时间从14周降到6周,并大幅度降低成本。

物料部门面对的新挑战

麦克思·布里斯科表示,他期望物料小组在支持新的公司战略上发挥重要作用,同时需要在下个星期知道里克计划的详细内容。工作组设定了一些雄心勃勃的目标。第一,成品的客户交货时间从目前平均的14周降到6周。第二,库存周转率的新目标是20次。与此同时,消除原材料短缺现象。第三,麦克思认为产品标准化也提供了降低产品采购成本的机会。他预计,原材料与零部件的采购成本在未来12个月内将降低10%。

里克完全支持公司所采取的新的发展战略,并视其为一个进行重大变革的机会。他知道麦克斯希望在一周后的会议上知悉其提出计划的详细内容。

案例 2-2　萨博公司

4月中旬，萨博公司的副总裁雷·索尔斯越来越担心马可尼尔材料可能存在的供应短缺问题。马可尼尔是制造空气过滤器的一种新型高技术原料。过去的两个星期内，萨博公司的3个供应商均建议雷·索尔斯签订长期合同。雷·索尔斯不知道签订长期合同是否是明智的。

萨博公司

萨博公司位于俄亥俄州克利夫兰地区，生产高品质的家用与工业用空调和供暖器。公司具有一个独立的由安装和销售中心组成的庞大网络来为北美市场的客户提供服务。去年公司的总销量额达8亿美元。

空气过滤器和马可尼尔

几十年来，萨博公司一直出售空气加湿器和空气过滤设备及空气加温与冷却设备。直到三年前，空气过滤设备销售额约占公司总销售额的7%，主要作为新空气制冷/供暖系统的附加件出售。然而，随着马可尼尔的出现，空气过滤器的总销售额开始显著增加。马可尼尔作为伴随美国太空事业出现的一个新型高科技产品，具有一系列不寻常的性能，备受各行各业的青睐。萨博公司开发了制造空气过滤器的新工艺，并申请了专利。新的工艺可将马可尼尔加工为很薄、很轻的细网状海绵材料，来过滤掉微粒。

该过滤系统改造了老旧的空调和供暖系统。如今对空气敏感、易发哮喘和过敏的人越来越多，新的萨博过滤器越来越受欢迎。此外，相比而言，电子空气净化器的安装成本高了数倍，并且每月都需要清洁，而马可尼尔过滤器只需每六个月更换一次，因此马可尼尔过滤器的销量保持稳定。马可尼尔过滤器中加入了一个紫外灯部件，可以杀死空气中的细菌。因此马可尼尔空气过滤系统是一个空气治理的巨大飞跃。

马可尼尔过滤器的制造成本只占其销售价格的28%左右。

空气过滤器的销售

三年前，马可尼尔过滤系统问世。萨博公司市场部举行了针对工业用和家用空气过滤器的重大促销活动。根据雷·索尔斯的经验，市场部准确预计销售的能力并不强。第一年，市场部预测马可尼尔过滤器销售额能达到100万美元，而实际却卖出了1 100万美元。第二年，预测销售额达到1 500万美元，而实际销售额为2 900万美元。第三年预测销售额达到4 000万美元，而实际为7 200万美元。市场部预计未来三年增长趋于平稳，每年增长20%。

马可尼尔过滤器的供应

比特尔化工公司是萨博公司第一个马可尼尔过滤器的供应商。该公司是为萨博公司提供油漆和胶黏剂的长期供应商，是一家大型、多元化经营并生产创新性化学物品的生产商，拥有生产马可尼尔的专利。雷·索尔斯不赞成单源采购，因此第二年面对马可尼尔的需求量大幅度增加，雷·索尔斯引入了第二个供应商——沃顿公司。该公司不仅生产马可尼尔原材料（在获得比特尔化工公司的许可下），在纺织和汽车领域还生产各种马可尼尔产品。第三年，雷·索尔斯已经获得第三个供应商——G.K.专业公司，这是一家相对比特尔化工公司和沃顿公司小得多的公司，经过许可生产应用在航空航天和军事领域的马可尼尔产品，也将一些卖不完的产品卖向公开市场。

三个供应商以相同的价格出售马可尼尔，且在过去的三年中价格不断上升。萨博公司从这三个供应商处对马可尼尔的实际采购量如表1所示。三个供应商的零售价格均是50美元。

表 1　萨博公司的马可尼尔采购量与价格

公司	产能（磅）	采购量（磅）		
		第一年	第二年	第三年
比尔特化工公司	80 000	5 000	10 000	20 000
沃顿公司	40 000	0	3 000	8 000
G.K. 专业公司	20 000	0	0	4 000
价格（美元/磅）		39.00	42.00	44.00

供应商提议签订长期合同

在 4 月的前两周里，三个马可尼尔供应商都拜访了雷·索尔斯，比特尔化工公司是第一个。每个供应商都警告说，马可尼尔供应短缺迫在眉睫，除非雷·索尔斯愿意签订长期合同，否则他们将不会再优先保证其供应。然而，每个供应商的方案是不同的。

比特尔化工公司提议签订一个五年的"照付不议"合同，承诺第一年提供 25 000 磅，并在之后的数年里每年都增加 20%。当前价格为 50 美元/磅，每季度根据能源、原材料与劳动力成本的变动而调整。

沃顿公司建议签订两年的合同，每年提供 10 000 磅，价格条款与比尔特化工公司类似。

G.K. 专业公司建议签订提供量为萨博公司年需求量 12.5% 的合同，且任意一方都可以随时解除合约，但当前价格为 56 美元/磅，且根据通货膨胀、能源、劳动力与物料的变动，半年调整一次价格。

尽管雷·索尔斯不太清楚马可尼尔产品的实际生产流程，但他听说增加产能需要很大的投资。他也明白，生产马可尼尔产品的三种原材料中的两种是工业流程的副产品，产量是稳定的。

由于雷·索尔斯能够基于季度、半年与年度合同采购到满足所有需求的马可尼尔产品，因此他并不倾向于放弃当前的供应行为。

他也听说了一些传言，说未来几年会出现一种可以替代马克尼尔的材料，价格低很多。因此，他想，这也是供应商着急与其建立长期合同的原因。

4 月 15 日

4 月 15 日，比尔特化工公司的销售代表给雷·索尔斯发了封邮件，建议 4 月 22 日开次会。邮件中说："销售经理会与我一同来，这样我们可以讨论关于马可尼尔的提案。如果你不能够通过提案，我们将不能够保证 8 月 1 日之后的供应。"

案例 2-3　福特汽车公司：统一业务框架[○]

托尼·布朗是福特汽车公司全球采购项目的高级副总裁。当前收尾工作为公司新的供应链战略规划——统一业务框架（aligned business framework，ABF）。ABF 将是公司迈出的大胆一步，可以大大改善福特公司和供应商之间的关系。托尼的想法是："我们想要一个可以在质量、技术、交付和成本上提供优势的供应链管理系统，并以一种有序的方式来执行项目，从而以更快的速度将产品推向市场。"[◎]

2005 年 8 月 10 日，托尼希望在下个月将要举行正式的公开宣讲之前，再请公司的首席执行官比尔对托尼建议的细节进行复查。ABF 将会大大减少供应商的数量，并且把这项战略规划交给那些跟他们有着长期合同的及参与过早期新产品开发的人。

[○] 本案例根据已出版材料编写，因此案例中的陈述不代表福特公司及其员工的观点。
[◎] Tom Stundza, "Ford Has a Better Idea," *Purchasing* 135, no. 12 (2006), p. 49.

托尼希望通过这项战略全面降低成本,从而给福特公司带来利益,而那些供应商也会获得长期稳定的收益。然而,问题是他将如何说服福特的供应商团体遵守ABF的原则。

福特汽车公司

福特汽车公司创立于1903年,是美国第二大汽车制造商,全球销量额大约为1 770亿美元。截至2005年,公司的全球品牌已有福特、林肯、水星、捷豹、路虎、阿斯顿·马丁及沃尔沃。㊀近年来,由于燃料价格不断上涨、产品价格折扣及回扣较大,"底特律三巨头"(通用、福特、克莱斯勒)汽车制造商都在激烈的全球竞争下艰难地生存。在最近的一个季度中,福特报道在一次交易中亏损了110亿美元,而最近公司的债券被下调到了垃圾债券的级别。为了扭转公司的业绩,福特宣布削减员工的数量,通过关闭工厂和销售赫兹汽车租赁部门来减少产能,并提高混合动力汽车的生产量。㊁

统一业务框架

福特的全球供应链包含2 500个生产性和9 000个非生产性供应商。福特在60多个国家运营,拥有107个制造地点。2005年,对大约250项生产性产品(例如加热和冷却系统、先进的电子科技和操控系统)以及500项非生产性产品(例如卫生保健、物流、软件、市场营销和广告服务)的总的购买支出达到了900亿美元。130 000多个生产性零部件的采购在总年度购买支出中占700亿美元。㊂

要求更大幅度的降价是司空见惯的,从历史上看,福特在供应商方面获得了大幅度的全面降价,平均约为3%。在这种环境下,福特和它的供应商之间产生了一种互不尊重的关系,年度绩效评价以及基于降价目标给予购买人员奖励,进一步加剧了这种关系。创建新的ABF战略,是尝试从对抗文化转变到合作文化的举措。托尼对于福特当前的供应链战略评价为:"在这个行业的商业模式中我们存在一个问题。我们的战略不能有效地为我们的供应商工作,也不能有效地为我们工作。当我们的公司被财政萧条的供应商、产品的价格冲击以及质量成本问题掌控时,很明显一定存在一个更好的方法来解决问题。"㊃

ABF战略的目标是,通过采用托尼·布朗认为的最佳供应链管理和供应商之间的关系实践方法,降低公司整体的成本。到2010年每年生产成本降低10%,即70亿美元。托尼·布朗认为:"在ABF下福特和精选的供应商之间可以形成一种环境,在这种环境中可以产生创新的想法,然后孵化,经过评估后融入我们的产品。"㊄在新的制度下,精选的供应商将会与福特的采购和工程项目经理一起致力于实现质量、成本和交付的目标。托尼计划提出的ABF的20个关键性的元素如表2所示。托尼·布朗这样描述ABF:"可以在北美以外实施的,对全球供应商更友好、更温和的合作战略"。㊅

㊀ Ford Motor Company 2005 annual report.
㊁ Jeffrey McCracken, "Ford Retools: Seeks Big Savings by Shaking Up Parts Supply System," *The Globe & Mail*, September 29, 2005, p. B19.
㊂ www.ford.com/aboutford/microsites/sustainability-report-2006-07.
㊃㊄㊅ Stundza, "Ford Has a Better Idea, p. 49.

表 2　ABF 的关键元素[1]

福特承诺	双方承诺	供应商承诺
• 提供供应商在技术、设计和测试方面前期的报销 • 长期采购 • 提高通用性与重复利用 • 提高产品、周期计划与预测采购量的稳定性 • 分享预计采购量与产品计划（大于三年） • 通过福特全球产品开发系统进行更严格的执行程序	• 达到最佳质量 • 数据透明 • 商定详细的成本模型 • 注重总成本，取消对垃圾等细节成本的重视 • 获取竞争性成本是首要工作，其次是逐年获得优惠价格 • 与全球制造、设计方公开合作 • 保持高层领导之间的沟通 • 数据交换的保密性	• 分享当前财务数据，以证明公司运营状况 • 援助其他供应商 • 管理并确保合适的工作条件 • 从少数族裔供应商与女性所有的公司中采购 • 在直接的二级采购方案中使用双方同意的多边协议 • 将为福特公司提供技术创新

托尼提出在 ABF 实施的第一阶段，公司供应组织将会重点关注 20 个具有高影响力的产品组，比如座椅、轮胎和保险杠。公司每年都会在这些产品上面对 200 个供应商花费大约 5 350 亿美元的资金。计划在 2009 年，将这些产品的供应商数量减少到 100 家。从长远来看，托尼的目标是将生产基地从 2 500 个缩减到 1 000 个。[2]

最后确定计划

托尼清楚，对于 ABF 将会如何实施，福特公司高管，以及公司采购组织成员和供应商们，会有许多关心的问题。实施 ABF 后，福特公司现有的供应商显然会分为赢家和输家，福特公司不得不告知现有的许多供应商以后将不会参与未来的项目。那些精选的供应商们将会有许多关于未来与福特之间的关系该如何发挥作用的问题。比如，由于产量的增加，预计供应商们将会从更高的产能利用率中获利。此外，更紧密的合作、新产品开发中供应商的早期参与，以及供应商的创新，都会带来额外的收益。

相关成本和利益该如何度量，并如何在福特公司及其供应商之间分配呢？

福特公司与供应商具有数十年传统的对抗关系。最近的一项关于北美一线汽车供应商的调查显示福特以 157 分，最终排名倒数第二，第一名丰田获得 415 分，第二名本田获得 375 分（500＝非常好，0＝非常差）。[3] 扭转和供应商之间的关系可能需要数年。考虑到在行业中以及福特公司内以往遇到的困难，托尼明白比尔·福特一定会有许多关于供应商对于 ABF 下公司动机的怀疑，以及 ABF 这项战略究竟要多久才能有成果。

托尼·布朗坚信如果这个公司还要继续生存下去，那么对福特供应链做出巨大的改变是必要的。当托尼准备和福特先生见面的时候，他在思考着如何继续实施 ABF，更具体地说，是如何说服供应商们遵守 ABF 的要求。托尼对 ABF 带来的挑战评价到："这不是常规的业务。我们不仅要求我们的供应商进步，我们自己也要进步。"[4]

---

[1] 由 Tony Brown 于 2005 年 10 月 7 日提出，www.oesa.org/cmspages/getAttchphp?id=180.
[2] Jeffrey McCracken, "Ford Retools: Seeks Big Savings by Shaking Up Parts Supply System," p. B19.
[3] John Henke, *Planning Perspectives*, Birmingham, Michigan, 2008.
[4] "Ford Key Suppliers Roll Out Innovative Business Model," Ford Motor Company press release, September 29, 2005, http://media.ford.com/newsroom/release.

Chapter3 | 第 3 章

供应组织

供应决策者的关键问题

我们应该
- 将采购和商品管理的职责分开吗?
- 采用跨职能类型的采购团队来制定更好的供应决策吗?
- 趋向更集中化吗?

我们如何
- 使供应组织结构更好地适应企业的组织结构?
- 从我们的供应组织结构中获得最大效益?
- 更有效地组织和管理团队?

在公共与私营部门中的每个组织,都在不同程度上依靠来自其他组织提供的材料和服务。没有哪个组织是自给自足的,就连最小的办公室也需要空间、热、光、能量、通信、办公设备、家具、文具以及其他各种用品来开展活动。因此,采购和供应管理在每个组织中都是一个关键的业务流程。几乎每个公司都会将供应职能作为组织结构中的一部分单独划分出来。供应管理面临的重要挑战是为了最大化供应职能对实现组织目标做出的贡献,如何确保企业资源、供应组织以及供应链(网)的产能得到有效利用。

管理竞争环境、公司策略和组织结构,使之均衡,对每家公司来说都是一个持续进行的流程。高级管理人员选择那些为解决竞争性挑战而设计的战略,并采用适当的企业组织结构来完成公司战略。供应结构必须与组织内部结构保持一致。首席采购官(CPO)所面临的挑战是如何管理供应组织以使其在预定义的结构内提供最大的效益。例如,高层管理者可能决定采用分散型组织结构,以便能够灵活地响应客户的要求。为适应企业组织结构,供应组织也可能被分散到各业务单元中。

供应职能部门的组织结构影响到供应部门如何履行其职责,如何与公司其他领域工作合作,并影响到供应工作人员所需要的技能和能力。无论采用什么样的结构,必须确保货物或服务能快速有效地配送到组织。这就需要进行人事管理和责任委派。管理供应组织中的人员,使之发挥其全部潜能是一个重大的挑战。

本章提出了三个问题：①供应管理的目标是什么？②如何组织供应工作以快速有效地实现目标？③供应管理的活动和责任是什么？

3.1 供应管理的目标

关于供应职能部门的总体目标，标准的说法是：它应当在无论短期还是长期内，均以合适的价格，获取合适数量的合适原材料（满足质量要求），且从合适的供应点（一个可靠且能及时兑现其承诺的供应商）在合适的时间内配送到合适的地点，并获取合适的服务（包括售前和售后）。供应决策者必须同时实现这七个"合适"的要求，正如魔术师努力同时保持几个球悬在空中一样。

如果所交付商品的质量/性能不合格或者比原定计划晚了两个星期到达，那么不管价格多低也是不可以接受的。另外，在处理商品紧急需求时，"合适的价格"可能高于正常值，坚持正常的交货时间将会导致更高的总体拥有成本。"合适的价格"是最低总体拥有成本的一个方面。供应决策者尝试平衡相互冲突的目标，并做出取舍，以达到这"七个合适"的最优组合。若想在短期和长期内均获得这种平衡，则需要供应经理具有战术和战略视角。

对供应管理总体目标更全面的解释包括以下九个小目标。

（1）提高组织的竞争地位。作为一个战略角色，供应管理活动必须着重为整个组织的策略、目的和目标做贡献。供应经理必须在供应链中识别并探索增加收益、管理资产和降低成本的机会。供应管理能够确保最低总供应成本，提供新科技，设计灵活的交货安排、快速的响应时间，获得高质量的产品或服务，以及产品设计和技术支持。

想长期成功运营的公司必须不断地在供应链中寻找机会，为它们的客户提供卓越的价值主张，供应就是存在这种机会的一个关键领域。战略供应关系着组织的长期生存和繁荣。它关注的是财务底线、利润表与资产负债表。第2章讨论了采购与供应管理对内部供应组织总体战略的潜在影响，明确了有利于提高组织竞争地位的内部供应战略。

（2）提供企业运营所需的持续的原材料流、商品流以及服务流。原材料、零部件和服务缺货或延迟交付将带来生产损失、收入和利润减少、商家商誉恶化等极其昂贵的代价。例如，①不采购汽车轮胎，汽车生产商就不能生产汽车；②不采购燃料，航空公司就不能保证飞机按照原定的计划起飞；③不采购手术器材，医院就不能进行手术；④一间没有配备维护服务的办公室将不能使用。

（3）保持库存投资与损失最小化。确保原材料供应不中断的一种方式为持有大量的库存。但是维持库存会占用一定的资金，这些资金将不能用在其他方面，且每年用于维持库存的成本可能是其自身价值的20%～50%。例如，如果供应部门在维持运营时，库存投资为1 000万美元而不是2 000万美元，那么在年度库存持有成本率为30%的情况下，库存减少1 000万美元，除了节省1 000万美元的流动资金外，还节省了300万美元的库存持有成本。

（4）保持并提高质量。对每一种输入的材料或服务都要求一定的质量水平，否则最终产品或服务将无法满足期望或将导致过高的成本。用于纠正一个质量不合格的产品的投入所带来的成本可能是巨大的。例如，一个装配到火车内燃制动系统的弹簧的成本不到5美元。然而，如果当火车在使用时发现弹簧是有缺陷的，由于拆卸更换弹簧，更换成本可能就是成千上万美元，包括更换弹簧所需要的拆卸费用，由于火车暂停服务所带来的铁路运营损失，以及可能导致的火车再订货成本。持续改进供应商质量，将直接关系到组织在全球范围内的有效竞争能力。

（5）找寻或开发一流的供应商。供应管理的成功取决于其将供应决策与组织战略结合在一起的能力，以及其定位或发展供应商、分析供应商、选择合适的供应商，然后与该供应商合作，从而获得持续改进的能力。只有最终选择的供应商同时具有响应能力与责任心，企业才能获得所需的商品和服务。

（6）在可能的情况下，实现所采购的商品及其采购流程的标准化。标准化是指在一个共同的规范或流程上达成一致的过程。规范与流程可以在一个组织、一个行业、一个国家，或世界范围内实现标准化。无论何时何地，供应应该不断努力对其资本设备，材料，供应品的维护、维修与运营（非生产性物料）以及服务的购买进行标准化。在市场上，对于材料而言，标准化往往会带来较低的风险，以及通过批量购买协议而获得较低的价格，并降低库存和跟踪成本，同时保持服务水平。对资本设备来讲，标准化可以减少非生产性物料库存，降低了对人员进行设备操作和维护方面的培训成本。对服务而言，标准化可以减少供应基地，降低运营成本，提供更加稳定的服务水平，同时降低了价格。供应管理流程的标准化同样能够缩短周期时间，降低交易成本，以及增加跨越职能或组织边界进行知识共享的机会。

（7）以最低的总成本采购所需的商品和服务。在一般的组织中，采购商品和服务的成本占了该组织总成本的最大份额。因此，在第1章中讨论的利润—杠杆效应可能是明显的。价格是用来比较不同供应商提出的相互冲突的建议的最简便的方法。然而，供应管理的责任是以最低的总成本获得所需的商品与服务，这就需要考虑其他因素，如质量水平、售后服务、保修成本、库存和备件需求、停工期。从长远来看，这些因素可能比原始购买价格对组织成本的影响更大。

（8）实现和谐、高效的内部关系。供应经理如果不能与承担其他职能的适当的人员进行有效合作，就不能有效地实现其目的和目标。因此，检查供应部门和关键的内部业务伙伴之间的关系是至关重要的。

供应部门和设计部门。任何所需产品或服务的价值，有将近70%确定于标准化采购流程的最初阶段，即需求的识别与描述阶段。因此，设计部门与供应部门之间的密切合作对确保产品或服务的规格正确是必不可少的。设计必须以终端消费者对价值、满意度的需求为驱动力，且要具有可制造性和可获得性。很明显，这种密切合作还需要营销、运营和财务/会计部门适当地参与，以识别机会和约束条件。在设计阶段，需要对所有不同的兴趣点进行适当整合，而这只有在各职能部门的专家们可以很好地表达他们的观点，并能够有效地进行团队合作时，才能发生。在设计阶段未能正确地对供应部门的要求进行考虑，将会导致产品或服务的性能不足、高昂代价的延迟、返工和终端用户不满意，这是非常常见的。

供应部门和运营部门。在大多数组织中，紧密的供应部门和运营部门的合作关系对卓越的运营至关重要。尤其在制造行业中，集成物流的总任务，在有效管理原材料流和信息流、设备、人员及空间的同时，一方面满足终端用户的需求，另一方面使用供应网络，这使之成为令人难以置信的挑战。有利且具有竞争性地满足质量、交货量、数量、成本总量、灵活性、持续性的目标需要运营者和供应管理者两个方面的战略与战术技巧。

供应部门与营销/销售部门。 因为供应管理与营销管理在谈判和顾客服务方面有共通之处，两者互为镜子一般，所以将两者更加紧密地整合在一起会产生一定的收益。虽然研究表明供应管理通常不归为营销规划的一部分，但是在组织中供应管理和营销管理通常共同为新产品的开发团队提供服务。供应部门可以提供当前和未来的市场情况方面的信息，以及与商业谈判相关的专业知识与技能；营销部门可以使供应部门了解到市场活动、特价促销以及销售预测的最新信息，并使供应部门直面终端用户，以更好地了解终端用户的需求。许多组织努力对广告和媒体等支出类别使用战略性采购流程。这需要供应部门与营销部门之间紧密合作。

供应部门与会计/财务部门。 在应付账款、规划和预算方面，供应部门和会计/财务部门之间相互影响。各部门的目标不一致，通常会导致某一部门的行为与其他部门的行为产生冲突。例如，会计/财务部门可能会采用与合同中支付条款相冲突的支付策略。从会计/财务部门的角度来看，尽可能长时间地持有现金是有助于组织实现财务目标的有效方式。从供应部门的角度来看，与关键供应商建立可靠、互惠的关系有助于提高财务业绩。供应经理常常认为，会计/财务部门过于关注持有现金的短期收益，而不是稳固的买方与供应商关系带来的长期利益，而这种利益受到合同支付条款的影响。增强供应部门与会计/财务部门之间的沟通并建立更加一致的目标，可以帮助缓解一些问题。供应部门在提供现金流预警、致力于库存最小化与提供市场信息三个方面为财务工作提供帮助。

（9）以尽可能低的运作成本实现供应目标。供应部门的运转需要以下资源：工资、通信费用、日用品费用、物流费用、电脑费用以及其他相关花销。它们应尽可能有效地、经济地实现供应目标。过程效率低带来浪费，导致额外的运营成本以及不必要的总成本。供应经理应该保持对采购与供应流程、方法、程序与技术手段进行尽可能的持续改进的意识。例如，减少交易成本的机会包括采用电子采购系统（从询价到支付过程的自动化）、采购卡，以及用于小额采购的电子目录。高效率的供应流程可以减少成本、提高灵活性、加快对市场需求的响应速度、增强适应性，同时使供应部门的工作人员更加聚焦于价值增值活动，由此为企业带来竞争优势。

供给目标最终必须有助于实现组织短期及长期的战略、目的与目标。可以采用多种不同方式组织供应流程与业务，以有效且高效地使供应部门的贡献最大化。

3.2 供应管理的组织结构

供应组织结构必须与公司的结构与战略相一致。此外，组织规模和供应的专业化需求也应当考虑在内。

3.2.1 中小型组织

实践证明将供应职能工作分配到供应专家、经过适当培训的人员以及拥有适当职责与权力的人士，而不是将其分配给供应工作为次要责任的人，将更有助于有效且经济地实现组织的目标。然而，在业务单元单一的组织中，特别是对于一些小企业来说，将供应工作分配给那些没有供应专长的各类人员，并通过他们从当地零售商与批发商那里购买所需产品与服务的情况并不少见。随着业务单元规模的扩大，出现了将供应责任分配给专业人员的思想，于是供应部门便独立了出来。

在业务单元单一的组织中，供应部门的规模与活动取决于许多因素，例如公司的规模和业务的属性。图3-1显示了一个典型的中型单一业务企业的供应组织结构。显然，在小型企业中，供应人员只有一两个人，工作人员根据自身能力与掌握的技能灵活发挥作用。而随着组织规模的扩大，供应职能工作将专业化，且公司将有能力聘请额外的供应人员。

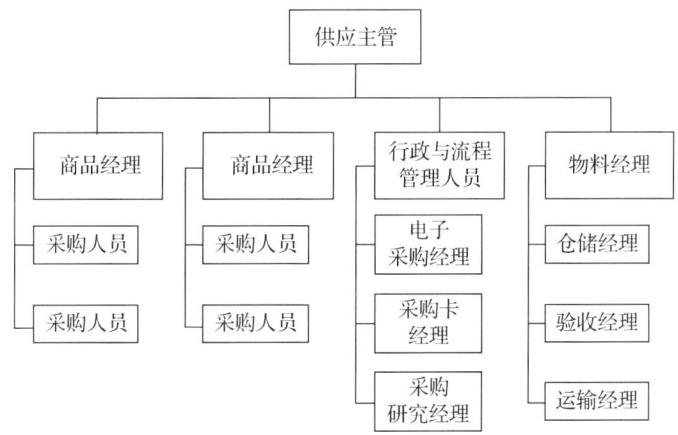

图3-1　单一地点、典型的中型单一业务企业的供应组织结构

3.2.2　大型组织

在大公司中，对于供应结构来说，集中-分散问题是至关重要的。公司的整体结构为供应结构设置了框架。结构的选择范围可以看作从"集中"到"分散"两个极端值之间的连续分布。"集中"指的是采购支出决策的制定方式，而不是采购和供应人员的地理位置。因此，企业供应部门管理或控制的支出金额反映了集中程度。有三种常见的组织模式。

（1）集中型，即将大多数与供应职能相关的权力和责任分配给一个中央组织。

（2）混合型，即权力和责任在中央组织、业务单位、部门，或经营工厂之间分摊。决策权力的分配方式决定了该混合结构更倾向于集中型还是分散型。混合型供应结构的一种类型是一个"中心主导型"的组织，即战略方向是集中的而执行是分散的。

（3）分散型，即与供应职能相关的权力和责任在整个组织中是分散的。

CAPS研究所编写了一系列广泛的基准报告，并通过其网站对外公布。基准报告包括参与报告的组织的运作层和战略层中供应人员的分类。

3.2.3　集中型与分散型供应结构

集中型与分散型各有其优缺点，表3-1、表3-2分别概括了集中型供应结构和分散型供应结构的优缺点。㊀

㊀ M. R. Leenders and P. F. Johnson, *Major Structural Changes in Supply Organizations* (Tempe, AZ: CAPS Research, 2000).

表 3-1 集中型供应结构潜在的优缺点

优　　点	缺　　点
• 注重战略层面 • 采购专业性更强 • 具有招募人才的能力 • 需求整合 • 政策与流程的协调与控制 • 有效规划与研究 • 常用的供应商 • 靠近组织中重大决策的制定者 • 足够数量 • 有利于企业品牌识别与塑造 • 拥有较大的权力 • 采购成本低	• 对业务模块缺乏关注 • 狭隘的专业化，工作无趣 • 集成化单源采购成本高度可见 • 公司员工过多 • 倾向于不同需求的差异最小化 • 缺少对特殊业务单元需求的认知 • 注重公司需求，而不是业务单元的战略需求 • 大多数知识单向共享 • 即便是常用的供应商，在不同地点、不同市场，行为也不同 • 离用户较远 • 容易形成组织孤岛 • 客户需要对特殊情况具有适应能力 • 高层管理人员不能对供应商付出太多时间 • 购买运营成本高

表 3-2 分散型供应结构潜在的优缺点

优　　点	缺　　点
• 与运营部门更容易沟通/协同 • 响应速度快 • 有效利用当地资源 • 各业务单位自治 • 汇报工作简单 • 不可分割的权力与责任 • 适合采购人员偏好 • 工作定义广泛 • 地理位置、文化、政治、环境、社会、语言与货币一致 • 供应成本不明显	• 业务单元之间更加难以沟通 • 鼓励用户不要提前计划 • 相对于战略层面，更注重运作层面 • 过于注重当地资源，忽略了更好的供应机会 • 对于可见性/有效性，组织中缺乏关键的"一个人说了算"的一部分人员 • 缺乏影响力 • 次优化 • 业务单元的偏好与公司偏好不一致 • 小差异被放大 • 在组织中汇报级别低 • 职能提升机会有限 • 忽略较大组织因素 • 与需求相关的专业性知识有限 • 缺乏标准化 • 供应成本相对较高

3.2.4 混合型供应结构

具有多个业务单元或部门的组织，通常销售不同类型的产品或服务，这需要采购不同的物品。该部门或业务单元通常被视作一个利润中心，其中部门经理承担运行该部门的全部责任，担任一个独立公司总裁的角色，并且根据该部门的利润判断其工作的好坏。由于采购通常是大多数运行业务中的一项最大的可控成本，并且对业务效率和竞争地位产生直接影响，因此利润中心的经理可能坚持对供应工作拥有直接的权力。公司将采用分散-集中型供应结构或者混合型组织结构，供应职能一部分集中在公司或总部，另一部分分散到业务单元中。

通常，企业供应组织与业务单元的供应部门合作，以更有效地在企业基础上处理如下任务：①政策、程序、管制措施与体制的制定；②员工的招聘和培训；③协调购买需要更多"影响力"参与的日常物品；④供应绩效的审查；⑤公司层面供应战略的开发。因此，混合型供应结构试图通过创造既非完全集中也不是完全分散的组织结构，来获得集中型结构和分散型结构两种形式的优势（见图 3-2）。

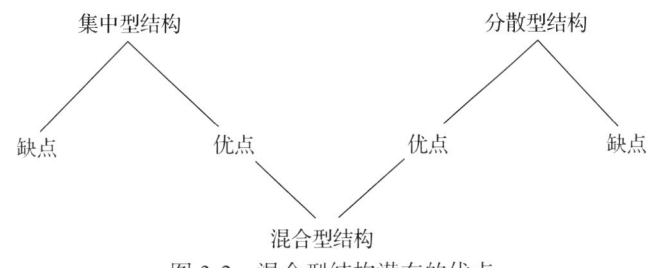

图 3-2　混合型结构潜在的优点

结构影响流程、程序、体制和关联关系。无论供应结构是集中的、分散的还是混合的，供应人员都必须致力于最大化结构优点并最小化结构缺点。供应经理可以通过开发和执行相关战略来克服困难，并充分发挥组织结构和供应结构的优势。

3.2.5　供应职能的专业化

致力于服务组织目标和宗旨，供应组织需要有责任明确的专业人员从事供应工作。供应部门的专业化促使员工在特定领域内发展专长，在供应组织结构内创建专业化团队。大部分大型供应组织包括以下四个方面的专业化小组成员：采购和商品管理、材料管理、行政管理及供应研究。

1. 采购和商品管理

采购和商品管理工作人员开发商品战略，识别潜在供应商，分析供应商的能力，选择供应商，并且确定供应商合同中商品价格、条款与相关条件；他们创建合同与采购订单。此活动通常因采购商品种类的不同而更加专业化，比如原材料（可进一步专业化）、燃料、固定资产、办公设备与日常用品，以及非生产性物料。图 3-3 就是美国迪尔公司中商品采购专员的工作描述。

职位名称：商品采购专员
部门：　　供应管理
工作职能：采购原材料、产品，并选择供应商或服务提供商，支持与企业目标一致的商品需求，供应商关系管理。
主要职责：
1. 管理供应商的选择与开发，包括成本、质量与生产系统评估。
2. 开发并管理组织内外部供应商/客户关系，包括合适的战略联盟。
3. 领导并/或参与相似的技术团队，促进供应整合到产品交付流程（PDP）中。
4. 评估设计、采购工具与质检流程的成本有效性，确保产品满足规格需求。
5. 提出产品设计更改的建议，通过员工或者供应商参与来影响产品的设计。
6. 开发并实施供应管理战略，以管理成本、质量与持续性改进。
7. 设计物料控制与物流目标。
8. 作为战术与战略采购职能部门以及业务单元之间的沟通渠道；参与团队活动。

图 3-3　迪尔公司商品采购专员的工作描述

项目采购是商品管理的一种变体，是基于特定的制成品或项目进行专业化的采购和谈判。这就要求采购者自始至终熟悉项目的各个方面。大型总承包商的供应部门可采用项目采购。每项工作的采购都是临时、独立的项目组织的一部分。在项目的结束期，采购者会再被指定跟进另一个项目。美国国防采购大学培训专业化的项目经理，负责采购和开发新的军事设备。这种项目可能持续长达 20 年。

2. 材料管理

签署合同后，项目团队管理合同，直接监管供应商提供的材料与服务的流向，跟踪供应商商品配送并确保商品质量，以避免任何意外的破坏。一旦出现问题，材料管理团队强制要求并帮助供应商解决问题。材料管理活动通常由当地工厂和管理层负责，并且包括与供应商就相关需求，如订购数量与发货日期等，进行定期沟通。图 3-4 是迪尔公司供应管理计划员的工作描述。

职位名称： 供应管理计划员
部门： 供应管理
工作职能： 推进、规划并 / 或分析对所采购物料的需求，使之与确定的物料需求量以及库存控制指标相一致。与供应商协调，确定程序性协议，获得交付承诺，并再次解决质量问题。

主要职责：
1. 管理具体供应商的绩效，以及日常业务规划和供应商关系管理。
2. 规划并 / 或实施库存目标，规划并 / 或开发交付系统，以实现物料控制目标（如准时制交付、P.O.U.D.、EDI）。
3. 根据需求来规划物料采购，推进拖延或可能拖延的产品的交付。
4. 根据系统的输出，确定所需要的物品，并监察采购物品的供应商，以确保准时交付。
5. 参与到供应商的日常问题解决 / 纠正行动中：废弃、回收、再利用，或者替换掉拒收的物料；对购回的产品满足规格需求负责。
6. 作为战术与战略采购职能部门以及业务单元之间的沟通渠道；参与供应管理团队活动。
7. 实施当前零件修订，包括工具，并估计成本，将其作为决策处理活动的一部分，也检查工程决策，并反馈。
8. 执行价格 / 经济订货批量分析，比较多个报价，包括单价、运费、关税与绩效系统，以及供应商的评级，并调查发票的价格错误。

图 3-4　迪尔公司供应管理计划员的工作描述

3. 行政管理

该团队负责正式采购文件的准备与递送，管理部门预算，提供部门运营的必要数据，并且准备高管与供应部门所需的报表。这些员工需要合理地管理信息系统的运行，包括网上采购系统、B2B 电子商务和电子数据交换（EDI）。

4. 供应研究

供应研究人员从事特定项目中的有关信息收集、分类整理以及数据分析的工作，以便做出更好的采购决策。相关活动包括关于替代材料的使用、长期需求、价格和供应预测的研究，以及对有效的供应商生产和交付产品或服务的成本进行分析。

该小组还负责进行基准研究。全球汽车供应商江森自控公司使用其"材料最佳商业实践"流程，在商品层面对采购进行标准化。由供应、技术和财务人员组成跨职能团队，评估商品，并与供应商合作以消除或缩小双方对性能要求的差距。⊖

3.2.6　直接支出与间接支出的结构

直接支出包括直接用于最终产品或服务的所有物品；间接支出由运行组织所需的商品和服务组成。间接支出包括购买专业服务、公用事业设备、运输、员工福利和日常用品。在许多组织中，高度集中的供应团队控制直接支出。这是有道理的，因为任何接触最终用户的物品支出是值得由专业人员进行管理的。

另外，间接支出通常是在结构化采购流程的循环之外的，供应权力和责任掌握在内部用户的手中。例如，一个需要招聘临时劳动力的营销经理将会以自己的方式执行采购流程。这种高度分散的方法导致对临时工的支出是分散的，包括多个供应方、多种工资水平、不同的合同条款和条件。出现这种情况的部分原因是人们认为这种类型的采购需要一定水平的知识和专业技能，而供应部门通常不具备这些知识与技能。

对战略成本管理关注的加深，使得很多高级经理把注意力转向间接支出，以实现节约、减少或规避（不发生）成本。为了更好地管理间接支出，一些组织将间接支出类目列入采购流程中。其他组织希望供应经理说服内部用户，遵循一个结构化的采购过程是有价值的。在某些情况下，供应部门提供分析和建议，但由预算所有者做出采购决定。由内部用户（各业务单元）、买方或商品经理组成的跨职能团队，可能会被赋予给出此间接支出类目的责任。站在间接支出的角度对供应商的评价和选择将在第12章中详细地讨论。任何不经过结构化采购流程管理的采购资金，可能成为节约、减少或规避成本的目标。

3.2.7　供应组织变革管理

公司经常对供应组织结构做出重大改变。高级采购研究中心的研究着重回答两个问题：①为什么在大型企业中供应组织中有那么多的结构性变化？②如果混合型组织结构在理论上具有如此大有吸引力，那么为什么很多大型公司不使用和/或放弃使用这种结构呢？⊖首先，研究人员发现，组织结构的改变是由整个企业组织结构的改变造成的。首席采购官自由选择他认为适合当前情况的供应组织结构的情况不会出现。相反，供应组织结构要求与整体企业结构一致。因此，供应管理人员面临的挑战是如何使组织结构的弊端最小化，同时使组织结构带来的利益最大化。

其次，当对供应组织结构做出重大改变时，有许多执行方面的问题需要考虑。组织结构的重大变化影响了许多人的生活，并在工作人员之间创造了一种忧虑的气氛。实施变革给首席采购官带来了巨大的压力，其不仅要担心供应部门日常事务的管理，还必须成功地实现组织变革。这些问题造成的挑战往往导致在实施重大结构改革时需要向顾问公司寻求帮助。

本章章末的兰伯特马丁汽车系统公司的案例，描述了一个具有分散型供应结构的大型汽车零部件公司。其最近任命了一位新的首席执行官，他面临的问题是该公司是否应该重新审视其组织结构并使一些供应活动集中化。

⊖　M. Siegfried, "Fundamental Best-In-Calss Values," *Inside Supply Management* 19, no. 7, (2008)p. 30.
⊖　Leenders and Johnson, *Major Structural Changes in Supply Organizations*.

1. 集中化变革

在供应职能向更集中化改进的过程中，组织需要关注的两个问题是：供应人才的来源和企业总支出相关信息的获取。在转型期间，供应部门各层次的人才来源是主要问题。企业内部可能并不存在经验丰富的高级企业级供应工作人员。如何以及在哪里发展这样的人才是一个重要的执行问题。一些企业把更多的重点放到组织内首席产品官的信度上，而不是参考以前的供应经验。其他企业任命具有供应经验的新的首席产品官来处理变革流程。在初中级水平上，需要其他在合同等领域具有专业技能的人才。在通常情况下，人们认为分散型组织中现有的供应人才缺乏新的集中型环境下所需要的专业培训或经验。

2. 分散化变革

美国高级采购研究中心在对供应组织结构分散化过程的研究中，发现了一个特别的实施问题：如何有效地解散集中的供应单元。例如，安大略电力公司创建了一个共享的服务职能部门，该部门负责整个公司的协议谈判、建立并维护公司的采购政策，而供应业务单元负责材料的管理活动。德国 Hoechst 公司则创建一个独立的法律实体，即 Hoechst 国际采购部门。该部门也为其他公司提供采购服务，并收取服务费用。以上两种情况的主要目的是至少保留一部分供应职能组织核心的供应能力与人才，同时适应公司新的结构要求。

3.3 组建供应组织

确定了企业组织结构，无论选择什么样的组织结构形式，组织内部工作安排已经产生。组织结构设计是基于职能、产品还是业务流程，这些都已无关紧要；真正重要的工作是必须根据战略规划和组织目标来分配和执行工作。从逻辑上讲，组织规划和工作安排是战略目标和组织设计一体化的重要部分。

下面的内容描述了供应组织设计的关键方面（包括首席采购官的角色）、供应职能在组织中的地位，以及供应部门的汇报关系和内部关系。即使研究的焦点是大型供应组织，但许多理论对较小的供应组织也是适用的。

3.3.1 首席采购官

首席采购官或首席供应官（CSO）被定义为"公司的法人办事处或主要部门的'最高级'或'最高水平'的管理者。其中的主要部门如战略业务单元（SBU），拥有正式的权力和责任管理其企业从外部供应商采购商品和服务的采购职能"。[⊖]首席采购官的职责可以在管理者和部门之间进行分配和分摊。但是首席采购官的职能、职责和权力必须得到明确。此外，供应职能化意味着供应部门中所有合理的职责必须由首席采购官承担，包括维系供应网络关系以及组织全方位的需求。基本原则是，供应部门存在特定的且被广泛认可的职责，相关职责应当由独立的小组完成，该职能小组的地位与组织中其他关键职能部门的地位是一样的。

供应管理领域的变化已经影响到了各个方面，包括该职能的名称、从事该职能工作

⊖ T. E. Hendrick and J. Ni, *Chief Purchasing Officers' Mobility, Compensation Benchmarks, and Demographics: A Study of Fortune 500 Firms* (Tempe, AZ: CAPS Research, 2007).

的员工称谓，以及需要完成的工作任务等。在美国北部大型组织中，拥有最高供应职位的员工没有通用的职位名称。根据供应职能在组织中的角色、汇报关系，及其在组织结构图中的位置，职位名称可能是首席采购官、副总裁、董事或经理，其职责可能是采购、日常购买、供应管理、战略采购、物流或供应链管理。战略采购与供应副总裁、采购副总裁、供应链管理副总裁、全球采购总监，是常见的首席采购官的称谓。本书案例中使用的职称名称均为当前广泛使用的头衔。

1. 首席采购官简析

下面对首席采购官的一般性描述来自美国高级采购研究中心最近的研究。[一]首席采购官的平均年龄大概在51岁，并受过良好教育，且在其所属的组织工作了14年以上。其中在首席采购官职位上的任期是4.6年，相比于1995年的5.9年下降了一点。大多数首席采购官都有供应方面的工作经验，在研究中接近80%的首席采购官曾在其他岗位上工作过。大约70%的首席采购官担任过副总裁，而且这些称谓中通常包括采购、购买、供应链或供应管理这些字眼，如全球采购副总裁或供应链管理副总裁。

通常在首席采购官和首席执行官之间有一两个级别。常见的首席采购官的汇报关系是高级副总经理/集团副总经理（22%）、执行副总裁（17%）、财务副主席/CFO（17%）和总裁/首席执行官（13%）。在CAPS的研究中，77%的首席采购官会向前五名职位类别（总裁/首席执行官、首席运营官（COO）、执行副总裁、高级副总裁/集团副总裁、财务总监/财务副总裁）之一汇报工作。

首席采购官对如公司旅游、餐饮服务、房地产、硬件和软件、打印和福利等非传统的采购工作有全权管理的责任。此外，首席采购官对物流（包括运输、车队管理、仓储、物料搬运、订单处理、库存管理、供应/需求规划以及第三方物流公司的管理）、质量、应付账款、文件/合同管理，供应流程主从关系，材料、配送及设施管理有责任。

2. 首席采购官职能的发展趋势

过去10年关于首席采购官的职能和作用出现了以下几种发展趋势。[二]

- 教育水平不断提高。几乎所有的首席采购官都拥有学士学位，大约一半具有硕士学位，通常是工商管理硕士学位。
- 汇报关系正在改变。相比于20世纪八九十年代，首席采购官现在需要向更高级别的管理者汇报工作。
- 相对于内部提拔录用，从外部聘用来的首席采购官的数量增加。首席采购官在组织内的任期从1995年时的18年下降到2011年时的14年。超过1/3的首席采购官是从其他公司聘用过来的。
- 越来越多的首席采购官从供应职能之外的职能领域雇用而来。这种情况占到了美国高级采购研究中心所有研究案例中将近40%的比例。
- 当一个新的首席采购官取代现有首席采购官时，现有首席采购官要么晋升，要么离开公司到另一公司获得同样的职位。

[一] P. F. Johnson and M. R. Leenders, *Supply's Organixational Roles and Responsibilities* (Tempe, AZ: CAPS Research, May 2012).

[二] P. F. Johnson and M. R. Leenders, *Supply Leadersip Changes* (Tempe, AZ: CAPS Research, 2007).

- 首席采购官汇报关系的平均变化年限是 2.5 年，这意味着通常首席采购官将在其任期内至少有两个不同的老板。
- 首席采购官这个职位在许多组织中仍然是新设置的。

3.3.2 汇报关系

首席采购官向哪个管理层汇报揭示了供应职能的地位以及其在组织内受重视的程度。首席采购官有副总裁的头衔，并向首席执行官汇报，这表明供应职能已被公认为一个高级的管理职能。CPO 通常不需要向首席执行官汇报，在大型组织中首席执行官承担从股东关系到公司战略的广泛职责。向其他前五名高级管理人员进行汇报，也能够为供应职能提供发挥重要作用的组织影响力。这些个人可能会在组织面临的供应链问题上花费更多的时间和产生更多兴趣。如果在组织中供应职能所汇报的管理层级别太低，供应职能对企业发展战略的影响就可能微乎其微。

当供应职能没有被给予与其他职能相同的地位时，它必定隶属于一个高级职能。在许多情况下，供应职能部门向首席财务官汇报工作，因为供应方面的决策对现金流量、年支出规模和库存占有资金数量有直接影响。注重战略成本管理的组织，也将供应职能定位于财务职能之下。在每年生产成本比例较高的组织中，供应部门直接向顶层生产主管汇报。在共享服务模式中，供应以及法律、会计、人力资源和其他职能可能会向同一个行政副总裁汇报工作。在一个偏重技术的公司中，汇报对象可能是技术部主任，以在产品说明与质量控制方面加强沟通与协同。

影响供应职能在组织结构中地位的因素涉及很多方面。主要包括：

（1）购买材料和外部服务的成本占该组织总成本或总收入的百分比。高比例强调了供应职能有效绩效的重要性。

（2）所获得的产品或服务的性质。采购复杂的零部件或广泛使用分包策略，代表一个难以解决的供应问题。

（3）供应部门和供应商可以提供竞争优势的程度。

在决定供应部门向谁汇报工作时，重点要考虑供应职能在哪些方面可以最有效地对实现组织目标做出贡献。供应部门应当向组织中级别足够高的部门汇报工作，这样战略管理决策中关键的供应决策方面将受到充分的考虑。

3.4 供应活动和责任

供应管理即为给最终客户提供最大的价值而必须进行有效管理的一系列活动。供应的角色和责任分为四大类：①采购什么；②供应链活动；③①和②涉及的活动类别；④涉及的企业活动。⊖

3.4.1 采购什么

供应部门采购的物品根据组织的不同而不同，采购物品的增加和减少取决于买家所

⊖ M. R. Leenders and P. F. Johnson, *Major Changes in Supply Chain Responsibilities* (Tempe, AZ: CAPS Research, May 2012).

处的情境。采购部分包括原料、标准化和特殊化的直接购货、非生产性物料、资本、服务和转售。通常在采购和供应管理之外的是非传统采购支出类别。在一些组织中,采购活动仅限于采购与生产有关的材料和服务,把采购非生产或间接材料与服务的责任留给用户。

不在供应职能管理或控制范围内的年度支出金额比例从最低约 2% 到最高约 40%。这通常包括大量的资本设备、公用设施、保险、计算机和软件、旅游、房地产和工程建设服务。在许多组织中,高级管理层已认识到自身供应团队的技能带来的重大机遇,以及在采购非传统材料和服务时使用结构化采购过程带来的收益。

案例 3-1 表明了在大型服务组织中供应管理可以降低成本。这个案例中的表 1 提供了采购支出类别,包含直接采购费用(农场用品)以及间接采购费用(出差)。

3.4.2 供应链活动

企业努力通过供应运作来获取利润—杠杆效益并创造竞争优势。在广泛的职能范围中,包括一些非传统的职能在内,供应职能相对承担着更大的责任。相对于与供应职能相关的传统"购买"活动而言,现今的供应管理组织具有更多的职责。即使在同一行业,供应职能所处理的事务也因公司而异。然而,不论公司规模大小,大多数供应组织的活动很类似(见表 3-3)。

表 3-3 供应活动

责任范围	活动
采购/购买	● 建立原材料、服务与资本项目的采购合同与供货协议 ● 管理与供应商选择、供应商评估、谈判和合同管理相关的关键采购流程
采购研究	● 识别更好的供应管理技术与方法,包括基准管理流程与系统 ● 识别市场的中长期变化,设计合适的商品战略来满足未来的需求 ● 识别供应链发展趋势,以及获取更好的原材料与服务的机会
库存控制	● 管理库存并加快物流配送 ● 建立并检测供应商管理库存系统
运输	● 管理进料物流与出货物流,包括运输方式的选择
环境与投资回收/处置	● 管理供应链相关活动,确保符合法律与管制要求,并与企业环境政策一致 ● 管理剩余材料与设备的处置工作
预测与规划	● 规划生产,并预测短期、中期与长期市场需求
外购与外包	● 评价潜在的供应商,协商合同条款 ● 支持内部生产到外部供应的转变,反之亦然
非生产/非传统采购	● 管理非生产/非传统采购的成本的有效交付,例如办公用品、安保服务、清洁服务、广告与保险
供应链管理	● 实施和管理与关键供应商的关系,包括开发供应商以及供应商参与跨职能与跨组织团队 ● 开发供应战略,以通过供应网络为终端客户提供价值并促进组织目标实现

在任何组织中供应活动的添加或删除可以分为内部聚焦或外部聚焦。内部聚焦活动包括应付账款、集中协调采购、成本管理、法律、物料管理与物流、生产计划、质量和供应预算和财务管理。外部聚焦活动可能为供应商聚焦或客户聚焦。供应商聚焦活动包括进料物流、供应商发展、供应商原材料采购、供应商评价和通信、电子采购与外购或外包。客户聚焦活动包括出货物流、参与新业务发展与新产品开发,以及项目与客户投标支持。

3.4.3 参与类型

在供应链活动中,供应活动的参与类型包括:无参与、记录式参与、专业参与以及有意义的参与。无参与类型意味着完全排除供应活动。在记录式参与中,供应部门作为记录器、采购订单的发送者或出价的接收者,但重要的供应决策是在供应部门外部做出的。专业参与意味着在重要的采购流程阶段,供应专业人员有机会发挥其专业特长。有意义的参与类型意味着供应小组以外的各方都愿意并且能够在自身工作领域中将供应活动考虑进来。他们经常并积极地请求供应人员提出建议并提供援助,反过来,也参与制定供应决策。而传统上认为制定供应决策是供应部门的特权。度量参与是否有意义的指标为供应部门参与重大公司活动的程度。

3.4.4 参与公司活动

重大的战略性企业活动包括并购、新设施规划、新产品开发、外包、收益增加、技术规划、企业的电子商务举措与企业降低成本的举措等。

3.4.5 行业类型对供应活动的影响

在不同行业中,供应职能责任也不同。生产离散性产品的公司,如汽车公司、消费类电子产品公司、服装公司、家具公司等,市场对产品的需求大,且处于动态性变化中。生产产品具有巨大压力。这些压力影响着企业供应职能,但这种情况在商品导向型的流程工业中很少发生。这些压力包括消费者偏好的改变、产品创新与相对较短的产品生命周期。

在生产离散性商品的工业企业中,采购的物料和服务同时在销售成本中占很大比例。例如,采购的物料和服务可以占到生产一辆汽车所需平均成本的 60%~80%,因此从事离散性产品生产的公司中都可能会有供应部门,且在物料周期的每一步,包括从产品设计到生产,都发挥着关键作用。

在流程工业企业中,如石油和天然气、化工、玻璃、钢铁行业,供应职能的作用通常与离散商品工业企业不同。许多流程工业企业有两个供应组织:专业化供应组织,如商品交易部门,经常处理重要原材料的采购;采购小组,负责采购设备运行所需的原材料、必需品与服务。例如,大多数大型综合的石油公司中原油的采购通常由一个商品贸易部门负责,而其他物品的购买则由供应组织负责。因此,尽管物料和服务的采购成本可能占销售总成本的很大一部分,但在流程工业企业中,供应部门通常不负责最重要的单一原材料的采购。

在不以营利为目的的公共部门和服务部门中,购买的大多数物品最终由组织内部自身使用,而不是再次销售,如分销和零售企业。在快速增长的组织中,资产性采购可能占总采购支出的很大一部分。

3.5 供应团队

与过去相比,现如今公司组织的结构更加精简化、扁平化,具有更高的适应性与灵活性。跨职能团队取代了刚性职能结构,具有更高的灵活性。跨职能团队覆盖了职能组织,推动组织决策权分流到组织结构的较低层次。跨职能团队将来自不同职能领域的人聚集在一起，并且致力于同一项工作。通常认为，相对个人的努力而言，由于团队成员具有不同的技能、知识与能力，团队工作可以获得更优越的成果。他们也促进跨职能合作与交流，而且可以促进组织中的共识建设。

许多职能部门采用团队工作的形式来实现各种目标，例如产品质量、成本或产品交付的改进，产品开发，流程设计与技术管理。这些团队可以是基于项目的，也可以是持续进行的。项目团队成员在有限的时间内一起实现一个具体的目标或者达到某个结果，如完成一个资本项目或电子商务计划。持续性团队会一直持续下去，例如管理采购过程和供应商关系的商品采购团队。

3.5.1 领导与管理团队

转变为基于团队的工作形式，需要高水平的执行力以及对管理层和团队成员的培训。决定成功的关键因素包括：

- 具有支持性的组织文化、结构和系统。
- 具有一个共同的强制性目的、可度量的目标以及个人与组织的反馈。
- 需要为了客户满意而不是个人的成功来组织团队。
- 所有的职能领域都参与到预先的计划中，共享领导角色且角色转换具有弹性。
- 需要在合适的地方（在一个需要他们技能的团队里）、合适的时间（当需要那些技能的时候）具备合适的人（正确的资质）。
- 具有一个共同的、一致认可的工作方法，且投资于高层沟通。
- 专注于绩效和执行，将决策权交给适当的层级。
- 在整个项目生命周期内整合所有相关职能部门和各个团队。

通常，高级管理人员尽力通过使用团队合作的方式将分散式供应管理模式的灵活性与集中式供应管理模式中的购买力与信息共享结合起来。可使用的采购和供应管理团队有多种形式，包括跨职能团队、供应商团队、客户团队、供应商-客户团队、供应商委员会（关键供应商）、采购委员会（只有采购人员）、商品管理团队（只有采购人员）和公会（与其他公司一起联合购买）。

3.5.2 跨职能供应团队

跨职能团队的成员来自集中解决供应相关任务的多种职能领域。普遍认为高效的跨职能团队能够更好地完成任务，即以更低的成本、更少的时间，给整体团队带来更多好处，并扩大利益相关者的权益。高效的跨职能团队采用并行而非顺序的工作方式来节省时间。举个例子，如果关键利益相关者团队共同参与到从概念到设计、完善、开发和推广这一流程中，那么这一流程就可以更好地开展，被更广泛地接受，并进行得更快。相比于非团队作业的方法，这个时间周期更短但更多的工作集中在该流程的开始阶段。

采购团队、新产品/服务开发团队和商品管理团队是三种重要的跨职能团队。

1. 采购团队

跨职能采购团队包括供应部门人员与其他相关职能领域的代表。该团队可以致力于较大范围的项目，包括制定降低成本战略，制定当地、商业单元或组织范围内的采购策略，评价与选择供应商，执行价值分析，分析费用支出，并寻求合作机会。

例如，为了促进内部战略性业务调整，磨坊公司（General Mils）的首席采购官创设了一个叫采购运营主任的职位。采购运营主任的主要任务是与跨职能运营部门一起制订重要的战略方案。跨职能运营部门由市场、研发、生产、分销和会计等职能人员组成。采购运营主任在团队中引入采购视角，担任领导角色，使采购战略和业务单元战略达成一致。作为年度业务计划的一部分，采购运营主任提出具体倡议，其绩效根据团队成果进行评估。⊖

2. 新产品/服务开发团队

有效的新产品/服务开发进程可以提高组织的竞争地位。通过并行工作而非顺序工作的形式，跨职能团队可以缩短开发周期，提高质量并且减少开发成本。若干关键职能组——通常是设计、技术、制造、质量保证、采购和营销，同时开发新产品，而不是每个职能组执行其任务，并将项目传递到下一个职能组。因为产品成本很大一部分都来源于材料的购买，因此需要供应商参与到早期的产品开发过程中。报告显示许多供应管理者会更多地参与到新产品/服务设计与开发过程中。

3. 商品管理团队

当支出很高，产品复杂且对组织成功至关重要时，商品管理团队将成立。通常，商品管理团队是持久性团队，其提供更多的专业知识、更充分的跨职能协调和沟通，能更好地控制标准化项目，能更多地与供应商进行交流。他们制定并实现产品战略，以实现总成本的最小化。该团队从事了许多活动，包括供应基地减少、需求整合、供应商质量鉴定、订货交货管理、项目成本节约和供应商关系管理。

第 13 章的德尔菲公司的案例描述了公司怎么使用跨越了化学、电气、金属和技术四大类的将近 30 个商品管理团队来管理将近 80% 的支出。

3.5.3 其他形式的供给团队

除了以上三种共同形式的跨职能供应团队外，还有至少六种形式的供应团队：供应商参与团队、客户参与团队、供应部门与内部客户协同定位供应团队、购买组织中供应商协同定位团队、供应商联合会和供应委员会。

1. 供应商参与团队

供应商是否参与跨职能采购团队取决于任务的性质。例如，团队的任务是开发供应商产能或提高供应商响应能力，则将供应商加进团队内是有意义的。但是，当团队任务是评估和选择新的供应商时，则不宜将供应商作为团队成员。

供应商参与到产品设计阶段中，可以创造出巨大的效益，这在离散制造业是非常常见的，如汽车和消费电子产品。在波音 777 商用飞机的开发过程中，供应商深度参与到跨职能团队，成功完成设计与生产并创下了纪录。汽车制造商定期由供应商来设计重要的零部件，例如座椅系统。案例 2-3 介绍了福特汽车公司在产品开发过程的早期引入供应商，以识别成本与质量改进及供应商创新的机会。

⊖ Johnson and Leenders, *Supply Leadership Changes*, p. 59.

知识产权和保密问题也许是供应商参与的最大障碍，特别是参与到新产品的设计中。为最小化知识产权和保密问题对团队有效性的潜在影响，一些企业要求供应商签署保密协议。

2. 客户参与团队

为了真正以客户为导向，一些组织将终端客户包括在他们的团队中。例如，当一个商业飞机制造商设计了一款新的客机时，航空公司潜在的客户参与到设计团队中是非常有意义的。从航空公司的角度来看，这些客户最为了解新客机航班所具有的特点，如预计满载率、航班路线、维护计划与客户服务战略。如果供应职能部门与终端客户都在团队里，则有更大的机会在最短的时间内获得最大的价值。

3. 供应部门与内部客户协同定位团队

采购人员和内部客户（如工程或运作）协同定位，个体之间相互认识并协同合作，可打破各职能之间的障碍。比邻而居可以促进形成更统一的意识，更好地了解彼此的目标、战略和面临的挑战。同时，当内部客户有疑问时，如果能够随时与采购人员沟通，则内部客户更容易参与到供应方面的决策中。购买人员可以通过向其他部门提供可用信息、供应商和特殊商品等在内的市场情报推销自身价值。最好的卖点在于产生可以度量的结果，例如降低成本、提高质量或者更好的产品规格。

4. 购买组织中供应商协同定位团队

由于采购组织尝试使用更少的人来做更多的工作，提高公司的生产力和竞争力，实现公司的目标，因此他们越来越多地需要供应商的专业知识和援助。关键供应商的人员驻扎在购买组织中，可以行使买方、计划者和销售人员的职能，改善买与卖双方的沟通与业务流程，完成通常由公司员工所做的工作，进而减少行政和销售成本。

5. 供应商联合会

一些大公司，如通用汽车公司和波音公司，使用供应商联合会来管理与供应商之间的关系。供应商联合会通常包括10～15名来自公司首选供应商的高级管理人员，以及6～8个采购公司的高层管理人员。例如，通用汽车公司有两个主要的论坛来与供应商进行正式讨论。通用汽车的供应商联合委员会包括10个全球供应商，他们与该公司全球采购及供应链副总裁每月会见一次，探讨广泛的、全行业的主题。第二个论坛是一个全球通用汽车公司供应商商务会议，通过网络直播的方式与供应商每月会面，获得关于通用汽车特定问题的相关建议。参加网络直播会面的供应商代表了通用汽车股份价值的将近80%。

供应商委员会通常每年会面2～4次，并处理采购公司供应政策问题。目的是与供应基地发展供应商关系并加强沟通。供应商委员会允许供应商积极参与采购公司的供应管理活动，并与关键供应商沟通供应战略，及早识别供应基地问题，并在成本、质量与交付等方面达成具有竞争性的目标。

6. 供应委员会

供应委员会也被称为采购委员会，一般由公司高级供应人员组成，用来促进公司内部各业务单元、部门或工厂之间的协作。许多公司将供应商委员会作为在各分散的业务单元之间共享信息的手段，或用来协调特定问题相关活动的手段，该问题可能涉及多个供应群体。委员会的目标是妥善管理买方与供应商之间的关系，并鼓励其持续改进。

例如，威尔曼是聚酯纤维和聚对苯二甲酸类塑料零部件的制造商和分销商，其具有分散性供应组织，其中工厂采购人员向工厂的经理汇报。公司采购委员会由工厂的采购领导组成。它集中在规范采购流程、规范各工厂的货物和服务、整合需求并调整生产量来降低价格，及精简采购流程。该委员会还会制订年度经营计划和目标采购。○

3.6 联盟

采购联盟是协同采购的一种形式，公共和私营部门均采用这种方式以较低的总成本获取更广泛的服务。采购联盟的形式可以是从非正式团体形式（通过经常性会议来讨论采购问题）到正式集中联盟形式（创建管理成员供应活动）中的一种。在非营利组织中联盟是非常普遍的，特别是教育机构和卫生保健机构。基于互联网的联盟（被称为电子交易所或电子市场）运营能力，且缺少反垄断障碍，激发了营利部门对联盟这一概念的兴趣（见第 4 章和第 15 章）。

通过降价减少成本是创建和参与采购联盟的主要动机。除此之外还可以精减员工，使产品和服务标准化，提高供应商管理能力，促进员工专业化以及提高客户服务水平。

尽管优势很多，但是参加采购联盟还存在以下顾虑。○

- 反垄断问题。合作可能被美国反垄断部门或联邦贸易委员会管理视为反竞争行为。
- 官僚主义。该联盟可能会变得官僚、难以管理，甚至要花费高额代价进行协调。
- 复杂性。担心"公开报名"将导致汇集的买家对买卖双方关系具有不同的需求和理念，从而导致难以处理的复杂度和功能障碍。
- 竞争对手。担心竞争对手可能加入。
- 机密性。敏感信息的泄露。因此，通过联盟方式采购的大多数项目是非战略性的，例如非生产性物料组件和例行服务。
- 供应商的阻力。强大的供应商可能会拒绝加入联盟。
- 分销渠道。一些成员认为现有的分销商提供了合适的价格和服务。
- 平等。目前公司与供应商有优先关系，或者通过联盟获得搭便车的机会。组织成员规模大小不等，可能在福利分配方面造成困难。
- 不确定性。一些受关注的成本不会下降但服务水平却下滑了。
- 标准化和法规遵从性。需求的唯一性程度和标准化产品与服务的成本。
- 管制。担心失去控制和隶属关系。

成功的联盟通过实现以下六个目标来解决这些困难：⊜

○ Leenders and Johnson, *Major Changes in Supply Chain Responsibilities.*

○ T. E. Hendrick, *Purchasing Consortiums: Horizontal Aliances among Buying Firms Buying Common Goods and Service* (Tempe, AZ: Center for Advanced Purchasing Studies, 1997); P. F. Johnson, " The Pattern of Evolution in Public Sector Purcahsing Consortia," *International Journal of Logistics: Research & Applications* 2, no. 1 (1999), pp. 57-73.

⊜ Hendrick, *Purchasing Consortiums: Horizontal Alliances among Buying Firms Buying Common Goods and Services.*

（1）通过降低价格，提高质量及更好的服务来降低联盟成员的总成本。

（2）消除和避免所有真正的以及有可能违反垄断法条例的行为。

（3）安装足够的保障措施，以避免机密和专有信息披露的各种实际与可察觉的威胁。

（4）各利益相关者之间，包括购买公司/成员、供应商与客户、相互且公平地分享风险、成本和利益。

（5）对联盟中利益相关者保持高度的信任和专业精神。

（6）保持联盟成员之间强大的相似性，以及对需求、功能、理念和企业文化的强大兼容性。

本章小结

对供应职能来说，没有一个完美的组织结构。供应职能的组织结构反映企业的整体结构。无论是在集中、分散或混合的组织类型中，供应高管所面临的挑战是如何最大限度地提高组织结构的利益。在过去10年中对组织相关问题的研究提供了非常有用的见解，以创新的方式整合供应职能和供应商，来更有效地实现组织目标和战略。不管供应职能位于组织结构的哪个位置，供应组织的每一个成员都有机会改善与内部客户和供应商的关系，努力为实现组织目标做出更大的贡献。

复习题与讨论题

1. 阐述一下下列组织的供应目标：①公司生产汽车；②一个大型快餐连锁餐厅；③金融机构；④综合石油公司。
2. 在一个高度集中的结构中，供应经理所面临的挑战是什么？在一个高度分散的结构中，其工作又是怎样的呢？
3. 在小型和大型组织中实现供应专业化的手段有何不同？
4. 给首席采购官职称命名的依据是什么？其在什么情况下需要向营销、技术，或其他关键业务部门进行汇报？
5. 用什么指标来证明供应是"有意义的参与"？
6. 在扩大首席采购官权力的过程中所面临的挑战是什么？
7. 当被要求将供应组织从集中式结构改变为混合式结构时，你将考虑哪些实施因素？如果从分散到集中你又会考虑哪些因素？
8. 团队购买是如何影响未来10年的采购/供应职能的？
9. 为什么要以及如何建立一个联盟购买燃料、石油、家具、瓦楞纸箱或办公用品？

参考文献

Driedonks, B. A.; J. M. P. Gevers; A. J. van Weele. "Managing Sourcing Team Effectiveness: The Need for a Team Perspective in Purchasing Organizations." *Journal of Purchasing and Supply Management* 16, no. 2 (2010), pp. 109–117.

Feisel, E.; E. Hartmann; L. C. Giunipero. "The Importance of the Human Aspect in the Supply Function: Strategies for Developing PSM Proficiency." *Journal of Purchasing and Supply Management* 17, no. 1 (2011), pp. 54–67.

Hendrick, Thomas E. *Purchasing Consortiums: Horizontal Alliances among Firms Buying Common Goods and Services.* Tempe, AZ: Center for Advanced Purchasing Studies, 1997.

Hendrick, Thomas E., and Jeffrey Ogden. *Chief Purchasing Officers' Compensation Benchmarks and Demographics: A 2001 Study of Fortune 500 Firms.* Tempe, AZ: Center for Advanced Purchasing Studies, 2002.

Johnson, P. Fraser. "Supply Organizational Structures." Critical Issues Report, CAPS Research, August 2003.

Johnson, P. Fraser. "The Pattern of Evolution in Public Sector Purchasing Consortia." *International Journal of Logistics: Research and Applications* 2, no. 1 (1999), pp. 57–73.

Johnson, P. F., and M. R. Leenders. *Supply's Organizational Roles and Responsibilities.* Tempe, AZ: CAPS Research, May 2012, 118 pages.

Johnson, P. F., and M. R. Leenders, *Supply Leadership Changes.* Tempe, AZ: CAPS Research, 2007.

Leenders, Michiel R., and P. Fraser Johnson. *Major Structural Changes in Supply Organizations.* Tempe, AZ: Center for Advanced Purchasing Studies, 2000.

Leenders, Michiel R., and P. Fraser Johnson. *Major Changes in Supply Chain Responsibilities.* Tempe AZ: Center for Advanced Purchasing Studies, 2002.

McCue, Cliff, and Eric Prier. "Using Agency Theory to Model Cooperative Public Purchasing." *Journal of Public Procurement* 8, no. 1, 2008, pp. 1–35.

Nollet, Jean, and Martin Beaulieu, "Should an Organization Join a Purchasing Group?" *Supply Chain Management* 10, no. 1 (2005), pp. 11–17.

Schneider, L., and C. M. Wallenburg. "50 Years of Research on Organizing the Purchasing Function: Do We Need Any More?" *Journal of Purchasing and Supply Management* 19, no. 3 (2013), pp. 144–164.

General Motors 2013 Sustainability Report, www.gmsustainability.com/report.html#/issues/supply, accessed February 17, 2014.

案例 3-1 艾奥瓦升降机公司

斯科特·麦克布莱德是艾奥瓦升降机公司的采购总监,正在审查他的分析师凯西·里奇收集的信息。他与高管团队计划于6月11日星期三举行会议。艾奥瓦升降机公司的首席执行官沃尔特·莱特里奇要求斯科特在会议上介绍采购部门的五年计划。在准备会议时,斯科特要求凯西准备一份报告,分析公司在过去一年中与外部供应商的所有支出。现在是6月3日,斯科特知道为准备下周的会议,还有很多工作要完成。

艾奥瓦升降机公司

艾奥瓦升降机公司是美国最大的粮食处理公司之一,总部设在艾奥瓦州的得梅因市。该公司的年收入有23亿美元,雇员超过2 500人。它的两个业务部门是粮食处理和营销部门与农业供应部门。

在中西部地区的粮食装卸和市场部运营约300台谷物升降机。该部门约占公司总收入的75%,虽然从上一年起,干旱影响了农作物的生产导致总收入下降了20%。在过去的五年中,该公司已在升级其升降机系统中投入巨资,以提高吞吐量和提高在关键地区的能力。

农场用品部门通过其乡村升降机网络以及大约30个营销中心来销售农作物保护产品、设备和产品、肥料和种子。这个部门的收入在过去五年翻了一番,作为利用公司的乡村升降机网络使其收入基础多样化的战略的一部分。

艾奥瓦升降机公司过去有稳定的财务业绩和盈利能力,使其名声斐然。然而,在过去的三年中,该公司的盈利能力出现了持续的下滑。在最近的财政年度中,它在税后损失了1 100万美元,运营资本急剧下降。管理层将这种令人失望的结果归因于谷物处理量较低、市场销售部门以及市场竞争的加剧。尽管其市场占有率在不断上升,但农产品供应部门的营业利润率仍然保持不变。

出于对公司财务业绩的关注,董事会做出决定,将对高管团队做出改变。2月,沃尔特·贝特里奇作为粮食处理行业的老兵,被推为新的总裁兼首席执行官。不久之后,若泽·索萨加入了艾奥瓦升降机公司,成为新首席财务官。沃尔特和若泽曾一起在艾奥瓦升降机公司的竞争对手公司工作过。

加入艾奥瓦升降机公司后,沃尔特立即创造了一个削减成本的重大计划,它将使员工人数、资本支出预算和费用减少。在这一过程中,他要求斯科特·麦克布莱德向执行管理团队提交一份五年计划,包括年度成本削减目标。

采购和供应管理

斯科特监督一个11人的小组(见图1),他们负责满足总部和一些区域销售和行政办公室的需求。其主要工作是采购信息技术(硬件和软件);打印表格、小册子和广告;购买办公用品和租赁公司汽车。在过去的一年中采购组织的唯一的变化是由于航空旅行和汽车租赁合同变为旅行协调员。采购组织是公司服务组织的一部分,也包括人力资源和信息技术组,并向CFO报告。

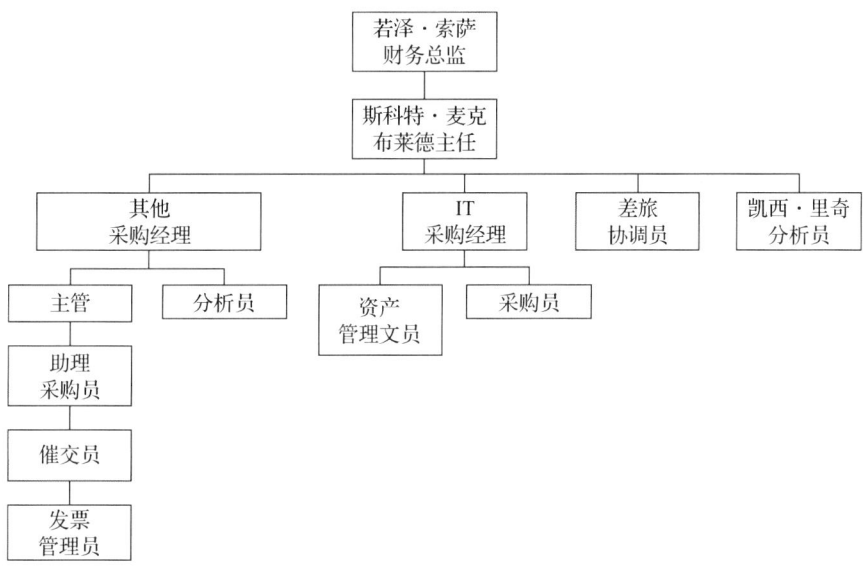

图1 艾奥瓦升降机公司的采购部门

艾奥瓦升降机公司有分散管理的历史,个别部门考虑自己的业务和底线绩效。因此,当地的升降机管理人员采取自主行动,仅负责当地的市场份额和盈利能力。此外,升降机管理人员也对农作物保护产品、肥料、种子的数量、种类做出相关决策以保障零售运营,升降机的采购在本地处理,并根据年度经营预算中规定的支出限额进行监测。

农场用品部门有四个产品经理负责三个主要产品部分(作物保护产品、设备和用品、肥料和种子)。这些人是负责选择供应商、产品组合、品牌推广和辅助电梯和营销推广的区域中心经理、新产品开发、库存规划。

公司支出分析

在5月初的一次会议中,沃尔特·莱特里奇和若泽·索萨要求斯科特在6月11日的一次高管管理团队会议上提交采购部门的五年计划。沃尔特已经安排了一些高级管理人员提出他们的计划和想法,使公司回归盈利。会议期间,沃尔特评论斯科特:我期望采购能够节省成本,你的团队需要在公司中发挥更重要的作用。你需要解释你能提供什么,并解释你打算如何实现你的目标。就我而言,一切都在桌面上了。我们需要提升公司的盈利能力,我不害怕做出一些重大的改变,我们如何运行这一业务,需要提出一个完善的计划。

意识到自己需要制订一份周密的计划，斯科特需要一些关于他自己分析结果的证据支持，这些支持来自助手凯西收集到的组织的数据。数据采集主要集中在两个问题上：①艾奥瓦升降机公司在外部供应商上花了多少钱；②公司拥有多少存货？数据采集过程是基于不同层次、不同地点的管理系统的多样性而进行的。斯科特认为，如果能够利用更多的时间，凯西可能会捕捉到更多的支出和库存数据，凯西的分析确定了公司的总支出为 7.28 亿美元。虽然公司处理了超过 1 500 个供应商，20 个供应商占总支出的约 45%，前五名供应商占 35%。前五名供应商包括两个铁路公司和三个为农场部门供应作物保护和肥料的供应商。她估计，农场用品部门的平均年度库存近 1.2 亿美元，年采购额为 3.1 亿美元。凯西的主要调查结果摘要见表 1 和表 2。

表 1 公司的总支出

支出类别	年度支出[①]（千美元）
农场用品	254 406
信息技术与通信	17 187
会费	26 301
能源	8 602
金融服务与利息支出	24 461
车队	4 229
保险	5 239
包装材料	10 551
专业性劳务	7 708
维修与施工	127 829
运输服务	208 927
差旅与娱乐	3 557
其他	17 350
杂项	11 926
合计	728 273

①数据为最近一个财务年度的数据。

表 2 农场用品库存

类别	平均库存	年采购金额（千美元）
农药	65 098	124 696
设备和用品	22 388	13 743
肥料	20 938	130 557
种子	10 389	41 787
总计	118 813	310 783

管理信息系统提案

斯科特意识到，管理信息系统团队需要给高层管理团队做类似的演示。首席信息官曾告诉斯科特说，他将要求在未来五年内超出标准升级费用之外拿出 1 000 万美元，预计每年节约费用约 50 万美元。

会议的准备

斯科特把即将举行的会议视为契机，通过这个会议，他要重新定义采购在艾奥瓦升降机公司的作用。他与执行管理层的会议预计将持续约 90 分钟，他想制订一个五年计划，每年具体目标包括成本削减目标。他对未来一年的计划必须是非常具体的，包括可识别的项目和计划、时间表、项目计划和预期的成本和效益。

作为其计划的一部分，斯科特希望支持他建议所需的预算和人力资源需求得到满足。虽然他认为他的员工是有能力的，但他也认识到，如果要将企业采购的作用扩大的话，他将需要新的管理资源。因此，他也打算提出一个新的组织结构，建立员工计划及采购部门的预算。

斯科特回顾了凯西的报告，他开始考虑该从哪里开始和该如何去完成。他主要关心的是来自部门和地区的升降机管理人员的阻力，他想知道，如果真有阻力的话，他应该如解决。

案例 3-2 兰伯特马丁汽车系统公司

兰伯特马丁汽车系统公司的全球采购副总裁亚瑟·托马斯（兰伯特马丁汽车系统公司发动机系统团队成员），正准备迎接他职业生涯中最大的挑战。总裁兼首席执行官比尔·迈凯伦曾要求亚瑟接任该公司的新首席采购官，取代将在两个月内结束

8年任期退休的杰夫·特鲁德。第一步，比尔要求亚瑟针对采购组织的潜在变化收集了一些想法。在他们的会议上，比尔说，我们的业务计划要求公司从今年的100亿美元的销售额增长到5年后的150亿美元。我们必须利用我们供应链中的机会来支持我们的目标，并使成本保持一致。

比尔建议亚瑟审视目前的组织结构，开发替代产品，并与集团副总裁的想法保持一致，同时征求他们的意见。11月6日，星期二，亚瑟计划在月底与比尔会面，审查他的初步构想和建议。

兰伯特马丁汽车系统公司

兰伯特马丁汽车系统公司是立足于美国辐射全球的汽车行业的供应商，总部设在密歇根州的特洛伊。其起源可以追溯到早期的汽车行业。公司成立于1924，由兰伯特离合器和马丁齿轮公司合并组成。它是动力传动系统技术领域公认的领导者，提供改进燃油经济性、排放和性能的创新产品。其主要产品系列是动力传动系统部件，包括变速箱控制元件、发动机阀门部件、摩擦材料和涡轮增压器。它在22个国家拥有70家制造工厂，主要为大多数原始设备制造商提供零部件。

该公司在产品工程和新产品开发方面进行了大量投资。其工程师与客户密切合作开展新车项目，位于特洛伊的兰伯特马丁汽车公司技术中心也是新产品创新的来源。

兰伯特马丁汽车公司采用分散经营的模式，旗下拥有五个业务集团：发动机系统、排放产品、点火技术、发动机的冷却系统和传输技术。企业办公功能，包括会计、金融、人力资源、工程、信息技术、法律和一个小型的采购团队。集团副总裁自主控制销售与制造，包括采购过程。

销售最强的集团是传输技术集团，年收入约为30亿美元，而其他四个集团的年收入为15~20亿美元。在最近一个会计年度，销售成本占到了收入的80%，而采购占50%；销售、日常及行政费用占9%。税后净利润为6.9亿美元。

采购组织

大多数采购人员都设在五个企业集团中，每一个采购副总裁直接向他们各自的集团副总裁汇报。集团采购职能主要对采购战略、采购、质量控制、成本降低和供应商开发负责。企业采购管理小组管理供应商的技术、供应商计分卡、风险管理报告与供应商手册。从历史上看，首席采购官可以具有双重身份，在担任其中一个集团的采购副总裁的同时为企业采购组织负责。例如，杰夫·特鲁德拥有传动技术集团全球供应副总裁的头衔，同时作为公司的首席采购官。同样，在他的新职位上，亚瑟将保持目前担任的发动机系统集团全球采购副总裁的职位，并添加公司首席采购官这一头衔。

为会议做准备

亚瑟是一个机械工程师，有20年的汽车零部件行业的经验。他15年前加入了兰伯特马丁汽车公司，最初是在工程和管理产品排放的小组中上班。在工程部工作5年后，亚瑟被要求加入动机系统的采购组织。在过去的3年里，他担任战略采购经理、供应商开发总监和商品管理总监。

作为发动机系统集团的全球采购副总裁，亚瑟要向最近得到提升的比尔·迈凯伦即现任发动机系统集团副总裁报告。在他的任期内比尔将一直是集团采购的主管，亚瑟可以看到兰伯特马丁汽车公司的分散式采购组织结构限制了公司在其供应链中获取重要机会。采购组织在集团业务中缺乏沟通意味着对共同供应商的支出信息没有得到共享，进而错失了通过整合采购来降低价格的机会。此外，亚瑟认为，因为每一组采购有单独的组织进行采购、质量控制和供应商开发，因此可以通过增加集中度来提高这些活动的有效性，从而降低成本。

亚瑟最近读了美国高级采购研究中心发布的一篇名为"供应组织的角色与责任"的重要研究报告，报告指出调查中有大约10%的大公司采用了分散型采购组织结构，接近2/3使用了混合结构。鉴于新的首席执行官正在寻找在公司中做出积极改变的机会，亚瑟认为这是一个很好的革新兰伯特马丁汽车公司采购组织结构，重新定义团体和总部职能的角色与职责的时机。他与五个集团副总裁的会议定于11月中旬举行。当他坐在办公桌后时，亚瑟想知道在这些会议中他应该问什么问题。任何重大的变化，取得集团副总裁的认同都是必要的。此外，比尔·迈凯伦希望从亚瑟那儿得到一些利用采购功能为兰伯特马丁汽车公司的战略和财务目标做出更大贡献的备选方案。

Chapter 4 | 第 4 章

供应流程与技术

供应决策者的关键问题

我们应该

- 如何使用电子采购系统来提高供应流程的效率?
- 使用在线反向拍卖购买商品和服务吗?
- 建立供应商管理库存的项目以满足非生产性原料与产品库存计划的需求吗?

我们如何

- 更有效地处理低附加值采购?
- 优化流程,以使供应经理能更多地参与到采购的早期阶段中?
- 与我们的内部业务合作伙伴更有效地沟通?

在大多数组织中,识别与精简关键业务流程,是降低成本、增加收入和管理资产的机会。关键业务流程嵌套在组织的所有领域中,包括新产品开发、供应、运营、市场营销、销售和应付账款。一般来说,管理这些流程,了解怎样使每个流程更加高效,以及清楚每个流程如何与其他流程及活动相互作用,对于组织的成功至关重要。了解如何以及何时应用信息技术解决方案的业务流程也是一个持续的挑战。

在生产性企业中采购成本占总成本的 50%~70%,在服务性企业中占 30%~40%。这不仅表明了在大部分组织资源的采购中供应职能的重要性,同时说明了为各种成本支出设计高效的业务流程面临着巨大挑战。供应最简单的定义是为了获取商品与服务(供应商的责任)而进行的资金交易(买方的责任)。

第一个关键决策是:哪个或哪些流程将最有效地支持这个交易?随着供应管理职责范围的扩大,管理供应流程信息流的方式也得以增加。需求的性质将决定买卖双方的信息交流方式。是单次购买还是重复购买?如何协商采购量、规格与运输调度?此次采购是短期还是长期合同的一部分?如何定价?如何付款?

采购流程与几乎所有其他业务流程以及外部环境密切相关,因此企业需要建立一个完整的信息系统并进行跨职能合作。例如,供应部门必须与技术部门合作来确定产品的规格,与运营部门合作来确定生产计划,与财务部门合作来安排付款。在过去的 30 年里,在组织及其供应链网络中，信息的记录、传输、分析与报告中所使用的信息技术已经取得了显著的进步。

大多数人认识到信息与知识管理的战略重要性，也认识到将技术所提供的工具合理应用于业务流程中可以提高流程的效率和效果。网络与综合系统的可用性，比如企业资源计划软件，已对公司的采购流程与管理产生了实质性的影响。供应经理需要跟上科技进步的步伐，并且能够评估每一种新工具是否有助于实现公司的目标和战略。因此，第二个关键的决策问题为：什么样的信息系统可以提高供应流程的效率与效果。

本章的重点为：在一个强大的供应管理流程（其具有结构与规则）的关键步骤中。一旦理解了基本的供应流程，工具和技术则被用来提高整个流程或特定支出类别的效率与效果。如果过程本身是有缺陷的，那么在流程自动化前，必须对流程进行改进。记住，流程第一，技术最后。

4.1 供应管理流程

流程是指具有开始与结束节点并按照特定的顺序排列且具有输入与输出因素的一系列活动。供应管理流程始于需求识别，结束于对供应商及供应商关系的监管。步骤包括：识别与描述需求，识别潜在供应商来源，选择供应商，确定价格与合同条款，跟进与加快订单交付，收货，支付发票与监管。

无论供应管理流程牵涉多少职能部门，流程导向下管理者需要考虑整个流程中的信息流、物料流、服务流与资金流。职能导向下管理者只考虑其所在部门负责的步骤。如果供应人员在确定潜在供应商之后才参与进来，那么在需求识别和描述阶段，供应部门及其内部业务合作伙伴可能会失去供应与供应商方面价值增值的机会。由于采购组织的运营独立于各职能部门，采用顺序管理而不是并行管理业务过程，因而浪费以不必要的成本、很长的周期和错失机会的形式在流程中滋生。

之所以开发一个强大的供应流程有五个主要原因。
（1）涉及大量的采购物品。
（2）涉及大量资金。
（3）审计需求。
（4）绩效低下产生严重后果。
（5）供应职能对组织有效运作的潜在贡献。

4.1.1 战略与目标的一致性

供应流程优化的第一步是围绕为组织价值增值的机会建立内部共识，集中在：供应职能在什么时间、什么地点，如何有助于实现组织短期与长期的目标与战略？

为了使供应职能为组织做出充分的贡献，组织战略与目标需要保持纵向与横向一致性。纵向方面，如果职能或业务单元层次的供应战略与组织战略不同步，那么供应决策将阻碍而不是帮助组织实现目标（见第 2 章）。

各职能领域之间的横向一致也是必需的。例如，为了实现盈利目标，财务部门的现金流目标可能导致支付政策与供应部门的目标不一致。供应部门通过与关键供应商形成长期合作关系获取利润，而其中的付款条件是关键的谈判点。所有级别的人员都必须在纵向与横向上调整战略与目标，以最大化组织发展机遇。

许多职能部门的员工对采购流程的成功发挥着重要作用。在识别与描述需求时，商品或服务的用户与专家（供应商的内部用户或内部业务伙伴）起到了重要作用。他们通常是预算所有者，并且是技术说明、需求量、质量、交付和服务目标方面信息的主要来源。

内部用户如何以及何时与供应人员交流需视情况而定。有时，内部用户明确了要求，就需要向供应人员交接信息。其他时候，在需要识别和描述阶段，供应人员及时分享市场情报，如供应量、价格趋势或者新技术。在流程早期阶段可以创造价值时，内部业务伙伴与供应人员应该尽早开展交流，且两者通常共同参与到跨职能采购团队、新产品或服务设计团队与商品管理团队中（见第 3 章）。

然而，供应职能通常在分析与选择供应商、定价以及确定其他条款与条件（例如付款、交付、质量和服务）方面发挥主导作用。其他职能领域可能会参与进来。例如，运营、物流、仓储、运输与收货、法律、市场营销、信息系统、技术和应付账款都在此流程中发挥作用，但通常是供应职能外其他不同职能领域的一部分，具有与供应职能不同的隶属关系。

每个利益相关者对采购都有各自的目的和目标。当利益相关者之间目的与目标相冲突时，不必要的采购总成本可能会增加，包括购买成本、耗材成本与处置成本。考虑到这种风险，许多高级管理人员采用跨职能团队形式，并建立共享或公共的目标、目的与准则，来创建以流程为导向的工作方式。

4.1.2 确保流程的法规遵从性

提高供应流程内部的法规遵从性具有很大挑战。通常，供应员工不可以制定未经授权的采购决策（有时称为"独立购买"）。"独立购买"往往带来更高的总成本，并破坏供应在内部与外部的可信度。因此必须识别出并消除不合规情况产生的根源。

组织结构影响流程的法规遵从性。在高度分散的组织中，业务单元、工厂或部门层面制定供应决策。在这种情况下，由各站点的领导人建立供应委员会将有助于提高供应流程的法规遵从性。委员会的主要工作为标准化产品、服务与跨站点业务流程；整合需求并平衡价格与产量；精简物料管理流程；制订年度商业计划；建立供应目标。如果没有供应委员会，各站点供应职能领导人不乐意参与到供应委员会，那么组织可能对相同的商品与服务有多个供应商，拥有不同的采购价格、合同条款和条件，质量和服务的水平也不同。即便在高度集中的组织中，也可能存在较高的不合规性。流程改进与内部业务伙伴之间信息传递的一致性有助于提高法规遵从性。

组织文化也会影响流程的法规遵从性。在一些组织文化中，经由高层管理者授权后使用供应流程可以停止或减少"独立购买"行为。在其他组织文化中，授权作用很小，且供应人员必须说服用户遵守相关程序。

信息系统可以消除替代性采购途径，缩短流程周期，并让用户相信可以最小化交付延迟。通过以上方式，信息系统可以强制规避不合规性。

4.1.3 信息流

供应流程中有四种基本信息流。

内向流 ①组织内发送到供应部门的信息流,包括物料与服务的需求报表。②从外部信息源发送到供应部门的信息流。这些信息来自供应商(如价格与交付)或其他来源(如一般市场情况和进口关税)。

外向流 ①供应部门提供给组织内其他部门的信息流,包括供应商的定价、市场状况,以及用于现金流预算的供应预测信息。②从供应部门发送到组织外部(如供应商)的信息流,如报价请求或建议。

供应部门必须能够有效地管理供应链上的内部与外部合作伙伴之间的信息流。信息系统能够实现信息高效流动,并协助制定有效决策。本章将在后面介绍这些工具。

4.1.4 供应流程步骤

供应流程基本上是一个信息交流过程。有效供应管理流程的核心为:确定向谁,以什么样的形式,在什么时间内,交流什么信息。对供应专业人员来说,确定何时、何地以及如何增加产品或服务的价值,何时、何地以及如何从适合其他部门或技术的供应流程步骤中脱离出来,是至关重要的。

供应流程中的主要步骤如下所示。

(1)需求识别。

(2)需求描述。

(3)潜在供应源识别与分析。

(4)供应商选择与合同条款制定。

(5)采购订单的准备与制订。

(6)跟进与/或加快订单交付。

(7)收货与验货。

(8)发票清算与支付。

(9)记录与供应商关系维护。

1. 需求识别

当组织内个人或系统产生了明确的产品或服务需求时,即需要什么、需要多少和什么时候需要,采购即发生。

供应部门帮助产品或服务需求信息使用部门预测需求。供应政策与实践会鼓励或要求使用标准化物料,提供特殊或非一般订单的程序,并限制制订紧急订单。由于供应部门跟踪了解价格趋势与市场条件,因此供应部门制订期货订单对预防供应短缺或价格增加是至关重要的。供应部门应当通知用户所采购物品的正常交付时间以及任何重大变故。

由于需求的识别与描述(产品或服务的概念与设计)阶段是供应职能创造工作价值的最佳时机,相对于采购的后期阶段,供应经理和供应商可以在这一阶段做出更多的贡献(关于价值创造的其他信息见第6章)。通常,供应部门与供应商以新产品开发团队成员的身份,参与到新产品开发的早期阶段中,提供相关信息,有助于规避或减少成本、加速市场响应并提高市场竞争力。如第3章所述,许多组织采用跨职能团队的形式,尽早让不同职能领域的工作人员以及供应商参与到供应流程中。

2. 需求描述

买方必须准确把握内部用户需求。内部用户需求应当基于对外部用户需求的清晰理解。不论是对有形商品或服务的需求，还是同时对两者的需求，准确地描述需求是至关重要的。不清晰或者模糊的需求描述，或者过度细化对物料、服务或质量水平的需求，都会造成不必要的成本。供应管理与需求信息的使用者，或者跨职能采购团队，共同承担准确描述所需物品或服务的职责。

请购单流程与目的 请购单是使用者与供应管理部门内部需求信息交流的文件。请购的流程是由信息的需求方来决定的。需求方根据请购信息完成其工作，如审计与授权。

请购单是通过以下三个"关卡"来管理信息流的工具：权限、内部的清晰度、内部检查。

关卡 1：权限。请购者具有在指定的预算水平内制定特定商品或服务请购的权限吗？供应部门确定谁有权力发出请购单，防止产生未经授权的请购单，并向供应商表明请购单不是订单。

关卡 2：内部的清晰度。需求信息描述得清晰吗？描述所需的商品或服务应当采用统一的术语或标准化的商品或服务代码。正确的命名或商品编码最为重要。建立并维护常用采购物品数据库是确保命名与编码一致性的最有效方法。用来标准化采购的编码结构可以确保采购物品的顺序和一致性，提高采购流程有效性。通用目录里列出了所有使用的物品，而商店目录列出了库存中的所有物品。根据组织的技术复杂程度，目录可以是电子文件、电子目录或纸质稿。难点源于供应商编码（制造商或服务提供商）、行业编码与公司编码的不一致性。有可用的软件可以清理数据并使用标准的编码模式，而这些工具也并不完美。

编码模式经过充分规划并正确维护，就有助于提高需求描述的一致性，减少数量或质量不合适的商品的采购数，并方便会计和库存处理。如果计划不周，维持不当，或使用错误，就可能会造成混乱，并导致预期效益之外的成本。供应人员面临的持续性挑战是如何让内部用户相信商品或服务标准化是必要的。

通常，在采购请购单中仅包括一种物品，尤其对标准的物品来说。对于没有定期存货的特殊物品，交货日期相同的物品则可以包括在一张请购单里。由于这些特殊物品来自不同的供应商，交货日期不同，并且需要分别下订单与处理，这样则简化了记录保存工作。

关卡 3：内部检查。在准备文件与外部潜在供应商沟通之前，应当对需求描述进行审核。根据预期的需求确定的采购数量应当与经济采购批量相当。交货日期应允许有足够的时间确保获取必要的报价和样品、执行采购订单并交付货物。如果存在可能带来额外成本的时间或交货限制，则应通知请购者。交货时间持续不足，则说明采购流程中存在需要分析并解决的问题。

需求描述文件的审核工作可由采购者或采购团队进行，或者由系统自动进行。在企业资源计划或电子采购系统中，预加载的数据建立了与请购、订货点以及供应商相关的决策规则，并设置了触发器以发送红旗信息提醒采购人员审核。这是例外管理。当系统检测到超出决策者设定阈值的问题发生时，就会给工作人员发送红旗信息。

对低价值和低风险的采购，如果修改需求描述会带来更多的价值，那么采购者应该提出具体的质疑。例如，如果所采购物品在市场上短缺，或者有价格较低或质量更好的替代品，那么采购者可推荐购买替代品。由于未来市场条件的影响，采购者与用户需要在需求识别的早期阶段保持高度密切的交流。在最好的情况下，不准确的需求描述可能会浪费时间；在最坏的情况下，这可能会产生严重的财务后果，并导致供应中断，内部感情不和，丧失改进产品或服务的机会，失去供应商的尊重和信任。

请购单类型　采购请购单有多种类型，包括标准请购单、巡回请购单、物料清单和领料单。

标准请购单。标准请购单应当包含以下信息。

（1）请购时间。

（2）请购单号码。

（3）请购部门。

（4）请购物品所属项目。

（5）请购物品的完整描述与数量。

（6）请购物品的需求日期。

（7）特殊运输需求。

（8）请购者签名。

对一些标准的或者重复发生的信息，电子请购单通常具有预填充字段。一些组织的预填充字段包括"建议供应商"和"建议价格"。

巡回请购单。在业务流程中，人们一直乐于接受并适应新技术。巡回请购单是用于重复请购与标准零件的一种创新性请购单，目的是减少运营费用。在人工操作系统中，巡回请购单是卡片形式的，上面包含完整的物品需求描述。请购者将卡片发送到供应部门，表明所需物品的数量与日期。供应部门在请购单上输入供应商、价格和采购订单号码，并将其发回请购者。请购者将卡片存档，直到下一次再订购。

确定哪些物品适合采用巡回请购单的决策流程以及信息流，对将巡回请购单转换到电子系统中是非常有用的。

物料清单。在相对较长的时间周期内生产标准物品的组织中，对经常需求的系列物品，采用物料清单的方式可以简化请购流程。

物料清单包括生产一件成品需要的所有原材料和零部件，将废品率考虑在内。例如，一台烤炉，生产计划中表明下个月计划生产的数量（如 18 000 台）。在物料清单中，用生产需要供应的数量乘以 18 000 来确定下个月生产所需的原材料的总数量。将这些数字与库存量相比较，得出补购额数据。物料需求计划或企业资源计划系统中预装了长期合同下供应商提供物品的价格信息，并生成涵盖补购额数量的订单（第 8 章提供了更多关于 MRP 的细节）。

领料单。物品需求可以由现有库存，或者从其他部门／分部调拨多余的库存来满足的物料请购单，即领料单。

早期供应与供应商参与　对于对采购组织具有战略或关键价值的采购，通常建议采用跨职能采购团队的方式来管理流程（见第 3 章）。对于低价值采购，如果通过修改可以更好地为组织服务，那么采购者应当提出具体的质疑。例如，如果所需的商品在市场上短缺，或者市场上有价格更低或质量更好的替代品，那么采购方可以推荐使用替代品。由于期货市场具有重要的作用，因此在需求定义的早期阶段，供应部门和指定组群之间保持高度的信息交流是有意义的。在最好的情况下，不准确的需求描述可能会浪费时间；在最坏的情况下，它可能会产生严重的财务后果，并导致供应中断，内部感情不和，丧失产品或服务改进的机会，失去供应商的尊重和信任。

3. 潜在供应商识别

供应商选择是供应职能的重要组成部分，包括：①识别潜在的有资质的供应商；②评估签订采购协议后，可以以最低总成本、合适的售后服务、准时获取合格的商品/服务。第12章详细讨论了"供应商选择"，本部分介绍与潜在供应商通信的工具。

发布请求 当合同里不包含某些条款时，采购人员有四种方式与潜在供应商进行沟通：发出信息请求书（request for information，RFI）——这是一个可选的环节，不是业务征集；业务征集的三种方式是：①询价书（request for quotation，RFQ）；②征求建议书（request for proposal，RFP）；③投标请求书或投标邀请书（request for bid，RFB 或 invitation for bid，IFB）。

这些术语没有通用的定义，因此对于采购者来说，在供应商分析和选择阶段与潜在供应商充分清晰地进行沟通是非常重要的。通常每一个业务征集方式代表一种采购的复杂程度、资金价值与供应商承担的风险程度。

信息请求书（RFI）。发布 RFI 是为了获取潜在供应提供商品与服务的信息。即使通过互联网实现了相当便捷的搜索，许多供应组织仍然为供应商准备和发送（电子或邮寄）RFI。发送 RFI 不是为了征集业务或提出业务提议。顾名思义，RFI 仅用于信息收集。

询价书（RFQ）。通常，当需求描述明确后发出 RFQ。其中需求为某种等级的材料、库存单位（SKU），或其他普遍接受的用词。本质上，RFQ 是通用商品的一个比价工具，该商品在开放自由市场上销售，在该市场上可以很容易地获得商品报价。

RFQ 是一个包括潜在供应商列表的标准请购单。在准备、检查、签字之后，采购者将其通过电子传输（电子采购系统、电子邮件或传真）或邮寄方式发给潜在供应商。采购者通常基于报价选择一个供应商，之后准备订单并向所选供应商下订单。

征求建议书（RFP）。RFP 用于更复杂的需求，价格仅仅是几个关键的决策因素之一。通常，在这种方式下，采购方计划与供应商协商物品价格与合同条款。RFP 包含详细的需求描述，邀请投标者利用其专业知识开发并提出一个或者多个解决方案。第13章中的东北医院的案例介绍了采用 RFP 的组织以及方案评估流程。

投标请求书（RFB/IFB）。投标请求书或投标邀请书使用于竞争性投标流程中，在这一流程中，中标后可能有也可能没有进一步协商的机会。投标请求中准备了详细报价的说明文件，类似于一个 RFP。与供应商沟通如何进行最终的选择是很重要的。这会是一个密封式竞争性投标，并基于最低报价签订合同吗？投标是双方谈判的起点吗？

4. 供应商选择与相应条款制定

供应商分析与选择之后才可以下采购订单。从简单的投标分析表到复杂的谈判均是可用的供应商分析与选择工具。第12章讨论了供应商选择方法；第7章介绍了与质量有关的问题；第8章讲解了数量和库存策略；第9章的内容为交付；第10章的内容为定价。

5. 采购订单准备与制定

除非采用了供应商销售协议而不是总括性采购订单，否则使用采购订单。未能使用适当的合同形式可能导致严重的法律问题或不当文件。通过电话下订单，之后应提供确认的书面订单。在任何情况下，除非是相当小额度现金的小额采购，否则，当文件不正确时都不应当进行物品采购。

所有公司都有采购订单形式。然而在实践中，所有采购均不受采购订单中规定的条件约束。许多采购由卖方提供的销售协议来管制。每个公司都努力尽可能地保护自己。采购订单中分配给供应商的职责，通常在销售协议中转移了给买方。因此，在销售其产品与服务时卖方期望使用自己的销售协议，在采购时买方期望使用自己的采购订单。第 15 章讨论了相关的法律启示。

格式 采购订单的格式与传输路径多种多样。基本内容包括序列号、发放日期、供应商的名称与地址、数量与需求描述、交货日期、运输说明、价格、支付条款，以及订单管理的相关条款。

订单管理可以包括以下相关条款。

（1）赔偿条款，保护买方免受专利侵权造成的损害诉讼。

（2）价格条款，例如"如果订单里没有表明价格，在没有通知的情况下采购物品的价格不应高于上次支付的价格"。

（3）不收取装箱、包装或托运费用的条款。

（4）材料验收根据检验与质量情况而定的条款。

（5）在货物拒收的情况下，卖方要求在更换货物之前收到新订单的条款。

（6）精确描述质量要求和质量保证/控制方法的条款。

（7）如果在订单里列出的交付日期内没有收到货物则取消订单的条款。

（8）买方拒绝接受开具不利于买方的汇票的说明条款。

（9）超量或不合格的数量规定。

（10）特殊的利息条款，例如仲裁或处置方案。

路径 尽管在电子化业务流程时代似乎没有必要讨论信息路径，但理解信息流是非常重要的。谁需要访问采购订单信息，为什么？如何获取信息，通过纸质文档或电子方式？这是一个流程设计与组织能力问题。

在外部，供应商需要采购订单上的信息。只有采购订单被接受，发送的采购订单才构成合同。在通常情况下，供应商发送一个确认说明，以确认接受订单并完成合同。协议的组成与接受是主要的法律问题（见第 15 章）。如果没有确认，买方就只能假定供应商会按照要求的日期交付货物。当交货日期不确定时，买方需要提前确定信息以有效地进行运作规划。

在内部，供应部门需要了解（电子版或复印件）支付流程中的应付账款、收货和/或存储，以及必要的收货检查与确认等信息。

总括订单与开放式订单 通过减少采购订单（总括订单与开放式订单）的数量可以降低成本。一个总括订单通常包括了各种采购物品。开放式订单允许添加物品并/或延期。总括订单用于购买维护、修理和运营所需的物料（非生产性物料），以及几个月内重复采购且批量使用的生产线所需物品。

原始采购订单包含一段时间内与估计物资数量相关的所有协商条款与条件。随后，根据订单发布具体采购数量。具体采购数量可由供应部门，或更有效地，通过生产计划，直接发布给供应商。开放式订单有效期可以为一年，或者直到产品设计、材料规格发生改变，或者需要重新谈判影响价格或交付的条件时。

主服务协议 主服务协议（master service agreement，MSA）是供应商在预定时间内以不超过事先预定的总成本提供预订服务的协议。在执行期开始之前，主服务协议中对每个职能的工作范围或服务水平做了充分的定义并取得一致同意。在协议执行期内，成本通常是固定的，且有一个上限值。主服务协议的有效期通常为一年或更长的时间。

6. 订单跟进与推进

采购订单（purchase order，PO）发行之后，采购者可跟进与/或推进订单。

订单跟进是例行订单跟踪，以确保供应商能够满足交付承诺。订单中标明了合适的订单跟进日期。采购者通过电话、电子邮件、传真，或者面对面的方式了解订单进度。发现问题早期通报，诸如生产调度、质量或交付问题，能够确保采取适当的行动。可采取预先发货通知（advance shipping notices，ASN）或特定日期前的生产进度的方式，对战略性或者关键的资金支出，特别是大规模采购与/或长周期采购进行订单跟进。对低价值的采购可能不进行跟进，或者将其跟进机制内置在电子供应系统中，一旦发生异常则通知采购者。

可由采购物品的使用部门负责跟进服务供应商，以确保供应商满足先前的承诺与配送期限。供应经理和供应商共同负责跟进组织内部的供应承诺。在供应商交付服务之前与交付服务的过程之中，使用者与供应商的工作人员之间广泛深入地交流也会影响到合同管理的其他方面。例如，如果数小时后供应商现场提供服务，则可以通过安全检查表和访问系统来核实供应商的工作模式或活动。周期性地访问生产现场，并与供应商代表一起走查工厂，可以更好地理解用户需求。相对其他供应商，将一些供应商设为基准标杆也是有用的。

图 4-1 为订单跟进表格示例。

订单推进通过给供应商施加压力，以满足原始的交付承诺，提前交付，或加快延迟订单的交付。可以通过取消订单或失去未来业务合作的方式给供应商施加压力。只有小部分发布的订单有必要进行推进。如果采购方已经做了充足的供应商能力分析工作，那么只选择可靠的供应商，即会根据采购协议提供服务的供应商，采购物品。

通常采购组织内部计划不周才需要推进采购订单，这表明需要改进内部业务流程。如果物料需求计划做得周到，除非有特殊情况，否则采购者不会要求供应商提前交货。当然，在资源严重缺乏的时候，订单推进则具有更大的重要性。

评估成本和效益 订单跟进与推进的相关成本是与供应商进行业务合作的成本之一。将订单跟进程度与类型和采购物品的类别相匹配是风险评估与转移的一种形式（通常基于采购物品对组织的重要性）。

如果订单跟进和推进成本超过价值增值，那么它就是一种浪费，应当纳入到总成本评估中。订单推进产生的原因，是采购问题的根源，是降低或消除成本的根本点。通常，分析显示，订单推进是采购组织的决策，不是供应商的决策，因而需要对组织内部进行改进。

7. 收货和检验

正确接收货物和服务是至关重要的。在许多小型组织中，收货集中在一个部门中进行。收货部门通常向供应管理部门汇报收货工作（见第 16 章）。如果已经实行了准时制库存管理系统，那么来自认证供应商的材料不用进行验货，可直接配送给使用部门（见第 8 章）。小额采购也可以不验货。

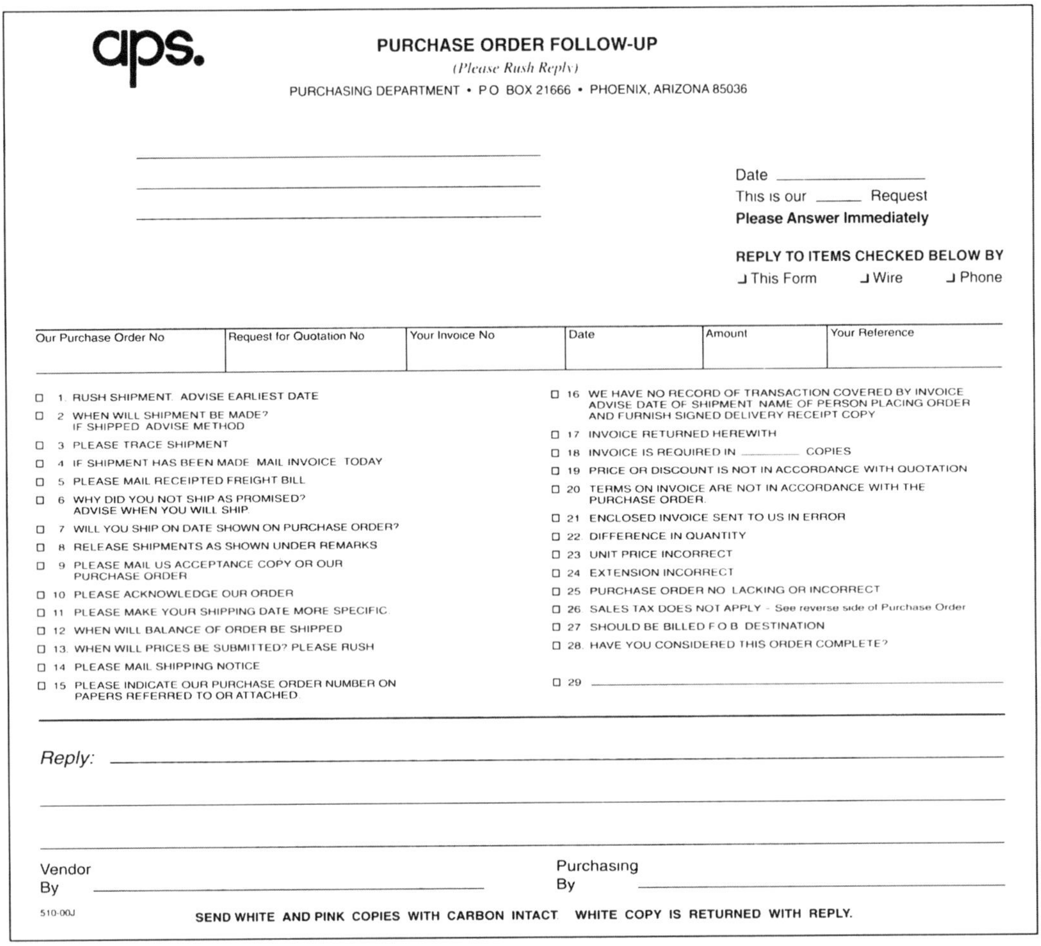

aps.

PURCHASE ORDER FOLLOW-UP

(Please Rush Reply)

PURCHASING DEPARTMENT • P O BOX 21666 • PHOENIX, ARIZONA 85036

Date ____________

This is our _____ Request

Please Answer Immediately

REPLY TO ITEMS CHECKED BELOW BY

☐ This Form　☐ Wire　☐ Phone

Our Purchase Order No	Request for Quotation No	Your Invoice No	Date	Amount	Your Reference

☐ 1 RUSH SHIPMENT. ADVISE EARLIEST DATE
☐ 2 WHEN WILL SHIPMENT BE MADE? IF SHIPPED ADVISE METHOD
☐ 3 PLEASE TRACE SHIPMENT
☐ 4 IF SHIPMENT HAS BEEN MADE MAIL INVOICE TODAY
☐ 5 PLEASE MAIL RECEIPTED FREIGHT BILL
☐ 6 WHY DID YOU NOT SHIP AS PROMISED? ADVISE WHEN YOU WILL SHIP
☐ 7 WILL YOU SHIP ON DATE SHOWN ON PURCHASE ORDER?
☐ 8 RELEASE SHIPMENTS AS SHOWN UNDER REMARKS
☐ 9 PLEASE MAIL US ACCEPTANCE COPY OR OUR PURCHASE ORDER
☐ 10 PLEASE ACKNOWLEDGE OUR ORDER
☐ 11 PLEASE MAKE YOUR SHIPPING DATE MORE SPECIFIC
☐ 12 WHEN WILL BALANCE OF ORDER BE SHIPPED
☐ 13 WHEN WILL PRICES BE SUBMITTED? PLEASE RUSH
☐ 14 PLEASE MAIL SHIPPING NOTICE
☐ 15 PLEASE INDICATE OUR PURCHASE ORDER NUMBER ON PAPERS REFERRED TO OR ATTACHED
☐ 16 WE HAVE NO RECORD OF TRANSACTION COVERED BY INVOICE ADVISE DATE OF SHIPMENT NAME OF PERSON PLACING ORDER AND FURNISH SIGNED DELIVERY RECEIPT COPY
☐ 17 INVOICE RETURNED HEREWITH
☐ 18 INVOICE IS REQUIRED IN ______ COPIES
☐ 19 PRICE OR DISCOUNT IS NOT IN ACCORDANCE WITH QUOTATION
☐ 20 TERMS ON INVOICE ARE NOT IN ACCORDANCE WITH THE PURCHASE ORDER
☐ 21 ENCLOSED INVOICE SENT TO US IN ERROR
☐ 22 DIFFERENCE IN QUANTITY
☐ 23 UNIT PRICE INCORRECT
☐ 24 EXTENSION INCORRECT
☐ 25 PURCHASE ORDER NO LACKING OR INCORRECT
☐ 26 SALES TAX DOES NOT APPLY - See reverse side of Purchase Order
☐ 27 SHOULD BE BILLED F O B DESTINATION
☐ 28 HAVE YOU CONSIDERED THIS ORDER COMPLETE?
☐ 29 ____________

Reply: ____________

Vendor By ____________　Purchasing By ____________

510-00J　SEND WHITE AND PINK COPIES WITH CARBON INTACT. WHITE COPY IS RETURNED WITH REPLY.

图 4-1　订单跟进表格示例

收货与检验的主要目的为：

（1）确认订单已经到达。

（2）检查货物到达时是否完好无损。

（3）确认已收到的订购数量。

（4）将货物运至适当的目的地（储存、检验或使用）。

（5）确保合适的收据文件已登记并可由合适的人员查阅。

由于材料在转运，在短途运输中可能丢失，或者在运输中被偷梁换柱、损毁，因此造成材料短缺。通过阻止获知实际订购数量，而进行实地计数。如果收到了正确数量的采购物品，则订单结束，库存记录更新，发票冲账，并授权支付。

消除或减少检验　在组织内部产品与服务设计阶段及组织外部供应商管理流程中确保产品或服务的质量，是供应链管理的目标之一。这样可以减少或消除收货检验（见第 7 章“质量”、第 9 章“交付”、第 13 章“供应商评估与供应商关系”）。

在一个准时制生产方式中，产品零件在收货地点直接投入到生产中。而这只有当供应商有能力生产出恰当质量水平的产品，并且运输商有能力满足交付时间要求时，才可能发生。在无法确保产品质量时，需要进行收货验收。在运输过程中也可能产生损坏，因此需要对运输商与物流过程进行监控。需要决定：是否要检验、检验的类型，以及最具成本效益且有效的检验方法。

8. 发票清算与付款

发票由供应商发给采购组织，通常显示订单号与商品价格。发票结算程序不统一。采购组织根据成本效益分析对发票进行检查和审计。解决微小差额的时间成本可能会超过差额自身的价值。只要是差额在规定的范围内，例如加或减5%或25美元，以较小者为准，可以认为是按照发票规定付款。追查应付账款差额，可以确定有意少发货的供应商。

在某种程度上，服务采购的支付与商品采购的支付有所不同。有些服务需要预付款，如著名的演说家做演讲；一些需要接受服务即付款，例如医疗服务；其他服务则可以推迟支付，如通信服务。小规模供应商可能难以接受延迟付款，会通过价格或其他优惠的方式鼓励提前付款。分期付款通常用于较长时间的大型合同，而定期付款适用于持续性服务，如建筑维修或给养勤务。

供应部门或会计部门承担着发票清算的职责（见第16章）。如果由会计部门负责，则供应部门不用承担这一非价值增值业务，由会计部门集中处理相关账目工作，检查并结平合同金额与付款金额。如果由供应部门负责，由于是供应部门下定原始订单，因而其可以立即采取相关行动。

会计部门在以基于文本的流程进行发票清算时，常规程序如下所述。

（1）两份发票复印件直接邮寄到应付账款部门。应付账款部门对发票标记时间戳，检查准确性，确认付款（采购订单金额和发票有区别的除外）。应付账款部门将一份复印件归档，另一份随着支付货款一起返回给供应商。

（2）将与采购订单上的价格、采购条款或其他特征不同的发票提交给供应部门审批。

如果信息缺失或与采购订单不一致，那么将发票退还给供应商进行校正。在通常情况下，买方坚持认为从收到更正后发票的日期开始计算价格折扣（见第10章），而不是从最初收到发票的日期开始计算。

如果取消购买订单并支付了取消费用，那么供应部门会向会计部门提供一份"更改通知"，通知里说明了之前的支付情况。

供应部门清算发票，要经过以下程序。

（1）对修改后的发票进行审查与调整之后，原发票转发到会计部门，在供应部门授权支付货款之前一直由会计部门保管。供应部门留存发票复印件。

（2）供应部门接到收货报告，将其与发票进行核对。如果两者一致，供应部门保存这两个文件，直到其收到验货报告，确认货物是合格的。

（3）然后供应部门将发票和收货报告的复印件转发给会计部门，其中原始发票已由会计部门归档。会计部门进行支付。

电子采购系统中也对采购订单、发票与收货单上的数据进行检查，核实是否一致。

调整供应和应付账款　通常现实支付没能满足支付条款。逾期付款的根本原因通常是应付账款处理流程时间长或财务与供应之间政策的冲突。导致应付账款处理时间较长的原因可能为收到的发票有错误，纸质化办公流程，文件邮寄传递的效率低。信息系统与电子资金转账的方式可以缩短周期，解决以上问题。

供应部门和会计部门之间协调不足会导致两者产生冲突。供应部门将供应商视为组织成功的宝贵贡献者。遵守合同约定的条款与条件是双方履行承诺的一个指标。当采购者协商付款条件且采购组织未能履行这些条款时，所有职能部门代表将其视为严重违约行为。

会计部门将现金管理作为组织成功的主要贡献因素。尽可能晚地支付货款，可使采购部门的资金使用更长时间。供应商可能不着急使用这些采购资金，或者有替代资金可以使用。

管理人员可以将应付账款工作和供应工作安排在同一个部门，通过组织结构设计与汇报关系促使两者之间目标协调。或者应付账款工作人员与供应工作人员参与同一个团队，以解决不一致问题并调整业务流程。第16章中的罗斯·伍德案例说明了改变应付账款处理流程，以及应付账款工作和供应工作联合起来可以如何提高业务流程的效率和有效性。

现金折扣与迟付发票 有时供应商开具发票很缓慢，而供应部门必须得到发票，或供应商在采购者收到材料或服务之前要求付款。

当早期支付货款可以获得现金折扣时，你应该在折扣期内支付货款，即使实际上可能还没有收到物料，或者在材料到达之前拒绝付款，即使不能获取相应的现金折扣。

认为货物到达后再支付货款的观点如下所述。

（1）如果供应商未能及时向买方开具发货清单，那么采购者可能在折扣期内的后期或之后才能收到发货清单。

（2）在没有验货的情况下支付货款是不好的做法。在法律上，在收货之前货物的所有权不属于采购者。

（3）一般来说，发票日期为装运日期。采购者应表明，折扣期限应当从收货日期与发票日期两者之间较晚的日期算起。

支持在到货、收货与验货之前支付货款的观点为：

（1）基于财务的考虑，提前支付货款带来的价格折扣可能是相当可观的。

（2）未能及时支付货款而获取资金折扣，会给采购者信誉带来不利影响。

（3）对于有声誉的供应商，通过相关调整做到买卖双方都满意是很容易的。

9. 记录与供应商关系维护

最后一步是更新记录，包括供应商绩效计分卡。主要工作为存储或存档订单相关的电子文件或纸质文件。通过法律、会计准则、公司政策与各方意见来决定哪些应该保留记录以及保存多长时间。例如，采购单是合同的证据，请购单是一个内部备忘录，采购单可能会比请购单保留时间更长（通常为七年）。

无论是手动记录或电子记录，需要保存的记录如下所述。

（1）采购单日志。通过编码来识别所有的采购单，并标明每个采购单的开启或关闭状态。

（2）采购单文件，包含所有采购单的复印件，采用数值编码方式归档。

（3）商品文件，显示所有主要商品或物品的采购信息（日期、供应商、数量、价格、订单号）。

（4）供应商历史文件，显示与主要供应商制定的所有采购事项。

（5）根据需求下订单，而尚未完成的合同。

（6）购买物品的商品分类。

（7）供应商数据库。

其他要保存的可能还包括以下几项记录文件。

（1）劳动合同，显示与主要供应商所签订的所有劳动合同状态（到期日）。

（2）工具和模具记录，显示所购买的工具的使用寿命（或生产量）、使用历史、价格、所有权和存储位置。这可以防止对同一个工具重复支付。

（3）中小企业采购，显示了从中小企业采购的采购金额。

（4）投标历史，显示了针对主要商品采购，哪些供应商参与投标、投标金额，未投标的数量与中标者。这可以突出显示供应商的投标模式与共谋的可能性。

用数据辅助决策　数据是从整个供应管理过程中收集而来的。如何将数据转化为可用的知识，是组织面临的持续性挑战。从流程的角度来看，重要的是要理解需要做出什么样的决策，与其相关的信息是什么，以及如何获取、分析这些信息，还有如何传送给决策者。

经常出现的问题是信息过量，导致"分析瘫痪"，而非信息缺乏导致决策受阻。电子工具可以更好地辅助决策，稍后本章将讨论信息管理方法。供应商评价指标将在第13章讨论。

供应商关系管理　整个供应流程都会影响到供应链内部与外部的关系。这些关系可能已经开始、发展、破坏、修复或结束。应当建立与关键供应链利益相关者的内部与外部关系，并在整个供应流程中对其进行评估（见第13章"供应商评估与供应商关系"）。

4.2　提高供应流程的效率与效果

了解了供应管理流程中的基本信息流与通信技术，现在就要反思最初的问题：①哪个或哪些流程可以最有效地支持采购者与供应商之间的交易？②采用什么样的信息系统可以使流程效率更高？

4.2.1　供应流程图

图4-2展示了组织提高供应管理流程效率的一种方式。这种方式始于支出性质评估。这是战略采购吗？

4.2.2　战略性采购支出

战略性采购支出的一个通用定义为：所采购的商品或服务对组织实现目标起到关键作用。如何使与战略性支出相关的供应流程更有效率（在一定的时间内得到更多的收获）和更有效果（做更多正确的事情）？如何平衡效率与效果？

早期供应与供应商参与

如图4-2所示，跨职能采购团队可以促进整个供应流程上各环节之间的沟通，尤其在需求识别与描述的关键阶段。对关键性采购投入时间、资金、人力及其他资源具有重要的意义。供应管理的目标是以最低总成本获取连续可用的关键性供应物资。信息管理工具可以加强供应管理流程中各方的沟通，并为供应决策的制定提供技术支撑。对于效率和效果之间的均衡方面，通常在战略性采购支出管理中，效果比效率更为重要。

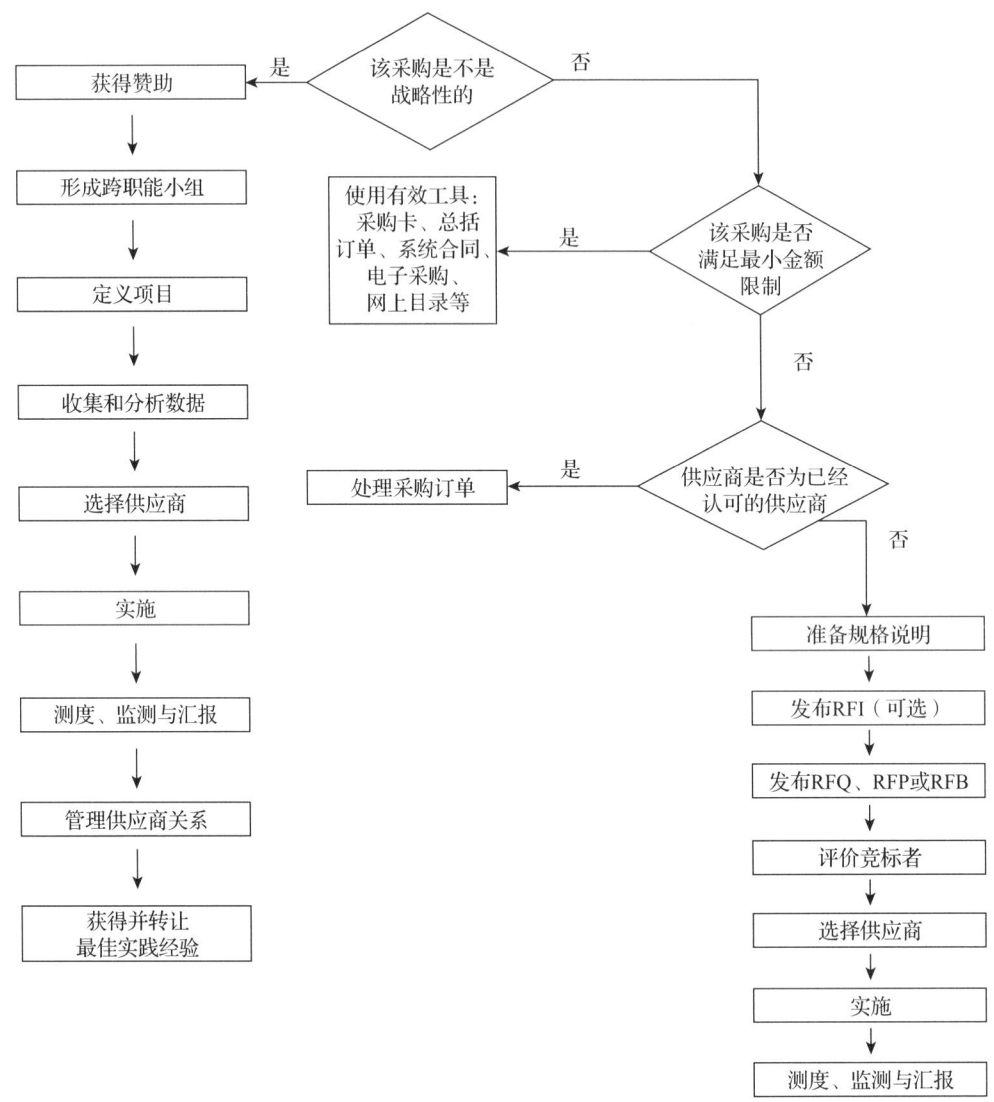

图 4-2 供应流程图

4.2.3 非战略性采购支出

对于非战略性采购购买（见图 4-2 的右边），根据采购金额与采购重复性来制定决策。第一，设计了小额采购边界值，并采用高效的沟通工具，特别是电子技术。第二，预审供应商资格，采用有效的工具处理订单。

效率，即一定的时间内执行任务的数目。对于非战略性采购支出，可以通过降低供应部门收到的请购单数量、发给供应商的采购订单数量，以及发票数量与支付次数来提高效率。对供应管理而言，低价值采购和紧急订单这两个频繁发生的问题，大多采用有效的工具来解决。

1. 低价值采购

对年度支出做帕累托分析表明，通常 70%～80% 的采购只占总采购支出的 10%～15%。

这被称为 C 类物品，通常为维护、修理和运营所需的物资（非生产性物料），具有较低的平均交易量。对于该类别中的一些商品和服务而言，商品或服务的订单处理成本与交付成本可能会超过商品或服务的采购价值。采购价值 50 美元的商品或服务，其交流流程成本可高达 5 000 美元。因此，对非战略性采购，在确保商品或服务可用性的同时，要最大限度地降低采购成本（流程成本而非价格）。

低价值采购问题可以通过简化或自动化采购流程，合并采购次数，缩短采购周期（从需求识别到付款的时间长度）的方式来降低管理成本，让采购人员有更多精力处理更高价值或者更重要的商品与服务采购。举如下几个例子。

（1）可以使用供应商管理库存（VMI/SMI）、无库存采购与系统合约采购的方式。主要用于典型的非生产性物料采购（见本章先前的解释）。

（2）给内部用户发放采购卡（也叫 P 卡）。采购卡是一张信用卡，方便内部用户从合作的供应商处直接进行采购（见下一部分的内容）

（3）供应部门设置总括订单，内部用户基于总括订单来发布订单请求；供应商汇总开单。

（4）采用电子采购或电子数据交换系统。基于预先设计的再订货点，自动进行订购与再订购。

（5）在逆向拍卖中，买方对供应商进行资格预审并邀请他们在线拍卖，投标人提交标书。针对先前规定的物品，买方与中标者签订一定时间期限的合同。

（6）调整权限级别与招投标工作流程，采用电子采购系统、电话或电子邮件方式进行订购。

（7）集成供应商，以获得各种商品与服务的供应。

（8）将低价值采购外包给第三方。

（9）可以采用说服的方式增加标准化物品请求采购的数量。

（10）累积低价值采购申请单，直到总金额达到一定的资金水平再进行采购。

（11）分配特定或某类型的供应处理某一日期的请购单，以便所有的采购请求在同一天收货。

（12）安排无发票支付（自行开票）。

（13）用户可直接向供应商下订单。

（14）空白支票下达购货订单的方式是将署了名的空白支票和订单一起发出。供应商运输全部订单产品，填完并承兑支票。这样的方式减少了文书工作（收货报告单、库存作业和填写付款单），节省了邮资，还常常带来大幅的现金折扣，也为收回应付账款节约了时间。

（15）将小额价值的业务，外包给第三方采购服务供应商。比如说，一些公司更喜欢让第三方公司来运营其工厂非生产性物料的库存管理工作。

2. 减少紧急请购单数量

在通常情况下，有过多标有"紧急的"请购单。紧急情况，比如说风格或设计的变化，设备发生故障，以及意料之外的市场状况的变化，往往就会产生紧急订单。

然而，有些"紧急的"订单不能被认为是合理的，包括因为以下情况而发生的订单：①错误的库存控制；②不合理的生产计划或预算；③对供应部门缺乏信心，认为其不能在适当的时间为用户获取所需物料;④仅仅是习惯给采购单标记"紧急"标识。因为工作压力而造成的工作失误,以及为补偿供应商因紧急订单增加的负担(实际发生的或预见的)而增加采购价格,都将导致不必要的成本。

培训与流程改善可以减少这样的问题发生。供应商应该培训用户如何做才是正确的供应程序,以及赢得其他职能部门的支持,获取各职能部门之间的一致性。比如说,请购单需要获得总经理的许可,并索回其他能够被准确计算的额外成本。

提升采购流程的效率可以提高供应部门的信誉度。方法包括预先审核供应商,发放采购卡,编制电子目录,以及采用电子采购系统,这样可以缩短采购提前期与采购周期,允许用户根据现有合同直接向供应商发出订货请求。

3. 企业采购卡

企业采购卡(也被称作 P 卡)是面向采购组织内部用户(客户)发行的信用卡,用来采购低价值、大批量的商品与服务。

通过减少采购订单的生成和处理的数量以及缩短采购流程(包括授权、跟踪、采购、协调和采购报告的编写)的周期,采购卡降低了管理成本(比如说人力、系统耗费和第三方供应商的服务)。采购卡的使用支持其他的流程措施,比如说支出合并与供应商整合。采购卡与技术结合,可以与电子商务兼容;与敏感数据结合,以捕捉信息,并融入 ERP 系统,支持 ERP 运作。

采购卡的持有者具有一定的消费额度限制,并给出其优选的供应商名单。组织与这些供应商已经签订了协议价与供应条款。

采购卡使得系统的许多方面得以自动化,从而消除了采购订单和个人发票的相关工作,并确保了供应商在 2~3 天内快速得到货款。而在传统的系统里,这需要长达 30 天以上的时间。通过发行采购卡将交易活动转交到用户所在部门,可以缩短供应周期并降低交易成本。同时,用户(和应付账款)可以从日常低价值采购中解放出来,有更多精力处理高价值采购和与之相关的问题。

美国联邦政府总务管理局(General Service Administration,GSA)发现,价值低于 2 500 美元的采购仅占联邦政府支出总额的约 2%,但代表了 85% 的总采购交易量。通过采购卡执行低价值采购,每次交易成本节约 54~92 美元,同时交易过程中的文件处理时间减少了 2~6 周。㊀

失去控制是采购卡方式主要的可预见风险。发卡单位设置了以下监管方法:①当采购金额达到了预先设置的采购卡金额限制时终止销售;②限制一天的交易量;③限制单笔交易的金额;④确定是不是经过批准的供应商;⑤限制采购特定的商品。通过建立每日及每月的查询和报告机制,管理者只需要管理例外事项,而不需要专注于每月的报表细节。

其中,最复杂的采购卡项目可以做到以下事项:①出于审计的目的,跟踪并报告销售税额的信息;②为非法人服务提供者准备 1099 报税表格;③识别供应商是否为小规模企业拥有者;④捕捉特定的产品信息;⑤识别哪一个成本中心承担采购费用;⑥包含了不同种类的采购,比如旅行及娱乐费用以及车队开支。

㊀ R. J. Palmer, M. Gupta, and R. Dawson, "U.S. Government Use of Card Technology," Defense Acquisition University (July 2010), www.dau.mil.

4. 供应商管理库存、零库存采购，或者系统合同

供应商管理库存、零库存采购，或者系统合同，合并了订购与库存职能，比总括订单更复杂。

5. 系统合同

系统合同依赖于周期性的账务处理方式，允许非供应工作人员发布订单，使用特定的采购目录，并要求供应商保持最低库存水平。通常来说，对合同中物品的采购数量没有特殊规定。系统合同采购方式提高了库存周转率。

这项技术常被用在需要重复采购的物品上，比如说办公用品、非生产性物料。非生产性物料包含多种物品，且大多是价值相对较低，发生工厂或设备事故时立即需要的物品。这项技术是围绕总括合同建立的，其详细地列举了下列具体信息：在特定的时间段内近似的采购数量、定价、调整价格的相关条款、日常采购请求与短时间内完成（一般是24小时）交付应遵循的相关程序、简化的账务程序，以及合同中包含的所有商品的目录（通常是在线的）。

在电子采购系统中，买方或者采购请求者以电子通信的方式沟通每种采购物品及其数量。如果要从某特定供应商处采购大量的物品，那么该供应商可将物品储存在用户的工厂里，就像是供应商的仓库。买方和供应商之间通过电子通信方式联系。系统运行流程如下所述。

（1）买方以约定价格采用总括订单的方式采购某一类物品（例如紧固件）。

（2）供应商将预订数量的物品配送至买方工厂的仓库。当然这些物品仍属于供应商所有。

（3）买方偶尔在交货时检查物品。

（4）根据电子采购系统提示，将物品存储到适当的料仓或货架。

（5）买方通过电子方式下达采购订单，由此缓解供应商库存记录。

（6）提前准备好提货单，并从供应商库存中取货。

（7）每月供应商对所有提走的货物提供一张发票。

（8）买方的会计部门每个月支付一次账款。

（9）在预先确定的时间间隔里，生成电子总结报告，内容包括采购的物品与数量；辅助采购者与供应商制定分析、规划与补充库存决策。

如制造企业一样，服务企业也可采用系统合同。系统合同不仅可用于非生产性物料的采购，也可以用于高价值商品的采购。从采购申请到商品交付的周期越短，库存降低量越大，也更符合供应流程。系统合同方式可以使繁文缛节或官僚行为最小化。通常采购者对物品需求量做了充分估计，且在预测不准确的情况下会补偿给供应商带来的损失，所以供应商具有很小的库存投资风险。相比传统的正常交易情况，采购者和供应商之间通过更深入的合作与更充分的信息交流，形成更加稳固的供应商关系。

6. 供应商管理库存

在供应商管理库存（VMI）系统里，供应商负责维持采购方的库存水平。供应商可以实时获取买方企业的库存水平（通常是电子方式），并生成采购订单。在通常情况下，供应商管理买方所在地的库存。VMI中，由供应商负责库存、包装、运输以及发票业务。

通过减少采购流程中的参与人员或职能部门的数量来缩短采购流程周期。VMI 系统是管理小额订单的工具，也可用于寄售库存管理，即采购方使用后再付款。

大型零售店，如沃尔玛，与其关键供应商如宝洁之间采用供应商管理库存系统。在这种系统下，供应商拥有沃尔玛配送中心的库存，并且在货物运送到沃尔玛仓库时开具发票，采用 EDI 处理库存对账和发票事务。

4.3 信息系统和供应流程

信息系统由相互关联的组件组成，用于收集、处理与存储原始数据，并发送信息，以辅助组织内部决策的制定、控制与协调。信息系统可以是手动系统（基于纸质文件），但大多数信息系统依赖于信息科技基础设施，包括运行需要的硬件和软件。

采用信息系统技术，组织可以更方便地与供应链网络内部的重要合作伙伴联系。与合作伙伴快速交换可靠信息的能力以及成本有效性对改善供应链绩效至关重要。

有许多可用的技术工具可以提高采购流程的效率与效益。这些工具通过两种方式提高供应流程效率：①信息更加透明、准确，更方便决策者获取；②供应决策者从低附加值采购任务中解脱出来，专注于具有更高附加值的任务、支出目录，以及内部（其他职能领域、高层管理者）与外部（供应商）伙伴的关系。同时，决策支持和知识管理系统的发展使构建更复杂的模型成为可能，帮助制定包含多重变量的更复杂的决策。

采用哪一个信息系统支持或实现快速高效的供应流程，需要重点了解：①信息系统可以带来的收益；②带来这些收益的多种可用信息系统；③选择信息系统时，成本与收益之间的均衡点。

这部分涵盖了供应方面的管理信息系统，对以下内容进行介绍：ERP 系统、云计算、电子采购、在线目录、电子数据交换、市场、在线反向拍卖和射频识别（radio frequency identification，RFID）。

4.3.1 信息系统技术效益

信息系统技术可以给组织带来以下七个方面重要的效益。

（1）减少成本和提高效率。这些可以通过简化供应流程，使供应人员有时间做具有更有附加值的工作来实现。

（2）数据获取。快速且方便地获取实时数据，可以有效辅助制定决策。更容易较早识别供应问题，为解决问题提供有用的信息。

（3）更快的沟通。快捷的沟通能够提升供应链的效益与效率，尤其对于全球供应商而言。周转时间变短，可以增加市场份额并减少存货。

（4）将资源用于战略性问题。采用信息系统技术，可以减少耗费在业务性供应活动上的时间。由此，可以在战略性供应计划，以及战略性且关键的供应商与项目上投入更多的资源（比如人员、预算）。

（5）数据精确。自动化可以减少错误，尤其是数据输入错误。带来的好处包括降低存货（安全库存）并减少缺货情况，降低订单推进成本，还可以提升满意度。

（6）系统集成。跨部门、供应商与客户的系统集成，可以为管理者及时地提供准确的信息,帮助安排生产与物料计划以及制定决策。

(7)资金控制。企业系统可以控制资金使用方法与途径。

4.3.2 ERP 系统

企业资源计划系统是指包含一套可以集成组织各种职能(比如运行、供应、会计或财政)的应用程序,并可以促进供应链中利益相关者(比如供应商和顾客)之间沟通的电脑软件。采用通用数据管理系统,ERP 系统实现用户跨部门实时信息共享,并在某些情况下实现跨供应链实时信息共享。另外一个好处是 ERP 替代了分散的组织信息系统,从而降低了在交易过程中出错的概率。

ERP 是 MRP(物料需求计划,后期称为物料资源规划)系统的扩展。MRP 系统盛行于 20 世纪 80 年代末和 90 年代,最初专注于制造企业(对 MRP 的详细介绍见第 8 章)。如今,ERP 系统用于制造企业、服务企业、政府部门与非营利部门。SPA AG 与 Oracle 是 ERP 软件最大的供应商,仍有大量小型 ERP 解决方案提供商,通常服务于特定行业。

供应链管理模块是大部分组织 ERP 系统的一部分,包括采购模块、预测和计划模块、订单跟踪模块、运输模块、收货模块、生产安排模块与库存管理模块。

ERP 系统的采购与实施成本昂贵,并给组织带来颠覆性变化。对大型组织来说,总花费可能达到千万美元,需要数年时间并涉及数百个顾问与项目经理。许多中小型企业(SME)不能承担 ERP 系统的成本支出,而采用基于云的系统。这些系统具有现收现付费用的成本优势,而不需要预付成本(看下面云计算部分的介绍)。

随着时间推移,用来支持公司所使用系统的业务流程变得效率极低。ERP 系统的实施需要评估并改变业务流程。如大多数项目一样,准备不充分是失败的主要原因。因此正确地理解当前业务流程的运作方式以及需要做出的改变,是实施 ERP 系统前需要做的重要工作。这对一个具有不同业务流程与政策的分散型组织来说,尤其具有挑战性。作为实施 ERP 系统的一部分,业务流程审查提供了一个提升流程效率、标准化流程,并协调组织内部流程的机会。

为实施 ERP 系统付出努力与代价是值得的。实施 ERP 系统可以消除遗留系统的维护费用;通过系统集成提高存货控制等职能的运行效率以及客户服务水平;提高内部信息可见度,提高根据实时信息快速制定决策的能力;标准化业务流程与政策(如产品代码);优化订单跟踪流程;各相关人员可以访问公共数据库,以协助分析与决策。

采用 ERP 系统,除了具有高昂的成本,以及为实施 ERP 系统并对员工进行新系统培训所做出的努力之外,也具有其他潜在的缺点。ERP 系统很难定制,企业不得不改变或者放弃自身独特的流程。公司实施 ERP 系统的转变成本很高。系统支持费用与升级费用非常昂贵,应该尽量在一开始就协商好相关费用。最后,可能会过多估计预期收益,延长投资回报期。

4.3.3 云计算与供应链

对组织来说,在遗留系统基础上安装新的软件应用系统是很常见的。对供应职能来说,新的软件应用系统包括笛卡尔集团公司、JDA 软件公司与曼哈顿公司等公司提供的采购、库存管理、运输与预测系统。通过云解决方案可以访问软件应用系统,在某些情况下,其在遗留系统顶层工作,并具有提供成本高效用与灵活性的优势。

美国国家标准与技术研究所(National Institute of Standards and Technology,NIST)将云计算定义为"是一种模型,它可以实现随时随地、便捷地、随需应变地从可配置计算资源共享池中获取所需的资源(例如,网络、服务器、存储、应用及服务),资源能够快速供应并释放,使管理资源的工作量和与服务提供商的交互减小到最低限度"。㊀

云计算模型的类型有:私有云,为一个用户/机构单独使用而构建,可以由该用户/机构或第三方管理;公共云,对一般公众或一个大型的行业组织公开可用;社区云,为一些有共同利益的组织所用,可以由该用户/机构或第三方管理;混合云,由两个或两个以上的云(私有云、社区云或公共云)组成。在个人生活中,个体可以通过各种常用工具使用云计算,比如通过 Gmail 获得邮件,在 iTunes 上管理音乐库,或者使用电脑上的一些运行系统,比如微软办公 365。

对供应流程来讲,云计算的重要性体现在以下三个主要因素。㊁

软件即服务(SaaS):驻在云中的应用程序,使用者可以采用按需支付费用的方式租用。SaaS 是云计算中最大最成熟的部分。

平台即服务(PaaS):软件开发技术,允许使用者根据特定需求创建客户化流程或工具。

基础设施即服务(IaaS):共享服务器,允许共享计算能力与储存容量,并且可以在按需付费的基础上根据需要访问服务器。

云解决方案的倡导者声称云计算可以降低成本并提高灵活性。第一,IaaS 意味着在现收现付制的基础上,云计算的成本是可变的,所以组织可以避免为购买新系统投资高昂的成本。第二,PaaS 使得实施基于云的系统更快捷。云系统的支持者声称,PaaS 技术可以更快地建立新应用程序,维护成本更低,允许将信息技术资源分配到其他领域。第三,由 SaaS 提供的云计算互联性提升了跨终端供应链的透明性与可见度。这样一来,与传统的方法如电子邮件和 EDI 相比,通信与工作流程更加可靠稳定。

基于云的系统的应用预计将继续快速增长。到 2020 年,云计算市场规模预计将达到 1 500~2 000 亿美元。㊂但是,云计算的怀疑者,从成本、可靠性、安全性和管制方面提出了担忧。尽管云计算据说具有成本优势,仍然需要仔细分析其成本结构,并将其与采购以及内部托管该应用程序的费用进行对比。类似地,也有些人担心一些云应用程序并不可靠,也不如公司内运营的基础设施一样好管理,因此容易导致服务中断的情况。对于大多数信息系统来说,安全是一个大问题。而第三方管理公共设施也让人不安,主要担忧包括黑客会危及数据安全,服务使用者不经过允许使用数据,抵抗病毒、虫毒与恶意软件的脆弱性。另外,存在大量的管控问题,主要与数据传输及访问有关,尤其是在数据储存与相关基础设施在国外托管的情况下。在某些领域,政府的法律是模糊不清的,有望得到进一步改进。现在,使用者在实施云计算应用程序之前,应当尽可能地了解清楚相关的法律法规问题。㊃

㊀ Reference: http://csrc.nist.gov/publications/nistpubs/800-145/SP800-145.pdf, accessed February 27, 2014.
㊁ G. Courtin, Supply Chain and the Future of Applications (London, U.K.: SC, World, October, 2013).
㊂ http://csrc.nist.gov/publications/nistpubs/800-145/SP800-145.
㊃ A. McAfee, "What Every CEO Needs to Know About the Cloud," *Harvard Business Review* 89, no.1 (November 2011), pp. 124-132.

4.3.4 电子采购系统

电子采购系统是一个应用软件包，可以通过在线的方式实现商品与服务的采购申请、授权、订购、收货、开具发票并支付货款，通常是公司 ERP 系统中的一个模块。类似甲骨文与 SAP 等公司占据电子采购系统市场的主导地位，因为它们的软件可以与 ERP 系统实时集成。购买 ERP 和电子采购系统需要较高的成本，许多中小型企业转而采用云计算服务，通过 SaaS 来获取电子采购能力。

一些组织使用电子采购系统，自动化从申请到订购的业务流程，其他组织则实现从采购申请到支付的自动化。在周期内，包括合同与电子应付款的端到端电子采购系统，被称为"采购到支付"循环系统。

在通常情况下，现有流程效率低下、内部协调不够、交易成本高、成本支出能见度低，以及对组织的总支出控制不足，促进了电子采购系统的应用。电子采购系统的性能评价指标通常包括：①供应支出占总成本的比率；②从申请采购到实际采购的成本；③从申请采购到实际采购的周期；④合约外支出成本（意外支出成本）的比重。一项对使用电子采购技术的首席采购官所做的调查表明，使用电子采购技术的优点是：①提高交易透明度；②提高产品开发的速度与质量；③进一步降低或解除风险。⊖

从内部用户/消费者的角度来看，成功的电子采购系统可以让生活变得更简单——更快捷地订购、更快地满足需求以及更广泛地选择。根据实施的政策和程序，电子采购系统不仅可以满足内部控制、成本节约与供应管理的要求，还可以满足内部用户的需求。

1. 精简收货、开票与付款流程

电子采购系统是否要包括收货、开票与付款？一个有效的问题是：组织是否需要收到发票？发票没有提供新的信息，但它具有一定的成本。

在一个没有发票的系统里，供应商将被告知：在现金折扣协议的基础上，将在收到符合要求的商品之后若干天内支付货款（他们也会特别指出只有当全部货物都已收到后才支付货款）。制订采购订单、收货报告与检验报告（如果进行）之间相互匹配的机制，并根据签订的支付条款，在收货当天开具支票或以电子转账方式付款。收货报告必须要准确；采购订单给定所有价格，包括税收和现金折扣条款；采购必须使用离岸价，因为系统中没有办法输入运费。这样采购订单即成为成本控制凭证。

2. 商品编码模式

采用商品代码，商品管理者可以根据商品类别有效地进行商品采购、订单跟踪以及管理成本。用户想要快捷地获取产品相关信息，则需要充分的产品描述说明，以方便检索。采购团队必须及时响应商品管理者与用户的需求。

采用层次商品编码模式，可以根据商品所属层次，评价采购支出。如果一家公司（如建筑、绘画艺术，或印刷公司），在书写用具和用品上耗费大量资金，则在门类层次（墨水和铅笔）或商品（笔芯）层次对其进行成本分析。由此，根据分析结果，进一步整合供应商，找到更优的商品供应来源，商谈采购批量折扣，或采用其他一些方式优化供应

⊖ D. Jones, "Best Practices: Selecting and Implementing ePurchasing Products," Forrester Researsh (May 22, 2013).

链。如果所耗费资金是微不足道的，则可仅从更高的系列层次（办公用品）或区分层次（办公设备、配件和用品）分析成本支出。

为高效、准确地对产品和服务进行分类，联合国标准产品及服务分类码（UNSPSC）提供了一个开放的、广泛采用的分段编码标准。由于某些有意义的商品支出分析需要具体到特定具体行业或产品，而联合国标准产品及服务分类码通常不能解决某特定具体行业或产品层次编码问题，一些供应经理因此感到不满意。而且，联合国标准产品及服务分类码很难自动进行更新。同一个商品经常被同一个组织中的不同部门分配不同的联合国标准产品及服务分类码编码。为了有效地使用联合国标准产品及服务分类码，组织及其所在供应链内部的所有数据库必须使用相同版本的联合国标准产品及服务分类码，支持早期版本的向后兼容性，并保持更新。这项成本太高，令人望而却步。

许多采购部门使用政府发放的，针对特定行业或专有的代码系统。该代码系统不直接集成或嵌入到联合国标准产品及服务分类码中。专有代码由某单一公司开发，并仅适用于该公司。通常，专有代码是不分层的，这意味着在分析支出时，缺乏上卷和下钻的能力。开发与维护此类编码模式成本较高，要求贸易伙伴使用相同代码的成本也是很高的。

4.3.5 电子或在线目录

电子商品目录或在线商品目录是供应商商品目录的数字化版本。采购者可以使用Web浏览器来查看有关供应商所提供产品和/或服务的详细购买与规格信息。产品目录包括产品规格数据、交易数据。产品规格数据是产品的描述，并且对所有采购者都是相同的。交易数据（价格、运费和账单地址与数量折扣）是为每个采购者定制的。[⊖]

供应商有许多将其商品目录数据化的方法。买方的解决方案提供商通常将供应商的商品目录转换为一种合适的格式。此外，供应商可以购买一个现成的软件包，并进行转换，或从软件提供商处购买服务。或者利用数据聚合器建立来自多个供应商的产品规格库，许可的组织使用产品规格数据，并协助开发交易数据。在商品目录网络中，托管公司为每个采购者收集商品目录和定制交易数据。买方可以将目录安装在自己公司的服务器上，也可以通过托管公司访问。或者供应商可能会允许买方以"下班打卡"的方式或者直接访问供应商托管的目录。

供应部门可以整合来自一个或多个供应商的信息，如定价和商品规格，以创建买方控制的商品目录。使用简单的数据库软件包就能够创建这样的目录，并且大多数企业资源计划系统具有创建自定义目录的功能。该商品目录由供应商负责更新和维护。

采用内部目录，用户可以定制与供应选择及定价相关的内容，或者限定供应选择。这些目录支持商品标准化，以及从已审批的供应商处批量采购。该目录可以集成到该公司的系统中来简化流程并跟踪成本支出类型。

4.3.6 电子数据交换

电子数据交换自20世纪60年代以来一直存在，但直到20世纪90年代才得到广泛的关注和应用。两个组织采用一致的标准结构化信息数据，通过EDI可以实现计算机与计算机之间商业文件的交换。发送方将文件从其采用的应用格式转换为标准的EDI报文

⊖ A. E. Flynn, *Catalog Management: Implementation Strategies* (Tempe, AZ: CAPS Research, October 2004).

格式，直接或通过第三方传递信息。EDI 只涉及 B2B 交易，即个人消费者不使用 EDI 来购买商品或服务。通过 EDI 交换的文件通常包括采购订单、运输安排与通知，以及发票。EDI 已经在制造业、运输和零售行业得到广泛采用。沃尔玛、通用汽车、家得宝公司、塔吉特公司等均要求供应商遵守 EDI 规则。

EDI 可以实现大量数据的安全传输与快速周转，并提高内部及贸易伙伴之间信息的精确性；缩短生产周期，进一步降低库存，提供电子日志或审计跟踪，降低管理成本。

EDI 要求采用所在行业的标准信息格式。最流行的格式为 ANSI X12，北美地区常用。而 UN/EDIFACT，广泛应用在北美以外的地区。特定行业采用特定变化的格式，如应用于食品杂货与零售企业的 UCS，以及用于包装消费品方面的 VICS。

增值网络（value-added networks，VANS）是有偿提供 EDI 服务的第三方组织。VANS 提供的主要服务是信息传输与数据存储，类似于电子邮箱。不具有自营 EDI 软件能力的小型和中型组织通常采用 VANS。由于一个或多个贸易伙伴的要求，公司也可能加入 VANS。

越来越多的 EDI 的传输都是通过互联网发送的，有时允许组织绕过 VANS，但一些机构仍然使用数据传输线。在互联网上使用电子数据交换，意味着一些企业已经采用了依赖于 XML、SMTP 和 HTTP/HTTPS 的 AS1 和 AS2 协议，将文件作为 S/MINE 的附件发送，允许其绕过 VANS。

EDI 已成为在许多行业的标准。通过 EDI 建立 B2B 网络和系统，意味着在可预见的未来 EDI 将继续发挥重要作用。EDI 的交易量每年继续增长，全球 EDI 交易额估计为每年 200 亿美元。然而，公司正在扩大 B2B 通信方法和消息格式的规模。下一部分描述的 B2B 市场是 EDI 的一种替代。

4.3.7 市场

外联网是延伸到企业外部，授权用户（比如供应商）可以访问的企业内部网，也被称为私用市场。私用市场可提高供应链协同程度，并促进与关键商业伙伴之间的信息共享。通过一个基于 Web 的界面，供应商能够连接进入客户系统，执行任何数量的活动，反之亦然。比如说，核对库存量，跟踪发货单状态，或者提交报价。因为信息交换是电子形式的，所以供应专家不用再输入数据或者检查商品运输或支付状态，而有更多时间进行价值增值活动。沃尔玛的零售链系统可能是最大和最成功的私用市场。

不同于 B2C 市场，比如 eBay、亚马逊、阿里巴巴，建立于 21 世纪早期的公共 B2B 市场在极大程度上已经放弃或改变了 B2C 市场的商业模式。B2B 市场分为两种：独立市场和市场联盟。比如，FreeMarkets（提供反向拍卖服务的独立市场）和 Quadrem（采矿业的联盟市场）。少量的公共市场存活了下来，比如说卫生保健市场（Global Health Exchange，GHX）。

与私用市场相比，内联网是一个单独的且可以广泛访问的网络（但是只允许经过授权的用户访问），为促进信息共享和员工交流而建立。这是一个私有的、安全的内部网站。内部网交流信息，促进员工之间开展内部合作，并且有时候能连接到公司的企业资源计划系统。内联网可以用来显示供应商目录，提供被认可的供应商列表，并且公布公司的供应政策。使用内联网，员工可以通过 Web 浏览器下订单，批准与确认采购，并自动生成采购订单，由此供应流程的效率得以提高。基于供应职能的内联网的最大优点是降低交易费用和缩短交付周期。

4.3.8 在线反向拍卖

拍卖被用于商业交易已经长达几个世纪了。拍卖一般基于竞争类型分类，如竞争存在于买方之间还是卖方之间，拍卖价格是上升还是下降的。比如说，荷兰花卉拍卖是买方之间竞争的价格下降式拍卖，而传统的英式（English-style）拍卖，包含设备和家具的拍卖，是在众多买家之间提价的拍卖。这些拍卖模式与互联网为决定价格、质量、容量分配和供应商交付计划提供了新的技术。

网络拍卖可以是公开出价拍卖、秘密出价拍卖、公示价格拍卖和反向拍卖。

公开出价拍卖 竞标者挑选商品，看其他竞标者中最具竞争力的出价，在某特定的结束时间之前，尽可能多次输入他们想出的报价。

秘密出价拍卖 购买者提供一个目标价格与目标数量。在特定时间之前，竞标者选择商品并输入报价。购买者评估并且公示一个"状态"。状态等级包括以下几种。

- 接受：竞标者取得了这份合同，视最终资格而定。
- 关闭：竞标者在这个商品上不能再提交报价。
- 最佳及最终报价（best and final offer，BAFO）：竞标者可以再次提交报价。
- 待定：投标可能会持续多轮次，以使所有商品均达到"接受"与"关闭"状态。

价格公示拍卖 购买者先提出一个可以接受的价格，由第一个与购买者提出的价格相符的供应商中标。

1. 逆向拍卖

逆向拍卖是一个在线的、实时的、动态的，且价格下降的商品或服务拍卖，在一个采购组织和一组预先通过资质审核的供应组织之间进行。供应商通过特定的软件以在线的方式竞标，从而完成拍卖过程。供应商能够实时地看到报价状态。通常，拥有最低报价或者最低总成本的供应商最后中标。

2. 什么时候使用逆向拍卖

对于建议请求/报价申请（RFP/RFQ）、密封投标、面对面协商来说，逆向拍卖是一个替代性采购方法，并且可以从商品市场中找到采购者。使用逆向拍卖至少应该满足以下条件。

（1）清晰说明商品规格，包括技术、物流以及商业需求。

（2）在合格供应商愿意参与的竞争市场。通常，最少要求有三个供应商，超过六个会增加不必要的成本与复杂性。

（3）充分了解市场条件，从而能为逆向拍卖设置一个合适的价格。

（4）购买者和供应商熟悉并有能力使用这项拍卖技术。

（5）有清晰的行为标准，比如说，延长拍卖时间的条件和竞标标准。

（6）必要时，买方准备更换供应商。

（7）购买者相信，逆向拍卖可以带来预计的成本节约。

3. 开展逆向拍卖活动

开展逆向拍卖活动有三个阶段：准备、进行拍卖活动、落实与跟进。

准备 采购方识别或者认定合适资质的供应商；限定招标产品的质量、数量、交付方式以及合同期限，向内部成员与供方代表培训拍卖技术，测试拍卖技术，以及交流拍卖步骤与中标标准。

进行拍卖活动 拍卖价格的可视性可以通过显示排名、百分数、比例差异的方式来表示。竞价排名可以通过一些非价格因素来调整，比如运输成本或质量上的差异。

为培育可信度并鼓励更多组织参与，拍卖规则应当被预先告知并严格执行。供应商必须了解拍卖期限以及延期规则。通常拍卖期间采购方与供应商之间能够交流沟通，但交流内容其他参与者可见也可能不可见。拍卖会中也应提供技术性帮助。

落实与跟进 采购方向竞标者宣布结果并回答提问。在合同最终签订之前可能还会存在谈判与相关事项说明。

拍卖领导在内部沟通最终结果。例如，会计需要了解供应商或者／以及价格是否有变动。任何完善拍卖活动的事项都应该记录在册。

4. 反向拍卖的问题

采购方潜在的道德不端行为有：

（1）采购方故意接受给出不合理低价的卖方的投标。

（2）采购方在拍卖期间发布虚假招标信息，人为虚假地加剧竞争。

（3）采购方允许无资格供应商竞标以加剧价格竞争。

供应商潜在的道德不端行为有：

（1）供应商串通。

（2）供应商不切实际地低价竞标，事后再试图重新谈判。

（3）供应商仅"赏鸟"般旁观，或者参加拍卖会但并不投标，而是收集市场情报，设置进入反向拍卖会须投标的准入规则也许能规避此种行为。

（4）供应商为了保障业务，拍卖会后才提交投标。

5. 在线拍卖的潜在问题[⊖]

在线拍卖可能引起的问题包括：

- 中断良好供应商关系的风险。
- 开发一个积极的价格－购买的声誉风险与其他方面考虑的权衡。
- 对举办拍卖会的成本与预期节约成本进行权衡。
- 拍卖会预期的潜在节省成本可能超过实际采购流程成本，包括建议请求／请求报价与谈判。
- 与建议请求／请求报价决定价格的方式相比，在线拍卖需要做大量的准备工作并耗费大量资金。
- 考虑不可预见成本的实际价格与投标价格之间的权衡。

⊖ P. F. Johnson, "Supply Organizational Structures," CAPS Research, June 2003.

本章章末给出了波特兰公交公司运用电子反向拍卖方式的案例，并分析其对制定采购决策的影响。

4.3.9 射频识别

射频识别标签包含芯片与天线，通过射频解读器发出的能量发送信号，包括存储在芯片中的产品信息与自身编码信息。RFID 标签分为被动标签和主动标签。主动标签又称有源标签。两者在内存、频率、电源和成本方面千差万别。最普遍的是被动只读标签。

RFID 技术在日常生活中有很多应用，比如员工识别卡和高速收费设备。RFID 在供应链方面的三个主要应用是：商品实时跟踪、产品跟踪和运输。RFID 能够跟踪库存在供应链中的移动。例如，它可以显示仓库的库存水平。有几个行业采用 RFID 在整个制造过程跟踪产品。汽车制造商使用 RFID 标签来管理汽车的装配，协调适当的组件配送到装配线，如座椅和发动机。运输服务供应商采用 RFID 技术跟踪车辆，并协调维护计划。RFID 在供应链中的潜在优势包括：通过消除人工计数与进出材料的条形编码，降低成本；自动跟踪库存的水平，更快、更容易、更准确地识别与提取库存，通过提高库存周转率降低产品损耗。

RFID 也不是没有缺点。第一，它增加了另外一级信息，企业的信息系统必须具备捕捉、处理并分析所收集数据的能力。获取解读器收集的可靠数据的能力不足仍旧是个问题。第二，实施 RFID 需要投资信息技术和设备，并获得来自顾问和系统工程师的支持。虽然 RFID 标签的成本下降了，但相对于其他替代技术（如条形码）仍较昂贵。结果是，许多公司并不认为采用这种技术提供了合理的投资回报。第三，数据传输的安全性和用户隐私问题引起了广泛关注。

4.4 供应影响

在将技术应用于采购流程的时候，供应专业人员在制定决策时仍然发挥着关键作用。他们提供调查与分析技能以寻找供应源、评估以及选择供应商；具有影响力和谈判技能，为组织获取最佳交易；提供战略与长远规划方法来预测和预防采购方面可能出现的问题。

随着技术的快速变革，很难预测未来将是什么样子。因此，在运用电子商务模式之前，识别并回答供应管理中决策者面临的关键问题是至关重要的。这些包括：

- 我们要成为领导者还是追随者？
- 我们应该通过电子商务获得什么？
- 我们应该使用什么样的工具来获取这些项目？
- 谁应该作为我们的服务提供商？

（1）我们要成为领导者还是追随者？管理层必须决定是作为新技术的早期采用者，还是等待新技术形成规范或标准。早期采用者通常说，尽管遇到了困难，与后期采用者相比，其仍具有很大的优势。选择静观其变的人倾向于认为，在新生期采用新技术的高风险和成本远远超过可能获取的任何竞争优势。相关因素是组织的风险规避性与过去技术实施成功的经验。

（2）我们应该通过电子商务获得什么？组织是否应该通过电子商务工具购买间接的商品和服务、直接需求，或两者皆有？通过电子商务工具购买战略性或非战略性商品和服务？供应管理者必须考虑每个类别采购的特点（见第 6 章中关于采购类别的讨论），以确定什么可以通过在线的方式成功购买。这种分析包括考虑现有与预期的采购者－供应商关系，以确保采购方法不会对此关系造成不利影响。

（3）我们应该使用什么样的工具来获取这些项目？流程精简工具，包括低技术水平工具，如采购卡，以及高科技水平工具，如在线反向拍卖、电子目录与集成的电子-RFX 系统。采用电子商务这一决定并不一定意味着所有可用的工具都将被采用。决策者必须根据所考虑物料与服务的类型、采购者—供应商关系的本质、利益相关者与供应商的方便程度，来确定合适的工具。企业系统（如 ERP 系统）选择的相关决策由 CEO 制定，通常需要考虑高层领导（如 CFO 和 CIO）的意见。供应职能在公司的管理信息系统的保护下运行，这可能影响可用的电子商务应用系统范围。

（4）谁应该作为我们的服务提供商？如果使用第三方服务提供商（如云计算），就必须对可用的提供商进行仔细的评估。几个关键技术问题为：与现有系统的兼容性，或是否易于从现有系统中迁移出来；可扩展性（是否可以随着需求变化而变化）；供应商的技术声誉和供应链管理的经验；工作人员的专业知识。技术问题之外需要重点考虑的内容是：服务供应商的长期生产能力、软件的客户友好性、费用结构，以及线上线下的服务与支持。

4.5　政策和程序手册

政策和程序手册也可以有助于开发高效且有效的流程。它是对组织、多种人员的职责、程序与数据系统（包括使用说明的形式，要充分说明）的详细说明。对精心设计的培训计划、内部人员调动，以及与非供应人员沟通供应流程来讲，手册至关重要。《萨班斯－奥克斯利法案》（Sarbanes-Oxley Act）的要求，更加体现了内部控制、标准化流程与一致性的重要性。

在准备过程中可能会发现流程中的矛盾和差异，进而促进流程改进。预先精心安排手册的覆盖范围、重点与内容安排是必不可少的，应当包括手册的目的及用途的明确定义。手册的目的与用途将影响到手册的篇幅、形式与内容。手册可以仅包含政策，或者包括对该组织和程序的描述，可以以当前的手册与其他组织的样本手册作为参考。

部门人员和内部利益相关者，如设计、工程、营销、运营与生产部门的人员，应讨论和检查内容，以发现并修改错误。该手册应反映实际的政策和程序，或驱动程序的变化。本手册可以在组织内联网展示和/或以活页的形式发布。首席执行官可以通过撰写前言来定义供应部门的权限，并批准其政策和程序的方式来提高手册的可信度。

手册中常见的内容是：采购申请权限、竞争性招标、批准的供应商、供应商合同和承诺、质疑产品细则的权限、为员工购买、礼品、采购订单、保密数据、订单、供应商关系、提前期、购买量的确定、补贴程序、本地采购、资本设备、员工服务采购、维修服务采购、选择供应商的权限、确认订单、未标价的采购订单及购买决策文件、发票清算与付款及发票差异、货运单据、变更订单、样品、退回材料、废料和剩余物的处理、价格支付的确定、小额采购程序、销售人员访谈和数据报告。

本章小结

供应管理过程受到越来越多的关注,原因在于对成本管理的持续性关注,实现流程标准化以及内部与外部整合可以提供组织竞争优势。稳定的流程是供应组织成功的基础。

随着供应管理者在许多组织中不断转变为更具战略性作用的角色,他们还将继续在供应流程中测试和应用新技术。技术支持的流程改进在未来有很大前景。这面临的挑战是巨大的,但是可以降低成本、缩短周期、更好地集成关键供应链利益相关者,并改进对通信流程的管理。认识到这些,供应管理者将继续寻求方法来使用这些新工具,以获取最大的竞争优势。信息系统和信息技术,使供应组织有效地为实现组织目标与战略做出贡献。没有结构化和纪律性的供应流程,科技方面的支出可能为组织提供太多工具,却没能充分整合或利用这些工具。

复习题与讨论题

1. 在供应流程中,哪个步骤具有最大的增加价值的机会,为什么?
2. 一个稳定的供应管理流程的步骤是什么?
3. 采用①电子采购系统,②在线目录,③在线逆向拍卖,将如何影响供应效率?
4. 除了标准供应程序之外,可以使用什么方法来最小化低价值采购问题?
5. 什么时候发布QFQ而不是RFP,为什么?
6. 为了供应职能的有效运作需要记录什么?整个流程上的数据收集是如何帮助或损害采购者与供应商的关系的?
7. 订单跟进与推进的成本与收益是什么?在采购流程的这个阶段有降低总成本的机会吗?
8. 电子采购系统如何减少小额订单中的问题?紧急订单呢?
9. 什么时候采用反向拍卖选择供应商?
10. 你将如何说服供应商参加反向拍卖?
11. 电子采购系统的使用如何改变供应管理人员所需的技能与知识?
12. 在未来,科技可能对供应流程有哪些改进?

参考文献

Beall, S. et al. *The Role of Reverse Auctions in Strategic Sourcing.* Tempe, AZ: CAPS Research, 2003.

Cegielski, C. G.; L. A. Jones-Farmer; Y. Wu; and B. T. Hazen. "Adoption of Cloud Computing Technologies in Supply Chains: An Organizational Information Processing Theory Approach." *International Journal of Logistics Management* 23, no. 2 (2012), pp. 184–211.

Digitally Integrating the Supply Base, CAPS Research Benchmarking Report, February 2014, www.capsresearch.org.

Flynn, A. E. "Raytheon's Buyerless Tools." Practix 6. Tempe, AZ: CAPS Research, March 2003.

Giunipero, L.; E. Ramirez; and E. Swilley, "The Antecedents and Consequences of E-Purchasing Tools in Supply Management." *Journal of Marketing Theory and Practice* 20, no. 3 (2012), pp. 279–292.

Johnson, P. F. "Supply Organizational Structures." *Critical Issues Report.* Tempe, AZ: CAPS Research, June 2003.

Johnson, P. F., and R. D. Klassen. "e-Procurement," *MIT Sloan Management Review* 46, no. 2 (2005), pp. 7–10.

Johnson, P. F.; R. D. Klassen; M. R. Leenders; and A. Awaysheh. "Utilizing E-Business

Technologies in Supply Chains: The Impact of Firm Characteristics and Teams." *Journal of Operations Management* 25, no. 6 (2007), pp. 1255–1274.

McAfee, A., "What Every CEO Needs to Know About the Cloud." *Harvard Business Review* 89, no. 11 (November 2011), pp. 124–132.

Yeniyurt, S.; S. Watson; C. R. Carter; and C. K. Stevens. "To Bid or Not to Bid: Drivers of Bidding Behavior in Electronic Reverse Auctions." *Journal of Supply Chain Management* 47, no. 1 (2011), pp. 60–72.

案例 4-1 齐蒙矿业公司

爱丽丝·温特在齐蒙矿业公司进行暑期实习，尝试如何改善偏远地区分公司的供应系统。

齐蒙矿业公司

齐蒙矿业公司是一个重要的金属生产商，总部在不列颠哥伦比亚省温哥华市，拥有加拿大北部航空公司大量的控股权。直到最近，其内部供应管理一直是完全分散的。一项咨询研究建议将供应管理，包括采购和物流，转变为更集中的模式。齐蒙矿业公司位于不列颠哥伦比亚省的最大矿业公司的采购与仓储经理哈里·戴维森要求根据这个想法，提出可能的改进建议。哈里聘请了物流专业的学生爱丽丝·温特，作为暑期实习生来帮助他。哈里对爱丽丝说："当前有个比较好的项目，即如何改善偏远地区分公司的供应问题。我认为我们可以做得更好，但我真的没有任何客观真实的数据。"

偏远地区

爱丽丝发现齐蒙矿业公司有 17 个分公司位于偏远地区，包括只有一个采购者/仓库保管员的三个小矿山公司、两个初创的矿山公司、九个勘探点和三个开采点，最远的为 5 000 公里，最近的为 300 公里。其中，勘探点是指还没有完全证实是否存在矿石的探测点，开采点是指已证明存在矿石但还没有确定存储量的开发点。尽管大多数矿业公司偏好使用合同工，但齐蒙公司在勘探点与开采点使用自己的钻井工人。齐蒙公司的经理认为，出于安全性、人员可用性与成本原因考虑，应当使用可以进行全面管理的内部工作人员。通常，工程师或地质学家对勘探点和开采点负责，采用直升机为这些地点配送物资。

会计信息

爱丽丝·温特决定先访问温哥华总部的会计部门，看能否了解到偏远地点物资供应的相关情况。她发现，在供应商声称已经为偏远地区的分公司提供了物资的情况下，即使没有确认订单、交货单或收据，会计部门也支付了供应商的所有费用。大约有 1/3 的发票缺失。会计解释说："让供应商紧急满足我们的临时要求，驾驶飞机到我们这里来，对他们是一个不小的麻烦。若我们延迟付款，则最终会失去供应商对我们的信任。"

开发与挖掘数据

爱丽丝·温特审核了三个不同地点（一个开采点和两个勘探点）去年夏天四个月内实际的供应商发票。工作点与供应商之间沟通的方式有两种。工作现场领导人定期通过卫星与总部勘探或工程人员联系，通常他们要求总部联系人为其直接下采购订单。此外，工作人员直接联系供应商并下订单也是非常普遍的。另外，当需要快速为钻井更换零部件时，工作人员通常同时向多个供应商下订单，希望至少一个能够快速到达。钻井与工作人员的停工成本非常高。

工作点的会计记录显示，这三个工作点的总供应支出约为 1 850 000 美元。其中：

- 大约 220 000 美元用于采购钻井设备，包括钻头和钻杆。
- 大约 120 000 美元用于非生产性物料

供应商。
- 大约 420 000 美元用于覆盖七个不同的供应商的航空运输，其中航空运输人员成本约为 170 000 美元。
- 大约 180 000 美元用于燃料。
- 大约 80 000 美元用于食品。

爱丽丝发现，几天内来自不同供应商的同一商品多次运输到同一地点的情况有 22 例；几天内同一个供应商多次运输同一物品的情况有 12 例；飞机运输费用至少比所运输物品价值高出 10 倍的情况有 14 例。

接下来的步骤

经过几周的收集信息，爱丽丝想知道下一步应该怎么做。一个选择是收集所有偏远站点处类似的信息，得到一个更全面的了解，并扩大搜集的信息时间范围。另一个是了解每个订单与每个供应商更具体的细节。她知道她会在几天内与哈里会面，讨论当前的进展和发现。她也希望哈利来咨询下一步应该做什么。

案例 4-2　东方制药有限公司

9 月 12 日下午，东方制药有限公司的采购经理助理安德鲁·贝恩斯正在与供应商代表讨论购买包装材料以及片剂样品合约比重的问题。当包装采购订单的细节敲定后，安德鲁向卢卡斯纸箱公司（卢卡斯公司）的销售代表约翰·曹发送包装部件的采购订单，共计 25% 的合同业务量。约翰回复说营销部的香农·贝利已经承诺给他百分之百的合同量。安德鲁说："这是我第一次听说营销部没有职责确定某个供应商获得多大比例的业务。"他控制自己的脾气说道："应由采购部与供应商安排合同业务比例，以确保获得最佳质量、最快交付与最合适的价格。"

作为一个有经验的销售代表，约翰保持着镇定。他回答说他一直与营销部和采购部合作，有时采购并不参与到所有的项目中。他说，在营销部与采购部都应参与的情况下，他只是告知采购部营销部的需求。安德鲁礼貌地结束了会议，告诉了约翰他必须要弄清楚这两个部门之间的情况。他告诉约翰，他会让他知道卢卡斯公司会拿到合同中的多少包装业务。

安德鲁及其老板马特·罗伯茨与一名高级采购员为东方制药有限公司所有的采购人员。安德鲁的职责之一就是处理营销部的采购需求。他还担任营销部与生产计划部、制造部与包装部门之间的联络人。最近安德鲁发现这份工作越来越令人沮丧。

东方制药有限公司

东方制药有限公司，位于华盛顿东部的西雅图，具有大规模的处方和非处方药品生产线，药品大多是在自己的工厂内生产。该公司有大约 15 000 个客户，包括医院。年销售额近 1.5 亿美元，共有 50 个销售代表。虽然非处方药物（over-the-counter，OTC）直接推销到药店，但大多数业务源于说服医生为其患者开出东方制药有限公司的药品。没有销售或广告是面向消费者的。

公司的销售策略是：在得到医生会向患者开公司药品的口头承诺后，销售代表会向医生提供样品。这些样品将使患者开始使用东方制药有限公司的药品，医生将写一个处方以供患者在药店拿药。由于市场上存在大量类似的产品，如何在销售代表访问医生的几天或几周之后，让医生记住东方制药这个品牌，是一个困难的营销问题。为了解决这个问题，销售代表要求医生签署要求每隔一段时间提供额外的样品的相关文件。

最近销售和营销部门进行了重组。两个新的工作人员，销售推广经理香农·贝利与广告经理约翰·斯劳特，理所当然地急于做好工作。他们俩的工作都取得了很大的进展，标准化用于促销推广与广告邮寄的样品。从本质上讲，两种样品都是相同的，唯一的区别是广告邮寄样品封装在邮寄袋中发送给医生。

合同比重

当前讨论的包装合同，总额为 88 000 美元。在过去一年中，卢卡斯公司每年向东方制药有限公司出售价值 8 万美元的材料。卢卡斯公司的年销售额为 3 200 万美元。

约翰为样品设计了一个有吸引力的新样式。本质上，这是一个里面夹着药片的折叠卡，可以根据病人的需要，一次推动一片。不久这个想法将用于其他几个药品的样品。约翰已经形成了营销创意，并期望可以同时获得印刷与所有合同业务。

尽管东方制药有限公司做了 90% 的生产和包装业务，但他们没有将药品夹进折叠卡片后进行加热密封的设备。当货物从一个合同包装商如卢卡斯公司进来时，将存放在仓库中，直到投放到市场。

营销和采购之间的关系

尽管香农和约翰能够一起协同工作，但他们很难获得其他参与部门的协助。样品邮寄迟到或缺货的情况时常发生，阻碍他们实现计划。从外部供应商处订购组件时间过晚，药品的短缺以及邮寄信息错误是造成延迟的主要原因。他们试图扭转这种局面，香农和约翰已经做了相关尝试。在调查延迟原因期间，运营部副经理发现，有关参与部门通常会提供比较好的原因。

采购部门、制造部门、信息系统部门指出，他们不能因为"营销部有紧急需求"就放弃自己的日常工作。生产计划部经理表达了大多数部门经理的感受："拿出样品来固然好，但如果因此造成成品缺货，则是毫无意义的。生产这些设计的样品纸盒会使生产效率降低 50%。"

协调营销部样品需求是安德鲁工作的一部分，但他并没有取得太大进展。香农和约翰有时对安德鲁的工作不耐烦，开始直接去找每个部门的经理。

安德鲁认为香农告诉供应商可以拿到多少比例合同业务的行为是最后一根稻草。考虑到这一点，他去见马特·罗伯茨，试图在这件事上得到一个政策性说明。安德鲁想知道在涉及公司供应商的事务中，采购部和营销部是如何划分责任界限的。

马特解释说，因为市场推广支出总计达 3 400 万美元或占销售额的 22%。像业内大多数其他公司一样，东方制药有限公司面临着类似的采购-营销问题。如果营销部经理对预算负责，那么他们可以为 10 000 个药品花费 1 美元，或者如果他们想要，他们可以购买 5 000 个药品，每个 2 美元，这仍然在他们的预算内。1 美元与 2 美元的单价哪个会得到更好的结果，这是营销部的决策问题。对于这些药品而言，采购部仅仅是生成购买订单，确认营销部已经与供应商达成交易。相关政策只适用于非生产性物料，如日历、开信刀、病历卡或海报等。相比之下，去年生产和库存采购成本达到了销售收入的 20%。

然而，马特指出，最终所有采购物品的供应商选择问题则是采购部门的责任。在这种特殊的情况下，仓库中仍然存在大量的旧样本，营销部答应约翰 100% 的合同业务时则没有考虑这一点。安德鲁觉得立即采购所有合同业务将导致不必要的样品库存。除此之外，他从另一个可靠的供应商谢泼德包装公司那里拿到一个更优惠的价格，并认为会获得 25% 的折扣。

马特解释说，营销部仅仅负责将样品运送到销售代表那里或者运送给医生，因此只要不缺货，营销部就不关心库存水平。库存中的包装组件与散装产品在仓储或财务报告中从交易规模中单列出来。只有完成的样品才有一个特定的账号，当样品配送之后，营销预算中采购金额则转入借方。

接下来的步骤

马特建议安德鲁，下周与香农和约翰开一个会议，以便各部门能表明各自的情况，促进解决营销部相关的采购问题。安德鲁同意并回答道:"我明白营销部希望尽快获取采购物品,但是我们需要学习良好的采购经验。我们应该听取他们关于供应商选择的建议,毕竟是他们的预算,但最终制定采购决策的是采购部门。我们有责任让花费的每一美元都得到最大的价值回报。我们不与其他报价对比,如何知道这个价格是合理的?"

案例 4-3 波特兰公交公司

波特兰公交公司位于俄勒冈州波特兰。其采购人员理查德·卡普兰正在准备 10 月 14 日与美国波特公司的商业顾问劳拉·亨宁的会面。劳拉将协助理查德管理涉及 7 家供应商大约 290 个组件的一系列反向拍卖活动。这是波特兰公交公司第一次开展反向拍卖活动,必须在在线拍卖活动的最终安排确定之前,制定几个重要的决定。会见劳拉之前,理查德审查拍卖过程的备选方案,包括拍卖类型和供应商选择政策。

波特兰公交公司

波特兰公交公司为道威汽车公司所有。道威汽车公司是全球客运汽车和商务用车生产制造的领导者,总部设在英国。波特兰公交公司的工厂为道威汽车公司公共汽车分部组装汽车外壳部分。这些外壳部件从波特兰海运至位于俄勒冈州梅德福市一个工厂基地(距离波特兰大约 275 英里⊖)进行最后的组装和喷漆。

波特兰公交公司的工厂大约有 550 个工作人员。大卫·麦格雷戈是物料部负责人,领导着 12 项专门负责材料计划、库存控制与采购的人员。金属部件、系统、纤维玻璃、电气与动力传动系统这五个主要商品组的年度采购总额约为 2.5 亿美元。但是,大约 75% 的采购是与战略供应商合作的采购,而只有大约 0.6 亿美元是由大卫所在部门支出的。理查德直接向大卫汇报,并且负责采购金属部件。

金属部件

在过去的三个月里,理查德分析了公司三种类别金属部件的采购支出:铰链、支架和导管。目前主要由十大供应商负责 290 种不同型号零部件的供应,每年支出约 20 亿美元。理查德对这些商品类别深入审查两年多了,他认为,在当前的市场条件下,存在巨大的节约成本的可能。

由于考虑到过去的绩效问题,当前波特兰公交公司的四家供应商都不在理查德未来的计划内。此外,理查德计划在网上招投标活动中引入一个新的供应商——尼林制造有限公司。表 1 为理查德计划中的参与反向拍卖的七个供应商的资料。

表 1 供应商资料

供应商	描　述	当前支出(美元)
道森制造有限公司	用激光进行金属片和铝制造,利用数控机床对金属等进行加工和离子切割。设备大小:110 000 平方英尺。这是一个每年收入达 20 亿美元的基于北美的汽车零件制造商	575 000
帝国制造有限公司	用激光进行金属片制造和计算机合成设计,从事工程设计和标准产品的制造。过程能力:激光切割、焊接、打孔和折弯。设备大小:100 000 平方英尺,为私人所有	650 000
尼林制造有限公司	合同制造,机械和组装活动。设备大小:8 000 平方英尺,为私人所有	为未来商业考虑

⊖ 1 英里 = 1.609 344 千米。

（续）

供应商	描　　述	当前支出（美元）
C.R.N 产品有限公司	金属片制造、组装和为了少量和大量生产而进行的喷漆。设备大小：60 000 平方英尺	210 000
本森金属片公司	抽样和打孔、铆接、钢切割、管道制造、点焊和涂层服务。设备大小：50 000 平方英尺，为私人所有	460 000
贝朗热企业有限公司	轻量金属片的加工和焊接，以及利用数控机床对金属进行加工，还从事碳化铁的转换、不锈钢和铝的转换。设备大小：10 000 平方英尺，为私人所有	40 000
曲面加工有限公司	运用数控机床设施和工程能力，进行加工、金属打孔和制造。设备大小：50 000 平方英尺，为私人所有	40 000

反向拍卖

理查德决定将零部件分组拍卖，而不是进行 290 个单独的在线招标活动。最后，他将所采购的零部件分为 21 个组，每个组在制造工艺、质量要求及生产量方面具有相似性（见表 2）。

表 2　反向拍卖

包裹	零部件数量	平均支出（美元）
铰链	7	32 551
导管 1	10	208 838
导管 2	13	106 236
支架 1	12	53 773
支架 2	12	119 912
支架 3	3	65 389
支架 4	9	111 500
支架 5	16	54 901
支架 6	13	65 997
支架 7	12	78 950
支架 8	21	48 108
支架 9	39	83 557
支架 10	15	84 630
支架 11	14	55 673
支架 12	16	64 734
支架 13	7	137 624
支架 14	2	71 675
支架 15	21	219 922
支架 16	18	133 896
支架 17	20	166 114
支架 18	10	49 771
总数	290	2 013 751

波特兰公交公司的母公司与波特公司签订了合同，由波特公司提供在线投标活动解决方案，为其所有部门提供了反向拍卖的帮助和技术支持。波特公司在欧洲、北美和亚洲都有分支，提供一系列的咨询和技术平台，并与汽车、建筑、机械制造和办公用品行业的大约 200 家公司进行合作。其提供的服务包括在线拍卖、供应合同的谈判、供应管理和一系列基于 Web 技术的解决方案。欧洲的道威汽车公司乘用车部门最近完成了与波特公司的反向拍卖项目，对结果非常满意。

美国波特公司指派美国业务商业顾问劳拉与理查德一起管理反向拍卖项目。劳拉和她的团队主要负责以下内容。

（1）与供应商合作一起建立波特公司的科技平台，为员工提供培训。

（2）与供应商讨论与拍卖相关的细节，如零件详细说明、质量要求和采购数量。

（3）与供应商进行实验拍卖，随后解决任何技术问题或出现的其他问题。

（4）在拍卖当天，波特公司监管在线拍卖活动，并且为所有参与方提供支持。波特公司平台可以让买者在线实时观看反向拍卖活动。

（5）拍卖结束后，波特公司会为采购者提供一份详细的拍卖报告，包括最终结果。这份报告会在拍卖活动之后大约两小时内生成。

劳拉表示，一旦确定了最后的安排，

最多只需要两周的时间在供应商处安装波特公司的平台并且训练他们的员工。测试平台也需要花上额外的一两天时间。理查德希望供应商花费至少两周的时间来审查零部件分组，并准备拍卖工作。所以，理查德计划在11月中旬开始展开拍卖活动，并且希望在圣诞节前夕就能完成所有事。

反向拍卖的准备工作

在10月14日的会面是为了最后确定反向拍卖活动的方案，审查所有反向拍卖流程的可替代性方案，包括所采用的拍卖类型，并设置供应商选择策略。由于这是波特兰公交公司的第一个反向拍卖活动，任何对未来相似项目有影响的决策，大卫·麦格雷戈都很谨慎。所以，他希望在实施之前复审理查德的计划。

劳拉向理查德解释，有许多反向拍卖方法，首要的决策问题包括可视性（例如，拍卖者在拍卖期间可以了解的内容）、拍卖的时长、延长拍卖时间的政策、目标价格等。例如，通过波特公司系统的设置，每个拍卖者都只能看见当前的最高价、所有拍卖价的排名，或者只能看见拍卖者自己的排名。劳拉也表示大多数拍卖时长都是15~30分钟，但考虑到在预设时间结束后仍有人在出价，因此延长拍卖时间也是常见的。还有就是，在一些反向拍卖活动中，采购者设立目标价格，作为供应商投标价格的参考。

最后，理查德需要决定竞标者中标的基准与拍卖之后采购价格可以协商的程度。大卫对理查德表示通过反向拍卖活动预计节约25%的采购成本。理查德感觉除了价格之外，其他因素也应该考虑在内。例如，他认识到转换供应商会增加成本，并疑惑在确定中标者时如何考虑这一情况。在价格降低带来的采购成本降低量高于转换成本时，出价最低的竞标者应该中标吗？还有，通过反向拍卖，在最后采购决策时，波特兰公交公司应该在何种程度上考虑长期供应关系？理查德希望当面与供应商弄清楚这些问题，有些他期望的供应商可能不愿意参加此次拍卖活动。

Chapter5 | 第 5 章

自制或外购、内包、外包

供应决策者的关键问题

我们应该
- 改变目前采取的自制或外购决策吗?
- 考虑将更多业务内包吗?
- 考虑将更多业务外包吗?

我们如何
- 才能提高我们发现内包机会的能力?
- 确保在制定自制或外购决策时充分考虑了供应因素?
- 更好地发展外包技术?

5.1 自制或外购

自制还是外购是任何组织最重要的决策之一。任何组织在成立时,便需要制定一系列自制或外购的决策。随着组织的发展以及产品(服务)的增加或减少,需要不断进行自制或外购的决策。本章将对自制、外购、内包,以及外包给出定义。对于任何新的产品或服务,都需要制定自制或者外购的决策。自制决策是指在组织内部生产产品或者提供服务。外购决策是指商品或服务将从供应商处采购。随着内部与/或者外部环境发生变化,组织需要审查所做出的自制或外购决策,部分或者全部决策可能发生反转。内包是指组织改变了先前的外购决策,将之前采购的生产活动、产品或服务在组织内部生产或提供。外包是指先前自制决策的逆转。由此,之前在组织内部完成的生产活动、制造的产品或提供的服务将从外部采购(见图 5-1)。供应经理在自制或外购以及内包或外包决策中会发挥重要的作用。

自制或外购决策的选择反映了组织的性质,对组织的生产力与竞争力有至关重要的影响。从历史看来,很多大型组织往往青睐于自制,这样形成后期一体化战略,并拥有大范围的生产制造以及装配子组件的权力。大部分的采购局限于原材料的采购,之后这些材料将在内部加工处理。

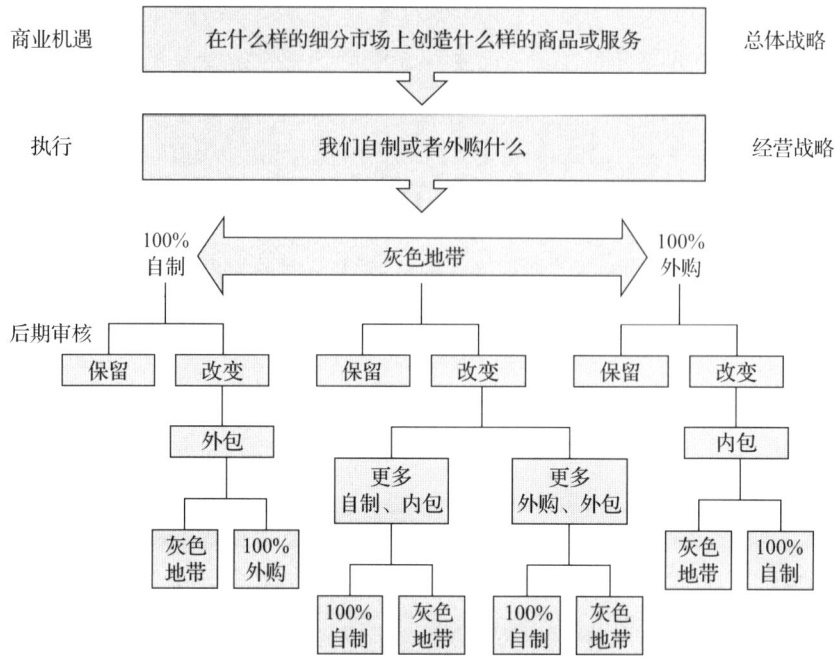

图 5-1 自制或外购以及内包或外包决策

20 世纪 90 年代以来，随着全球竞争的加剧，成本降低与减员压力的增加，以及对公司核心竞争力的关注，采购问题上的管理思想发生了巨大变化。历史上可能由内部提供的服务或制造的产品现有转向外部采购的趋势。而管理方面倾向于灵活性，注重企业优势与客户亲密度，持续强调生产力与竞争力的发展趋势，强化了外购的观念。任何一个组织不可能在制造或提供服务等各个方面都优于其他竞争对手。从有能力的供应商手中购买采购方不具备专业化制造或服务优势的需求品，采购方可以更好地将精力集中在其主要业务上。随着世界市场的融合，采购方具有寻找或者开发适合战略发展需要的世界级供应商的责任。

最近，北美地区的企业倾向于购买传统上由内部提供的服务，包括安保、餐饮与维修服务，还包括编程、培训、工程设计、会计、应付账款、法律、科研、人事、信息系统甚至合同物流和供应。因此，一类涉及服务业的新的采购悄然形成。

由于种种原因，自制或外购决策是非常有趣的问题。几乎所有的组织都持续不断地面对这个问题。对于制造企业来说，选择自制可能是已存在活动的自然延伸或是一个多样化的机会。非制造业通常关心的是服务问题而不是产品。例如，一家医院是应该拥有自己的洗衣房，经营自己的餐饮，提供安保及维修服务，还是应该向供应商购买这些服务？成为自己的供应商，到目前为止本章还没有关注这一选择。然而，这是每个企业供应战略中的一个重要选项。

一个组织的管理层对于自制或外购这个问题应持什么态度？许多企业并没有刻意地去制定相关政策，而是倾向于在相关问题出现时逐一解决。因此，很难收集到有意义的可用于经济分析的数据来支持此类决定。

总结起来，对单个公司而言，问题是：在生产产品或提供服务所需的业务流程中，有多少业务是在组织内部完成的，内部业务耗费的成本占产成品或服务成本的预期比重是多大？以什么形式在组织内部完成相关业务？当其他因素不具有压倒一切的重要性时，强大的供应组织会更加倾向于外购。例如，一个企业发现其供应能力在国际市场上是一笔如此具有竞争优势的财富，以至于它会故意放弃一些对本行业内每个竞争对手都很普遍的生产设施。从长远来看，自制或外购、内包或外包决策必须有助于建立弹性供应链，并维持供应链弹性。

5.1.1 自制的原因

组织出于很多原因采用自己生产产品或者提供服务而非采购的方式。即使组织可能更倾向于外购，但竞争、政治、社会或者环境因素或许会迫使组织选择自制。竞争对手获得了一种原材料主要来源的所有权，也可能会导致组织采用自制方式生产产品或提供服务。很多国家坚持认为一定数量的原材料加工应该在国内完成。比如，一家处于高失业率地区的公司可能会决定采用自制某些产品或服务的方式来缓解当地的就业压力。而一家公司可能会对某些副产品做进一步的加工处理，使之符合环保要求。在以上每种情况下，成本可能不是最受关注的因素。其他原因如表 5-1 所示。

表 5-1 为什么自制

1. 需求数量太少，没有供应商对需求感兴趣或可以提供相关产品
2. 质量要求太严格或者太特殊了，供应商不能提供所需要的特殊加工方法
3. 为了强化供应保障或更紧密地协调产品或服务供应与市场需求
4. 为了保护技术秘密
5. 为了获得更低的成本
6. 充分利用或避免闲置的设备或劳动力
7. 为了确保该公司自有设备的稳定运行，让供应商承担需求波动的风险
8. 为了避免依赖单一的供应来源
9. 为了降低风险
10. 外购费用昂贵
11. 与最近的供应商的距离比较远
12. 为满足重要客户的需求
13. 该产品或服务的未来市场潜力正在迅速扩大
14. 预测该产品或服务在未来市场上会出现供应短缺或者价格上涨
15. 管理层因产品或服务规模而自豪

5.1.2 外购的原因

一个组织更加倾向于购买商品或者服务是有很多原因的，包括竞争、政治、社会及环境方面的原因。政府合同可能会要求组织在小企业或者资深供应商、女性供应商或少数族裔供应商处采购一定比例的产品或服务。例如，一项加工流程可能需要大量的水，但是当地水资源匮乏，这给位于这个特殊地区的组织带来了难以处理的问题，因此需要从外地采购。通常，某些资深供应商已经建立了声誉，这使得他们供应的零部件成为产成品的优选选择。而这些具有品牌效应的零部件通常使整个设备更能被最终用户所接受。交通工具、建筑设施，或者采矿设备的制造商经常让用户自主选择发动机品牌，且用户的个性化选择为组织销售设备带来优势。其他原因如表 5-2 所示。

表 5-2　为什么外购

1. 该组织可能在所讨论的产品或服务的生产上缺乏管理或专业技术知识
2. 产能不足。这可能会影响与其他供应商或客户的关系
3. 为了降低风险
4. 对非核心业务保持技术和经济的长期可行性,具有很大的挑战
5. 由于工会压力与管理惰性,一旦决定自制,往往难以改变,因此,外购可提供更大的灵活性
6. 为了保证成本的准确性
7. 潜在的供应源和可替代性产品或服务的选择比较多
8. 需求量较小,不足以实施内部生产
9. 对未来的预测发现,需求或技术具有极大的不确定性,以及公司无法或不愿承担制造风险
10. 附近就有一个能力较强的供应商
11. 为了保持精益生产
12. 外购可为公司的产品或服务开拓市场
13. 为获得将产品或服务更快地引入市场的能力
14. 为满足重要客户的需求
15. 具有高级供应管理专业知识

前面关于自制或外购问题的争论听起来很相似:取决于更好的质量、数量、交付、价格或成本优势,更好的服务,降低风险以及更多的发展机遇,有利于公司提高竞争地位并增强满足客户需求的能力。因此,每个组织制定自制或购买决策时需要仔细地对两者进行分析。即使采用自制方式,也可能需要一个重要的原材料或零部件,对该原材料或零部件进行采购也许是更好的方式。因此,供应经理需要持续不断地提供信息、见解与专业知识来协助组织做出明智的自制或外购决策。

5.1.3　自制或外购的灰色地带

利恩德斯与诺勒特的调查研究表明,在自制或外购的情况下可能存在一个"灰色地带",即存在 100% 自制与 100% 外购之间的选择范围(见图 5-1)。在无须做出自制或外购决策的情况下,"灰色地带"对测试和学习特别有用。尤其是在进行不涉及设备投资的服务型采购时,用内部的廉价劳动力代替昂贵的外部人员,或用外部的廉价劳动力代替昂贵的内部员工,可以给组织带来实质性的经济收益。

汽车行业中的灰色地带交易的例子,即由供应商负责汽车制造商某一零部件的设计。在维修时,某些类型的服务可以由设备采购商来提供,其他类型则可通过设备制造商来提供。

自制或购买的灰色地带为采购商和供应商提供了更有价值的机会或更有益的选择。

5.2　分包

分包是自制与外购之间可选范围中的一种特殊类别,在军事和建筑采购中很常见。分包合同仅在主要承包商将一部分工作面向其他承包商进行招标时产生,其他承包商被称为分包商。分包合同的最简单形式为列有更加明确的条款与条件的书面采购订单。所管理项目的价值和规模越大,相应的复杂性与管理难度也越大。由于那些必要的信件、图表、计划审查和管理报告的数量类型繁多,因此分包合同的管理可能需要独特的技能和能力。另外,付款的处理方法不同,通常与实际的定价以及分包合同的条款一起进行协商。

在采购业务难以界定范围、需要很长一段时间，且成本非常昂贵时，采用分包的方式就比较合适。例如，航空航天公司对大量的较大结构部件和航空电子设备采用分包的方式采购。机翼、起落架和雷达系统是一些高成本的商品，可能通过分包采购。分包合同通常由一个团队来管理，这个团队可包括分包合同管理员（subcontract administrator，SCA）、设备工程师、质量保证代表、可靠性工程师、材料价格/成本分析师、项目办公室的代表和/或一个现场代表。

分包管理是一项复杂的活动，需要最先进的与绩效相关的专业知识，并有预测为完成预期目标所需开展活动的能力。从开始到完成任务，分包合同管理员必须维持对成本、进度、技术与配置进行控制。

分包成本控制始于对公平合理的成本、选择的合同类型，以及成熟的奖励机制等相关内容进行谈判。为实施进度控制，需要制订一个切实涵盖了所有必要合同活动的良好的主生产计划。精心设计的书面报告和必要的复原计划是必不可少的。技术控制必须确保最终产品符合合同中的规格说明书列明的所有性能参数。配置控制确保所有的变化都记录在案。良好的配置控制对"售后服务"与产品备件的考虑来说是必不可少的。

最简单的常规采购订单，通过产品或服务交付与付款即可完成最终的合同收尾工作。重大分包合同的收尾工作涉及更多明确的行动。这些行动随合同类型和采购项目（任务）的困难程度的变化而变化。通常，那些庞大而复杂的采购，在执行期间经常需要做大量的改变。这些变化会产生索赔成本，而这些索赔成本必须在合同收尾前解决。此外，提供给承包商用以支撑其决策的任何工具和数据，都必须收回；必须已经接受并检验所有可交付的材料、数据与报告。每个分包合同的要求因收尾需求复杂性的不同而不同。但是，在任何情况下，应当对分包合同绩效进行书面总结，作为将来评价供应商与选择供应商的基础。

分包合同也适用于服务业。例如，耐用医疗设备、假肢、矫形器和日用品中一项产品的"主要供应商"是那些报销医疗保险的在册供应商。主要供应商负责所有其提供产品的相关服务，并按照医嘱与医疗保险规则协调医护服务。主要供应商可能分包某些服务，如购买存货、交付、做出产品使用说明以及租用设备的维修。

5.3 内包和外包

企业决定改变自制或外购决策时，产生了内包与外包。最初自制或外购的决策是正确的，并不意味着现在也是正确的。在组织内部、市场上甚至环境中的新形势下，组织可能要改变其之前自制或外购的决策。

如果之前的自制或外购决策是不恰当的，那么随后企业可以而且应该对此进行修正。然而，对于是否不断重新评估过去的自制或外购决策存在着激烈的讨论。已知的风险可能已经被最小化或消除。新技术可使过去认为不可能的过程得以实现。新的供应商可能已经进入市场或旧的供应商可能已经离开。对不同原材料及组件进行权衡，可能会出现新的选择方案，如钢铁可由塑料制品代替。数量、价格、功能、规格、供应商、能力、规定、竞争对手、技术和管理者不断发生改变，因此供应经理需要不断地审查并分析其当前的自制与外购决策，以识别新的优势和劣势、机会和威胁。

在持续经营的基础上，需要由跨职能团队（由供应部门、运营部门、会计部门和市场营销部门组成）解决的两个问题是：①目前我们外购的产品或服务有哪些是应该自制的？②目前我们自制的产品和服务有哪些是我们应该从供应商那里购买的？

5.3.1 内包

内包是外包经常被遗忘的孪生兄弟，是外购决策的反向决策。鉴于采购经理的时间要求，供应经理采用内包的方式供应产品的可能性是相对比较小的，标准的做法是继续采用外购的方式。但是，从供应的角度来看，有若干个原因促使供应部门做出内购决策。最显著的原因是，现有的一个供应商退出市场或者放弃一个产品（服务）线，没有办法获取其他的供应商。假设客户对产品或服务的需求是持续的，供应经理需要找到一个替代的供应来源。供应商开发或者说创建一个先前并不提供所需要产品或服务的新供应商是一种方法，另一种方法就是内包。同样，价格突然大幅增加，唯一供应来源被竞争对手垄断，政治事件和监管政策的变化，制造商生产产品所需的主要原料或零部件供应缺乏，都可能迫使供应部门考虑采用内包方式来获取所需的产品或服务。因此，任何供应得不到保障的威胁都成为供应部门采用内包方式获取商品或服务的原因。这被称为一种必然论证，即"我们不愿意自己生产产品或服务，但我们真的没有任何其他选择"。

内包方式成为一个较好的选择，还有其他一些组织方面的原因，类似于在本章前面对自制或外购的讨论中，为何采用"自制"的原因。我们可能已经开发出生产产品或提供服务的独特工艺，可以大幅改善产品与服务质量、交付、总成本或灵活性，由此可以提供卓越的客户服务并获得较高的客户满意度。此时，内包将大大提升组织的竞争力。这被称为一种机会论证，即"我们更愿意由组织内部提供该产品或服务，因为这将为我们带来战略性的竞争优势"。

采用内包方式后，供应管理者需要特别关注从供应商到内部生产或服务交付的过程，保证其平稳过渡。首先，我们如何停止与现有供应商之间的交易？当前合同到期时实施内包决策，还是为实施内包而提前终止当前合同并支付罚款？

任何组织实施的内包策略，都面临着新的供应问题，即内包方式生产特定产品或服务所需要的原材料、零部件、设备、能源与服务的供应。因此，内部供应部门能否完全满足这些输入元素的需求是制定任何内包决策都需要考虑的因素之一。

案例 5-3 是一个很有意思的内包决策实例。其描述了公司在内部生产芥末酱，而不是从外部供应商处采购。因为许多产品的生产都需要芥末酱，制定决策时不仅需要关注内包是否为一个有吸引力的选择，而且还应关注如果做出内包决策，那么如何保证其会成功。案例 7-3 讲述了在成本问题和供应商绩效问题的综合影响下，采用维修服务内包合同的方式提供维修服务的情形。

5.3.2 外包

当组织决定采购先前由组织内部生产的商品或服务时，外包即发生。例如，一个由自己员工做清洁的公司可能会决定雇用清洁公司提供这项服务。根据商品或服务的不同，供应商可能来自国内（在岸外包），也可能来自国际（离岸外包）。离岸外包将在第 14 章"全球供应管理"中进行讨论。自 20 世纪 80 年代末以来，巨大的外包与（公共部门）私有化浪潮几乎席卷了所有的组织。为了更好地生存和发展，公共和私人组织缩小组织规模，减少总部工作人员数量，把以前自主经营的大范围的业务职能与活动外包出去，以聚焦于发展价值增值活动与核心竞争力。

几乎没有不能外包的职能活动。有些活动，如保洁、餐饮和安保等服务采用外包的方式提供已经有很多年。最近备受关注的外包目标业务为信息技术（IT）、法律以及医疗保健服务（如放射科）。其他流行的外包目标业务部门包括邮件收发室、复印中心、商务旅行部门。应付账款、人力资源、市场营销/销售、财务、行政管理、物流、工程设计甚至供应，都是当下职能外包的示例。

一项业务可全部外包出去，或者活动的一部分外包一部分自营。例如，对信息技术而言，一些可能是战略性的，有些可能是关键的，有些可由第三方提供并管理，以获取更低的成本。首先识别一个潜在可外包的职能，然后把这一职能分解为若干活动，决策者确定哪些活动是应该保留在公司内部的战略性或关键性活动，哪些是可以外包的活动。

在物流领域，外包业务量的增长归因于交通管制的放松、对核心竞争力的专注、库存的减少，以及物流管理计算机程序功能的增强。精益库存意味着在产品或服务交付时，出错的概率变得更小，特别是在采用准时制模式运营的组织中。卡车运输公司的运营业务增加了物流服务，即不仅仅把商品从 A 点移动到 B 点，而是管理更长一段时期（通常是三年）内全部或者部分货运业务，并且将托运商的员工更换为自己（卡车公司）的员工。物流公司采用计算机跟踪技术，减少了运输的风险。相对企业自营方式，通过物流公司提供服务为企业增加更多价值。第三方物流（3PL）供应商可以提供运营、仓储与运输集成化服务。其具有使用电子数据交换技术和卫星系统跟踪货物运输，并准确地告诉客户货物在哪里以及何时交付的能力。这在交付时间可能有 30 分钟的准时制运营环境中至关重要。

举个例子，惠普公司将其位于华盛顿范库弗峰地区的原材料进货仓储业务转交给 Roadway 物流公司。Roadway 物流公司的 140 个员工一周 7 天，一天 24 小时轮流值班，协调货物的入库运输以及存货管理。惠普公司的 250 个员工则被安排到其他业务中，惠普公司的报告称节省了 10% 的仓储运营费用。

外包的原因类似于本章前面讨论的制定自制或外购决策时选择外购的原因有一个关键的区别。先前组织自身参与了产品或服务的生产，现在采用外包的方式，那么之前致力于生产该产品或服务的员工、场地与设备该怎么处置呢？

结果往往是裁员。即使服务提供商（第三方）雇用之前的员工，他们的工资和福利水平往往比以前更低。很多工会认为外包是为了规避工会契约。美国汽车工会一直积极地阻止汽车制造商外包部分业务。关于外包的其他顾虑包括以下方面。

- 失去控制。
- 面临来自供应商的风险：财政疲软、失去供应商承诺、实施缓慢、所承诺的特性或服务不可用、响应性差、质量差。
- 产生未预料到的费用或额外收费。
- 难以量化供应商的经济状况；产生转换成本。
- 供应受限制。
- 需要高级管理人员关注。
- 有被落后技术捆绑的可能性。
- 是否具有长期的灵活性，是否可以满足业务需求的变化。

随着组织在制定外包决策和编制外包合同方面积累了更多的经验，其在制定外包决策时将会更擅长运用采购与合同方面的专业知识。外包合同成功与否取决于从编制工作说明（state of work，SOW）或请求建议（request for proposal，RFP）到定义合同条款的各种细节内容。

本章的最后部分有两个外包案例，阐明了不同情境下的外包决策，加兰巧克力公司正考虑外包其埃奇沃思太妃糖的包装业务，而不是投资购买昂贵的设备。在马歇尔保险公司的案例中，马歇尔保险公司由第三方服务提供商来管理表格和印刷品库存。加兰巧克力公司案例展示了传统制造环境下的外包，而马歇尔保险公司的案例阐明了一种行政管理环境下的外包。

5.4 对供应的影响

供应和物流管理以以下两种方式涉及自制或外购、内包或外包决策：①可能采用外包的方式提供供应与物流的部分或全部服务；②供应与物流部门参与到对自制或外购、内包或外包决策进行分析的内部团队中。

5.4.1 供应与物流外包

供应可以被完全外包，相对于直接采购或核心业务，间接采购或非核心的业务被外包出去的可能性更大。外包采购的好处包括改善流程法规遵从性和控制水平，优化运营资金以及提高流程效率。

现有三种类型的外包合同：采购到付款（P2P）、寻源到合同（S2C）、寻源到付款（S2P）。P2P 合同覆盖的采购活动如下：日常采购（审批工作流、物料采购、采购订单、订单推进、物料和发票收据、发票支付）、绩效管理（财务绩效、法规遵从性管理、政策和程序，以及业绩与业绩报告）、应付货款（主数据维护、流程支付请求、差旅费的索赔流程、EDI/P 卡管理、月末清算、供应商查询和报告）。S2C 采购外包的内容包括成本数据管理、战略采购、供应商管理和需求管理。S2P 采购外包的内容包括采购到付款外包、寻源到合同外包的所有流程。

举个例子，2007 年，微软选择埃森哲咨询公司作为其采购流程外包服务提供商，埃森哲咨询公司推出了来自 4 个服务中心适用于 95 国家并采用 36 种语言的通用流程，运营成本降低了 35%；另外，谈判成本比 2006 年降低了 35%。全球流程的标准化和透明度增强，使得微软通过早期付款折扣节约了超过 1 000 万美元的成本。[○]

许多与物流职能相关的业务以及物流职能本身都已被外包出去。凯捷咨询公司的第十七届年度第三方物流研究（2012）报告指出，事务性、操作性与重复性的活动，如运输、储存和货运代理，往往是最常见的外包活动。托运商外包了 54% 的运输业务和 39% 的仓库运营业务。提高服务质量、降低成本、增加核心竞争力是采用外包物流活动的三个主要原因。

决定组织的核心竞争力是什么，不是一件容易事儿，其总是变化的。例如，组织内部车队的拥有与管理可能面临是外包或继续内包的决策。在一个拥有强大销售队伍的组织里，汽车销售代表是销售队伍的扩充，公司超越竞争对手的能力一部分在于销售人员个人

○ www.accenture.con/SiteCollectionDocuments/PDF/Accenture-Procurement-BPO-Infographic-final.pdf.

的销售业绩。许多与车队相关的业务活动被外包了出去，如租赁车辆而不是拥有车辆——维修、二手车售卖，但与驾驶员的联系可能会作为一个内部职能被保留下来，因为保持驾驶员（销售队伍）愉悦是组织成功的关键。在一个公共事业公司，维护特种车辆所需的机械专业知识为公司核心竞争力的一部分，然而汽车车队的维修却不是核心竞争力。外包决策受多种因素的影响。在制定外包决策时，每个组织都必须根据组织长期发展战略、目标与目的来评估这些因素。

5.4.2 供应在内包和外包中的作用

研究表明，在很多组织中，供应部门已经相对适度地参与到了外包决策的制定中。然而，鉴于外包和内包决策的本质，供应经理应加大参与度，方式如下所示。

- 提供全面、有竞争力的业务流程。
- 识别内包或外包机会。
- 选择辅助供应源。
- 识别潜在的供应商关系问题。
- 合同编制与谈判。
- 供应商关系的持续监控与管理。

对自制或外购、内包或外包进行决策具有很高的战略重要性，因此管理层必须确保制定正确的决策。在制定决策并进行管理时，供应部门的适度参与是很关键的。

本章小结

对任何组织而言，自制或外购以及内包或外包都是关键的战略决策。在条件允许的情况下，组织日后要对每个决策进行审查和调整，以维持内部业务活动与采购商品及服务的组成比例适当。有效的供应管理，需要供应职能对这一连续评估过程做出持续、积极的贡献，组织在开拓市场机会与开发有竞争力的供应源方面越熟练，在制定外购与外包决策时的准备就越充分。

复习题与讨论题

1. 组织什么时候需要将外购决策转变为自制决策？
2. 什么是内包？组织如何决定是否内包一项业务活动？
3. 为什么自制或外购决策被认为是具有战略性的？
4. 自制或外购的灰色地带是什么？其含义是什么？
5. 一个组织为什么会决定外包，请举例说明？
6. 什么是分包？与典型的采购订单有什么区别？
7. 为什么组织会外包其物流职能、工程设计职能或市场营销职能？
8. 在公共部门中，外包通常被称为什么？公共部门中使用外包的主要优势是什么？
9. 一旦做出外包决策，供应预期的作用是什么？
10. 如果你是自己公司的唯一所有者，你是倾向于自制还是外购？为什么？

参考文献

Brewer, B.; B. Ashenbaum; and J. R. Carter. "Understanding the Supply Chain Outsourcing Cascade: When Does Procurement Follow Manufacturing Out the Door?" *Journal of Supply Chain Management* 49, no. 3 (July 2013), pp. 90–110.

Dabhilkar, M. "Trade-Offs in Make-Buy Decisions." *Journal of Purchasing and Supply Management* 17, no. 3 (2011), pp. 158–166.

Halvey, J. K., and B. M. Melby. *Business Process Outsourcing: Process, Strategies and Contracts*. 2nd. ed. Hoboken, NJ: John Wiley & Sons, 2007.

Kroes, J. R., and S. Ghosh. "Outsourcing Congruence with Competitive Priorities: Impact on Supply Chain and Firm Performance." *Journal of Operations Management* 28, no. 2 (2010) pp. 124–143.

Langley, C. J. *2013 Third-Party Logistics Study: The State of Logistics Outsourcing*. Phoenix, AZ: Capgemini Consulting.

Leuschner, R.; C. R. Carter; T. J. Goldsby; and Z. S. Rogers. "Third-Party Logistics: A Meta-Analytic Review and Investigation of its Impact on Performance." *Journal of Supply Chain Management* 50, no. 1 (2014) pp. 21–43.

Li, M., and T. Y. Choi. "Triads in Services Outsourcing: Bridge, Bridge Decay and Bridge Transfer." *Journal of Supply Chain Management* 45, no. 3 (2009), pp. 27–39.

Park, J. K., and Y. K. Ro. "The Impact of a Firm's Make, Pseudo-make, or Buy Strategy on Product Performance." *Journal of Operations Management* 29, no. 4 (2011), pp. 289–304.

Van der Valk, W., and J. van Iwaarden. "Monitoring in Service Triads Consisting of Buyers, Subcontractors and End Customers." *Journal of Purchasing and Supply Management* 17, no. 3 (2011) pp. 198–206.

Vitasek, K.; K. Manrodt; and M. Ledyard. *Vested Outsourcing: Five Rules That Will Transform Outsourcing*, 2nd ed. New York: Palgrave Macmillan, 2013.

案例 5-1 加兰巧克力公司

加兰巧克力公司的工厂位于美国北卡罗来纳州达勒姆地区。运营总监桑迪·苏皮亚正在准备计划在3月18日周一召开小组会议，会议议题为：怎么解决埃奇沃思太妃糖利润率下降的问题。摆在面前的选择有两种：一是投资于新的设备，二是将制造和包装业务外包出去。这天是3月12日周二，在会议之前，桑迪需要准备好分析材料并给出一个推荐方案。

加兰巧克力公司

加兰巧克力公司，总部设在英国伦敦，是一家全球领先的食品制造商，其平均年收入为30亿美元。公司生产超过65个品牌的巧克力和糖果。其在全球范围内经营着50多个工厂，其中8个工厂位于美国。加兰是行业领先的品牌之一，达勒姆工厂有20条生产线，为北美地区零售客户提供产品，这些客户包括杂货店、商品连锁店、精品糖果店和便利店。

加兰的各种品牌由跨职能团队管理，成员为来自销售、市场营销、生产、财务、工程、采购与配送部门的代表。每个团队都受企业发展目标、利润以及品牌管理的约束，但为帮助公司实现企业绩效目标，在制定战略与战术决策方面，公司也给予他们充分的自主。

行业的竞争决定了价格上限，因此边际收益由生产与供应链效率决定。因而，成本的控制与持续优化非常重要。公司的企业资源计划系统每周为团队成员生成企业绩效目标报告。

埃奇沃思太妃糖

生产埃奇沃思太妃糖有两个步骤：制造与包装。产品有两种规格：第一种规格是固定规格，包有半磅太妃糖的零售包装；第二种规格是10磅为一包的散装太妃糖，摆放在商店里，方便顾客挑选所需数量的太妃糖,并自行打包。固定规格的太妃糖每年大约生产 2 500 箱,相比之下,散装包每年约生产 3 000 箱。两种规格都卖 145 美元每箱。

埃奇沃思太妃糖有两条专用包装线,每条包装线对应一种规格。但是,包装线早就超过了使用寿命,而且近几年生产效率下降(见表 2)。此外,过去几年埃奇沃思太妃糖的销售量一直没有增长。为吸引消费者对该品牌的兴趣,营销团队提出一种新营销策略,即翻新包装。但是,新的包装需要与之前不同类型的包装技术。埃奇沃思太妃糖营销团队代表约翰·斯拉夫,认为结合新的营销活动,引进新包装,销售量增加可高达 20%。桑迪目前还不清楚新的营销策略能否足以刺激销售增加,或者产品是否在市场上已经饱和,需求下降是不可避免的。

制造与包装线替代方案

会计部门每年给每一条生产线设置了标准成本。表 1 提供了埃奇沃思太妃糖的标准成本,表 2 为制造和包装线的实际经营业绩数据。正如表 2 所示,包装线的工作效率为 48%,而且废料比率接近 10%。包装线的全年保养费用大约为 18 000 美元,而且在接下来的 12 月里预期至少增加 25%。

表 1 埃奇沃思太妃糖生产标准费用

	单价(美元)	%
售价	145.00	100
原材料	24.65	17
包装材料	29.00	20
劳动生产	13.05	9
劳动包装	7.25	5
间接费用	21.75	15
总成本	95.70	66
边际成本	49.30	34

表 2 制造和包装线性能统计信息

测量	标准(%)	实际(%)
制造效率	80	76
制造废料率	1.2	1.5
包装效率	80	48
包装废料率	1.2	9.6

伊恩·哈斯为达勒姆工厂的采购经理,是埃奇沃思太妃糖团队的一员。与伊恩·哈斯合作,桑迪估计更换埃奇沃思太妃糖两条包装线大概需要花费 140 000 美元,包括新设备安装费用。预计新的设备可以提供营销部门推荐的新包装,并可以有效地实现企业绩效目标与废料率目标。

桑迪也认为是时候检查并替换制造线了。制造和包装线原本是 20 多年前一并安装的。制造线的使用效率接近 80% 的目标值,也出现退化衰退的迹象。五年前,其效率超过 90%,现在已经降低到了 76%,并且越来越难找到维修所需的零部件。安装一条新的制造线需要花费大约 600 000 美元。

外包

除了研究更换现有制造与包装生产线的方法外,桑迪还深入调查了外包的相关资料。初步审查表明,只是把包装业务外包出去,将会产生大量的协调整合成本。所以,他研究了制造和包装全部外包的方案。伊恩和桑迪让两家制造商提交方案,马丁制造商与达思股份有限公司。要求从现有包装与营销建议的新包装两个方面进行投标。为了确保两家供应商都明确了解了制造和包装的流程,公司邀请他们参观了达勒姆厂,并提供了各个生产线运营相关的细节信息与数据。

审查了两家供应商提交的议案之后,伊恩和桑迪认为马丁公司提供的方案是最优的。马丁公司对现有包装与新包装方案的制造与包装报价为 68 美元,并负责原材料和包装材料的成本。另外，加兰前期将支付35 000美元的模具成本。马丁公司表明其将需要六个月的时间来提高埃奇沃思太妃糖的产量。

小组会议

看着电脑上关于埃奇沃思太妃糖制造和包装的信息，桑迪明白必须要采取措施来解决产品成本增加造成的品牌边际利润率降低的问题。投资新设备看起来像一个明显的解决方案，然而资本投资额非常大，实施该方案所需资金将超过公司财务部门设定的资金成本比率的10%。

当审查马丁公司提供的方案时，桑迪发现，埃奇沃思太妃糖产品外包可以消除达勒姆工厂的管理费用。根据会计部门估计，如果产品外包出去，那么均摊到埃奇沃思太妃糖上的管理费用将降低大约30%。

历史上，公司的战略是通过控制产品的生产来确保质量和交货绩效。加兰在消费者中拥有非常好的声誉，而消费者对埃奇沃思太妃糖的服务水平满意度也高达98%。然而，如果外包方案在周一可以成功得到团队成员的认可，桑迪认为高级经理将会通过这一方案。这是一个重要的决定，通过对两种方案的周密分析，桑迪想在周一的会议上提出一个明确的建议。

案例 5-2 马歇尔保险公司

马歇尔保险公司位于华盛顿州斯波坎市。采购经理卡拉·墨菲正在评估吉尔摩印刷公司的大卫·卡勒姆提交的提案。大卫建议由吉尔摩公司负责管理马歇尔保险公司汽车俱乐部的所有表单与印刷材料库存。卡拉明白印刷材料管理外包的优点，但是她仍然担心这个安排不能提供顾客与员工所期待的服务。今天是6月12日周四大卫期待在6月17日（周二）下午的会议上得到卡拉的答复。

马歇尔保险公司

马歇尔保险公司是一家大型的、拥有大量个人财产保险和意外保险业务的上市公司。公司创建于1948年，拥有735亿美元资产。马歇尔保险公司汽车俱乐部是马歇尔保险公司的一个部门，一年365天全天候为客户提供道路援助服务。包括个人和公司在内，其客户数超过750 000个。

马歇尔保险公司汽车俱乐部为两种客户群体提供服务：企业客户和个人客户（或散客）。企业客户，如为新采购车辆提供免费道路援助计划的汽车原始设备制造厂商。个人用户可以从为家庭提供的多种方案中选择相关服务，服务车辆包括汽车、卡车、摩托车和休闲车。除了传统的路边服务之外，马歇尔保险公司汽车俱乐部还提供例如旅行计划、旅游预订服务和行程中断保险等特色服务。

个人客户通过线上注册或者在当地的马歇尔保险公司办公室填表登记来加入马歇尔保险公司汽车俱乐部。通常是用信用卡付款。汽车原始设备制造厂商每天采用加密资料文件把成员信息发送给马歇尔保险公司汽车俱乐部。斯波坎市的办公室处理个人客户与企业客户的成员信息，准备会员卡，并将其与装有欢迎信、手册、各种各样的奖品与钥匙扣的资料袋一起发给客户。资料袋是为每个顾客定制的。如果成员由于车辆购置计划而加入俱乐部，则会使用汽车原始设备制造厂商的信头。俱乐部每周都会组装2 000~3 000份资料袋，需要两名全职员工负责该工作。在需求量大的时候，通常需要更多的职员来组装资料袋。加上福利，库房员工每周可以得到900美元的收入。

卡拉负责管理3 000平方英尺的库房，库房储存着印刷材料，也是组装资料袋的地方。除了给新客户配送的材料，还有其他印刷材料，包括马歇尔保险公司汽车俱乐部的宣传手册和宣传材料。库房里总共有超过250种印刷产品。为了从印刷供应商那里得到价格折扣，马歇尔保险公司汽车俱乐部通常维持4~6个月的产品库存。

吉尔摩公司的提议

在会议的前一周，大卫向卡拉提议让他的公司负责马歇尔保险公司汽车俱乐部的表单和印刷材料的库存管理工作。这个提议表明吉尔摩公司将管理马歇尔保险公司汽车俱乐部与印刷供应商之间的关系，包括存货管理、资料袋封装并分派给客户。大卫描述了他们如何向各行业中对规避人工操作业务感兴趣的大型企业客户提供服务。他表示，包括邮寄费用在内，每件资料袋一般需要3美元的成本。周二会议的目的是看卡拉有没有兴趣采纳这个提议，那时候卡拉需要向大卫提供关于年度库存量与相关材料的细节信息。

卡拉可以看到将仓库运营与资料袋装配外包管理的好处。在马歇尔保险公司，办公空间非常珍贵，采用外包管理后库房可以很容易地用作他途。外包管理还可以规避令人头疼的原材料采购与存货记录维护工作。

然而，卡拉确实还有些担心。首先，她怀疑吉尔摩公司是否打算接管马歇尔保险公司汽车俱乐部所有的印刷业务。吉尔摩公司是一个重要的供应商，其当前负责马歇尔保险公司汽车俱乐部大约30%的印刷采购业务。根据大卫提出的外包方案，吉尔摩公司将接管现存的马歇尔保险公司与供应商的合同。但是由于这些合同即将到期，这将轮到吉尔摩公司来决定谁做马歇尔保险公司汽车俱乐部的印刷业务。

其次，及时处理客户会员卡与资料袋是关键。处理这些材料的期望时间不应超过24小时。卡拉担心将业务外包给吉尔摩公司后能否保持客户服务水平。此外，客户信息是保密的，卡拉担心信息安全，以及吉尔摩公司会不会将马歇尔保险公司汽车俱乐部客户数据库用于其他目的，例如向其他顾客宣传推销产品与服务。

会议准备

卡拉觉得大卫的提议有可取之处，她需要仔细考虑一下。检查着大卫留给自己的信息材料，卡拉想知道如何开展业务外包管理。是否值得冒险？在周二的会议上她需要问什么问题？如果决定和吉尔摩公司合作，那么在协议中还有没有需要添加的条款？

案例 5-3　艾丽西亚·王

艾丽西亚·王是塞恩食品有限公司的供应经理。她想准备一个在企业内部生产芥末酱的提议。芥末酱是公司许多产品的重要原料，当前从外部供应商处购买。她希望可以在一个月内提出一个综合的方案，并得到首席执行官的认可。

公司介绍

塞恩食品有限公司从事这一行业已经超过30年了，生产的产品包括糖浆、软糖、甜筒、酱汁、蛋黄酱和色拉调料。其消费者为北美及欧洲地区主要的食品连锁店、酒店和餐馆。

塞恩食品有限公司确信持续改善公司运营非常重要。在过去的两年里，其在工厂设施、最先进的加工设备与流程控制上的投资超过200万美元。为取得最大效率，所有的产品与程序控制功能都通过计算机操作来实现。

塞恩食品有限公司拥有员工120人，组织结构中包括首席执行官、负责国内销售的执行副总裁、全国客户经理。公司利用其食品经纪人构成的网络来销售和推销产品。

供给方面

艾丽西亚负责公司内部所需物品的供给，受首席执行官直接领导。她手下有一名库存控制员、一名采购员和一名收款员。要采购的物品可以分为五个不同的类型：标签、包装、原材料、商品和非生产性物料。芥末酱是塞恩食品有限公司许多产品的一种重要原料。

现行方法：外部采购芥末酱

每当需要芥末酱时，采购人员发电子邮件给供应商，要求他们准备好适当数量的芥末酱，由塞恩食品有限公司的卡车取货。卡车动身前往供应商处之前，要准备好采购订单，这通常在发送电子邮件的第二天。芥末酱供应商用芥末种子作为原材料，在把芥末种子变成芥末粉之后将其与其他原料混合，制成芥末酱。塞恩食品有限公司每个月购买500桶或者100 000公升的芥末酱。芥末酱价格是64美元每桶。运送费用由塞恩食品有限公司承担，大约每桶8美元。塞恩食品有限公司的工作方式为八小时三班制、每周五天。每个员工可以得到每小时20美元的薪酬。一个员工搬运一桶芥末酱需要花费10分钟，包括把芥末酱倒入加工罐中，确保其与其他原料混合好，冲洗芥末酱桶。由于芥末酱桶相对笨重，且在车间里别无他用，因此它被洗刷干净再由承包商带走。在这种方式下，芥末酱桶的处理费用是可以忽略的。采购管理与其他费用为每公升0.02美元。

建议改变：内部制造芥末酱

塞恩食品有限公司需要生产的芥末酱大致由60%的固体、20%的水和20%的醋组成。固体部分是混合香料，由芥末粉、盐和其他已经买好了的香料组成。水不成问题，因为城市会提供可靠的水资源供应。醋是准备好了的原材料，且塞恩食品有限公司会定期从供应商那里订购一定数量的醋。因此艾丽西亚相信塞恩食品有限公司生产供自己使用的芥末酱不是一件难事儿。塞恩食品有限公司只需要购买混合香料，再按一定比例加入水和醋。她联系到一位供应商，其表示可以以每公升0.15美元的交货价（包括运送费）给她提供混合香料。但是，这需要一定的时间做测试实验，以确保香料的质量可以满足塞恩食品有限公司的需求。塞恩食品有限公司以0.187 5美元每公升的价格买醋，以0.025美元每公升的价格买水。艾丽西亚也去核实生产部门是否有时间和设备制作芥末酱。生产部门生产芥末酱没有带来太大的变化也不需要额外的员工。但是，这样将耗费现有员工更多的时间。生产部门计算得出，在这种情况下，根据成本核算标准，每公升芥末酱的劳动力与管理成本为0.105美元。

艾丽西亚组织了一个信息收集和讨论的会议，讨论自制芥末酱带来的变化。会议由供应部门、生产部门、质检部门与配送部门参加。员工喜欢这个主意，因为这意味着他们再也不用托运和冲洗笨重的芥末酱桶了。但是，质检部门表达了对内部制造的芥末酱质量方面的担忧。芥末酱是塞恩食品有限公司很多产品的原料，芥末酱质量发生变化可能影响这些产品的质量和口味。

艾丽西亚想让内部制造芥末酱这个提议受到公司最大的关注，并且想知道接下来该怎样做。

Chapter 6 | 第 6 章

需求识别与说明

供应决策者的关键问题

我们应该
- 重新考虑我们分析战略需求的方法吗?
- 开始实施一个简单化、标准化的程序吗?
- 改变我们的需求说明方法吗?

我们如何
- 更好地向供应商定义我们的内部需求?
- 改善我们的服务采购?
- 将我们在环境方面的成功应用于供应链?

需求识别与说明是主要的价值影响因素。因此,本章要解决两个关键的决策问题:①我们如何确定组织需求?②我们如何向(潜在)供应商表达需求?

组织的每一部分以及每一个员工都具有必须由外部供应商来满足的需求。此外,组织为客户提供商品或服务,客户需求则成为组织中采购体系发展的主要推动力。例如,对于一个汽车制造商来说,销售给客户的汽车由原材料与零部件组成。迄今为止,汽车制造商在与供应商相关的支出中最大一部分为原材料与零部件的采购(丰田的此项花费接近其总成本的 80%)。确定客户需求对组织产生的主要影响是比较好的解决客户需求问题的开始方式。如第 1 章所说的,客户的需求识别取决于组织的性质、规模与地理位置。本章将讲解需求类别与需求描述。

6.1 需求的价值定位标准

供应管理非常关注组织内部须从供应商处采购才能满足的特定商品或服务需求的价值定位。在特定的实例中,商品或服务需求的价值定位标准分为三个级别:①战略标准;②传统标准;③现行附加标准。

案例 6-1 是一个在重大资本项目中应用三级标准进行采购服务的好例子。项目设计服务需求应该采用哪种标准？从外部公司采购项目设计服务的影响是什么？

6.1.1 战略标准

对组织的任何需求，首要问题是分析该需求的战略影响：该需求是不是战略需求？

需求所具有的一个潜在且常被使用的特性为，该需求产生的财务意义或影响。根据 ABC 分类法或帕累托分析法可以对组织的采购需求进行分类，从而识别出重要的采购支出类别。其中"A"类，即独立需求大约占总需求量 10% 的商品或服务，其采购费用占总运营支出的 70%～80%。投入大量精力管理"A"类或高支出类商品与服务的需求具有很大的意义。为使供应战略与企业战略保持一致，这类商品与服务的采购通常属于战略采购。

使得需求成为战略需求的其他因素包括：降低组织风险、获得新技术或新市场、确保紧缩市场上产品或服务的供应、增加收入、提供竞争力，以及改善公司形象或提高声誉。这些因素可能不那么明显，并且要求采购经理在企业层面而非运营与流程层面对需求进行战略性思考。同时，确定哪些需求是战略性需求、哪些不是，还需要了解该需求带来的创造力以及对企业未来发展的影响。传达到采购经理处的企业需求，并不总是标明需求是战略性还是非战略性。因此，在特定的市场条件与公司战略愿景下，采购经理的重要贡献之一为揭示某些需求的战略意义。

一项需求若被识别为战略需求，则需要后期供应部门对该需求给予高度关注。

6.1.2 传统标准

供应管理的传统标准由：①质量；②数量；③交付；④价值；⑤服务的传统价值定位组成。这五个标准在供应文献研究中已经有 100 多年的历史，早已被贴上了"传统"的标签。这个五个标准广为人知，在很大程度上是可以量化的，并且在绝大多数现有供应商评估体系中占有较大比重。

（1）**质量**（quality）：既包括功能性，即"其所做的工作是我们想要的工作吗"，又包括一致性，即"它符合约定的规范吗"。未能满足质量标准的产品或服务会给供应组织及其客户带来潜在的严重后果。因此，满足质量标准是对供应商的第一要求，也是最低的要求。

（2）**数量**（quantity）：供给量必须足以满足需求。

（3）**交付**（delivery）：交付时间必须满足采购公司的需求，或快或慢，但必须符合承诺。

（4）**价格**（price）：假设前面的三个标准——质量、数量和交付是必须满足的预先需求，称为"订单资格要素"，那么价格则可称为"订单获得要素"。明显的区别在于前三者是采购方提出的要求，而价格与相关条款则是由不同的供应商提供的。在接下来的四个章节对质量、数量、交付与价格这四个要素进行了详细的介绍。因此，本章只对其进行简单描述。

（5）**服务**（service）：虽然在实际中许多采购商将供应商提供的良好服务定义为定期按时交付产品，但这不是服务的唯一定义。服务包括设计、记录、运输、存储、处理、安装、培训、检查、修理和建议，以及乐意为口头误解和书写错误做出令人满意的调整。一些供应经理把供应商在短时间内更改订单的意愿和对不寻常要求的特别反应，列为对他们所提供的服务进行评估的一部分。为了向采购商保证提供某些服务，供应商会发布跨度为不同时间长度的保证书。一些服务要素只有在贸易关系建立后才能落实。

如果一项服务对采购的成功与否至关重要，如设备的安装或操作员的培训，那么就把它作为需求的一部分细化下来。服务的组成要素，如乐于助人、态度友善，尽管实际上很难量化，却是把供应商区别开来的主要内容。

许多供应商特地把服务的费用包含在销售价格中。其他供应商吸取经验，要价不超过竞争对手，并提供更好的销售服务。采购商要完成的困难任务之一是其仅需要获得实际需求的服务，进而不用为额外的服务付费。对其他一些采购商而言，供应商有义务无偿提供此额外的服务。在许多制造业的相关企业中，服务部门作为一个独立的组织和利润中心保留下来。对采购商来说，服务的可用性是确保一开始就获得"最佳采购"的重要考虑因素。

案例6-2将传统的五大标准应用于重要的建筑项目采购时，对五大标准着重进行了考量。

6.1.3 现行附加标准

在过去的几十年里，供应管理变得越来越复杂。除了战略标准与传统标准之外，增加了其他的标准，进而增加了对采购的商品或服务进行合理的价值定位的难度。

这些现行附加的标准包括：财政、风险、环境影响、创新、法规遵从性与透明度以及社会和政治因素。

1. 财政

除了价格以外，财政标准还包括公司财务报表，即资产负债表和利润表的改善，以此增加投资界对公司的关注。相关的改善内容包括：收益的增加、营运资本与应收账款的减少、现金流的改善、库存的减少，以及其他任何能增加资产或投资的回报、提高股票价格，或提升公司财务评级的变化。

2. 风险

每项商业决策都会有风险，供应也不例外。供应链风险包括以下三大类。①运营风险：商品或服务的供应中断风险；②财务风险：商品或服务的采购价格或总成本大幅度增加的风险；③信誉风险：采购方法或者供应商的行为对企业信誉产生不利影响的风险。这三大类风险影响到企业的生存、竞争力与盈利，且这三类风险可能同时存在。第2章对供应风险管理进行了更详细的描述。

3. 环境影响

气候变化以及水、土地、大气污染，使得环境问题越来越受到关注。供应链各个方面的问题都必须考虑环境影响。尽管数十年里采购经理担负对危险品处理的责任，但环境问题仍然大幅增加。从环境的角度重新审视整条供应链，除了危险品的处理外，还有其他带来环境问题的因素。能源与水资源以及其他稀缺资源的使用量、运输与搬运系统及运输距离、有毒气体的排放与污染物质的掩埋，所有的这些都影响着以最小化环境影响为目的的供应链中的设计、运输、创造与处理各个阶段。因此，"最优采购"需要将环境影响作为必须考虑的因素之一。

4. 创新

创新作为决定最优价值的准则，指的是追求持续的改善。供应组织期待当前的供应商持续不断地提出可以提升企业价值与减少总成本的建议。这些建议可能要求供应组织改变供应链中设计、交流、操作、预先通知、排程，以及其他任何可以改进的方面。创新性建议也包括供应商方面的改变，以及其他任何可以提高采购商收益或者减少成本的建议。把创新作为一项附加的价值标准，将对供应商产生压力，使其不断思考：我们怎样才能做得更好？如何使顾客更加满意？

5. 法规遵从性与透明度

买卖双方达成的所有协议必须符合相关的法律法规。

违反法律法规将损害当事双方的名誉，并导致罚款或传讯。第15章"法律与道德"介绍了贸易的法律体系。在大多数发达国家中，广泛使用而不断完善的法律监管体系影响着贸易活动，遵守该体系不是一件小事。此外，财务丑闻和新的会计准则增加了对公司所有财务往来透明化的要求。因此，必须准确地报告长期合同、租赁负债与套期保值的相关情况；否则可能会误导投资者，招致愤怒和一系列来自行业监管机构和监管部门的处罚。

6. 社会和政治因素

在过去的10年中，企业社会责任（corporate social responsibility，CSR）变得越来越重要。公司应当具有良好的企业公民行为，并认识到对其所在国家负有社会责任。因此，与具有社会责任感的供应商合作，可以提高供应组织开发具有弹性与可持续性的供应链的能力，并能够改善供应组织的形象与声誉。增加弱势、少数与小型供应商的投标与获得公司订单的机会是被社会称颂的行为。非生产性物料采购与低价值物品采购通常是适合从社会上弱势的、小型的供应商处采购的典型需求类型。行为主义人士通常将环境敏感度和社会敏感度联系在一起作为一个领域。在该领域中，组织必须表明其具有探索更优解决方案的意愿。具体例子如在高失业率地区建造配备先进的环保设备的工厂。

关心政治不是指私下里贿赂政客，是指愿意优先支持而不是反对政府的行为。如果支持"本地购买"这一政府举措是可行的，即使这不是一个硬性的法规要求，那么公司也应该这样做。其他的例子，如协助政府制订与实施培训计划，在政府赞助的行业板块工作。

用于需求识别与随后供应链决策中的战略标准、传统标准与现行附加标准这三个标准集合，形成复杂的决策分析过程。在这一过程中，判断力也起着重要的作用。不是对每一次采购都需要进行详尽的分析审查，但对任一特定的采购，通过运用个人经验与判断力，供应专家应该清楚与该采购最相关的标准是哪一个。

在案例6-3中，供应组织发出请求建议书，不少服务提供商投标。以相当宽泛的需求定义为基础，如何对服务供应商的投标进行评价，是供应组织面临的挑战。如何知道一个顾问比另一个更能满足你的需求呢？

6.2 需求的类别

组织需求大致可分为七类，分别是：①转售；②原材料和半成品；③零件、部件及包装；④维护、修理和运营物品（非生产性物料）；⑤资本资产；⑥服务；⑦其他。每个类别都涵盖了广泛的要求（见表6-1）。

表6-1 需求类别

	需求类别
1. 转售	转售商包含零售商、批发商、分发商、代理商、经纪人和交易方。转售的对象包含以下五大类别里的所有内容
2. 原材料和半成品	原材料与半成品的使用者大部分是加工商，比如工厂。该类需求包括商品、农产品和工业品
3. 零件、部件及包装	装配人员将供应商提供的零部件组装为成品。零部件可以是标准规格的，也可以是根据设计者对成品的设计而定制的
4. 非生产性物料和低价值采购（SVP）	每个组织都有非生产性物料需求与低价值采购。非生产性物料供应商的可获得性是维持办公室、工厂、设备等持续运营的关键。由于许多非生产性物料需求的资金价值相对较低，因此低价值采购也包含在这类需求中。对于低价值采购，面临的挑战是如何在确保物资供应的前提下，使采购成本最小化
5. 资本资产	任何会计归为资本类别的需求，对该需求的投资即成为资本项目。设备、IT、不动产和建筑物都属于资本资产。公司通常设置独立的预算配额用于采购可能贬值的资本项目，并且需要特殊的融资安排
6. 服务	服务是无形的，也是非生产制造产生的。任何一个组织都需要多种类型的服务
7. 其他	任何以上类别不包含的需求都属于这一类。主要需求是水和能源。该类别也包括不寻常的、罕见的需求。采用专案或项目的形式处理这些需求是比较好的方式

在大型组织中，供应专家负责某一需求类别中的部分或全部需求是很常见的。在小型组织中，一个工作人员可能必须负责所有类别的需求。如下所述，对每种类别需求，供应组织的处理方式是不同的。

6.2.1 转售

由于分销商代表买方和卖方之间的一个分销渠道，因此经济购买和出售获利的能力是成功的关键。不接管货物或不提供额外服务的分销商，可能只收取微薄的利润。分销商的客户绕过分销商，直接与分销商的供应商进行交易，如同分销商的供应商绕过分销商，直接与分销商的客户进行交易一样，对分销商来说是一个永远存在的潜在威胁。例如，本田最近决定停止通过独立分销商销售其非汽车产品，如沙滩车和摩托车，以巩固所有本田品牌产品与汽车分销商的关系。保险公司经常通过代理商以及自己的销售团队来销售产品和服务。航空公司直接销售机票给客户，也可以通过网络以及旅行社销售。

对于拥有转卖商品的所有权的分销商来说，最大的单一成本是为商品支付的价格。因此，应收账款、应付账款与现金流量相关的财务管理，与物流管理一样，都是最重要的专业技能。通常认为，在必须向供应商支付货款之前，沃尔玛是有能力出售很大部分仓储商品的。实际上，供应商在为沃尔玛的运营与存货提供资金支持。

制造商可以选择转售一些产品以完善其产品系列，也可以提供维修服务、润滑油或零部件，以促进其产品销售。

在时装业，零售买家识别潮流趋势以及评估某特定样式或颜色的服装畅销概率的能力是非常关键的。

6.2.2 原材料和半成品

自然的、加工的或半成品状态下的原材料是生产过程中基本的输入物质。例如，钢铁公司需要铁矿石、焦炭、废钢，以及一系列的添加剂来制造具有特殊性能的成品钢。农业中的商品容易受到农产品的可用量与价格波动的影响。工业商品的供求也受价格的影响。在交易所交易的商品价格每天都不一样，如制定套期保值策略一样，买家需要决定是买入期货还是即用即买。

采购大宗商品的买家将影响市场价格，如雀巢公司采购咖啡和可可豆，以及可口可乐公司采购白糖。商品供应管理人员需要充分了解市场情况。供应与需求、价格变动与采购承诺的适当时机都很关键。半成品材料——钢板而非铸块，冷冻猪肚而非生猪，可可油而非可可豆，随着原材料价格的变化而变化。其原材料价格的变化受生产者边际利润变化的影响。

通常，所谓的中间商、半成品材料的供应商，往往是比其原材料供应商规模小得多的公司。中间商可能会发现自己被夹在供应商和客户之间，而供应商和客户都试图消除不利的价格变动风险。

6.2.3 零件、部件及包装

对装配商来说，自己生产产品所需的所有零部件是不常见的。因此，其通常依赖供应商提供必要的零部件与包装材料。设计工程师和设计专家决定哪些零部件需要购买，哪些由内部生产。他们也决定为产品设计标准的零部件，还是根据用户需求设计。标准零部件的优点是现成可用性，缺点是容易复制。多年来在摩托罗拉的产品线中，有非常高比例的电子电气元件是根据客户需求定制的。因为要提供防伪造保护，定制化生产同时推迟了新产品的推出，并增加了零部件成本。因此，通常被采纳的重要提议是设计人员根据供应商的产品目录进行设计。谷歌未能成功占据市场份额，便收购摩托罗拉公司，以利用摩托罗拉公司的专利与专业技术。摩托罗拉公司更名为摩托罗拉-谷歌公司，但是谷歌2014年将该公司卖给了联想公司，从而给联想提供了一条全球供应链，并使其进入智能手机市场。

由于产品设计是影响产品成本和进入市场速度的一个重要因素，因而早期供应商参与（ESI）是解决该问题的一个卓有成效的方法。

包装是另一个对处置、环境与运输有重要影响的特殊的需求。由于包装会被购买者丢弃，所以会对环境产生潜在的影响。然而，在产品从制造商运输到最终用户的过程中，包装必须起到保护产品的作用。没有任何一方愿意承担运输途中产品破损造成的损失。对于一些消费品，如化妆品，包装是影响销售的因素。对于一些商品，包装可能比商品本身还值钱，例如饮料瓶、啤酒瓶。对于消费品，市场营销人员、包装设计师与包装工程师关心的是美感、销售吸引力、标签、法规与安全方面。专业包装供应商可能会收取费用或免费为各种包装方案提出意见。对于非消费品，根据搬运包装物品的方式与采用的运输模式，包装方面主要考虑的因素为成本、环境影响以及能否对产品起到充分的保护作用。

6.2.4 非生产性物料

每个组织都有非生产性物料（维护、修理和运营物品）需求。即使只有一个人的办公室也需要纸张、IT 设备、清洁用具等。对一些企业来说，非生产性物料需求量是巨大的。加拿大森科公司是世界上最大的油砂作业公司，有超过 150 000 个非生产性物料库存单位（SKU）。对很多企业来说，非生产性物料种类繁多，因此需求类型很多，但需求量相对较小（通常为 C 类商品），面临的挑战是使采购成本低于所采购商品的价值。花费 500 美元采购一件价值 3 美元的商品是没有意义的。因此，非生产性物料采购大多为小额采购（低价值采购），低价值采购通常与非生产性物料类别相关。常用的供应解决方案为系统承包，即选择一个供应商提供多种类型的产品，例如所有的办公用品、管道装置或电气用品，可以每天配送或每周配送两次。由公司中指定的工作人员根据其所在部门的需求，根据目录通过电子采购系统订货。供应商每两周给会计部门提供详细的发票，发票上显示该部门具体的总账目。让用户直接订购自己需求的产品可以节省时间并降低采购成本。采购专家需要识别需求、选择供应商、建立合同并监控其实施。

6.2.5 资本资产

资本资产是不在常规的业务过程中进行交易的长期资产，其对组织的运营产生持续的影响，预期使用时间超过一年，需要大量金额投入，且通常存在折旧。资产可以是有形的或无形的。从历史上看，由于有形资产（土地、建筑物和设备）是创造财富的关键驱动力，因此其一直是管理关注的主要焦点。如今，无形资产（专利、版权、想法与知识）是重要的财富生成器。因为传统的会计程序不包括无形资产的估价方法，所以无形资产的采购尤其具有挑战性。

资本支出是投资和战略决策的结果，不同于一般消费支出。其作为资产显示在资产负债表上。会计人员创建单独的资本预算，计算折旧，并为资本购买的税务影响提供建议。另外，需要特别关注融资资本采购。资本设备可以是新购买的或二手的，可以是直接购买的或租用的。

根据美国人口普查局的数据，通常每年美国企业在新的资本商品或二手资本设备上投资 1 万~1.5 万亿美元。在经济疲软时期，企业倾向于削减资本投资；在经济强劲时期，资本支出再次恢复。这种行为对供应商提供可持续服务的影响是供应经理在评估供应商时需要考虑的一个方面。对资本资产投资太少或者不一致性投资都意味着存在严重的组织问题，从长远来看将影响供应商提供优质的商品或服务的能力。

1. 资本资产采购的挑战

资本商品的采购可能是组织的一项关键战略举措，影响到公司未来几年的竞争优势，也可能是不会造成重大影响的例行事务。资本密集型产业，如采矿业或航空业，其中的资本商品的采购是最大的单品采购类型之一，是供应职能影响企业收入与利润增长的最大机会之一。一个大型的核电厂需要数十年的时间进行规划和建设，并可能耗资数十亿美元。一家迅速成长的快餐连锁店，每年可能建立并配备数百家分店。对其而言，资本购买是一项日常工作。拥有庞大车队的公司，每年可能会更换掉 1/3 的车辆，并指派一个车队经理来决定车辆的购置与处置，选择保险和维修服务供应商。

资本资产采购的相关风险会很高。从预算编制过程到设备或建筑物的设计、设施选址，到整个企业的硬件和软件的配备，许多因素会对一个资本项目最终的成败产生影响。与组织战略相关联且一致的供应目标以及强大的供应流程支撑，对资本购买与管理的成功非常重要，正如其对非资本购买的重要性一样。由于许多资本项目需要投入大量的资金，并对企业产生长期的影响，因此，工具和技术的应用是很重要的，如企业支出分析、设备的标准化（包括硬件和软件）、采购流程全球化，以及成本的可视化。

某特定资本采购的策略取决于很多因素，包括采购频率、预计总成本、现金流的数量，以及资本采购对企业运营的潜在影响。例如，如果定期更换资产，那么与供应商建立一个密切的合作关系，并注重于持续的改进是有意义的。又如，美国邮政服务公司的任务是以合理的成本及时地提供普遍服务。为了实现这一任务，必须对大量的信件和包裹准确快速地进行分类。因此，分拣设备采购属于邮政服务公司的战略资本采购。由于设计的需求，以及国家组织内设备的标准化要求，只有少数供应商可以提供该设备。品类管理团队与这些供应商密切合作，开发详细的设备规格规范，管理成本结构并缩短设备配送周期，以获得质量可靠、周期短和总成本最低的服务。

对于一次性或不经常发生的高价值采购，需要对采购与供应成本进行总成本分析。任何采购给组织带来的成本，除了采购价格之外，还受许多其他因素的影响，尤其是对资本资产的采购。通常认为，采购价格占资本采购总拥有成本（TCO）的30%～50%。其他因素，如维护和维修成本、运营成本、停工期与产量都是关键因素。供应人员必须掌握必要的知识和技能，以设计总成本分析模型，预测并获取整条供应链的成本。非常规的资本资产收购，可能需要跨职能项目团队合作，该项目团队包括用户、营销人员、设计师、财务专家、供应专家。如果内部缺少合适的专家，则可以从企业外部引入专业顾问。

2. 新技术—新设备

产品或服务差异性或低成本生产是企业竞争优势的两个来源。利用新技术可以使组织从两方面获取竞争优势：以低得多的成本提供差异化的产品和服务。因此，新技术对大多数组织具有重大的战略意义。新技术的采用需要采购新设备，并设计新工艺。这是新设备采购通常被供应职能部门忽略的战略层意义。知识产权、采购速度、安装调试、供应商为设备运营性能与升级提供的持续性支持，以及下一代先进技术的发展，成为企业首要关注的问题。

例如，在半导体行业中，资本设备采购支出通常在所有采购资金中占据了最大的比例。英特尔公司的目标是把资本设备的采购及设备维修与绩效合同绑定在一起。因此，其根据设备的正常运行时间与产出质量向供应商支付费用。设备运行时间超过协定的运营时间目标值越多，供应商的回报就越大。未来的计划是进一步降低每片晶片的生产成本，并提高每台机器每年可以生产晶片的数量。英特尔公司已计划好的五年远程技术路线图规划中仅包括几个关键的供应商合作伙伴。总体拥有成本，而不仅仅是设备本身的成本，推动了未来的技术决策。公司通常以组建团队的方式来管理技术决策流程，选择特别有能力的人作为公司团队的供应代表。

设备采购涉及的因素，一部分出于技术和生产方面的考虑，另一部分是除技术与生产职能范围之外的其他大量因素。以前者来看，有八个公认的采购理由：①生产能力；②运营和维护方面的经济性；③提高的生产率；④更好的质量；⑤使用中的可靠性；⑥节省时间或劳动力成本；⑦耐用性；⑧安全、污染和应急保护。除了这些技术问题之外，其他的是一些营销、供应或财务部门，或一般管理人员自身就能解决的问题。这是一个关键的战略承诺吗？目前产品样式的变更或其他变化都是必需的甚至是值得做的吗？市场是不变的、收缩的还是扩张的？公司有足够的资金购买理论上最需要的机器吗？从财务方面考虑，有必要采购效率不高但是初始成本较低的设备来满足需求吗？假如从技术方面来看最需要的特定装备只能从不能够完全信任甚至正处于破产边缘的制造商那里获得，在这种情况下应该怎么做？我们应该是该设备的第一个或最后一个采购者吗？这些问题在最终决策中和技术方面的问题一样重要。因此，组建一个跨职能的采购团队，协同合作，是设备采购的可行做法，团队成员包括来自技术部门、使用部门、财务部门、营销部门与供应部门的代表。

6.2.6 服务

服务是无形的、非制造的。它们可能与商品密切相关，例如来源于硬件的 IT 服务。表 6-2 列出了各种普遍的服务类型。

表 6-2 服务

广告	搬家服务	研究与开发
建筑	信息系统	促销
审计	安全检测	安保
银行业务	保险	引导标识
自助餐厅/餐饮	室内装潢/空间规划	积雪清扫
计算机编程	清洁服务	场地/仓库出租
建设	园林绿化/草坪服务	电话
咨询	法律服务	临时支援
合同包装	邮政服务	训练
快递服务	维护	货物运输
报关报检	医疗	垃圾清扫/处理
数据处理	薪资管理	旅游（航空、宾馆、自主租赁）
拆迁	摄影	公用设施（电、汽油、水）
工程设计	财产管理	自动贩卖服务
环境净化	档案管理	职工赔偿保险
有害垃圾处理	招聘/职介	
健康福利计划	复印	

任何组织，无论是制造业、公众/政府，还是服务部门，在运营过程中都需要服务。服务业作为国内生产总值的一部分正在不断发展，在服务上的开支也是如此。不仅要花费大量的资金来获得服务，而且这些服务对组织的成功也有影响，因此服务的有效采购具有重要的意义，并具有较大的挑战。

2013~2014 年世界科技手册的数据显示，美国国内生产总值由服务业（79.7%）、工业（制造业）（19.2%）和农业（1.1%）组成。如果经济分为三部分：制造业、服务业和公共事业，那么制造业企业中商品采购的支出会比服务采购的支出高很多，而在公众/政府和服务组织中，服务采购的支出高于商品采购的支出。在服务组织里，服务采购支出比例最高。

采购服务所花费资金的数量表明，一个专业的供应部门，如果在总体支付价格上仅仅降低5%，那么对企业的盈利能力也会产生重大影响。如果企业把重点放在降低总拥有成本上，那么结构化的采购流程，以及有见识的供应管理人员，会做出更大的贡献。

服务的特点是什么

一个经常提到的概念是服务的不可存储性，因为服务是一个实时发生的过程（无论是否与产品有关）。这意味着服务交付时间必须与买方特定的交付需求一致。提供服务的时间不正确造成的后果可能是严重且代价昂贵的。为了给不同的客户提供服务，服务提供商需要确保有足够的服务能力。服务无法存储也造成了保证服务质量的困难。在交付前检查服务是不可能的，而在服务交付的时候检查又太晚了，以至于不能做任何事来弥补。遇到说话无聊的人，或者乘坐一趟糟糕的航班，都可以说明这个道理。

服务质量很难被细化与度量。通常，服务由有形和无形两部分组成。在酒店行业，有形的一面是指如何满足顾客的饮食需求，无形的一面是指顾客希望被喜欢、被尊敬、被宠爱，并且作为贵宾对待的心理需求。服务人员很友好、礼貌、热情，服务人员感激顾客光顾，服务人员认同自己销售的产品，服务人员非常巧妙和有效地使用销售技巧，以及服务人员努力满足每个顾客对服务质量独特的期望，可以满足顾客的这种心理需求。

可根据服务类型和特点对服务进行分类。为对服务进行更好的分析，服务管理条例提供了鉴别服务各个关键方面的框架。这些方面包括价值、重复程度、有形性、标准化、需求的性质（连续的、周期性的，或离散的）、服务交付、服务方向、服务生产，以及服务所需要的技能。这九个因素可以产生成百上千的组合，也为服务规范与采购带来了巨大的挑战。

通常许多服务由企业内供应职能之外的用户直接采购。然而，对采购透明度、利益冲突以及资金价值的关注，使得服务采购的职责逐渐转移到供应专家身上，进而可以给组织带来大量的收益。服务采购在组织总支出中的比例越来越大，这种方式也可以大大加深供应职能在服务采购中的参与度。

6.2.7　其他

其他类别涵盖了上述六类中未包括的所有需求。

在有些组织中，能源、水和空气属于非生产性物料。然而，对于其他一些组织，能源和水则是很重要的支出，需要采用与非生产性物料需求不同的管理方式。

不寻常和罕见的要求，顾名思义，超出了"正常需求"的范围，必须采用专案或项目的方式处理这些需求。购买公司创始人的铜像，并将之放在办公大厅进行展示，就是一个很好的例子。

对于以上七种需求类型，共同的挑战为，在具体情况下如何制定最佳采购决策。这不仅需要考虑传统标准——质量、数量、交付和价格，而且需要认识到具有采购风险，以及对战略、环境、技术、社会和政治的影响。供应专业人员需要做出慎重的判断。最佳采购包含哪些组成部分，以及使用哪些过程来确保采购有效？在制定这些决策之前，必须充分咨询用户、代理、客户、监管机构、金融部门和其他专家的意见。

6.3 重复还是不重复的需求

对于所有类别的支出，下一个问题是，重复还是不重复呢？对于重复的需求，可以设计一个系统或采购流程。确定了为某特定重复需求提供产品或服务的供应商，就可以不经过常用的采购流程下采购订单或签订采购合同。在这种情况下，该流程包括下订单，收货，以及根据合同条款支付供应商货款。

合同的时间长度也是重复采购需要考虑的一个因素。产品或服务的生命周期以及设计稳定性影响合同的时间长度。对于一个水泥砖制造商来说，对水泥的需求很可能是长期的。除了考虑需求的可预测性之外，供应经理还会考虑其愿意与某特定的供应商合作的时间长度。一般来说，较短的合同，意味着具有更大的灵活性来更换供应商，而较长的合同通常意味着更低的采购价格。供应经理需要慎重地判断，以进行有效的均衡决策。

对于非重复的需求，根据商品或服务的类别与需求标准，临时决定需要采用的采购流程。如果该非重复需求价值较小且不重要，可以采用小额采购订单（SVPO）的方式采购，由用户通过采购卡直接下订单。如果该非重复需求非常重要，那么该需求的采购需要一个项目团队的努力才能实现。例如，一件价值数百万美元设备的采购，包括筹措资金，详细描述需求，并采购该设备，这需要团队合作。

6.4 商品等价物

每一次采购都是为了满足需求。因此，采购流程的第一步是确定需要什么以及为什么需要。下一步是将这些需求转化为商品等价物，这样供应商就可以理解需要什么。可以尝试将这两个步骤归为一个步骤。在消费者方面，我们说，"我需要一片阿司匹林"，而不是"我需要治好我的头痛"；我们说，"我需要一个钉子将两块木头钉起来"，而不是"我需要把这两块木头固定一起"。这是一个重要的区别。

一般认为，采购流程中的前两个阶段存在约 70% 提高价值的机会：需求识别与产品或服务规格说明。因此，每一步都要单独分析，以保证不会忽视价值增值的机会（见图 6-1）。

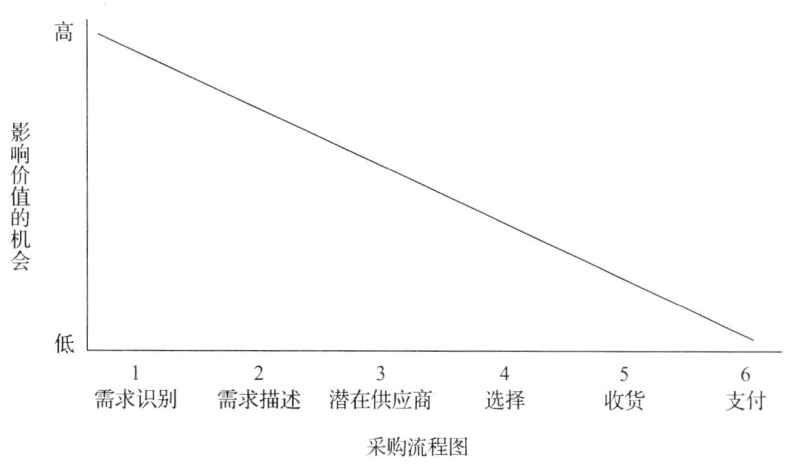

图 6-1　采购流程六步骤中影响价值的机会

例如，存在许多方法把两块木头固定在一起，包括使用钉子、订书钉、螺栓、螺丝钉或胶水。首先根据所需要实现的功能确定需求，然后确定可以满足该需求的多种解决方法。通过这两个步骤可以识别出成本更低、更好或更创新的解决方法。

供应专业人员有责任对设计师或需求说明人员提出的商品等价物提出提升潜在价值的建议。早期供应和供应商参与可以避免一项设计决策制定且经过技术认证之后需要重新修改的麻烦。

6.5　早期供应和供应商参与

考虑到需求识别与说明阶段存在大大影响采购价值的机会，因此在这两个阶段考虑供应职能对制定决定的影响是很重要的，这在价值分析/价值工程中是一项基本要求。早期供应和供应商参与有助于确保某特定需求得到满足，且具有较高的采购价值。有各种不同的组织方法来实现早期供应参与，例如工程师在供应部门工作，供应人员在工程或设计部门协同工作，或者在新产品或服务的开发、测试过程中组建跨职能团队。

采购流程的第二步即把组织的需求转化为商业语言，以便供应商能理解具体需求是什么。这不仅需要了解市场能够提供什么，而且还要知道在当时的情况下优先选择哪种描述方法。

6.6　描述方法

商品或服务的使用、需求请求，或需求说明部门必须能够合理地描述需要什么，才能保证获得正确的商品或服务。需求描述也意味着在买卖双方间分配风险和报酬的开始，这通过需求描述实现性能或功能的责任分摊来完成。

虽然确定需求什么的首要责任通常由使用部门或需求说明部门承担，但是供应部门负有检查所描述需求的直接责任。供应部门专业人员不允许随意修改需求描述或质量说明。但是，他们应有权坚持要求需求描述足够精确与详细，保证每一个潜在供应商能非常清楚地理解。供应专业人员也必须让请购人知晓，存在其他可以带来更优价值的选择。

对一个商品或服务的描述可以采用不同描述方式中的任何一种，也可以采用几种不同方式的组合。在我们的讨论中，"描述"指的是买家向卖家清晰、准确地传达所需要的产品或服务的方法。术语"说明书"，是比较狭窄的一种说法，通常指的是一种特殊的需求描述形式。

接下来将按以下顺序讨论描述的方法：①品牌；②同等品；③说明书（物理或化学性质、材料规格和制造方法、功能）；④工程制图描述方法；⑤其他描述方法（市场等级、样本）；⑥以上两种或多种方法的组合。

6.6.1　品牌

关于使用品牌产品或服务有两个问题：①品牌是一种理想的描述方法吗？②应如何选择一个特定品牌？

采用品牌或商标描述产品或服务需求，表明采购商对供应商诚信与声誉的依赖。前提是假定供应商渴望并且有能力维护商标的商誉。而且，当采购品牌产品或服务来满足某一特定的需求，并在使用过程中是令人满意的时，购买者完全有权力期望之后所购买的任何同品牌产品或服务的质量与第一次完全一致。实际上，买方把与产品或服务性能相关的责任和风险转移给了品牌产品或服务的供应商，并支付额外的费用。

在以下情况中，品牌描述方法是理想的需求描述方法，也是必要的方法。

（1）生产过程是保密的，或者受专利保护，不能建立明确的需求规范。

（2）因为供应商的生产过程要求高水平的无形劳动（无形劳动没有确切的定义，有时被称为专业知识或者技能），所以采购者不能够充分准确地建立需求规范。

（3）购买量少，开发需求规范的成本很高。

（4）终端用户或者使用者通过真实的使用经验甚至没有理由地对某些品牌形成偏好，而供应专业人员发现这种偏好几乎是不可能解决的。

反对购买品牌产品或服务的原因大多与费用有关。尽管某品牌产品或服务的价格与其他类似品牌产品或服务供应商提供的价格差不多。但整体价格水平可能太高，以至于购买者寻找非品牌的替代品。例如，相对于采购成本多了50%～100%的品牌洗涤剂，购买者更愿意使用磷酸三钠。同时，过度地依赖品牌，会限制潜在供应商的数量，降低买方以较低价格购买产品或服务的可能性，甚至减少了与竞争对手相互竞争带来产品或服务改善的机会。

6.6.2 同等品

在报价请求或投标请求中，用"同等品"字样来指定品牌或制造商型号是不常见的，尤其是在公共部门。通过这种方式，买家尽量把建立平等或优越性的责任转移给投标者，因而不用为开发具体需求规范付出代价。

6.6.3 说明书

说明书是所有采用的方法中最著名的方法之一。说明书是对某种产品或服务的建造、安装或制造过程中，所需材料、尺寸与工作质量的准确、具体的陈述。把满足质量标准所必需的测试程序与结果作为说明书的一部分是常见的做法，同时说明书中也包括操作、分类、运输和环保处置等内容。在制定需求说明书时，如何使得根据需求说明书进行采购是可行的，如何标准化产品规格，以及减少标准产品的类型、尺寸和设计方案，要弄清楚这些需要投入大量时间与精力。

根据说明书进行采购有以下优势。

（1）表明需求以及满足需求的方式已经经过了深入仔细的研究。

（2）建立了测量与检查所供应材料的标准，防止材料不合适造成的延期与浪费。

（3）存在从许多不同供应源采购相同产品的机会。

（4）存在公平竞争的可能性。在得到不同供应商的报价时，买家必须确保供应商是在为完全相同的材料或服务出价。这也是公共部门如此重视编制需求说明书的原因。

（5）当买家细化了所需产品或服务的性能时，卖家需要为满足这一性能需求负责。

使用说明书的七项局限性如下所述。

（1）存在一些需求，实际上是不可能对其做出详细的需求说明的。

（2）说明书的使用增加了直接成本。
（3）细化的特定产品可能不比现成可用的标准产品好。
（4）增加了确保产品满足需求说明书的测试成本。
（5）过度详尽的说明书有时会阻碍潜在供应商在询价时出价。
（6）除非说明书中对产品的性能类型做说明，否则产品使用适应性的风险与责任完全由采购组织负责。
（7）购买组织设定的最低规格可能是供应商可以提供的最高规格。

1. 物理或化学特性说明书

物理或化学特性说明书给出了购买者对理想材料的属性定义。采购者想尽量以最低的成本，但同时保证质量，来获得满意的材料。因此，通过物理或化学特性说明书，采购者尝试以可测量的术语表明材料所必需的属性。

2. 材料规格与制造方法说明书

第二种说明书同时规定了制造所需材料与制造方法。除了一些政府采购项目（如军队采购）之外，只有当存在特殊要求或者采购组织愿意承担风险和责任时才会使用材料规格与制造方法说明书。由于许多组织不处于这种情况，因此相对来说，这种形式的说明书很少使用。

3. 功能说明书

产品功能说明书的要点是理解产品所需具有的功能。表达产品必须具备的基本功能并不是一件容易的事儿。我们倾向于说箱子而不说用于收纳的东西，说螺钉而不说用于固定的东西，说牛排而不说吃的东西，说床而不说睡觉的地方。

将性能或功能说明书与征求建议书相结合是人们广泛使用的一种方式，部分原因是这种方式把提供满意产品或服务的责任推给了卖家。功能说明书是以结果和使用为导向的，这就把如何提供最合适的产品或服务的决策留给了供应商。这使得供应商能充分利用最新的技术，并使用满足最低性能要求的产品来满足客户需求。

使用功能说明书是否能够取得满意的效果完全取决于供应商是否合适。应该注意的是，对比报价单可能是很困难的，因为供应商可能在价格中包含风险津贴。

6.6.4 工程制图描述方法

设计图或者尺寸表是一种普遍使用的描述方法，并可以与某种形式的描述性文字结合起来使用。这种方法尤其适用于采购建筑物、电子以及电气方面的装配件，加工零件、锻件、铸件与冲压件。这是一种成本较高的描述方法，不仅因为印刷或计算机程序本身的成本高，也因为它很可能是用来描述一个对于供应商而言相当特殊的产品，制造成本会很高。然而，相对于其他的描述方法，工程制图是最准确的描述方法，尤其适应于需要高精度与低误差的产品。

6.6.5 其他描述方法

有两种另外的描述方法：市场等级描述和样本描述。

1. 市场等级描述

在市场等级的基础上采购，局限于某些原始的材料，如小麦、棉花[①]、木材、钢材、铜等。出于某些目的，根据市场等级进行描述是完全符合要求的。市场等级描述方法的价值取决于等级划分的准确性和采购者通过检验确定材料等级的能力。

此外，产品的市场等级必须由采购者在能力与诚信方面对其有信心的人来评定。值得注意的是，即使是对小麦和棉花的等级划分，也可能只让一类买家完全满意，而另一类买家不满意。

2. 样本描述

另一种描述方法是提交所需产品的样本。几乎所有购买者都会不时地使用这种方法，但是通常（也有例外）所采购的商品中只有少数商品真正使用了这种方法，而且大概是因为没有其他可行的方法。

需要可视化检验的产品，比如需要对木纹、颜色、外观、气味等进行检查，比较适合采用这种方法。

6.6.6 描述方法的组合

组织经常使用以上讨论的描述方法中的两个或两个以上的组合。制定单个组织最满意、准确的描述方法组合，要以组织需要的产品或服务的类型为基础。

6.6.7 需求规范数据的来源

制定需求说明书所需要的规范数据有三个主要的来源：①采购组织设立的个体标准；②某些私人机构（如其他用户、供应商或专家团体）建立的标准；③政府标准。

1. 个体标准

个体标准需要在使用者、技术部门、供给部门、质量控制部门、供应商、营销部门以及可能的最终消费者中进行广泛的咨询。这意味着这个任务不仅非常艰巨，而且代价十分高昂。

对于采购组织来说，根据政府或专家团体制定的基础标准来建立自己的规范，是常见的制定规范的方法。为了避免错误，一些组织在最终采纳标准规范之前先把暂定的规范（即使只是对旧格式的修改），发给工业界内杰出的供应商，以得到其相关的评论与建议。

2. 标准规范

如果一个组织希望在规范的基础上采购商品或服务，但又犹豫是否建立自己的规范，就可能会使用所谓的标准规范。这些标准规范是经过政府和非政府机构的很多实验与研究，并且投入了大量人力物力而取得的结果。它们可能应用于原材料、半成品、零部件或

[①] 对于农业原材料，例如小麦和棉花，它们的等级是由美国农业部划分的。所有食品和饲料的标准和等级都是依据《联邦食品和药品法案》《粮食标准法案》以及其他由国会制定的法律而划分的。划分行业接受的等级是商品交易成功运转的关键。

合成材料的采购。例如，众所周知的 SAE 钢材（一种特定型号的钢材），是一系列具有特定组成成分和已知属性的合成钢，并由多个组织对其进行了仔细的定义与鉴定。

使用标准规范有很多重要的优势。标准规范是众所周知且普遍认可的，对每个供应专业人员都是现成的。此外，这些标准应具有更低的制造成本。这些标准吸取生产者与使用者的广泛经验，并逐渐得以完善。因此标准规范能够满足不同使用者的需求。

有许多非政府工程技术项目组开发了标准规范，包括美国标准协会、美国材料测验协会、美国机械工程师学会、美国电气工程师学会、美国汽车工程师学会、美国采矿与冶金工程学院、美国保险商实验室、美国国家安全委员会、加拿大工程标准协会、美国废料再生工业协会、美国国家电气制造商协会等。

政府机构在跟这些组织紧密合作时，也在发展完善自己的标准。在美国，美国商务部的国家标准与技术研究所（nist.gov）编制商业标准。对于两个以上服务部门使用的非军事类型商品，由美国总务署协调该商品的标准规格与联邦规格。另外，国防部发布军用（MIL）规格。

美国国家标准学会（American National Standards Institute，ANSI）是一个私人的非营利机构，其管理和协调美国自愿性标准与合格评定体系。美国国家标准学会的使命是：通过促进和协助自愿一致的标准及合格评定工作，并维护它们的完整性，以提高美国商业的全球竞争力和美国人民的生活质量。㊀

全球标准国家资源（NSSN）是一个由美国国家标准学会管理的网络资源搜索引擎。为使用者提供来自多个标准开发组织的相关标准信息，这些组织包括由美国国家标准学会认证的组织、其他美国私营部标准机构、政府机构和国际组织。对那些需要得到不同标准的采购者来说，NSSN 是很有价值的资源。㊁

3. 政府、法律和环境需求

供应专业人员需要对联邦立法保持关注，以确保所采购的产品符合政府要求。联邦立法主要包括环保、员工健康与安全、安保与消费者产品安全等相关内容。美国职业安全与健康管理局（OSHA）对工作区域内，包括从噪声水平到卫生设施在内的一切相关内容拥有广泛的调查和控制权力。美国环境保护署（EPA）建立并推动执行与环境法律相关的规章制度。为保护消费者免受不安全产品的威胁，《消费品安全法》给予了委员会广泛的监管权力。供应专业人员有责任确保所购买的产品符合法律法规的要求。违反法律法规的行为将受到刑法和民事法律的重罚。

6.7 标准化和简化

术语"标准化"和"简化"通常表示同一个意思。但严格地说，两者指的是两种不同的概念。"标准化"意味着在一定的尺寸、设计、质量等方面达成一致，本质上是一个技术与工程概念。"简化"指的是尺寸、设计等在数量上的减少。这是一个选择性与商业性问题，旨在确定最重要的尺寸（例如，一件产品），并在任何可能的时候生产或使用该

㊀ 美国国家标准学会，2014.02，www.ansi.org。

㊁ 见 www.nssn.org 或 www.ansi.org。

尺寸的商品。简化可用于设计、尺寸方面已经标准化的物品，或者作为物品标准化的初始步骤。

组织内部的挑战一方面是如何区分标准化和简化，另一方面是如何区别适用性与独特性。显然，随着经济和技术因素的改变，旧标准可能不再是最优采购标准。通常，零部件的标准化与简化，而非最终商品，可以提高生产的经济性并生产出具有特色的终端产品。同时，由于较低的初始成本、较低的存货水平以及渠道选择的多样化，采购优势得以扩大。例如，汽车工业已经广泛地使用零部件标准化这个方法，以减少开支，提高质量，同时还能给广大的消费者提供更多的选择。

萨西布（SASIB）公司是一家餐饮业设备制造商，总部设在意大利。萨西布公司发现，对于其大型全球客户（比如，可口可乐公司、喜力啤酒公司）产品标准化是非常重要问题。首席采购官描述了标准化的重要性以及供应商在标准化中的作用："标准化对我们来说很重要，其不仅可以实现整个集团的杠杆采购，而且可以提高无论产品在哪里生产都能保证产品一致性的能力。我们也希望能够调整和优化制造能力。例如，我们还需要发展在欧洲设计而在美国生产的灵活性，反之亦然。更重要的是，顾客期望我们的整条产品线都是标准化的。这只有当我们从同一家供应商处采购，且该供应商在世界各地都能提供服务时才能实现。因此，我们选择具备全球供应和服务网络的优质供应商。而之前，公司只跟当地的供应商合作。即使在各部门选择通用供应商的情况下，价格和规格也会有很大的差异。"⊖

服务种类也可能被简化和标准化，虽然个体因素与服务的无形性可能使这一工作更加复杂。例如，每年差旅花销很高的组织，通过减少出差人员所居住的连锁酒店数目或者标准化为一家连锁酒店，实现集中出行，节约成本。由于单个出差人员看不到这种方式给整个公司所带来的收益，因此其可能会对公司的出差政策感到不满。

本章小结

采购流程的前两个步骤为：需求识别，将需求转化为相应的商品等价物。需求价值定位有三个等级。等级1：需求应定义为战略性或非战略性的；等级2：对任何采购，传统的采购标准包括质量、数量、交付、价格和服务；等级3：除了价格、风险、环境、创新、社会和政治因素外，标准还包括其他财务因素。供应专业人员需要慎重地为特定需求划定相关标准。需求或要求包括以下七个主要的类别：①转售；②原材料与半成品；③零件、部件及包装；④维护、修理和运营物品；⑤资本资产；⑥服务；⑦其他。

供应专业人员会专攻这些需求类别中的一个或几个，以充分熟悉特定的市场和供应商。将组织需求转化为商品等价物是采购流程的第二步，这一步具有许多提升价值的机会。在采购流程前两步中，早期供应和供应商参与对有效的价值提升是非常关键的。有很多描述组织需求的方法，每一个都有优缺点。最后，标准化与简化通过减少需求的数量和种类来提升价值。

⊖ Michiel R. Leenders and P. Fraser Johnson, *Major Structural Changes in Supply Organizations* (Tempe AZ: Center for Advanced Purchasing Studies, 2000).

复习题与讨论题

1. 为什么最好把需求识别与说明和定义商品等价物分为两个独立的阶段?
2. 为什么早期供应和供应商参与很重要?
3. 为什么资本商品的采购不同于原材料的采购?
4. 请举例说明采购服务中的主要挑战。
5. 非生产性物料(维护、修理和运营物品)的有效供应方法有哪些?
6. 请比较需求种类中的转售,与零件、部件及包装的不同。
7. 为什么供应专业人员不应该根据"品牌"进行采购?
8. 根据产品或服务性能进行需求描述有什么缺点?有什么优点?
9. 标准化和简化的不同点是什么?
10. 供应专业人员如何分析某项需求是战略性的?
11. 你如何确定某次特定采购对环境的影响?

参考文献

American National Standards Institute, www.ansi.org.

Askin, R. G., and J. B. Goldberg. *Design and Analysis of Lean Production Systems*, New York: Wiley, 2001.

Axelsson, B., and F. Wynstra. *Buying Business Services*. West Sussex, U.K.: John Wiley & Sons, 2002.

Contino, R. *The Complete Equipment-Leasing Handbook*. New York: AMACOM, 2006.

Ellram, L. M.; W. L. Tate, and C. Billington. "Services Supply Management: The Next Frontier for Improved Organizational Performance. *California Management Review* 49, no. 4 (2007), pp. 44–66.

Pullman, M., and M. Sauter. *Sustainability Delivered: Designing Socially and Environmentally Responsible Supply Chains*. New York: Business Expert Press, 2012.

案例 6-1 莫伦公司(A)

莫伦公司为了服务快速扩张的能源市场,又额外建了三座发电站。要使这些发电站连接到整个区域电网,该公司采用了用一种装饰性管形电线杆代替电塔的方法来搭载输电线路。莫伦公司之前没有用电线杆的操作经验,因此决定将新路线的工程设计、制造与架设工作转包出去。

在工程设计的第一阶段,供应副总裁约翰·卡特先生在他的职员收集整理完所需的信息后,需要选择由哪家供应商提供相关业务。他知道莫伦公司只有三年来完成整个项目,因此他必须确保良好的工程质量。

公司背景

莫伦公司,成立于1895年,是美国东部规模最大的电力公共事业公司之一。它建立了10座化学燃料发电厂,为高度工业化地区提供服务;拥有超过190亿美元的资产,需求量每10年翻一倍。公司已经筹措了一项专款基金,计划在4年内把发电量从840万千瓦提高到1 300万千瓦。

公司因拥有的先进技术和良好的公众关系而闻名。公司采购部门和工程部门集中在一起,并位于当地最大城市的总部里。由于这项新的建设项目重点使用公司外部富有经验的工作人员和供应商,因此公司在专业资源和财政资源上具有沉重的压力。

输电线路的背景

尽管莫伦公司旧线路的运载力逐渐提高到230千伏,但是经过管理层决策,再结合技术趋势,新线路的运载力定为345千伏。这是为了把分布在艾迪生、史密斯菲尔德和梅萨峡谷的新发电站连接到区域电网，线路总长约 140 英里。

直到现在，莫伦公司一直使用专门的钢结构电塔来搭载电线。电塔很牢固，但视觉上很突兀，不能满足人们日渐复杂的审美需求，因此产生了许多负面评论。装饰性管状电线杆是电力传输领域一项新的发展。目前，在全国不同区域已经成功安装了大约 2 000 英里使用这种电线杆的线路。它们大多数安装在人口密集地区，两条电线杆之间距离相对较短。安装一条这种线路的成本是传统电塔的两倍，但大体上仍然比安装地下线路要便宜。认识到在电线杆的设计和使用方面有了巨大的进展，莫伦公司决定采用这种电线杆来安装新线路。

因为预计的改装与扩建工作量巨大，卡特先生和项目工程师知道过去与他们合作的电塔制造商和线路架设公司没有能力应对与这种新型电线杆相关的所有方面的工作。此外，由于没有 345 千伏线路悬架的经验，对于安装该新电路莫伦公司不得不依靠其他公司，并需要有能力的分包商提供服务与指导。

所有的工作包含三个主要阶段。

（1）设计线路布局工程，编制电线杆功能规范和项目指导书。

（2）设计电线杆的制造提案，包括满足功能规范的设计方案、制造量和生产期限。

（3）电线杆安装，包括挖坑、打地基、电线杆竖立和电线串接。整个项目的初步成本估计如下。

1）第一阶段——工程设计：1 500 000～1 800 000 美元。

2）第二阶段——电线杆制造：9 000 万美元。

3）第三阶段——电线杆安装：7 800 万美元。

由于没有一家供应商能单独处理好整个合同中的所有工作内容，卡特先生和首席工程师决定把各个阶段分别分包给一家在该阶段具有专门技术的可靠供应商。由此，莫伦公司可以获得最佳整体收益。第一个外包决策是将工程设计阶段的工作外包给合适的供应商。

工程设计供应商的选择

经过一个春季和半个夏季，公司采购人员奥利弗·邓恩和公司系统工程部门下属的电力运输工程小组一起工作，敲定相关的工程设计参数，并选定合适的设计公司。7 月底，他打算向采购主管提出自己的建议（见表 1）。

表 1　报价单摘要

描述	设计艾迪生—史密斯菲尔德—梅萨峡谷这条线 140 英里长的 345 千伏的输电线路
推荐的供应商 地址：公司本部 买方：邓恩	佩蒂格鲁联营公司，美国，纽约 使用部门：通用工程 总价值：已确定的 1 740 000 美元 薪水 + 制造费用
单号：　　　　　　日期	签字：

按照惯例，对所有重要的合同，莫伦公司会向采购主管提供一份有关该合同的简要总结。由采购人员与相关的采购代理商共同建立一份包含详细信息的文件。通常，随着项目进展会举行几次初步讨论会，这是为了卡特先生可以在起草官方建议前获得充分合理的资料。如果还想了解更多的信息，卡特先生可以随时提出申请获得相关文件。

三家候选的工程公司规模都很大，并提供多种工程咨询服务。其中，特拉弗斯 & 波顿公司（T&B）与佳冠工程公司（CE）过去都为莫伦公司做了相当多的工作，并且表现很令人满意。佩蒂格鲁联营公司的总部设在纽约,并在美国 10 个城市设有分公司,拥有员工 3 800 多人。佩蒂格鲁联营公司具有优良的信用评级,每年销售额超过 4.8 亿美元。莫伦公司与佩蒂格鲁联营公司没有任何项目合作经验。这三家工程公司都有用管形电线杆架设短距离输电线路的设计经验。但除了设计需求之外,莫伦公司还要求工程咨询公司评估电线杆制造商和线路安装分包商的报价。

其他信息

(1) 通用工程部的电力运输小组不能完成未来 3 年内所有规划的电力运输任务的设计工作。有必要将这项工作的某些部分分包出去。特拉弗斯 & 波顿公司承接了从 120 千伏更改为 230 千伏的线路转换工作,并建议把艾迪生—史密斯菲尔德—梅萨峡谷这条 140 英里长的 345 千伏输电线路承包给某一有能力胜任的工程公司。

(2) 我们已经分别和上面提到的三家工程公司召开了会议,使其熟知我们的需求,同时了解了每家公司的能力。三家工程公司将进行的工作如下:制定日常工作报告;进行地质勘探;设计电气设备和总体项目;提供其他规范说明;绘图;分析采购优先权的技术性数据;硬件、结构钢以及施工合同的授予。据估计这项工作总共需要 12 300 个工时。除了工时之外,还有价值大约 144 000 美元的计算机服务和需要现款支付的花费。

(3) 报价比较见表 2。

表 2

供应商	估计工时	每工时的平均基本费用(美元)	边际成本(假设都一样)(%)	管理费和利润(%)	估计(美元/小时)
特拉弗斯 & 波顿公司	14 350	60.00	20	65.5	120.00
佳冠工程公司	—	60.00	20	80.0	129.60
佩蒂格鲁联营公司	12 190	60.00	20	80.0	133.20

最后经评定,建议把这份合同授予佩蒂格鲁联营公司,即使其每小时的收费比其他两家高。总成本受所选公司能力和生产率的影响,因此佩蒂格鲁联营公司不会再让我们产生其他的费用。莫伦公司的管理层希望让佩蒂格鲁联营公司来完成这项工作。T&B 和 CE 都与莫伦公司合作过,而这次是佩蒂格鲁联营公司和莫伦公司的第一次合作。

案例 6-2　莫伦公司(B)

莫伦公司为了满足快速扩张的能源市场,又另外建了三座发电站。要使这些发电站连接到整个区域电网,公司采用了用一种装饰性管形电杆代替电塔的方法来搭载输电线路。莫伦公司之前没有用电线杆的操作经验,因此决定将新路线的工程设计、制造与架设工作转包出去。(公司背景、线路规划信息和工程顾问的选择见案例 6-1。)

公司已经为其首个 345 千伏输电线路选择好了咨询公司,并为制造电线杆与其他装备下了订单。接着莫伦公司准备确定一个合适的承包商来完成地基施工、电线杆竖立和串接电线的工作。

莫伦公司想要在秋天之前启动线路的施工工作,因此寻找承包商的同时进行采购和工程设计工作。戈登·雅罗是材料采购主管,他负责向供应副总裁约翰·卡特先生汇报合同的相关情况。

选择建造商

在过去的五年里,剑杆公司几乎承包了莫伦公司的所有输电线路工作,但是在咨询公司的帮助下,莫伦公司邀请了多家有资质的线路建造商进行投标。另外，它还邀请了几家地基建设公司对地基施工工作进行投标。这有助于进行市场测评，从而决定地基承包商是否能比线路建造商的建造成本更低。卡特先生保留了地面和地下业务分别签订合同的权利。

莫伦公司和竞标者召开了两次会议，一次是和线路建造商，另一次是和地基承包商，在会议中充分讨论了这项工作的所有方面。莫伦公司基于当前的工资标准和工作条件确定单价，并且接受相当于0.8倍平均工资标准的调整。

在9月之前，通过投标评估和相关的计算，工程咨询公司都能够提供采购建议，并且可以对报价汇总表进行编制完善（见表3）。

表3 莫伦公司的艾迪生—史密斯菲尔德—梅萨峡谷345千伏输电线路

投标者	投标比较（美元）		
	线路建设	地基安装	总计
线路承包商			
（D）	47 103 840	53 079 648	100 183 488
（E）	38 117 804	44 617 110	82 734 914
（F）	41 390 640	37 778 478	79 169 118
（G）	37 485 360	37 993 872	75 479 232
（H）	43 433 700	27 672 804	71 106 504
（I）	36 192 072	没有报价	
咨询工程师的预计	47 750 400	30 612 400	78 362 800
地基承包商			
（J）		73 775 574	
（K）		38 966 364	
（L）		35 201 376	

注释

（1）两家线路承包商和一家地基承包商婉拒投标。

（2）目前评估了两家报价最低的线路建造商——剑杆公司和麦克塔格特公司，并对将地基建设承包给（L），把地面工作承包给（I）的可能性做了估计。然而，这里推荐麦克塔格特公司，原因如下：

1）提供了最低的报价。

2）具有丰富的经验。在山区、沙漠和湿地已经建成了数千英里的线路。还具有230、345、500和750千伏线路的建设经验。

3）目前正在为几家其他的电力公司工作。

4）设计工程师和顾问大力推荐。

5）其子公司在本地区已经完成了大量的工作，尽管不是与莫伦公司合作。

案例6-3 卡森庄园

11月下旬，温斯顿市供应主管伊莲·泰勒女士正在审查对于卡森庄园开展研究的建议书。三家咨询公司回应了关于研究市属敬老院运营情况的征求建议书。泰勒知道必须在12月中旬完成关于选择咨询公司的推荐书。

卡森庄园介绍

卡森庄园创办于30年前，为需要做护

理的人提供服务。卡森庄园拥有470张护理床，包括非管理人员在内共计有235名员工。

庄园管理员负责卡森庄园的日常运营工作，并直接向该城市的社会服务主任亨利·戴维斯汇报工作。由戴维斯先生及其员工连同卡森庄园的管理人员和卡森庄园管理委员会（CMCM）一起制定相关政策和预算计划。CMCM由5名市政议员组成，他们或是被指派的，或是自愿来从事相关工作。CMCM向另一名市政委员会汇报，该委员会关注广泛社区服务，因此叫作社区服务委员会。社区服务委员会负责审查重大支出项目和影响社区服务政策的决议。在所有重大支出项目被送到市议会进行最后审批之前，都要经过监理事会的审查，该理事会由市长和4名被选拔的审计官组成。

作为社会服务主任，戴维斯先生向市政府行政官彼得森先生汇报工作，彼得森先生则直接向市长汇报工作。组织内部的汇报架构如图1所示。

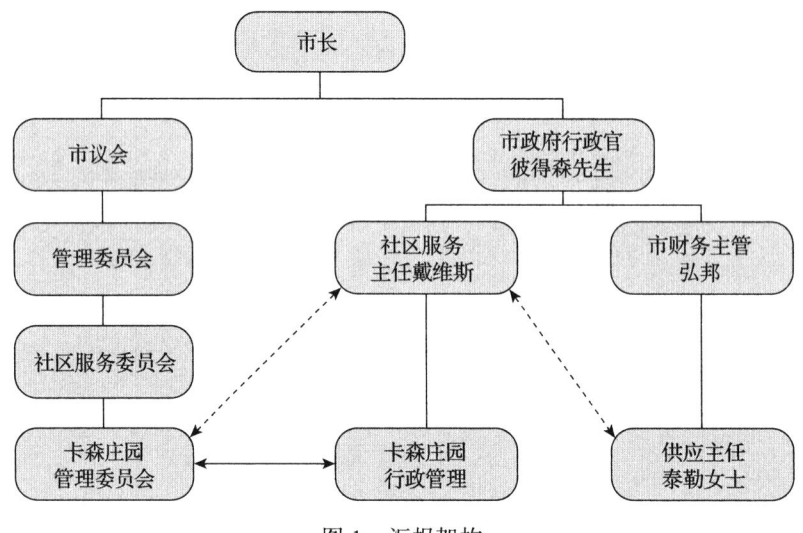

图 1　汇报架构

采购与供应部门

采购与供应部门对城市的工程建设、火灾处理、垃圾填埋、下水道设施和社会服务有着采购所需资源及做出相应处置的权利，并为市政厅建设提供支持。城市中公共设施委员、图书馆与警察局有单独的采购部门。城市规章将采购权力授予了采购与供应部门的主管和其采购人员。同时，城市规章中也列出了采购权力的局限，形成了采购与供应部门的采购、招标与处置方针手册。

采购与供应部门的主要目标是以最低的成本满足其他部门对物资和服务的需求，同时保证满意的质量、交付及时性和可靠性。采购与供应部门擅长商品与某些服务的采购与招标工作，如装备租赁、维修合同和工程/建筑咨询。但是那时采购与供应部门还没有广泛参与到处理管理咨询服务的采购工作中。

两年前，35岁的伊莲·泰勒成为采购与供应部门的主管。在这之前，伊莲·泰勒在福里斯特维尤（一个和温斯顿一样大的城市）担任首席采购员兼采购部主任助理。泰勒向市财务主管弘邦先生汇报工作，并直接和其他部门的负责人一起处理采购事务，如图1所示。她管理着15个职员，其中包括3个采购员。

卡森庄园的研究

卡森庄园的预算和成本控制问题由来已久。与私营机构相比，市议会发现卡森庄园每张床的护理成本并没有那么高。8个月前，市议会命令市政府行政官彼得森先生与社会服务主任戴维斯先生准备一份报告，并于6月初提交给卡森庄园管理委员会。这份报告内容应包括以下内容。

（1）卡森庄园和其他类似公共单位的成本比较分析。

（2）提高成本效益的可行性分析。

（3）可能替代方案的影响分析报告，例如：①合同管理；②由外部机构执行的深入运营审查和成本效益研究。

这份内部报告，名为《市政养老院卡森庄园问题评估与可选方案报告》，在6月9日提交讨论。报告指出，卡森庄园每张床的成本比该州的平均水平高了大约14%。报告强调了在缺少病人分类系统的情况下，计算和控制成本的困难性，进而将促进建立护理标准等级。报告建议让外部机构进行一次运营审查，并概述了一些总体指导方针和目标。报告中与这些指导方针和目标有关的部分如表4所示。

表4 卡森庄园

以下摘录来自市政府行政官彼得森先生和社会服务部主任戴维斯先生向卡森庄园管理委员会提交的报告《市政养老院建设的汇报与可选方案》。

第29页

卡森庄园的入住者要求提高护理水平，但这对成本有重大的影响，因为提高护理水平本质上就要求更多人员来提供需要的服务。毫无疑问，相比之前，当前的入住者甚至新的申请入住者提出了更多的护理需求，但公司还没有对卡森庄园入住者的护理需求进行有目的的分类。

第33页

属于本州社区和社会服务部的一家独立的咨询公司对卡森庄园进行了一次运营审查，为卡森庄园提供了选择方案，并对其可能改善的地方做了透彻分析。

这种方法为公司运营转变的战略发展打下了坚实的基础，但是并不保证所需要的改变一定能实现。

第34页

运营审查的全部优势是具有深入识别卡森庄园存在问题的能力。该城市负责制定相应的改变策略。例如，这种策略可能包括特定服务的合同管理。这种分析方法为未来规划提供了坚实的基础。相反，其消极方面是该研究方法的成本，以及后续需要对所识别的问题建立更改策略并实施更改措施。

市议会接受了报告的建议，并命令彼得森先生和戴维斯先生对卡森庄园启动一个独立的咨询研究。这项研究未在预算中列出，并且在咨询合同的公开招标之前必须获得CMCM、社区服务委员会、管理委员会和市议会的批准。戴维斯先生要求伊莲·泰勒的助理和采购与供应部门一起确定和评估潜在研究的参与者。伊莲·泰勒亲自参与了卡森庄园的研究，因为这项研究超出了其采购员的责任和经验范围。她起草了一份征求建议书，如表5所示。在联系了州内的各个咨询单位后，伊莲列出了一张有相关经验的咨询公司清单，并邀请了其中5家咨询公司提交方案。

表5 征求建议书

很荣幸能邀请您向我们提交一份提案，提案的目的是为年长者对卡森庄园进行一次管理和经营上的审查。审查内容涵盖疗养院经营的所有方面，包括但不局限于居民护理需求的评估、管理审查、组织设计与员工。疗养院的主要工作包括洗衣和家政、护理和物理疗法、餐饮、特别服务、房产、建筑维修与管理。审查通过检测和管理的方式进行。

审查之后，您将为疗养院未来的经营制定一份全面的关于经营改进和成本效益提升的建议。所有建议都应该提供可选方案，确定实现这些建议可节约的成本及相关成本，对人员和管理预计产生的影响，与城市作为疗养院经营者角色相一致的实施策略，以及保持当前护理质量的条款。

我们希望可以用今后疗养院经营过程中节约的成本来弥补审查与实现建议的成本。

您的提案应包括以下信息。

（1）执行审查建议使用的方法。

（续）

（2）参与审查的人员名单和资质，以及后续的建议。
（3）估计进行审查和制定建议所需要的时间。
（4）用文件及相关资料证明您在相似情况下有成功提供建议内容的能力。
（5）潜在的可节约的成本（作为审查的结果）。
（6）提供执行审查所需的任何合同或协议的复印件。
要注意的是，需要分开确定您的费用结构，但是，包括运营成本在内，您所计算的节约成本将计入净金额。

标前会议于9月举行。各咨询公司都派出了代表参加，对卡森庄园进行了初步检查，并对方案评估的内容范围、相关术语与评价标准进行了非正式讨论。在截止日即11月7日之前收到了三家公司的方案，报价见表6。

病人保健公司和标准护理公司都是大型的私人疗养院运营商；克拉克－汉密尔顿公司是一家管理咨询公司，位于卡森庄园100英里之外。

评估投标之前，伊莲对所有提案进行了总结，如表7所示。当她坐下来准备评估提案时，考虑到社会服务部的需求和采购建议书的内容，她想知道应该使用什么评价标准和权重。

此外，她明白在获得多个委员会的批准之前，她的建议与依据必须于12月9日前转发给市政府行政官。

表 6

提案	报价（美元）
病人保健公司	35 000
克拉克－汉密尔顿公司	47 000
标准护理公司	77 000

表 7 卡森庄园审查提案

	病人保健公司	克拉克－汉密尔顿公司	标准护理公司
1. 方法	需要市管理部门的联络人员协助团队 1. 收集数据 2. 审查程序 3. 采访 4. 确定和评估运营策略 5. 分析人员和成本 6. 评估财务状况 7. 准备资金报告和建议 8. 管理与项目控制 9. 提供实施过程中所需的任何援助 ● 可以利用卫生部的总体指导方针作为工作标准或用于病人分类的判断 ● 可能不会把体系留给疗养院的员工未来使用	建议成立由市管理部门和卡森庄园管理部门组成的指导委员会 1. 与指导委员会讨论审查的事宜 2. 检查相关文件 3. 审查所有部门 4. 面谈和走访 5. 确定所有经营部门的提升机会 6. 制定具体的建议 7. 和管理层一起审核建议 8. 准备并展示最终报告 9. 如需要可实现这些建议 ● 保留工作标准或病人分类，疗养院的员工以最小的持续成本维持标准	与卡森庄园管理人员保持联系 1. 审查业务数据 2. 分析组织与业务程序 3. 审查与评估每个部门的服务水平 4. 识别问题与改善点 5. 制订人员配置表与现有人员配置表，分析成本效益 6. 识别与自然环境相关的问题 7. 提供报告草案 8. 评估提案实施所需技术的可用性 9. 准备报告终稿与建议 10. 在有需要的情况下协助方案的实施
2. 预期减少的成本和实施成本	以病人护理这一项目来估计所有提议的运营缺陷；如果得以实施，成本将远超过研究成本，至少为700 000美元	就减少的运营成本和提升的成本效益来说，客户将得到很多利益，并且业务改善总是比我们的服务成本更重要。从我们的工作中得到的收益和成本的比率从3:1到30:1或更高	在研究还没有实际完成的情况下，很难明确说明预期成本节约量。但是，根据以往经验，节约的成本大约为总成本的8%～10%。卡森庄园案例大概节约110万美元

(续)

	病人保健公司	克拉克-汉密尔顿公司	标准护理公司
3. 经验	• 对11个机构进行职能规划与运营的经验 • 具有5个其他的咨询项目 • 所有项目的范围比较广 • 管理疗养院与慢性病医院 • 拥有或租赁许多其他设施	• 对11个机构进行业务审查，主要是医院，以及3个区域中心 • 具有广泛的专业领域经验，主要在医院方面 • 具有实施两个不同类型工作标准/患者分类系统与管理信息系统的经验 • 广泛的管理咨询经验	• 具有类似卡森庄园的广泛背景 • 具有15个已经完成或正在进行中的工程设施 • 管理亨德福德旅馆，即具有150个床位的康复护理项目 • 马丁护理疗养院业务审查 • 在当地与佛罗里达州拥有或管理2 400个养老院床位
4. 参考单位	1. 位于德克斯特的教会疗养院 • 不可以定位于德克斯特及周边地区 2. 位于马斯兰地区，萨斯喀彻温省的利特尔菲尔德市立医院 • 与管理人员沟通，该管理人员建议对医院的一项附属建设工程进行相关咨询。仅仅对该建设工作的布局、规模与所需要的设施进行了审查，没有对业务或管理方面进行审查 3. 位于底特律的贾德公园疗养院 • 找不到在底特律或周边地区经营的贾德公园疗养院 • 其他所有的参考单位或者联系不上，或者当前已经进行了审查工作	1. 社区与社会服务部门 • 公司对韦伯斯特区域中心进行了业务审查，并对该中心比较满意。尽管还没有完全结束审查，但目前看来该中心可以达到甚至超过估计的成本节约量 2. 韦伯斯特区域中心管理部门 • 与管理人员进行了沟通，该管理人员对公司最小化可能带来的干扰且比较专业的审查方式比较满意 3. 加斯特市，绿地敬老院 • 公司对其进行了薪资审查	沃德敬老院 • 公司完成了业务审查，目前正处于实施阶段。尤其强调了护理部门的养生保健技术。某些业务外包了出去。当前项目还没有完成，但看起来可以到达预期280 000美元的成本节约量 • 由于服务成本太高，没有对其他参考单位进行审查

第 7 章 | Chapter7

质　　量

供应决策者的关键问题

我们应该
- 实施全面质量管理吗？
- 启动六西格玛管理模式吗？
- 需要对供应商进行认证吗？

我们如何
- 提高顾客对质量的满意度？
- 降低质量成本？
- 改善对服务质量的测量？

质量、数量、交付、价格和服务是五个最常见的供应要求。在"质量"这一章中，主要解决两个关键问题：①我们如何保证质量？②我们怎么知道所订购的产品或服务满足预期要求？

质量是企业战略与供应网络的关键影响因素。当提及产出质量时，有三种选择：①比竞争对手质量更高；②与竞争对手质量一样；③比竞争对手质量更低（见图7-1）。这三种选择都是产品或服务的合理细分市场，但三种细分市场是不同的，需要不同的方法来获得所需要的质量。

如果组织在市场上的竞争取决于质量，那么供应网络、外部供应链与内部供应链必须能够提供质量竞争优势与差异化。

本章介绍在给定客户需求的情况下确定良好价值构成因素所使用的工具和技术，以及市场能够提供什么。

7.1 质量在供应管理中的作用

质量一直是供应管理中被主要关注的一大问题。传统的质量定义是产品或服务与需求规范的一致性。

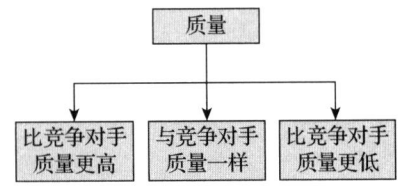

图 7-1　质量细分市场

在全面质量管理的背景下,质量的含义得到扩充,表示企业理念与质量工具的一种旨在满足客户需求的组合。简单来说,质量代表着组织面临的重大挑战;广义来讲,质量很可能决定一个组织在未来几年生存与繁荣的能力。

物料需求计划(MRP)、制造资源计划(MRP Ⅱ)、准时制(JIT)生产与精益生产已经使物料管理的数量、交付及库存方面产生了革命性变化,同时也要求人们重新认识质量。当没有安全库存,且要求物品必须在使用之前到达时,物品的质量不能有任何差错。在这种额外的压力以及其他所有要求物品具有良好质量的合理原因下,采购商需要为寻找能够确保提供合格产品或服务质量的供应商付出巨大努力。这主要涉及供应商的认证程序或合作伙伴关系,包括在给供应商供货的前提下,建立令人满意的质量控制程序。

随着服务业在多种经济体中规模的扩大与重要性的日益提高,定义、测量与确保服务质量带来的特殊挑战,更需要供应经理的关注。供应经理面临的挑战包括:适应和运用质量工具(如服务运营的精益思想);认证服务提供商或与服务供应商的合作(如市场营销和媒体公司,律师事务所、咨询公司);管理供应商的关系(由于更多不同的服务被外包出去或被转移到海外,因而供应商关系管理更加重要)。采购和供应管理组织管理下的服务支出,对培育员工知识与技能,以及为适合的服务流程和技术选择相关工作团队带来了额外的压力。

人们对质量的关注,加强了对如下方面的需求:团购方法、供应商合理化选择、数据透明度和可获得性、买家与供应商之间的协同合作关系、长期合同、对应急计划以及采购决策中价格-质量的均衡作用的再评估。为了了解质量在采购中的作用,有必要明确什么是"最优采购",以及采购商如何采购才能够确保获得正确质量的产品或服务。

从质量的概念看出,组织所提供产品或服务的质量,与生产流程是分不开的。只关注产品或服务而不审查生产流程,很可能错过可以带来持续改进的关键环节。如果不对生产流程进行控制和有针对性的持续改进,那么所生产产品的质量可能受到影响。同样,如果服务交付流程效率不高,也没有针对性地对其进行持续改进,那么所交付服务的质量可能受到影响。

任何组织都可以被看作一个组织链的一部分,一边是供应商,另一边是客户。每一个组织都扮演三个角色:客户、中间商和供应商(见图7-2)。作为链或网络的一部分,每一个组织作为中间商都需要增加自身的价值。

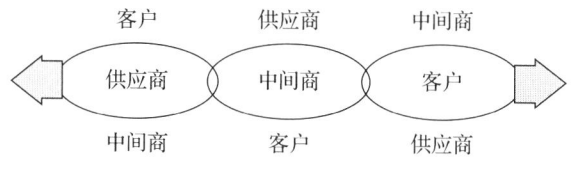

图 7-2　角色转变与价值增值链

同样的思想可以应用于每一个组织的微观层面。每个单位或职能部门本身是一个内部链的一部分,相对于内部的其他职能部门,或在某些情况下相对于外部客户和供应商而言,扮演相同的三个角色:客户、中间商和供应商。在这里,价值增值的观念很重要。各单位或职能部门必须在与组织目标和战略保持一致的前提下,通过流程控制与持续改进,增加价值,并努力降低成本。如果对关键业务流程的关注模糊了传统职能(如供应、生产和销售之间)的边界,那么跨职能团队必须对产品或服务的质量负责。

7.2 质量的定义

业内人士经常使用术语"质量"描述功能、实用性、可靠性、规格一致性、对实际绩效的满意度与最优采购。这些名词也许会让你感到非常困惑，现将它们定义如下。

7.2.1 质量

简单地讲，质量是指供应商提供符合规格的产品与服务的能力。质量也可以指产品在使用中的实际性能是否满足需求请求者的期望，而不考虑产品是否符合规格。因此，当一件产品不能正常使用时，我们通常说该产品"不好"或者"质量差"，即使该产品满足需求规格或者初始请求。当然，最理想的情况是，该产品的所有属性都很好地通过了产品测试。

7.2.2 功能

功能是指产品或服务可以实现的作用。例如，"有些可以用来加固的物品"，具有这一功能的产品可能有许多，包括一个钉子、一个螺栓、一个按钮和一根拉链。

7.2.3 实用性

实用性指的是原材料、产品或服务满足预期使用功能的能力。在纯粹的意义上，实用性不考虑商业因素，仅指是否适合使用。实际上，这是很难实现的。黄金可能比银或铜更容易导电，但是使用价格太过昂贵，除非有特殊使用需求，否则不会用它来导电。这也是芯片的导电线路采用黄金，而房屋里的电线线路采用铜的原因。"最优采购"是指在采购时将产品或服务的质量、可靠性与实用性作为考虑因素。

7.2.4 可靠性

可靠性是产品在规定的时间内可以正常使用的概率。产品的复杂性越高，可靠性越低。这是因为，产品越复杂，零部件越多，由于多重效应，产品发生故障的概率也就越大，因此可靠性越低。如果发生故障的概率是随机分布的，那么选择20个零部件测试50个小时，与选择500个零部件测试两个小时，可能会得出相同的推论。当发生故障的概率不是随机分布的（如韦伯分布（可以用来解释老化效应）与故障率曲线（可以识别早期高故障率、平稳期以及使用期将近结束时的高故障率））时，也可以得出相同的结论，只是需要更加复杂的数学技能来证明。

从采购的角度来讲，识别所采购零部件与产品具有的不同可靠性是非常有益的。采购部门可以根据预期可靠性影响，评估产品与设计标准的差异带来的风险或费用。

7.2.5 质量维度

将质量作为竞争工具，引起了企业充分的兴趣，也使管理人员重新意识到质量可以给组织带来的贡献。在供应方面，供应商的绩效对采购方是否可以获得高质量的产品与服务至关重要。多种调查显示，在许多组织中，至少50%的质量问题源于供应商提供的产品和服务。另外，管理工具与技术如精益生产、物料需求计划、准时制生产方式、零库存采购，都需要供应商交付的产品或服务符合规格。此外，在不能确保采购组织自身的质量绩效无可非议的情况下，坚持要求供应商提供高质量产品，也是不现实的。这同样也适用于采购人员、政策、系统与程序。质量的改进对买方和卖方来说都是一个持续性的挑战。此外，买卖双方之间的密切合作是实现产品质量大幅度提升的必要条件。

哈佛商学院教授大卫·加尔文（David Garvin）表示，质量是一个复杂的术语，至少有以下八个维度的含义。

（1）性能：商品的主要功能。
（2）特征：商品的附加功能。
（3）可靠性：在指定时间内商品发生故障的概率。
（4）持久性：商品的预期寿命。
（5）一致性：商品满足的规格要求。
（6）可服务性：商品出现故障之后恢复的难易程度。
（7）美学：商品的外观、气味、感觉与声音。
（8）感知质量：产品或服务在客户眼中的形象，是客户的主观认识。

从采购的角度来看，第九维度应该是"可获得性"——在合理的市场价格水平下，短期与长期内产品的可取得性。

7.2.6　最佳采购

决定采购什么，仅需要考虑产品或服务的技术因素是不够的。对于某种给定用途，即使确定了最理想的技术特性或实用性，也不一定能完成一次理想的采购。区别存在于技术因素考虑与最佳采购之间。其中，技术因素考虑是指对产品尺寸、设计、化学或物理性质之类问题的考虑；最佳采购是一个更具有包容性的概念，考虑必要的最低水平的实用性，同时考虑最终顾客的需求、成本和可获得性、运输与处置问题。

如果成本太高，那么采购者可以选择实用性在一定程度上相对弱的产品。或者，无论成本如何，如果技术上完美无缺的唯一可用供应商缺乏生产能力或财力不足，那么就必须使用其他替代品。对产品进行定期的再评估也是必要的。如果铜的价格从每磅 0.70 美元增加到 1.50 美元或更多，那么它与铝或其他替代品的关系就可能会发生变化。

最佳采购是一个特征组合，而不仅仅是一个特征。几乎所有最后决定的具体组合都是一种折中方案。因为在任何情况下，具体重视质量的哪个特定方面，在很大程度上取决于当时的状况。在某些情况下，可靠性是首要考虑因素，而直接成本、设备安装或发生故障后是否容易维修，都是次要的。在其他一些情况下，产品的生命周期不那么重要，而产品的运行效率变得更加重要。

对于任一特定的需求，最佳采购的组成因素受市场条件，以及采购因素与技术因素的限制。制定合理的最佳采购决策，需要所有利益相关者密切合作，包括营销人员、技术人员、运营及供应人员。利益相关者是否有意愿以及能否正确客观地看待各质量因素之间的均衡，将显著影响到最终做出的决策。

7.2.7　确定最佳采购

通常认为，对于某种特定用途，产品是否具有技术实用性，与使用方法、工程设计、特性或者转售有关。在设计阶段需要采购工作的早期参与,因此需要认可供应部门的审核、质疑,以及建议的权利。

为履行供应职责,供应部门必须坚持产品与服务的供应需要考虑经济因素与采购因素,并与直接负责制定需求规范的部门分享其建议。采购人员起到提供市场最新信息的关键作用。他们了解最新市场信息,可以及时对产品设计做出修改,提高需求规格的灵活性,或者对制造方法做出相应改变,以为最终用户提高产品价值。跨职能团队合作是制定"最佳采购"决策的最好方法。

7.3 质量成本

20世纪50年代之前,通常认为质量-成本曲线类似于经济订货批量曲线,或者说大体上为U形曲线(见图7-3)。以这种观念来看,均衡点之前,产品缺陷率越少,成本也就越高。因此,产品具有明显的缺陷率水平也是可以接受的。

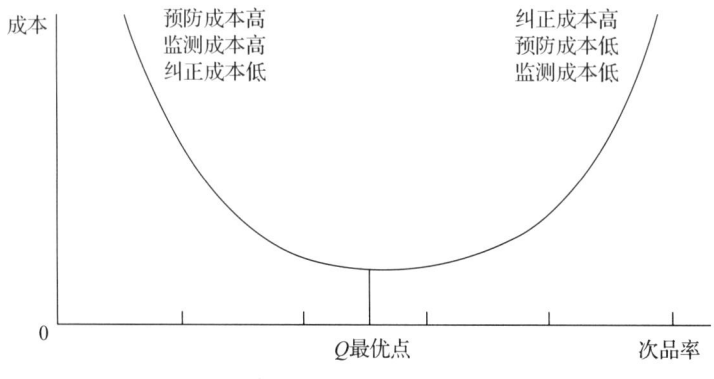

图7-3 传统观点下的质量-成本均衡

戴明、朱兰、新乡重夫与克劳斯比这些前辈提出了产品质量及其获得性的新观点。这个观点为质量管理的发展做出了巨大贡献。以该观点来看,产品每个缺陷的代价都是昂贵的,并且预防或避免缺陷可以降低成本(见图7-4)。于是,质量的成本即没有在第一时间生产合适产品或提供恰当服务所带来的成本。返工将抬高产品的质量成本。

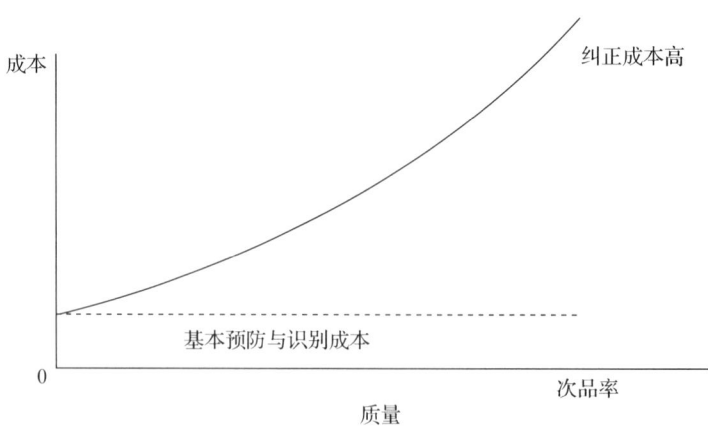

图7-4 当前观点下的质量-成本均衡

有趣的是，以往买家认识到高质量的产品与服务对企业的好处，愿意为高质量的产品或服务支付更多的资金，但同时也认为供应商生产更高质量的产品或者提供更高水平的服务需要投入更高的成本。采用检查产品或服务的方法确保质量的成本确实很高。戴明认为，重点应该放在生产的第一时间内确保质量，而不是后期进行质量检查。因此，合理的做法是，买方与卖方双方共同合作，致力于提高质量并降低成本！

许多供应政策与流程是根据"竞争是买卖双方关系的核心"这一原则制定的。这使得卖方特别担心别的供应商通过提供更优的质量、更优惠的价格、更好的物流，或更优质的服务，抢走了自己的销售份额。当然，前提假设条件为，对买家而言，更换供应商的代价不高，以及通过多源采购买方可以实现对供应商的控制，并确保供应安全性。

将质量作为采购的首要考虑指标，这一观点的出现挑战了竞争性观点。当前认为，要找到高质量的供应商是非常困难的，要培育能够不断改进质量的供应商更难。事实上，为实现质量的持续改进，需要买方组织内各个方面的专家与卖方组织中合适的相关人员开展大量的合作。在这种情况下，对同一种产品，多源采购、经常更换供应商，以及定期报价是不现实的。

单源采购往往会引起采购者相当大的紧张感，尤其是在今天这个环境下——全球经济增长放缓，气候变化与天气类型多变的影响具有不确定性，以及世界多地政治局势动荡。与供应商共享组织内的关键信息，以便供应商更好地计划、设计以及服务于买家需求。这一观点，让那些持有竞争理念的采购专家非常惊讶。这一解决质量问题的新方法的核心是，合理使用工具、技术与工艺，以及买卖双方关系构建的方法。对供应专家而言，重要的是判断何时与供应商合作的方式优于竞争方式。

关于质量的旧观点或许源于对产品或服务的需求量较大而全球竞争程度较低的经济环境，在这种环境下，产品或服务的缺陷是可以容忍的。更进一步的原因也许是，没有完全理解实际的质量成本是什么以及什么质量水平低。不幸的是，在许多组织中，这些成本是隐性的，因此很难在制定决策时对其加以考虑。

适用于产品和服务质量的五大成本类别是预防成本、鉴定成本、内部故障成本、外部故障成本和士气成本。

7.3.1 预防成本

预防成本是指用于避免产品或服务产生缺陷，或防止产品或服务与需求不一致的活动相关的各种费用，包括实行各种质量保证计划的费用，供应商与流程的预认证和检验费用，员工培训和宣传费用，机械、工具、材料和劳动力费用，预防性维护费用，从优质供应商处单源采购的费用，以及相关的人员、差旅、设备及场地费用。

7.3.2 鉴定成本

鉴定成本是检验、试验、测量以及其他确保产品或服务符合质量标准和性能要求的活动的成本。由于卖方与买方均采用多种检测系统来保证质量，因此两个组织均具有鉴定成本。如果鉴定产品质量需要留出批次样品，或将产品送到一个单独的检测部门，那么鉴定成本除了检查费用外，还应该包括装卸搬运以及与库存相关的成本，比如场地、人力、设备、材料，以及相关的报表系统产生的费用。采用供应商质量管理报表，并在第一时间确保质量，具有很明显的优势。对于服务而言，鉴定成本包括流程或服务审计成本。

7.3.3　内部故障成本

内部故障成本是指质量差造成的在运营系统内部产生的相关成本，包含退货成本、废品和返工成本、重新检验与测试成本、误工成本、订单的延迟成本（包括罚款）、机器与时间管理成本、替代材料或零件的赶工成本，以及额外安全库存的持有成本。

7.3.4　外部故障成本

外部故障成本是指将劣质产品或服务提供给客户后产生的成本，包括退货成本、服务更换成本、保修成本，以及处理客户投诉的时间成本。不幸的是，低质量零件的装配、拆卸与再组装成本可能会远远超过零件本身的原始成本。当有缺陷的产品到达顾客或客户手中后，具有产生间接损失的可能性。例如，由于纸卷不符合规格，印刷商错过了重要的截止期限，导致杂志没能准时送达广告商与用户手中等。有缺陷的产品也有可能引发健康损害与安全问题。服务的外部故障成本发生在提供服务期间或服务交付之后。例如，银行对账单的修正成本、应用程序的再加工成本，或者由于未能达到预定成效而再次举办研讨会的成本等。这些费用的代价极高，因为这可以影响到企业在客户中的商誉，进而销售份额降低，利润减少。客户流失，无法获得新客户，以及为保留现有客户而支付赔偿成本也是外部故障成本的一部分。

7.3.5　士气成本

生产（或使用）有缺陷的产品或服务所产生的士气成本，是在会计的角度上很少被认可的成本。生产（或使用）有缺陷的产品或服务除了对生产率产生明显的影响之外，也可能会消除一个人的工作自豪感，或持续进步的动机。工作人员努力工作并取得较好工作成绩的动力，被无所谓的态度取而代之。

7.3.6　全面质量成本观

很多组织不愿意直接面对质量成本，因此不愿意细化不良质量所带来的各种成本。这种情况在很多组织中已经存在了很多年，而且它们还将这些成本纳入组织内部可接受的成本标准内。因此，大多数组织仍然有提高产品或服务质量的机会。

一些组织已经尝试了量化总质量成本。最终研究表明，质量成本可能会占据产成品总成本的 30%～40%。因此，作为一个重大的挑战，组织有很大的动力来解决质量问题。例如，柯达公司的供应商质量流程要求供应商提供的产品或服务在质量、可靠性、成本以及交付上达到或超越世界级标准。供应商质量流程中的一个要素是质量成本模型，通过考虑每百万单位不良零件数（DPPM）、交付、提前期、纠正行为的管理成本，以及潜在的市场下跌形势，来量化供应商质量绩效（以美元为单位）。该模型可以在电子拍卖中用于评价供应商，也可以用于采购活动中。⊖

⊖　www.kodak.com/ek/uploadedFiles/Content/About_Kodak/Our_Company/Doing_Business_with_Kodak/Purchasing/SupplierQualityProcess.pdf, February 2014.

7.4 质量管理的工具和技术

如何保证质量,对一个组织扮演的三个角色(即客户、中间商、供应商)来说都非常重要。本节讨论为确保质量而采用的工具与技术,包括精益思想、全面质量管理(TQM)、持续改善、质量功能配置(QFD)、六西格玛、统计过程控制(SPC)、抽样、检验与测试,以及供应商认证。

7.4.1 精益思想

精益思想是一种管理理念,专注于顾客价值最大化,同时最大限度地减少浪费。一般的浪费形式体现为生产过剩、等待、交通、非增值流程、库存、搬运与质量成本(报废、返工、检验)。在20世纪80年代后期,精益思想首次用来描述丰田公司的生产体系,也被称为准时生产制。如今,精益原则和行为应用于各个行业,包括医疗保健单位和政府部门。

我们的目标是通过价值流,即在内部经过技术、资产、部门到达客户的价值流,以及在外部与供应链合作伙伴之间的价值流,来优化产品和服务流。下游环节的需求拉动产品或服务流。价值流是以正确的方式并在合适的时间执行的,可以为客户创造价值的一系列步骤。价值流的每一环节对客户而言都必须是有价值、有能力、可用、充足且灵活的。一个环节有能力,指的是每一次都能够得到完全相同的结果;可用指的是在任何需要的时候都可以运行;充足指的是在需要的时候有足够的生产能力来运行;灵活指的是在不会造成效率低下的情况下快速响应不断变化的客户需要。

建立精益供应网络,需要采用先进的建模工具。该建模工具需要考虑到所有的成本,并为包括配送中心、工厂、合同制造商、供应源与物流通道等在内的整个网络,提供优化策略。需求的多变性通常使供应网络内产生浪费。因此,精益企业则使用如IT解决方案等工具,这些工具可以很容易地解决复杂的优化问题,方便使用与布局,实时响应信息变化,并能够在全球范围内整合与调整内部和外部的供应链合作伙伴。

本田公司采取的策略是,生产过程尽可能地靠近客户端,以最小化交货时间与库存,并将产品或服务的设计阶段与生产过程密切结合,在最小化响应时间的同时最大化信息流。为取得规模经济,精益企业本田公司,一方面为世界每个区域设计并制造大批量产品,另一方面生产跨区域利基产品。

7.4.2 全面质量管理

全面质量管理是一种管理理念与体系,注重通过获得客户满意度来取得长期的成功。在戴明于1950年向日本的科学家和工程师联合会(JUSE)传授了统计质量控制方法之后,全面质量管理在日本得以发展。20世纪80年代,全面质量控制(TQC)被重新引入美国,并促使了美国的工业振兴。国际上通常称之为全面质量管理,即TQM。

在TQM中,组织的所有成员都需要努力参与到流程、产品、服务,以及工作文化的改善中。高层管理人员开发总质量愿景,并为实现这一愿景提供相关承诺与支持,包括进度审查等。客户可以是供应链内部或外部客户,以及供应链中从上一步骤接收材料的任何人。TQM的实施方法来自质量管理领导者的教学资料,这些人包括菲利普·克劳斯比（Philip B.Crosby）、爱德华·戴明（W.Edwards Deming）、阿曼德·费根鲍姆（Armand V.Feigenbaum）、石川馨（Kaoru Ishikawa）与约瑟夫·朱兰（Joseph M.Juran）。

戴明的十四项原则

实施全面质量管理的核心概念是戴明的十四项原则，即一组帮助企业提高产品质量与生产率的管理措施，具体如下所述。○

（1）制定改善产品和服务的长期目标。

（2）采用新观念：必须绝对不容忍粗劣的原料、不良的操作、有瑕疵的产品和松散的服务。

（3）终止依靠大批量的检验来确保质量的做法。

（4）终止仅以价格作为供应商获取订单的因素的做法；相反，需要通过与单一供应商合作来降低总成本。

（5）持续且永无止境地改进规划、生产与服务的每个流程。

（6）建立现代的岗位培训方法。

（7）建立现代的督导方法。

（8）驱散恐惧心理。

（9）打破部门间的壁垒。

（10）取消面向一般员工的口号标语和数字目标。

（11）取消定额或者指标。

（12）消除妨碍基层员工畅顺工作的因素，消除年度绩效考核体系。

（13）开展强有力的教育和自我提升活动。

（14）实现转变是每一个员工的义务。

由此可以看出全面质量管理的四个重要特征。

（1）质量必须整合在整个组织的全部活动中。

（2）全员必须承诺持续改进质量。

（3）以客户满意为目标，以及为提高客户满意度而实施的系统化且持续的研究流程是全面质量管理体系的驱动力。

（4）供应商参与全面质量管理。

全面质量管理强调质量是组织的整合力。在全面质量管理下，生产过程中的各个阶段都必须与根据终端用户需求制定的产品规格一致。对采购商与供应商的所有业务流程进行控制，最小化异常变化，以减少检测时间与费用。进一步降低废品率与再加工成本，提高了生产效率，降低了总成本。全面质量管理不只是一种理念。它还涉及使用持续改善、质量功能配置与统计过程控制等几种工具来改善产品的性能。

以下部分描述了如何使用质量管理技术，以及它们如何应用于供应职能。

7.4.3　持续改进

持续改进，日文的发音为 kaizen，是指通过一系列微小的、渐进的步骤，不懈地追求产品与工艺的改进。它是准时制生产与全面质量管理的一个组成部分。持续改进应该遵

○ www.asq.org/learn-about-quality/total-quality-management/overview/overview.html.

循一个明确定义且结构化的方法,并包括解决问题的工具,如帕累托分析、直方图、散点图、检查表、鱼骨图、控制图、趋势图和工艺流程图。

计划—执行—检查—行动周期,有时也被称为戴明环,为持续改善活动提供了一个很好的模式。

- 计划:收集数据并设定绩效目标。
- 执行:制定实施对策并实施。
- 检查:测量和评估结果。
- 行动:标准化,并将改善的经验应用于该组织的其他部分。

例如,在费城的托马斯医院,由于存在各种延迟与瓶颈环节,做手术的病人从入院前检查到麻醉恢复室的流动效率非常低。通过组建持续改善团队并执行相关活动,识别并消除根本原因,该医院取得了显著的功效。⊖

本田的采购政策是"最好的质量、成本、交货期、配置和环境(QCDDE):全球感知、全球行动、全球制造"。我们的目标是帮助实现该公司的2020年展望,提供"快速交付,买得起且二氧化碳排放量低,可以最大化客户喜悦度的好产品"。⊜

7.4.4 质量功能配置

质量功能配置(QFD)是全面质量管理的一个重要方面,是一个在整个配置与业务流程(端到端)中以满足客户需求为目的的全面质量体系。质量功能配置是一种倾听客户需求,并以更低的成本在更短的时间内开发更高品质的新产品来有效响应客户需求的方法。QFD可同时用于各业务部门中的有形产品的生产与无形服务的提供。⊜包括埃森哲公司、波音公司、欧洲大陆康复医院、福特和美国国防部在内的许多机构已成功地使用了QFD。现代的QFD致力于当前精益经营环境中的四个S:速度(speed)、智能(smart)、精简(slim)和可持续性(sustainable)。

QFD是一个全面的质量体系。

- 探寻表达出来以及没有表达出来的客户需求。
- 最大化可以创造价值的"正面的"质量(如易用性、趣味性、豪华型)。
- 通过使用透明的分析与优先级方法,将这些付诸行动与设计中。
- 使组织提供的产品或服务超过正常的预期质量水平。
- 为客户提供意想不到的产品或服务,产生价值。

QFD以团队合作与客户参与为基础,整合了从构想阶段到最终交付的新产品开发的所有环节,包括营销、设计、工程配置、制造、生产与供应。QFD通过协调与整合,而不是传统的顺序配置方式,在产品开发阶段充分交流最终客户的需求与想法,并推动产品设计与生产。这样在产品开发前期花费了更多的时间,但准确地定义客户的需求和想法,在之后的流程阶段中可以减少设计的更改,则整个产品设计周期时间将变短。

⊖ http://rube.asq.org/2013/10/lean/operating-room-patient-flow.pdf?WT.ac=CAR-35766.
⊜ http://world.honda.com/CSR/report/pdf/2013/report_2013.pdf, 9. 81.
⊜ QFD Insitute, www.qfdi.org/what_is_qfd/what_is_qfd.htm.

QFD 流程中四个集成的阶段是：
（1）产品或服务规划，以确定设计要求。
（2）零部件配置，以确定制成品中的零部件特征。
（3）工艺规划，以确定制造需求或服务工艺元素。
（4）生产或行动计划，确定生产需求或服务行动计划。

买方和供应商共同参与组织的生产流程，可以使组织受益，具体如下：
（1）减少或消除在产品或服务开发过程中工程或服务设计的更改。
（2）缩短产品开发周期。
（3）缩短启动周期。
（4）最小化产品或服务使用期内，产品或服务的故障、维修或服务重置的成本。
（5）在生产或服务交付过程中，创建产品或服务的一致性和可靠性。

从供应管理的角度来看，发挥良好作用的买方－供应商关系，是买家和供应经理能够组织的 TQM 和 QFD 工作做出的重要贡献。供应管理合理化（确定满足业务需求的供应商数量），并与主要供应商通过合作安排或战略联盟形成密切的关系，与质量管理密切（见第 13 章）。供应绩效评价与组织战略相匹配，对 TQM 和 QFD 的成功来说也很重要。例如，如果供应工作绩效通过原材料价格下降与经营效率提高，而非供应商关系的质量来衡量，那么买方在购买时可能只考虑价格。这将削弱公司的质量管理效果。整个公司内部各职能与流程的一体化，以及与关键供应商的集成，是提高公司全球竞争力的关键因素。

7.4.5　六西格玛

六西格玛方法着重于使用数据预防缺陷的发生来减少产品或服务的变异与浪费。六西格玛质量管理方法由美国通用电气公司与摩托罗拉公司开发，已被许多组织所采用。六西格玛质量管理意味着是每百万个产品中不能有超过 3.4 个缺陷品。从技术上讲，六西格玛或六个标准差，非常接近于"零缺陷"和对应的 Cpk 值（在本章后面讨论）为 2.0。六西格玛设有可衡量的目标，如通过改善周期时间、交付、安全等所带来的成本降低量或利润增加量。

六西格玛方法也适用于服务流程管理。第一，将服务流程分类为高度定制、大规模定制或者标准化。任何类别中都存在质量改进的机会，标准化服务中质量改进的机会最大，如信用卡账户服务、快餐食品、福利处理，与工资支付或应付账款管理。第二，定义服务缺陷是服务流程中的缺点，导致客户满意度较低或者失去客户。失去客户的数量、客户满意度和服务的周转时间是容易量化的度量指标。识别出服务缺陷后，进行根本原因分析，然后制订并实施改进行动计划。

Kubiak 和 Benbow 为美国质量协会（ASQ）编写六西格玛管理手册。其中六西格玛从以下几个方面定义。

（1）六西格玛是一种观念，认为所有工作都是可以定义、测量、分析、改进和控制的流程。流程需要输入投入 x 元素，并输出产出 y。通过控制流程的投入，可以控制流程输出。

（2）六西格玛是一套工具，包括统计过程控制、控制图、故障模型、效果分析与流程图。这些都是推动流程改进的定性与定量方法。

（3）六西格玛是一种包含五个步骤的方法体系：定义、测量、分析、改进与控制（DMAIC）。这是最为广泛采用且被认可的六西格玛方法体系。⊖

六西格玛项目的共同要素是：

- 具有支持六西格玛项目作为业务战略的管理环境。由组织指定的高管及拥护者，设定项目选择与配置的方向，提供六西格玛项目支持。
- 六西格玛项目对收益具有影响。
- 六西格玛项目团队成员具有统计培训级别。级别包括黑带、大黑带、绿带、黄带与白带。每个级别都有特定的角色与项目责任。
- 强调 DMAIC 方法。

7.4.6　统计过程控制

戴明博士是美国的知名质量控制专家，于 20 世纪 50 年代协助日本制造商创立了统计质量控制（SQC）的原始思想。戴明博士倾向于用统计方式来表现大多数过程，并表明，在实行质量控制之前，有必要了解在没有干扰的情况下过程是怎样的。使用 SQC 技术管理质量，包括抽样过程，以及使用的数据和通过统计分析建立的性能标准并监测进程。统计过程控制（SPC）是一种技术，通过对一个流程输出结果的随机抽样检测，查明流程中是否有非随机的、不可忽视的变化发生。几乎一项生产或某类转化过程的所有输出结果都表明，过程控制是控制产品质量的首要方法。

质量保证的第一步就是确保供应商的工艺能力，以及买方可接受的质量水平范围。如果供应商的工艺范围超过买方的质量需求范围，那么买方需要与供应商协商，使其通过工艺改进，如操作人员培训或机器改善，缩小工艺差距。对供应商来说，如果经济上不可行，或出于某种原因供应商不能或不愿做出改进，那么买方可以寻找另一个供应商，而不再为当前供应商供应的产品支付检验、返工和报废的额外成本。

从买方的角度来看，通过统计过程控制来保证质量的基本步骤如下所述。

（1）买方根据客户需求建立产品质量规格。

（2）供应商确定工艺能力：

1）识别产生偏差的常见原因与随机原因。

2）识别产生偏差的特殊原因与非随机原因。

3）消除特殊原因。

（3）将买方的质量要求与供应商的工艺能力进行比较。

（4）做出必要的调整：

1）与供应商谈判进行工艺改进。

2）寻求可替代的供应。

1. 偏差产生的原因

由于没有任何一项工艺过程在每次活动执行之后都可以得到完全相同的结果，因此确定发生了什么样的偏差以及尽可能地消除偏差是很重要的。过程能力研究可以识别两种

⊖ Thomas M. Kubiak and D. W. Bembpw. *The Certified Six Sigma Black Belt Handbook, 2nd ed.* (ASQ Quality Press, 2009, pp. 1-2).

类型的偏差：①常见原因或随机原因；②特殊原因与非随机原因偏差。

偏差产生的常见原因与随机原因。这些原因是过程中固有的，若不对过程进行改进，则会一直存在。这些原因的产生可能与机器、人员、材料、方法、环境或测量有关。例如，机器润滑、刀具磨损，或操作员技术是导致产出不稳定的常见原因。如果这些常见的原因产生了太多缺陷，则必须对过程进行改进。

偏差产生的特殊原因与非随机原因。这些原因属于过程外部的原因，是一些非随机的问题产生的，如机器故障、材料变化，或人为失误。这些原因必须被查明并消除掉，否则过程的输出结果将不在可接受的质量范围之内。统计过程控制程序的重点是识别并消除偏差产生的特殊原因与非随机原因。

2. 过程能力

当一个过程中仅存在偏差产生的常见原因与随机原因，而不存在特殊原因与非随机原因时，该过程是有能力的。该过程能够稳定地满足规格需求，则称该过程在控制内或是稳定和可预测的。如果一个过程是有能力的，那么该过程满足客户需求规格的概率是可以预测的。该过程的产出偏差为需求规格范围内一组标准偏差的平均。

在确定一个过程是否稳定时，供应商必须确定该过程的本质能力是什么，该能力的上下限能够满足采购方的需求规格。当一个过程在"控制"中时，供应商可以预测该过程输出结果平均值的未来分布。一个过程是有能力的，并在"控制"中，则必须消除所有输出结果中产生偏差的特殊原因，且必须使常见原因产生的偏差减少到由采购方指定的可接受的质量范围内。

设计工程师根据特定的设计功能，建立产出规格的上下限。

规格上限（USL）。USL 是指流程产出的最大可接受水平。

规格下限（LSL）。LSL 是指流程产出的最小可接受水平。

USL 与 LSL 与具体的产品规格有关，独立于任何过程。产品的物理特征与预期设计之间允许的差别范围被称为公差。例如，工程设计中一个拉杆的直径规格为 2 英寸[⊖]，公差为 ±0.005 英寸，则 LSL 是 1.995 英寸，USL 是 2.005 英寸。任何直径在这个范围内的拉杆都属于公差范围内，都是可以接受的。

过程能力指数（Cp）。该指数将过程规格分布与公差结合起来，表示该过程的偏差是否可以接受。Cp 值越高，表示该过程生产的零部件与需求规格一致的能力越强。该指数假定过程的产出质量水平在 USL 与 LSL 之间，过程能力为 6σ，表示受控过程 99.7% 的产出属于正常产出。

Cp 小于 1.0，通常认为该过程是没有能力的；Cp 大于 1.0，表示该过程有能力使得生产的零部件中的 99.7% 在公差范围内。Cp 的计算公式如下：

$$Cp = \frac{USL - LSL}{6\sigma}$$

例如，如果公差为 2.000 英寸 ±0.000 5 英寸，过程的标准偏差（σ）为 0.001 6 英寸。

$$Cp = \frac{2.005 - 1.995}{6 \times 0.001\ 6} = 1.04$$

⊖ 1 英寸 = 0.025 4 米。

1.33 已经成为一个标准的过程能力值，即 Cp=1.33。采购人员可以指定过程能力的期望值。有些组织要求更高的 Cp 值，即 2.0。值越高，意味着缺陷越少，质量越高。

Cpk 指数。该指数调整 Cp 值非中心分布的影响。Cpk 的定义为以下两个公式中较小的值：

$$\frac{公差上限 - \overline{X}}{过程能力分布} \quad 或者 \quad \frac{\overline{X} - 公差下限}{过程能力分布}$$

$\overline{X}$ 是过程能力均值，过程能力范围为产出值的 3 个标准差，即 3σ，或者为过程能力平均值一侧的范围。如果过程中 Cpk 值

（1）小于 1.0——不能接受，因为过程分布的一部分超出了需求规格。
（2）在 1 与 1.33 之间——勉强接受，因为过程分布勉强在需求规格之内。
（3）大于 1.33——可以接受，因为过程分布在需求规格之内。

3. 过程控制

过程控制是全面质量管理的一个关键方面，是一种为防止缺陷而对过程监测的方法。该方法同时测量了中心值与中心偏差。质量控制图是过程控制的主要工具。

质量控制图。在使用重复操作的过程中，质量控制图是非常宝贵的。过程输出的质量可以通过跟踪平均值与离散度来衡量。X-bar 图用来描述总体平均值，R 图用来绘制离散度。

上下控制界限。可以设置上控制界限（UCL）与下控制界限（LCL），只有当流程或机器运行超出正常期望运作范围之外时，操作员才需要进行操作。UCL 表示从一个变量的平均值上移 3σ。LCL 表示一个类似的平均值下移。对于一个服从正态分布的过程输出，有 99.7% 输出在 UCL 和 LCL 之间。只要输出范围在既定的界限之内，该过程就是稳定的。

图 7-5 描述了一家钢铁厂中"徘徊"类型的产出质量控制图。轧制操作控制钢板的厚度。每一个小时操作人员收集一次钢板的厚度数据，并在图中输入过程中抽取样品厚度的平均值。R 图是每个样本厚度的范围图。如果平均值或范围超出可接受界限，则停止这个过程。然后判断产生的原因，以便做出更正。

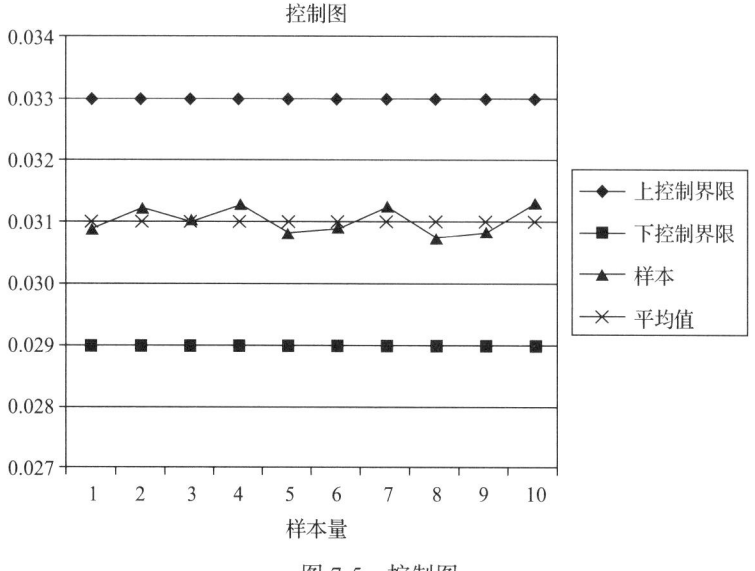

图 7-5 控制图

控制图采用了随机抽样技术（在下一节讨论），它非常适合于大多数产出量巨大且没有必要对所生产的每一个产品进行检查的制造操作与服务运营，例如冲压钢件或保险公司申请单的处理。

7.4.7 取样、检验与测试

如本章先前所讨论的，每个组织都是一个客户、一个中间商或一个供应商。因此，每一个组织有三次机会来体验低劣的质量：作为一个供应商，其产品或服务不能满足客户的质量需求；作为一个中间商，其过程无法生产出客户要求的质量规格；作为一个客户，收到的产品或服务未能满足其质量规格。

修正低质量的产品和服务带来的高成本，推动了对制造质量的关注，而不是在生产或者交付后对产品或服务进行检查。"第一次就做好"是本章中讨论的质量管理计划的主要目标。管理质量成本也是质量管理过程的一个重要方面。取样、测试与检测的决策，增加了质量管理过程的成本，这种成本最终将转移到产品或服务中。这些决策属于成本效益决策，其中目标是平衡取样、检验与测试成本与接收大量具有缺陷的产品或者拒绝接收产品的风险。降低风险，就需要更大的样本量，这将导致更高的成本。

取样、检验和测试是质量管理工具，可用于采购过程中三个不同的阶段。

（1）**在对供应商做出购买承诺之前**。在做出购买承诺之前，对样品进行检测是必要的，看看这些样品是否满足预期目的。同样，可以做比较测试，来确定几家不同的供应商中哪一家提供的产品更好。此外，在供应商评价过程中可参考历史质量控制数据，以确定相对于采购方的质量需求规格而言，供应商的质量能力如何。

（2）**采购承诺期间**。进行抽样或检验，以确保加工过程是受控的，并最小化缺陷发生的概率。

（3）**采购承诺之后**。对产品进行检查，确保交付的产品符合原始描述的需求。

基本上，对于有形产品有两种主要的质量检查类型：一种是抽样检查，另一种是100%检查。

1. 抽样

一个样本是从一个较大的群体或总体中选择的小数量的产品，目标是确保所抽取的样本对所有样本具有代表性。抽取样本的测试或检查结果，用以判断是接受或拒绝整个批次或批量的产品。如何抽取样本，将随产品与工艺的不同而不同。随机抽样是一种常用的技术。

随机抽样。随机抽样是指在全部产品中，每一个样品被抽取的机会都相同的一种抽样方法。是否采用随机抽样方法，取决于需要检测产品的特性。如果收到的产品可以完全混合在一起，那么从总体混合产品中任何部分选择的样本都是一个有效的随机样本。例如，如果1 000个具有完全相同特征的球彻底混合在一起，随机抽取50个球进行检查，发现5个球是有缺陷的，那么很可能这批货物中的10%是有缺陷的。

如果产品的某些特性，使它们很难或不可能完全混合在一起，那么将连续的数字分配给每个产品，对于某项具体的检测，可以采用具有随机数据的表格或者计算机程序来抽取样品。随机抽样的一般规则是：采用一种每个产品都具有平等检测机会的抽样方法。

顺序抽样。在制定接受-拒绝决策时，顺序抽样可在不损失精度的前提下减少检查的产品数量。这种方法基于信息的累积效应。每检查一个产品,将该产品加入到样本中,并增加该产品的检测结果信息。每个产品检查后,有三个可能的决策结果:接受、拒绝,或者抽取另一个样品。沃尔德(A. Wald)是开发序贯抽样方法的先驱。他估计说,采用他的计划,相比采用单次抽样计划,平均样本量可以减少到一半。

在一个简单形式的顺序抽样中,抽取产品批量中的 10% 进行检测,如果样本是可以接受的,那么整个产品批量都可以接受。如果样品是不可接受的,且不能做出拒绝的决策,则需要抽取另外的 10% 进行检测。这些方法降低了质量成本。

2. 100% 检验

通常认为 100% 检验是最理想的检查方法,但这是不切实际的。经验表明,采用 100% 检验,将可接受的产品从拒绝的产品中分离开来或正确地测量偏差,很少取得完全令人满意结果。其实为完成这一目标,可能需要进行 200% 或 300% 甚至更多的检验。

根据错误的严重程度,丢弃一个完美零部件,可能比通过一个有缺陷的零部件更容易让人接受。在某些应用中,采用这种极端方法可能会极大地增加零部件成本。例如,在某些高新技术应用,每个零件具有其专属的独立测试体系时。因此,一个商业应用程序中的一个零部件原本只有 0.75 美元的成本,对其进行检验可能最终要花费 50 美元或更多,而零部件的功能并没有发生变化。

"傻瓜工具"的开发,是日本工程师新乡重夫(Shigeo Shingo)的众多贡献之一,也被称为波卡纠偏(Poka Yoke)。它是为确保零缺陷而设计的,可以实现廉价、快速 100% 检验的简单防错工具。一个简单的例子就是三芯电源接口只能插在正确的插口上。

3. 测试

在制定购买承诺之前对产品进行测试是必要的。给定的产品原始选择,可能基于一个特定的测试或初步试验。

当供应商提供样品进行测试时,买方遵循的一般规则是只接受具有能够使用的合理概率的样品。由于采购方一直在寻找比当前使用的产品质量更为优越的产品,因此相比于拒绝,采购方更倾向于接受这些样品。然而因种种原因,他们必须谨慎行动。样品花费了卖方的一些成本,而买方不期望对部分销售人员持有错误的希望。有时候,买方缺乏足够的设备对产品进行测试,或测试成本对买方来说太高。面对这些情况,一些组织坚持测试所有的样本并支付相关费用,部分原因是他们相信通过这种常用的方式购买产品可以获得一个更具代表性的样本;另一部分原因在于,买家认为对产品进行测试不太可能是供应商的义务。有些组织只有当产品价值本身相当大的时候才为样本支付测试费用,一些组织遵循谁发起样品测试谁来支付测试成本的规则;有的只支付结果令人满意的样品测试的费用。但是一般来说,对卖家而言,如果卖家实在想拿到这笔生意,并对他们的产品有信心,则卖方将愿意承担提供免费样品的费用。

应用测试与实验室测试。测试类型各不相同,取决于买方对特定测试类型价值的态度、产品的类型、产品的相对重要性以及买方测试设备等因素。

在有些情况下,仅仅采用应用测试可能就足够了,例如油漆和地板蜡。应用测试的一个优点是,为其预先设计的特定产品目标并在将该产品要使用的特定条件下对产品进行测试。然而,这也存在风险,测试失败的代价可能是很高的,或者存在性能中断的风险。

在有些情况下，仅仅进行实验室测试可能就足够了。这种测试可以在商业测试实验室里进行，或使用组织者自有的质量控制设备。对于零售商来说，可以在一个或多个商店中对产品进行测试，用来确定消费者的需求是否足以使零售商销售该商品。

商业测试实验室与服务。所需要的检验类型可能太复杂或成本太高，买方或卖方自己不能圆满完成所需要的检验。这时可能会使用商业测试实验室提供的服务，特别是对于新的工艺、材料，或者在协助设置产品规格时。此外，由中立的测试组织进行检验，会提高测试结果的可信度。例如，空气、水和土壤样品经常被发送到商业实验室测试是否符合环保局标准。

此外，一些商业测试实验室具备一些常用产品的标准测试报告。这些报告是消费者报告的商业等价物，可以提供有价值的帮助。

处理样品的实际程序不需要在这里赘述。重要的是对每个所接收的样本，要制作并保持完整的记录。这些记录应该描述测试的类型、测试的条件、测试结果，以及和卖方对该产品所提出的任何陈述。与供应商的代表讨论测试的结果是一种合理的做法，这便于他们知道样品已得到了公平的评价。

4. 验收

理想的情况是，买卖双方在质量保证工作方面联合付出努力，通过供应商生成的可靠记录显示，产品卓越的质量性能得以保证，产品没有必要接受检验。然而，并不是所有的组织都达到了这个令人羡慕的目标。检验类型、检验频率以及检验的彻底性随着情况的不同而不同。在最后的分析中，这是一个比较成本的问题。要花多少钱，才能确保产品符合需求规格呢？

收货时对产品进行检验的目的，是向买方保证供应商交付的产品符合买方所提供的需求描述。收货检验最初用于新供应商提供的产品或服务。如果质量比较稳定地满足需求规格，则会降低检查级别。不幸的是，即便是成熟的供应商，生产或服务交付的方法和技术也会不断变化。操作人员或服务提供人员变得粗心大意，产生差错，有时候卖方试图降低生产成本以至于产品质量受损。尽管有时候质量问题产生的原因和补救措施已经确定了，但健全的供应策略可能会增加检验次数。虽然质量管理的目标是通过制造质量来消除检查的需求，但在某些情况下需要对产品进行检验。

在制定规范的过程中，作为对买方和卖方的保护，理想的情况是把检验与测试的程序包括进来。供应商不能以不知道产品需要接受的检验类型，或者检验太过严格为借口，拒绝接收没有通过检验的货物。供应商和采购商需要同时制定取样程序和测试方法。这样无论供应商和买方哪一方进行测试，都可以取得相同的测试结果。但在某些情况下，采购商可能在质量控制上更严格，在其他情况下，供应商可能更严格。双方在产品检验问题上共同合作则是明智的选择。

5. 调整与返回

供应部门，由应用部门、检验部门或法律部门协助，负责及时调整与返回不符合规格的产品。必须确保任何与规格不一致的产品、材料或设备的安全，以避免在研讨如何处理期间，发生疏忽处理、偷盗或产生其他额外损害的可能性。一些组织由材料审查委员会来决定如何处理具体不符合规格需求的材料。

对于不符合规格的材料，能够或应该如何处置的实际决策，既是一个工程设计问题也是一个采购问题。可以拒绝接收不符合规格的材料，返回供应商，由供应商承担相应费用，或者保留材料，等待处理指令。在任意情况下，采购商必须告知供应商，该材料是替换为符合规格的材料，还是考虑其他替代品。通常，一种材料可以有其他的用途或代替其他级别的材料。一种选择是将材料返工，从材料的采购价格中扣除额外的处理成本。此外，供应商还可以派遣一个技术代表到买方组织，提供满意的技术服务，特别对于新设备或新材料。

材料被拒收时的成本可以分为三大类：①运输成本；②测试成本；③或有成本。买方和卖方必须决定如何分配这些成本。成本的分配部分受到所拒收材料的种类、贸易海关、基本经济情况、买方的成本会计程序，以及每个组织实力地位的影响。在通常情况下，到达拒收点与离开拒收点的运输成本均由供应商承担。检验或测试成本通常由买方承担，被认为是采购成本的一部分。

合同或贸易海关通常假定供应商不负责或有费用。然而，在买方看来，这是也许最大的风险和最昂贵的成本。买入质量不合适的材料可能会严重中断生产；拒绝这些产品可能会导致供应短缺进而产生客户惩罚值，延迟或中断实际生产，额外的搬运费用和其他费用。对于信任的材料，后来发现不可用，将增加劳工时间与设备使用时间。但是，一般来说，将或有成本分配给供应商是不可行的。但是，一些买家在材料发现具有缺陷之前，坚持与供应商达成协议，由供应商承担增加的劳动力、设备或其他成本。

买方与供应商形成合作伙伴关系，或者实施联合质量计划，可以大幅度降低材料或服务具有缺陷的可能性。通常采取高度专业与高效的方式来解决缺陷或延迟交付带来的难点问题，从而避免恶劣的责备、逃避与诉讼威胁。

7.4.8 质量保证和质量控制小组

质量保证和质量控制部门的职能或主要责任是建立并维护有效的控制方法，以监测过程、设备与相关支持工作，帮助供应商及供应商的供应商设计、实施、监控持续的质量改进计划。此外，他们的职责还包括检验买入的材料或监测内部生产的技术任务。该组织还在供应商认证，启动材料研究和检验供应商提供的样品中发挥着关键作用。他们必须经常检查输入产品、输出产品或者成品相关的索赔请求与错误。他们可对打回到仓库的材料进行检查，以确定补发的适当性。同样，小组需要检查回收的材料并对其处置方法提出建议。

质量保证职能小组的结构与位置构成管理相关的问题。在大多数情况下，检验工作由一个单独的部门完成，他们的工作可以分成三个主要部分：进料检验、在生产过程中的材料的检验（半成品的检验）和成品的检验。这项工作被分配到一个单独的部门，部分原因在于，当半成品检验人员与成品检验人员向执行主管汇报工作时，可能存在为了掩盖生产中的缺陷而放松检验标准的情况。在一些组织中，供应质量保证职能部门向供应经理汇报工作。

有很多可用的质量控制软件程序。这些软件程序解决了大规模计算与图表的单调乏味，并提供一系列的标准应用程序。例如，选择抽样方案，计算样本数据并绘制直方图，随机选择零部件，绘制操作特征曲线，并确定置信区间。

7.4.9 保证采购服务的质量

如第 6 章 "需求识别与说明"所述,服务存在于高度有形产品生产到高度无形服务提供的连续范围内,服务的无形性说明服务是无法库存的。服务的这两个方面造成了特殊的质量检测困难。

Parasuraman、Zeithaml 与 Berry 将服务质量定义为"客户对服务的期望与感知的服务性能之间的差异"。他们定义"期望服务"代表客户认为"可以""应该"提供的服务水平,并认为"适当的服务"表示消费者愿意接受的最低服务水平。

2013 年的《ASQ 全球质量的研究:分析、趋势和机会》这一研究报告表明,制造型组织的数量几乎是服务型组织的两倍,通过推进具有挑战性的目标作为可变绩效薪酬的一部分,用质量度量来驱动更高的性能,并支持预测分析。[⊖]

在高度有形服务中,如建筑施工,需要调整质量控制方法,以适应有形服务的质量度量,类似于标准的质量保证和控制方法。然而,实际的服务提供者(人们)能够稳定地提供达到理想水平服务的各方面能力,对性能评估过程是至关重要的。这意味着也必须对无形服务的质量进行评估。无形服务如"供应商单位的人员对待买方的员工足够礼貌吗",可以通过一项调查或收到投诉的数量来衡量。但重要的是要认识到,往好里说,任何标准都不是精确的。

因为很多服务的性质决定了服务不能够存储,服务的交付往往是瞬时的。换句话说,必须在服务交付的过程中或之后,对服务进行质量控制。即便在服务交付的同时对质量实施控制,也很难中断交付过程。因此,与商品的采购相比,服务的质量风险可能相对较高。一旦服务的质量出现问题,退回服务并获得全额退款就是不可能的。

服务的售后评估是有效服务采购的一个重要组成部分。用于采购服务的需求规格清单,也适用于服务的售后评估。

1. 非正式的服务质量评估

在一些情况下,对服务进行非正式的评估就足够了。例如,在咨询服务业中,非正式评估可能包括如下两个问题。

(1)你的问题得到满意的解决了吗?

(2)将来你遇到另外的问题,你会再次雇用这个顾问吗?

服务质量、及时性、成本是否与预期一致之类的问题,以及对咨询人员的职业水准和服务定位的反馈,也是合适的服务评估问题。

通过以下方式可以规避服务质量风险:认证服务提供商,与过去提供满意服务的供应商合作,避免与过去没有做好工作的供应商再次合作,仔细检查供应商之前为其他有类似需求用户提供服务的表现,以及服务交付之前在供应商和客户交流过程中合理使用措辞以确保在服务需求和期望上达成共识。

2. 正式的服务质量评估

在由 Parasuraman、Zeithaml 和 Berry 开发的一项正式的服务质量评估过程中,服务

⊖ ASQ, *Global State of Quality Research: Analysis, Trends, and Opportunities 2013*, p. 5, http://rube.asq.org/2013/04/global-quality/the-asq-global-state-of-quality-discoveries-2013.pdf.

具有五个质量维度。

- 可靠性：能够可靠、准确地提供所承诺服务的能力。
- 响应性：帮助客户并提供快捷服务的意愿。
- 保证：员工有知识、懂礼貌，且员工能力能够激发客户的信任与信心。
- 共情：为客户提供体贴、个性化的关心。
- 有形性：物理设施、设备、人员的外貌。[⊖]

在调查过程中度量每个服务维度方面的服务期望与实际感知服务之间的差距。在精练的服务质量评价模型（SERVQUAL）中，为加强评估的有效性，作者增加了三个问题：①你遇到过这个公司最近的服务问题吗？②如果有的话，公司的处理方式让你满意吗？③你会给朋友推荐这个服务公司吗？[⊖]

最终，有效服务采购的目标是获得最优价值。在这个意义上，服务采购和商品采购之间没有区别。在服务中"最优采购"表示在质量、数量、交付、价格/成本以及其他相关因素之间适当的平衡。在采购服务质量的评估中，可考虑以下特点：价值、可重复性、有形性、方向、生产、需求性质、交付性质、顾客化程度，以及生产服务所需的技能。接下来对每一个特征进行逐一讨论。

3. 服务的价值

服务可以大致分为高价值服务、中价值服务或低价值服务。在典型的ABC分类法/帕累托分析或投资组合分析中，同时注重服务采购的价值与风险，通常将服务分为以上三类。ABC分类法重点关注高支出服务的质量。投资组合分析则更加关注对组织有较大潜在影响的服务质量。例如，从建筑中不合理地清除石棉可能会使整个建筑无法使用。咨询顾问协助组织建立长期的战略规划可能对组织产生非常重要且长期的影响。质量保证和质量控制方面的工作可根据以上分类来组织。

4. 重复性程度

对于重复服务的采购，可以开发一个标准的质量评估工具，定期收集质量信息。对于独特的服务质量需求，因为需要在服务交付的同时对质量进行评估，因此对其质量进行评估可能更困难。电子采购工具用于容易标准化且风险低的服务的采购，也可以用来从用户那里收集反馈的质量。

5. 有形度

根据定义，每个服务往往有一个无形性的维度，例如酒店业的宴饮交际维度。即便如此，一些服务相对其他服务，更具有有形性。例如，建筑师制作一幅可以被其他人检验的画或设计图，并最终将形成一幅实体结构图。尽管为了确保质量，可以对设计的实体结构图具有的特征进行检验，但不同的人对设计图的美学特征有不同的反应，因此设计图的

⊖ A. Parasuraman, V. A. Zeithaml, and L. L. Berry, "A Conceptual Model of Service Quality and Its Implications for the Future," *Journal of Marketing*, Fall 1985, pp. 41-50; and "SERVQUAL: A Multiple-Item Scale for Measuring Consumer Perceptions of Service Quality," *Journal of Retailing*, Spring 1988, pp. 12-40. These two references likely were the first presentations of this approach.

⊖ Parasuraman, et al., "Refinement and Reassessment of the Scale," *Journal of Retailing*, Winter 1991, pp. 433.

美学特征更加难以评估。

另外,对于一个新的营销策略,咨询顾问的建议几乎完全是无形的。对于服务,在任何服务合同中,都很难建立服务质量标准。对于没有附随产品的服务,服务人员的资质或设备的合格证书,可作为质量指标。例如,在质量评估中,可以事先指定并度量组织中在特定学科接受过适当培训的人员数量以及各种设备的能力。不幸的是,服务业的许多部门都受到过高人员流失率的困扰,增加或失去几个关键的人员,则提供的服务质量会产生明显差异。

在无形服务的质量评估中,可以使用不同用户或专家对于服务满意或不满的表达。例如,收到多少有关楼宇清洁问题的投诉?或有多少专家认为该软件程序是可以接受的?应当认识到,专家或评价者的选择问题是一个统计的质量问题。有些人可能比其他人更急于表达自己的意见,且他们的观点可能不能代表整个群体。仅依靠投诉进行质量评估可能会产生有偏差的结果。

6. 服务的方向

服务的方向涉及服务是否为人服务。例如,食品服务是为人们服务的,维修服务可能用于建筑物或设备。当为人服务时,认识到被服务的人的特殊需求是重要的。最终的用户可能会在服务规范和对服务的质量评估中发挥重要的作用。如果在面向人员提供的服务中,具有一个重要的无形组成因素,那么服务质量评估可能需要供应商和采购人员接触一段时间,来确定两者之间的协调性。

7. 服务的生产

服务可以由人或设备,或两者的组合进行生产。低劳动强度的服务可能有一个高资本或资产组成成分。典型的例子包括房地产、设备租赁、计算机处理、运输和通信服务,以及机器密集型加工定制服务。在制定服务需求规范阶段,了解基本的技术或资产基础是很重要的,部分原因是它推动了服务交付的质量。在服务采购阶段,可以基于资产能力与可用性以及技术水平对潜在供应商实施评估。这些因素之后将成为质量评估的一部分。这类服务虽然可以直接连接到买方现场,但服务交付的地点更可能在供应商办公楼所在地或其装备所处的位置。质量监控与评价可能是面向过程的,强调基础资本资产的性能。

劳动强度大的服务,包括手工收割、安装和维护、教育、卫生、安保,以及全方位的专业活动如咨询、技术、会计、医疗、建筑服务。在这里,人员是主要的服务组成部分,人员资质是首要关注的问题。

服务组成人员中很大部分是具有低等到中等技术的人员,则该服务可能会更专注于成本最小化和效率。需要具有高水平技能人员的服务可能需要采购人员区分不同的专业技能水平,并且为准确评估所交付服务的质量,在采购流程的所有阶段需要服务需求请购者与供应经理之间保持广泛而持续的交流。

8. 需求的性质

对某特定服务的需求可能是连续性、周期性或离散性的。

保险服务或 24 小时的安保服务,是典型的连续性服务。定期服务可能是定期的,如每周一次或每月一次，并定期对服务质量进行检查；也可能根据需求的不同而不同，如维修服务。可以监测连续性或定期性服务的质量，并随着服务质量相关信息变得明朗对服务质量的评估做出修改。然而，如果每次提供服务的人员不同，则对服务质量的监测会更困难。通过指定提供服务的实际工作人员，并要求没有经过事先批准不能发生人员变动，可能会在一定程度上减少这类的变化。

聘请室内装潢设计师对综合办公大楼的装修提出一种新的颜色搭配方案，是一个离散性或一次性的服务。如果可行的话，质量监测能力必须转移到交付过程中的各个阶段。问题是，在服务交付的时候，要做出重大的质量改进就太晚了。

9. 服务交付的性质

服务交付的性质和地点对服务的采购有重大的影响。例如，如果交付的服务发生在买方所在地点，合同协议必须列出一些条款。例如，在建设和安装服务中，安全问题，访问，工服的特性，工作时间，各种健康、安保和安全规范的适用，适用的工作日与工作时间，由谁来提供哪些设备和材料，都是合同中部分需要说明的问题。确定哪些问题与服务质量相关，以及如何把这些条款写清楚，是很重要的。

另外，如果在供应商所在地点或其他地方提供服务，则提供的服务不是直接面向采购人员的，许多问题可能就不会出现。

10. 标准化程度

服务是标准的还是定制的，特别是对于买方来说，具有很大的区别。一般来说，在服务中与消费者接触越少，服务就越标准化，并且服务中无形性因素的重要性越低。由于可以对供应商进行资格预审或认证，并存在标准类型的供应商评价，因此质量评估可能更容易。

在高度定制化的服务中，服务需求规范的制定更加困难，顾客的需求选项更加难以理解。最终客户参与到需求规范的制定过程中更加重要。因为不同的供应商可能会提供差别很大的业务，采购流程本身可能是不太明确的。在评价供应商绩效时，必须确认在服务交付时买方所分担的质量方面的责任。

11. 服务所需技能

服务的生产可能需要全方位的技能，从没有技能这一极端到具有高技能的另一个极端。在需要相对非技术性工种的服务中，如割草以及其他简单的维护性工作，价格是关注的重点，且服务人员的流动性很大（门槛低，易于进入，也易于退出）；主要通过用户反馈对质量进行监测。

正如前面所讨论的，高技术服务的采购可能不仅仅注重技术人员的资质，而且还关注具体提供服务的人员，以及来自其他技术人员和用户的建议。通常，在高度专业化的服务中，与预期收益相比，专业化服务的成本可能相对较低。例如，一个好的设计可以大量地增加销售；一个好的建筑师可以设计一种低成本，但有效的建筑结构；一个好的咨询建议可能会使整个组织好转。服务的预计成本与预计收益之间的这种权衡往往很难处理。如果买方想将结果与质量联系起来，那么就必须有一些方法进行因果评估，以确定服务质量高（或低）是由服务供应商提供的，还是因为采购组织内部相关行为的原因。

7.4.10 供应商认证

供应商认证是评估和识别为组织提供服务的供应商的质量绩效的过程。通常质量、交付和生产性能相关标准已经建立。可以持续稳定地满足这些标准的供应商即通过了认证。供应商受益于可以增加盈利能力的系统改进；对于一些新的业务，他们通常是采购者首先考虑的供应商；他们通常得到了采购组织的公开认可。采购组织通过持续稳定地接收所需质量和交付水平的服务而受益，并逐渐享受系统改进带来的效益。供应商的持续参与可以与采购组织在质量标准、提高质量同时降低检验成本的检验方法与方式上达成共识。

在向一个新的供应商下订单之前，或者在一个新的供应商报价之前，购买者经常对其进行质量性能或质量保证调查。这是为了确保供应商能够满足规格和质量标准。这种做法在许多类型的组织中是常见的，包括高科技领域和大多数大型组织。

调查通常是由相关部门进行，如技术部门、生产制造部门、供应部门、商品质量控制部门人员或用户组、采购质量控制人员，以及服务质量控制人员。调查中将检查供应商的设备、设施和人员，以及质量控制系统和流程。供应商的供应链管理方案也要进行检查，包括供应商寻求合作的努力程度，是否符合来自供应商以及供应商的供应商的质量标准，以及供应商对持续质量改进做出的承诺。通过各级供应商来管理服务质量是一个持续性的挑战，特别是在全球供应网络下。

仅从认证的供应商处采购服务可以不用担心质量问题。在组织寻求合适的供应商成为合作伙伴时，通常首先考虑通过质量认证的供应商。在许多行业中，质量能力的最低水平是对任何供应商的标准需求，也是企业赖以生存的条件。

质量管理的目标是第一时间就提供正确的质量，而不是进行质量检验。这种压力，是在所有质量改进计划的背后创造质量的源头。同样的原理也适用于供应部门本身与采购者自己的组织。对供应商来说，当供应组织自身没有明显表达出供应商必须严格满足质量要求的承诺时，采购商坚持供应商严格地满足质量要求是非常困难的。任何希望启动服务质量管理的供应部门，也会要求质量标准应用于采购周期的各个阶段。这样不仅会使供应部门自身熟悉统计质量控制方法与质量标准，而且为供应部门提供了要求其他部门做出类似承诺的权利。

7.5 质量标准和奖励计划

在国际层面上，国际标准化组织（ISO）运行着几个与质量相关的项目。各个国家的组织也设立质量奖。以下是本节中讨论的内容：ISO 9000 质量标准、ISO 14000 环境标准、美国马尔科姆·鲍德里奇国家品质奖（U.S. Malcolm Baldrige Award）、日本戴明奖。

7.5.1 ISO 9000 质量标准⊖

位于瑞士日内瓦的国际标准化组织提供世界各地通用的标准。ISO 在北美的成员有美国国家标准协会（ANSI）和加拿大标准协会（CSA）。ISO 9000 质量标准在 1987 年首次采用，并在 1994 年、2000 年、2008 年得到了修订，现在国际标准化组织正在对 2015 年

⊖ *Information about the International Standards Organization can be found on their website at www.iso.org.*

修订版本进行审核。

根据国际标准化组织的说法，ISO 9000 系列标准代表了优秀质量管理实践方面的国际共识。它包括质量管理体系相关的标准与指南以及支持标准。根据《ASQ 全球质量的研究：分析、趋势和机会》中的数据，使用 ISO 质量体系的制造企业是服务型企业的 1.5 倍还多。

ISO 9001:2008 标准提供了一组对于质量管理体系的标准化要求。无论什么样的用户组织，规模如何，无论是私人还是公共部门，其质量管理体系都需要满足此标准化要求。尽管认证不是该标准的强制性要求，但这是 ISO 9000 系列标准中唯一一个可以据此对组织进行认证的标准。它为用来管理组织流程的系统化方法提供了一个测试框架。设计该系统化方法是为了稳定地提供满足消费者期望的产品。该标准定义了一个质量体系必须满足的要求，但没有说明任何特定的组织如何满足这一标准。因此在不同的业务部门、不同的企业文化以及不同的民族文化中，实施该标准具有一定的余地和灵活性。

ISO 9000 系列标准中的其他标准涵盖了其他特定方面，例如基础与术语、业绩改进指南、培训、金融和经济方面。

检查是否有效

（1）标准要求组织自身检查以 ISO 900:2008 为基础的质量体系，以确认质量体系是否有效地管理组织流程，换句话说，检查质量体系是否完全控制组织活动。

（2）此外，该组织可以邀请客户来检查质量体系，这样使客户相信，组织能够提供满足其需求的产品或服务。

（3）最后，组织可以聘用一个独立的服务质量体系认证机构为其提供认证服务，获得一个 ISO 9001:2008 一致性认证。

由于独立机构的评估具有更高的可信度，因此最后一种方法是市场上最为流行的方法。因此该组织可能避免由客户进行多次检查或降低客户检查的频率与持续时间。证书也能作为组织和潜在客户之间的业务参考资料，尤其是当供应商和客户对彼此都是新的，或在地理上很遥远时，例如进出口贸易中。

7.5.2 ISO 14000 环境标准[一]

ISO 14000 与 ISO 9000 的管理原理类似，都关注环境问题。ISO 14000 标准描述了有效的环境管理体系（environmental management system，EMS）的基本要素，不取代联邦、州和省级环境法律法规。

ISO 14000 系列包括两个与 EMS 相关的标准。ISO 14004:2004 提供了一个环境管理体系的基本构成要素及其实施指南，并讨论相关原则问题。ISO 14001:2004 明确提出了对环境管理体系的具体要求。满足这些要求需要具有可以检查的客观证据，以证明一个环境管理体系符合标准，运行有效。例如，在本田的鼓励和帮助下，近 90% 的美国本田的原始设备供应商取得了环保生产流程的第三方 ISO 14001 认证。

ISO 14006:2011 提供了包含生态设计的指南。ISO 14064-1:2006 中的温室气体部分，明确了组织层次上对温室气体排放和清除的量化与报告的规范及指南。

[一] ISO 9000 Essentials, www.iso.org/iso/iso_9000_essentials.

7.5.3　美国马尔科姆·鲍德里奇国家质量奖

一年一度的美国马尔科姆·鲍德里奇国家质量奖项旨在表彰美国在制造、服务、小企业、医疗保健、教育与非营利性领域中在品质改进与质量管理上取得卓越成绩的企业。评奖标准由七个部分组成：领导力、战略规划、客户关注、测量、分析和信息管理、人力资源关注、流程管理和经营成果。设计这些标准是为了帮助组织通过关注以下两个目标来提高竞争力：为客户提供不断完善的价值，以及提高组织的整体绩效。它也旨在激励美国企业提高质量和生产率，提供标准化的质量指南与改进标准评估质量，并通过描述成功的组织如何取得成功来给美国国内努力做出改进的组织提供指导。全面质量管理实践经验的扩散是该奖最重要的一个方面。

该奖同时对质量管理程序以及取得的成就进行评估，着重强调组织内部的财务业绩。在 2012 年调查的 100 名顶级医院中，健康数据公司（Truven Analytics）发现，有近 70% 的教学医院正式使用了鲍德里奇标准来制定组织目标和/或过程改进计划。

奖项标准中关于供应商和服务商的标准的变化，导致了营利性组织申请奖项的数量降低，最后到 2013 年已经没有营利性组织申请。营利性组织的高管认为，需要对奖项标准进行修订，以重新恢复组织与奖项的关联性。

7.5.4　戴明奖

为了纪念戴明博士的贡献和友谊，促进日本质量管理的持续发展，日本科学家和工程师联盟（Union of Japanese Scientists and Engineers，JUSE）创建了戴明奖。戴明奖创建于 1950 年，每年授予日本国内外实施适合其管理观念、业务范围、类型、规模与管理环境的全面质量管理的组织。戴明大奖授予以往那些获得戴明奖之后维持并进一步加强全面质量管理水平达到三年以上的获奖者。日本戴明奖个人奖只面向日本个体申请人。2013 年，小松山推工程机械股份有限公司（中国）和 SCG 物流管理有限公司（泰国）获得了戴明奖；株式会社有限公司（日本）和美国莱恩制动有限公司（印度）赢得了戴明大奖。戴明奖拥有巨大的国际威望。

加拿大和其他国家也颁发类似的奖项。

本章小结

质量，以及数量、交付、价格和服务，都是供应的基本要求。几十年来对零缺陷的不断追求，推动一系列可观的质量检验与改进工具的发展。第一时间就做正确而不是去检查质量成为一句流行的至理名言。

服务超出了供应商期望提供的必要的有形支持，例如安装一件新设备。服务是无形的，例如在紧急情况下表现出的响应能力、灵活性以及提供援助的意愿，注重持续改进的表现，以及友善的态度。因此，服务很难具体细化，却真实地存在于供应商和购买者的交易中。承诺很容易，但实现很难。高品质的产品与服务是买家和卖家之间成功的长期合作伙伴关系以及供应链合作与有效性的基础。

复习题与讨论题

1. 为什么买家应当熟悉质量控制与检验的数学知识？
2. 你如何建立一个供应商认证程序？
3. 服务的有形性程度如何影响质量评估？
4. 质量理念如何适用于供应部门？
5. 与质量相关的各种费用是什么，为什么很难确定其中的一些费用？
6. 为什么戴明如此坚持单源采购？单源采购相关的风险是什么，如何减轻这些风险？
7. 一个供应商获得了 ISO 9000 认证，意味着什么？获得 ISO 14000 认证呢？
8. 100% 检查与抽样之间的均衡是什么？
9. 什么是"最优采购"？
10. 在采购服务时有哪些方面的质量保证？

参考文献

American National Standards Institute, www.ansi.org

ASQ, *Global State of Quality Research: Analysis, Trends, and Opportunities 2013*, asq.org.

Besterfield, D. H. *Quality Improvement*. 9th ed. Upper Saddle River, NJ: Prentice-Hall, 2012.

Bozdogan, K., *Towards an Integration of the Lean Enterprise System, Total Quality Management, Six Sigma and Related Enterprise Process Improvement Methods*, MIT Engineering Systems Division, August 2010, http://esd.mit.edu/WPS/2010/esd-wp-2010-05.pdf.

Coimba, E. *Kaizen in Logistics and Supply Chains*. New York: McGraw-Hill Professional, 2013.

International Standards Organization, www.iso.org

Juran, J. M., and J. A. De Feo. *Juran's Quality Handbook: The Complete Guide to Performance Excellence*. 6th ed. New York: McGraw Hill, 2010.

Kubiak, T. M., and D. W. Benbow, *The Certified Six Sigma Black Belt Handbook*. 2nd ed. ASQ Quality Press, 2009.

Leenders, M. R., and P. F. Johnson. *Major Structural Changes in Supply Organizations*. Tempe, AZ: Center for Advanced Purchasing Studies, 2000.

Ptacek, R., and J. Motwani. *Pursuing Perfect Service: Using a Practical Approach to Lean Six Sigma to Improve the Customer Experience and Reduce Costs in Service Industries*. Chelsea, MI: MCS Media, Inc., 2011.

Ritzman, L. P.; L. J. Krajewski; and M. K. Malhotra. *Operations Management*. 10th ed. Toronto: Pearson Prentice Hall, 2013.

Sasser, Jr., W. E., and F. F. Reichheld. "Zero-Defections: Quality Comes to Services." *Harvard Business Review*, September–October 1990, pp. 105–111.

案例 7-1　电线杆

莫伦公司正在建设三座额外的发电站，用于服务迅速扩张的能源市场。为将这些站点连接到现有的区域电网中，公司采用了用一种装饰性管形电线杆代替电塔的方法来搭载输电线路。在项目的第二阶段中，需要电线杆制造商参与到具有参数的功能性工程设计中。亨利·纳尔逊公司是首选的电线杆制造商。材料采购总监戈登·雅罗先生，不知道如何处理亨利·纳尔逊公司投标中需求规范的例外情况。

招标程序：预选

戈登·雅罗负责推荐一个钢管制造商，由一家咨询工程公司以及他自己的工程部门来提供协助。该咨询工程公司是在8月选定的，并于次年早春的时候向莫伦公司提供电线杆、横臂和五金器具的功能规格。莫伦公司的工程师建议，应当首先获得连接艾迪生地区到史密斯菲尔德地区的输电线路中最紧急线路的报价。这部分线路的长度大概是项目中总线路长度的一半。他们期望从此第一部分的线路铺设中获取经验,用于指导下一半工程建设。雅罗先生必须确保在秋季之前启动 345 千伏电路的建设工作。剩下的时间不多,需要在剩余的时间里开发电线杆原型,并在竖立电线杆之前进行工程测试。其中两个主要需求限制了潜在供应商的数量:每个供应商必须具备计算机设计程序,以及适用于重金属的大型折弯机。

第一次进展报告

5 月,收到八个潜在供应商报价后,针对自己的进展,戈登打算给他的上级提供一份简要报告。他告诉卡特先生,收到报价的价格差别很大,在某些方面的工程信息上也存在令人烦恼的分歧。但他相信仍能够按时完成。

在接下来的几周内,雅罗先生与莫伦公司高级输电项目工程师诺思拉普先生回顾了所有的详细信息和价格,并拒绝了四个投标者(表 1 列出了其余的投标者的报价信息)。

表 1 报价总结:艾迪生地区到史密斯菲尔德地区 345 千伏电路钢管与横臂报价

(单位:千美元)

	投标公司			
	M 诺里斯钢铁有限公司	N 结构有限公司	O 亨利·纳尔逊公司	P 乔丹电线杆公司
报价	22 400	24 160	24 640	27 896
额外费用	1400	—	—	—
变动费用	252	稳定	稳定	500
总价	24 052	24 160	24 640	28 396

注:数量:3A 类型 390,3B 类型 61,3C 类型 24,3D 类型 7,3E 类型 8,总计 490。

在诺思拉普先生的提议下,接下来戈登把剩余四个投标者的工程信息(不包含价格)发送给莫伦公司的工程咨询公司。要求咨询公司基于所要求的设计、所提供设计之间的对比,以及与需求规格不一致的情况,做出全面的分析。诺思拉普先生同意会见投标者 M、N 与 P,以解决每个投标者的设计与制造能力。由于投标者亨利·纳尔逊公司正在为莫伦公司工作,因此没有必要与其会见。

6 月中旬,诺思拉普先生要求戈登·雅罗分享他的发现。戈登·雅罗说:"基于三家投标公司的设备、工厂产能以及是否可以在截止日前完成任务,我对三个投标者 M、N 和 P 持有严重的保留意见,我们的顾问也同意这一观点。"

诺思拉普先生递给戈登·雅罗一张意见表(见表 2),并说:"根据工程和制造经验,我们第一个的推荐是纳尔逊公司。我将以书面文件的形式来证明这一点。但是必须解决纳尔逊公司针对需求规范的例外情况。我将把这些交给你去解决。"

表 2 对纳尔逊公司投标中需求规格例外情况的评论

例外情况 1
纳尔逊公司提出的运输方式与我们规范的方式不同。这种方式会减轻纳尔逊公司从南部工厂到你的存储场地这一运输期间对电线杆负有的责任。

例外情况 2
在纳尔逊的报价中,不能拒绝使用工厂测试报告或除热的厚钢板之外的抽样调查中显示冲击试验结果不理想的材料。简单地说,焊接的材料或者技术不能因为冲击试验结果不理想而被拒绝使用,这与需求规格不一致。

(续)

例外情况 3
过大的螺栓突起给安装与维修人员带来危险,并且也会增加建设成本。

例外情况 4 和 5
在纳尔逊公司建议的焊接和检验规范下,即便仅仅是为了弄清楚超声测试指标值的意义,或者在超声波检查不可用时,也将禁止买方使用放射线照相术检验焊接质量,除了极轴对底板的焊接和搭接接头的纵向焊缝之外,其余焊接职能采用目视粒子或者磁粉检查。一些焊接,比如横臂对接板的焊缝,事实上不可能在焊接完成时对其进行充分检验,在焊接时要求检查也是不可行的;在镀锌的情况下,除了放射线照相术之外大多数检验技术取得的检验值都是可疑的。所有的检验都必须在制造工厂进行。在允许 3/16" 或更小的缺陷的情况下,纳尔逊公司提出的检验程序与 AWS—D1.0.69 相比不太严格。

例外情况 6
在纳尔逊的销售条款中,从卸货到损坏或有缺陷材料的索赔,只给购买者五天时间。担保条款是含糊不清的,可以理解成纳尔逊有一年的时间进行返修工作,但这只针对在五天的检验期间发现的残次品,没有说明是对之后发现的残次品进行返修。我们理解为提供了一年保修期,但条款并没有表达这样的意思。

价格自动调整条款
不是由购买者引起的交货延迟不应该由购买者承担责任。

纳尔逊公司的例外情况

在拜访诺思拉普先生之后,戈登·雅罗回到了办公室,并且检查了纳尔逊的报价。不知道工程咨询公司是否会推荐纳尔逊公司,他没有注意纳尔逊公司对于莫伦公司投标需求的例外情况。诺思拉普先生总结了六条例外情况。戈登想知道他应该如何处理这些例外情况。

案例 7-2 卡利登混凝土搅拌机公司

莎拉·詹金斯是卡利登混凝土搅拌机公司的材料经理,在结束和公司采购部门人员乔恩·德尔罗萨里奥的电话会议之后,她在思考对于变速箱供应商的选择应该提出什么建议。位于芝加哥的公司采购部门主张更换一个新的供应商,但莎拉仍然担心与一个关键供应商结束长期的供应合同会带来风险。现在是 12 月 3 日,工厂将在一年一度的圣诞假期暂时关闭。在这之前她想给出最后的提议。

卡利登混凝土搅拌机公司

卡利登混凝土搅拌机公司位于加拿大的多伦多省北部的安大略省卡利登市,是一个生产车载混凝土搅拌机的公司。该公司成立于 1910 年,拥有员工 140 人,厂房面积达到 150 000 平方英尺,其中包括 100 名小时工,年销售额将近 2 500 万美元。近 40% 产品出口,主要销往美国。

卡利登混凝土搅拌机公司的品质与服务在行业内拥有良好的声誉。之前卡利登混凝土搅拌机公司是一个私人企业,直到 2003 年被伊利诺伊机械公司收购。伊利诺伊机械公司是接入设备、特种车辆、防御性卡车车身、混凝土浇筑设备、垃圾运输设备以及消防和急救设备的全球制造商和营销商。伊利诺伊机械公司当前财政年度的年收入为 90 亿美元,拥有将近 18 000 名员工。

混凝土搅拌运输车用来混合混凝土,并将其运到施工现场。客户通常会指定从原始设备制造商订购的卡车类型。卡利登混凝土搅拌机公司将提供适用于混凝土搅拌机的车辆,包括大型滚筒和排放系统。可以根据车辆的大小(例如,2~6 轴)、排放系统(前部或后部)和容量(最大容量为携带 14 立方码⊖的有效载荷),为客户定制系统。

⊖ 1 立方码 = 0.764 553 6 立方米。

伊利诺伊机械公司在圣路易斯有一个运营部门，制造与卡利登混凝土搅拌机公司类似的产品，只是品牌不同。年收入将近为加拿大工厂的两倍。伊利诺伊机械公司的运营模式是分散的，卡利登混凝土搅拌机公司与圣路易斯运营部门在工程、采购与销售方面合作，同时在独立的领导团队下自主运营。其中两个公司的运营部门之间的供应协同非常关键。通过供应协同，两个部门进行联合采购，可以节省大量的成本。乔恩·德尔罗萨里奥，是公司位于芝加哥的采购部的采购经理，负责协调卡利登和圣路易斯工厂之间的采购。

莎拉·詹金斯在卡利登混凝土搅拌机公司负责物料管理，是毅伟商学院的 MBA 毕业生。莎拉已经在卡利登混凝土搅拌机公司工作 20 多年了，负责公司的物流和运输、采购、库存控制和生产计划制订，并直接向总经理汇报工作。她与财务及会计、质量、运营、销售、人力资源和技术部门的搭档一起组成了一个高级管理团队。

变速箱

混凝土搅拌车在运行时，为制备混凝土并避免固结，必须不停地旋转搅拌筒。变速箱位于大型搅拌筒的底部，并用来传递来自液压马达驱动轴的扭转力，以转动搅拌筒。操作者还可以通过变速箱调整旋转的速度和方向。卡利登混凝土搅拌机公司制造的混凝土搅拌机需要将近 150 个组件，变速箱是其中的一个。根据混凝土搅拌机的类型，卡利登混凝土搅拌机公司使用两种类型的变速箱。每个变速箱的成本约 3 600 美元，卡利登混凝土搅拌机公司每年需要 950~1 100 个变速箱。

当前的供应安排

卡利登混凝土搅拌机公司和圣路易斯运营部门均采用 BGK 公司作为变速箱的单一供应来源。BGK 是一个大型的多元化德国制造公司，年收入 120 亿欧元。BGK 公司为卡利登混凝土搅拌机公司供货的分部门，为各种工业部门提供工业设备需要的变速箱，如物料搬运设备、能动设备与采矿设备。虽然该公司的产品通常比竞争者的价格更高，但公司在产品质量与可靠性方面拥有良好的声誉。

卡利登混凝土搅拌机公司和 BGK 的关系可以追溯到 30 多年前。BGK 为其生产的变速箱提供一年的保修期，但莎拉并没有发现卡利登混凝土搅拌机公司曾经历过任何明显的质量问题，并且客户通常对产品的性能比较满意。

伊利诺伊机械公司选择 BGK 公司作为其单一的供应商也有很多年了。在卡利登混凝土搅拌机公司采购期间，伊利诺伊机械公司采购组惊讶地得知卡利登混凝土搅拌机公司采购变速箱的价格更低。在 2003 年收购完成之后，卡利登混凝土搅拌机公司和伊利诺伊机械公司的采购价格才一致。

尽管与 BGK 公司合作的历史悠久，但卡利登混凝土搅拌机公司和伊利诺斯机械公司都已经对供应商的服务与响应能力越来越不满意，且 BGK 很明显不乐意回应他们担心的问题。随着亚洲经济的强劲增长，BGK 公司变速箱的需求量大幅度增加。由于德国关于加班的严格规定，以及两年前的钢铁短缺，公司无法扩大产能，以保持销售增长。

此外，BGK 没有在北美洲的分销部。需要通过海运的方式，在 3~5 个月的时间内将变速箱运送到卡利登工厂。结果，卡利登混凝土搅拌机公司被迫需要保持 3 个月的安全库存。即使有这样的预防措施，在过去两年中有几次供应短缺造成了工厂停产。卡利登混凝土搅拌机公司 50% 的销售额来自 4 个客户，客户订单的变化会显著影响到卡利登混凝土搅拌机公司的产品需求与库存。令莎拉更为担心的是，BGK 公司采用满载运输的方式，装满 50 台产品才发货。但在某些月份，卡利登混凝土搅拌机公司对变速箱的需求量低达 20 台。

最后，客户对保修与服务的期望增加，然而 BGK 公司在不提高价格的前提下不愿意扩大保修范围。质量数据显示，BGK 公司的产品在该行业内具有最低故障率，即 0.5%。然而，由于卡利登混凝土搅拌机公司产品边际利润减少且客户需求增加，莎拉与其在伊利诺伊机械公司采购组织的同事，对其供应商的响应性不足感到担忧，并且决定对市场进行测试。

候选供应商

9 月，决定对卡利登混凝土搅拌机公司与伊利诺伊机械公司的变速箱总需求量，征求询价。莎拉主导了询价过程，并且识别出 5 家潜在的供应商，包括 BGK 公司。其中两家当前仅为亚洲地区提供的产品，则没有邀请此两家供应商参加测试。两家新的参与公司是莫雷蒂公司和 IGR 公司。

询价单中给出了为卡利登混凝土搅拌机公司和伊利诺伊机械公司所有变速箱供货的 5 年的合同，它表示年需求量在 2 800～3 300 台。要求每个供应商在美国基金处提交报价，包括按合同条款提供稳定的价格、保修条款和配送能力（包括提前时间和北美的仓储安排），以伦敦和圣路易斯装运港离岸价格交付。

IGR 公司是一家意大利公司，但其制造业务主要在东欧和亚洲。IGR 公司的年收益约为 15 亿欧元，销售主要集中在欧洲和亚洲。IGR 公司具有良好的品质声誉，其产品故障率为 1%。IGR 公司目前没有为北美供货，但在其提案中，提出在密苏里地区设立一个配送设施。在这样的安排下，IGR 公司承诺给伊利诺伊机械公司提供准时制交付服务，为卡利登混凝土搅拌机公司提供提前期为两天的交付服务。IGR 公司报价为 3 400 美元，还包括由于美元和欧元之间汇率的波动以及钢铁价格的变化而产生的调整费用。IGR 公司还提供了 5 年保修期与 30 天的付款期。

莫雷蒂公司也是一家意大利制造商，年销售额约为 10 亿欧元，在包括美国在内的 18 个国家拥有自己的业务。大约 5 年前，莫雷蒂公司的变速箱出现了一个燃油泄漏的质量问题。因为承包商对建筑工地潜在的环境问题越来越敏感，燃油泄漏成为一个重大问题。然而，根据公司官方消息，燃油泄漏问题已经得到解决。该公司称，经过 3 年的运营，独立测试表明，其产品的缺陷率约为 1.5%。莫雷蒂公司的报价为 3 200 美元，还包括每年因美元和欧元之间汇率的波动而产生的调整费用。该公司还提供了为期 5 年的保修期与寄售库存服务。在寄售库存系统下，变速箱装配到车辆上之前，莫雷蒂公司拥有并管理卡利登混凝土搅拌机公司和伊利诺伊机械公司处的库存。在变速箱装配到车辆上时，莫雷蒂公司出具发票，并给出 30 天的付款期限。

BGK 公司提议扩展当前的供应协议，报价为 3 600 美元，包括年度调整费用与一年保修期。BGK 公司的销售代表莱纳特·瓦格纳表示，公司不准备建立北美分销中心。他向莎拉表示，BGK 公司是世界领先的变速箱生产商，采用他们的变速箱，将成为卡利登混凝土搅拌机公司混凝土搅拌机的一个卖点。

供应商选择决策

莎拉开发了一个供应商评价框架，对每一个供应商从 8 个方面进行排名：价格、保修条款（如保修期）、交货提前期、库存成本（如持有成本和安全库存量）、物流配送（如北美地区配送能力）、订单灵活性（如根据订单变化做出改变的能力）、付款条件和供应商财务稳定性。每个标准赋予一个权重，并对供应商进行评分，评分范围为从 1（差）到 10（优秀）。表 3 为莎拉对三家供应商的评分。

表 3　供应商评价

评价标准	价值	BGK 公司		IGR 公司		莫雷蒂公司	
		评级	评分	评级	评分	评级	评分
价格	15	7	105	8	120	9	135
保修条款	5	5	25	7	35	7	35
交货提前期	20	3	60	9	180	7	140
库存成本	10	4	40	8	80	8	80
物流/配送	10	2	20	10	100	7	70
订单灵活性	15	3	45	8	120	7	105
付款条件	10	5	50	8	80	8	80
供应商财务稳定	5	7	35	7	35	7	35
	90		380		750		680

莎拉审视着供应商评价列表中的数据，她不知道这些数据是否足以用来权衡三个供应商。根据她的分析，IGR 公司将成为新的变速箱供应商，这意味着本公司将结束与当前供应商持续了超过三年的合作关系。她下周计划在圣路易斯的伊利诺伊机械公司中与乔恩·德尔罗萨里奥和采购主管进行电话会议。她需要在这之前完善建议。

案例 7-3　温特沃思医院

温特沃思医院位于安大略省哈密尔顿市。温特沃思医院临床工程部经理丽贝卡·霍根正在考虑如何改善医院内窥镜的质量与维修成本。今天是 4 月 8 日星期一，丽贝卡打算准备一份建议书，准备在 4 月 24 日举行的月度团队会议上做展示。

温特沃思医院

温特沃思医院是该省最大的医院之一，拥有约 600 张病床，以及 5 亿美元的年度预算。预算的大部分来自安大略省卫生部。温特沃思医院是诺森伯兰郡健康科学组织（Northumberland Health Science，NHS）的成员之一。诺森伯兰郡健康科学组织包括四大医院和一个癌症中心，对南安大略 200 多万名居民提供一系列的急性保健和专业化保健服务。诺森伯兰郡健康科学组织的各成员医院都有自己的专业特长，它们会一起提供全面的医疗服务。

生物医学工程部是一个专注于管理医院医疗技术的团队，负责医疗设备的采购、维护、维修以及处置工作，并协助医院里新技术的使用。生物医学工程部门的经营预算约为 300 万美元，并负责管理温特沃思医院约 500 万美元的资本预算。虽然大多数设备的维修成本都包含在每个部门的预算里，但当维修成本超过 1 000 美元时，仍然有 45 000 美元的资本预算可以使用。

生物医学工程部门团队由约瑟夫·泰领导，是温特沃思医院的医疗运营部门的一部分。该团队的其他成员为迈克尔·普尔伊、亚当·施莱格尔和丽贝卡·霍根。迈克尔，设备管理协调员，负责维修预算与医疗设备购置方面的财务管理，并与诺森伯兰郡健康科学组织服务共享组织的采购部门保持密切合作。亚当，技术主管，负责各部门的技术问题。丽贝卡，拥有机械工程学位和毅伟商学院的 MBA 学位，擅长处理工程和技术相关问题。

内窥镜检查技术

温特沃思医院使用柔性与硬性内窥镜

进行探查与纠正手术。内窥镜检查是一项简单的医疗程序，主要通过内窥镜检查患者的体内组织。内窥镜为一件医疗设备，由一个长且薄，柔性或刚性的管组成，管上面装有一个小灯和一个视频摄像头。外显屏幕上可以看到内窥镜捕捉的图像并且记录必要的信息。内窥镜通常用于检查肺、胃、消化道，以及主要关节等器官。内窥镜也可以和一些手术器械配套使用，比如去除小肿瘤或胆结石，抽吸和液体交换。大多数内窥镜是灵活的，可通过角度旋钮控制设备在垂直和水平方向移动。在过去的一年中，温特沃思医院进行了大约 2 500 例内窥镜检查。

使用内镜的优势在于，绝大多数患者不需要常规的麻醉，不需要一个大切口。在手术过程中，大多数患者只需要进行局部麻醉。常见的内窥镜类型有结肠镜、喉镜和胸腔镜。

内窥镜内含极为敏感的技术，属于维修密集型设备。在每项程序进行之前和之后，都需要对内窥镜镜头进行检查，包括清洗、检漏、测量角度范围以及成像测试。尽管如此，镜头有时仍有可能在手术过程中破裂。在没有备用内窥镜的情况下，这往往意味着需要中止手术并调整手术时间。

每年温特沃思医院采购 2～3 个新的柔性内窥镜（20 000 美元/个）以及配套的设备（30 000 美元）。该医院每年还购买一些硬性内窥镜，均价在 5 000～10 000 美元。考虑到内窥镜和配套设备的高昂成本，在有必要的时候诺森伯兰郡健康科学组织的 4 家成员医院共享这些设备。

当硬性内窥镜需要较大的维修成本时，通常选择更换新的硬性内窥镜。在过去的一年中，温特沃思医院在镜头维修上的总开支约为 90 000 美元。

原始设备制造商

鲁滨逊公司与帕德公司为诺森伯兰郡健康科学组织提供所有的内窥镜镜头及相关的服务。该组织在选择这两家供应商时，创建了一个跨职能团队，包括来自诺森伯兰郡健康科学组织共享服务采购部门、医生以及生物工程部门的代表。生物工程部门负责评估供应商选择过程中的技术和财务问题。

鲁滨逊公司和帕德公司都提供具有特定使用程序的内窥镜。温特沃思医院使用的大多数内窥镜都是由鲁滨逊公司基于该医院所使用的内窥镜种类提供的。温特沃思医院与鲁滨逊公司之间建立了良好的合作关系。温特沃思医院每年大约花费 180 000 美元采购鲁滨逊公司的产品与服务，其中就包括内窥镜维修服务。由于原始设备制造商控制着内窥镜中最关键的专业化组件的供应，因此原始设备制造商通常是提供维修服务的最好选择。尽管第三方机构也提供镜头维修服务，但是由于不能及时从原始设备制造商处获得相关零部件，因此第三方机构不能提供全方位的维修维护服务。此外，如果内窥镜由某个未经批准的服务提供商维修，则保修单就会失去效用。一些制造商也尝试开发一次性镜头，但这项技术的成本效益不高。

在医疗保健行业，人们担心原始制造商维修内窥镜的收费不合理。另外，有人怀疑，原始制造商有时候会进行一些非必要的维护服务。由于维修时需要拆除内窥镜的密封外壳，因此使得修复工作很难验证。此外，内窥镜从被送往维修到维修后返回，通常需要花费长达 3 个星期左右的时间。

欧文医疗服务公司

欧文医疗服务公司位于不列颠哥伦比亚省温哥华市。去年 10 月中旬，欧文医疗服务公司代表史蒂夫·鲍尔斯联系到丽贝卡。在丽贝卡的办公室，史蒂夫向丽贝卡介绍了内窥镜维修行业新成员欧文医疗服务公司。史蒂夫称他可以提供比原始设备制造商价格优惠 20%～80% 的维修服务，并提供 24 小时免费评估以及 3～5 天的周转服务。他强调："我们只提供必要的维修服务，并依此开具账单。"

1 月，丽贝卡打算测试一下欧文医疗服务公司提供的维修服务。她寄给欧文医疗服务公司一个需要维修的内窥镜。3 周后，这个内窥镜被寄回，并在接下来的 4 周内使用了 25 次。在这 4 周内其中一条角度线断了。丽贝卡想要把内窥镜寄回欧文医疗服务公司进行维修。然而，她无意中寄给了鲁滨逊公司。几天后，鲁滨逊公司技术代表尼赫·赫拉带着这个内窥镜来到丽贝卡的办公室。当时，内窥镜的密封壳已经被拆除了，暴露出它的内部结构。丽贝卡看到后感到非常震惊。她很难相信有人会故意损坏镜头，也不相信有人如此无能，进行一项如此不专业的维修工作（见表 4）。尼赫解释说，这就是丽贝卡所能期待的经第三方机构维修后的鲁滨逊公司的内窥镜镜头。

表 4　内窥镜维修损失清单

1. 试图采用不合适的工具来拆卸用于封闭内窥镜端部握把的螺母，造成螺母的磨损。
2. 内窥镜前镜架的开口因内嵌零部件的拆卸不当而损坏。
3. 在内窥镜主壳体和端部握把之间的密封损坏后，所使用的胶水没有能够成功地修复破损的地方。
4. 采用不合适的工具对连接内窥镜前镜身框架盖的装饰螺母进行拆卸造成其磨损。
5. 内窥镜前镜身近端和远端两端的阳螺纹滑丝。
6. 由于螺纹滑丝，因而不能很好地稳固内窥镜端部握把。在试图修复的过程中，在"O"形环上添加了太多的硅胶。
7. 在没有明显原因的情况下，UD 导流板的边缘被锉掉约 2 毫米。
8. 可能是因为螺纹安装孔滑丝，黄铜角导线被移除。
9. 在两个丢失螺栓的地方，钻了两个新孔，并攻了螺纹，以稳固 UD 导流板。
10. 在主壳体里仍然发现了锉导流板边缘产生的金属填料。
11. 打开主壳体后在主壳体里面发现一颗闲置的螺栓。
12. 角导线看起来没有更换新的也没有修理。
13. 欧文医疗服务公司的现场服务报告与附带的文件没有表明在实现适当修复中遇到的任何难点。

约瑟夫·泰下周出差到温哥华，带着那个内窥镜访问欧文医疗服务公司。史蒂夫·鲍尔斯戒心很大，并称对镜头的损坏情况一无所知。在约瑟夫的坚持下，史蒂夫同意约瑟夫与维修该镜头的技术人员谈一下。史蒂夫提议由技术员为镜头的损坏负责，否则必须辞职。技术员对此相当生气。

内窥镜留在了欧文医疗服务公司进行维修，大概需要一个多月的时间——很显然是因为很难获得必要的零部件。当最终内窥镜返回后，在第一次使用时就出现了角度线断了的情况。

之后不久，丽贝卡收到了一张奇怪的发票，发票来自鲁滨逊公司，是由于曾经被送去正常维修的一个内窥镜。根据鲁滨逊公司介绍，发票里包含由于第三方单位试图使用不合适的工具打开内窥镜而产生的维修费用。

自营维修

去年 11 月，约瑟夫·泰参加了由多伦多健康科学网组织的会议。多伦多健康科学网是由大多伦多地区 7 家医院组成的联盟。在会议中的一个分会上，多伦多健康科学网解释了如何成功地在公司内部进行内窥镜维修服务，并带来 40% 的成本节约。

约瑟夫认为生物医学工程部应当考虑类似的方案，要求丽贝卡研究这件事，并给出一个建议。每年，诺森伯兰郡健康科学组织的成员医院为内窥镜的维修支付将近 350 000 美元。丽贝卡认为自营维修业务提供四个层面的维修服务：预防性维护、审查并提供维修估算、微修与大修。丽贝卡估计 80% 的维修费用发生在前三个层面。当前生物医学工程部仅仅进行了预防性维护这一层面的服务。由于缺乏技术能力，丽贝卡担心内部提供四个层面的维修服务是极其困难的。然而，目前鲁滨逊公司在协助客户进行第二与第三层面维修服务方面有很高的响应性。

尼赫·赫拉表示，鲁滨逊公司将为生物医学工程部内部微修工作提供必要的零部件，并提供必要的工具，成本大约为 15 000 美元。鲁滨逊公司将培训两名技术人员，成本为 3 000 美元。丽贝卡认为两名技术人员将足以为诺森伯兰郡健康科学组织提供所有的微修服务。这样将内窥镜的维修周期从 2~3 个星期缩短为 1~2 天。

丽贝卡清楚温特沃思医院的内窥镜维修困境必须尽快解决。约瑟夫打算在 24 日举行的小组月度会议上着重讨论内窥镜问题。丽贝卡打算对相关问题做一下梳理，并对鲁滨逊公司／欧文医疗服务公司的问题以及建立自营内窥镜维修服务的可能性提出相关建议。

第 8 章 | Chapter8

数量和库存

供应决策者的关键问题

我们应该
- 改变我们的预测方法吗？
- 采用供应商管理库存吗？
- 有区别性地采购 A 类商品吗？

我们如何
- 减少在供应链库存上的投资？
- 提升库存管理水平？
- 启动一项服务消费管理计划？

持续性改进，产品或服务推向市场的速度，客户、雇员和供应商的满意度，以及全球竞争力要求组织致力于生产效率与价值增值活动。这些组织目标驱使管理重点转向采购物品的数量、质量和交付，并对采购过程产生了深远影响。供应管理侧重于减少库存和缩短交货时间，这是很显然的。这些均可以通过增大发货频率完成，同时也减少了配送量。另外，缩短生产准备时间、准时制生产系统、供应商管理库存系统、电子数据交换与电子商务均为这一目标驱动下的努力方向。

服务需求量的管理，也是供应部门所关心的问题。为整合需求并管理消费，在众多组织中都拥有对服务进行规范、简化和分类的措施。

对于产品与服务，在全球化事件包括大萧条、气候变化影响以及与世界各地气象相关灾难的影响下，供应管理已注重建立复原性供应链，即供应链中断后能够迅速得到强而有力的恢复。同时，原油全球需求的增长以及长期可获得性与价格的不确定性，促使供应管理者考虑最大限度地降低成本，提高能源利用效率，并考虑将部分产品的生产转移到美国（有时成为"回岸"）。所有这些因素都影响着数量决策。

在许多组织中，因为购买数量和计划之间存在密切关系，关于购买多少和什么时间购买的决策更为重要。有必要分清单次购买中买多少，与在总需求中有多少应从个别供应商中购买。本章仅涉及单次订货量与库存管理。供应商配额在第 5 章、第 12 章和第 13

章有所讨论。

本章主要讨论了三个关键问题：①怎样去获取？②何时去获取？③如何有效控制库存？

8.1 数量与时间问题

关于采购多少以及什么时间采购的决策，从逻辑上来说要根据需求是什么来确定。自然的反应是："当你需要时，需要多少买多少"。然而这样一个简单的答案是不够的，许多因素会使得这些决策变得更加复杂。

（1）预测。管理者在做出一个购买决定时，往往需要经过很长一段时间才能知道实际的要求。因此，他们必须依赖于预测，不仅是对未来的需求，还有对交货的时间、价格和其他成本的预测。这样的预测一般很少见，如果有，就很完美。

（2）成本。这里的成本是指与下订单、持有存货、原材料和货物的缺货或服务需求无法满足等因素相关的成本。

（3）可获得性。在没有支付较高的价格或交货费时，所获得的材料或服务可能无法达到理想数量。

（4）价格-数量关系。供应商可能会对购买量大的买家提供较低的价格。

（5）缺货。短缺可能会带来严重的损失。

8.1.1 数量与交付

数量与交付关系紧密：订货量越少，交付越频繁；订货量越多，交付次数越少。在每个供应商的绩效评价体系中，数量和交付都作为标准的评价指标。确保及时交货，需要确认完成采购过程中每个步骤所需的时间，这些在第4章进行了讨论。并行作业压缩时间的能力、消除耗时且非增值的活动、加快每一步骤的操作，并消除延迟，可以带来明显的收益。供应领域的大部分再设计都集中在采购流程，使其更具有响应性，并缩短周期时间。

8.1.2 基于时间竞争的策略

对于供应管理职能，基于时间竞争的策略对数量决策非常重要。基于时间竞争的策略与物料流、服务流、库存（原材料、在制品和产成品）以及相关信息与决策直接相关联。基于时间竞争的策略给组织带来的竞争优势如下所述。

（1）成功地缩短在流程中执行相关活动所需要的时间（缩短调整准备时间与周期时间）。

（2）协调资源流，消除资源在系统中的浪费，并确保原材料与设备准时就位，或以经济批量的方式准时生产。

长提前期可能发生在产品或服务的设计与开发流程、原材料采购到产成品配送的流程，以及行政支持周期（如应付账款、采购订单建立/发布周期）中。形成长提前期的部分原因是等待和拖延、不良的工程设计、批次的累积、无效且较长时间的回溯物流以及沟通不畅。

长提前期会影响到购买多少的决策。压缩周期时间并协调材料流与信息流，会使原材料准时（如按预先计划的时间到达）或者及时（仅在实际使用或需要之前）到达。物料需求计划（MRP）类型任务或者看板制度（拉动系统）可用于计划采购原材料和内部生产材料的时间点和数量。

物料流协调性差的原因有很多，包括延迟、过早，或者没有完成交付；满足率低；材料缺陷；废料；参差不齐的批量规模；长提前期；生产计划变更；停工时间；长调整准备/转换时间；MPR 或 ERP 系统的更新频率低；预测；持有库存核算系统。在采购公司与其顾客之间，以及采购公司与其供应商之间的物料流与信息流的协调性高，会进一步降低供应链上的库存，并提高资本投资收益（见第 1 章中的例子）。

8.2 预测

在订货、库存与供应计划执行的环境快速变化下，订购多少、何时订货以及如何高效地进行库存管理决策，也变得越来越复杂。库存似乎总是太多、太少，或是类型错误，或存储位置不当。随着经济条件的变化，在一个时期内数量很少的东西可能很容易在下一个时期变得过多。

预测是供应管理中一个非常重要的部分，直接影响到采购数量与交付。预测方法的使用、供应、市场条件、科技、价格等一直是制定良好决策所需的必要条件。问题是如何计划来满足未来的需要，而这需要回答以下问题。

- 预测的责任是什么？
    - 是否允许供应管理组织事后再次预测销售、生产或需求量？
    - 其他的供应链成员是否应该协同参与预测？
- 如果预测是错的，谁来承担风险？
    - 供应商是否应该承担起满足预测需求或是实际需求的责任？
    - 供应管理者是否应该承担起满足预测需求或是实际需求的责任？
    - 在合同中，何时应提出处理不准确预测结果的责任？
    - 谈判在解决这些问题中发挥了什么作用？

在许多组织中，对原材料、服务、零部件和组件的需求通常来自销售预测，这是营销部门的责任。在许多服务组织和公共机构中，供应职能部门通常必须同时预测物品需求并采购物品。在转售中，买家必须评估预期销售量（包括以折价销售的季节性商品的销售量），并根据季节性需求做出购买承诺。无论在什么情况下，人们会很快忘记错误的预测，但是会长久地记住大量的产品过剩或是短缺。无论是谁做出的原始预测和这个预测有多差，供应管理人员都经常会因为产品数量过多或是短缺而受责备。

对服务消费的预测也很困难。通常存在许多消费点（例如，通过门户网站或服务柜台），对员工订单缺乏控制。如果服务支出管理广泛分布在整个组织中，可能存在多个合同具有相同的供应商，以及同一种服务有多家供应商和不同的编码系统。在这种情况下，预测总需求量是很困难的。在销售方面，预测服务能力同样困难。许多组织使用临时劳动力或自由职业者，以转移因对劳动密集型服务的需求预测不佳而产生的风险。而这个方法在蓬勃发展的就业市场中可能会事与愿违，或可能导致较高的人员流动率抑或导致具有熟练技能的劳动力不足。

预测存在的真正问题是其不可靠性。预测通常可能是错误的，预测需求量可能会超过或稍低于实际需求量，但相差多少呢？持续性地改进方法可用于改善预测结果，即跟踪预测的准确性，并采取相应措施来逐步消除预测误差的根源。

对于供应商来说，实际需求与预测需求的大幅偏差可能是一种采购策略。如果需求低于预期，供应商可能会怀疑，原先的预测是为了获得有利的低价或其他优惠。如果需求超过预期，供应商的成本会因为加班、紧急采购、更改生产计划等原因而增加。采购方需要与供应商进行定期交流预测需求的不确定性，供应商的报价单可以考虑到需求的不确定性。如果买家自己都没有意识到需求的不确定性及对供应商的潜在影响，那么上述提到的信息分享显然是无法进行的。同时，预测需求还应该定期更新。

8.2.1 预测技术

如今，大量的预测技术已经开发出来，也有大量描述这些技术的文献。本节将简略地介绍一些常规技术。

1. 定量预测

定量预测的方法是指利用过去的数据来预测未来的需求。因果模型是一种定量预测方法，其通过寻找先行指标，建立线性模型或多元回归模型。地毯制造商可能会使用颁发建筑许可的数量、抵押贷款利率、公寓和写字楼的空置率等因素，来预测地毯的销售数量。相关人士可能会使用与之相同的先行指标来预测对专业保洁服务的需求。有一些标准的计算机程序用于开发并测试这类模型。尽管即使很好的模型也无法说明所选择指标与预测销量之间存在因果关系，但通常认为选择的指标会造成预测销量的变化。必须能够获得时间足够长的历史指标数据，以确保有足够的时间根据预测结果进行管理决策。

第二类定量预测方法假定销售量（或其他需要预测的指标）在一段时间内具有周期性。采用时间序列预测方法的分析师，其工作是识别模型类型并建立预测模型。模型类型有六个基本方面：常量（数据围绕一个恒定值波动）、趋势（在一段时间内规律性地增加或减少）、季节变化、周期性变化、随机变化和反转点。时间序列预测技术包括简单移动平均法、加权移动平均线法和指数平滑法。这些预测需求的技术可用于预测银行柜员的需求、主要通信交换机上的流量或大型零售商对冷冻食品的需求。

2. 定性预测

定性预测方法类别中最常见的一种是收集大量人员的意见，并使用这些意见，基于一定程度的判断，做出预测。根据销售人员、地区销售经理等的估计进行市场预测就是一个例子。这种预测方法也可以自上而下进行。德尔菲法是一种规范的定性预测方法。收集意见进行预测的定性预测方法缺少大多数定量技术的严谨性，但准确无误不一定是必要的。在通常情况下，靠近市场的专业人员有一种很难具体描述的"感觉"，但是正是基于这种感觉他们通常可以给出良好的预测结果。

8.2.2 协同计划、预测与补货

贸易伙伴之间较好地协作，是提升预测和服务质量以及降低成本的有效方法。在协同计划上的努力成果包括音响系统制造商 Bose 公司为在其工厂设施内驻扎关键供应商的

工作人员而创建的JITII；美国食品行业中的有效客户反应系统（ECR），美国服装行业中的快速响应系统（QR）和供应商管理库存模式（VMI）、共同库存管理模式（CMI），还有制造商和零售商以及制造商和供应商之间的联合库存管理模式（JMI）。

协同式供应链库存管理（collaborative planning forecasting and replenishment，CPFR），是美国产业共同商务标准协会（Voluntary Interindustry Commerce Solutions Association，VICS）提出的一个特有的库存管理模式。为获得最准确的预测并制订有效的补货计划，多个贸易伙伴同意交换信息并共担风险，CPFR是这种方法的一个较好的例子。CPFR将销售和营销流程与供应链规划和执行流程连接起来。客户可以享受可获得性增加的产品，合作伙伴受益于销售的增加、库存和成本的降低、更高的服务水平。贸易伙伴在商业目标和具体措施上达成一致，制订联合销售和运营计划，并以电子方式协同合作，生成并更新销售预测和补货计划。当需求、促销，或政策发生变化时，可立即调整联合管理的预测和计划，以最小化或消除双方当事人采取事后补救措施带来的很高的成本。

8.3　确定订货量与库存水平

下面将介绍一些用于确定订货量和库存水平的相对简单的理论模型。这些模型的适用性取决于对库存的需求或使用是相关的还是独立的。

- 相关性需求。该产品是较大产品或组件的一个组成部分，其使用量取决于该较大产品或组件的生产安排。因此，产品的相关性需求是一种衍生性需求，例如能量饮料制造商对瓶体和瓶盖的需求取决于成品饮料的生产计划。
- 独立性需求。库存产品的使用不是由生产计划驱动的，而是由客户订单直接决定的。客户订单独立于生产计划的决策，即对能量饮料的需求是由消费者决定的。

8.3.1　固定批量模型

在确定周期性库存产品制造或采购批量时，通常需要权衡库存持有成本与采购或制造成本。该模型的目的是最小化年总成本。在该模型最简单的形式中，年需求量为 R，提前期为 L，价格为 C，可变订货或生产准备成本为 S，持有成本百分比 K 均保持不变。当库存下降到再订货点 P 时，按照固定的经济订货批量 Q 订购，不允许发生延期交货和缺货。

总成本即为采购成本加上生产准备或订货成本，再加上库存持有成本，即

$$TC = RC + \frac{RS}{Q} + \frac{QKC}{2}$$

使用微积分，Q（也被称为经济订货批量（EOQ））的最小值为

$$Q_{opt} = \sqrt{\frac{2RS}{KC}}$$

在该最小值下，订货成本和持有成本是相等的。图8-1和图8-2分别说明了在此模型下成本如何随着订货量的变化而变化，库存水平如何随时间变化而变化。

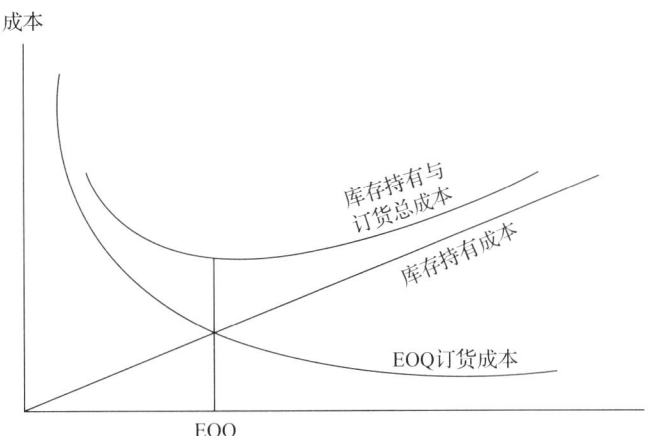

图 8-1　材料持有成本与订货成本

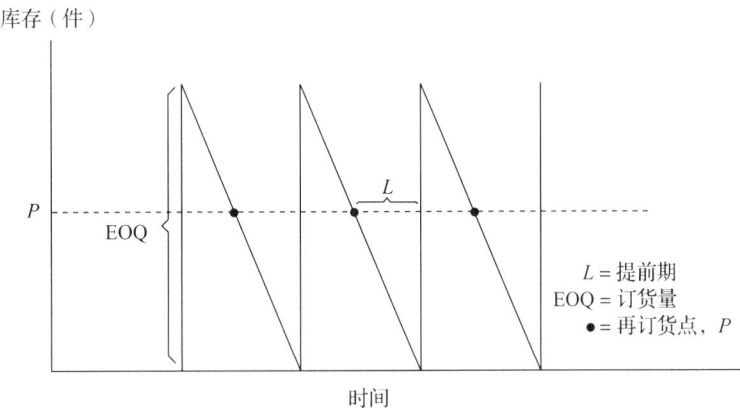

图 8-2　简单固定批量模型

举个例子，模型中参数值如下：
R = 年度需求 = 900 单位
C = 交付的采购成本 = 45 美元 / 单位
K = 年库存持有成本百分比 = 25%
S = 订货成本 = 50 美元 / 次

$$Q_{opt} = \sqrt{\frac{2RS}{KC}} = \sqrt{\frac{2 \times 900 \times 50}{0.25 \times 45}} = 89 \text{（单位）}$$

为确定再订货点 P，需要知道提前期 L，这里为 10 个工作日。假设一年有 250 个工作日，再订货点计算如下：

$$P = L \times 每工作日需求 = L \times \frac{R}{250} = 10 \times \frac{900}{250} = 36 \text{（单位）}$$

该模型表示，当库存量下降到 36 单位时，订购 89 单位的货物。下一批订货到达时，使用完最后一个单位库存。平均库存为 89 / 2 = 44.5 单位。在实践中，建议保留一部分安全库存，该安全库存将增加到平均库存里。同时，总成本曲线的底部（见图 8-1）相对平坦（且不对称），这样看起来可能订购 96 单位（8 打）或 100 单位会更好。在这种情况下，这种订购批量将分别比年度总成本 41 500 美元多支出大约 2.50 美元和 6.25 美元。这些成本是额外增加的订货数量产生的，包括额外的订货成本与库存维持费用。

经济订货批量模型的一些假设条件限制了其普遍适用性。其他的许多模型正考虑逐步放松其中的一个或多个假设条件。然而，基本的经济订货批量模型具有不错的鲁棒性。即使违反了模型中的一个假设条件，该模型也可以提供一个合理经济批量大小的估计值。读者可以参阅库存管理的相关书籍，了解更广泛的内容。

8.3.2 固定周期模型

在很多情况下，时常订购货物而不是只有当库存水平下降到特定值时才进行订购，从运营的角度来讲是可取的。当可以指派员工每日、每周、每月等核查特定类别的库存时，工作安排更加容易制定。

在固定批量模型中，当到达再订货点时，下订单。但在固定周期模型中，只有在库存核查时才订货。因此，为防止缺货，在核查期间和提前期内，必须对库存水平进行调整。

固定周期模型试图确定最优订货周期（T_{opt}）。可以采用以下方式确定最小成本周期。每年有 R/O 个周期，因此，T 为 O/R。在 EOQ 公式中的订货量 O 可以替换为

$$T_{opt}R = \sqrt{\frac{2RS}{KC}} \quad \text{或者} \quad T_{opt} = \sqrt{\frac{2S}{RKC}}$$

使用前面的例子给定的值

$$T_{opt} = \sqrt{\frac{2 \times 50}{900 \times 0.25 \times 45}} = 0.1 \quad \text{或者} \quad 10 \text{次/年}$$

对于一年 250 个工作日来说，最优订货周期为 25 个工作日，或者每五周订货一次。最优订货批量 EOQ 为 RT_{opt} 或 90 单位。这与之前例子的结果相同。在组织程序上，可以每 4 周或每月进行一次库存核查。在这种情况下，T 等于 0.08，O 等于 72。相对于最优成本，每年额外增加的成本为 23.77 美元。

8.3.3 概率模型和服务覆盖率

在上述模型中，假设所有参数已知并且不随时间变化。但更常见的是需求量、提前期、供应等是变化的。概率批量模型考虑了这些变异性，比确定性模型更复杂，但是概率模型对于可能的结果给出了更多信息。

8.3.4 缓冲库存或安全库存与服务水平

对于缓冲库存或安全库存来说，主要决策变量是为达到期望的服务覆盖率需要持有多少缓冲库存。服务覆盖率可以定义为用户服务的请求被满足的比例。如果对于某特定产品每年有 400 个订购请求，其中 372 个订购请求被立即满足，那么服务覆盖率是 372 / 400 = 93%。

服务覆盖率也可以定义为服务需求被立即满足的比例。如果上面例子中的 372 个订购请求中的每个请求只是一个单位的产品，剩余的 28 个没有得到服务的订购请求中，每个请

求为 5 个单位，那么每年总需求将为 372 + 140 = 512 单位。服务覆盖率将为 372 / 512 = 73%。准确理解服务覆盖率在组织中是什么显然是很重要的。

为防止缺货，需要持有大量库存，因此保持高服务覆盖率的成本很高。同样，大量缺货的代价也很高。通常，很难确定缺货成本，且费用较高。尽管如此，缺货成本却真实存在。为设定服务覆盖率，管理人员需要对服务覆盖率相关的成本进行明确评估，进而适当地权衡缺货成本与库存持有成本。

如果有准确可用的数据，如库存持有成本、缺货成本、需求或供给的变化等，那么持有库存与缺货之间的均衡关系可以进行定量评估。然而，由于获取成本以及单个货品需求概率估计值等数据比较困难，且花费较高，管理者通常主观地设定服务覆盖率，一般约为 95%，这意味着缺货成本与持有成本之比约为 19 : 1。

在实践中，由于产品分类、功能和相关性较为复杂，因而设置并管理服务覆盖率比较困难。对于某些产品的服务覆盖率不需要太高。但是同一种产品，可能对于某一客户不重要而对于另一个却至关重要。如果客户是一条装配线，一种组件的低服务覆盖率，会形成其他组件不必要的高服务覆盖率。同时，一些客户会容忍服务覆盖率远低于其他客户。在一个组织中，内部部门有时被视为客户，服务覆盖率是度量供应管理有效性的一种指标。需要强调的是服务覆盖率和库存投资是密切相关的。实现高服务覆盖率的成本较高，没有必要的财政支持，高服务覆盖率期望会落空。当然，由于服务覆盖率与供应商绩效相关，因而供应职能对其也较为感兴趣。

服务覆盖率可用于确定适当的缓冲库存水平，如图 8-3 和图 8-4 所示。图 8-3 从左到右显示了可能出现的四种情况。

（1）仅使用部分缓冲库存。
（2）没有剩余的缓冲库存依然存在，但也没有缺货。
（3）发生缺货。
（4）所有缓冲库存得以保留。

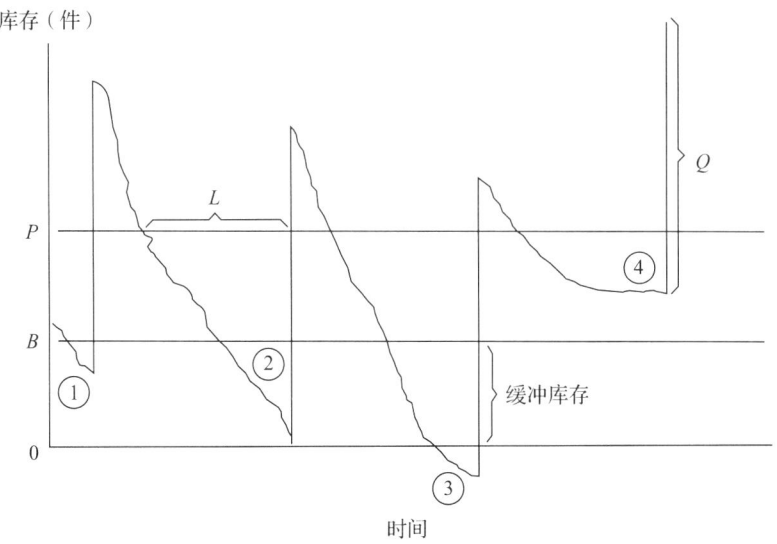

图 8-3　固定订货量模型下的缓冲库存与需求变化

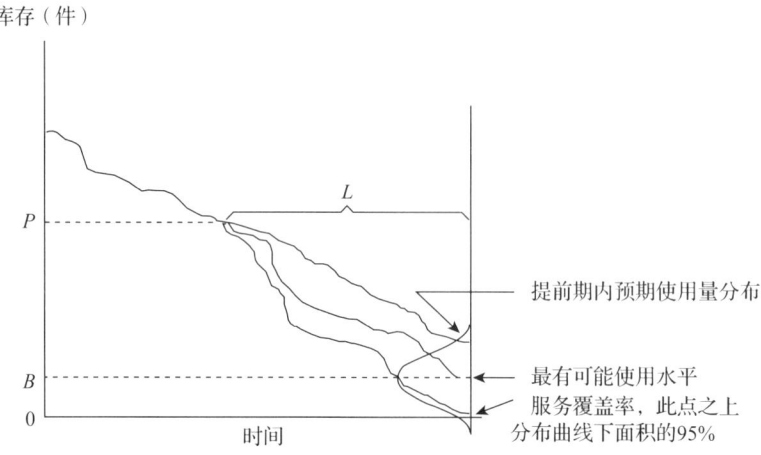

图 8-4 确定满足预期覆盖范围的缓冲库存量

图 8-4 始于一个 EOQ 模型，只是不确定在订货与收货之间将使用多少单位货物。考虑到平均每日需求的标准差，且假设需求符合正态分布，以及最有可能的使用水平，图 8-4 中设置的期望服务覆盖率目标值为 95%。

当提前期、收到货物的可用量、库存缩水率等具有不确定性变化，需求不符合正态分布，且变化情况随时间变化而变化时，概率模型的复杂度将大大增加。可以采用仿真模型以及其他先进的统计技术解决这些复杂的情况。

8.4 需求计划与资源

批量模型的假设条件之一是对所购买或制造产品的需求独立于其他产品的需求。大多数产成品的生产是符合这种情形的。然而原材料、零部件与组件的需求不具有独立性。对于这些物资的需求依赖于成品的装配计划。例如，每辆车的组装需要一块挡风玻璃、一个方向盘、四个轮胎加一个备用轮胎。同样，许多非生产性物料需求取决于维修计划。这些物资需求的非独立性是物料需求计划的基础。

8.4.1 物料需求计划

MRP 系统为企业的生产、维修活动提供支持，或用来满足主生产计划的需求。为了确定需求，MRP 系统需要每种产成品或工程的准确物料清单，这些清单可以有多种形式，但通常用结构树方式来表示。

并不是所有企业都可以成功地实施 MRP 系统。实施 MRP 系统可能会花费几年的时间，并在培训、数据准备与组织调整，以及计算机硬件和软件上涉及大量的资金投入。即便如此，许多成功实施 MRP 系统的企业认为其减少了库存、提前期、拆分订单，并加快了进程，提高了交付承诺的满足率，使组织生产更加规范化，因此这种投资是值得的。MRP 系统可以通过快速地对再计划与生产计划进行即时调整，来适应外界环境的动态变化。

1. 物料需求计划的输入

基本的物料需求计划输入因素有三种。

（1）**主生产计划**：整个物料需求计划系统是由一定时间段的预测需求来驱动的（主生产计划），该预测详细说明在某具体时间段里要完成多少产成品。

（2）**物料清单（BOM）**：BOM 根据工程设计或/和流程记录，来细化生产每种产成品所必需的子组件。

（3）**库存记录文件**：包含已下订单、提前期、订货批量等信息，可以用来计算订单数量与时间。

物料需求计划系统可以同时确定所需物资的订购时间与订购量。前提是假设所有的信息都是准确、可靠、易获取的，且一旦产生需求即订购物资。物料需求计划系统可以辅助生产按计划进行，避免设备停工，适应订购量的变化，并识别延迟推进订单的需求。

2. 物料需求计划的批量

在制订物料需求计划之前，必须确定每种产品的批量规则。批量规则的选择非常重要，影响到库存持有成本与运营成本，如调整准备费用。

有四种基本的批量规则：逐批订购法（L4L）、经济订货批量法（EOQ）、最低总成本法（LTC）、最小单位成本法（LUC）。

L4L：最常见的一种批量技术，不考虑调整准备费用、库存持有成本与容量限制，批量的大小仅依据每一个阶段的生产净需求来确定。

EOQ：一种权衡库存持有成本与调整准备费用（或订购成本）的批量技术。EOQ 模型根据对年需求、库存持有成本和调整准备费用（或订购成本）的估算，确定批量大小。

LTC：通过比较各种批量下的成本，选择具有最小成本批量的一种方法。LTC 方法通常是一种动态的批量决策方法。

LUC：一种动态的决策方法。它将库存持有成本和调整准备费用（或订购成本）分摊到单位成本中。

当使用物料需求计划系统时，批量的确定通常是个难题。因为大多数批量方法需要成本和年需求的信息，所使用数据的准确性决定了决策的有效性。

物料需求计划系统是一种"推式"系统，企业根据预测来组织生产，并将产品"推"向市场。在今天多变的全球经济下，"拉式"系统基于消费者的实时需求来组织生产。物料需求计划系统很明显缺乏满足全球供应网络的灵活性，导致了采购、生产与执行周期中长期存在且经常发生的短缺问题。下一代物料需求计划系统将是需求驱动的物料需求计划系统。尽管需要花费很多精力，但一些实行精益生产和约束理论的公司仍然提倡替换掉先前的物料需求计划系统。

8.4.2 产能需求计划

随着信息系统技术的进步，物料需求计划系统有了很多提升，在生产与供应的规划与协调方面给管理者提供了很多帮助。产能需求计划（CRP）的产生是物料需求计划系统一个标志性的提升。

能力是指在一定的时间内所能完成的工作量。CRP 在生产资源分配上的作用与物料需求计划在物料上的作用类似。当物料需求计划系统制订了物料计划后，CRP 系统将计划转换成在某时间某工作岗位上需要的人力资源数量和资源消耗量，并对需求的资源和可获得的资源进行比较。如果现有生产能力不足，管理者则必须调整生产能力或者重新制订主生产计划。这种主生产计划的反馈环，形成了"闭环"物料需求计划系统。

CRP 模块通常嵌套在车间控制生产计划的模块中，目标是相对于之前所确定的计划来度量工作中心当前的产出。根据度量结果可以识别出可能的故障点，这对持续性的产能规划是很必要的。

8.4.3 制造资源计划

制造资源计划（MRP Ⅱ）将企业的生产计划流程和财务系统结合起来，MRP Ⅱ 将各种生产情景下的产能需求与财务和现金流预测结合起来，帮助组织实现销售与盈利目标。

8.4.4 需求驱动的物料需求计划

美国的奥利奇博士关于物料需求计划的第 3 版著作名为《需求驱动的 MRP》(*Demand Driven MRP*（DDMRP）)，出版于 2011 年，由嘉露·柏德克和查德·史密斯编制（奥利奇于 1986 年去世）。DDMRP 这本书继承了传统的物料需求计划，并采用了多层次需求与供应规划，以及包含以下五个关键要素的执行方法：库存的战略定位、缓冲库存与水平、动态的调整方案、需求驱动的计划与可视化合作实行方案。[⊖]

DDMRP 结合了传统物料需求计划、精细理论与约束理论，最适合于制造企业。产品的生产需求大部分由顾客的需求驱动，并且 DDMRP 的供应链建模过程可以让使用者实现库存水平的最优化，以及确定何时何地持有库存。DDMRP 的优势在于其在提升服务水平的同时可以降低库存水平。

8.4.5 企业资源计划系统

为一体化业务系统与流程，许多公司使用包含了物料需求计划模块的 ERP 系统。ERP 是一种软件系统，可以联合企业的所有职能领域进行信息分析，包括制造、金融、销售、市场、人力资源与供应部门等。ERP 可以提供一条从客户下订单到订单完成过程的服务链。于是，一套完全实行的 ERP 系统可以使供给部门清楚销售人员收到的订单，制造部门掌握原材料的交付状况，销售部门了解到产品或服务的提前期与可用性，财务交易记录也会被直接传入财务会计系统。第 4 章对 ERP 和供应信息系统做了更加细致的讨论。

现代化的物料需求计划系统远远不只是计算需要多少材料以及什么时候需要的简单设备。它是一个包含了所有组织层面的信息与交流系统。使用物料需求计划系统，管理员可以执行绩效度量，下达计划的指令（采购订单、车间订单、重新规定时间表的提示），并为管理人员提供了模拟主生产计划的能力，以应对可能的生产负荷变化，如物流延迟、机器故障、员工疾病等。该系统下组织内部的整合，使得整个系统内部持有较高精准度的信息，摒弃经验法则，并且在各个部门中使用通用数据。其优点在于减少了库存，提高了服务覆盖率，可以实时访问高质量的信息。最重要的是为应对未知的问题，该系统可以快速进行再规划。

8.4.6 物料需求计划系统对供应的意义

物料需求计划系统要求的严格控制机制，意味着包括质量、提前期、库存、物料清

[⊖] www.demanddrivenmrp.com/, accessed March 3, 2014.

单在内的供应记录必须要绝对准确并被严格把控。物料需求计划系统准时交付的要求需要供应商的合作。因此，采购人员一定要让供应商清楚产品的质量、数量与交付承诺的重要性。在这样的方式下，采购方可以减少安全库存。

许多物料需求计划系统都有采购模块，在该模块上可以执行许多日常供应任务，使供应工作更具有可分析性和战略性。物料需求计划规划期的长期性（通常为一年），意味着对供应工作进行更长期的规划并谈判更多的长期合同，合同中提供年度需求量为基础的折扣。这些合同需要更频繁地下订单并交付，订货批量通常是非标准化的。单个订单的数量折扣变得越来越不利于按时交付优质产品。

采购商必须清楚自己的组织及其供应商的产品生产流程。实施物料需求计划系统的组织具有更加谨慎的特点，这增加了供应职能部门创造性且灵活地最小化供给线上可发生的不可避免问题的责任。物料需求计划系统为采购人员提供了一个了解生产安排信息的窗口，这样采购人员可以更好地及时处理供应商相关的问题。由于采用物料需求计划系统，减少了松弛资源，因而采购人必须将非推进订单与推进订单一样落实于各项活动中。物料需求计划的一体化与前瞻性意味着供应部门的专业性增强。例如，计划采购员使用物料需求计划以保证采购员流程和供应商流程的交互顺畅运作。另外，专业化将基于产成品线上的输出而不是未加工原材料的输入。

与物料需求计划相比，准时制生产方法可以与物料需求计划相结合或单独运行，并可以实现物料需求计划的许多目标。

8.5 库存的功能和形式

了解供应链中库存应被置于何处（以及为什么）可以提升顾客服务水平，降低总成本，或者增强响应灵活性。合理的库存管理要求完全理解库存的功能和形式。

8.5.1 库存的功能

许多采购都包含经常在库存中持有的重复性物品。因此库存策略对采购数量决策有很大的影响。关于如何进行订购，何时订购以及持有多少库存的问题是关键的决策问题，需要持续改进检查，重点是提高质量以及客户、员工和供应商的满意度。在制定交付、库存或者采购批量决策时，了解库存存在的原因及与其相关的权衡问题是很重要的。持有库存有很多目的，包括：

- 为了提供并保持良好的顾客服务。
- 为使生产流程中的产品流更加顺畅。
- 为了预防供应与需求的不确定性。
- 为了合理分配人员及利用设备。

以下的库存功能分类，表明了库存发挥的多种作用。

在途库存通常指产品存储在将组织与其供应商及其客户相连接，以及将组织内部运输节点相连接的运输道路与管道中。由于存在把材料从某地运输到另一地点的需求，因此才存在在途库存。在途库存取决于运输的地点和方式。相对于选择当地供应商采用卡车运输,选择远距离的供应商采用铁路运输,将很可能形成更大规模的原材料在途库存。

在准时制生产方式中,有很多用于减少在途库存的方法,包括使用当地供应商、特殊容器的小批量运输、为侧面装载小批量货物而专门设计的卡车等。

周期库存的产生是由于管理方面对采购、生产与销售的决策以批量的方式进行,而不是单一单位或连续地进行。周期库存在运营系统的各种节点处积累而成。批量大小取决于库存持有成本与更加频繁的订购与/或调整准备成本之间的权衡。这种权衡关系的数学描述,即经济订货批量,我们已经做了讨论。在 JIT 中,通过减少调整准备费用与时间,进而减少对周期库存的需求。

"缓冲库存""不确定性库存"或者说"安全库存"的产生,源于需求和供应的多变性。原材料、采购的零部件或者非生产性物料缓冲库存可用于预防工厂倒闭、员工罢工、提前期变化、供应商发出较晚以及到达供应商的货物交付延迟、货物质量缺陷而未被验收等造成的供应商绩效的多变性。在制品缓冲库存可以预防机器故障、员工疾病等引发的问题。产成品缓冲库存可以满足不可预知的需求或预防产品故障带来的问题。

管理在减少供应多变性方面的努力,可以在减少库存上带来大量的收益。具体方案包括增加供应的替代性选择,使用当地供应商,减少需求的不确定性,缩短提前期,或者扩展产能。通过库存持有费用与缺货费用之间的权衡决定缓冲库存水平。

在预期主要市场缺货下的购买,是缓冲库存在较长时间下的变异问题。它需要巨额资金和高层管理的战略评估。第 10 章将进一步细致地讨论期货采购的问题。

另一种类型的缓冲库存,是在预期价格上升但不确定的情况下采购的产品。在这种情况下,需要权衡额外的库存持有成本与更高的采购成本。图 8-5 表示了这种权衡关系。显然,可以识别出中间价格增加的水平以及价格增加的时间节点。其他缓冲库存的权衡问题也可以通过类似的结构图来确定。

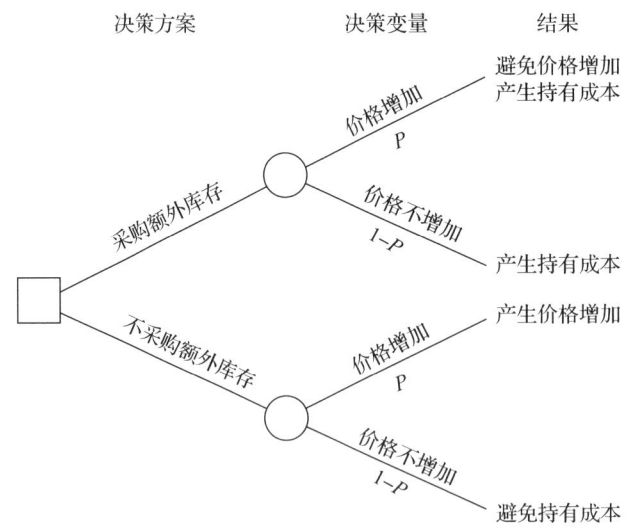

图 8-5 预期涨价情况下的库存决策

预期库存或者确定性库存是为了满足未来明确的需求而设置的。与缓冲库存不同的是,预期库存或者确定性库存为的是满足确定的需求风险,其更低。季节性库存就是一个很好的例子。一年里,在收获期内保留库存,以在其他时期进一步加工,是一个典型的例子。建立预期库存时应考虑的因素包括罢工、天气、缺货或宣布价格上涨的情况。

相对于缓冲库存，在确定性库存中，由于事件的确定性，就没必要进行概率估计，因此管理决策变得更加简单。不幸的是，在产品短缺和价格快速上涨的时候，组织可能无法投入足够的资金，以满足对更多预期库存的明确需求。在预期设定的预算下运营的公共组织，可能不能获得相应的授权和资金。许多缺乏营运资金的组织也可能会面临同样的问题。

解耦库存使得关键流程链接点的各个方面相互独立地执行活动成为可能。

原材料、在制品和产成品的解耦库存数量和位置取决于持有解耦库存带来的成本以及所增加的运营灵活性。

所有库存都具有解耦的功能，无论是在途库存、周期库存、缓冲库存，还是确定性库存。当最主要的目的是解耦，空间和时间已经被设计到适应它们的流程中时，认识到解耦库存是一个独特的库存类别是合适的。解耦库存给各方带来了灵活性和独立性，是谈判的一个极好的方面。许多合同规定，供应商应保持一定的成品库存。成品库存可以发挥供应商制造流程和客户采购流程之间的解耦功能。

通过检查库存的功能，很显然，库存是一个组织内大量相互关联的决策和政策相互作用而形成的结果。在任何时候，库存任一类型的功能与其他类型的功能没有本质的区别。通常，一种特定的产品库存可以同时具有许多功能。为什么按功能对库存进行分类？答案在于每类库存的可控性程度。一些库存基本上是固定且不可控的，而其他的则是可控的。一条减少总库存 20% 的管理指令，与供应和营销政策以及对周期性库存与季节性库存先前的承诺相结合，可以使解耦库存和缓冲库存几乎为零，但可能带来潜在的灾难性结果。

8.5.2 库存的形式

一般而言，如同按照功能分类一样，库存也可以按形式分类。事实上，按形式分类更为常见。五种常见的库存形式是：①原材料、外购件、包装；②在制品；③成品；④非生产性物料；⑤转售商品。在技术上，废旧材料也被视为库存，相关内容将在第 16 章中介绍。

对制造商来说，原材料、外购件与包装是组织的生产流程中最基本的输入物料库存。劳动力和其他材料也属于生产流程中的输入元素，它们将转化为在制品库存。当生产完成后，这些输入元素将成为产成品。在一般情况下，库存形式是通过组织在该库存产品上增加的劳动和物料的数量来区分的。库存分类是相对的，一个供应商的制成品可能会是一个采购商的原材料。

对资源产业、服务机构与公共组织而言，非生产性物料库存可能是巨大的。在资源产业中，库存中的很大一部分可能是维护或维修零部件，以支持其重型资本投资基地。在转售组织中，主要的库存类别是转售商品以及维护建筑物与设备的相关物品库存。对于消费品行业，如食品和饮料，包装是一个重要的购买库存类别，并对环境产生重大的影响。

8.5.3 库存功能与形式框架

将库存的 5 种形式和 5 种功能结合起来，形成了构成组织的 25 种库存类型。表 8-1 给出了这 25 种库存类型，以及影响每种类型管理决策的一些因素。并不是所有的库存类型都会在每个组织中有着相同的实用性，事实上，有些可能是完全不存在的。这 25 种类型的库存使得库存控制成为更复杂却更容易集中的任务。

表 8-1 库存形式和功能

		原材料、外购件和包装 1	在制品 2	产成品 3	非生产性物料 4	转售 5
库存功能				物流决策		
	1. 在途库存（运输）	设计供应系统、供应商位置、运输模式	布局设计和原材料装卸系统	工厂选址和产品分配系统	供应商位置、运输方式、小批量运输	仓库选址、分配、运输模式
				产品／工艺设计决策		
	2. 周期库存（EOQ、批量）	订单大小、订单成本	批量大小、调整准备	配送成本、批量大小	是否OEM、订单大小	订单大小、订单成本
				管理风险水平决策和不确定性		
	3. 缓冲库存（不确定性）	价格、供应和缺货的概率分布、持有成本	机器设备和产品质量的概率分布	需求概率分布、相关的库存持有成本和缺货成本	使用中故障发生的概率分布	需求概率分布、相关的库存持有成本和缺货成本
			价格／可获得性／决策和不确定性、季节性			
	4. 预期库存（价格／缺货）	了解未来供应和需求价格水平	产能、调度、雇用、解雇、加班、闲置等生产成本	需求类型（季节性）	维修计划项目	供应和需求持有成本和价格成本
				生产控制决策		
	5. 解耦库存（相互依存）	依赖／不依赖供应商行为	依赖／不依赖连续的生产作业	依赖／不依赖市场行为	供应商持有库存或者采购商持有库存	供应商持有库存或者采购商持有库存

库存是一个组织内不同的政策和决策的直接结果。用户、金融、生产、营销和供应决策都会对库存水平产生重要影响。长期固定的营销或供应政策可能会使成品运输、原材料运输和周期库存相当不灵活，而短期的生产规划可以为在制品库存提供高度灵活性。长期供应合同，加上不断下降的需求可能会导致原材料积累。高效供应管理者必须认识到短期和长期的每种类型库存的特性和可控性。为取得供应管理的有效性，他们还必须协调所有职能领域的政策和决策。

通常在决策制定过程中，不同的管理者使用不同的经验法则。常见的是每年的库存周转次数。经验法则规定，物品使用量翻一番，库存总量也应该双倍。然而，管理者必须仔细了解该库存物品的种类。

周期库存产生于经济订购批量模型（见上述内容），与需求量的平方根成比例地增加，因此需求量增加一倍，周期库存应上升了约1.4倍。从安装机器、发布生产订单，或储存产成品来看，订购不同的原材料或储存它们，可能有相当不同的成本结构。

在途库存依赖于供应和分销网络。分销系统发生变化，容纳物品数量增加，产成品的在途库存可以增加不止一倍，或者甚至会减少。预期库存，因需求类型的不同而不同，而非需求本身。解耦库存可能保持不变。为响应需求和供应的不稳定性，缓冲库存可能会增加，也可能会减少。这些影响中大部分将相互平衡，但有一点保持不变：经验法则是控制库存水平的原始方法。即使这些经验法则看似是有效的，经理也不知道这些经验法则是否是最有效的。任何规则都必须灵活解释，并进行定期测试和重新评估。

应用精益供应实践方法的企业，通过消除库存产生的根本原因来减少库存。例如，通过压缩调整准备时间减少周期库存；通过更好地规划并提供质量更高的产品来减少解耦库存；通过降低供应和/或需求的变异性，减少质量问题，或者提供更好的按时交付服务，可以降低安全库存。寻找更好的控制库存的方法，对企业来讲是一个持续性的挑战。

8.6　库存管理

如何有效地进行库存管理，与订购多少和什么时候下订单一样，都是关键问题。对大多数组织来说，如何实现有效的库存管理都是一个挑战。本部分介绍一些库存管理的工具与技术，包括存货计价，ABC分类法，精益供应、准时制生产、看板系统，供应链库存管理。

8.6.1　存货计价

由于库存持有成本很高，现已开发了许多用于减少库存的系统。日本制造商已率先广泛开展了精益供应链实践，包括准时制系统。当然，了解库存的性质和成本，有助于组织根据特定的需求制定合适的政策与工序。北美地区的一些组织已经开始高度依靠物料需求计划系统来减少库存。通过物料需求计划系统，组织可以及时了解用户需求的各方面信息、全面协调各部门，并严格遵守制度。

对于库存中的每一个产品，持有该产品的成本必须要低于不持有该产品的成本。这是库存存在的唯一原因。库存成本是真实存在的，但不容易被准确量化。在某给定的情况下，库存成本要素的相关性取决于所要做出的决定。当只有一个产品的订单规模翻倍时，许多成本保持不变。当 5 000 种产品的订单规模都发生变化时,这些成本也会发生变化。主要的库存成本类型如下。

持有、维护或占有成本,包括装卸费用,仓储设施成本或仓库租金,库存搬运的设备成本,存储、劳动力与运营成本,保险费,破损,偷窃,折旧,税收,投资或机会成本。总之,任何持有该产品的成本,均计入库存成本。

库存持有成本可能会很高。例如,根据最近的估计,持有产品库存的年度成本为库存产品价值的 25%~50%。许多公司没能很好地对库存持有成本进行估计。有多种库存持有成本的估计方法,而库存持有成本的基本组成要素是:①资本成本,②库存服务成本,③存储空间成本,④库存风险成本。

公司将其库存持有成本估计为占库存价值的百分比,就可以计算年度库存持有成本,计算方法如下:

$$年度库存持有成本 = 平均库存价值 \times 库存持有成本占库存价值的百分比$$
$$平均库存价值 = 平均库存量 \times 单位库存成本$$
$$CC = Q/2 \cdot C \cdot I$$

其中,CC 表示年度库存持有成本;Q 表示订单总量或者配送货物的总量;C 表示单位配送成本;I 表示库存持有成本占总库存价值的百分比。

订购或采购成本是与采购订单或生产订单相关的费用,包括管理、文书、材料、电话、邮件、传真、电子邮件、会计、运输、验收等成本。不下订单或合并两个订单,会节省什么费用?总项成本是指识别供应商并向供应商下订单所发生的费用。分项成本是指在采购订单中增加一项产品的采购所产生的成本。大多数订单将包含一个总项成本和几个分项成本。尽可能缩短交货时间的同时,采用电子数据交换和基于互联网的订购系统也将降低订货或采购成本。

调整准备费用是指启动一次生产运行涉及的所有成本。调整准备费用可能会很高,包括早期损耗以及达到标准生产率之前的低产量等相关成本因素,以及其他更常见的一些因素,如安装费用、职员工资和其他成本、停机时间、刀具磨损、零部件(设备)在调整准备过程中的损坏,等等。采购商和供应商的调整准备费用是相关的。应该指出的是,减少调整准备的费用与次数可以缩短生产周期,进而减少订购批量,增加配送频次,这正符合准时制生产系统的要求。

缺货成本是指在零部件或原材料需要的时间与地点,无法及时提供所需零部件或原材料造成的损失,包括由于缺货失去的销售订单(当前的与未来的)、由于缺货造成的替代成本、替代的材料与零件不适合或更昂贵、调度与推进费用、劳动力和机器闲置时间等。通常,企业的客户商誉可能会受到影响,有时甚至需要支付罚金。缺货对客户的影响是多样的。在卖方市场,不像在买方市场一样容易失去一个不满意的客户。此外,每一个客户对于缺货的反应都不尽相同。

在许多组织中,缺货成本都是很难准确估计的。然而,通常认为缺货成本很高,远远高于库存持有成本。根据这里的介绍,缺货成本与库存相关,这与延迟交货类似。

交付成本的变化与产品采购数量和时间有关,在不同采购量或采购时间下,产品价格或配送成本也不相同。供应商经常接受较大批量订单或在一年中的特定时间给予价格和运输费用折扣。小批量采购或在其他时间订购可能会导致较高的采购与运输成本。但以较大批量订购,可能会导致库存持有成本显著增加。我们将在第 10 章中讨论数量折扣问题。

许多库存成本很难识别，相关数据难以收集，很难度量具体值。我们可以尝试追踪个别产品的个别成本，以协助制定决策。通常，这样的成本适用于更广泛的产品类别。第二种方法是预测库存系统中一项重大变化对多种成本的影响。例如，对一些低价值产品转而使用系统外包或者供应商库存管理系统对低价值产品存储会产生什么影响？或者采用准时生产制对价格、运输、订货和存储各方面会有什么影响？由于大多数库存模型都基于库存持有成本、订货成本与缺货成本之间的均衡来获得最优订购批量与库存大小，因此成本数据的准确性与可获得性非常重要。

8.6.2 ABC 分类法

对于物品采购与库存，广泛采用一种建立在货币价值基础之上的分类方法。19 世纪，意大利的经济学者帕累托发现，不管研究的是哪一个国家，总存在一小部分的人控制着大部分的财富现象，这个现象生成了帕累托曲线，在许多情形下该曲线的基本原理都适用。例如，在物料管理方面，帕累托曲线适用于所采购的物品、供应商数量、库存中存储物品以及其他许多方面。通常，帕累托曲线也称作二八定律，或者更普遍地被称为 ABC 分析法，即分为 A、B 和 C 三种类别。在库存中，其具体应用如表 8-2 所示。

表 8-2

类别	总库存产品百分比（%）	占库存价值百分比（%）
A	10	70～80
B	10～20	10～15
C	70～80	10～20

这些比例在不同的组织机构中可能会稍微有些不同，一些组织可能会将产品分为更多的类别。分类原则在物资管理方面非常重要，通过物资分类，管理人员可以集中精力在投资收益较高的物资类别上。例如，一个制造商年采购支出为 3 040 万美元，分解如表 8-3 所示。

表 8-3

产品数量	数量百分比（%）	年采购价值（美元）	价值百分比（%）	类别
1 095	10.0	21 600 000	71.1	A
2 168	19.9	5 900 000	19.4	B
7 660	70.1	2 900 000	9.5	C
10 923	100.0	30 400 000	100.0	

对组织库存类似的分析也会表明库存价值中的较大部分来自数量相对较少的物资。

采购价值是单位价格与采购数量的乘积。仅仅基于采购价值，不足以划分高价格或高价值的产品。必须计算年采购价值（单位价值 × 年采购量 = 总年度价值），并基于此将物资分为三种类型（见图 8-6）。

供应管理人员如何使用这样的分类方法呢？对于大多数的管理者而言，应该更多地关注 A 和类 B 类产品而不是 C 类产品。而对于所有产品而言，产品供应的确保性与可用性是同等重要的。因此对 C 类产品常用的管理方法为：持有一定量的库存，注重一个或者少数供应商的多种需求，采用无库存购买协议或者系统化合约，使用采购卡，使用电子采购目录，以及不经常性地对产品库存进行审查。对于大多数产品而言，这些方法减少了文档管理的事务，却保持了较高的服务覆盖率。

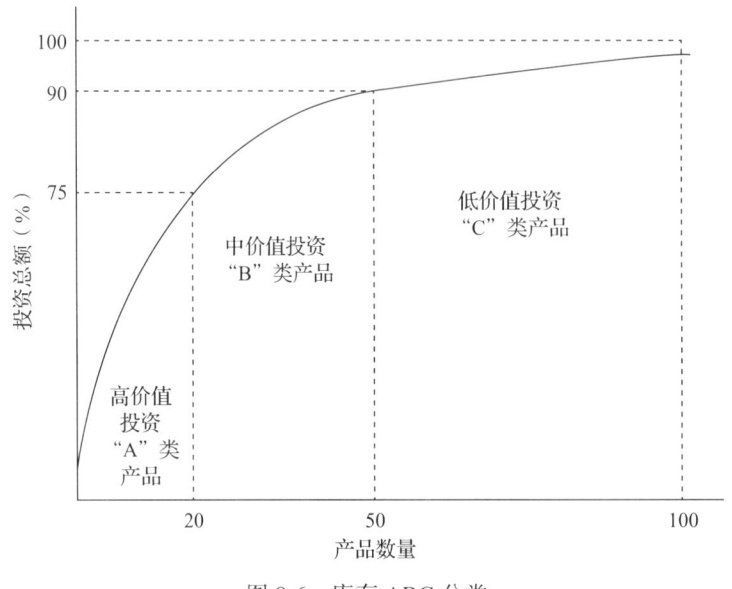

图 8-6　库存 ABC 分类

在财务条款中 A 类产品尤其重要，因此除非出于其他方面的考虑，在通常情况下，要求库存持有量少，并对库存进行经常性审查。B 类产品介于 A 类产品和 C 类产品之间，比 A 类产品的审查次数要少，更适用于系统化方法。需要注意的是，某些 B 类产品和 C 类产品可能因为其特殊性、供应风险和其他原因，库存管理方法需要类似于 A 类产品。

8.6.3　卖方或供应商管理库存

卖方或供应商管理库存（VMI/SMI）、系统化合约或无库存采购，是采购与库存职能领域出现的新的库存管理方法，比总括订单更加复杂。系统化合约依赖周期计费程序；允许非采购人员发放采购订单；使用特殊产品目录；要求供应商保持最低库存水平，但通常合同中不指定买方必须购买产品的量；提高库存和周转率。

供应商管理库存技术最常用于采购文具和办公用品，还可用于重复性产品及非生产性物料的采购。非生产性物料种类较多，价值相对较低，并且任一工厂或设备发生故障时立即需要该类产品。该技术建立在一个总括式合同的基础上。该合同详细说明了在指定的时间段内产品使用的近似数量、价格、调整价格条款、接受日常请求与短时间内交付（通常 24 小时）的程序、简化的支付程序，以及合同中所包含产品的完整目录。

一般来说，该类技术下合同中涵盖的所有产品的库存都是由供应商存储的，从而消除了买方在库存和空间上的投资。合同中产品的采购请求直接传达给供应商，而不用经过采购部门处理。根据采购请求，供应商补充库存，包装，开具发货清单，并将之作为交货凭证。精简的程序降低了买方和卖方的文本处理成本，并有助于解决小批量采购问题。

联合库存管理是供应商管理库存的扩展。在联合库存管理中，供应商和客户设计更加详细的业务流程,并更多地参与产品销售、订单预测,以及生成补充订单。供应商可以一体化融入客户的销售系统,并可以获取实时的销售数据。

8.6.4 精益供应、准时制生产与看板系统

精益思想是一种管理理念,专注于为客户创造价值,并消除以下七种形式的浪费或非增值活动:①产量过剩;②等待、排队时间;③运输;④非价值增值流程;⑤库存;⑥移动;⑦质量成本:废品返工与检查。

1. 精益供应

在精益供应方法下,基于长远视角管理供应商关系,以消除浪费并增加价值。精益供应基于日本丰田公司首创的制造理念。精益系统已经被很多公司接受,包括高科技公司(如苹果公司)、杂货零售商(如特易购)、网上经销商(如亚马逊)以及医疗保健机构(如梅奥诊所)。然而,通常认为丰田生产系统是最佳的精益运作模式。第7章"质量"中讨论了精益思想。注重消除浪费的精益工具,如准时制生产系统与看板系统,只有可以稳定地获得合理的质量水平时才能发挥作用。产品和服务相关的质量与数量决策是密不可分的。

2. 准时制生产

准时制生产系统是应用精益思想的最著名的系统。在准时制生产系统下,在需要的时候,零部件、原材料与服务精准到达工作中心。这一特点大大减少了在制品库存。准时制生产的目标和物料需求计划的目标是类似的——在合适的时间、合适的地点,提供合适的部件,实现这些目标的方法却完全不同,结果都非常不错。然而,物料需求计划是以计算机计算为基础的,准时制生产系统则是以工业工程为基础的。准时制生产方式侧重于在供应链中消除浪费,准时制生产系统具有很多可以很好地运用到公共或私人的、生产性或非生产性等任一运作中的特性。

在准时制生产系统中,产品设计始于两个关键问题:

- 容易出售吗?
- 容易制造吗?

这些问题意味着营销职能和运营职能之间需要密切合作。一旦这些问题得到肯定的回答,就将注意力转移至流程设计本身。重点在于机器设备的布局,要使生产更加流畅。尽可能实现生产与物料搬运的自动化。通常,使用U形生产线有利于团队合作,提高工人工作灵活性,有利于重复性工作,有助于物料搬运与设备操作。在流程设计中,根据每月的生产计划,设计师努力在系统中规范周期时间和运行一个固定的产品组合。这样,所设计的生产流程至少可以重复运行一个月。

均衡生产的能力意味着调整准备费用和订单成本非常低,且生产批量很小,在理想情况下为一。在准时制生产方式中,调整准备费用与订货成本为变量,而在EOQ模型中,它们是固定的。日本人通过不断寻求方法来缩短调整准备时间,率先取得了巨大的收益。通常调整准备时间为3~4个小时,在一些实施准时制生产方式的工厂里已经缩减为不到一分钟。

通过对车间中一些细节的管理,开发和修改特殊的夹具、装置、工具与机器,以及

对员工进行深入的方法培训，可以显著地缩短调整准备时间。通过调整采购的设备，仅从少数供应商处采购设备以及经常性地在企业内部生产所需设备，可以简化调整准备程序。这些设备通常是专用的、轻便的、简单的且便宜的，是生产流程中必要的部分。订单成本，概念上类似于调整准备费用，同样也会减少。

零部件和原材料在需要的时候到达的必要条件之一是，所到达的零部件与原材料必须是无缺陷的。在准时制生产方式中，使用如下一些相互关联的原则，以确保在生产过程中每个步骤都有高质量产出。

（1）**工作人员的责任**。产品的质量取决于制造者，而不是质量控制部门。此外，工人和管理者要习惯性地寻求改善现状的方法，努力追求完美。通过实施拥有详细目标、时间要求以及可度量成果的特定项目，往往可以实现质量的改进。另外，工人也要负责修正自己的错误、返工等。

（2）**制造质量**。这也就是通过生产工人在生产的过程中确保质量，而不是通过质量控制检查员通过检查来确保质量。只有对于小批量生产，才可以密切控制每个步骤，并对每件产品进行检查。当质量问题出现时，工人有权停止生产。这表明在生产系统中质量是比产量更重要的目标。

（3）**遵守质量标准**。准时制生产系统强调产品需要符合质量标准。买家将拒绝不合格的产品，并会亲自走访供应商工厂，检查生产车间的产品质量。因为这样的互访较为频繁，使用准时制生产方式的生产者用容易理解的术语描述其产品质量，并在显眼的地方张贴质量结果。这一过程要求制造商必须精确地对质量进行定义。

准时制生产通过生产小批量产品来控制质量，防止产出大批量不良产品。准时制生产系统倾向于拥有过剩的生产能力，这样工厂生产所需数量的产品不会有压力。与之类似，设备定期进行保养和检查，并在运行时要求不超过合理的功率。工厂内务通常管理良好。质量控制部门作为生产人员和供应商的质量协调人员，在解决问题时提出建议。该部门还做一些测试，这些测试往往针对最终产品。该最终产品的测试不易分配到单一的生产工人；或测试具有特殊的目的，需要特殊的设备、设施，具有特定的知识；或者来不及由生产车间的工作人员进行测试。在任何可能的情况下使用自动检查装置。在必要时，所选择样本包括第一和最后一个生产的产品，而不是一个较大的随机样本。采用的分析工具包括员工熟知的标准统计技术，并采用因果图来帮助解决问题。

准时制生产需要工人和管理人员的努力与奉献来帮助组织。准时制生产系统中的工作人员必须具有灵活性。经过培训，工作人员可以胜任几种不同的工作，并经常调动。工作人员负责产品的质量和产量，并不断寻求方法来改善生产运作的各个方面。根据所发现并解决的问题，组织给予工作人员奖励。

总之，准时制生产代表一种高质量的工作环境，代表优秀的工业工程实践，准时制生产系统认为运营在战略上具有重要意义。在准时制生产系统下，努力开发简化的工厂配置，消除可能的变化，进而实现命令和纪律。通常，在准时制生产系统下，物料在工厂是"拉动式"运行的，而不是"推动式"运行的。作为一种控制装置，看板系统的使用很好地说明了这一点。

3. 看板系统

看板系统是有助于实现准时制生产工作的一种简单而有效的控制系统。看板经常被不正确地认为等同于准时制生产。虽然两者是密切相关的，但两者不能等同。"看板"在日语中的意思为"卡"，该"卡"的使用是许多日本控制系统的核心，例如丰田备受关注的看板系统。

准时制生产具有小批量生产的特点，且生产是离散的。看板系统最适用于定期生产大量的零部件，而对于昂贵的，或者存储成本很高且不经常使用的，或者在加工公司中非离散型生产的产品而言，不太适合。

一般而言，存在两种看板系统：单卡、双卡。在双卡系统，存在两种卡片（看板）：运输卡片（C看板）和生产卡片（P看板）。单卡系统只使用C看板。双卡系统的使用遵从以下规则。

（1）只有P看板授权生产时，才可以制作零部件。P看板到达前，工作人员可以做维修、清洁、或改善工作，而不是在接到生产要求前就制造零部件。与之类似，C看板控制零部件在部门之间的传输。

（2）只能使用标准的集装箱，并且通常装载规定的少数产品。

（3）每一集装箱拥有一个C看板和一个P看板。

客户部门推动了看板系统的使用，使用看板拉动了物料在系统中的运行。该系统的主要管理工具是系统中集装箱的大小和数目（看板）。看板系统非常精确、灵活和灵敏。它规避了不必要的库存。例如，零部件组装成产成品，提供了制造更多零部件的"拉动力"。

4．准时制生产与库存管理

库存往往掩盖了产品供应或组织内部的问题。例如，缓冲库存可以保护客户不受边际供应商低质量或不可靠的交付的影响。在准时制生产中，通过降低库存水平，可以发现运作中的不当行为，促使组织发现并解决潜在的问题，识别较高库存或不必要库存的原因。部分管理人员将这种特意降低库存的行为视为组织的自杀行为，这种行为将连续性供应、服务或运营置于风险中。然而，相当多的企业已经尝试了这种做法（并存活下来），并体现了这种做法的优点。形象来说，我们可以将库存水平视为海平面。库存水平下降，表示海平面下降，这样可以显示出海平面下不同高度的尖锐岩石，这代表了组织中依次暴露出来的潜在问题或不当操作。

5．准时制生产对供应管理的影响

通常认为，准时制生产的应用性是不容置疑的。许多公司通过与供应商密切合作，以实现准时制生产。

准时制生产对供应管理有许多影响。首先，供应商必须持续地提供高质量的产品与可靠的交付服务。这意味着有必要从附近的少数供应商处进行集中采购。实现小批量订单的多频次配送，需要重新思考采用的输入运输模式。比如驾驶一辆专门设计的侧载车，司机每天行驶一条标准路线，从6~20个不同的供应商处装载小批量货物。将货物直接交付到用户所在地，可以避免再次装卸搬运。为适当保护货物、易于统计计算、便于插入与搬运而设计的专用移动架，同样有助于提高物料搬运效率。有效的准时制生产系统的设计与运作需要对供应商进行大量培训以及供应商之间的大力合作。

至少，可以参考准时制生产系统，在需求产生之前安排交付。在这种背景下，除了应用于制造业，准时制生产还具有更广阔的适用性——公共部门、服务业与其他非制造业组织。交付的可靠性降低了对于缓冲库存或安全库存的需要，并因此带来了相应收益。

在准时制生产中，供应商与采购人员之间通过密切合作解决问题，且供应商和客户之间保持长期稳定的关系。为与准时制生产的理念一致，供应商（一般数量很少）通常在客户附近建立工厂，以方便交流，提供小批量准时交付服务，并降低在途库存与安全库存。许多实施准时制生产的公司的整体状况很像向后垂直一体化的情形。组织之间密切合作，且进行系统整合，运营更加顺畅。在准时制生产环境下，采购方的角色为谈判者、协调者和创新者。

8.6.5 供应链库存管理

关于在供应链中持有什么库存以及在哪里设置库存的决策，对于客户服务、营运资金的运转以及最终的盈利能力都有重要的影响。戴尔、沃尔玛与惠普等公司证明，精益供应链也可以提供高质量的客户服务。

这些公司同样也证明了供应链是动态变化的。惠普启动了供应链优化计划，精简并标准化采购与产品设计、物理网络和物流、服务和保修，以及 IT 应用。在经历市场挫折之后，戴尔和沃尔玛致力于改变各自的供应链。戴尔进入零售市场，开发了四种供应链——基于在线订单的供应链、基于在线流行产品库存的供应链、基于零售规划的供应链、基于公司客户需求规范的供应链。为了降低复杂性并发展规模经济，戴尔公司集中于五个领域的协同：采购、产品设计、制造、规划与订单履行。⊖沃尔玛实体店实行全球扩张和削减成本的策略，但员工太少，导致 2013 年大量缺货。其在开发高效的电子交易网络方面也相对落后，而不能与亚马逊（世界上最大的在线零售商）进行竞争。

供应链库存管理包括信息流管理，以及产品和服务的实物流管理。与供应链合作伙伴管理信息流并不是一件容易的事。虽然采用信息技术可以提高与客户联系的速度和效率，但为确保兼容性，企业需要不断地大规模投资于新的系统（第 4 章对供应链管理中的信息系统检查与信息技术问题进行了更详细的介绍）。

协同信息技术标准与软件兼容性只是企业面临的一部分挑战。因为大多数供应商经常与多个客户交易，而不是专注于某个占主导地位的下游供应链合作伙伴，因此必须解决与保密有关的问题，包括应该共享哪些信息，应于何时交流这些信息。

运作流程设计问题与生产及库存管理活动相关，并影响到交货期、质量和生产批量等绩效因素。例如，柔性制造流程，可以快速响应客户的订单，并减少安全库存。确定适当的运输方式也是重要的，铁路成本最低，但卡车运输提供更快的送货上门服务，并降低在途库存。

库存管理政策应考虑市场条件以及对供应商行为的影响。广泛的政策，如"我们为所有 A 类产品维持四周的库存"，忽略了对系列产品需求或供应的变异性。因此，有必要根据产品分类制定库存水平决策规则，以确保维持适量的库存。

基于总需求百分比的订单策略会导致从零售商到批发商、分销商、制造商以及原材料供应商，对需求产生大幅波动，即牛鞭效应。这一问题可以通过与供应商分享实际的消费者需求来解决，这样可以规划生产并保持适当的可用库存，同时降低成本。

⊖ D. Simchi-Levi, A. Clayton, and B. Raven, " When One Size Does Not Fit All," *MIT Sloan Management Review*, Winter 2013.

8.7 确定服务采购数量

到目前为止，本章讲解了有形产品的数量确定问题。服务采购商也需要确定采购服务的数量、什么时候采购，以及如何确保特定服务的交付。

8.7.1 总需求

正如在预测部分所讨论的，相对于预测商品需求，预测服务的总需求更加困难。多个用户、多个服务订购者以及多个供应商关系管理人员，通常会导致采购商与同一供应商签订具有不同价格和条款的多个合同。对于需要确定产能需求和产能利用率的供应商来说，服务需求预测也有较大挑战。

从历史数据来看，供应职能在管理服务支出方面的参与度很低。目前，更好地管理服务支出的两种显而易见的方法是：①将服务类别置于供应管理之下；②使采购服务的用户/消费者采用专业购买工具和技术。在买家、用户和服务供应商的协同合作下，服务需求更加清晰，消费模式更加明确，降低成本与提高绩效的机会也增多了。

8.7.2 服务消费管理

对于许多企业来说，管理服务消费都是一个挑战。在开始尝试整合服务支出，并设定为某特定类别时，仅仅根据支出类别对总需求进行合理估计就可能需要花费比预期更多的时间和人力。业务单元地域分布的广泛性以及地方业务的多样化，加深了对服务消费管理的复杂度。另外，用户对个性化服务的需求，采购人员对服务标准化和简化的目标，这两者之间的关系比服务支出更难管理。

8.7.3 服务数量决策维度

第7章讨论的服务质量的决策维度，同样也适用于服务采购数量的决策。这些维度包括有形性程度、服务对象、服务的生产、需求的特征、标准化程度与技能要求。

1. 有形性程度

有关服务采购数量与采购时间的决策，通常受到服务有形性程度的影响。对于高度的无形服务（如管理咨询），采购数量的决策侧重于咨询团队需要有多少人员，需要具备什么样的资质，需要提供多长时间的咨询服务。对于买方和卖方而言，确定服务项目的时间长度是件困难的事情，并加深了服务提供商在服务项目期间安排具体人力资源的复杂度。同样，服务提供商与购买方内部的变动可能意味着项目执行过程中人员的变动。任一组织中人员的流失都可能会改变服务的时间安排和质量，导致在成本上不能达成一致。对于一些服务项目（比如IT安装）来说，项目的持续期很难准确预测，因此也很难估计所需计算机技术专业人员的数量。设定合同条款可能会使这种情况更加严重。合同中的条款会奖励供应商及时完成IT安装带来的服务满意度吗？允许项目时间延长和成本增加吗？

2. 服务对象

当服务对象是人时，服务采购数量由受服务影响的人员的具体需求来决定，或者深受其影响。最终用户（服务的消费者）在服务规范的制定中发挥主要作用。当服务对象是建筑物或设备时，服务采购数量决策会更客观一些，但在许多情况下，决策仍然会受人的主观意识影响。在任何情况下，在消费管理方面付出的努力都可能在组织内部遇到阻力。

3. 服务的生产

服务可以由人、设备或两者的结合来生产。对于由高资本或资产构成的服务，可以根据资产能力和可用性以及技术状况对潜在的供应商进行评估。例如，在一个举办多天的会议中，对于每项活动，会场是否有足够的空间来容纳预计参加的人数？对于劳动密集型服务，供应商的服务能力与具有特定资质人员的可用性是在做出关于服务提供量的决策时首要关注的问题。

4. 需求的特征

对特定服务的需求可能是连续的、离散的或周期性的。

连续性服务：保险或每天 24 小时、每周 7 天、每年 365 天不间断的安保服务或技术支持服务。

离散或一次性服务：一个室内装潢师为办公楼装修提出了一个新的配色方案。

周期性服务：可能是定期的，每周或每月一次，如定期检查；也可能随需求的变化而变化，如维修服务。

每种类型服务的采购数量影响到服务交易的价格与提供服务的总成本。服务支出的首要评估内容之一是：需要采购多少服务？在具有消费管理计划的组织中，下一个问题是：提供的服务中有多少是不必要的？

这将形成有关所需服务数量的其他问题和可能的答案。例如，在不会损失质量并降低成本的情况下，可以将连续服务转变为定期服务吗？一个组织需要每天 24 小时、每周 7 天、每年 365 天的技术支持服务吗？与这种服务水平的成本相比它有什么好处？如果在正常营业时间之外服务需求的次数很少，在这种情况下可以制定具有不同安排的合同，例如正常运营时间内收取平价费用，其他时间内收取较高的费用。

与货物捆绑销售的服务，最好对服务采购数量进行审查。组织在为从未使用过的服务支付费用吗？有其他方式来降低成本支出吗？例如，减少每年地板打蜡的次数可以降低成本，当然这必须考虑到更脏的地板，客户与员工对组织的看法，以及这一行为对员工士气的影响。对所提供服务的数量进行审查，是降低成本的重点。

5. 标准化程度与技能要求

在一些组织中，服务类别在商品类标准化服务到高度定制服务之间连续分布。使用这种方法，采购组织可以对高度商品化的服务简化采购流程，将更多精力投入到提供个性化服务中。有关数量决策，内部用户/服务规范制定者与商品经理可以随后制定商品化服务的标准描述，实际上是为每项商品化服务分配库存单位。然后，人事部经理可以为一项商品化服务指定所需的库存单位数量。虽然员工额头上标记 SKU 号码可能听起来不够人性化，但它是一种高效和有效的购买技术，对确保质量和降低成本产生很大影响。人为因素在许多服务中是至关重要的，因此内部用户/服务规范制定者希望招聘具有合适 SKU 的候选人，以确定最适合他们的服务运作。

对于高度个性化服务，服务采购量显然影响到服务的价格和成本。服务采购人员必须对这些影响进行仔细评估，以确保服务不会过度个性化，正如必须注意不会采购过度个性化产品一样。

本章小结

供应链有效性取决于对采购产品或服务的质量、数量与交付的保障。对于商品而言,采购数量与交付,都关系到生产批量和库存决策。相应地,这会影响组织的成本、生产率、灵活性与客户满意度。对于服务,采购数量与交付受"人为因素"影响较大,包括对成本、生产力、灵活性和客户满意度的影响。供应、生产与需求的变异性加深了预测、规划和库存控制的复杂度。尽管产品和服务之间存在差异,但基本的一些供应管理原则仍然适用于服务的采购。

复习题与讨论题

1. 什么是 ABC 分类法?
2. 什么是主生产计划,作用是什么?
3. 为什么库存持有成本很高?
4. 在典型的快餐经营中,怎样分辨库存的各种类型和功能?如何降低在库存上的总投资,可能造成的潜在结果是什么?
5. 什么是缓冲库存?
6. 什么是看板,如何使用它?
7. 对供应商和采购商来说,预测不准确可能会导致什么问题?
8. 准时制生产和物料需求计划的区别是什么?
9. 为什么人们更偏向固定期限而不是定量的再订货模型?
10. 服务的无形性如何影响采购数量决策?
11. 阐述供应链中变异性的来源。为什么变异性会增加供应链的成本?

参考文献

Bowersox, D.; D. Closs; and M. Bixby Cooper. *Supply Chain Logistics Management.* 4th ed. New York: McGraw-Hill, 2012.

Jacobs, F. R.; W. M. Berry; D. C. Whybark; and T. Vollman. *Manufacturing Planning and Control for Supply Chain Management.* New York: McGraw-Hill Professional, 2011.

Ptak, C., and C. Smith. *Orlicky's Material Requirements Planning,* 3rd ed. New York: McGraw-Hill Professional, 2011.

Krajewski, L. J.; L. P. Ritzman; and M. K. Malhotra. *Operations Management: Processes and Supply Chains.* 10th ed. Upper Saddle River, NJ: Prentice Hall, 2013.

Womack, J. P., and D. T. Jones. "From Lean Production to the Lean Enterprise." *Harvard Business Review* 27, no. 2 (1994), pp. 93–103.

案例 8-1　丽莎·卡鲁索

丽莎·卡鲁索是莫里森公司的采购经理,她非常关心公司的仓库运作情况。从九个月之前,担任经理职务之后,她已经意识到仓库运作存在记录错误,多次发出紧急订单,干扰生产的问题。今天是 11 月 6 日,周四。她在未来几个月内,预计库存量将会增加。丽莎想在下周的会议上向总裁提出解决方案。

莫里森公司

莫里森公司位于宾夕法尼亚州费城附近,主要生产用于建筑业的装货设备和配件。目前,其销售额约为 5 000 万美元。总裁大卫·莫里森是公司创始人的儿子。该公司产品设计优良、质量上乘且产品线稳固,享有极佳的声誉。莫里森建筑设备在行业内被认为是高端品牌,在制造质量和可靠性上与众不同。

大卫·莫里森认为应该降低经营成本,尽可能简化业务的各个方面。公司产品的销售具有高度的季节性和周期性,与建筑业的发展密切相关。2~9月，是生产的旺季。在此期间，从周一到周四公司实行两班倒，每班10小时（不包括30分钟无薪的午休时间），星期五8小时轮换的排班；有时周末也会安排加班。

大多数装货设备是根据客户订单生产的，有6~8周的提前期。约60%的装货设备和配件（铲斗和叉车）通过美国和加拿大东北部的分销商出售。通常，分销商和客户自己做一些最终的组装工作。

制造业务

该厂的主要部门包括机加工车间、制造和焊接车间、装配和涂装车间。该厂还设有维修保养部门，其中包括维修部件储藏室。

该公司的工程、制造、人力资源、会计与金融、销售，以及采购六个部门雇用了140名非工会小时工和30名员工。每个部门的管理人员直接向总裁汇报，享有高度的自治权。

该公司几年前安装了一个从本地软件提供商处购买的ERP系统。系统中的采购模块包括库存控制、采购订单、运输和收货、请购单、预测、计划和调度。信息系统团队向首席财务官汇报。

采购与仓储

丽莎监管6名员工：一名采购员、三名仓库职员、一名托运人/接收人和一名物料规划员。总采购额度约为2 800万美元。采购的货物有两种存储方式。大型贵重物品，如底盘、液压、传输、钢铁、锻件，这些占采购金额83%的物品，单独检查，编辑库存记录，根据收到的工作号分配。底盘存放在院子里，等待组装。变速器和液压装置保存在与组装区域相邻的存储区域中。钢铁储存在制造和焊接区域中，并在金工车间锻造。仓管员每星期五对所有高价值物品的库存进行盘点。

其余物品从接收货物的码头直接发送到仓库。该仓库保存有13 000种不同的零部件，包括各种各样的螺母和螺栓、涂橡胶的零件、垫圈、软管、灯具、焊接和机械修理用品。仓库由三名仓管员负责：通常一名仓管员从早上8:30工作到下午5:00，另一名从下午5:00点到次日凌晨1:30，第三名将按照第一班或第二班的时间工作，具体取决于哪个班次更忙。

仓库以最小/最大系统的改进方式运作，总库存价值位于120万~300万美元之间。订单量随时间不同而不同。在2~4月，根据旺季需求进行采购，并考虑可能的数量折扣。但是，在这个季度结束后，丽莎担心会持有过多的库存，尝试只订购满足9月之前需要的商品。在确定订货量时，她会参考过去的使用量。

日常运作

上午7:00，第一个生产班次开始，生产主管持门禁卡打开库房，交接前一天晚上根据当前班次对零部件的需求而准备的托盘，并分发给工人。如果托盘未准备好或不完整，主管将仅仅提取必要的物品。他通常在库存系统的记录中清除掉该提取的必要物品。

上午8:30，仓管员到达储藏区，处理请货单。如果有足够的时间，他将放好前一晚班次中的零件托盘，并为当天第二个班次装配新零件托盘。此外，仓管员需要组装出厂装货设备的零部件套装，客户或分销商将对这些零部件套装进行最终装配。在通常情况下，这些套装必须在下午3:00~6:00组装完成。如果库存中零部件缺货，那么他将填写请购单并发送给采购员。

所有员工都必须在班次结束时将零件托盘退回库房。这样未使用的零部件将退回到库存中，并且员工对零部件的使用负责。工人也应当在班次结束后准备第二天的零部件请购单。由于员工并不总是明确第二天的零部件需求，只能对其进行估计，因此员工对零部件需求的估计过高或过低都是常见的情况。

第二个生产班次从下午 5:30 开始，即在第二个储藏班次开始 30 分钟后。零部件托盘分发给到来的工作人员，并重复与第一个班次一样的工作流程。凌晨 1:30，仓管员下班，生产持续到凌晨 3:30。夜班主管在仓管员不在的情况下，按照要求打开库房，并在班次结束关闭工厂之前，归还零件托盘，并列出接下来晚上班次具体的零部件需求。

当前系统存在的问题

丽莎·卡鲁索观察了现有运作流程中的各种问题。库存记录与实际库存数量之间经常存在差异。由于库存盘点每年仅在审计时进行一次，因此通常只有在库存耗尽以及库存记录出现异常时才会发现差错。零部件短缺导致了大量的紧急订单，迫使采购人员以较高的价格购买小批量的零部件，供应商关系紧张化。为满足紧急需求，维修员偶尔"借"零部件使用，而没有通知仓管员或者没有在库存系统中做记录。主管抱怨他们及其员工在仓储有关问题方面浪费了很多时间。

仓管员抱怨工作过度。他们发现很难根据管理的要求对库存记录及时更新并处理补货请购单。他们经常被迫在工作日或周六加班，盘存高价值物品。然而，在周六才发现库存短缺的问题，不能解决下周的生产问题。

丽莎意识到，仓储问题造成工厂效率低下，中断了管理流程。经与工厂经理讨论，双方同意进一步调查并收集数据。与主管会面后，丽莎发现通常每个生产工人平均在每个班次的开始和结束时的等待时间分别为 10 分钟，同时估计公司每月由于较高的零件价格损失约 10 000 美元，不包括推进成本以及零件短缺造成设备不能及时运出所导致的资金占用成本。生产工人的平均工资为每小时 22.00 美元，不包括约 30% 的福利。仓管员的工资加上福利一年为 50 000 美元。她意识到额外雇用一名仓管员是一个潜在的解决方案，但她担心这不会解决库存控制问题，也不会避免紧急订单引起的价格溢价。她想知道是否有更明智的解决方案。

在最近的管理会议上，大卫·莫里森表示，他期望在即将到来的季度，销售额将增长 15%。在 2 月开始扩大生产之前，丽莎急于解决仓储问题。由于实施解决方案需要一定时间，丽莎想立即着手解决问题。

案例 8-2　特斯洛尔 – 特斯基钻探公司

特斯洛尔 – 特斯基钻探公司位于在亚利桑那州凤凰城。6 月 12 日周三，公司采购经理艾莉森·伯克特，会见了该公司的总裁约翰·迪特里希。约翰说："我受到来自董事会对于解决库存差异问题的压力。公司合并有 7 个多月了，采购与库存之间并没有取得我们期望的协同一致性。当然我们的销售额略高于我们的预期，而库存水平则是估计值的两倍以上。我们的新股东很生气，他们期望的资本回报率为 25%。我需要你拿出一个方案，下周四在凤凰城举办的会议上介绍给我们的董事会。"艾莉森站起身来："我会在下周一给你一个方案，这样在会议之前我们再进一步审查一下。"

特斯洛尔 – 特斯基钻探公司

特斯洛尔 – 特斯基钻探公司是一家矿业服务公司，主要从事地下和地表钻探工作。公司总部设在亚利桑那州凤凰城，拥有员工 600 余人，在美国、加拿大、墨西哥和南美洲运行约 145 个地表与地下钻机。该公司的客户为从事铜、锌与黄金勘探和生产的顶级跨国企业和一些初级矿业公司。大约有 75% 钻机设备分布在美国西南部。

在采矿作业的每一个阶段都需要金刚

石钻机：勘探、开发与生产阶段。金刚石钻机采用配有工业级钻石冠的环形钻头，用于从坚硬的岩石上切割出圆柱芯。抽取圆柱芯样品，并对其进行分析，这一工作为矿业经营者提供矿床相关的判断信息。为鼓励实现生产目标，特斯洛尔－特斯基钻探公司向其钻机团队支付保证工资与激励奖金。生产水平平均为每个钻队每周825英尺，根据实际情况不同会有较大的波动。

去年10月，特斯洛尔钻探公司与特斯基钻探公司合并。特斯基钻探公司总部设在新墨西哥州的阿尔伯克基。这两家公司就总销售额而言相差无几；然而，特斯基钻探公司专门从事地下钻探，而特斯洛尔钻探公司侧重于地表钻探。琼斯玛股权合伙人公司（琼斯玛）是一家总部位于芝加哥的私募股权公司，持有特斯基钻探公司的股份。该公司主导了这次并购与交易融资。约翰·迪特里希，特斯洛尔钻探公司的前任CEO，被任命为新公司的总裁兼CEO，将其业务整合到位于凤凰城的特斯洛尔钻探的工厂。虽然琼斯玛控制着特斯洛尔－特斯基钻探公司，但约翰·迪特里希仍持有该新公司的大量股份。

过去两年商品价格上涨，矿业公司扩大产出，对钻探设备的需求大幅增加。特斯洛尔－特斯基钻探公司已经在满负荷运转。针对当前市场，约翰说：“我们的瓶颈是设备和人员。然而，买到钻井设备很容易，但很难招聘到合适的钻井工人。我们可以支付相对高的薪酬，但它确实是一项困难的工作，并至少需要一年才能让员工受到足够的培训。”

采购与物料管理

艾莉森·伯克特是特斯洛尔－特斯基钻探公司采购部门的领导，主要负责采购和物料管理。以前，她在特斯洛尔钻探公司为约翰做了三年类似的工作。艾莉森的直接下属为物料经理肯·詹纳与仓库经理艾默生·帕里什。

艾莉森估计，特斯洛尔－特斯基钻探公司每年从大约400个供应商处采购产品与服务的总额为2 500万～2 700万美元，主要购买的产品类别为钻杆和套管、钻头和扩孔器，以及电线和钻具零件（统称为钻具用品），占公司总支出的一半左右。位于凤凰城的仓库持有大约800个不同的库存单位，包括各种采购的商品类别，如钻井设备、工具、安全用品、配件和设备、电机等。例如，公司储备八种不同类型的钻杆和五种不同类型的金刚石钻头。

在并购的时候，特斯洛尔－特斯基钻探公司从三家企业购买了大部分的钻具用品。接着，约翰和艾莉森与同样位于凤凰城的一家供应商进行了战略采购协议的谈判。该供应商成为钻具用品的主要供应商，并要求其提供更加实惠的价格。新的采购协议在4月开始实行，转换期预计将持续半年。但是，由于某些设备和特定应用的具体需求，艾莉森预计通过一个供应商供货完全实现标准化是不可能的。

最近，该公司对位于凤凰城的仓库进行了扩建与翻修，以容纳扩张后新增的产品。增设了货架、挂具和桶来存储物资。肯·詹纳负责凤凰城仓库的收货、运输与库存控制工作。由于合并后公司的库存系统还没有升级，他需要每周四手动检查仓库的库存水平，并为艾莉森提供一份手写的采购请求单。最近几个月，艾莉森发现由于采矿企业对金刚石钻头钻井服务需求的增加，几家供应商交付困难，并延长了交货期。

从凤凰城运输货物到钻探地点，外面的运输服务公司需要5天的时间。钻探地点的工长在已安排交付的货物到达之前两天通过电子邮件或传真的方式向肯·詹纳发出物料与用品的采购请求。肯·詹纳管理着两名员工，他们负责为钻探地点的订单进行货物分拣与包装。

员工可以进入仓库获取物料与零部件。由于有几个钻探地点到达凤凰城的行程在四个小时以内,因此工长经常会出乎意料地在仓库拣选物品。

艾默生·帕里什管理位于阿尔布开克市的仓库,公司在该仓库维修钻机及相关设备。在合并之前,该仓库是特斯基钻探公司的中心仓库。

现状

经历了一个令人筋疲力尽的过程后,艾莉森和组织的其他成员成功地完成了对两个采购与物料管理组织的合并与整合。该业务计划通过数量折扣以及从有限数量的供应商处合并采购的方式实现成本的节约。对凤凰城仓库实施合并库存管理之后,所有的库存预计会下降。然而,自从去年10月公司合并之后,5月的销售额增加了约40%,而库存水平也从599万美元升至1 258.4万美元,为合并前库存水平的一倍多(见表1和表2)。

表 1　预算与实际结果　　　　　　　　　　(单位:美元)

月份	预算库存	实际库存	销售额
1月	4 976 613	9 643 700	4 616 411
2月	5 007 262	10 165 100	5 293 460
3月	5 098 347	11 834 900	6 254 323
4月	5 090 657	12 040 600	6 212 472
5月	5 186 393	12 584 000	6 050 000

表 2　不同仓库地点和分类的库存　　　　　(单位:美元)

库存分类	凤凰城	阿尔布开克	钻探地点	总量
杆和套管	1 149 500	0	2 920 500	4 070 000
钻头和扩孔壳	275 000	0	1 870 000	2 141 000
电线	550 000	0	825 000	1 375 000
钻具零件	1 210 000	671 000	297 000	2 178 000
设备部件	275 000	385 000	165 000	825 000
其他	1 430 000	396 000	165 000	1 991 000
总量	4 889 500	1 452 000	6 242 500	12 584 000

针对目前的情况,艾莉森谈道:"过去7个月,我们的重点在于维持凤凰城钻探团队的运行及其库存合并。部分问题是我没有足够的时间去仔细检查采购以及库存水平的相关问题。事实上,我们的信息系统十分烦琐,库存记录也并不能实时更新。我们将在8月开始安装新的ERP系统。相信在明年年初之前,根据我们的系统可以获得更加精准、可靠的数据。与此同时,我们的股东也给约翰施加了很大的压力,必须在库存问题上做出建设性的突破。我也需要一个不影响生产同时能让他们满意的方案。"

第 9 章 | Chapter9

交　付

供应决策者的关键问题

我们应该
- 指定运输模式与运输工具,还是交由供应商做?
- 使用离岸价格(免费上船)的起源或离岸价格的目的条款,或其他一些指定吗?
- 将部分或全部的物流功能外包给第三方吗?

我们如何
- 制定一个有效的产品和服务的交付策略?
- 识别可以降低我们的总成本的物流增值服务?
- 确保我们能够从运输服务提供者处获得稳定性、成本和服务的最佳组合?

所采购的产品需要从其生长、开采或制造的地方运输到对其产生需求的地方,以维持能够确保生产与客户服务需求的最低库存水平。所购买的服务也必须按时交付。相比起卡车、火车和飞机等运输方式,交付服务水平往往更多地取决于无线电波与互联网。无论采用哪种运输方式,对所采购的产品与服务来说,准时交付都是一个关键的因素。

对整个供应链上成本降低和周期缩短的重视,则强调了库存周转率至关重要,进一步刺激了对具有竞争力的运输与其他物流服务的需求,而非持有昂贵的库存。信息技术的进步,以及高速互联网通信,使我们得以实现整个供应链上实时信息的沟通与降低库存(技术问题见第 4 章)。

管理层必须决定将一些或所有的物流任务自营或外包,哪种方式更好?不管是谁负责或在哪里执行物流任务(例如,内部或外包),提高信息流和物料流之间的协同程度都将有助于实现规模经济和范围经济(第 5 章讨论了外包)。

由于商品流入与流出组织涉及大量的费用并对利润产生潜在的影响,因此确保准时交货非常重要。在本章中,我们将讨论两个关键的决策:①如何保证以最低的总成本按时交货?②应该选择什么样的供应商与运输方式来提供运输服务?

9.1 物流

物流是对动态与静态库存的管理。供应链管理专业协会（CSCMP）将物流定义为"供应链流程的一部分，是为了满足消费者需求而对产品、服务及相关信息在起始点与消费地之间高效率、高效益地正向与逆向流动和存储进行的计划、执行和控制的活动"。[⊖]

根据 CSCMP 对物流的定义，物流管理活动通常包括正向与逆向运输管理、车队管理、仓储、物料搬运、订单处理、物流网络设计、库存管理、供应/需求计划与第三方物流服务提供商管理。物流成本可以分为三类：库存持有成本、管理成本和运输成本，其中运输成本占据了总成本中的大部分。库存问题在第 8 章进行了讨论。本章主要介绍运输。

9.1.1 物流在经济中的作用

物流活动是经济的重要组成部分。2012 年美国商业物流成本估计为 1.33 万亿美元，到了 2013 年上升为 1.39 万亿美元，而 2009 年仅有 1.10 万亿美元。这些成本分为库存持有成本、管理成本和运输成本。尽管数额巨大，但在过去的 3 年中，实际上美国的商业物流成本占国内生产总值（国内生产总值）的百分比一直在下降。1981 年物流成本占美国国内生产总值的比重高达 16.2%，物流成本占比从 2011 年的 8.5% 下降到 2012 年的 8.2%。相比之下，物流成本占了墨西哥国内生产总值的 14%，中国的这一数据为 14.5%，印度为 12.5%。[⊜]

很多因素有利于降低物流成本，包括交通部门管制放松、技术进步与电子商务、提高供应链流程与实践绩效。更大的重点是企业为改善供应链流程而采用的做法。近期，全球经济衰退严重影响了物流行业。

9.1.2 供应在物流中的作用

供应部门在供应链中对产品与服务的交付起着至关重要的作用。供应部门对于一些物流职责可能负有直接的责任，如安排运输或负责监督仓储。同时，组织中的其他部门，如市场营销，可能会求助供应部门，协助其与提供配送设施与仓库运营管理服务的第三方物流服务提供商建立良好关系。因此，在物流中供应部门的作用可能涉及功能监督和物流服务采购（更多关于供应在物流中作用的内容见第 3 章和第 16 章。）

购买物流服务时，要同时满足服务需求并使运输成本最小，则需要较高水平的知识与技能。物流业的复杂性以及放松管制的结果是产生了大量的可替代性物流服务提供商，组织获得其在物流方面投入资金最优价值的难度远远超过简单地"获得最佳的成本比率"的难度。

9.2 运输

运输占据了物流成本的一大部分，在 2013 年约占 62%。根据运输产品的类型，运输

⊖ CSCMP Suppl Chain Management, http://cscmp.org/about-us/supply-chain-management-definitions.
⊜ R. Wilson, *CSCMP's Annual State of Logistics Report*, June 17, 2014.

可能占该产品总成本的40%，特别是对相对价值较低、体积大而沉重的商品而言，如农产品或建筑材料。但在产品是高价值、低重量、小批量的电子设备的情况下，运输成本可能会占不到总采购成本的1%。许多公司发现，采购支出中的很大一部分为运输成本。虽然不同企业成本节约的目标不同，但许多企业发现，只需付出适当的努力以更有效地管理运输服务，就能带来大量的成本节约。

如果成本最小化是购买运输服务的唯一目标，那么这一目标很容易达到。然而，运输服务采购方不仅看重运输成本，也看重服务。例如，采购商品是为了满足生产计划需求，不同的运输模式的运输时间不同。如果所采用的产品运输方式需要较长的运输时间，那么在产品到达之前，库存可能已经耗尽，会造成生产流程中断或者工厂关闭。同时，不同的运输公司或承运商的可靠性有很大的区别，两个不同承运商所提供的服务水平、承运货物丢失或破损的程度可能差别很大。因此，采购方在选择运输公司时，要与选择其他供应商一样，给予同样的重视并采用同样的技术。如今，在交通管制放松的影响下，承运商的选择与定价策略更为重要。

此外，准时制采购系统（见第8章）、全球采购（见第14章）和外包（见第5章）使得物流决策变得更为重要。在准时制生产中，交货一定要准时，运输物品时不能有损坏，因为库存持有量最小。库存成本节约量，应该抵消从提供快速、可靠的配送服务的供应商处购买运输服务带来的额外成本。当买家从全球范围内购买运输服务时，运输决策者面临着交货期延长与运输距离额外增加的压力。部分或者全部的物流活动外包，还加深了选择分析与库存管理的复杂度。

随着交通运输业的放松管制与多式联运服务的发展，运输服务采购方的注意力已经从运输模式的选择转移到服务广度、信息系统、及时性（可靠性和速度）与价格上。服务广度是指承运商承担物流流程中多种服务内容的能力，包括运输、仓储、库存管理以及托运商-承运商之间的关系。

由于速度（运输服务的可靠、稳定与准时性，以及商品在系统中的快速流动）的重要性，为缩短运输周期，托运商需要寻找核心的承运商，并与其建立更密切的关系。信息系统的发展和电子商务工具在运输上的应用，提高了运输服务的及时性和广度。托运商需要改进通信与信息系统，以利于订单的跟踪与推进。因为在供应链中的延迟可能导致更高的库存水平，增加总成本，所以整个物流过程被看作只要规避与降低成本就能获得最基本报酬的领域。

9.2.1　外包给第三方物流服务提供商

由于企业精简组织结构，专注于核心竞争力，并寻求与关键供应商合作或联盟，因此外包或者使用第三方物流（third-party logistics，3PL）服务供应商已经变得越来越普遍。交通管制放松后，第三方物流行业迅速发展。在2013年的第三方物流研究中，托运商称外包成本占了运输支出的54%、仓库运营支出占了39%。㊀第三方物流企业为客户提供了广泛的物流服务，其中以事务性、操作性和重复性的外包活动最为常见。这包括国际和国内的运输、仓储、货运代理和报关。通常很少外包给第三方物流服务商的业务更具战略

㊀　C. J. Langley, et al., *2013 Third-Party Logistics Study: The State of Logistics Outsourcing*, www.capgemini.com/resources/2013-thirdparty-logistics-study, p. 4.

性，需要直接面对客户且具有 IT 技术密集型特点，包括订单管理和履行、IT 服务、供应链咨询服务、客户服务、LLP/4PL 服务等。○

9.2.2 交通管制与放松管制

在美国和加拿大，交通部门的政府管制集中在两个领域：经济与安全/环境。近 100 年来美国和加拿大的交通行业在严格的监管环境下运营，包括管制运输费率、线路、运营业务和地理覆盖范围。这些经济法规由联邦、州和地方控制。虽然随着时间的推移，政府政策不断发展，但目标都是确保为所有地理区域提供公平的运输服务，建立新形式交通的规则，稳定市场与服务供应，在面对垄断力量时控制价格与服务。自 20 世纪 70 年代末以来，加拿大和美国政府及世界其他地方的国家都采取了放松管制的政策与立法议程。今天，在美国和加拿大，运输部门基本上解除了管制，托运商可以与服务提供者协商费率、条款、服务和运输路线。

虽然大部分经济管制条例已经废止，但是承运商仍必须遵守数量不断增加且范围不断扩大的安全与环境法规，如关于危险品运输、汽车尾气排放和工作条件等的法规。"9·11"事件之后，政府管制条例建立了机场和港口安全的新标准。例如，国际船舶和港口设施规范（International Ship and Port Facility Code）设置船舶检验、认证和控制的新标准，以确保安保措施的落实。

由于政治、社会、经济和科技领域的变化，政府将持续对运输政策与管制条例进行再评估。供应经理必须了解监管条例实际的与潜在的最新变化情况，因为这对企业供应链有着重大的潜在影响。

9.2.3 运输中供应职能的参与

供应职能参与到运输决策中是很重要的。随着交通管制放松后运输服务种类的增加，供应职能参与运输决策的重要性持续增加。供应参与主要涉及两个领域。首先是对企业中一个或几个物流活动的直接职能性职责，如运输、仓储、收货或库存控制。CAPS 的一项研究发现，在 249 家大型企业中，在 2011 年向供应部门汇报输入型运输业务的公司占 53%，而 2004 年为 56%，1995 年为 51%，1987 年为 40%。据报道，向供应部门汇报输出型运输业务的公司所占比例，2011 年为 51%，而 2003 年为 43%，1995 年为 39%，1987 年为 31%。○

供应参与的第二个领域为：在与物流服务提供商制订方案时，与其他职能部门的管理人员合作，如运营部或市场营销部，以提高客户服务水平、降低成本、增强灵活性或提高服务质量。

9.3 运输模式和运输载体

运输决策包括三个问题：①对具体的订单而言，最合适的运输模式是什么？②哪种

○ Ibid., p. 10.
○ P. F. Johnson and M. R. Leenders, *Supply's Organizational Roles and Responsibilities 2011* (Tempe, AZ: CAPS Reserch, 2012).

运输载体是最好的？③哪个供应商可以提供最优的价值？要回答这些问题，买方必须首先了解运输模式和运输载体。

运输模式是指使人、货物与信息移动所采用的方式。三种基本的方式是陆（公路、铁路和管道）、水、空。无线电频率波（RF）是信息移动的运输模式。运输发展趋势为多式联运与链式模式，与供应链的生产和分配活动有着紧密联系。

承运商通过任一运输工具（卡车、出租车、公共汽车、火车、船舶、飞机）运输财产或人员，几乎都是收费的。射频波的载体是空中（无线电）、铜电线和光纤电缆。选择了某一运输模式（陆运），买方就必须决定运输载体（火车）与特定的供应商（如 BNSF 铁路公司）。

9.3.1 公路

汽车运输是最灵活的运输方式，大约占据了美国企业运输支出的 80%。对于重量与大小不同的产品，在一定距离范围内，这种模式具有点对点的优势。相对于其他模式，其所提供的服务更加迅速且可靠，同时损耗较低。因此，对于采用准时制系统且供应商离制造工厂较近的组织而言，更倾向于使用汽车或卡车运输方式。

汽车运输可以分为三个类型：①零担运输；②整车运输；③包裹运输。相对于包车运输方式，零担运输方式通常适用于短途运输，相同距离范围内的运输单价要高于包车运输方式。货运业面临的最大问题是缺少司机，原因是这个行业劳动力老龄化，没有能力吸引年轻的和外来的合格求职者，运输培训费用昂贵，以及联邦法律对不安全的司机特别关注。供应链管理专业委员会举办的第 24 届年会的"物流现状报告"指出，交通管制相关问题将会影响生产力。比如，联邦汽车运输安全管理局（Federal Motor Carrier Safety Administration）提出的法规遵从性、安全性、责任性（compliance, safety, accountability, CSA）倡议，驾驶员资质认证将更加严格，并增加新的健康要求与药物测试，这样就淘汰了大量合格的司机；记录工作时间的电子车载记录仪（EOBR）的使用；在 2013 年 7 月 1 日生效的工作时间要求规则。

9.3.2 铁路和联运

铁路运输一度在交通领域占主导地位，但其运输份额自第二次世界大战以来逐步下降。相对于汽车运输，铁路运输缺乏灵活性、速度慢且货物丢失与损坏率较高。然而，可变运营成本较低是铁路运输的优势，适用于大吨位、长距离的运输。

在美国，石油和天然气行业日渐繁荣，而管道运输缺乏，因此铁路运输石油的业务大规模增加。美国铁路协会（Association of American Railroads）的数据显示，美国 1 级（American Class Ⅰ）铁路在 2008 年就运输了 9 500 车原油，2012 年运输了 234 000 车，2013 年为 400 000 车左右。同时，原油泄漏与事故数量也增加了。管道与危险材料安全管理委员会（Pipeline and Hazardous Materials Safety Administration）称，1975~2012 年，铁路运输泄漏了 80 万加仑①原油，2013 年泄漏了 115 万加仑。如今关于安全和环境问题，利益相关者之间正进行着激烈的辩论，利益相关者包括美国铁路协会、铁路供应研究所、美国运输部、管道运输的倡导者和环境安全组织。

---

① 1 加仑（美）= 3.785 41 升；1 加仑（英）= 4.346 09 升。

多式联运服务分为箱驮运输（COFC）和驮背运输（TOFC）。通过多式联运，承运商可以受益于两种模式的相对优势。例如，承运商一方面受益于铁路长距离运输的经济优势，而且可以提供卡车运输的门到门服务。另外，减少了拆箱、转载等处理环节，因此延迟率与损毁率降低。由于多式联运服务完全放松了管制，吸引了越来越多的企业选择该种运输服务，从而其业务数量大幅度增加。

9.3.3 管道

由于管道只能运输液态或气态产品，因此这种运输方式的使用是相当有限的。然而，一旦管道的初始投资收回，之后运营的可变成本是相对较低的。美国和加拿大的石油和天然气行业的繁荣引发了一场关于应建立更多的管道还是采用铁路运输的争论。两者都有优点和缺点。

9.3.4 空运

空运的主要优点是速度快。空运费用昂贵，而且必须与卡车对接，提供送货上门服务。因此最适合采用这种模式运输的产品为高价值或极易腐烂的产品。虽然在过去的 20 年中，空运货运量得以增加，但多数客户仍然只在紧急情况下选择空运。由于新的货运飞机投产，且客机分配了更多的空间用于运载货物，产能过剩成为航空货运业的困扰。

9.3.5 水运

大多数国际贸易使用水运的方式，称为国际深海运输，这种模式也可用于国内内陆水域、海岸系统与湖泊。虽然和其他模式相比，水路运输价格便宜，但也有缓慢和不灵活的缺点。水运的风险包括：加强安保带来的成本增加，如安装 X 光设备监控运输，为发现并预防恐怖袭击发生而聘请有资质的安保员工的费用；运输路线上气候变化与气象灾害的影响；海盗事件，尤其在非洲东部沿岸；燃料成本；全球经济的低迷与环境影响等各个方面的因素。

与铁路相似，水路运输最适合大吨位、长距离运输，经常用于煤炭、粮食、沙等大宗商品。此外，相比其他的模式，水路运输的缺点在于需要合适的水道、港口与运作设备，例如为了让更大的船只通过近 80 公里的跨洋航线，巴拿马运河已经完成了 1/3 的船闸建设。原本定于 2014 年建成的项目，因为建造费用超支而放缓。天气和气候也会影响水上运输。例如，2012 年 50 年一遇的干旱造成密西西比河最低水位比往年都低，驳船运载量变少，往返次数增加，造成了更多的燃料成本，甚至延期。气候变化的影响，包括海平面上升、冰川融化、天气变化和外来物种入侵，这些均对船务行业（包括航运模式与用来运送货物的设施设备）产生直接影响。如同新的北极航线（如俄罗斯的西北通道和北部海上航线），新的内陆水道也可能投入使用。

水路运输也必须与汽车运输相结合，提供送货上门服务。许多水路运输需要使用集装箱。集装箱也可以通过卡车或铁路完成从起始点到最终目的地的运输。

9.3.6 无线电波

无线电波是一种信息传输的方式，载体包括无线波、铜线和光纤电缆。在这些通信线路下，信息即时传输。随着经济中服务行业的规模越来越大，知识工作者逐渐增多，在各种类型的组织中信息共享变得越来越重要，无线电波信息传输模式得以发展。例如，软件可以通过互联网传递；采用信息传输（通信），人员不必移动。

通信线路几乎是不受限制的。陆地和海洋障碍物对铺设电缆的限制较低。许多通信网络的特点是网络投资成本高而配送成本低。因为无线电波传播范围有限，其需要中继器或变电站（如蜂窝塔），来实现远距离传输信息。传输速度与传输成功与否，受限于硬件（如服务器和调制解调器）与软件条件。

在对地静止轨道上的通信卫星覆盖了赤道上方一个单一的环（克拉克轨道）。每颗卫星都占一个轨道槽，并需要缓冲空间来避免射频干扰。这个缓冲区限制了可用轨道槽的数量。射频干扰发生在相同经度上人口密集的地区，如美洲、欧洲和非洲。这些地区需要相同的轨道槽与无线电频率。作为竞争者，压缩信息的能力是一大优势，供应商可以在相同的带宽上传输更多的信息。解压缩信息的分辨率可能会是信息运输的质量问题。

9.4　承运商类型、运输服务提供者与服务选择

尽管放松管制重塑了交通部门，一些用于描述承运商术语仍是基于法律管制的法律名称，如公共承运商、合约承运商、豁免承运商和私人承运商。虽然这些法律名称已不存在，但它们仍旧针对每个组群的角色和功能提供指导。

9.4.1　承运商的类型

公共承运商是通过公开定价为所有承运商提供同质的指定点之间的运输服务的承运商。然而，在放松管制时，公共承运商在设置费率与运输路线时具有相当大的灵活性。

合约承运商是提供出租运输的一种承运商，按合同约定的费率和服务需求为有限数量的托运商提供物流活动。一般来说，合约承运商的运输价格低于公共承运商的运输价格，因为合约承运商中，单个托运商的运输量较大，同时行程安排可以提前预计。

豁免承运商，亦为提供出租运输的承运商，但它们不受费率和服务的限制。这种状况最初是为了鼓励农民在公路上运输农产品，多年来一直在持续扩张，包括了各种产品的多种模式。在放松管制下，大多数承运商可以认为不受费率限制。

私人承运商是指为公司的产品以及自有（或租赁）的所有相关设备、设施提供运输的承运商。在管制环境下，私人承运商可以不受管制限制，具有服务灵活性优势。如今，公共承运商和合约型承运商具有相同的灵活性，因此许多公司都倾向于选择将运输服务外包给这两类承运商。

9.4.2　运输服务提供商

运输服务提供商多种多样，包括货运代理、经纪人和海关运输经纪人。

货运代理购买预定承运商的存储空间。它的好处是获得较低的承运价格，并且可选择两种或更多运输货物模式。货运代理可以细分为国内货运代理与国际货运代理；根据运输模式，通常可以分为空运与地面运输。同时，货运代理可以提供许多价值增值服务，例

如国内地面货运代理可以通过轨道车、背驮式拖车运输小规模货物，并安排汽车运输承运商收货并配送。

经纪人通过安排运输承运商提供运输服务，并向托运商收取费用。经纪人充当托运商的代理，与承运商协商费率和服务安排。在托运商对运输市场和承运商选择不太了解的情况下，经纪人便可以向他们提供谈判必需的专业技巧。

海关运输经纪人主要负责进口产品。他们确保文档的准确和完整性，并可以提供各种其他的服务，如评估到岸成本、离岸供应商付款以及托运商可用的保险期权等。

9.4.3 专业服务选择

这些包括快速运输、即日达服务。下面讲述每种服务的角色与功能。

快递运输是指任何需要取货服务并包括具体交货保证的运输。在美国，通常在 5 天之内完成运输。快速运输可通过国内航空、地面运输、零担货运或空运的方式实现。

在管制放松的情况下，小型运输服务行业竞争日趋激烈；买方可以采用一些标准的供应技术，如系统性合同、积极协商、多源采购、报价分析、目标价格、供应商评估，从而与承运商协商更好的采购安排。随着快递公司进入重型航空货运市场，快递公司之间的竞争也日益激烈。新兴综合承运商，像联邦快递、UPS 快递等自己拥有飞机的物流商，获取了更大的市场份额，在数量折扣、系统跟踪和地面网络方面具有明显的特点。

另外一个快速发展的领域是即日达服务。这是由快递承运商，像 DHL、UPS 与联邦快递，发展起来的服务。即日达服务发展迅猛，已逐步延伸到国际市场。即日达服务的消费者来自社会的各个行业，从娱乐、广告到制造业。当缺少关键零部件或文档所造成的损失大于使用即日达服务的费用时，人们就会选择即日达服务。亚马逊和沃尔玛已经宣布在一些特定的城市试行即日达服务。这将推动即日达服务进军零售业。

9.5 运输方式和供应商的选择

通常，买家希望具体化如何运输其所采购的商品。当买家以任一离岸价（稍后定义）初始条款采购商品时，具体化运输方式是他们的权利。如果买家以前接受过某运输公司的优质服务，则该买家更倾向于选择该运输公司。

9.5.1 "最优价值"交付决定

毫无疑问，托运商最担心的是承运商是否能够在具有竞争力的价位且不损坏货物的前提下按时完成运输任务。然而，若是托运商不了解运输行业，而供应商有一个技术熟练的物流部门，那么托运商在选择承运商与规划运输路线时询问供应商的建议就显得很有必要。有的时候，比如在缺乏运输工具（如火车、卡车、轮船等）时，供应商或许对当地情况更清楚，了解如何安排运输才能获得最佳结果。若运输的货物有特殊尺寸要求，需要特定的轨道车辆时，供应商更清楚哪些是可行的运输方式，并获得合适运输方式的许可。

对托运商而言，每种公共运输方式，像铁路、公路、航空与内河航运等，在速度、容量、灵活性与成本方面都有各自独有的优点。每种模式也有内在缺点。比如，相对公路运输，航运在运输速度上占优势，而公路运输承载量更大、费用更低且在交货点方面的灵活性更强。精明的买家必须认识到各种运输方式的优缺点，并根据公司的具体需求选择运输方式，以实现价值最大化。

9.5.2　关键的选择标准

当确定了运输方式（水运、陆运、空运）和运输工具（卡车、火车、管道、轮船或者飞机）后，买家必须确定承运商与运输路线。在选择运输方式、运输工具以及运输路线时，买家要考虑如下因素。

交货时间要求。交货时间会使运输方式的选择变得简洁明了。比如，需要用两天的时间把货物从很远的地方运过来，那么空运就是唯一的选择了。若是有更多时间，就可以考虑其他运输方式。大多数承运商会给出正常情况下的配送时间估计值，买家也可根据以往与采用某些运输方式或者与承运商打交道的经验来做出选择。当公司注重基于时间的竞争和准时制库存管理系统时，其需要时间明确的运输方式。

可靠性和服务质量。当两个承运商在两个相同的地点之间提供运输服务时，可靠性与可信性的差别可能会很大。一家承运商可能会更加注重顾客需求，或者在实现承诺方面更加可靠，或者货物损坏率较低，或是通常作为最佳运输供应商。采购过去的经验也是评价服务质量的一个不错的指标。

可选择的服务。随着第三方物流服务需求的不断增加，除了运输服务，托运商还需要仓储和库存管理之类的服务。此外，承运商和第三方物流还可以提供数据访问服务，从而通过数据分析来改善库存管理实践，提供更好的客户服务。

运输货物的种类。如果运输的货物大且笨重，就需要选用特殊的运输方式。有特定集装箱运输需求的货物，只能选择拥有这些设备的承运商来运输。比如，高密度液体就需要用铁路油槽车、驳船或管道来运输。承运商使用一般运输方式运输有安全要求的有毒有害物是不适合或者违法的。

装运尺寸。邮政还有联邦快递、联合快运或是空运等运输公司只能运输小批量货物。对于大批量货物，选择火车或者卡车运输更为经济。

货物损坏率。对于某些货物，比如精致的瓷器或是电子设备，它们本身就易损坏。基于此，采购方会选择提供直达运输服务的承运商，不需要在配送点由另一个承运商转运，从而减小了损坏的可能性。确保商品包装适合该商品且与运输方式相匹配，是采购方的职责之一。

运输服务费用。采购商当然会选择可以使货物安全运输、在需求时间内到达并且价格低廉的运输方式、运输工具与路线。同时，如同选择供应商，采购方在购买运输服务时也会权衡利弊。

承运商财务状况。有些货物在运输时难免会有破损，承运商要对此负责。若是承运商刚好资金周转不过来甚至破产，索赔就变得很棘手。因此，采购方应避开那些财务状况不好的运输公司。在管制放松的时代有很多交通行业的新进入者，有许多企业存活下来，也有大量的企业破产，加之交通运输业相关法律与管制措施的变化，造成托运商在接受运输服务后若干年内收不到赔款。

处理索赔。不可避免地，在运输大量产品时，会出现产品损毁，进而产生损毁索赔。

及时且有效地调查与理赔是选择承运商的另一个关键因素。

私人运输。相对公共运输工具，另一种运输工具为私人的或租赁的设备。私人运输公司不为公众提供服务。许多公司都专门为特定设备的运输签订了合同。一些公司已经采用公司自有或租赁的牵引车与货车，建立了自己的运输车队。

私人车队的使用是一种自制或采购的决策。拥有私人车队会给公司在货运安排方面带来极大的灵活性。如果通过安排半成品或成品的回程运输，使运输设备得到充分的利用，则可以带来经济成本优势；否则，比选择公共运输系统成本更高。

9.5.3 离岸条款和国际贸易术语解释通则

术语 FOB（free on board），也称"离岸价"，表示货物配送到指定交货点，并支付了到达交货点的所有运输费用。有几种 FOB 术语的变形，如表 9-1 所示。国际合同中的运输条款以及买方和卖方职责都包含在国际贸易术语解释通则（国际商业条款）中。国际贸易术语解释通则由国际商会于 1936 年起草，于 2010 年进行了最新修订（国际贸易术语解释通则在第 14 章中有详细的介绍）。

表 9-1 FOB 术语及其解释

FOB 术语	支付运费	承担运费	拥有在途库存	提出索赔（如有需求）	说　　明
1. FOB 起运港，或运费到付	买方	买方	买方	买方	当承运人在货物原产地签字时，货物的所有权和控制权转移给买方
2. FOB 起运港，运费预付	卖方	卖方	买方	买方	
3. FOB 起运港，运费预付及退货运费	卖方	买方	买方	买方	卖方支付运费并将其列入发票
4. FOB 目的港，运费到付	买方	买方	卖方	卖方	在货物交付之前，所有权仍归卖方所有
5. FOB 目的港，运费预付	卖方	卖方	卖方	卖方	
6. FOB 目的港，运费预付及退货运费	卖方	买方	卖方	卖方	卖方支付运费并将其列入发票
7. FOB 目的港，运费到付	买方	卖方	卖方	卖方	买方支付运费并从卖方发票中扣除

FOB 交货点的选择对采购商非常重要，将决定以下四个方面。

（1）谁向承运商支付费用？

（2）货物法律上的所有权何时转移给采购商？

（3）当运输过程中发生货物丢失或损坏时，由谁向承运商索赔？

（4）谁安排运输路线？

仅仅因为供应商支付了货物到达交货点的运输费用，就倾向于在目的地交货，是不正确的。事实上，费用是由采购方支付的，此费用已包含在供应商收取的运输费用里。如果采购方让供应商制定运输决策，那么采购方允许供应商支出采购方所支付的资金。

在国际供应商采购中，国际贸易术语 FOB 是离岸价格（又名装运港），当货物装船时货物的所有权便由供应商转移到采购方手中。海洋承运商通常不提供在运过程中货物的任何保险；因此，当货物以离岸价格交付之后，确保支付了足够的保险费用，对采购方而言是很重要的。

根据 2010 年国际贸易术语，CFR 和 CIF 术语只能用于散装海运托运，CPT 和 CIP 可以用于其他所有运输类型，包括海上集装箱运输。CFR（成本和运费）与 FOB 产地类似，由卖方支付运费。然而，在 CFR 中采购方承担所有风险并支付保险费用。CIF（成本、保险和运费）意味着由卖方支付运费并提供适当的保险，类似于目的地离岸价格，运费已经预付。CPT（运费付至指定目的地）是指采购方承担所有风险，并支付所有保险费用。CIP（运费和保险支付）是指卖方支付运输与保险费用。在某些情况下，买方希望获得与卖方最近装运点或某具有竞争性的装运点处相等的运费。于是可以运用以下条款："对买方来说，在卖方装运点处均衡运输费用，可以使得货物运到目的地的运输费用最低"，更加详细的介绍请看第 14 章的国际贸易术语部分。

9.5.4 费率与定价

费率与定价可以简练地概括影响运输成本的经济因素。运输成本受运输距离、货物重量、密度、耐贮性、装卸、责任与市场条件的影响。这些经济因素反映在承运商的费率和定价安排上。

运输费率包含两部分，分别是长途运输费率和附属费率。长途运输费率是指将货物运输到异地目的地的每车每公里运输费用，可以分为四类：①级别费率；②例外物品特别运费率；③商品费率；④各种杂率。附加费率是指为不包含在所协定的长途运费之内的服务所支付的费率。这些可能包括燃油附加费、周末加班费、中途停留费、延工费以及装卸费。当今，大多数的费用均由承运方和托运方协商决定，费率划分之间的界线变得模糊。

与其他采购一样，如果单次运输的货物数量足够大，那么费率相对较低。铁路和汽车运输承运商都会为整车运输提供价格折扣。与零担运输相比，整车运输每单位的货物运费会少很多。如果托运商将发到相同目的地的小量货物整合后运输，费率也会降低（称为共用便车（pool car））。在某些情况下，托运商可以通过托运商协会联合起来取得共用便车的运输费率，或者分配者整合来自多个托运商处未满载（LTL）的货物，以获得整车运输（TL）的优惠。托运商支付低于零担运输的费用，分配者也可以获得收益。

为货运单位专编循环直达列车是托运商可以获得数量折扣的另一种创新方法。通过对铁路运输的特殊安排，例如为某一公用公司提供一列或者多列完整的火车（由 100 多辆煤车组成），往返于煤矿开采点和公用设备的使用地点。这样既提高了运输速度，而且获得了具有优势的商品费率。

目前有四个基本折扣类型。在某些情况下，采购方可以利用一个或多个折扣类型，以节约大量的成本。

（1）整合费率折扣：托运商将在同一点取货或配送的小批量货物整合后运输，获得的费率折扣。

（2）统一费率折扣：因托运商每个月都有特定最小总重量限制的零担运输，而获得的统一的费率折扣。这种方式鼓励托运商与承运商整合货运容量。

（3）货运量增加－折扣比率增加。如果相比之前周期的运输量，公司增加了一定数量的零担运输货运量，则可以使用此折扣类型。

（4）特定起始点运输折扣。从指定发货点到指定交货点的货物达到一个给定水平的量，将提供的一个特殊的折扣。

滞期费（有时也称为汽车运输时的逾期费用）经常由商品的承运商或收货人造成。简单地说，在超出正常时间之外为装载或卸载货物而占用承运商轨道车辆或汽车，所缴纳的每日罚金。如果不收取滞期费，一些公司会将承运商的设备作为一个免费的存储设施。在大多数情况下，占用运载车的时间越长每日滞期费率越高，直到几乎禁止。托运商与承运商可以达成一个平等协议，即汽车或货车早卸货一天，可以抵销晚卸载一天的车辆费用。在这个协议里，每月进行结算。托运商如果欠承运商，必须付款；承运商欠托运商，不需要付款。但在新的一个月，净值从零开始。供应部门应该了解通常每日可卸货的货车或卡车数量，由此制订运输计划，避免发生货物滞留，从而避免支付滞期费。

9.5.5 货运单证

运输货物时有几种类型的货运证件。

提货单是在货物运输过程中关键的证件，其包含运输货物的相关信息，如重量、数量、运输的起始点，承运商和托运商之间的合同条款与目的地。每次运输都必须有提货单，作为一种协议，给出各方的法律责任。除非承运商的代理人同意，否则不允许更改原始提货单的信息。运货单由托运商代理和承运商代理签字，是货物运输与所有权的证据。它通常是确定承运商责任的协议，由运输过程中具有货物所有权的一方保留，为任何损毁索赔提供支撑。和大多数其他证件一样，在许多企业中，电子版本运货单与在线系统管理是很常见的。

运货单有以下的变化类型。

统一直运提单。这是信息完整的提货单，包含全部的合同条款与条件。统一直运提单的简易形式，包含对汽车和轨道车辆统一使用的规定。承运商不提供简易提单，而是由托运商预印。

单位提单。需要准备四个副本；额外的副本是铁路运单。这个运单和货物一起运输，协助推进货物运输。数字运单是单位提单的电子版本。

统一订货提单。统一订货提单的底色为黄色（其他提单底色为白色），称为即期汇票提单。这是一种流通票据，在托运方提取货物之前，在目的地必须将统一订货提单交给承运商，其主要用途是保证供应商收到付款后配送货物。供应商要获得付款，托运商必须提供一个即期汇票，并携带提货单原始复印件到银行。即期汇票清算后，银行将提单返给托运商，就可获得商品的配送服务。该提单也可能是电子形式的。

运费单是承运商提供服务的发票。除了提供货物运输的总费用之外，运费单通常列出了出发地和目的地、收货人、物品和总重量。承运商没有义务为托运商赊销货物，可以运费预付或运费到付（例如运费在货到之后立即支付）。

托运商必须以书面形式为承运商提供运输过程中发生的任何货物损毁情况的详细信息。货运索赔单是为获得货运损失或损害的经济赔偿而提交的文件。货运索赔单没有一个标准的格式，但索赔单提供的大多数信息都可以在提单上找到。

承运商对于货物损毁承担的责任取决于其所提供的服务，以及托运商与承运商之间的合同条款。大多数货运索赔单必须在货物交付的 9 个月内提交（在货物遗失的情况下，合理的交付时间），但承运商合同条款可以规定不同的申报期限。

如果货物是按照产地离岸价格（FOB-origin）交货，则由买方申请索赔。如果货物是按照目的地离岸价格（FOB-destination）交货，则由供应商处理索赔，但由于货物最终交付到了买方手里，买方必须提供充足的索赔所需信息。

公开货物损毁信息，指当在运输过程中货物损毁显而易见的情况下，必须公开损毁信息。货物损毁或丢失信息必须在承运商送货单上注明，并且由承运商的代理人签字。否则，承运商可以坚持其收到的是"无差错的收据"，拒绝承认任何责任。收货部门拥有一台相机是一个不错的想法，可以拍下一些损坏货物的照片并且由承运商的代理人签名。

与此相对的是，隐性货物损毁信息，是指当集装箱被打开后才发现货物损坏或遗失的情况。此时应该停止拆包，采集照片，并要求承运商的当地代理人检查货物后提交检查报告。

隐性货物损毁索赔通常很难获得及时赔付，因为很难确定货物的损坏或丢失是发生在承运商运输货物的过程中，还是发生在供应商将货物交付给承运商之前。

9.5.6 推进与追踪运输

推进是指对供应商施加压力，发生在运输承运商尽力提供比平常交货更快的配送服务的情况下。承运商通常能够且可以为托运商提供更快的配送服务，以帮助托运商满足紧急需求，假定紧急需求的情况很少。承运商的总代理应当执行推进工作，如果可能的话，托运方应尽可能快地在运输之前告知承运商运输速度要求。

追踪与跟随类似，试图确定处于已经发货但还未收货的货物状态（位置），即在运输系统里的某个地方。追踪也是由承运商的代理完成的，托运商可能与承运商代理一起合作来确定货物的位置。如果通过追踪货物发现，在需求时间点前无法交付，则此时需要执行运输推进工作。

使用一些新的技术，如全球定位系统、网络通信和条形码，货物追踪可以更快更准确地执行。在线货运信息系统的普及使得货物状态实时跟踪变得普遍。

9.5.7 运费审计

在管制环境下，最常见的方式就是雇用交通顾问或者审计人员去审核运费单，以发现超额支付承运商费用的情况。交通顾问通常收取一定比例的超额支付费用作为报酬。

如今，随着承运商可以根据市场条件调节收费，或通过直接与托运商协商费用结构，运费审计人员的角色已经发生了巨大的变化。对于一家公司，聘请交通顾问处理范围广泛的业务（包括承运商选择、利率、折扣等）很常见。他们有时被称为"基于零资产的"（nonasset-based）第三方物流提供者，提供众多运输代理的服务。他们将服务提供商的网络与计算机程序相结合，从而辨别网络运输中的成本优化方法，并且负责账单的准确性。相反，"以资产为基础的"（asset-based）第三方物流服务提供商关注其所提供的服务，通常与托运商保持长期的合作关系，提供交通运输、仓储、库存控制与满足率等方面的服务。

9.6 服务交付选项

服务交付与商品交付类似，涉及运输模式、承运商与供应商。服务是无形的产品，包括与信息或/和人、建筑或设备直接相关的活动。有些服务也包括一些实物，如律师为客户公司提供法律服务可能包含合同等文件；航空站为乘客提供登机服务并生成登机牌；互联网服务提供商为用户提供信息传输服务，之后用户可能将信息打印输出。

服务运输模式（服务获得流动性的手段）为人、设备与电波。承运方（服务运输的方式）则是不同的服务类别，比如律师事务所是法律专业知识的承运方；清洁公司是清洗技术的承运方；电话公司是信息传输的承运方。供应商包括提供特定服务的所有公司：如提供通话服务的 Verizon、AT&T 与 Sprint。

服务创新的形式可能会是一种全新的服务、服务的变化类型或者服务的实现方式。参考一下音乐交付方式——在线音乐、下载或购买 CD。根据内容不同，一个面对面的会议可以被电话、电子邮件、短信或者网络会议代替。虽然在选择服务模式和承运方时需要严谨考虑，但显然有几种选项。

服务是如何向采购方和供应商提供机会的？飞机、火车和汽车是顾问提供咨询服务仅有的运输方式吗？一些服务可能由携带信息且通过天空（无线）或地面（铜线或光纤电缆）运输的辐射电波交付吗？在线会议、电话会议、电子邮件与短信可以在多大程度上以较低的总成本交付高质量的咨询服务？

多式联运（使用多种运输模式）也适用于服务交付。例如，清洁服务公司提供了清洁人员与清洁设备清洗建筑大楼。人员或服务提供商需要乘坐前往建筑大楼的交通工具；之后他们需要进入大楼的方法。为确保安全，他们可能需要钥匙、磁卡或密码。另外，他们需要提供清洁服务必要的清洗设备与物资。

在供应链上生产有形产品的成员在生产与分配活动中通过链接技术紧密联系起来。这些链接技术也适用于服务的交付。例如，在地理上分散的课程开发团队，可以使用网络会议、电子邮件与短信的方式，代替或补充与专家、老师、学生、父母和其他利益相关者之间，在教学与设计、交付、评估和反馈所有阶段的面对面会议交流。教育服务涉及多个模式与链接技术：学生一起在课堂上通过网络设备交流，或在线下甚至是异地，学生与老师也可以通过网络交流。

9.6.1 买家位置与供应商位置

服务交付的性质和位置可能对采购产生较大影响。例如，如果服务的交付发生在采购方所在地点，协议中必须给出一系列说明性条款。例如，施工或安装服务、安全问题、访问、着装要求、工作时间、不同健康与安全规范的应用、适用于什么工作日、由谁提供设备和材料，都是作为合同的一部分需要说明的问题。

另外，若在供应商所在地或其他地方交付服务，服务不是直接面对采购人员，许多这样的问题可能不会出现。

9.6.2 本地交付与异地交付/基于网络的信息技术交付

第 4 章讨论了技术问题。应用软件如何交付与所讨论的交付选择有关。本地交付是指公司购买软件包，支付许可费，并在公司内安装、运营与维护该软件。这种方法的总成本包括购买价格、许可费和内部的信息技术能力培训费用。异地交付是指应用服务提供商（ASP）在某一个位置安装应用软件，多个用户可以访问软件。例如，谷歌邮件用户都可以从各自的位置登录谷歌电子邮箱。这种模式成本较低，中小型组织不用支付昂贵的费用就可以使用该软件。

9.7 运输与物流战略

每一个供应组织都必须处理好物流与运输。购买的货物必须运到采购方的设施，在消费之前进行存储。最近一项对《财富》500强企业的研究发现，68%的受访者将运输和物流的责任归于供应部门。⊖ 运输监管环境的变化、信息管理系统的发展，以及对供应链网络中上游（供应商）和下游（终端客户）的管理获得越来越多的关注，给物流管理带来快速持续的变化。同样，与商品采购相关的有效采购与供应管理理论能够且应当应用于物流服务。运输与物流战略的开发应当包括以下几方面。

服务需求价值分析。服务需求价值分析可能会发现更合适的低成本运输安排。

价格分析。市场上的运输价格变化很大，应当在考虑了所有可能性之后才做出决策，以获得具有竞争性的报价。在大规模运输情况下，可以进行价格谈判。

在可能的情况下，货运合并。数量折扣会大幅降低运输成本。系统合同和总括订单具有价格优势。如果正在使用或实施准时制采购，几家准时制供应商合并运输更划算。

供应商分析与评价。承运商的选择和评价系统可以提供制定更优决策所需的数据。对承运商评价的四个方面为①财务；②管理；③技术/战略；④关系，或者承运和托运商之间所有的合作关系。

采用不同运输方式的可能性再评估。不同运输方式包括使用私人运输和多式联运，如驼背运输。通过不同运输方式的再评估，选择合适的运输方式，通常可以节约大量的成本。

发展更紧密承运商的关系。数据分析能够协助设计更优的运输要求规划，买方和承运商应共享数据，以充分利用两者拥有的专业知识。可以考虑开发合作伙伴关系或建立物流联盟。

成本分析/成本减少。长期合同、伙伴关系、第三方参与、货运合并、滞期费、包装，以及服务、质量与交货要求，可以提供降低成本的机会。

外包、第三方物流、合同外包。由于组织精简结构，关注核心竞争力，以及面临着基于时间的竞争，因此需要考虑制定与一家公司或几家公司签订合同的相关决策，或由第三方提供全部的物流服务。

安全注意事项。安全问题与托运商的需求及放松管制后司机收入的下行压力有关。这可能导致托运人和承运人同意不切实际的、法律上无法实现的交货安排。这些压力可能导致司机伪造日志，隐瞒不合规定的工作时间和行驶里程，并引发涉及商业车辆的交通事故。安全问题是战略开发时需要考虑的关键因素。

环境因素。随着对清洁空气和水的日益关注，制定战略规划时也必须考虑到危化品运输以及燃料/能源消耗。

⊖ Johnson and Leenders, *Supply's Organizational Roles and Responsibilities*.

9.8 物流组织

在许多公司，特别是大型公司，管理层认为可以通过外包多种物流活动的方式降低成本和提高客户服务满意度。其他大型公司认为拥有一个独立的自营物流服务部门是有利的。该部门拥有相关领域的专家，如承运商选择与路径规划、货运推进、处理运输过程中货物损毁索赔等。

在非常大的公司，根据运输的目的，物流职能会进一步细化。例如，汽车生产商可能设有三个独立的部门：一个处理进货运输，一个制订工厂内部与工厂之间物料运输计划，第三个负责将成品通过分销渠道发送给客户。在物料管理概念下的组织运营中，运输或物流部门经理负责所有类型的物料运输。部门经理必须认识到，原材料和成品的存储、维持与运输不增加产品价值。相反，这些是公司运营中的关键成本因素。因此应当在满足所需的服务参数内，加强管理，最小化总成本。

在中小型组织中，物流相关问题的决策数量不足以聘请物流专家，而物流业务外包成本又太过昂贵。买方或供应经理需要负责制定物流决策。在这种情况下，买方必须具备足够的知识以制定相关决策，如首选的离岸价格条款、承运商选择与路径规划、货运费率的确定、必要文件的准备、运输中货物损毁索赔文件起草与处理，以及接受运输服务后的支付问题。买方必须依据这些问题对其他方面的影响来制定决策，如库存水平、持有成本和资本使用。

本章小结

在大多数组织中，运输成本是很大一部分支出，且在管制放松的环境下，有广泛的服务选择范围。运输与物流服务不仅带来显著的成本，同时通过产品的可获得性、仓库网络和卡车等基础设施投资，以及负责供应链上对诸如货运推进、货物损毁索赔等活动，影响服务的水平。

供应职能在运输与物流管理活动中具有双重作用。在许多企业中，供应职能负责进货运输、仓储与包装等物流活动。在管理与第三方物流服务提供商签订的外包服务协议时，供应也应该与组织中的其他部门合作，如营销部与运营部。因此，精明的采购经理，应该熟悉运输和物流的基本概念，从而优化决策，如原材料运输安排、与第三方物流公司谈判物流外包合同等。

复习题与讨论题

1. 最常见的外包给第三方物流服务提供商的物流活动有哪些？为什么？
2. 在选择运输模式的时候应该考虑哪些因素？在选择运输载体的时候呢？
3. 公司如何行使物流职能呢？
4. 为什么企业决定将一部分或全部物流业务外包给第三方物流？
5. 什么类型的运输可能造成货物损毁，应当如何处理？
6. 哪些运输需求最好由快递来满足，为什么？
7. 货运提单的用处和意义是什么？
8. FOB 是什么意思？有哪些变化的 FOB 术语？
9. 为什么买家要对运输服务购买的支出进行审核？

10. 为有效地管理物流职能，应该建立什么战略？
11. 准时制采购如何影响物流决策？
12. 在什么情况下买家会选择下列运输方式：整车运输、零担运输、空运、水运、陆运、多式联运？
13. 信息技术服务的本地交付与异地交付有什么区别？
14. 在制定服务交付方式决策时，关键问题是什么？

参考文献

Bowersox, D. J.; D. J. Closs; and M. B. Cooper. 4th ed. *Supply Chain Logistics Management*. New York: McGraw-Hill/Irwin, 2012.

Coyle, J. J.; E. J. Bardi; and C. J. Langley Jr. *The Management of Business Logistics: A Supply Chain Perspective*. 9th ed. Toronto, Canada: Thomson, 2013.

Incoterms 2010. New York: International Chamber of Commerce (ICC) Publishing Inc., 2010.

Langley, C. J. 2013. *Third-Party Logistics Study: The State of Logistics Outsourcing, Results and Findings of the 17th Annual Study*, Capgemini, 2012, www.capgemini.com/resources/2013-thirdparty-logistics-study

Murphy Jr., P. R., and Wood D. F. *Contemporary Logistics*. 10th ed. Upper Saddle River, NJ: Prentice Hall, 2010.

Ramburg, J. *ICC Guide to Incoterms 2010*. New York: International Chamber of Commerce (ICC) Publishing Inc., 2010.

案例 9-1　本内尔医疗产品公司

尼尔·班尼特是本内尔医疗产品公司的仓库经理。该公司位于伊利诺伊州罗克福德市。尼尔·班尼特关注加拿大一家重要供应商的货物运输延迟和成本上升的问题。总经理肯·麦卡勒姆要求尼尔视察情况并提出相关建议。现在是4月14日，周一。尼尔清楚总经理肯希望在周末前看到他的计划。

本内尔医疗产品公司

本内尔，一个医疗用品的分销商和零售商，供应中小型医疗器械50余年。公司销售额为3 000万美元，约有120名员工。管理层期望销售额在接下来的5年增长10%。本内尔销售各种各样的产品，如血压计、压舌板、手术刀和专业的医疗器具。客户可以通过本内尔的5个零售点购买其产品，所有的零售点都在一个离罗克福德半径200英里的范围内。客户也可以直接在中央仓库订购。该公司通过电话或网站接收客户的订单。

虽然是一家家族企业，由于几位关键家庭成员相继退休，本内尔聘请了专业管理人员经营公司。肯·麦卡勒姆到该公司不到一年，便急于寻找提升盈利的机遇。

本内尔的主要仓库是一个占地面积达30 000平方英尺的大楼，通常里面储存了超过200万美元的商品。仓库配备了一个经理、两个收货员、两名为本地客户交货的司机、两名运输人员、两名货物分拣员（有时候要求其中一人驾驶公司当前最大的可用车辆——两吨级卡车）。仓库工人的平均工资为每小时15美元。

在本内尔公司，尼尔从一个货物分拣员做起，积极进取，努力奉献，在8个月前被提拔为仓库经理。

史廷森分销公司

史廷森分销公司，位于加拿大的安大略省，是本内尔公司的重要供应商。本内尔公司为史廷森公司运输产品的成本持续上升与未按时交货的问题担忧了一段时间。史廷森公司是与本内尔有着长期伙伴关系的中型公司，为医疗机构提供各种各样的专业设备。史廷森公司生产高质量产品，并且成为本内尔公司某种设备的唯一供应商。

由于未按时交货与未完成订单，史廷森公司被客户投诉，并造成了销售损失。此外，本内尼公司运输成本远远超出了预算，高级管理层过度重视库存水平。财务主管向尼尔表示，库存持有成本高达采购成本的15%。

每周两天，本内尔公司两吨重的卡车会穿过底特律边境到达史廷森公司。在理想的条件下，单程耗时为9～10小时。虽然在去程卡车是空载的，但通常会满载着约15 000美元的货物回罗克福德市。财务主管表明，该两吨载重的卡车每小时运行成本为55美元，包括燃料、保险和管理费用。尼尔发现，近期燃料成本急剧增加。他曾试图与当地其他企业通过联合运输方式来降低运输成本，但收效甚微。

自"9·11"事件以来，关于安全的忧虑导致本内尔公司在底特律边境的货物运输时常延误、运输时间延长和成本增加，并且在边境所延误的时间存在高度的变异性，有可能会持续30分钟到几个小时。除此之外，由于海关官员审查文件时变得非常仔细，文件不完整也会导致通过时间延长。尼尔估计，来自史廷森公司大约25%的货物是因为文件问题而延误。

载重两吨的卡车也用来向本内尔的客户配送产品，这使得交付工作安排变得越来越困难。尼尔最近使用UPS公司来处理向史廷森公司下定的紧急订单，这带来了显著的成本溢价。"至少UPS从来没有将文档工作搞砸，并且将货品准时送达。"目前本内尔公司在温莎的一个仓库以每月1 000美元租用了一块空间，来准备过境物流运输。

评估机会

尼尔意识到离会见肯·麦卡勒姆还有5天，但他想要立即开始处理这个问题。肯曾表示："这个问题每天都耗费我们很多资金。我希望在这周末解决方案可以到位，并向我证明问题可以很快得到解决。"

案例9-2 罗塞尔·威斯林克

特洛伊科技公司总部位于加拿大安大略省伦敦市。罗塞尔·威斯林克为特洛伊科技公司的高级采购人员。兰迪·海尔为特洛伊科技公司的物料经理。罗塞尔收到兰迪的指示："明天早上9:00前准备好计划书。"在3月12日上午，罗塞尔收到来自中国的邮件，邮件提到因为政府禁止了原材料使用，无法满足特洛伊公司紫外线4石英晶体套筒的订单。罗塞尔立即意识到该关键产品缺货带来的后果，并立刻通知了兰迪。

特洛伊科技公司

特洛伊科技公司是一家领先的水处理科技公司，安装了世界范围内最大的紫外线水处理系统。特洛伊公司专职于为工业、商业、市政府、住宅应用提供专业化的加压开放式紫外线消毒与水处理系统的设计、制造与销售。特洛伊科技公司年销售额为1.4亿美元，在全世界范围内大约有400名员工，并通过广泛密集的代理人为其客户提供服务。

特洛伊科技公司隶属达纳赫集团，该集团在2004年收购了此公司。达纳赫集团是一家多元化的全球制造商，企业专营仪器、工业技术以及零部件。去年销售收入为68亿美元，净利润为7.46亿美元，拥有大约37 000名员工。管理者使用不断更新的达纳赫集团商务系统（DBS）指导和经营业务活动。

特洛伊科技公司目前的产品线包括5个市场的10种系统：①住宅水处理市场；②市政饮用水市场；③城市污水市场；④环境污染物处理市场；⑤工业过程。为商业和政府客户提供的系统的价格范围从约50 000美元到超过100万美元。这些系统，通常有7～10年的产品生命周期，之后会被替换，它们在伦敦设计并生产改进，直到满足客户的要求。在通常情况下，特洛伊每年会为商业和政府客户生产500~600套系统。

低成本地区采购项目

收购特洛伊后，达纳赫集团推行了一些新的举措，旨在改善公司业绩。举措之一为低成本的采购——特别获得罗塞尔的老板兰迪·海尔支持。在前任离开公司后，1月罗塞尔开始负责低成本地区采购项目。

特洛伊公司紫外线4水处理与净化系统中的一个关键产品是作为水和紫外线灯之间高透屏障的石英晶体套筒。这些套筒根据每个产品应用的尺寸和光学透明度定制，非常昂贵，很难购买。每套水处理系统可能需要几个晶体石英套筒，根据水处理系统种类的不同而不同。公司通常从位于密歇根州迪尔伯恩市的高级物料方案公司（Advanced Material Solutions，AMS）采购晶体石英套筒。高级物料方案公司离特洛伊公司加拿大安大略省伦敦市的工厂大约150英里。高级物料方案公司使用各种类型与纯度的硅砂生产套筒。

虽然有很多地方可以提供用于生产晶体石英套筒的硅砂，但中国是低成本采购的主要地点，原因有三：第一，中国可以同时良好地供应用于生产标准套筒的常规石英砂，以及用于生产紫外线4套筒的未被污染的水晶砂；第二，达纳赫集团已经在中国设立了采购集团，因此特洛伊公司不需要为选择供应商做大量的工作；第三，特洛伊公司一直计划在中国建立自己的生产运营中心服务，为当地提供服务。这些计划已准备实施，但由于亚太地区需求放缓而停滞。

高级物料方案公司为特洛伊公司紫外线4模型（零件号GA-311）生产所需的晶体石英套筒定价为每件51美元，交货提前期大约为两周。特洛伊公司紫外线4套筒的年度需求约为10 000件，大约为特洛伊公司所有套筒订单的15%，但是占了所有套筒成本将近30%。世界上可以提供用于生产紫外线4产品应用中具有足够光学透明度套筒所需的高质量水晶砂（如杂质成分很低）的地方很少。

经过对候选供应商的仔细筛选，去年5月特洛伊公司选择君陶公司作为其在中国的首要供应商。这样特洛伊公司在套筒上的净成本将节约70%。然而，由于生产与运输的提前期较长，从君陶公司订货的交货提前期会延长至8周。

建立了采购关系，由于沟通的问题，君陶公司花了将近6个月的时间开始接受来自特洛伊公司的订单，这令罗塞尔感到特别沮丧。2月，第一批套筒从君陶公司运到特洛伊公司。

交付问题

在由罗塞尔的前任制订的初始采购计划中，君陶公司与高级物料方案公司分别占总订单的80%与20%。然而，当高级物料方案公司意识到特洛伊公司将从中国采购套筒时，他们发出最后通牒："请与我们保持100%的采购业务，要不然套筒的单价将增加到77美元。此外，由于我们将不在特洛伊公司存储套筒，交付提前期将延至12周。"这导致特洛伊公司决定从君陶公司采购100%的套筒。罗塞尔觉得，高级物料方案公司认为特洛伊公司转向海外供应商，他们最终会失去特洛伊公司所有的业务，因此他们想从特洛伊公司中提取溢价。

3月12日，罗塞尔收到一封电子邮件。邮件中指出中国政府规定暂时禁止开采所有未被污染的水晶砂，因为政府想建立自然资源使用管理条例。根据邮件内容，该禁止期有多久，将出台什么样的新规定，都是不确定的。

特洛伊公司没有收到任何关于政府法规变化的警告或指示。然而，在这种新的发展形势下，一旦现有的水晶砂用完，君陶公司将无法为特洛伊提供晶体套筒。由于特洛伊公司没有储存水晶套筒，任何供应中断将迅速为客户订单与项目带来负面影响。

确定解决方案

罗塞尔一收到邮件就告诉了兰迪。兰迪要求罗塞尔提出一套可行的解决方案，并给出推荐方案。兰迪最关注的是如何在确保不中断特洛伊公司客户产品供应的情况下，最小化财务方面的影响。君陶公司目前只有少量的水晶砂可用，意味着大约30天后特洛伊公司将面临套筒短缺。

君陶公司曾提出用进口水晶砂生产套筒；然而，这种方案需要时间做相关检测，以确保新水晶砂能够满足生产紫外线4套筒所需的纯度要求。使用新进口水晶砂生产的样品在下个月很难完成。此外，进口原材料将会增加君陶公司的生产成本，套筒的价格将增至原价的2倍，达到每件约28美元。

罗塞尔的一种方案为根据需求从高级物料方案公司订购水晶套筒，其他套筒仍由君陶公司生产。但这种方法的缺点是套筒的附加价将为77美元/件，且提前期延长。另外，罗塞尔可以与高级物料方案公司签署一年期协议，由高级物料方案公司以每套51美元的价格为特洛伊公司提供所有需求的紫外线4套筒。

另一种方案是，如果中国的原材料供应最终将恢复正常，则调研中国境内可能拥有原材料库存的其他水晶石英石套筒供应商。罗塞尔认为双源采购有助于减少特洛伊公司面临的风险。

罗塞尔清楚，需要迅速制订计划，以确保持续供应。然而，兰迪希望罗塞尔能够在解决短期供应问题的同时，开发水晶石英套筒的长期采购战略。

案例 9-3　卡梅伦电力设备公司

卡梅伦电力设备公司位于美国北卡罗来纳州夏洛特市。公司物流部门总监蒂姆·彼特曼正在评估公司位于佐治亚州亚特兰大地区仓库的未来情况。物流部门副总裁凯利·阿姆斯特朗向蒂姆描述了前一天一次会议上的情况："仅使用我们所使用仓库数量的一半，我们最大的竞争对手能够处理其在美国的产品配送问题。总部要求我们降低成本，我认为我们应该至少关闭两个仓库。下周告诉我你的计划。"

亚特兰大仓库的租约将于两个月内到期。蒂姆认为关闭亚特兰大仓库将是一个合乎逻辑的备选方案。今天是4月22日周二，蒂姆准备在下一次与凯利会面时汇报他的建议。

卡梅伦电力设备公司

卡梅伦电力设备公司成立于1922年，总部在英国，是一家领先的户外电力产品制造商与分销商，提供的产品包括割草机、园艺拖拉机、吹雪机、链锯与修边机。卡梅伦的年收入为25亿美元，业务分部在欧洲、北美洲、中南美洲、亚洲和澳大利亚。卡梅伦在世界各地出售300多种不同型号的户外电力设备。其产品通过美国一个有10 000多家注册电力设备零售商（又称经销商）的网络进行销售。卡梅伦出售给分销商产品的平均利润为公司的全球制造业务部门产品生产总成本的30%，为从供应商处采购零部件与配件总成本的50%。

公司在美国的业务部门包括总部、位于北卡罗来纳州夏洛特市的配送中心以及位于南卡罗来纳州哥伦比亚市的制造工厂。哥伦比亚工厂拥有员工1 500人，是卡梅伦全球制造网络中的几个工厂之一。它生产高质量、手持式户外电力设备，包括送风机、修边机与链锯。卡梅伦产品的直接可变制造成本通常占全部成本的80%。

分销网络

夏洛特市的配送中心有250 000平方英尺，可处理大约30 000 SKU零件与配件。配送中心接受来自卡梅伦制造工厂与供应商的产品，并分发到其在美国的仓库网络或直接配送给分销商。从配送中心直送到经销商的产品仅限于整车运输,且其通常为大型经销商。蒂姆负责管理拥有8个仓库的网络,包括美国的分销网络。这些设施的规模从15 000到20 000平方英尺不等。

设备、零部件与配件从仓库配送到其所在区域的分销商。电力设备行业的产品需求具有季节性,春夏季是产品销售的高峰期,快速、可靠地向经销商配送产品是很重要的。为分销商配送产品的服务水平目标值为99%,提前期为48个小时,但实际的服务水平平均为97%。

库存持有水平维持在平均30天的产品需求量。针对库存持有成本与客户服务水平之间的平衡,蒂姆评论说:"我们发现,库存水平保持在30天,可以很好地满足客户需求。去年我雇用了一名工商管理硕士进行暑期实习,要求她评估我们的库存持有成本。她给出库存持有成本占总成本的估计值:16.5%,其中9.5%为资本成本,7%为存储与处理成本,包括仓库租金、人力、保险、税收与废弃成本。"

亚特兰大仓库

亚特兰大仓库有15 000平方英尺,服务于美国东南部分销商,包括佐治亚州、亚拉巴马州、密西西比州、田纳西州与路易斯安那州。运营仓库的总成本为每月5 250美元,加上每月6 500美元的工资、福利与管理费用。

为了最小化运输成本,采用整车运输的方式将产品运送到亚特兰大仓库。虽然每个月的出货量各有不同,但平均而言,从夏洛特每月运货8次,单次运费为725美元;从哥伦比亚工厂运货4次,单次运费为625美元。

由于夏洛特配送中心不提供小批量订单的产品配送,蒂姆要求卡梅伦电力公司当前的运输服务供应商默温物流公司,设计越库配送流程。在这样的安排下,卡梅伦电力设备公司每日将产品运送到默温物流公司的亚特兰大码头,在码头进行交叉理货、合并,并采用零担运输的方式配送给经销商。默温物流公司提供的越库配送服务价格为每月7 000美元,并同意在码头提供200平方英尺的中转仓库。给经销商的送货的费用没有变化。

为了保持对经销商的服务水平,蒂姆需要每天往离夏洛特配送中心250英里的亚特兰大默温码头发货。通常从哥伦比亚直接运送到亚特兰大的货物,则从哥伦比亚直接送往夏洛特,与其他每日出货的SKU合并。从哥伦比亚到夏洛特的运输成本是260美元,并继续采用整车运输的形式,每月运货4次。从夏洛特到亚特兰大的运费保持不变。

亚特兰大仓库保持的平均库存为400 000美元,全值估价。蒂姆认为,如果亚特兰大的仓库关闭,那么他们将实现一次全系统范围内降低库存成本,大约是亚特兰大仓库库存存货价值的50%。

总公司设置的最低资本回报率为30%,因此为了运营的灵活性并避免资本支出,卡梅伦选择租用仓库。仓库的租期通常为3年。未来24个月,所有8个仓库的租约到期,其中的3个仓库将在未来9个月内续约(包括亚特兰大)。

亚特兰大仓库逐步弃用

消除亚特兰大仓库运营成本并降低库存水平,对蒂姆很有吸引力。然而,逐步弃用亚特兰大仓库确实存在不确定性以及潜在的问题。来自夏洛特的每日出货量将产生额外的成本,且必须维持一定的服务水平。在某些情况下,配送给经销商的产品交付期将延长1天,这取决于接受订单的时间以及卡车的可用载货容量。然而,蒂姆认为使用其建议的配送模式,维持当前的库存服务水平是有希望的。

很显然,凯利·阿姆斯特朗认为,通过关闭8个仓库中的至少两个,可以降低成本。蒂姆想在仔细分析亚特兰大仓库的情况之后,再提出相关建议。

Chapter10 | 第 10 章

价　　格

供应决策者的关键问题

我们应该
- 利用竞标作为确定价格的主要手段吗？
- 利用供应商提供的数量或现金折扣吗？
- 提前购买吗？

我们如何
- 发现和打击价格操纵行为？
- 利用期货市场对冲原材料采购？
- 知道什么时候允许合同中的价格发生变化？

确定支付价格是一个主要的供应方面的决定。获取"优惠"价格的能力，是评判一个采购人员是否优秀的主要依据。在广泛定义下，优惠的价格意味着可以获取最大的价值。在本章，我们列举了三个关键的决策：①支付的最优价格是多少？②什么是最优价值？③我们如何确保支付了合理的价格？

虽然价格只是全部供应工作的一个方面，但它非常重要。买方必须注意不同的定价方法，知道每一种定价方法适用于什么情况，并且在计算支付价格时使用相关技巧。我们没有理由因为重视价格或者在所有考虑因素中将价格放在首位而备感歉意。采购人员理应为组织所支付的资金获取最佳可能的价值。

虽然竞争性招标能够用于一些产品或服务的采购，但是在大宗商品市场上的采购需要使用大不相同的方法与采购技能。本章研究供应商如何定价以及如何使用相关技术制定并调整价格。第 11 章通过介绍供应商成本分析与供应商谈判，补充了本章所讨论的内容。

10.1　成本与价格的关系

每个供应经理都认为应该给供应商支付合理的价格，但"合理的价格"是什么意思？

合理的价格，是指在需要时确保合适质量的产品或服务持续供应的最低价格。

长期来看，只有供应商获得合理的利润，才有可能为采购商"持续供应"产品或服务。供应商的全部费用，包括合理的利润，终究都必须包含在总销售额内。然而，任何产品或服务，在任何给定的期限内都不可能贡献"它的全部份额"。但即使是这样，对该产品或服务支付的价格通常至少应该涵盖发生的直接费用。

对于卖方来说，任何产品或服务的合理价格可能高于另一个产品或另一项服务的价格，或者高于可以获得相同满意度的替代品的价格。就买方而言，两种价格可能都是合理的价格，并有可能同时支付两种价格。

仅仅因为价格由垄断者或者通过供应商之间的共谋而制定，本身并不能说明所制定的价格是不合理或者过高的。同样，现行价格也不一定是合理的。例如，"黑市"上的价格，或者通过垄断或强制的行为压低或抬高价格。

供应经理需要不断判断，在各种不同的情况下，"合理的价格"分别应该是什么。在某种程度上，精确地权衡影响合理价格形成的各种因素，要以对过去经验的应用，以及对有关产品或服务的生产流程与相关成本，包括存储、运输、服务交付与其他相关成本在内的物流成本等方面知识的应用为基础。

成本的含义

假设"合理的价格"这个概念是明确的，那么成本与价格之间的关系是怎样的？为了维持在市场上的长期运营，供应商提供的价格必须涵盖所有成本，包括管理成本以及利润。否则，供应商最终将被市场淘汰。对采购商而言，这样供应商的数量就减少了，并且可能造成缺货、高价、服务质量差以及产品质量低。

术语"成本"包括什么？有时成本仅仅被定义为直接人工成本与材料成本。在市场萧条的情况下，卖方仅仅期望能够保住这些成本，而不是一件都卖不出去。或者成本包括直接人工成本与材料成本，以及管理成本。如果某特定产品或服务的成本包含管理成本，那么管理成本是按照实际管理费率收费还是按照平均管理费率收费？平均费率可能与实际费率差别很大。

大多数博识的商界人士都认识到，确定某特定产品或服务成本的过程不是一个相对精准的过程。对成本有两种基本分类——直接成本与间接成本。

供应商所提供的某个具体产品或某项具体服务的直接成本是可以细化并精确的。例如，在制造业，单位钢铁的直接材料成本为10英镑，或直接人工成本为员工在机器或生产线上工作的30分钟。对于一个持有库存的服务提供商来说，直接材料成本是提供服务所需的配件与用品的成本，例如保洁服务公司的清洁用具的成本。直接人工成本是为提供服务的专业人员支付的工资以及向合同工或自由劳工所支付的成本。然而，在公认的会计准则下，实际价格可能不是所确定的直接材料成本。支付价格也许在一段时间内会波动，最常见的做法是使用一个标准的成本。一些公司使用上一财政年度支付的最新价格，有些则使用一定时间内的平均价格。

间接成本发生在生产工厂、流程或服务组织的运营中，但通常与任何生产的产品或者提供的服务是不直接相关的。例如，租金，物业税，机器折旧，管理人员成本，数据处理成本，电力、热量与采光成本。间接成本通常被称为日常成本，可能是固定的也可能是变化的。

在会计惯例里通常将成本分为可变成本、半可变成本和固定成本。这种分类方法对任何有意义的价格/成本关系分析都是必要的。由于直接成本按照生产单位的数量成比例分配，并直接发生变化，因此大多数直接成本为可变成本。例如，一件产品需要10磅钢铁，则生产10件该产品需要100磅钢铁。

半可变成本可能会随着生产量的变化而变化，但部分成本是变化的，部分成本是固定的。例如，当一个工厂按照90%的负荷运转时，相对于50%的负荷，它需要使用更多的热能、光与电力，但是差量不直接与生产的产量成比例，事实上，如果一段时间内生产完全停止，也会产生一些热能、光与电力成本。

不论生产量是多少，固定成本通常保持不变。例如，在给定的时期内，不管是生产一套房子还是生产100 000套房子，房地产税通常是相同的。有几种会计方法可以用来分配固定成本，一个常用的方法是使用直接成本的比例来分配工厂间接成本。固定成本的分配基于对生产量的精准预测与设备使用比率。显然，当达到满负荷生产时，单位生产量的固定成本比率将下降。

从历史观点来看，劳动力为最大的成本要素，工厂间接成本通常基于一定比例的直接人工成本。尽管现在成本通常不是标准一致的，但标准成本会计方法通常没有变化。销售成本与管理成本是一定百分比的总生产成本或服务成本。下面的例子说明了在生产环境中典型的产品成本构成。

直接材料成本	5 500
+ 直接劳动成本	2 000
+ 间接成本①	2 500
= 制造成本	10 000
+ 管理成本、销售成本	1 500
= 全部成本	11 500
+ 利润	920
= 销售价格	12 420

① 间接成本是包括固定成本与可变成本在内的所有间接生产成本。

成本可以定义为以一段时间内原材料平均成本、直接人工成本，以及一段时间段内的估计生产量（分摊间接成本的依据）为基础的资金量。服务成本或主营业务成本包括所有仅在服务销售时发生的成本，或者随服务销量增加或减少而增加或减少的成本。服务成本通常包括销售佣金、专业技术人员与合同工的工资或成本、提供服务的运输成本，以及仅在服务销售时发生的设备或工具的租金成本。

如果这一成本的定义是被认可的，那么接下来的一个问题是：这是谁的成本？一些制造商比其他制造商的生产效率更高，通常以相同的价格销售相同的产品或服务。但这个价格是仅包括最高效供应商的成本，还是应该涵盖所有供应商的成本？另外，成本不一定决定市场价格。若一个卖方坚持认为价格必须是根据成本而给定的金额，那么这一观点就是不合理的。产品的价格是由市场决定的，而且将以这个价格销售。

此外，没有卖方仅仅因为其在经营业务或者承担风险，就能够享受可以获取利润的价格。如果是这样，无论成本、质量或服务如何，每个企业都有权获得利润。如果卖方不能够在市场上供应用户所需要或期望的产品，他甚至不能够获得能够保本的价格。

10.2 供应商如何制定价格

根据商品和行业不同，市场类型也不同，包括完全竞争市场、寡头垄断市场以及垄断市场。相应地，定价方法也有所不同。出于市场竞争原因，大多数公司不会透露是如何定价的，但两种传统方法是成本法和市场法。

10.2.1 成本法

以成本法确定的价格是大于直接成本的一定数量金额，涵盖间接成本、管理成本以及一定的利润。买方可以据此寻求低成本的供应商，推荐低成本制造或服务的替代品，并质疑产品利润的大小。利用成本分析技术进行谈判，是特别有用的方法。

10.2.2 市场法

市场法是指价格由市场来决定，可能与成本不直接相关。当需求大于供给时，预计价格会上升；当需求小于供应时，预计价格会下降。这可能过于简单化。一些经济学家认为，大型多元经营的跨国公司对市场有一定的掌控力，因此不存在完全的竞争市场，即使供应超过需求，价格也不会下降。

在市场法下，采购方会采用市场通用价格，或寻找其他方法。如果做什么也不能直接影响价格，采购方仍然可以选择愿意提供非价格优惠的供应商，如保存库存，提供技术和设计服务，并在服务合同里确保特定人员来提供服务，确保高质量、最优的配送、运输优惠，以及提前通知价格或产品设计即将发生变化。因此，供应商谈判会围绕除价格以外的其他条款进行。

许多经济学家认为，相似但不完全相同的原材料或产品的替代品是防止完全垄断或寡头垄断供应商操纵市场的最强大力量之一。例如，在大量的实际应用中，铜、铝可以相互替代。因此，铜、铝市场不是相互独立的。采购方识别不同替代品之间的优劣，有效设计并使用这些差异，以有效利用替代性的能力。自制或采购（内包或外包）是另一种选择方法。如果获取原材料、技术工艺以及劳动技能不受严格的限制，则组织可以自己生产产品或服务来满足需求，以避免过高的市场价格。在采购服务时，一个服务提供商对另一个服务提供商的可替代性，取决于采购商对服务提供商专业技能价值的评价。

有时采购商使用长期合同，来诱使供应商忽略市场条件。在某些情况下，这可能会成功。一旦当前市场价格大大高于长期客户支付的价格，供应商通常会围绕这一合同承诺，寻找其他方法。

10.3 政府对价格的影响

政府在制定价格方面的作用发生了巨大的变化。政府的作用体现在两个方面。政府可以通过设置生产和进口配额，管理买家和卖家在协商价格时的行为方式，起到积极的作用。由于其他国家的政府都积极地进行价格控制，在许多情况下设定国内价格和出口价格两种价格（如俄罗斯的天然气价格），因此我们很难想象美国和加拿大政府为何能够忽略其在不确定价格方面的作用。价格可能通过审查或控制委员会，或者强烈的道德说教来决定。价格也会受到政府控制的影响，如关税、进口配额和出口许可证。

政府影响着提供日常服务的公共设施（如电和水）的价格，并制定由政府运营的组织提供的许可证与产品和服务的价格，例如邮政服务价格。能源放松管制虽然仍处于起步阶段，但这对于买家而言是一个有趣和富有挑战性的领域。

随着与联邦快递和UPS等私营企业建立联盟，美国邮政服务——这个准政府组织，也发生着变化。尽管没有对邮政服务的营业费用收取税金，但由于邮政服务依赖于邮资、产品和服务的销售来运营，因此应由各政府实体来制定关键的决策，包括价格与收取的服务费用、提供的服务和养老金覆盖率计算等。

其他国家已采取各种措施为本国的邮政服务业引入竞争。例如，2000年，德国私有化了德国邮政，现在DHL是世界领先的邮政和物流集团——德国邮政DHL集团的一部分。在定价和谈判机会方面，这些变化意味着什么，仍需拭目以待。

法律对定价的影响

虽然美国和加拿大与定价相关的法律有差异，但两个联邦政府均积极地关注买方和卖方是如何确定价格的。

1. 美国

美国政府在很大程度上起到了保护的作用，主要通过防止强者对弱者施加过于苛刻的条件或者防止同谋，来维护市场的竞争性。

影响市场竞争和定价行为的两个最重要的联邦法律是：《谢尔曼反托拉斯法》（Sherman Antitrust Act）和《罗宾逊－帕特曼法》（Robinson-Patman Act）。1980年颁布的《谢尔曼反托拉斯法》表明，任何旨在限制州际贸易的联合、串谋或勾结都是非法的。供应商聚在一起制定价格或确定出售产品或服务的条款和条件是违法的。例如，美国司法部反托拉斯局经过三年的调查发现，汽车零部件行业的26家日本公司串通投标并操纵价格。到2014年2月，这些公司已经同意支付超过20亿美元的刑事罚金，并有28个人受到指控。[⊖] 买家也不能共谋设置愿意支付的价格。

120多个国家有某种保护竞争的反托拉斯法。在调查国际卡特尔方面的合作越来越多，且反垄断机构审查了许多跨国并购活动。

《罗宾逊－帕特曼法》（即1936年制定的《联邦反价格歧视法》）表明，供应商必须以同样的价格向所有客户出售同样的产品，这也被称为"一价定律"。允许一些例外情况，例如在以下情况下，价格可以降低：①在大量采购的情况下，卖方可以通过降低单位产品成本而提供较低的价格；②清理过时的商品；③为适应在特定的地理区域内的低价竞争，必须采用较低的价格。买方有意诱导或接受歧视性的价格也是违法的。然而，法院认为，获得最优价格是采购方的本职工作，只要买方没有故意误导卖方给予比同一物品的其他买家更有利的价格，就不违反法律。

⊖ www.justice.gov/opa/pr/2014/February/14-at-157.html.

买方可以向调查不正当行为的联邦贸易委员会提交详细说明违规行为的指控文件。由政府关注卖方的行为，对买方来说几乎没有什么好处。在通常情况下，政府的反应速度相对较慢；在其做出决定之后对产品或服务的需要可能已经消失了，并且市场条件可能会发生重大变化。大多数卖家将控告视为不友好的行为，使得很难在未来与该特定供应商保持合理的供应商关系。因此，投诉并不常见，大部分控告是由公共采购机构而不是公司提出的。

2. 加拿大

加拿大联邦定价立法与美国立法不同，但它们的意图基本是相同的。为保持市场的竞争性，加拿大联邦定价立法禁止某些定价行为，并适用于买卖双方。违反加拿大联邦定价立法是刑事犯罪行为。供应商或买家不能"串谋、联合、同意或安排另一个人"不合理地提高价格，或以其他方式限制竞争。但这并不妨碍贸易或专业协会内的数据交换，因为这不会削弱价格竞争。串通投标本身是违法行为，这意味着，对此行为的控告，原告只需确认存在可以定罪的协议，不需要证明该协议会不当地影响竞争。对供应商来说，为一个采购商提供价格优惠，而不向其他所有的采购商提供，也是一种违法行为（类似于《罗宾逊－帕特曼法》）。

价格的数量折扣可以通过一次性降价清理库存，因此数量折扣是允许的。像美国一样，明知接受的价格为歧视价格的加拿大买家也违反了法律。在价格维护和购买转售货物方面，供应商不应通过威胁或承诺的方式试图影响从该供应商处购买产品或服务的公司，进而对其用于转售的产品定价。

10.4 采购类型

供应商的成本分析不是决定价格的唯一依据。还可以使用其他什么方法呢？这取决于所采购的产品类型。如第 6 章中所述，产品可分为七大类。

（1）原材料和半成品。这包括敏感性商品，如铜、小麦和原油，以及钢铁、水泥等。案例 10-1 提供了一个供应商在采购原材料时选择决策的例子。

（2）零件、组件及包装。这包括螺母和螺栓、多种类型的条钢、阀门和管材，价格相当稳定，并基于"具有一定折扣的价格清单"报价。

（3）非生产性物料（维护、修理和运营物品）与小额采购（SVP）。一些组织需要大数量、多种类的非生产性物料和 SVP 用品，在购买之前一一核查价格是不现实的。

（4）资本资产。资本资产是组织的长期资产，在正常业务过程中不进行采购或销售，会对组织的运营产生持续性影响，预期使用时间超过一年，涉及大量资金投入，且通常会产生折旧。资产可以是有形的或无形的。有形资产（土地、房屋和设备）是财富的主要驱动力，因此历史上有形资产是管理关注的主要焦点。现如今，无形资产（专利、版权、想法、知识和员工等）是创造财富的重要因素。由于传统会计程序不包括无形资产的估值方法，因此无形资产的处理特别具有挑战性。

（5）服务。服务类别范围广泛，包括许多类型，如广告、审计、咨询、建筑设计、法律、保险、人员旅行、版权、安保和废弃物处理。

（6）转售。该类别可以细分为两类：

1）以前由内部制造，但已外包给制造供应商的产品。例如，一个主要家电制造商销售微波炉，但是该制造商并不制造该产品，而是以自己的品牌名称采购该产品。

2）在零售行业销售的商品。例如，在一般百货公司销售的服装；通过超市销售的食品；在五金店售卖的工具；在加油站销售的轮胎、电池及其他装饰物。

采购这些转售产品涉及的资金量是巨大的。购买这些产品的人被称为商品经理，根据消费者需求的预测做出购买决定。虽然我们在本书中没有给出该类商品采购的详细范围，但是许多供应原则和做法都适用于这类商品。

（7）其他。这包括对组织产品线具有特殊要求的定制物品与材料。

10.4.1　原材料和半成品

原材料和半成品通常按市场价格来报价，而市场价格每天都在发生波动。任何特定时刻的价格都可能不如价格变动趋势重要。鉴于这类的商品许多都是在有序的市场上进行交易的，因此这类商品的价格在大多数情况下都容易确定。价格定期在网站以及许多贸易和商业杂志上公布，如 American Metal Market（www.amm.com）、世界上最大的石化市场信息提供者 ICIS（icis.com）、Bloomberg.com 以及《华尔街日报》（wsj.com）。这些市场价格可用于建立价格评估系统，以及建立在价格调整条款中使用的价格指数。

在某种程度上，市场价格是市场条件下的合理反应。对于给定的级别，当前的现金价格是已知的，并基本一致。这些公开的市场报价通常偏高，精明的买家可能会得到更低的价格。公司通常可以充分调节对这些商品的要求，若有价格下行的趋势则可以推迟采购。

价格趋势对任何商品的采购都很重要，尤其对原材料与半成品的采购。"恰当的时机"对于获得合适的价格是至关重要的，作为该"时机"基础所需的信息类型，以及信息的来源，不同于在处理其他采购产品类型时所必需的信息类型与来源。第 17 章讨论的商品研究，对采购这类物品尤其有用。

10.4.2　零件、组件及包装

零件、组件及包装的价格相对比较稳定，并且可能在至少一定程度折扣的基础上报价。这包括通常可以从多个供应商处采购的一系列物品。这类物品的日常主要问题是库存问题。价格确实发生着变化，但变化是相对适中的，远不如原材料价格变动得频繁。价格通常可以从网络、纸质产品目录或类似的供应商出版物中获取，辅以定期折扣表。

由于该类产品需要的年度资金量可能很高，需要关注单位产品的价格，因此仍然有必要仔细检查产品报价。如果定期购买某产品，或最近购买了该产品，则最新的价格记录和目录文件会给出当前与潜在的供应商以及所支付价格的信息。这样买方订购产品时不需要扩大调查范围。但是，如果买方认为信息是不完整的，就可以从供应商列表文件、目录、互联网和其他来源以及所发布的报价请求单中选择供应商，组合成一个可用的供应商清单。一些组织采用网上拍卖（seller-initiated）或反向拍卖（buyer-initiated）的方式更有效地采购标准物品（见第 4 章）。

销售代表是很好的价格和折扣来源。很少有制造商完全依靠目录（在线或纸质版）来确定价格进行销售，主要通过销售人员访问来跟进这些材料的最新价格。

在买方的办公室，销售代表会为买方报出一个价格，买方可以发出采购订单接受该价格。这可能没有问题，但销售人员在法律上可能没有代理权，并且销售员的出价由销售公司负责并不合法，除非出价被销售公司高管接受。如果买方希望接受这样一个出价，并且想要知道出价具有法律约束力，那么他应该向销售人员提供由一名销售公司高管签名的信件，来说明销售人员拥有销售代理机构的授权（见第 15 章）。

10.4.3 非生产性物料与小额采购

非生产性物料包括的物品价值相对较小，且价格通常具有竞争性，因此不需要付出特别的精力来分析价格。每个供应部门都需要购买非生产性物料，但都没有整理一个合适的目录文件。即使存在这样的目录文件，也不代表有足够的资金来满足报价请求。处理对此类物品的定价问题的方式有很多，总结如下。

正如第 4 章介绍的，非生产性物料可以通过电子采购系统进行采购。在采用电子化方式处理实际交易行为时，应用良好的供应实践经验可以获得大量的优势，比如整合与标准化需求，减少供应商数量等。

其他常见做法，包括发送未定价的订单，在订单上标明以成本加利润为基础向具有存货的供应商最后支付或购买该物品时的价格，然后进行价格确认。组织内部用户可以使用采购卡从指定供应商处购买小额物品。采购小额物品（如非生产性物料）更有效的方式也许是第 4 章和第 8 章中介绍的系统采购、供应商管理库存与第三方供应商技术。

在通常情况下，小额物品的供应来源是本地的，通常可以通过网络、电话或传真获得当前的价格。价格包含于采购订单中，因此价格是协议的一部分。采购商最常见的做法是依靠供应商的诚信，进而省略对价格的详细审查。采购小额物品时，供应经理的目标是最小化购置成本，即订购流程成本最低。对于小额物品采购，通常采用现场检查的方式来控制价格。发现价格不公平或不当，是中断供应商供应的一个原因。

紧急需求采购类似于小额采购。例如，一旦设备发生故障，时间的价值远远高于金钱的价值。买方希望供应商立即开始提供设备，即便价格还未确定。买方可以仅决定"开始"或"运送"，然后发出一个未定价采购单。如果提货单上的收费价格是不合适的，则可以在付款之前协商与谈判。

10.4.4 资本资产

如在第 6 章 "需求识别与说明" 中介绍的，资本资产包括设备、IT、房地产与建筑。许多资本项目需要高资金投入，并对组织运营具有长期的影响，因此其采购成本通常是总成本中的一小部分。企业成本分析、设备（包括硬件和软件）标准化、采购流程全球化和成本的可见性等工具与技术的应用是很重要的。需求建议书（RFP）、竞争性招标、谈判都是确定其价格的工具。

10.4.5 服务

服务的定价可能是固定的或可变的，按工种计算或根据小时、天或周而定。如果合同中的业务量足够大，市场上有足够多的竞争者，且可以提供详细、稳定的需求规范，则可以通过竞争性投标来确定服务价格。

谈判是确定价格时通常采用的方式。在供应单一的情况下，谈判也许是唯一的选择。经验丰富的供应经理可以有效地利用服务数量和规模的杠杆作用。了解服务的成本结构有助于发现谈判机会。举个例子，服务提供商将高薪服务提供者（如研究分析师、工程师或计算机动画师）外调到低劳动力成本国家，将如何改变服务提供商的成本结构？依据双方的相对优势，改变的成本结构可能会是一个谈判点。

通常估计服务所需的专业时间而不是给出一个具体的数字，这并不罕见。大多数供应经理更喜欢在合同中列明"不要超过限制"之类的条款。建筑师等专业人士，可以基于总项目成本的一定比例来提供服务报价。但从供应的角度来看，这就削弱了建筑师为整个项目寻求最优价值的动机。

10.4.6 转售

商品转售经理必须为转售商品确定一个合理的支付价格，以使供应商和转售商都能盈利。正如第 6 章所讨论的，对于拥有产品或服务所有权的转销商而言，最大的单一成本是其为产品或服务支付的价格。尽管在本书中没有对转售进行详细介绍，但很多价格与成本管理的概念和方法可以应用到转售商品或服务的管理中。

10.4.7 其他

其他采购类型包括组织提供的产成品或服务所特有的各种零部件或特殊材料。由于这类产品或服务具有专有权（专利或版权）性质，因此对这类产品或服务是自制还是采购，一直是一个需要重点考虑的内容。由于这类产品或服务没有公开的价格列表，因此通常要通过报价的方式获得价格。分包是提供该类产品或服务的常见方式。其中兼容或特殊设备的可用性、有技能的劳动力与产能是决定价格的重要因素。在这些因素上以及获得业务的期望程度上，供应商之间存在巨大的差异，提供的价格也大不一样。每个产品都是独一无二的，都需要特别关注。努力寻找愿意并且能够处理这类特殊要求的供应商，并取得一个有利的价格，会收获颇丰。

10.5　报价与竞标

当报价中提出的采购金额稍微超过最低金额（例如 1 000 美元）时，该报价通常可以获得认可。政府采购通常以招标为基础，而且法律要求采购合同要授予最低报价的投标人。在私营部门，组织可在征求报价后，对最终价格进行谈判。

在不同市场上，使用竞争投标确定价格的方法差别很大。对于日常用品的采购商，多次从同样的供应源采购物品，常见的做法是发布未定价的采购订单或者通过电子采购系统自动订货。在一个非常强大的卖方市场上有时候也会发生类似的情况。当卖方市场上的一些关键商品的价格迅速上涨时，供应商则拒绝报出固定的价格。然而，只要有可能，采购订单上应该标明价格。事实上，从法律的角度来看，购买订单必须包含价格或者确定价格的方法，这样的合同才具有约束力。在竞争报价时需要做到以下几点：仔细挑选可靠、潜在的供应商；准确描述投标请求；将投标请求发送给足够多数量的供应商，以确保获得真正具有竞争力的价格；适当处理报价；在采购合同授予某投标者之前进行仔细分析。

10.5.1 招标步骤

第一步是检查供应的来源，选择可以发送请求报价的潜在供应商。投标者必须：①能够提供符合买方需求规格的产品或服务，并在所需的日期内交付产品或服务；②足够可靠；③数量足够多，以保证获得真正有竞争力的价格；④不能超过必要的数量。在寻找供应源的相关内容中我们讨论了前两个问题。在很大程度上，由采购商来决定可以发送询价的供应商数量，通常至少邀请两个供应商投标，更常见的是三四个供应商。尽管在通常情况下，投标者之间具有可比性是一个重要的因素，每个供应商都足够可靠，采购商可以从这些供应商那里进行采购，但多个投标者并不能确保采购商获得具有竞争力的价格。

买方通常会从报价列表中排除一些不太可能向其订货的公司，尽管这些公司的价格很低。有时采购商发出招标请求只是为了核验价格或为实现库存－价格目的。一个公司提交投标需要一定的成本。如果没有合理的理由，这个费用不应当由供应商承担。此外，收到报价请求对供应商是一种鼓励，这意味着可能会获得一个采购订单。因此，只有在存在签订采购订单的可能性时，购买者才可以发出报价请求。

1. 离线招标过程

选择邀请参加投标的公司后，在离线过程中，买方会发送一个普通询盘。询盘中包括所需产品或服务的完整描述、交货日期与投标截止日期；可以采用电话询价来代替正式报价请求。

在供应商通过邮件发送报价以及采购商授予合同的这段时间，投标者想知道他们的报价与竞争对手相比是否具有竞争优势。因为密封投标用于政府／公共采购，不常用于私人企业，因此采购人员在收到竞标后，与其他标书相比较，可以清楚供应商之间报价的差异。然而，如果采购商收到标书后，对标书进行了检查，那么对信息严格保密是非常重要的。事实上，一些买家在对投标进行分析之前，特地对报价保密，因此他们能够如实告诉任何投标者，他们也不知道报价具体如何。在签订采购合同后，不向未中标的供应商透露没有成功投标的具体情况是一个更好的策略。

2. 电子化招标过程

在公共和私营部门，整个招标过程可以是自动化的。例如，美国和加拿大联邦政府（http://www.tpsgc-pwgsc.gc.aa）建有运行良好的电子采购系统。2014年年初，美国联邦商机网站列出了20 000多个联邦政府招投标项目。

从2009年开始，墨西哥政府开始采用现代化的采购方式，淘汰了过时的法规，建立了透明化招投标方法，并创建了一个在线平台以确保信息的透明度和可获得性，从而缩短了95%的采购时间。三年之内，联邦采购系统中的中小型企业数量增加了36%，因此政府省下了10亿美元。在网上提供招标文件与规格，投标人在线提交标书与建议文件，以电子化方式交流开标与中标信息，有效的自动化过程可以大大节省周期时间与成本。

这个过程类似于在线招标。在网上拍卖中，潜在供应商经过了资质预审，并被邀请参加拍卖活动。设定拍卖活动的特定日期与持续时间，类似于在离线招标流程中设定投标的最后日期以及开标截止期。拍卖成功与否，取决于招标规格、对供应商进行资格预审的工作人员的能力以及资格预审工作流程的质量。投标人可以在网上看到实际中标金额，但不能看到中标者的名字（见第 4 章）。

10.5.2 稳固竞标报价

由于采购者常常遇到稳固竞标报价的情况，因此必须对投标价格进行保密。大多数组织都会告知供应商稳固竞标报价的政策，即其原始报价必须是最后的确认报价，无论在任何状况下都不能修改。有明显错误的情况除外。

在价格下降且供应商需要订单时，供应商尽量保证他们的出价将是最低的。在通常情况下，采购商会满足供应商对标书进行修改的请求，以此鼓励供应商。不幸的是，确实有买家通过虚构标价，故意扮演一个投标人，与另一个努力确保投标价较低的供应商抗衡。违背"稳固竞标报价"政策的责任在于采购商，也在于供应商。

稳固竞标报价政策是合理的，一般情况下不允许违背，这是许多组织遵循的惯例。稳固竞标报价政策作为一般性政策，优点是能最公平地对待所有供应商。该政策更重视交易中的质量与服务因素，而非价格因素。假设仅从诚实可靠的供应商处获得投标标书，且买方没有必要以最低的价格订货，这就消除了供应商在中标后，妄自尝试使用劣质材料或工艺的可能性，并消除了不断讨价还价的必要性，进而节省了采购商的时间。

稳固竞标报价政策的一个例外情况是，买方希望在收到初始报价之后，双方（卖方和买方）可以灵活地对需求规格与价格做出进一步的说明与界定。在发出投标请求时，买家将会通知所有卖家，在接收到最初报价后，买家会与一个或多个投标人进行讨论，然后请求最佳和最终报价（BAFO）。一些公共采购机构也使用了这种方法。

如果投标人很明显没有完全理解规格需求，或怀疑部分投标人之间串通，或者如果采购商认为所有报价虚高，那么采购商会通知投标人所有的投标取消并发出另一个投标请求，或者说，将通过非竞标以外的方式采购该产品或服务。

10.5.3 确定最有利标

通常，投标分析是对投标进行排列，或者在在线拍卖中实时查看投标。通常是最低价中标。确保投标来自多个供应商的目的是获得最低的价格，提供详细的规格与需求说明是为了确保从任何投标者处获得相同的产品或服务。政府合同必须授予最低价投标者，除非可以给出不这样做的特殊理由。

有时最低价投标者可能不会中标。比如，采购商发现最低价投标者是不可靠的，或最低投标价仍然高于采购商认为合理的价格，抑或是采购商发现有串通投标的情况发生。此外，比如工厂管理、工程设计或营销领域的用户，可能更加喜欢某个供应商的产品。价格上的微小差别，可能无法抵补对某特定供货商产品或服务的信任，或对某一长期供应商的满意度。然而，投标过程对于确保适当的价格处理至关重要。

价格对比明显可能会产生误导。因此选择供应商，不是简单地列出投标者名单，从中挑出价格最低的投标者。两个相同的投标，一个标价实际上可能比另一个高很多。一个供应商的安装成本可能比另一个的低。如果报出的价格是离岸价（采购商负责运费），则运费可能会有明显的不同。一个供应商试图进军某个新市场，或者将其竞争对手逐出市场，则供应商的报价可能会更低。一个供应商的产品可能需要必须摊销的工具。一个供应商可能会报一个固定的价格；另一个供应商可能会坚持加入价格自动增减条款，以确保其提供的价格相比竞争对手的标价具有优势。基于这些因素以及其他因素，根据比价做草率的判断是不合适的。

案例10-2以及案例6-3，是在招投标过程中组织面临复杂的供应商选择决策的例子。

10.5.4 串通投标

买方如果怀疑供应商之间存在相互串通，也会取消所有投标。很难制定适当的策略来防止这种行为，但也存在各种可能的方法。采取法律手段是一种可能的方式，但是由于存在费用、采购延迟以及结果的不确定性问题，因此这种方法通常是不可行的。不幸的是，由于采购商对其也无可奈何，因此通常情况下唯一显而易见的解决办法是接受这种情况。另一种可能的方法是，从采购商熟悉的供应商内部或者外部寻找新的供应商。临时或永久地使用替代材料可能是一种有效的解决方案。还有一种可能的方法是，拒绝所有的投标，尝试与其中一个供应商进行协商，以降低价格。如果谈判是最可行的选择，那么将涉及道德问题。一些供应经理认为，供应商勾结则意味着对他们来说试图以通常不会采用的方式强制降价的行为是符合道德要求的。

10.5.5 公共部门招标

公共部门招标的过程类似于私营部门，但也有一些重要的区别。公共法规通常规定要在公开、竞争性招标的基础上将购买合同授予中标供应商，以确保所有合格的供应商，无论是纳税人或是雇用纳税人员的供应商，都有平等的机会出售政府运营需要的产品或服务。由于各供应商的标书将接受公众查阅，因此公共采购人员很难表现出对任一供应商的偏爱。对采购商而言，很难为选择高价格供应商做出合理解释，公共部门招标系统往往将价格作为选择供应商的重要依据。在投标邀请信中给出标书评价的各因素权重列表，这样采购商可以考虑到价格之外的因素（见第13章）。

无论是法律、法规、规章还是正常的经营政策，北美和欧洲地区都要求公共采购商将即将进行的采购在指定报纸或网络上发出宣传通告。该通告告知感兴趣的供应商，对于公共采购商的某特定需求，如何获得相应的投标邀请函。然后，采购商确定供应商是否满足最低供应商资质。发布宣传通告的方式可以确保公共采购是公开执行的。

通常公共采购商必须统筹考虑所有符合最低资质需求的投标供应商。然而，公共采购也应深挖新的潜在供应商。公共采购必须将采购合同授予具有最低"责任性"与"响应性"的投标人。"责任性"投标人是指完全有能力并愿意履行合同的供应商；"响应性"投标人是指提交符合要求的标书的供应商。

在一些公共机构的采购中，只有收到一定最小数量的标书（通常为3份），才能授予采购合同；否则必须要重新招标。或者采购商所需产品或服务的本质，决定了该招标不可能获得更多供应商的投标。

1. 投标保证金的使用

依据法律或相关政策规定，投标人在投标时要提交一定形式与金额的投标保证金，特别是需要大量资金投入的投标或建筑项目，或者投标人需要提交标书固定比例金额的认证支票或汇票。如果选定的投标人不同意签署最后的购买合同，或能依据标书条款不执行合同，则该保证金将作为违约金，不再返还投标人。收取投标保证金是为了阻止不负责任的投标人参与竞争。在高风险的情况下，一般会收取投标保证金这一额外费用，当中标供应商拒绝签订采购合同时，这笔保证金将转移给买方来寻找新的供应商，以降低买方风险，这是有道理的；但在采购标准的，且在多个供应商处都可以获得的库存物品时，收取保证金则是有问题的。

有三种通用类型的保证金。考虑到美元溢价，大多数投标人会从保险公司购买其中一种形式的保证金，从而将部分风险有效地转移给保险公司。

（1）投标保证金，确保投标人中标后将接受采购合同。如果供应商拒绝签订采购合同，则采购商寻找替代供应商的额外费用将由承保人承担。

（2）绩效保证金，确保中标供应商在规定的时间内按照需求规格履行合同。如果最后由另一家供应商返工或完成订单，则由此产生的额外费用将以绩效保证金作为补偿。

（3）支付保证金，确保在投标人没有向其供应商支付货款的情况下，采购商免受物料和劳务供应商对投标人的扣押权。

在多年合同或具有较高初始投资成本的合同中，采购商可以将绩效保证金按照合同完成时间均摊到若干周期或阶段内，以避免保证金写得过高，从而增加过多的合同费用。

2. 开标、评价与中标

在离线系统中，投标须知中会规定日期和时间点，买方开标并记录所有的投标。在通常情况下，任何利益相关方都可以参加开标仪式，并可以对任何标书进行检查。原始标书将保留一段时间（通常是12个月），以供日后任何利益相关方对其进行检查。在电子采购系统中，这些步骤通过电子化方式完成。例如，许多美国政府公共采购的招标与中标过程通过 fedbizopps.gov 在线完成。许多美国的州和加拿大的省也有类似的电子采购系统。

开标后，采购商分析投标是否符合投标要求，并为下一步的采购行动做准备。在联邦或州政府的公共采购中，大额资金的采购还需要直辖市议会或内阁批准。

如果使用多个投标标准，且两个或两个以上责任性投标人满足需求规格与合同条款，则选择评价级别最优的供应商。采购商的其他行为必须是合理公正的。如果收到相同低价格的标书，而采购商没有证据说明供应商之间存在串通或其他违规行为，那么采购商必须找到一种可接受的方式来解决这一问题。

因为开标是一个公共事件，并保留供查看的投标与中标文件，因此公共采购商没有义务通知不成功的投标人。在电子采购系统中，投标人可以在线获取相关信息。

3. 投标错误

如果投标提交后，采购订单在授予中标者之前，中标者通知采购商标书出现了错误，通常，该标书将被撤销。然而，这反映了投标人的责任心，因此采购商通常会记录这一事件。

中标人在签订采购合同之后，声称投标出现错误，并尝试撤标，将产生更严重的问题。投标保证金有助于保护买家。如果没有投标保证金，买方必须决定采取法律行动强制中标者履行合同或收取损害赔偿金，或者转向最接近的其他成功投标人（现在可能不再感兴趣）或再次执行投标过程。从法律上讲，如果错误本质上是操作性错误，如计算错误，那么法院可能会站在供应商一方。但是，如果是判断性错误，比如供应商误判了材料价格的增长速度，那么在这种情况下，一般法院将不会宽容供应商。此外，想要获得法院宽容的供应商，必须表明，一旦发现错误，将会及时通知采购机构。

根据常识及对市场的了解，如果采购商收到了其认为不现实的投标，则需要对标书进行复核，并要求投标人再次确认这是一个真实无欺的标书。从长远来看，相对于旷日持久的官司以及不确定的结果，这种方式的代价会更低。

4. 竞争问题

由于公共采购商之间相互分享投标信息，因此公共采购商处在监视供应商的非法贸易的独特的位置上。虚高价格，相同的价格，不愿意投标，低价中标者在小范围竞标者之间轮换，在某特定需求领域明显偏袒于某一投标人，等等，从这些方面很容易看出投标者之间存在串通投标行为。每个国家都有相关机构调查反竞争行为，并起诉嫌疑人，如美国司法部的反垄断部门，以及加拿大竞争局。

10.5.6 价格相同的问题

从不同的供应商处收到相同的标书是常见的。这可能表明竞争激烈，或者歧视或串通投标。在以下情况下，价格相同或平行是可疑的：

（1）相同的定价标志着历史上价格行为模式的新突破。
（2）有证据表明卖家或买家之间对价格做了相应沟通。
（3）存在"虚假的"产品标准。
（4）在向具有复杂、详细或新颖规格需求的买方投标时提交相同的价格。
（5）偏离统一价格，并成为整个行业关注的问题——成为会议关注的主题，甚至组织对这一问题进行制裁。

用来阻止相同定价行为的方式有四种。第一，鼓励在行业中形成独立组别并渴望成长的小卖家。第二，如果投标人感觉总合同太大，则允许对大型合同的部分进行投标。第三，鼓励公司在投标时不对标书做修改。第四，选择中标标准，以阻碍未来产生相同的投标。

如果收到相同的标书，买方可以拒绝所有投标，然后开始新的投标，或直接与一个或多个特定供应商进行谈判。如果打算签订合同，那么合同可能授予：

（1）最小的供应商。
（2）产品中当地成分最大的供应商。
（3）距离最远的公司，迫使其承担最大的货运部分。
（4）具有最小市场份额的公司。
（5）最有可能给予非价格优惠的公司。
（6）过去绩效最佳的公司。

采用竞标方式是为了获得一个合理的价格；竞争的压力，可以使得价格下降到高效率供应商生产和配送产品的成本加上最小利润的水平。如果供应商想要获得订单，供应商就要审查并改进报价，以向采购商提供一个具有吸引力的价格。这对供应商施加了很大的压力。

为使招投标工作更加高效，以下是需要满足的必要条件：①必须有至少两个，最好是几个合格的供应商；②供应商必须想要获得采购合同（在买方市场，竞争性招投标效果最好);③需求规格必须明确,以便每个投标人清楚地知道对什么进行投标,这样采购商可以很容易地比较报价;④必须诚实投标,并避免串通投标行为。当这些条件中的任一条件缺失时,比如出现单一供应商投标、卖方市场、规格不完整或可以有不同的解释,或供应商有勾结嫌疑,那么谈判是确定价格的首选方法(见第11章)。

10.6 折扣

折扣是一个合法、有效的降价方法。最常用的折扣类型包括现金折扣、贸易折扣、多重折扣、数量折扣、累计或批量折扣。折扣由供应商提供,或者采购商通过与供应商谈判获得。

10.6.1 现金折扣

几乎每项工业产品的供应商都提供现金折扣。折扣条款由个人交易习惯决定,并且差别很大。卖方提供现金折扣的目的是确保买方及时付款。

例如,2/10,net 30,即10天内付款,2%的折扣,总额30天内全额付款。这相当于获得大约36%的年利率。如果采购公司在10天的折扣期内未能完成支付,而是20天后支付货款,那么这些资金在20天内的有效使用成本是2%(失去的折扣额)。每年大约有18个20天,则有效年利率为$2\% \times 18 = 36\%$。

大多数卖方希望买方采用现金折扣。采用现金折扣,对供应商而言,净价通常会固定在一个可以给供应商带来合理利润且预计大多数顾客会支付的价格上。在限期内未能完成支付的采购商将按照总价格支付。现金折扣金额变动是价格变动的另一种手段。如果买方获得了以往未得到过的现金折扣,那么其最终会降低价格。实际上,现金折扣幅度的缩小相当于提高了价格。

现金折扣有时会引发价格政策方面的棘手问题。如果对所有买方给予相同的价格条款与操作方法,那么供应部门对现金折扣的兴趣,主要是为了引起财务经理的关注。采购人员通常不对未能获得的现金折扣承担责任,因为是否获得现金折扣取决于组织的财政资源,因此这是一个财务政策而不是供应政策。但是,买方应该非常小心,以确保获得卖方通常给予的现金折扣。买方负责确保及时检查、接受以及快速处理文件,以便获得折扣。

买方必须确定为获取价格折扣,而通过邮寄或电子转账方式支付货款的确切日期。一些采购订单指定"现金折扣的付款期间从可接受货物的交付日期或收到准备好的提货单时开始计算(以较晚者为准)"。

甚至有一些买方在超过折扣日期之后付款,仍获得了现金折扣。采购人员的部分责任是确保其所在组织履行合同的条款和条件。这要求采购部门与其他职能部门合作,以确保及时付款。

10.6.2 贸易折扣

制造商向特定类型的经销商或用户授予贸易折扣,目的是使采购人员从分销商处采购比直接从制造商处采购更有利可图,进而保护经销商。在分销商可以比制造商卖得更便宜的地区,制造商会选择分销商出售产品或服务。制造商给予分销商一定的贸易折扣,贸易折扣额近似于产品或服务从制造商到分销商的转移费用。

贸易折扣被授予不应享受保护的分销商是不合适的。因为，该分销商为制造商和客户提供的服务与享受的折扣不相称。一般来说，从单一供应商处采购多种商品或依赖频繁和及时交货的小批量买家，更有可能从享受贸易折扣的批发商和其他分销商处获得其所需商品。制造商更倾向于将产品直接销售给大客户，尽管制造商可能为同一地区的批发商保留较小的产品份额。一些制造商拒绝将产品销售给采购量低于规定的最低采购数量的客户。

通常制造商也向采购售后需求的零部件（为已售出的产品替换零部件）的买方提供折扣。对于采购售后市场所需产品的采购商，供应商将其定位为以下几个价格分类中的一种：①原始设备制造商类别；②分销商类别；③单独的原始设备制造商售后服务类别。售后服务供应商通常提供一些特定的包装，对零部件进行编号，或者存储零部件，因此售后服务供应商具有一个特定的价格表。买方需要了解供应商使用的价格分类，以及买方定位为某一个特定分类应具有的资质。

10.6.3　多重折扣

在某些行业和贸易中，以多重折扣为基础报价。例如，对于价格为100美元的商品，多重折扣10/10/10的意思是，由买方支付的实际价格是100-(10%×100)-10%×(100-10%×100)-10%×[(100-10%×100)-10%×(100-10%×100)]=100-10-9-8.1=72.90美元。因此，10/10/10等价于27.1%的折扣。可用表格列出最常见的多个折扣组合及其等价折扣。

10.6.4　数量折扣

对于特定数量的产品给予数量折扣，大致与采购的数量成比例。由于批量采购可以给卖方节约营销成本、配送成本或生产成本，因此卖方提供数量折扣。

销售大批量产品不比销售小批量产品花费更多的成本，结算费用是一样的，包装、装箱与运输方面增加的成本与产品数量是不成比例的，因此可以节约营销或配送成本。直接的数量折扣不超过大批量订单与小批量订单处理成本的差额，是有道理的。运费节省（如整车运输相对于零担运输）是数量折扣的一个经典例子。

生产成本节约源于对于大、小批量订单的生产调整准备费用是相同的，或者大批量订单的单位产品材料成本会更低。

对买方来说，数量折扣与库存政策密切相关。订单规模越大意味着单价更低，但库存维持成本更高。因此，订购规模调整节约的成本，必须与增加的库存成本相对比。

10.6.5　价格折扣的问题

订购较大批量的货物，享受价格折扣，可导致更高水平的预期库存。问题是，我们应该增加库存，以获得更低的价格吗？采购商可以采用投资回报率（ROI）决策对之进行分析。简单的经济订购批量模型不能直接解释购买价格的差异，因此并不能提供太多帮助。但是，可以使用经济订购量模型来排除一些选择方案，并检查最终的解决方案（见第8章）。采购商可以通过计算总成本来找到最优订货点。

以下面的问题为例说明计算过程：

R=900 单位（年度需求）

S=50 美元（订购成本）

K=0.25 或 25%（年度持有成本比例）

	100	200	300	400
总年度支付成本	40 500	38 700	37 350	36 000
承运成本	562	1 075	2 075	4 000
订货成本	450	225	112	56
总成本	41 512	40 000	39 537	40 056
平均库存	2 250	4 300	8 300	16 000
EOQ（单位）	89	92*	93*	94*

注：*表示不可行。

C=45 美元，每次订购 0~199 件产品的单位成本。

C=43 美元，每次订购 200~399 件产品的单位成本。

C=41.50 美元，每次订购 400~799 件产品的单位成本。

C=40 美元，每次订购 800 或更多件产品的单位成本。

简单的边际成本分析表明，订单数量从 100 到 200，增加的平均投资成本是 4 300-2 250=2 050 美元。价格降低节约的资金是 40 500-38 700=1 800 美元，订购成本节省 450-225=225 美元。2 050 美元的额外投资，节省的成本是 2 025 美元，这几乎是 100% 的投资回报，超过 25% 的库存持有成本。订单数量从 400 到 800，额外的投资成本是 7 700 美元，价格降低和订单成本总节约 1 406.25 美元。这低于 25% 的库存持有成本，结果不理想。数据显示，总成本最优采购量水平在 400 左右。当采购量水平为 200 时，价格降低带来最大的单一节约成本。

因为价格取值区间和订购批量不匹配，所以带 * 的最优经济订货批量并不可行。例如，第二个最优经济订货批量为 92，单价是 45 美元。然而，在 200~400 范围内，实际价格是 43 美元。但是，可通过以下方式来使用 EOQ。从表格的右边到左边（从最低的单价到最高的单价），直到获得第一个有效的 EOQ，即价格在 0~199 的区间内，最优经济订货批量为 89。然后检查每一个价格折扣下的订货量，看其在较大订货量时的总成本比最优经济订货批量时的成本是高还是低。在我们的例子中，有效的 EQQ 为 89，总成本分析如下：

总年度支付成本	40 500
库存维持成本	500
订货成本	500
总成本	41 500

因为可行的最优经济订购量为 89 时的总成本，高于总成本在订货批量为 200、400 与 800 时的总成本，所以合适的订货批量是 400，即所有方案中总成本最低的一个。

到目前为止，我们讨论的内容都假定数量折扣是基于全额订货的，买方需要持有大量的库存。买方更倾向于小批量提货，但仍享受折扣价格。这可以通过签订年度合同、累计折扣或总括订单的方式进行协商。这种类型的分析还可以确定买方愿意支付哪些额外的差价，以避免持有大量库存。

10.6.6 数量折扣与供应商选择

采购商对数量折扣问题感兴趣的另一个原因是，所有的数量折扣，特别是累计折扣类型，往往限制了供应商的数量，从而影响供应商选择。

采购商应尽可能地获得折扣，其通常通过销售商之间竞争的压力获得折扣。进一步地说，享受折扣是一个权利问题，是一个先进的观点。买方购买商品，而不是装箱或包装材料、运输。卖方应该期望赚取利润，但利润不来自所有的辅助性服务，而来自生产与销售产品环节。这些辅助服务是必要的，必须被执行，也必须为之支付费用，供应商自然希望买方支付辅助性服务的费用，但买方支付的费用不应超过这些辅助服务的实际成本。

业务量够大时可以降低间接成本，进一步有助于供应商降低生产成本。这时，提供数量折扣是合理的，对数量折扣进行更为谨慎的推理是必要的。的确，在某些业务线输出的产量越高，单位产品的间接成本越低。当没有大客户的批量生产需求时，产品的平均成本会更高。然而，相对于大批量买家，小批量买家的业务可能占供应商业务的比例更大。生产批量影响单位产品的生产成本。因此，就生产成本而言，小批量买家可能比大批量买家对生产批量的贡献更大。

大型客户可能认为，在旺季早期或实际生产之前订货应该获得更大的折扣，因为他们的订单可以使工厂保持生产。尽管在旺季早期订购应当比在后期订购价格更低，这一折扣应当授予每个订单，无论订单规模大还是小。确切地说，这应当被称为时间折扣，而不是数量折扣。

10.6.7 累计或批量折扣

累计折扣与采购数量成比例，它基于一个时间段内的采购数量，而不是任一订单的大小。使用累计折扣是为了激励采购商继续惠顾某家供应商，并从该供应商处集中采购货物。通常，采购商从多个供应商处采购是不经济且昂贵的。如果供应商得到了买方较大的一部分业务，那么其应该更多地关注买家的需求。

累计折扣的使用，与其他数量折扣一样，必须符合《罗宾逊-帕特曼法》下的成本核算规则。然而，只要买方不是故意接受或诱导歧视性的数量折扣，公平无过失的责任就应完全由卖方承担。

如果供应商在指定的合同日期后以付款的形式提供累计折扣，则可以提供节约采购成本的确凿证据，特别是当折扣并不包括在预算或者标准成本核算系统中的时候。

对于供应商来说，向买方提供一个折扣可能是比提供一个更低的价格更容易的事情。这使得供应商可以保持价格列表不变，并区分采购商的类型。

10.7 合同期权定价

合同期权定价方法有四种：固定价格合同（FFP）、成本加固定酬金合同（CPFF）、成本无费用合同（CNF）和成本加激励费用合同（CPIF）。

10.7.1 固定价格合同

使用这种合同,在任何情况下,价格都是不受影响的。买家更喜欢这种合同,但如果交货日期是几个月或几年,并且有大量提高价格的机会,供应商可能认为,根据FFP合同进行销售的损失风险太大了。在服务行业,由于历来按照小时计费,服务范围变大,会减少内置在固定价格里的边际利润,因此通常很难以固定价格合同提供服务。采用固定价格合同,需要制定客户的责任以及供应商责任的详细范围、时间节点、按进度分期付款的安排表和如何处理服务范围之外的工作。

10.7.2 成本加固定酬金合同

如果供应商采用固定价格合同是不合理的,则可以使用成本加固定酬金合同。如果当前产品处于实验阶段,没有形成固定的产品规格,或者未来的成本是不可预测的,则可以使用成本加固定酬金合同。采购商同意向供应商支付在做工作或生产所需产品时发生的所有合理成本(确定什么是"合理"成本,有一组明确的政策对之进行定义),以及特定数量的利润。在该合同中可以指定一个最大成本金额。本合同类型远远优于之前的"成本加百分比"类型,成本加百分比合同促使供应商尽可能高地增加成本,以增加计算利润的基础。在CPFF合同下,所有成本将由采购商支付,供应商不承担风险。而供应商的利润比率随着成本的增加而下降,促使供应商控制成本。

10.7.3 成本无费用合同

在买方能够说服供应商,做某特定的工作会带来足够的附属利益的前提下,买方仅支付费用,供应商也愿意做这份工作。例如,如果仅收回成本,供应商也可能愿意研发并生产一些新产品,因为这可能给供应商带来在一些商业市场产生巨额利润的新技术或产品知识。

10.7.4 成本加激励费用合同

在该合同下,买方和卖方在目标成本金额、固定成本以及一个共享成本超额或欠额的公式上达成一致。例如,假设商定标的成本是100 000美元,固定成本是10 000美元,激励分享公式是50/50。如果实际成本是120 000美元,20 000美元的超支成本将在买方和卖方之间分担。基于50/50分享公式,卖方的利润将减少10 000美元,或在本例中为零。另外,如果总成本只有90 000美元,那么卖方分享的10 000美元成本结余将是5 000美元。总利润将会是10 000美元+5 000美元,即15 000美元。对于供应商而言,基于共享公式,提高效率将带来的收益(或效率低下将带来的惩罚),促使供应商进一步提高效率。

10.7.5 价格变化条款

许多长期合同中包含了价格变动的条款。通常在某个固定的时间段内合同中不发生任何价格变动,之后在一个最短通知期限内价格可能发生变动(例如案例12-1)。有如下几种价格变动的条款。

1. 限制跌价保证政策

对于经常性采购和原材料采购，商定合同时合同中的书面价格生效，并按该价格执行合同。随后的时期内若存在市场价格下降趋势，该条款可以避免给采购商带来损失。通常通过特定的业务或贸易出版物或网站，来说明合同中指定的价格变化决策。买家更倾向于这一条款。在该条款下，买家不再因为担心未来价格降低，而犹豫不决。

2. 价格保护条款

在与一个或多个供应商签订的原材料或其他关键物品采购的长期合同中，买方仍希望受益于不同的供应商提供的较低价格。这可以通过从非合同供应商处采购或强迫合同供应商提供非合同供应商处提供的较低价格来实现。价格保护条款在合同中表达如下，"如果买方由责任性供应商在类似的条款下提供相似数量的相同质量的材料，交付成本比本合同中指定的供应商更低，由买方向卖方提供该报价的书面证据，则卖方应当提供相同的较低价格，或者允许买方从交付价格更低的供应商处采购，并从合同规定的采购数量中扣除已购买的数量"。

3. 自动调整条款

许多自动调整条款规定，如果成本改变，则价格增加或者减少。在 20 世纪 70 年代恶性通货膨胀期间，供应商认为未来成本的不确定性使得固定报价要么不可能实现，要么涵盖所有可能的风险，价格太高，对买方不具吸引力，也不公平。自此自动调整条款得以普遍使用。

使用自动调整条款有几个一般性问题以及许多具体问题，包括确定总价格可以调整的比例；具体的价格和工资率调整措施；在这些基准价格上应用平均值所遵循的方法；如果有的话，调整幅度的限制；付款方法。

当价格稳定的时候，自动调整条款通常用于长期合同中。在长期合同中，某些成本可能上升，卖方对此没有明显的控制能力。在价格不稳定、通货膨胀、短缺，处于卖家市场时，自动调整条款在短期合同中也是普遍的。卖方试图通过自动调整条款确保其提高价格的机会，保护边际利润。材料和直接劳动力成本的变化通常与公布的价格与成本指标之一相关，例如美国劳工统计局，或《钢铁时代》(*Iron Age*) 或 ICIS 中公布的化学、能源和肥料价格。找到一个有意义的可以使用的指标也是一个问题。因为大多数价格调整是自动的，因此重要的是仔细确定指标、合同中需要自动调整的部分、修改的频率、合同期限。

下面是一个关于自动调整条款的说明性条款。

劳动力

按照美国劳工统计局的要求，应根据（耐用品行业，机械子类）月平均小时收入对劳动力成本进行调整。应对每个日历季度至合同规定的完成日期计算调整量。季度指数（通过对日历季度每个月的劳动力指数进行平均而获得）的百分比增加或减少应通过与基准月的劳动力指数的对比而获得。基准月应为 __201__ 。应通过本季度中承包商为直接劳动力支出的总额增加或降低的百分比来确定每个日历季度中劳动力的调整量。

原材料

应当根据美国劳工统计局提供的第六组原材料指数（金属和金属制品）（以下称为"材料指数"），对原材料做相关的调整。应对每个日历季度至合同规定的完成日期，确定对原材料的调整。季度指数（通过对日历季度中每个月的原材料指数进行平均而获得）增加或减少的百分比，应通过与基准月的原材料指数的对比而获得。基准月应为__201__。应通过将本季度原材料指数所显示的原材料成本增加或降低的百分比应用于合同中，来确定每个日历季度中原材料的调整量。

使用自动调整条款的买家必须记住，对于任何可执行的购货合同，一条重要的法律为，合同中要包含一个明确的价格或者形成确定价格的方法。如果物品的价格完全是一方的意志，那么提供未来商品交付的合同是无效的。通过供应商的会计记录可以合理地确定生产成本，同时该条款也授权卖方在生产成本发生变化时更改价格。

4. 最惠客户条款

另一个价格保护条款（有时称为"最惠国条款"）表明，在合同期限内，供应商不能为其他买家提供更低的价格。如果向他人提供更低的价格，那么该价格也将适用于本合同。

10.7.6 撤销合同

撤销合同通常发生在物价下跌时期。在这个时候，一些买家在采购订单或者销售协议中找到漏洞和技术性因素以此拒绝产品。虽然人们可以对合同中约定的价格高于市场价格的买方表示同情，然而在这种情况下，买方是没有理由取消合同的。合同应被视为具有约束力的义务，因为市场价格下跌而取消合同是不合理的。有时，当买方知道下定采购订单的时候，购买材料的客户可能会意外地取消订单，从而强制取消为该工作计划下定材料采购订单。这是在制定政府采购原材料合同时普遍面临的风险。拨款的变化经常迫使政府取消其订单，这导致在现行取消的订单中有大量的作为政府部门供应商的公司取消的订单。商业周期严重的变化也可能会触发订单取消。如果有一定取消订单的可能性，则在订单取消的基础与条款上达成一致，并使其包含在合同的条款和条件中。在现行已经取消的采购订单中，如何评估已经完成的部分工作的价值、支付多少合适等问题，最好在订单取消之前解决。

10.8 期货购买和大宗商品

期货购买是在未来预计的需求量超出提前期需求量时的一种采购承诺。在预期到产品短缺、罢工或价格上涨的情况下，组织可能会提前购买所需物品。由于采购承诺和实际需求产品的使用之间的时间拉长，因此不确定性也增加。实际需求是否会产生是常见的不确定性之一。第二个关注的是价格。买方如何确定当前承诺的价格与没有制定期货采购时必须支付的实际价格相比是合理的？

大宗商品为采用期货采购的一种特殊类别。几乎所有的组织都采购多种加工形式的大宗商品。例如，电子设备制造商可能会买大量的电线，其成本受铜的价格影响较大。许多组织购买商品以供进一步加工或出售。对于组织而言，购买大宗商品的方式和支付的价格是组织成功的最重要的因素。每天，某些选定的大宗商品的价格在《华尔街日报》、Bloomberg.com 以及许多其他报刊或网络上，以纸质文件或网络方式展示出来。

10.8.1 生产和销售合同的风险管理

在农业中，生产和销售合同是现货市场销售的替代品（现金）。销售合同列出交易的条款，包括交付产品种类、交付数量、交付地点和交付时间、价格或者定价公式。生产合同管理整个生产过程——农民为承包商饲养动物或种植农作物，承包商提供一些生产原料，在生产周期结束时从农场收货产品用于加工或销售，并向农民支付费用。

合同可以帮助农民管理价格和生产风险。通过将价格与特定的质量属性结合起来，农民可以生产具有特定质量属性的产品，进而使商品平缓地流向加工工厂，从而鼓励他们更有效地利用农场和加工能力。合同的缺点包括给农民引入新的和意想不到的风险——在某些情况下，合同会扩大买方市场势力，使如何组织并实施农业生产产生根本性变化。合同的吸引力取决于多个因素，包括政府的农业项目、无合同农业产品的价格行为、买家质量要求的特异性等。因此，当农民认为现货市场的收益不足以弥补风险时，则采用合同的方式。加工者采用合同，是鼓励农民在所需时间生产特定产品的一种方式。

2008 年，美国农业部报道，生产和销售合同覆盖美国农业生产总值的 39%，比起 1991 年的 28% 和 1969 年的 12%，增长明显。在大型农场使用合同更为常见，近年来使用量趋于稳定。在作物收获之前制定销售合同，在畜牧完成阶段之前制定生产合同。现在合同是处理许多牲畜商品（包括牛奶、猪和肉鸡）和主要谷物（比如甜菜、水果和番茄加工）销售的首要方法。拥有 100 万美元或以上销售额的农场，其合同中的销量占近一半的总产量。

10.8.2 期货购买与投机

所有期货购买都涉及一些风险。在期货购买中，购买仅限于实际已知的需求或提前在有限时间内仔细估计的要求。必要的控制因素是需要的。即使该组织使用订货点和订货批量，根据使用量和价格趋势，采购总量增加或减少，而不是自动再次订购给定的数量，可能暂时不需要再次订购。

必须提前几个月采购的情况是存在的，像小麦等季节性产品或必须在国外获得的那些产品，例如可可或咖啡。价格风险随着交货时间越来越长而增加，但采用期货合同承诺的基本原因是为了保证满足需要和价格的产品供应。

投机活动试图利用价格变动的优势。在价格上涨时，合同承诺产品产量超出预期需求的数量，则称之为投机。在价格下跌时，投机活动包括拒绝购买或减少购买数量至安全水平以下，从而冒着当预期价格下降而没有实现时缺货或者高价紧急订购的风险。

在接受了这个词的含义之后，任何投机至多是一个高风险业务，但用其他人的钱投机已被列为犯罪行为。供应的责任是以当前的最大优势满足已知的需求，将未使用物料的投资保持在符合操作安全要求的最低点。采购人员可以提前购买，但不应该投机或赌博。

10.8.3 组织期货采购

公司的组织规模、财务实力，以及不稳定性商品占总成本的比例，影响公司制定以及执行长期的商品承诺相关决策的组织方式。在某些情况下，首席执行官几乎完全基于个人的判断对长期商品承诺实行完全控制。在其他情况下，首席执行官承担直接责任，也会有委员会提供帮助。

除了供应经理，一些组织也会指定员工专门负责采购对价格敏感的材料，并且直接向最高管理层报告。通常，供应经理控制商品库存，或专门从事商品投机的外部机构执行相关政策。对于大多数组织而言，最合理的做法是把政策的责任交在委员会手中。委员会应包括一个高级主管或总经理、一个经济学家、一个风险管理者和一个供应经理。广义政策的实际执行应由供应部门负责。

10.8.4 控制期货采购

为确保商品承诺保持在适当的范围内，应该建立保障措施。例如，皮革公司建立以下保障措施：①期货购买必须局限于皮革的生产过程中使用的几种不同的兽皮，或限制为有稳定需求的皮革；②每日举行的会议的参与者包括董事长、财务主管、销售经理和兽皮采购人员；③根据公司对持有兽皮的保护性需求，在将来交付皮革的订单多少是不同的，因为当价格令人满意时，皮革买家愿意为将来的需求下订单，该公司遵循使用未完成订单作为其持有兽皮的部分对冲，一般来说，销售合同中公司拥有的所有兽皮资产中的大约50%是为了满足将来皮革的生产的；④通过业务预算进一步检查兽皮的实际数量，不是通过财务支出，并在必要时提出重新审议；⑤作为判断价格和市场趋势的基础，最终审核包括足够和可靠信息的使用、统计及其他问题。

尽管许多公司这样做，但这家特定的公司不遵循对有组织的商品交易进行套期保值的做法，套期保值是避免不合理风险的一种手段。该公司也不会使用任何特殊会计程序，例如与期货采购相关的先进、后出，或再生产销售成本。

这些不同的控制措施，作为一个整体而不是各种不相关的检查，应该是有效的。它们不是万无一失的，也不能绝对保证规避提前购买的内在危险。然而，任何政策的管理灵活性是必不可少的，而对于这家公司，至少其采购程序与合理的保护性措施灵活地结合起来了。

对于需要大批量且价格变动幅度很大的商品的组织，在某些情况下，通过商品期货交易所进行采购，可以大大降低提前购买的风险。

10.8.5 商品期货交易所

组织良好的商品交易所，主要功能是提供产品供应方与需求方，可以作为卖方与买方自由经营交易的市场。拥有现金交易与期货交易设备的交易所，同样也可以用来执行套期保值操作。管理交易所运营的规则主要涉及有序地处理谈判的交易程序，除此之外，提供付款条件和时间、交付时间、交易产品的等级和解决争端的方法。

一般来说，如果存在以下条件，商品交易所将发挥最佳作用：

（1）交易的产品能够被合理准确地分级。

（2）卖家和买家数量足够大，并拥有足够大的业务量，这样的话没有任何一个买方或卖方可以显著地影响市场。

为了使商品交易所有效地开展套期保值业务，必须具备下列条件：

（1）期货交易——买卖的商品要在未来指定的日期交货。
（2）在"基准"和其他级别之间具有相当密切的相关性。
（3）现货价格和未来价格之间具有合理，但不一定一致的相关性。

所有这些条件通常存在于主要的粮食和棉花交易所中，并在一些较小的交易所上具有不同的重要程度，如那些交易皮革、丝绸、金属、橡胶、咖啡和糖的交易所。金融期货也允许公司对冲利率波动，这是影响汇率波动的最强因素之一。

最容易获得的期货和期权价格信息来源之一是 Bloomberg.com 的商品板块和《华尔街日报》（wsj.com）。它们报告的价格来自一些主要的交易所，如北美/拉丁美洲（如芝加哥期货交易所（CBOT）、加拿大期货交易所（温尼伯商品交易所）、墨西哥证券交易所（MEXBOL）和巴西证券交易所）、欧洲/非洲（如纽约证券交易所、泛欧交易所（伦敦国际金融期货交易所）、南非期货交易所（SAFEX））和亚洲/太平洋（如东京商品交易所（TOCOM）、香港证券交易所（期货）和澳大利亚证券交易所）。每一个商品交易所都有一个提供关于报价、排行、历史数据、最新消息的实时信息的网站。

商品交易所内交易的商品是多样化的，不论是临时的还是永久的，如果交易量不是足够大的话，给定的商品将放弃交易。然而，在任意给定的一天，接下来这些农作物、金属、石油制品和货币通常都在交易列表上：玉米、燕麦、大豆、大豆油、小麦、油菜、牛、猪、猪肚、可可、咖啡、糖、棉花、橙汁、铜、金、铂、银、原油、民用燃料油、汽油、天然气、日元、欧元、加元、英镑、瑞士法郎、澳元、美元和墨西哥比索。

在大多数情况下，商品交易所的报价以及已完成交易的记录，至少为当前的市场价格和商品交易范围提供了线索。这样可以通过套期保值，更好地保护采购人员免受基本价格风险。

10.8.6　交易所的局限性

作为买方实物供应的一个来源，这些交易所具有一些局限性。尽管尝试合理定义市场等级，但是分级通常对于制造目的而言是不够准确的。纺织品制造商的棉花需求可能非常严格，即使任何特定交换等级相对窄的限制也太宽。此外，根据交易所的规则，进行必要的财务调整，实际交货的棉花不必是特定的等级，可以是高于或低于基本棉花的任何等级。这也适用于小麦。销售具有专利的混合面粉的磨粉厂主，必须具有特定类型和等级的小麦，通常通过使用样品来购买。

对于努力满足实际商品需求的买方，这些交易所还有其他造成不满意的原因。在一些商品交易所中，不存在现货市场。买家对另一些交易所报价的有效性缺乏信心。例如，主要是轮胎制造商，即一小群规模非常大的买家，采购天然橡胶。另外，在兽皮交易所，大部分出售的兽皮是包装工业的副产品，由有限数量的卖方提供。但是，兽皮价格的增减对兽皮供应产生的影响不会与其他商品价格变化对该商品供应产生的影响相同。

这些卖家根据自己的立场来人为地操纵市场，而橡胶的买家也为自己的利益操纵市场。但是，在这两种情况下，报价并不能正确反映供需情况。

10.8.7　套期保值

商品交易所为制造商提供了抵销交易的机会，从而在一定程度上规避价格和汇率风险。这通常是通过套期保值来实现的。

套期合同涉及在两个不同的市场同时进行的采购与销售活动,这样一个市场上的损失将被另一个市场上获得的同等收益抵销。通常这是通过在现货和期货市场中同时购买和销售相同数量的相同商品来实现的。

只有当将来可以发生交易时,期货套期保值才能实现。下面是一个简单的例子。

现货市场	期货市场
9月1日 加工商购买 5 000 蒲式耳⊖小麦,每蒲式耳 4 美元,升降机运送(配送到芝加哥)	加工商销售 5 000 蒲式耳 12 月小麦期货价格为每蒲式耳 4.10 美元
10月20日 加工商销售 相当于 5 000 蒲式耳小麦的面粉,每蒲式耳 3.85 美元(配送到芝加哥) 每蒲式耳 0.15 美元的损失	加工商购买 5 000 蒲式耳 12 月小麦期货价格为每蒲式耳 3.95 美元 每蒲式耳 0.15 美元的收益

在这个例子中,假设现货价格和期货价格直接相关,但并非总是如此。因此,当现货价格和期货价格之间的差价不能保持一致时,采用对冲操作可能会有一些收益或损失。套期保值可以看作一种保险形式,如保险一样,除了高昂的成本,很少有可能百分之百地防止所有的损失。随着现货和期货之间的时间越来越短,期货的溢价或折价也将跌向 0 (当现货价格 = 期货价格时为 0)。对季节性商品,通常提前 6~8 个月价格差值开始下降。在某些情况下,这种现象可以使"零风险"投机成为可能。例如,当投机者获得一大笔钱,至少是合同价值的 3 倍,或 6~8 个月的未来保费超过合同费用与库存费用及佣金成本的总额时,"投机者"可以购买现货,并根据预计算的收益缩短期货时间。这种操作类型的交易量是非常大的。

还有其他多种套期保值的技术,但这个简单的例子足以说明目前对期货采购与投机性采购的讨论。

成功的套期保值交易,需要技巧、经验和资本资源。这会限制一些小型组织。这也解释了为什么使用大量某种商品的组织通常在相关的交易所取得会员资格。然后一名代表持续地观察几个月之间下定、撤回或转换套期保值的有利机会,并将这些判断转化为立即的行动。为取得成功,在套期保值的实际运作过程中,需要密切观察商品的累计库存、期货合约上报价差额的扩大或缩小,以及由此产生的提前开仓和平仓的交易机会。在交易所中这些因素都是不断变化的。套期保值者的技巧体现在能够识别并抓住这些瞬间的机会。

对于买方而言,套期保值可能并不总是有用的或有利的。潜在用户对何时和如何使用交易所缺乏了解,限制了对交易所更为广泛的应用。大型商品经纪商相对较少,当其中一个大型商品经纪商破产并拉走一些客户时形成真空效应,这是限制交易所广泛应用的另一个因素。在某些行业中套期保值是常见的,如国际航空公司对冲燃油成本,保险公司对冲利率风险,还有股票风险、外汇风险、信贷风险。

⊖ 1 蒲式耳 = 35.238 升。

此外，大多数经纪人对产业市场缺乏广泛的兴趣。大多数经纪人承认他们几乎不能承受服务于一个直接的套期保值者，因为对于一个单回合佣金，他们可能必须发送 6 个月度的职位声明与 4 个或更多追加保证金的通知，而他们忠实的"交易者"通常会维持大量的现金账户，并以每月最低限度的账面净额计算每月几轮的佣金。

此外，许多经理仍然对期货交易持有怀疑态度，并倾向于将过去的错误归咎于系统而不是管理者的判断错误。以往管理者认为似乎没有必要参与期货交易，而近年来大型大宗商品价格的巨大变化，使一些管理者对期货交易的机会越来越感兴趣。

10.8.8　价格变化趋势相关的信息来源

价格趋势信息一般有五种来源：信用评级、大宗商品交易所、政府数据、专家数据、采购经理指数（PMI）。这些来源的信息在价值和可靠性方面都有局限性。

第一种信息来源包括提供信用评级、研究和风险分析的公司，如穆迪投资者服务公司（moodys.com）、标准普尔公司（S&P，standardandpoors.com）、惠誉国际公司（Fitch，fitchratings.com）与贝氏公司（A.M.Bes，tambest.com）。

第二种信息来源是大宗商品交易所（如伦敦商品交易所（LCE）和纽约商品交易所（NYMEX）），通常提供有关价格和交易量的历史信息。大多数交易所也提供政府机构和一些分析师的报告。大宗商品交易所在全球范围内普遍存在于非洲、美洲、亚洲、欧洲、大洋洲。

第三种信息来源包括各种政府数据和其他公开发表的数据，比如《联邦储备公报》（federalreserve.gov）、经济部分析局的《现代商业概览》（bea.gov/scb）、《布隆伯格商业周刊》（businessweek.com）、Bloomberg.com、《巴伦周刊》（barrons.com）和《华尔街日报》（wsj.com）。在特定行业中贸易杂志也有所帮助，诸如《钢铁时代》（ironagemag.com）和《化学市场报道者》（ICIS.com）为代表的出版物。

最受关注的产业采购价格指标是由美国劳工统计局编译并每月公布的生产者价格指数（PPI）（bls.gov/ppi/），之前被称为批发价格指数（WPI）。PPI 是一个系列指数，用于衡量采矿、林业、公用事业、建筑、制造和服务部门等 650 多个美国产业的产品销售价格的平均变化。截至 2014 年 1 月，美国劳工统计局从 SOP（Stage of Processing）系统过渡到最终需求 – 中间需求综合系统（FD-ID）。新系统包含服务、建筑、政府购买和出口的 PPI，覆盖超过了国内生产的 75%。最终需求的 FD-ID 指数衡量出售给最终需求（个人消费、投资、政府采购和出口）的商品、服务与建筑的价格变化。中间需求的 FD-ID 指数衡量出售给企业，作为企业生产投入的商品、服务和建筑物的价格变动。

FD-ID 系统有两种方式处理中间需求：①通过商品类型，包括加工品、未经加工的商品与服务的综合指标；②通过生产流程或基于阶段的价格指数系统，其中可以在商品、服务与建筑从生产链转移到最终需求时研究商品、服务和建筑的价格变化。

美国劳工统计局每月也推出配套的度量指标，即成千上万的消费者价格指数（CPI）。消费者价格指数是以最终买家视角的价格为基础的。最被广泛关注的两个消费者价格指数为：包括食品和能源的广义消费者价格指数；不包括食品和能源的核心消费者价格指数。食品和能源的价格波动剧烈，易受货币政策无法抑制的价格冲击。美国劳工统计局使用的方法也被经合组织和欧盟广泛应用。

第四种信息来源为销售代表、其他买家和与买方日常接触的其他人。这种信息来源缺乏科学性，但如果权重合适的话，也非常有价值。

第五种信息来源是采购经理指数。采购经理指数是一种领先的短期经济指标，来自采购经理对公司实际情况的月度调查。采购经理指数提供一个基于许多领域的综合指数。对制造业来说，这些领域包括价格、库存水平、提前期、新订单、生产和就业。对服务业来说，包括业务活动、新业务、积压的工作、索取的价格、投入价格、就业和对服务活动的期望。

采购经理指数是一种扩散指数。综合指数为100意味着所有受访者表示一个变量"有所改善"，0意味着有所下降，50意味着没有变化，高于50意味着好转，低于50意味着情况恶化。例如，美国供应管理学会制造业指数在2013年12月为56.5，2014年1月为51.3。这意味着，2014年1月制造业增长，但与2013年12月相比，增长速度较慢。对非制造业来说，2013年12月ISM采购经理指数为53.0，2014年1月为54.0。这表明该行业在增长且增长迅速。采购经理指数数据可用于评估潜在的商业环境，评估物价总趋势和辅助预测。

在美国，供应管理学会每个月公布制造业业务报告和非制造业业务报告；加拿大公布毅伟采购经理人指数。摩根大通与Markit、联合供应管理协会与国际采购和供应管理协会（IFPSM），每月生成全球制造业和服务业采购经理指数。Markit每月调查30多个主要发达国家与新兴经济体中生产、服务、建设与零售业方面的20 000多家公司，它们分布于欧元区、巴西、中国、印度、日本、沙特阿拉伯、阿拉伯联合酋长国和英国。在所有国家收集数据的方法是相同的，因此可以在国际层面进行对比。

本章小结

确定价格是一个棘手的问题。确定价格的方法受所购买的物品，以及在特定时间点相对于该组织战略目标而言供应市场的特征的影响。折扣为买家和卖家实现他们的价格目标提供了一个有趣的机会。知道如何定价、建立适当的价格调整策略和管理供应价格风险是供应管理者需要具备的重要技能。每次采购都依赖竞争性招标和一年期合同的买家，会错过实现更低总成本的机会。

价格是成本管理中的一个关键元素，是第11章的重点。成本分析和总成本或生命周期成本管理将价格作为供应经理必须全局考虑的因素。谈判是供应管理者最重要的技能之一，也将在成本管理这一章中讨论。

复习题与讨论题

1. 对于买家而言，《谢尔曼反托拉斯法》和《罗宾逊-帕特曼法》有什么意义？
2. 作为价格确定的一种方法，竞争性招标有什么缺点？
3. 供应商成本与供应商价格是如何相关的？
4. 价格确定的不同方式是什么？
5. 买方可以用什么方法来确定原材料，专业服务，零件、组件及包装以及非生产性物料的价格？
6. 区分直接和间接成本。买家如何分析这些成本？
7. 如果他怀疑勾结的供应商，买方可以做什么？
8. 什么是现金折扣、数量折扣、贸易折扣及累计折扣？买方应尝试使用这些折扣吗？如何使用它们？
9. 为什么买家希望对冲商品采购？买方会怎么做呢？
10. 套期保值可以消除所有风险吗？请说明理由。
11. 期货采购与投机的区别是什么？

参考文献

An Antitrust Primer for Agents and Procurement Officials. U.S. Department of Justice, Antitrust Division, www.justice.gov/atr/public/guidelines/disaster_primer.pdf

Asian Development Bank et al., *Multilateral Development Bank: International Survey of E-procurement Systems,* May 2007, http://ec.europa.eu/internal_market/publicprocurement/docs/eprocurement/mdb_egp_survey_en.pdf.

Baker, R. J. *Implementing Value Pricing: A Radical Business Model for Professional Firms,* Hoboken, NJ: John Wiley & Sons, Inc., 2011.

MacDonald, J. M., and P. Korb. *Agricultural Contracting Update: Contracts in 2008.* EIB-72. U.S. Dept. of Agriculture, Econ. Res. Serv., February 2011.

Zsidisin, G. A. "Managing Commodity Pricing and Availability Volatility." *Critical Issues Report.* Tempe, AZ: CAPS Research, February 2012.

Zsidisin, G. A., and J. L. Hartley. *Managing Commodity Price Risk: A Supply Chain Perspective.* New York: Business Expert Press, 2012.

案例 10-1　万德科工程产品公司

万德科工程产品公司位于纽约市布法罗。公司采购经理辛西娅·高正在审查一份提案，提案建议公司更换某关键原料的供应商。今天是 6 月 3 日，辛西娅需要在今天决定如何回应这个建议。

万德科工程产品公司

万德科工程产品公司（以下简称"万德科公司"）制造并配送液压助力、空气动力与标准的机械装卸平台、月台封条与门封、车辆约束系统。在于 12 月 31 日结束的最近一个财政年度，万德科公司销售额为 45 000 万美元，利润为 5 000 万美元。在过去的 10 年中，得益于积极的收购战略，公司以两位数的增长率快速增长。

万德科公司的高增长率，掩盖了该公司在其主要市场面临的成本压力。该公司的年度报告指出，由于价格下降，财务业绩低于预期。今年 2 月，为了提高公司的竞争地位，公司首席执行官德米特里·巴尔苏科夫宣布发起降低成本行动，并特别提到"通过经营单位和部门之间的协同采购，来节省供应链成本"。

公司位于水牛城的工厂制造液压矫直机。液压矫直机安装在制造设施、配送中心、零售操作室的运输和接收区，以及其他适用于公路运输拖车装卸货物的设施中。水牛城工厂生产斯隆矫直机品牌的标准产品，在更换市场和新建筑市场出售。万德科公司位于俄亥俄州克利夫兰的工厂也生产液压矫直机，品牌名称为科尔船坞矫直机。科尔系列矫直机瞄准定制市场，满足客户独特的材料处理要求。

水牛城工厂的采购

辛西娅与采购人员加雷特·麦克唐纳，以及物料计划员亚当，组成万德科公司位于水牛城工厂的采购团队。总采购金额为 2 300 万美元。

辛西娅与位于克利夫兰工厂的采购经理罗伯特紧密合作，协调采购，寻求成本节约的机会。克利夫兰工厂与水牛城工厂规模相当,每年的采购金额大约为2 500万美元。作为企业成本降低行动的一部分,辛西娅和罗伯特承诺将在本财政年度节省150万美元。到目前为止,根据逐年降低的供应商的产品价格,以及估计的年度使用量,他们已经节约了约500 000美元。

钢管

水牛城工厂和克利夫兰工厂每年采购总价值110万美元的3英寸钢管。管道在装载平台上使用,以支撑连接到平台边缘的铰链,使装载平台可以平放或展开,以便运输拖车装载与卸载。钢管需要满足特定的冶金标准,否则油管会变形或裂纹,最终导致装载平台故障。

目前3英寸钢管的供应商是马兰迪钢铁公司(以下简称"马兰迪公司")。马兰迪公司位于布法罗附近,向位于美国东部和加拿大的制造企业配送各种碳纤维材料、不锈钢、合金与铝管以及圆形、正方形与矩形的管状产品和钢板。马兰迪公司作为水牛城工厂的供应商大约15年了,为其提供了优质的服务。辛西娅与马兰迪公司总经理之间工作关系密切,一旦水牛城工厂的材料短缺,可以与之反复多次沟通,其反应迅速,以帮助水牛城工厂维持生产。马兰迪公司目前为水牛城工厂和克利夫兰工厂提供包括管状钢、形钢、板钢在内的几种产品。马兰迪公司对水牛城工厂的供货为准时制交货安排,以保持最低库存水平。水牛城工厂每年从供应商采购的金额大约为300万美元,克利夫兰工厂为250万美元。

为了调查3英寸钢管的定价,上个月罗伯特向几家钢管分销商发出RFQ,其中包括马兰迪公司。报价请求表明合同预期为两年,满足水牛城工厂和克利夫兰工厂所有的要求。其中两个最低的报价来源于位于宾夕法尼亚州的维吉斯油管公司,以及马兰迪公司。与现任供应商相比,根据维吉斯公司提交的报价,每年可以节约成本约24 000美元。

审查选项

罗伯特觉得应该将为水牛城工厂和克利夫兰工厂供应3英寸钢管的合同授予维吉斯公司,并敦促辛西娅接受这个提议。然而,辛西娅仍有一些担忧。维吉斯公司在其他几次尝试获得万德科公司的业务时都失败了,她担心维吉斯公司没有与水牛城工厂或克利夫兰工厂合作的经验。对水牛城工厂来说,3英寸钢管的及时交付和质量性能是至关重要的。马兰迪公司在这些方面表现突出。审查维吉斯公司的历史后发现,该公司具有良好的信誉,并没有发现存在问题。

辛西娅也很担心放弃与马兰迪公司长期合作关系会带来的影响,这可能会产生其他潜在成本,并危及马兰迪公司提供的服务。马兰迪公司为水牛城工厂提供许多其他产品。辛西娅想知道如果将3英寸钢管合同授予维吉斯公司将给其与马兰迪公司的关系带来怎样的影响。

罗伯特希望第二天早上,辛西娅可以就3英寸钢管合同应该授予哪个供应商做出决定。辛西娅知道,如果她决定不支持改用维吉斯公司的建议,那么她需要有强有力的依据。

案例 10-2 科拉尔药物公司

雪莉·布莱克看了看表,现在是1月25日下午1:00,离她和采购部副总裁关于科拉尔去屑洗发水的会面只剩两个小时了。科拉尔总部位于俄亥俄州的哥伦布市。作为产品组协调员,雪莉试图决定是否将洗发水供应业务由一家大的洗发水制造商转移到一个小的本地供应商。

科拉尔药物公司

科拉尔药物公司(以下简称"科拉尔公司")成立于1962年。自成立以来,公司不断地在整个国家增加其药品零售连锁店。目前，科拉尔公司经营114家连锁店，并计划在未来5年增加8~10家店。科拉尔公司的零售店同时出售处方和非处方药品，以及其他药品。该民营公司的战略重点是将其成功的零售业务进一步扩大。科拉尔公司财力雄厚，追求任何与其零售业务有关且可增加其盈利的机会。

科拉尔公司自有品牌的产品

研发自有品牌产品是科拉尔公司得以发展的一个机会。自1980以来，该公司已经积极开发了一系列科拉尔公司自有品牌产品。目前，科拉尔公司有超过200种不同的自有品牌产品。科拉尔公司自豪的是其产品质量能与其他国内品牌的产品相媲美，但出售给消费者的价格低25%。科拉尔公司能够比其他的国内品牌的产品价格更低，是因为其直接从制造商处采购，其广告支出也明显较低。科拉尔公司比较成功的产品包括乙酰氨基酚药片和维生素补充剂。

自有品牌产品对科拉尔公司的吸引力体现在几个方面。其中，最重要的是，这些产品的利润率平均为40%，而其他国内品牌的利润率为25%。另外，除了批准最初的供应商，通过采购协议使得制造商负责科拉尔公司产品的开发和投资的各个方面外，产品线实际上是无须劳心费神的。因此，科拉尔公司打算追求未来自有品牌提供的任何发展机会。

自有品牌产品的供应商选择

科拉尔公司的自有品牌产品是从26个不同的供应商处购买的。一些采购协议是以合同的形式签订的，而其他的只是在科拉尔公司和制造商之间达成共识。建立采购协议的过程开始于在内部开发潜在自有品牌产品的想法。一旦批准一个新产品创意，科拉尔公司发出通知，邀请想要生产该产品的制造商投标。科拉尔公司仔细分析了潜在的供应商，以确保能够稳定地提供在质量上可以与国内领先品牌相媲美的产品，且供应商提供的价格可以确保科拉尔公司获得令人满意的利润。当接受某一制造商的投标后，科拉尔公司和该制造公司将一起开发最终产品。

按照采购协议，制造商负责几乎产品开发的所有方面。根据科拉尔公司提供的产品规格，制造商生成产品的图稿，设计包装，投资任何必要的设备，并确保质量。一旦产品得到科拉尔公司的最终批准，当需要产品时，科拉尔公司只需简单地下定一个产品订单。然后，该订单产品以离岸价交付到科拉尔公司的中央仓库，并从中央仓库运到零售店。这种供应商高水平的自治性，使得对采购安排进行年度再评估是很有必要的。

更换科拉尔公司去头屑洗发水采购协议

12月，雪莉审查了为科拉尔公司生产去头屑洗发水的公司——图英妮公司的业绩。在科拉尔公司提出几次改善交货条款的要求后，图英妮公司表示不会改变原先商定的条款。科拉尔公司的很多顾虑与图英妮公司制造工厂的地理位置直接相关，该工厂位于科拉尔公司向东600英里。因此，在1月初，科拉尔公司发布公告，其接受制造商为将来生产产品投标，并将产品规格文件发送给有能力生产类似产品的制造商。公告发出前，图英妮公司得到通知，要求其与其他制造商一起提交报价。

图英妮公司

在目前的采购协议下，科拉尔公司从图英妮公司购买其自有品牌的去屑洗发水时不得订购全套的货盘。每个货盘可以装载4 000单位的洗发水。虽然该公司的洗发水被认为是一种优良的产品，但常规洗发水、香精洗发水与试验装洗发水的总平均产量每年只有20 000单位左右。雪莉知道，科拉尔公司每月的库存持有成本占总成本的2%左右，并认为该公司将太多的资金投入到这样一个低产量的产品上。此外，下订单后3~4周的交货期也带来一些问题。有几次，科拉尔公司中央仓库已经缺货，却在等待货盘到达。

雪莉不明白为什么像图英妮公司这样一家大公司会如此不愿意满足科拉尔公司提出的改善运输条款的需求。虽然科拉尔公司收到的洗发水从来没有发生任何质量或者稳定性方面的问题，但雪莉觉得也许位于科拉尔公司仓库附近的制造商可以提供更有利的条款。图英妮公司产品的注塑模具刚刚出现了故障，很快就要对该模具工艺图进行修改。这似乎是一个好时机。图英妮公司的采购协议不是合同的形式，因此雪莉认为，科拉尔公司没有法律义务继续从图英妮公司采购洗发水。

戈尔曼&伊里扎瓦有限公司

在众多的竞标中，提供最具吸引力条款的公司是当地一个成立不久的公司，即戈尔曼&伊里扎瓦有限公司（G&I）。投标人同意承担现存图英妮公司协议中类似的职责，同样的支付条款2/10net30，在科拉尔公司仓库采取离岸价交货。G&I还提供一些额外的好处。

第一个好处是产品的成本。如表1所示，所有三种产品的价格G&I都低于图英妮公司。事实上，G&I为7盎司①瓶常规洗发水与香精洗发水的报价以及3盎司试验装瓶子的报价为科拉尔公司带来的成本差距，更加吸引人，并为国内领先的品牌提供了类似的价格。与图英妮公司现存的协议中，生产的是6盎司和2盎司瓶装洗发水。科拉尔公司常规洗发水与香精洗发水的零售价格是1.49美元，试验装洗发水售价为0.89美元。雪莉认为这是给消费者带来更多价值的一个绝好机会。

表1 科拉尔公司去头屑洗发水的价格和容量对比

	容量（盎司）	图英妮公司价格（美元）	容量（盎司）	G&I价格（美元）
常规洗发水	6	0.72	7	0.70
香精洗发水	6	0.85	7	0.75
试验装洗发水	2	0.47	3	0.35

第二个优势是G&I提供灵活的运输。根据拟议的协议条款，该公司提供次日送货服务，并没有最低订购量要求。G&I能够提供这种有利的条款是因为其制造工厂位于科拉尔公司中央仓库的附近。

雪莉认为这是一个支持当地小公司的机会。如果科拉尔公司同意G&I作为其洗发水供应商，那么科拉尔公司对G&I来说就是最大的客户。在最近对G&I工厂的参观中，雪莉对其清洁的生产设施印象尤为深刻。然而，她忍不住将G&I较小的生产车间与图英妮公司的大型洗发水厂相比较。

雪莉的建议

雪莉曾在12月与采购副总裁讨论过洗发水采购问题。得知采购副总裁希望雪莉在1月25日下午3:00的会议上提出建议。她很清楚科拉尔物公司希望与其自主品牌产品供应商保持良好的长期伙伴关系。因此，她仍然不确定推荐哪家供应商为科拉尔公司提供去头屑洗发水。

案例 10-3 价格预测练习

你和同学_____被要求预测_____某商品价格。因此，你的组织可以采取最有利的采购行动，你的组织需要价值500万美元的商品在_____与_____之间交付。价值

---

① 1盎司=0.02957升。

500万美元，该金额是根据该商品在_____的现货价格。你的报告解决以下四个问题。

问题1：该商品目前的现货价格是多少？基于什么报价？商品的规格是什么？为维持该报价的最低采购量是多少？500万美元的商品的重量或体积是多少？

问题2：当前，_____的期货是什么？

问题3：你预测这件商品_____的现货价格是多少？为什么？

问题4：鉴于你的预测，关于购买这种商品，你会向组织的执行委员会提出什么建议？你会建议现在还是以后采购并交货？你会考虑套期保值吗？你会延迟购买吗？请预测一下你的建议会节省多少成本。

条件

（1）所选择的商品在你正在购买的市场上的价格可能不固定。它必须是一个自由波动的价格，它必须在一个公认的商品交易所进行交易。它的价格信息必须每日在一个可访问的新闻上报告。

（2）选定的商品必须经过导师的批准。两个团队不可以选择相同的商品。商品选择的规则是先到先得。

（3）外汇汇率可能是你决策时考虑的一个重要因素。

（4）本报告有四个部分：

1）书面报告（至少两份）必须在_____4:30之前上交；

2）在课堂上口头展示五分钟的课堂报告；

3）书面评估报告（至少两份）在_____下午4:30之前上交，包括_____实际的现货价格。鉴于报告中权值计算的建议举措，评价时要比较估计的成本节约量。

Chapter 11 | 第 11 章

成本管理

供应决策者的关键问题

我们应该
- 使用目标定价吗?
- 与供应商谈判合同条款还是接受已有的条款?
- 评估所有采购活动的总成本吗?

我们如何
- 理解供应商制造产品或交付服务需要的成本?
- 对我们所有的大额采购项目进行成本分析?
- 与重要的供应商进行谈判来实现我们的目标?

供应的利润—杠杆效应(见第1章),奠定了供应在帮助公司实现持续增长、客户服务、保证质量与提高竞争力这些战略目标方面的地位。要发挥供应的潜能,需要充分利用所有可以减少、保持或规避费用支出的机会,使总成本最低,并使得组织有望成为高质量产品和服务的低成本生产者。不论特定产品或服务的竞争优势源于生产导向(产品或服务异质性高、消费者价格敏感性低),还是成本导向(产品或服务异质性低、消费者价格敏感性高),成本分析和成本管理都很重要。

对供应内部和外部成本的管理,有助于组织获得低成本生产者地位。采购过程流线化、减少采购相关的内部成本已在第3～4章进行了讨论。本章重点讲解外部成本管理。

随着供应职能在管理得当的公司中重要性的提高,负责供应职能运营的人员也形成了更为专业的态度。同时随着员工专业能力的提高,他们使用更为精妙的工具,在执行商业决策的过程中发挥了更大的作用。谈判和成本管理技术就是这种专业性提升的基本例子。

长期来看,公司需要能够提供最低总成本的供应商,而不一定是最低价格。因此,采购商关注成本而不是价格,可以制定更加有效的决策,识别出降低供应链中资源浪费的机会。但是,理解"数据告诉了我们什么",只是制定决策的一部分。高效的采购者也需要知道在何时用怎样的方法高效利用现有信息与重要供应商和内部股东进行谈判。本章讲解供应在战略成本管理中的作用，介绍成本管理技术，并解释基本的谈判概念。成本管理和谈判，需要供应专家协同合作。

本章讨论两个重要问题：①成本管理和谈判工具是如何帮助我们识别机会和保证价值的？②如何确定供应商的成本？交付成本？自身使用成本？处置成本？

11.1　战略成本管理

战略成本管理是对总体价值链相关成本进行分析的过程。通过关注特定成本要素，成本分析可用来衡量并提高成本绩效。设计成本管理系统，依靠战略合作来实现竞争优势。对于实现强有力的供应领导和管理，成本管理是一个存在重要机会的领域。成本管理是一项不断改进的过程。重点是使用工具和技术来保持一年一年的成本节省。供应领导者和管理者必须与多个内部股东和外部供应商建立一种成本文化而不是价格文化。成本管理应当成为每一个供应管理组织中标准化运营流程的一部分。

每个组织实际的成本管理过程根据情况会有所不同。一个组织的战略定位是什么？供应组织的价格和成本分析的复杂程度如何？如果很少关注成本支出，则可以通过支出整合和量价杠杆、供应基地的合理化以及在合同中签订更有利的条款和条件来实现成本节约。随着成本管理中的供应变得专业化，人们开始将注意力转向避免、消除或者减少产品/服务设计和再设计的成本，同时关注包含供应商内部流程与供应商参与的流程改进。

11.1.1　竞争优势来源

可持续性竞争优势来源于：①产品或服务差异化（消费者价格敏感度低时）；②低成本（消费者价格敏感度高时）；③产品服务差异化与低成本结合。尽管在战略上一个组织定位为其中一类，该组织也可以提供包含以上两种类别竞争优势的产品或服务。例如，一个技术支持中心可能提供全年 365 天、每周 7 天、每天 24 小时的定制化服务，以获取相对高的价格，也会同时提供基础的线上诊断和报告作为标准工作的一部分。或者，一家快餐连锁店可能通过提供性价比高的菜单进行激烈的价格竞争，同时也可能提供相对高价的特色汉堡。

11.1.2　成本管理框架

供应专家必须理解他们自身组织的战略定位（总体定位、产品或服务的定位）以及他们供应商的战略定位，才可以合适地调整与应用成本分析和管理方法。本节主要讨论成本管理的各种工具，包括 ABC（帕累托）分析法（见第 8 章）和投资组合分析（见第 11 章）。

1. ABC（帕累托）分析法与成本管理

ABC 分析法将物品分为 A、B、C 三类。A 类是高价值物品，B 类为中等价值物品，C 类为低价值物品。从成本管理的角度来看，管理 A 类物品需要投入更多的时间和精力，因为购买这类物品所需资金占年度支出比例较大。供应管理者会注重掌握供应商的成本结构，以识别出通过供应商或采购商 – 供应商联合来积极地消除、减少或规避物料费、服务费、劳动力费用和一般管理费用等任一成本要素的机会。考虑到供应商的战略定位，A 类物品可能是异质性产品（定制的）或者低成本商品类项目。如果是定制性的商品，那么成本减少的来源可能来自采购组织内部的决策，如产品规范或设计的改变。如果是商品类项目，也就是标准现成的产品或服务，具有可替代性，那么成本减少可能来自供应商组织内部，以及供应商所处的供应链、生产流程与分销网络。

2. 投资组合分析或象限分析与成本管理

通过投资组合分析，针对每一个重要的支出类别，供应管理团队可以根据市场上采购该类别产品的风险以及该类别产品对组织的价值，将该支出类别定位在支出图上。图 11-1 提供了支出图中每个象限的典型特征。X 轴表示采购特定消费类目（产品或服务）的风险或难易度（见第 12 章的战略开发）。案例 13-2 展示了公司如何使用类似框架实施战略采购。

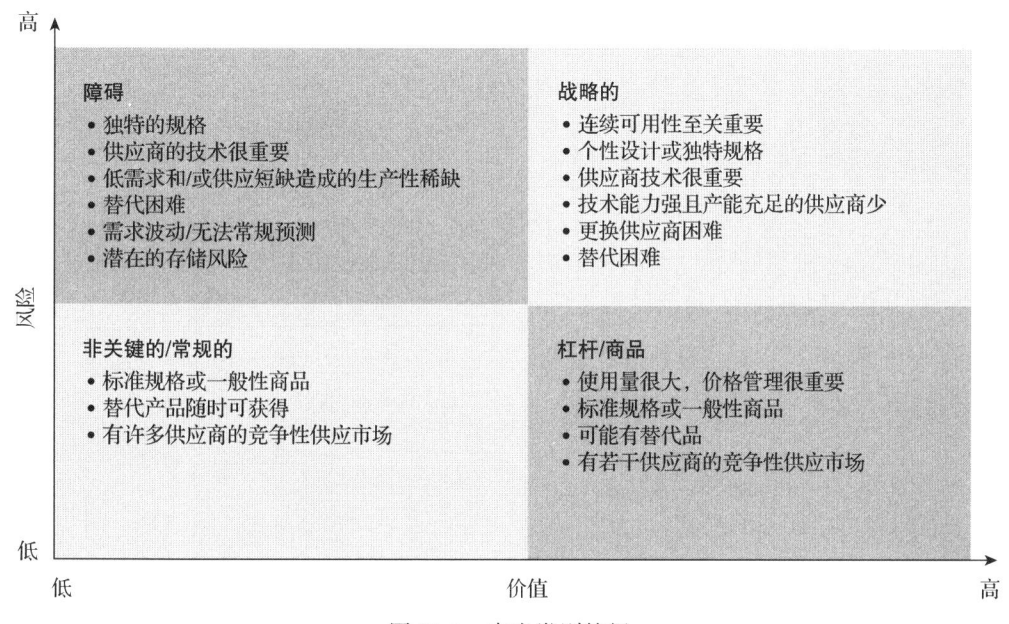

图 11-1　支出类别特征

资料来源：Adapted from Peter Kraljic, "Purchasing Must Become Supply, Management," *Harvard Business Review*, 1983.

分析人员应当在支出图上找到一个代表在两个维度上最佳的分析点。首先在一个轴上分析并确定一个点集，然后在另一个轴上进行同样的操作，最后在图上定位两者的交叉点。然而，并非所有的杠杆物品都具有相同的特征。该象限右上角的杠杆产品与左下角的杠杆产品相比（产品或服务），对组织具有更大的价值，并具有更高的风险（市场上很难采购到）。

投资组合分析法为开发支出类别战略计划以及应用价格与成本管理工具提供了一个框架。第 10 章讨论的价格分析工具主要用于采购对组织来说风险较低、总价值较低的商品类型产品。本章讨论的成本工具主要适用于高风险、高价值的产品采购。采购过程中关键的决策是如何定义价值。价值，原义是某类产品采购为对组织的影响。在实际应用中，很多用户将价值定义为产品采购额占年度支出的比例。

低值商品类型产品对于组织来说（非关键或常规的）本质上的产品。如果供应商已经将产品或服务定位为成本主导型，那么本质上销售一个产品，价格必须有竞争力。由于价格上的激烈竞争，供应商必须专注于其成本的不断降低。对于制造商而言，这些可能是生产成本、库存维持成本和原材料成本。对于服务提供商来说，这些可能是劳动成本或服务流程成本。买方成本管理方法，旨在最小化采购或订单处理成本，并依靠市场竞争维持价格竞争力。

杠杆象限内的商品类型产品和服务的采购同时具有高价值（对组织的成功具有更大的影响，或者具有更高的资金价值，具体取决于价值的定义）也具有高风险。供应经理的目标仍然是通过减少订单处理成本来降低成本。因为这些采购具有更高的价值，所以可以采用如总成本分析等其他成本分析工具。

当产品和服务的采购变得更具风险，但对组织来说价值属于中低水平（瓶颈值）时，供应经理的目标则是保证供应。如果要以维持库存来确保供货，那么库存维持成本会增加，长期合同谈判成本以及建立更强大采购商 – 供应商关系的流程成本也随着增加。进行价值分析，找到成本相对较低的方法来起到相同的作用，则会产生长期成本。

战略性产品和服务对采购组织具有较高的价值，同时也具有较高的采购风险。供应经理的目标是以最小化的总成本来保证持续供应。寻找避免、消除或降低成本的办法，则有必要透彻地掌握内部成本结构和供应商的成本结构。

第 10 章介绍的价格分析，对报价做了分析，而没有检查成本和利润因素。成本分析则评估了实际或未来的成本。有些供应经理认为过于考虑供应商的成本是不合理的，因为：

- 在许多情况下，供应商不清楚他们的成本，向其询问是没有用的。
- 对成本的解释需要具有判断经验，即使可以获得所有的数据，还是会产生不同的观点。
- 一些供应商不会泄露成本信息。
- 卖家的成本不能决定市场价格。
- 买方对供应商的成本不感兴趣；主要关注的是在确保质量、数量和服务的前提下获得最优惠的价格。
- 如果卖方提供了比成本还低的价格，无论是在不知情或完全意识到这个事情的情况下，这是卖家的问题，而不是买家的。

然而，一般来说，除非买家对供应商的成本有一些了解，否则很难判断出供应商的价格是否合理。再者，既不关注产品价格低于成本的供应商，也不对其负责的买家，必须认识到两点：首先，为使企业生存和繁荣，良好的供应商提供的产品价格需要包含成本；其次，供应商为在财务上得以维持，价格随后可能会大幅度上升，并高于成本。

谈判会上具有最强地位的一方是拥有最核心数据的一方。意识到成本的重要性后，对采购人员来说，以尽可能评估供应商成本作为判断所提出报价合理性的一种方法，是常见行为。许多较大的公司在供应区域范围内进行成本分析，以协助准备谈判时对供应商进行成本分析。有一些公司采用基于成本的定价方法，即采购人员所使用的成本建模系统，来确定总成本。这些成本估算必须基于一些可用数据。

11.2 成本管理工具和技术

本节讨论五种成本管理技术：总拥有成本（TCO）、目标成本法、学习曲线、价值工程与价值分析和作业成本法。

11.2.1 总拥有成本

采购人员在选择供应商之前要估算总拥有成本。广义上，非资本性商品采购的总拥有成本，包括所有相关的成本，如管理、跟进、推进、内地运输、检验和报废、检测、返修、存储、保修、服务、停机时间、客户退货等的成本。采购价格加上所有其他相关费用构成了总拥有成本。总成本的估算方需要与工程部门、质检部门、生产以及供应部门合作，以协调影响供应决策的需求，如产品规格。在工作说明书中描述所需服务时可以采用类似的方法。为确保成本估算的有效性，供应商的早期参与也必不可少。

TCO 模型试图确定所有的成本要素，从而揭示针对每个成本因素，可以降低成本或规避成本的机会，而不是仅仅分析或比较价格。难点在于识别和跟踪这些成本要素，并适当地使用这些信息来比较不同的供应商。

在 TCO 分析中，采购价格仅仅是获得产品或服务相关成本的一部分。使用 TCO 分析最明显的目的是确定供应决策的实际成本，另外 TCO 也可以用于：

（1）突出降低成本的机会。
（2）协助进行供应商评价和选择。
（3）为谈判提供数据。
（4）探索供应商降低成本的机会。
（5）分析高价格、高品质的产品与服务的优势。
（6）明晰并确定供应商的业绩预算。
（7）建立长期的供应远景。
（8）预测未来的绩效。

有许多估计总拥有成本的方法。每个企业都需要制定或采取最适合的满足组织需要的成本建模方法。在买家和供应商关系中，卖方可以心甘情愿地与买家分享成本数据。在其他情况下，买家或采购团队可能要开发自己的成本模型，为谈判做准备。成本建模有许多方法，有不正式的方法，也有正规、高精度且复杂的计算机模型。企业一般使用可以应用于多种供应情形的标准成本模型，或使用为特定产品或情形设计的特色成本模型。

美国学者埃尔拉姆开发了一种分析成本要素的模型。模型包括三个成本组件：①交易前成本（例如，识别需求、认证供应资源，以及将供应商到添加内部系统）；②交易成本（例如，采购、验收和管理成本）；③交易后成本（例如，有缺陷的部件、维修和保养产生的成本）。采购价格分解到设计价格所依据的每个成本要素上。买家可以对每个成本要素进行分析，以找到可以减少或避免的费用。成本要素既是有形的也是无形的，意思是有很多成本要素是难以估计的。

1. 制造成本要素

接下来的部分讨论制成品的典型成本要素，并给出估计各项成本的建议。

用于制造产品的原材料的价格通常是可获得的，并且原材料的需求数量通常也是很明确的。原材料的成本可以通过物料清单、产品结构图，或者产品样本来估算。买家可以通过原材料数量或重量乘以原料的单价来计算原材料的成本，有时可以借助于原材料使用量曲线。绘制该曲线的目的，是根据在制造过程中获得的经验，通过绘制图形分析该如何改进，以更加经济地采购并降低报废率。标准做法是使用价格指数和维护价格趋势记录。对于零部件，可以参考目录价格。另外，运输成本是很容易确定的。

间接成本一般包括发生在制造、研究，或公司工程设备上的各项间接费用。买方自有的工程师应该提供加工成本数据。设备折旧通常是制造费用最大的一个因素。重要的是要知道如何将这些间接成本分配到一个给定的产品上。假设间接费用按照直接劳动成本的固定比率分配，劳动力成本提升，如果固定分配比率不变，则间接成本可能会过度膨胀。通用的间接费用分配比率可以近似估算。

行业资本密集度日益加深的趋势，增加了间接成本与直接人工和材料成本的相对百分比。因为间接费用中的某些开销，如当地的房地产税，归因于供应商的地理位置，其他的项目可适当地视为在不同的技术和经济风险水平下的折旧或投资，所以对这些成本进行分析并将其分配给单个产品是特别困难的。

模具费用和工程费用通常为一般制造费用的一部分，由于每项费用可能占制造费用相对较大的比率，因此将每一项单独拉出来进行分析是最为明智的。买方需要知道，供应商建立并拥有完整的模具需要支出多少资金，模具的平均寿命是多长时间，以及该模具是否可以适用于非供应商拥有的设备。只有知道了这些信息，买方才可以防止为同一模具缴纳两次费用。

一般管理费用包括销售、促销、广告费用，管理人员薪酬和法律费用等项目。通常，对于按照买方提供的产品规格说明制造的产品，或者买方与供应商已达成长期战略合作伙伴关系之后销售的产品，供应商在产品价格里均摊广告费用是不合理的。

直接劳动力成本没有物料成本容易估算。即使劳动成本通常标记成为机器操作员和装配线工人支付的工资，事实上直接劳动成本往往比大多数管理人员意识到的更为固定。如果一个组织的管理层不倾向于裁员，则可以采用持有产品库存和加班的方法来缓解需求的波动，使劳动力成本至少变成半变动成本，并服从分配。许多组织在管理上更倾向于依赖合同、自由职业者或临时工，国内或海外员工，从而消除或大大减少薪水、工资和福利，进而降低直接人工成本。

产品搭配组合、生产批量和劳动力周转率很大程度上影响着劳动力成本。产品搭配组合越多、生产批量越小、劳动力周转率越高，直接劳动力成本就越大。单单这三个因素，对于同样的产成品，不同供应商之间会产生很大的成本差异。地理位置因素也是很大一部分因素，因为位于不同地区的工厂的确存在较大的人工费率差异。这些差异可能随着时间推移发生较大改变。如同20世纪50年代，日本和德国直接劳动力费率大幅度增加，目前中国和印度也是这样。成本分析人员需要综合考虑以上因素来估计供应商的实际劳动力成本。

2. 服务成本要素

如第6章"需求识别与说明"中介绍的，服务是无形的产品，可能会与货物捆绑在一起，也可能不与货物绑定。服务提供商没有制造成本，也没有原材料、在制品以及产成品附带的库存持有成本等。服务提供者的成本要素是直接和间接的劳动力成本，主要取决于服务是高劳动密集型还是低劳动密集型。

间接成本一般包括在设计中、开发、交付、企业内设施运营过程中产生的间接费用。买方自己的业务应该提供有关流程成本的数据。根据服务提供商的类型，设备折旧可能是间接成本中很小的一部分，劳动强度将会影响到直接劳动成本与间接费用的相对百分比。

一般管理费用包括如销售、促销、广告费用，管理人员薪酬和法律费用等项目。通常，对于按照买方的规格说明提供的服务，或者买方与供应商已达成长期战略合作伙伴关系之后提供的服务，供应商在服务价格里均摊广告费用是不合理的。

运输成本，以差旅费和招待费（T&E）的形式体现，可能会很高，主要取决于支持销售和客户关系管理而出差的数量和地域范围。如果服务提供商已经将这类支出列在资产负债表上进行管理，就可以很容易地确定成本。或者，如果差旅费的管理职责是高度分散的，那么这些成本可能会被隐藏起来。尽管通常差旅费是为了降低成本，但用户与成本削减方对此会持有明显不同的观点。

服务合同中的直接劳动力，包括供应商的员工，他们根据合同条款直接执行一个明确的任务。这项任务可能会也可能不会形成一个有形的输出结果，例如一张建筑图。这取决于所提供服务的本质。如果一个组织在管理上不赞成裁员，则组织承受巨大的保持所谓的直接劳动力数量相对稳定性的压力。如果赞成裁员，则加班往往是用来缓解需求波动的方法，而且劳动力成本至少成为半可变成本并服从分配。服务业的公司也更多地依靠合同工、自由职业者或临时工、国内或海外员工，以消除或降低劳动力成本。

在劳动强度大的服务中，提供相同服务的多个供应商的管理成本或者更换供应商的成本可能会很高，这些成本包括解决合同问题的成本、知识转移成本、许可费、与新供应商合作的初始准备与培训成本，以及管理服务流程内部资源的成本。但在制定初始服务采购决策时，这些成本可能会被低估。

服务组合、服务合同的时间长度、服务地点的规定（供应商地点或买家地点，在岸、近岸或离岸）和劳动力周转率会大幅度影响劳动力成本。服务组合类型越多，合同期越短，劳动力成本越高，劳动力周转率越高，营业额越高，则直接劳动成本将越大。地理因素也是很大一部分的原因，位置不同，劳动力也存在一定差异性。节省劳动力成本是各种服务，包括法律、医疗测验解读、研究分析人员和软件开发人员等，采用外包与离岸提供这一趋势的主要驱动力。劳动力成本的差异随着时间推移会发生较大的变化。近期在某些产业中直接劳动力费率迅速增长，例如印度和中国的 IT 和呼叫中心等产业，导致一些产业转移到一个国家成本较低的区域，例如中国内陆或西部，或转移到成本更低的国家，如菲律宾、越南或者巴基斯坦。过去日本和德国发生了同样的事情。精明的分析师会考虑上述因素以估计供应商真实的劳动力成本。

对于服务的采购商来说，在服务合同中有以下几个机会可以减少、控制与规避成本。这些包括：[⊖]

（1）利用采购杠杆。

[⊖] Lisa M. Ellram, Wendy L. Tate, and Corey Billington, "Understanding and Managing the Services Supply Chain," *The Journal of Supply Chain Management* 40, no. 4 (2004), p.17.

（2）规避隐性成本。

（3）降低资金成本。

（4）减少计费和计算错误。

（5）替代技能较低的工作人员或其他要素。

（6）提供水平低于承诺的服务。

（7）将服务与其他产品或服务捆绑起来采购。

（8）汇总发票，检验核对。

根据以上列举的清单，许多服务成本节省、减少和避免的机会来自成产率和运行效率的提高，而不是来自更好的设计。

在通常情况下，与预期收益相比，高度专业化服务的成本可能相对较低，例如一个优秀的设计可能会大幅增加销售量，一个优秀的建筑师能够设计一个成本低但有效的建筑结构；一条良好的咨询建议可能会扭转整个组织的运营情况。但是，通常很难权衡预估成本与预估效益。一些供应经理正为技术含量高的服务提供商开发成本模型，以更好地了解服务提供商的成本结构进而找出降低成本的机会。

需要大量中低端技术人员的服务，更注重成本的最小化和效率。对于需要高端技术人员的服务，采购商需要区别不同的专业技能水平，并需要服务请购者与供应经理在整个采购过程中广泛持续地沟通。清晰地确定服务成功交付所需要的不同水平技术人员的数量，并使价格和项目总成本与技术水平相匹配，是很重要的。例如，如果一个律师助理可以提供所需要质量水平的服务，则在一个高水平的法律公司，没有理由按每小时为他支付薪酬。

服务成本管理通常从需求管理开始，这在一些行业中也被称为消费管理。可以通过内部审查来分析消费模式，明确对服务消费可以做哪些改变，如果有的话。改变措施包括：消除服务，减少服务的量，降低服务的频率，改变服务规范；寻找替代服务；改善采购流程，以消除不同的意见，或避免采购非合同内的服务；减少过度消费，合理化供应基地；合并支出；标准化价格、条款与条件。

由于越来越多的高度专业化服务提供商离岸提供各种业务，因此了解专业服务供应商的成本结构是很重要的。例如，美国法律公司离岸提供法律业务，咨询企业离岸提供分析业务，医院离岸解释医疗测验结果。服务提供商的客户是否应该分享这些决策节省的成本？离岸外包决策会引起质量与成本相关的问题吗？

3. 生命周期成本与资本货物采购

在进行资本采购时 TCO 也称为生命周期成本（life-cycle cost，LCC）。LCC 是进行资本投资比较合适的一种决策方法，主要用于采购那些价格远比拥有、经营、处置该商品相关的其他成本要小得多商品。LCC 背后的原理和 TCO 一样。一台设备的总成本远远超过购买价格或甚至超过安装成本。采购方真正关心的是在任务期间或产品生命周期内执行预定功能的总成本。因此，初始购买价格很低，可能意味着较高的运行成本，比如更高的维护成本与停机时间、更多的劳动力、更多的材料浪费、更多的能源消耗，或更高的垃圾处理费等相关成本。由于初期加工成本较低，则报价较低。这给供应商带来了一个不合理的优势。这些设备可能具有高昂的生命周期成本。

在每一项与决策相关的可接受的成本下，LCC 在理论上比运作更容易被掌握。由于许多成本是未来发生的，甚至可能是 10~15 年后的发生，具有高度不确定性，因此对

LCC 的精确性存在大量的质疑。幸运的是，现如今可以使用多种 IT 技术手段，包括简单的财会软件（用于计算项目周期成本），对设备从概念设计到废弃过程进行模拟的蒙特卡洛模拟软件等。这些软件允许测试灵敏度，必要时可以很容易地改变输入参数。在对一个价值数百万美元的设备的总体拥有成本进行研究时，计算机可以在模拟过程中识别 139 个不同的成本元素。

LCC 是选择低报价方案的一种重要且可取的方法，尤其适用于政府采购。LCC 相关大量的实例表明，购买设备的初始价格占 LCC 的比例相对较低，例如，计算机的支付价格很少能占到 LCC 的 50% 以上，大多数工业设备也只是占到了 20%～60%。

价格通常是制定采购决策的主要因素。尤其，当所考虑成本元素的数量和种类繁多，计算困难时，这就很容易理解。与资本货物成本元素相关的基本问题如下：

- 采购设备是仅仅为了替换现有设备还是提供额外的产能？
- 设备的安装成本是多少？
- 启动成本是多少？
- 该设备的安装对工厂的布局会产生什么问题？
- 维护和修理成本将是多少？
- 谁将维修配件，成本是多少？
- 需要配件吗，如果需要，成本是多少？
- 包括电力和劳动力在内的运营成本是多少？
- 将使用该设备多少机器工时数？
- 用户可以制造该设备吗，还是必须购买？
- 设备折旧率会是多少？
- 将涉及多少融资成本？
- 如果设备用来生产产品，相对于从供应商处采购产品的成本而言，当前生产产品的成本是多少？
- 如果设备用来生产产品，相对于从供应商处采购产品的成本而言，该设备生产产品的预计成本是多少？

例如，在半导体行业，资本设备采购通常是采购费用中最大的一个类别。英特尔的目标是将资本采购和设备服务与绩效合同相匹配，从而根据设备正常运行时间和输出质量为供应商支付酬金。运行时间超过事前协定的目标越多，供应商的回报就越大。采购商根据对每年每台机器芯片数量和每片芯片成本的持续改进需求来制订未来的计划。英特尔未来五年的远程技术路线规划图中只包括了少数几个关键的供应商合作伙伴。总体拥有成本，而不仅仅是设备本身的成本，推动着未来的技术决策。很明显，管理资本设备采购需要建立企业团队，并且由企业团队中能力特别出众的成员作为供应职能的代表。

11.2.2 目标成本法

在目标成本法中，由管理团队确定产成品计划出售的价格，然后减去正常营业利润，剩下的是组织追求的目标成本。公式表示为，目标成本 = 预计销售价格 − 期望利润。将目标成本进一步细分为适当的组成部分，如制造流程、管理、材料与服务等相关费用。目标成本通常用于新产品的开发。目标定价法使得将组织中每位员工都注重在设计产品和服务时减少成本，而不是在产品已经开始生产或服务已交付之后再减少成本。这一概念是"第一次就做正确的事情是有意义的"这一质量运动基本前提的逻辑延伸。

例如，假设某生产的产成品将以 200 美元的价格出售，而且采购成本占到销售收入的 60%，那么供应部门应负责 200 美元售价中 120 美元的采购费用。如果确定以价格降低 10% 来增加销售量，则供应部门将确保产品中其所负责的成本（120 美元）减少 10%，即 12 美元。这意味着生产该产成品所购买的材料成本不应超过 108 美元。这就是价格结构中购买材料的目标成本（见图 11-2）。

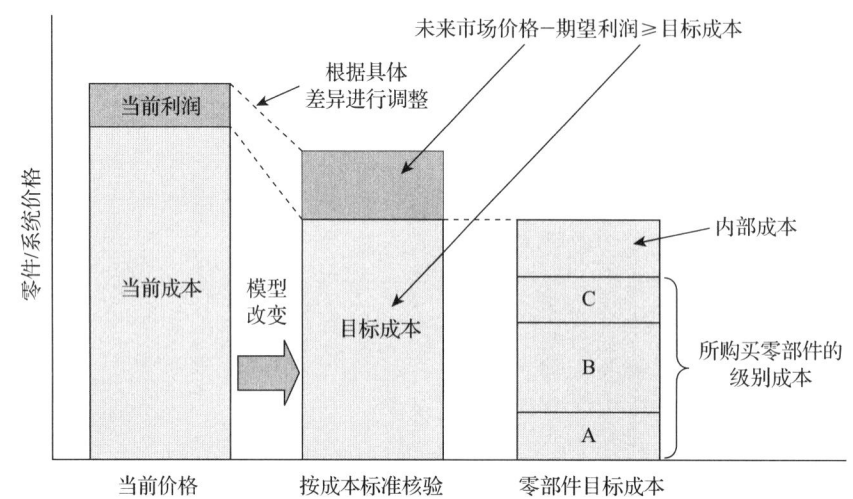

图 11-2　目标定价法例子

目标定价法可以降低公司以下方面的成本：
（1）设计成本，工程设计的一部分。
（2）制造成本，生产中的一部分。
（3）采购成本，供应中的一部分。

对供应管理的意义

目标定价法为供应工作提供了一种供应商所需要的降低价格的方法，表明了供应工作对公司定价目标的贡献，记录供应工作以产品为基础对公司的贡献。因此目标定价法对公司来说是有益的。当客户在供应链上具有影响力或者能够发挥杠杆作用时，当买卖双方关系忠诚，如合作伙伴或联盟时，当供应商也受益于成本减少时，目标定价法才能取得最佳效果。

供应商可以从以下几个方面来降低成本：减少间接费用和/或一般费用，销售和管理费用；改善可以用学习曲线度量的劳动力效率；在供应链上寻求降低劳动力成本和原料成本的方法；将以上技术传递给所在供应链上的自己的供应商。

总的来说，目标成本法为供应工作提供了：
（1）一个可度量的供应绩效目标。
（2）一个可衡量成本降低的标准。
（3）一种度量供应商效率的手段。

如同所有的成本分析工具一样，目标成本法分析的预期收益必须超过执行该分析的成本。为取得成功，需要建立跨职能团队共同努力，供应商和供应职能部门早期介入，开展并行工程，以及价值工程。

11.2.3 学习曲线

学习曲线（或经验曲线）为量化普遍公认的"熟能生巧"原则提供了一个分析框架。它源于"二战"时期的飞机制造业。经验表明，当飞机产量上升时，生产每架飞机的劳动时间会大幅下降。随后的研究表明，许多行业都存在同样的现象。尽管在概念上与直接人工的关系最密切，但多数专家认为，实际上学习曲线是多种因素结合的结果，包括：

（1）劳动学习率。
（2）提高产出的劳动动机与管理。
（3）开发改进的方法、程序和支持系统。
（4）更好的替代性材料、工具和设备，或更有效地使用材料、工具和设备。
（5）相关人员与工作的灵活性。
（6）工作中劳动力时间与机器运行时间的比率。
（7）比计划时间提前完成的任务数量。
（8）劳动力转移率。
（9）竞争的压力使得任务做得更好、更快、更便宜。

学习曲线对确定成本与谈判具有巨大的意义。以"90%的学习曲线"为例，学习曲线是呈对数变化的。产量每增长一倍，生产每件产品的时间就会减少到生产一般产量时所需时间的90%。假设我们希望购买800件昂贵的高劳动强度的产品，需要耗费一群工人两年的时间。生产第100件工件需要将近1 000小时。根据"90%的学习曲线"，那么人工生产第200件工件只需900小时，生产第400件只需要900小时的90%，即810小时。

服务型公司也会有学习曲线吗？在服务业中，丰富的经验和知识与生产率提高有什么重要联系吗？虽然服务行业的学习曲线的相关理论尚未被研究，但其在服务经济中仍是一个有趣的概念。

重要的是要认识到，学习曲线的选择点是类似于95%、90%、85%，或者其他的一些数字，并不是一门精确的科学。通常，像将物体放入一个盒子这样相当简单的任务，往往有一条曲率接近95%的学习曲线。中等程度复杂的任务，通常学习曲线的曲率为90%～80%。而高度复杂的任务，其学习曲线的曲率往往为80%～70%。

无论难度变得多大，学习曲线意味着改进永远不会停止。供应管理中尚未完全挖掘学习曲线的潜力。这是一个强大的概念。通过使用学习曲线，相关人士可以规划并取得优惠的折扣、缩短的交货期与更好的价值。通过使用学习曲线以及目标成本法，产品与服务的目标价格将来可以逐步降低。

11.2.4 价值工程与价值分析

价值方法论是一种系统的分析方法，用来分析产品、零部件、服务或流程的功能，在最优总成本的前提下满足所有必需的质量和用户需求。价值可以表示如下：

$$价值 = \frac{功能}{成本}$$

功能是以动名词组合来定义的，例如"持有液体"。目的是在降低成本的同时能保持在同一水平或改进的水平上运行功能。重点是分析功能。不必要的成本，即不能够提高质量、不能延长产品或服务的使用期限或者为客户提供所需的个性化服务的成本，都可以避免或者消除。

价值工程（VE）是指在产品或服务的设计阶段应用功能与成本的分析过程。价值分析（VA）指的是产品或服务的再设计。通过在设计阶段研究功能和成本，可以避免不必要的成本。在重新设计阶段，必须减少或消除组织内部已经支出的成本。在设计阶段开始注重成本管理，可以降低总成本。

11.2.5 作业成本法

由于在传统成本计算中，以直接人工为基础分配间接费用，在计算产品成本时会造成失真的情况。过去，人工成本通常是最大的成本类别，这种分配是合理的。然而，随着原料成本超过劳动力成本，成为最大的成本因素，会计师在寻找其他的方式分配间接成本[1]。基本上，作业成本法（ABC）试图通过寻找间接成本的成本动因把间接成本变成直接成本。

作业成本法的好处在于能够将间接成本更加准确地分配到特定产品上。相对而言，作业成本法的最大障碍之一是跟踪间接成本，并将它们转化为直接成本。在ABC中，制造间接成本分为根据以下三种作业变化的成本：一是单位水平作业（按比例分配到所生产产品的单位数中），二是批量水平作业（按比例分配到所生产的批量数中），以及产品水平作业（与具体产品相关的所有作业）。其余的是固定成本，可以用传统的成本计算方法分配。

人们很容易根据ABC的理念收集过多的细节信息，而不能够从中获得有意义的结果。即便如此，ABC仍是一个强大的工具，对供应管理有许多意义。

对供应管理的意义

买家可以通过以下方式将作业成本法核算作为减少供应商成本的一种工具：

- 消除无价值增值的活动。
- 减少活动次数。
- 降低成本动因率。

为了实现这些目标，买家必须从供应商那里收集业务（具体任务）、成本动因（测量作业的标准）、成本动因率（产生成本的速率）、成本动因单位（活动的数量）这些相关数据。然后买家可以决定哪些作业能增加价值、应该发生以及哪些不增加价值的作业应该被清除。即使一项作业被视为增值的活动，也可以通过减少作业发生的次数从而降低成本。

---

[1] The section is drawn largely from John C. Lere and Jayant V.Saraph, " Activity-Based Costing for Purchasing Managers'Cost and Pricing Determinations," *International Journal of Purchasing and Materials Management*, Fall 1995, pp.25-21.

例如，进货检验可以被评为无价值的活动，应该消除；或者也可能被视为增值活动，但是可以减少检验的次数，从而降低成本。最后，通过价值分析和系统重设，活动本身的成本也可能会成为效率提升的一个目标领域。

将成本估算分配到各项作业往往是困难的。然而，实现作业和作业层级比较以及确定哪些改进能为组织绩效做出最大贡献也是至关重要的。不同职能领域的竞争目的与目标会增加使用 ABC 作为决策工具的难度。在上面的例子中，收货检验可以使用 ABC 来减少将来的检验次数并提高检验部门的绩效。然而，品质保证可能需要增加质量检查次数来降低不合格品的接受率。

11.3 谈判

在确定价格时，谈判是最复杂和最广泛使用的方式。谈判要求购买者与供应商通过讨论，使购买/销售合同中的要素达成共识，诸如交付、产品或服务规范、担保条款、价格和条件等方面。由于这些因素之间具有相关性以及许多其他的原因，谈判是一项困难的艺术，需要丰富的经验和准确的判断。谈判用来尝试达成一种交易双方都可以实现目标的协议。谈判适用于具有单一买方或供应商的情况；双方均知道需要签发一项采购合同，他们的任务就是订立一些双方都可以接受的条款与条件。由于谈判会涉及很多成本和时间，因此很少会出现真正意义上的谈判，除非合同的资金数量相当大。

商讨合理的价格不应与"讨价还价"混淆。供应经理通常不赞成讨价还价，对于买家来说，长期的成本远远超过任何临时的利益。采购人员告诉销售代表他已经知道报价，而事实上，他没有得到信息或者所得到的报价是不具有比较性的；在销售代表前面伪装打电话；留下一个真实的或者假冒的竞争者的报价让销售代表看到；误导质量需求等，供应管理学会、加拿大的供应链管理协会以及世界各地的其他协会将这些情况以及其他类似的情况谴责为不道德的行为。

谈判不一定是为了获得更低的价格。有时候，与供应商最初的报价相比，支付价格还可能会上调。如果供应商在谈判中误解了产品或服务规范，或者低估了完成工作所需的资源，那么买方要将这些传达给供应商，因此报价也会做出相应调整。好的合同是指在合同有效的前提下双方都可以接受且供应商不赔钱的合同。如果发生了不可预知的事件，使得供应商能够在生产材料或产品时节约大量的成本，那么当采购商同意供应商采购报价中不包含的额外商品时，采购商可以请求降低价格。

11.3.1 谈判策略与实践

买方和卖方都期待进行合理的谈判。在谈判合理的限度内，采购商可以坚持要求供应商的达到如下的要求：

（1）以高效的方式运营。
（2）价格与成本保持一致。
（3）不利用特权。
（4）做出适当的、合理的索赔调整。
（5）为满足买方组织的特殊需要做好准备。

虽然通常认为谈判是确定价格的一种方式，价格是谈判关注的焦点，但是也可以通过谈判协商许多其他方面或条件。事实上采购和销售合约的任何一个方面都需要经过谈判。

对影响一件物品价格的部分因素的讨论表明，谈判是与供应商就影响具体价格的许多变量因素达成一致的有效技术。这并不意味着所有卖方与买方的交易都需要谈判，也不能说明谈判仅仅用于确定价格。对交货时间表、质量的影响因素和包装方式达成清晰的认识，相对于价格而言，同样或更加需要谈判。

以下几个方面也适合采用谈判方法：

（1）任何书面合同。内容包含标价、产品或服务规范、工作说明书、交付条件和质量标准。

（2）根据买方的具体需求进行采购。特别应重视"第一次购买"，因为通过深入挖掘买方的需求，供应商将会以更低的价格提供更好的产品。

（3）当一个采购订单已经发出后，又改变图纸、规格或工作说明书。

（4）已从相应投标者处获得了请求报价单，但是还没有可以接受的标书。

（5）加工或包装出现了问题。

（6）经济或市场条件发生变化，需要更改数量和价格。

（7）因设施、材料的处置，或加工，或版权，或行为准则的问题导致合同终止。

（8）成本型合同中存在被质疑的地方。

（9）国防与政府承包项目所使用的各类合同中出现了问题。

（10）成本分析显示市场价格和成本之间存在显著的差距。

11.3.2 规划框架与谈判准备

谈判的成功很大程度上是实行规划的质量和数量的一种表现。图11-3展示了一个谈判流程的模型。

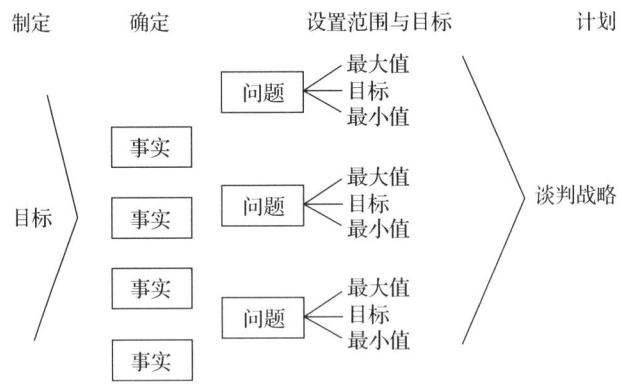

图11-3　谈判流程模型

制定谈判策略的基本步骤如下：

（1）制定谈判需要达到的具体目标（结果）。这需要收集相关的信息，然后生成目标集合，对各个目标进行分析、评价，最后选择合适的目标。

（2）收集相关数据。这里将使用成本分析方法。

（3）确定事实。事实定义为预计意见一致的信息。例如，如果供应商的成本分析表明直接人工成本为每小时20.10美元，并且你同意，这就是一个事实。

（4）确定问题。问题是指可预见的分歧。谈判是为了解决问题，签订双方都满意的合同。例如，如果供应商声称制造负荷率是直接人工成本的300%，但你的分析表明，现实的负荷率是240%，这即是需要通过谈判来解决的问题。

（5）分析双方（各方）的优势。例如，供应商的产能、积压和盈利能力如何？供应商有多大的把握可以获得这个合同？时间上紧急吗？优势分析的过程有助于谈判人员确定谈判要点，有助于避免设定不切实际的期望，并有助于揭示策略的内容思路。谈判者（或团队）通过集思广益的过程可以产生一个包含12～24个关键点的列表。

（6）对每个问题设置买方的立场，并基于你的研究在每一个问题上估算卖家的立场。哪些数据可以用来支持买方？哪些数据可以用来支持卖家？在分析完优势之后，回到以下两个问题：①谁的地位更强？②每一方最大的优势各是什么？第一个问题有助于判断目标是否现实，是否需要更改或进一步说明。对第二个问题的回答将告诉谈判者在谈判中的重点，以及他期望从对方那里获得什么。如果做得好，谈判者可以使用这些信息准备抗辩。

通过估算买卖双方可接受结果的范围，谈判人员可以确定，第一，如果可接受的范围存在重叠的区域，这意味着谈判是可行的，并可能达成协议；第二，如果各方的目标之间存在差距（见图11-4），谈判者必须确定两者目标是否可以接近，如果不能，必须确定在这种情况下是否还有谈判的意义。

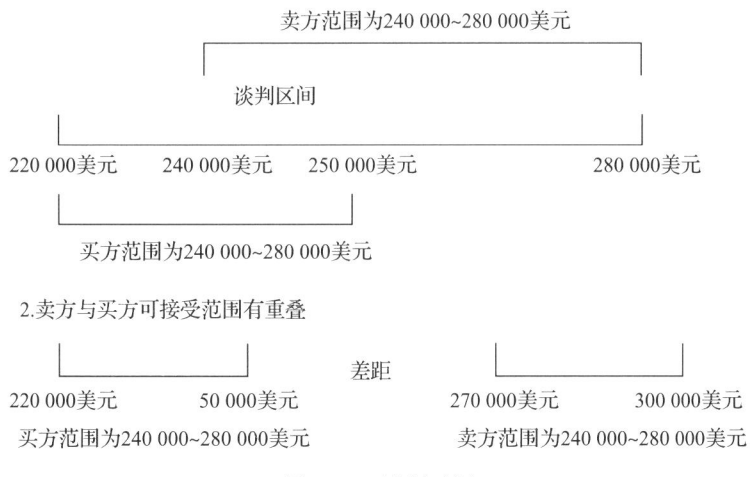

图11-4 谈判区间

（7）规划谈判策略。应该首先讨论哪些问题？买方愿意在哪些方面妥协？谈判小组由哪些人组成（通常，对于产品采购来说，谈判小组由来自技术部门和商品质量控制部门的人员构成）。对于服务采购来说，谈判小组由主要的内部消费者组成，由采购人员牵头，为每个目标设定一个范围和一个目标值，设置一个谈判者感觉可以实现的合理目标。在实际谈判中使用的战术，即在谈判开始就占领一个比谈判人员认为可以达到的目标更高的制高点。战术应根据谈判者对当时的情况以及谈判各方的理解和经验而定。如果谈判的目标是确保工作执行绩效，则协商的方式是很重要的，因为它会影响到执行工作的意愿。如果所用的战术让对方对谈判者或者结果感到消极，就会影响到对方对所达成协议的承诺，或影响对合同生命周期中所出现任何问题的解决。

（8）确定团队中的谁要去参加谈判。

（9）参加谈判的人开展一次彩排。

（10）在实际谈判中保持客观冷静。

所有谈判都具有经济和心理两个维度。为实现双赢，满足这两个维度是很重要的。团队工作、单源采购、合作以及授权的趋势，加强了供应人员在与供应商以及组织中的其他人的谈判中成为卓越谈判者的需求。其实，谈判者为获得组织内部相关部门对供应活动的合作而进行的谈判，比那些与供应商的谈判更具有挑战性。

本章小结

为了识别并分析总拥有成本，本书讨论了各种供应战略。例如，买家与供应商的长期协作关系、合作约定与联盟，以及供应商的早期介入都有利于对总成本建模，改善谈判和决策的制定，最终提升组织的竞争力。

关注有效地促进实现组织目标和战略的供应专业人士，需要关注管理成本，而不是价格。在与一个重要的供应商进行谈判时，要求供应商给一个不合理的低价格，可能会造成较大的损失。了解在什么时间用什么方式减少或避免供应链成本是获得竞争优势一个机会。

谈判与供应商的成本分析相互补充。成本分析识别机会，并确保结果。成本驱动定价。与供应商谈判专注于成本，可使得双方都注重于提高竞争力的机会，而不是装腔作势地左右价格或者讨价还价。熟练的供应专家不仅仅要意识到可靠供应商的成本数据的价值，同时也要有能力收集到这些信息，并能够在谈判中有效地使用它们。

复习题与讨论题

1. 什么是基于成本的定价法？如何以及为什么使用这一定价方法？
2. 在评估一个供应商生产某产品的成本时，主要的成本类别是什么？如果供应商不愿或无法提供详细的成本细目，你将如何评估这些成本？
3. 在评估供应商提供一项服务的成本时，主要的成本类别是什么？如果供应商不愿或无法提供详细的成本细目，你将如何评估这些成本？
4. 什么时候谈判，应该如何进行谈判，可以协商什么内容？
5. 学习曲线是什么，如何使用它？
6. 公司为什么使用目标成本法？如何确定目标成本？
7. 什么是作业成本法，以及买方如何利用它来降低成本？
8. 什么是总体拥有成本，怎样确定它？
9. "管理成本"与"管理价格"之间的区别是什么？
10. 请论述下面的观点：目标成本法只能用于制造物品但不能应用于服务。

参考文献

Anklesaria, J. *Supply Chain Cost Management: The AIM and DRIVE Process for Achieving Dramatic Results*. New York: AMACOM, 2007.

Boone, T.; R. Ganeshan; and R. L. Hicks. "Learning and Knowledge Depreciation in Professional Services." *Management Science* 54, no. 7 (July 2008), pp. 1231–1236.

Cooper, R., and R. Slagmulder. *Target Costing and Value Engineering*. Portland, OR: Productivity Press, and Montvale, NJ: The IMA Foundation for Applied Research Inc., 1997.

Ellram, L. M.; W. L. Tate; and C. Billington. "Understanding and Managing the Services Supply Chain." *The Journal of Supply Chain Management* 40, no. 4 (2004), p. 17.

Ellram, L. M. "The Implementation of Target Costing in the United States: Theory versus Practice." *The Journal of Supply Chain Management* 42, no. 1 (2006) pp. 13–26.

Ellram, L. "A Taxonomy of Total Cost of Ownership Models." *Journal of Business Logistics* 15, no. 1 (1994), pp. 171–91.

Fisher, R.; W. Ury; and B. Patton. *Getting to Yes: Negotiating Agreement Without Giving In*. New York: Penguin Books, 2011.

Flynn, A. E. *Consumption and Specification Management at Bristol Myers Squibb*. Practix, Tempe, AZ: CAPS Research, 2005.

Lewicki, R. J.; B. Barry; and D. M. Saunders. *Negotiation*. 6th ed. Burr Ridge, IL: McGraw-Hill/Irwin, 2010.

Shank, J. K., and Govindarajan, V. *Strategic Cost Management: The New Tool for Competitive Advantage*. New York: Free Press, 2008.

Ury, W. *Getting Past No: Negotiating Your Way from Confrontation to Cooperation*. New York: Bantam Books, 1993.

案例 11-1　迪尔公司的成本管理

2月18日，星期三，在伊利诺伊州迪尔公司工作的成本管理专家吉姆·艾尔西，接到来自公司农产品部门的销售经理格伦·洛厄尔利的电话："吉姆，我需要你调查一下我们在采集链上的成本。我们的利润空间发生了缩减，我们需要积极采取行动应对这个问题。回复我，告诉你是怎么看待这个问题的。"

采集链

迪尔公司制造并配送整套的农业设备，以及范围广泛的建筑、草地和林业设备。配套业务由金融服务、电力系统、备件服务以及创意方案提供服务。公司在160多个国家设有运营部门，每年销售额达350亿美元。

输送机系统是由农产品部门出售的受欢迎的产品。材料放置在采集链上输送机的前端，被运送至另一端。采集链通过链环连接在一起，由销轴固定，用一些小钩子协助搬运材料。采集链安装在滚筒上，滚筒需要定期润滑，以保持输送机系统状况良好。

农产品部门生产输送机系统已有多年，仅在设计上做了轻微修改。作为对每一个产品的标准做法，迪尔公司通过其经销商网络出售替换零件，包括采集链。在管理上，其宗旨是确保其售后市场的价格竞争力。由此，销售部定期为产品进行基准定价。

吉姆了解到采集链是从位于伊利诺伊州迪凯特的桑德斯制造公司购买的。韦恩·桑德斯是这一家族公司的创立者的儿子。桑德斯公司和迪尔公司拥有长期的合作关系。韦恩是一个坚强、成功的生意人，其公司已经雇用了大约300人，有很好的口碑。

审查采集链的销售利润率后，吉姆明白了格伦担忧的原因。三年来，销售收入和利润稳步下降（见表1）。今年的预算销售价格是根据主要竞争对手的价格而制定的。

表 1　采集链收益分析

	两年前	去 年	今年预计
售后市场价格（美元）	4 000	3 625	3 000
购买价格（美元）	2 125	2 261	2 412
成本价格比（%）	53	62	80
单位价格（美元）	475 000	410 000	350 000

财务分析

吉姆安排第二天会见来自采购部的苏珊·特斯西尔和来自工程施工部的何塞·达科斯塔。会议期间，吉姆在会议房间桌子上放了一个采集链，让何塞估计其组件。研究了一会儿之后，何塞评估产品中大约有 11.6 磅的铁，以及 46 个用于将链环连接在一起的销轴。他还预计，作为正常生产成本的一部分，仅仅钢铁，桑德斯公司将有大约 20% 的废弃率。何塞也评论到，桑德斯公司可以在制造和装配过程中使用通用设备。

苏珊然后拿出她的材料成本文件，提出以下见解。

我们刚刚结束了与钢铁供应商的谈判，这种类型的材料预计价格大约为每英担①28 美元。我也为我们的一些部门购买同样的销轴，我计算桑德斯公司支付约 3.5 美分。不要忘记，我们为这部分支付了运费，通常占购买价格的 3%，同时他们支付包装费用。

我们四处寻找对于这部分是否还有其他的供应商，还没找到能胜任打破当前价格的供应商。桑德斯公司已经是一家很好的供应商。他们交货的质量和准时性是最优秀的。作为供应商，我也不想失去他们。

会议之后，吉姆查看了由美国商务部出版的制造业年度调查报告。报告显示了桑德斯美国公司的制造成本细目，其中制造成本占销售额的一定比例。根据前一年的数据，成本类别与比例为：材料 42%，直接人工劳动力 13%，间接人工劳动力 6%，间接费用 20%。

供应商谈判

格伦觉得预算的采集链的成本价格比率是难以接受的，焦急地想采用什么方法来解决这个问题。他提醒吉姆："在他们的生产线上维持成本－价格对等比率的竞争力是相当大的。为什么他们可以以 30.00 美元的价格出售该产品，我们不能匹配他们的成本结构吗？"

吉姆觉得他已经收集了足够的信息来做一些初步的分析。然而，他明白他需要考虑如何利用这些信息与供应商谈判。苏珊曾经表明说韦恩·桑德斯是一个强硬的谈判者，关于价格持有要么接受要么放弃的态度，并且愿意分享任何具体的成本信息来证明其请求价格上涨是有依据的。

案例 11-2　麦克迈克尔公司

艾特·弗林是麦克迈克尔公司的包装采购人员，正在研究一个涉及当地少数供应商的进口替代项目。然而，他担心努力是没有意义的，因为他最初的提议被工厂经理直接拒绝，理由是太贵了。

麦克迈克尔公司是一家中等规模的公

---

① 1 英担＝50.802 千克。

司,多年来专业从事处方护肤产品的生产,在细分市场已经具有很好的声誉。大约三年前,经过大量的测试,麦克迈克尔公司引进一款特殊包装的新面霜,该包装允许精确测量分装的量。容器由一家法国公司生产,有多种用途。但是离岸价相当高,工厂成本为0.36美元。然而,艾特·弗林更加担心会遇到质量和交付问题。与制造商交流很困难,艾特感觉制造商似乎不太在乎麦克迈克尔公司的业务,据艾特所知,麦克迈克尔公司的订购量只占这家法国公司生产总量的一小部分。

通过与麦克迈克尔公司营销、设计、生产和质量控制部门人员合作,艾特发现当地少数供应商已经具备满足麦克迈克尔公司需求的能力。欧莎是一家定制成型公司,由本·伍德所有。本·伍德是一位很有远见的工程师,在退休的几年前购买了欧莎公司。欧莎公司有自己的工具和模具以及自己的成型车间。欧莎公司严重依赖汽车合同,本·伍德希望通过收购更多非汽车业务来做相应改进。与麦克迈克尔公司的工程师协力,本·伍德想出了用于制造奶油分发器的一个模型设计,以及几个小改进的建议。这个模型的成本是56 000美元,该成本应由麦克迈克尔公司预先付款。基于一次性采购30 000个单位产品,年采购量估计为300 000个单位,本·伍德的报价为每件0.27美元。本·伍德提交报价的成本细目如下:

设计成本	16
劳动成本	3
间接费用	8
合计	27
间接费用分析	
动力费	1
折旧	1
利息	3
空间、保险、灯光和热量、税款、监管	3

注:表中金额单位为美分;1美元=100美分。

当艾特提交了该报价,以及需要预先支付56 000美元的模型投资费用时,工厂经理和会计讨论的声音都变小了,争论这个模型24个月投资回收时间太久,并且公司有更好的投资机会可在12个月内回收资金。

艾特很失望,因为他希望这个项目能够有助于他实现今年的成本节约目标。当他与路易丝·莫法特经理讨论这个想法时,经理建议他再尝试一次。她说:"我确定如果你使这个模型的回报周期缩短到15个月,你将会得到更好的结果。这个公司没有多少交易能在一年内完成投资回收。"她同时建议艾特与营销部门讨论一下是否有其他产品能用同样的包装,同时与产品计划团队讨论是否可以订购不同数量的产品。

与营销部门人员谈话后,艾特发现针对其中一种产品短时间内引进该包装是合适的,并且每年的需求预计为100 000个单位。因为使用法国公司生产的包装遭遇了许多困难,营销部门很难再使用其包装,这使艾特确信如果他能够得到一个可靠的国内资源,所设计的包装将会有很强的吸引力。

调度组已经运用了改进的物料需求计划系统多年。当艾特和他们讨论新的包装想法时,他们告诉他如果新的产品和较老的产品用同样的包装,会产生大约40 000个单位的包装总需求,这具有很大的意义,并且很容易调整主生产计划,以联合生产这两种产品。

艾特同样与树脂供应商谈论这种情况。供应商提出,本·伍德提交的报价基于30 000个批量的包装。但是如果批量为40 000个,与初始的定价相比,价格将下降5%。

艾特想知道所有这些新信息对最初的提案会产生什么影响。他知道本·伍德对0.27美元的定价态度很坚决。本·伍德曾经说过:"我知道我是一个少数供应商。但是我不想隐藏事实。我不想从我的任何客户那里得到特殊的照顾。我也不会给任何人特殊的待遇。我过去必须借钱来购买这个公司,且利息很高。现在我不得不还清。0.27美元这个价格是我能给予的最低价格。"

案例 11-3　卡迈克尔公司

卡迈克尔公司的采购经理阿曼达·泰勒夫,越来越关注 MS-7 的采购。MS-7 是公司新产品斯蒂姆格罗使用的一个特殊的成分。MS-7 的采购很显然会增加产品的主要成本,进一步降低产品的盈利能力,阿曼达着急寻找任何替代材料,至少确保缓解部分成本压力。

卡迈克尔公司

卡迈克尔公司是卡迈克尔国际的美国子公司,卡迈克尔国际是一家位于英国的兽药与饲料添加剂生产商。其在美国的总销售额预计大约为 2 000 万美元,税前利润约为 120 万美元。卡迈克尔公司提供较大生产商认为不经济的少量特殊产品,占据着一个特定的细分市场。然而,这些产品销售量的增长,可能会引起较大生产商的注意。卡迈克尔与三位经销商签订了独家分销协议,这三家经销商覆盖了全美国。每个经销商向饲料店、合作社和农场供应商店,销售卡迈克尔公司的产品。它们再反过来卖给农民。在销售链上,斯蒂姆格罗的价格构成近似如下:

卡迈克尔公司斯蒂姆格罗 → 经销商 → 饲料商店 → 农民

卡迈克尔工厂位于芝加哥,雇用了大约为 70 个以小时计费的工人。场地是租用的,主要用于混合原料、装瓶与包装的活动。大约价值 800 万的原料,一半来自英国的母公司;其余部分以及所有的包装业务都是在美国购买的。管理团队的成员包括总裁与财务主管蒂姆·帕特森、销售经理查尔斯·戈弗雷、会计和采购经理阿曼达·泰勒夫以及工厂经理安德鲁·哈特威克。

卡迈克尔公司集中生产家禽药物和饲料添加剂。三年前,卡迈克尔引进了斯蒂姆格罗,一种饲养火鸡的添加剂,产生了不同寻常的效果,促进了不大于一个月的鸟类快速、健康地成长。不久,布里森公司,一个竞争对手,推出了类似的产品。因为布里森像卡迈克尔一样,有自己的独家分销商,布里森进入市场并没有降低卡迈克尔公司斯蒂姆格罗的销售量。像卡迈克尔和布里森这样的小型专业生产商一般不会在价格或生产成本上竞争。他们比较关心的或者说关键问题是寻找新的产品出售,以及在产品被大公司接管或失去市场吸引力之前获得足够的利润。在斯蒂姆格罗这种原料的市场上,卡迈克尔和布里森具有同等份额,每年销售额均约为 140 万美元。

卡迈克尔公司从英国母公司引进用于生产斯蒂姆格罗的两个主要材料,并在芝加哥工厂对两者进行混合和包装。斯蒂姆格罗的制造成本如表 2 所示。卡迈克尔公司斯蒂姆格罗的售价是每千克 360 美元。在过去的几年里,阿曼达·泰勒夫曾试图在北美找到提供 MS-7 的供应商,但发现所有潜在的供应商,包括制药公司与特种化工公司对其都没有太大的兴趣。它们称产量太低,MS-7 的价格至少要每千克 800 美元,它们才能接受。

表 2　斯蒂姆格罗的生产

	价格(美元/千克)
MS-7(500 克)	100
其他材料(500 克)	48
包装	4
劳动力	8
开销	20
合计	180

布里森公司

布里森公司是一家类似于卡迈克尔公司的美国控股公司，而且布里森公司与卡迈克尔公司销售类似的产品，但是生产产品的范围比卡迈克尔公司要更加广泛，它的年销售额约为 2 400 万美元。布里森最初从英国卡迈克尔国际公司的一个竞争对手处采购 MS-7，但在今年春天布里森公司订购了生产 MS-7 的设备。阿曼达·泰勒夫很惊讶，因为像卡迈克尔公司一样，布里森在这一步骤上同样准备不足。例如，北美市场对 MS-7 的需求受限于卡迈克尔和布里森公司的使用。尽管未来的需求可能会健康地增长，当前市场总需求不值得布里森公司投资 100 万美元。

此外，MS-7 很难生产，需要非常小心地控制温度、压力、时间。所需要的主要设备是一个玻璃涂层的大型高压灭菌器，用于满足 MS-7 生产所需的独特要求。高压灭菌器在化工行业是一个通用类型的设备。然而，在制造 MS-7 所需的特殊条件下，这个反应器成为一个专用工具。当然布里森公司对其进行了精心设计，以满足其他对该设备的需求。MS-7 制造是一个批量生产的过程。基于两班制运营，预计该设备的生产能力为每年大约 40 000 公斤。

在阿曼达·泰勒夫眼中，布里森公司的行为影响了自己对 MS-7 的采购，主要取决于是否能从英国的母公司得到一个有利的转让价格。虽然她仍不完全清楚确切的影响，但她预计成本至少会增加 40%。阿曼达没有怀疑布里森将积极寻求关税保护来降低 MS-7 的进口量，MS-7 在美国的售价至少会增加 20% 的关税。

因此，阿曼达·泰勒夫请求从母公司获取有关 MS-7 的制造成本信息。基于自己的知识储备，她添加了其他几项数据，总结如表 3 所示。

表 3 MS-7 成本与价格数据总结

最低设备安装费用（美元）	1 000 000
设备交付时间（月）	9~12
英国正常的市场价格（美元/千克）	224
英国卡迈克尔公司当前的固定成本（美元/千克）	200
英国卡迈克尔公司的现金支付成本（原料、劳动力、可变的间接成本）（美元/千克）	160
布里森开始生产后，芝加哥地区的最低生产成本估算（美元/千克）	280

阿曼达·泰勒夫去见卡迈克尔公司的销售经理查尔斯·戈弗雷，讨论一下未来可能的销售需求。查尔斯说："这真的是难以预料的。第一，它取决于火鸡的流行程度。我们指望它能够持续增长。第二，一旦饲料公司开发出可以替代我们产品的合适产品，它们将会应用替代品。虽然研究和实际结果显示我们的产品具有超值的功效，但是以重量计算，我们的成本很高。由于仅仅需要很少量的斯蒂姆格罗就可以提高混合饲料的整体质量，以至于很难相信斯蒂姆格罗会有什么影响。其他竞争者在任一天都可以进入这一市场。在美国市场，我们的份额没有大到可以产生任何促销的效果。每个生产线都是专业化的、生产量相对较小，这也是为什么很多大企业都不从事该业务。如果有更大的公司进入这一市场，它就可以击败我们。现在你告诉我如何把这变成一个合理的预测。"

阿曼达·泰勒夫回答说："我很庆幸这是你的问题，而不是我的，查尔斯。任何时候你觉得你准备得出一些数据，请让我知道，因为它可能会在不久的将来对我们非常重要。"

回顾过去的数据，阿曼达估计，今年下半年 MS-7 的需求约达到 1 000 千克。阿曼达决定，最好弄明白布里森公司对 MS-7 做出的决定可能对她未来的采购策略所产生的影响。

第 12 章 | Chapter12

供应商选择

供应决策者的关键问题

我们应该

- 组建跨职能采购团队来选择供应商吗？
- 通过一个或更多供应商来满足某个特殊的需求吗？
- 从非正式的供应商评价转到正式的供应商评价吗？

我们如何

- 与内部业务合作伙伴在评估标准和权重上达成一致？
- 在选择供应商时平衡财务和非财务因素？
- 选择最好的供应商？

12.1 供应商选择决策

有一句关于供应的至理名言是这样说的，"如果你选择了正确的供应商，那么你所有的供应问题都将迎刃而解"。所有有关理解和识别组织需求的准备工作都应在供应商选择阶段完成。专业供应中的关键挑战是把组织需求与市场供应相匹配，因此选择哪个供应商是一个至关重要的决策。本田汽车美国公司的基本采购政策是"为了让顾客满意，我们将从最具竞争力的供应商那里进行采购"。为此，供应商必须在质量、成本、交付、开发和管理等方面具有竞争力。

本章将首先讨论潜在供应商的识别，即如何寻找供应商，以及如何收集相应供应商的信息。接下来讨论是选择单一供应商还是多个供应商，是直接向制造商采购还是通过分销商采购，是选择小型供应商还是大型供应商，是选择国内的供应商还是国外的供应商。在没有找到满意的供应商的情况下，供应商开发是采购商通常采用的一个替代供应商选择的方案。然后，根据第 6 章中介绍的三个层次标准，讨论如何对潜在供应商进行评估与排名。

是否给予一个供应商一定量业务的决策，应始终基于一套合理的标准。良好的供应管理艺术应使得该决策尽可能合理。从历史上看，当采购决策在较大程度上被视为运营决策而非战略决策时，对供应商满足质量、数量、交付、价格/成本和服务目标能力的分析,是供应商选择决策的主要内容。与这些主要标准相关的一些更重要的供应商属性可能包括历史情况、设施和技术优势、财政状况、组织与管理、声誉、系统、程序法规遵从性、交流、劳资关系和地理位置等因素。采购属性与采购量会影响每个目标的权重,因此需要证据来支持该决策。例如,在某新产品设计流程中,工程师需要使用少量的某种电路板,对于该电路板的少量采购来说,质量和交付速度比价格更重要。为了便于与工程师沟通,供应商应当是本地的,而且还应有相应的技术证书。同样,工程师办公室的清洁服务应由当地具有良好服务经验的公司提供。然而,在采购生产运行所需的订单量较大的印刷电路板时,价格是一个关键因素,交付应该准时,但不一定非常迅速。因此,即使有相同的技术规格要求,选择标准的权重值也可能会有所不同。正是这种组织对需求的敏感性,使得良好供应管理者与普通供应管理者区别开来。供应商绩效不合格,是每个专业供应人员都希望避免的一个结果,这可能会造成成本远超初始采购规模的一定比例(规模对应的成本),打乱内部关系,降低供应商信誉与最终客户满意度。

决策树

供应商选择的决策,可以被视为不确定性条件下的决策。我们用一个决策树表示该决策过程。图 12-1 显示了一个非常简单的第一阶段供应商选择过程。图 12-1 只考虑两个供应商与两种可能的结果。然而,它说明了几乎每一个供应商选择决策都存在不确定性,且决策中都有风险。为了有效地利用决策树,供应专业人员必须识别各种选择,并设计评估成功和失败概率的标准。这个简单的决策树适用于某特定的单次采购,不考虑后续可能出现的业务。

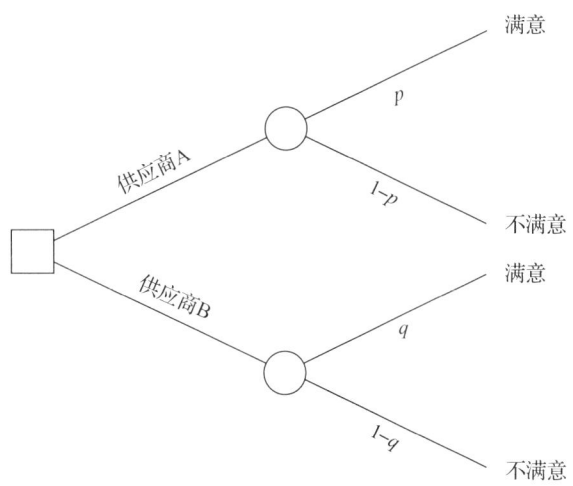

图 12-1 简单的一级供应商选择决策

更加普遍的是在未来进行重复性采购,如图 12-2 所示。以往所选择的供应商绩效如何,以及下一次采购中选择哪个供应商,在很大程度上影响目前的决策。例如,如果将业务给了供应商 C 但 C 失败了,那么这意味着下一阶段只有 A 是合理的供应来源。如果 A 作为一个单一供应来源,没有替代品,是不能接受的,第一阶段选择 C 作为供应商是没有任何意义的。然而,如果业务给 A 并且 A 失败了,那么买方有三个选择:保持与 A 的合作关系并解决问题，或将供应商变为 B 或 C。

有必要考虑将选择决策作为一系列事件的一部分，而不是作为一个单独的事件。这增加了一个时间框架——过去、现在和未来，这使得采购决策更复杂。然而，只要清楚地记住我们的目标是找到良好的供应来源并保持良性关系，就可以在一个合理的商业背景下对该决策进行评估。

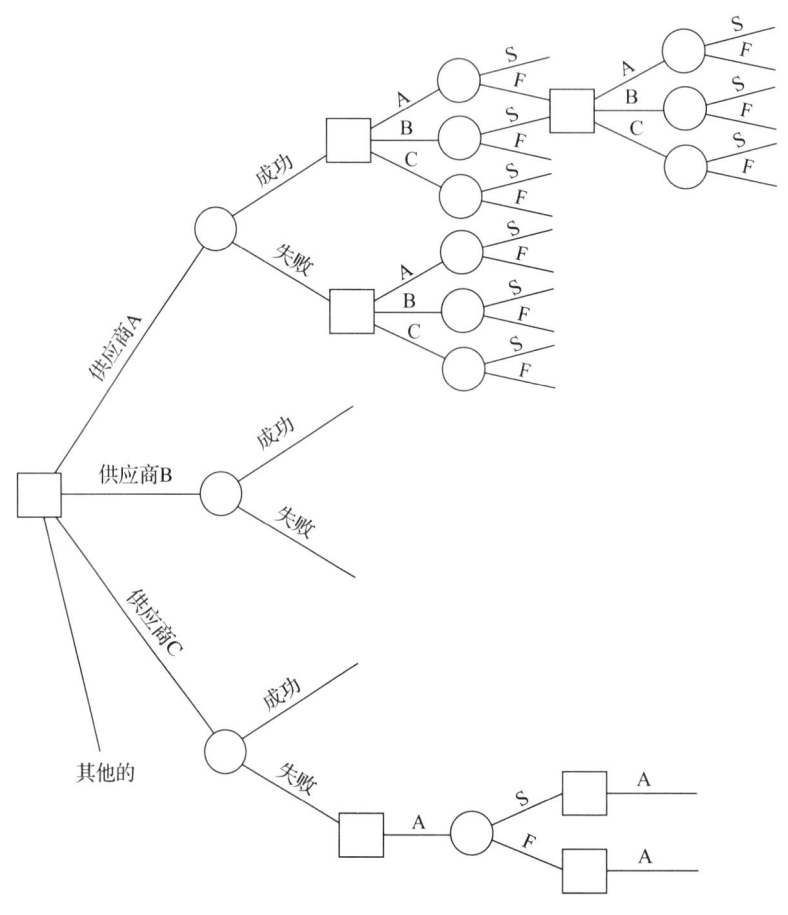

图 12-2　简化的三级供应商选择决策树

12.2　识别潜在供应源

对于一个组织所产生的新的需求，存在三个潜在的供应选择。第一个选择是自制。自制决策对一些需求来说是符合实际的，对其他的需求则不然。这一决策在第 5 章中做了介绍。第二个选择是从当前满足组织其他需求的供应商处采购，以满足新的需求。大多数供应专业人士更倾向于这一选择。他们对供应商过去的绩效、通信与物流需求都已做了记录。

假设当前供应部门对供应商过去的交易都满意，对供应商来说，获得其他的业务，是对其为总需求所提供服务的价值定位。因此，目前良好或卓越的供应商有权期望获得额外的业务，作为对当前与过去的业务绩效的奖励。购买者和供应商都可以从这一认知中受益。

假设前两个选择是不理想的，或供应专家急于测试市场，则第三个选择是寻找潜在供应商。图 12-3 给出了三种选择的逻辑图以及可能的结果。如果没有发现合适的供应商，那么专业供应人员仍然可以选择使用供应商开发策略（之后在本章会被讨论），或重新设计产品或修正规格看看是否可以找到合适的供应源。尽管付出了所有的努力，但仍有很大可能找不到解决方案。那么供应专业人员和请购人需要查看是否可以找到一个替代性解决方案。

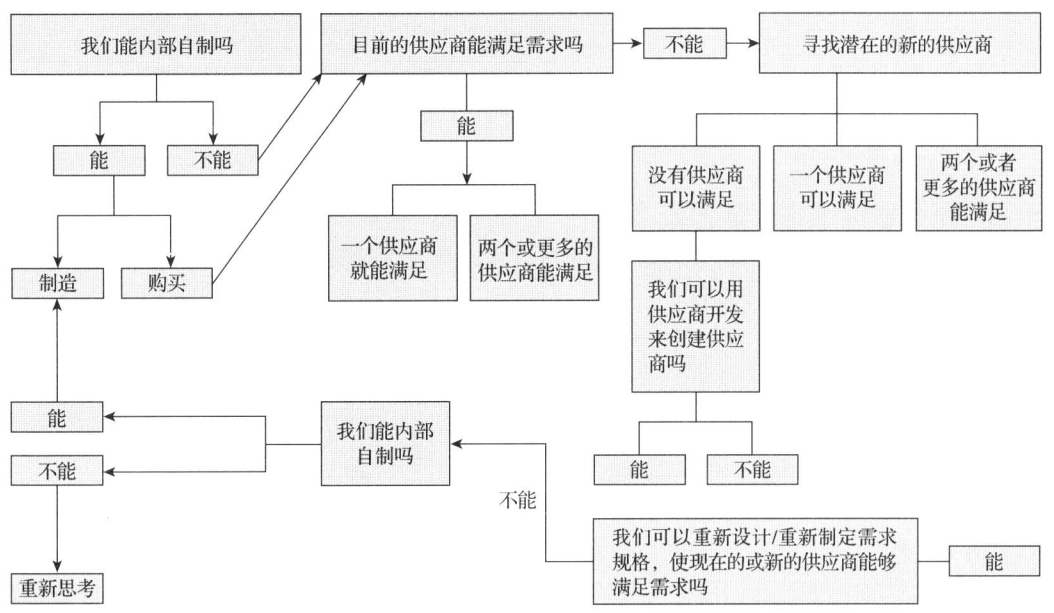

图 12-3　新需求潜在供应源的识别

12.2.1　信息资源

潜在供应源的识别是供应商选择最终成功还是失败的关键因素。每一个供应专业人士都一直密切关注着潜在的新供应源。

因此，掌握供应商来源的知识是任何供应经理开展有效工作的基本要求。在线搜索、商业目录和公司网站是现在最常用的工具。其他来源包括贸易杂志、广告、供应商和商品目录、销售面谈、同事、专业联系以及供应部门自己的记录。

1. 在线资源

互联网为供应专家提供了一个快速增长且不断变化的信息体。供应专家所面临的挑战不仅仅是寻找信息，而是识别、分类、分析和使用有用的信息。下面列出了一些与供应相关的网站。

- D&B www.dnb.com，D&B 提供收费的在线公司报告，以及公司的位置和免费的产品。D&B 提供各种供应商的风险、损失和可行性预测。
- Kompass www.kompass.com，该网站为全球 B2B 门户提供了一个包括 1 100 多万个公司的数据库。

- Thomas Register www.thomasNet.com，供应商发现和产品采购。该网站为寻找北美地区的企业与产品，提供了最全面的在线资源。所提供的服务包括在线下单，查看并下载数以百万计的计算机辅助设计（CAD）图纸，以及浏览成千上万的公司目录和网站。包括超过 610 000 家合格的制造商、分销商、非生产性物料供应商和自定义制造商；1 亿种产品，以百万计的来自领先制造商的 2D 和 3D 可下载的 CAD 模块。
- Ziff Davis LLC www.ziffdavis.com, Ziff Davis 是一个专门从事技术市场业务的全数字媒体公司。这是获取电子商务信息的来源。
- McRAE's Blue Book www.mcraesbluebook.com，该蓝皮书专门为全球的产业买家和卖家提供高价值、独特的公司信息。

2. 目录

一个良好管理的采购和供应部门必须有已知供应商的目录（在线、硬拷贝，或两者皆有），包含公司感兴趣的所有重要的材料。目录的价值在很大程度上取决于表现形式、可获得性、频率和使用程度。电子目录（在第 4 章讨论过）越来越流行，电子目录的优势在于买家和内部客户可以随时访问。卖方和买方可以对价格，以及其他条款和条件进行协商。与硬拷贝目录管理一样，对电子目录内容的管理是一个需要慎重对待的问题。在线目录管理的先进性，可以增强访问的便利性并改善信息展示形式。

目录内容的可访问性是由索引和归档的方式决定的。即使是在线目录，访问也不是那么简单的任务。所发布的硬拷贝目录，具有各种大小和格式，很难处理。合适的目录索引是必不可少的。一些公司仍然使用缩微文件和活页单，尤其是用于目录归档；其他的公司则使用索引卡片形式。索引应根据供应商的名称以及所列出的产品进行设计，应该是具体的、明确的、易于理解的。一个电子目录的排序和搜索功能可使其具有用户友好性特征。分销商的目录中包含许多来自多种制造商的信息，以及分销商可以提供的商品的目录。设备和机械目录提供新设备与更换零部件的规格及供应源的位置相关信息。目录经常提供价格信息，许多物资和材料是以标准的清单价格或仅以报价折扣出售。目录也作为内部客户的参考书。

3. 贸易期刊

行业杂志也是获取潜在供应商信息的重要来源之一。这些出版物的名单很长，并且各个期刊的价值有所不同。但在每个领域都有有价值的贸易杂志，买家可以广泛阅读那些与自己的行业以及与他们销售和购买有关的行业的内容。这些期刊有两种用途：第一种是从文章中获取新产品和替代材料的一般信息，以及关于供应商及其人员的信息；第二种持续浏览广告以保持现有产品的供应。

4. 贸易目录

贸易目录是供应商信息的另一有效来源。它们在准确性和有效性上相差很大，必须对它们的使用保持谨慎。商业登记，或贸易目录是在线的或硬拷贝卷，列出主要的制造商，还要列出他们的地址、分支数量、附属机构、产品以及在某些情况下他们的财务状况或贸易地位。它们还包含贸易市场上物品名称的清单与制造商名称，待出售的材料、物资、设备和其他物品分类表，其中每一个都给出了现有制造商的名称和位置。这些商业登记是按商品、制造商或交易名称组织的。标准的目录包括托马斯工业注册公司年鉴（thomasnet.com）、麦克雷蓝皮书（macraesbluebook.com）和康帕纳出版物（kompass.com）。

与少数族裔及女性所有的商业企业相关的贸易目录，可以帮助采购商满足或实现增加与这些企业签订合同比率的目标或要求。例如，通过创建整合供应商中央注册系统（CCR）、联邦注册（FedReg）、网上交涉和认证应用（ORCA）功能的集成数据库，合同管理（sam.gov）系统简化了美国联邦的合同管理流程。合同管理系统是联邦采购条例（FAR）授权的基于 Web 的系统。该系统通过收集与签订合同相关的法律规定的代表性供应商和认证商业的信息，优化供应商与政府询价和合同签订流程。排他性当事人名单系统（EPLS）是基于 Web 的电子系统。该系统可识别被排除在接收联邦合同、某些分包合同以及某些类型的联邦财务与非财务援助及福利之外的各方。EPLS 让其用户社区识别出除整个政府的行政和法律规定之外的事项以及被禁止进入美国的个人。

5. 销售代表

销售代表通常是关于供应商、产品的类型与交易信息的最佳信息来源之一。供应人员面临的一个挑战是，如何在有限的时间下与销售代表会面的同时兼顾其他职责。开发良好的供应商关系，友好、礼貌、同情和坦诚地对待销售人员是至关重要的。接触后，相关信息应该以方便使用的格式记录下来。一些组织会在其网站上公布制定的日常机制，并提供相关信息，如如何与组织开展业务，以及获取 RFQ、RFP 与投标所需邀约的合适人员或门户网址，以缓解买卖双方的时间压力。

6. 供应商和商品数据库

任何来源的信息，只要有价值，就值得获取。例如，通过目录的索引可以很容易地访问所需目录。两个常见的数据库是供应商数据库和商品数据库。供应商数据库包括每个供应商的信息，如地理位置和通信信息、未结订单和已结订单、供应商绩效计分卡以及与未来决策可能相关的其他信息。供应商数据库可以以一个简单的计算机文件或一个卡片文件的形式，实现在线管理。

商品数据库基于产品对物料进行分类，包括在过去从何处购买产品的相关信息，可能是支付价格、装运点、供应商数据库的一个链接或交叉引用。同时也给出一些杂项信息，如最小订单价格、现有的合同是否包含某一条款、通常情况下是否要求出具有竞争性的报价，以及其他可能重要的数据。附带的文件是一些关于价格和其他记录的文件。其中一部分已经在前面的章节中讨论过，其他文件将在以后谈到。企业资源计划系统的信息管理和电子采购系统在第 4 章中讨论过。

7. 考察供应商

有些供应经理认为在没有洽谈困难的情况下考察供应商是非常有用的。供应经理可以与高级管理人员交谈，并不局限于与处理特定问题的主要人员进行沟通。这有助于在管理的各个层面巩固良好的合作关系，这种方式会让卖方透露更多的未来计划，这些未来计划往往不会引起买方的关注。这种考察供应商的政策确实比日常考察更会引发一些问题，如谁应该去考察，如何最好地获取有价值的信息，一旦获取后怎样最好地利用这些数据包含的内容。经验表明，最好的结果来自①预先制定所需求信息种类的一般框架；②预先收集有关公司的所有合理可用的信息，包括一般信息和具体信息；③考察后，准备一份包含所获取信息的详细报告。如果访问是精心策划的，所产生的直接费用与收益相比是很低的。

8. 样品

除了平时的咨询和参观工厂，供应商产品样品也可以测试。这需要思考样本问题。通常新产品的销售代表强烈希望买家接受样品来实现测试目的。这样会引发关于什么样的样品容易接受，如何确保样品测试的公平，谁应承担测试的费用，以及是否应该向供应商反馈测试的结果（参见第 7 章的"取样、检验与测试"）。

9. 同事

在通常情况下，内部业务伙伴是潜在供应资源的重要信息来源。采购申请可以邀请申购者来识别潜在资源。

10. 参考供应商

买家通常将包括报价邀请函、征求建议书或投标申请/邀请在内的资料用于投标。为了获得最有用的信息，访谈人员的工作是为访谈设置参数。第一，确保作为参照物的供应商是具有类似规模和目标的企业。第二，与获得第一手资料的供应商进行交谈。第三，问一些允许提及描述供应商和关系的业绩的开放式问题。例如，一个新的客户可能会被问到实施过程："它运行得很顺利吗？根据此次计划，告诉我实施过程中遇到的阻碍，供应商是怎样处理问题或改变的？"资深客户可能会问关于供应商如何保持竞争力或者不断提高竞争力的问题："供应商何时启动了一项有利于你们双方的改善计划？"老客户可能会被问及关于更换供应商的过程："当你更换供应商时，原来的供应商如何处理信息和材料的移交问题？"潜在的来源需要进行评估。

12.2.2　标准信息请求书

识别潜在供应商与供应商选择之前，通常需要获得更多其他的供应商信息。如第 4 章所述，获取这些信息的方式有多种。

1. 信息请求书

信息请求书（RFI）或项目意向书有多种用途。它意味着供应专家已认可一个供应商作为潜在的供应来源。对于供应商来说，这也是一个表达是否愿意接受这一可能的业务的机会。虽然信息请求书的内容与投标邀请书要求的技术数据相差很大。但是双方都很清楚，对于未来的业务，通过信息请求书不会做出任何承诺。如果供应商在信息收集过程中产生了大量的额外开支，那么报销供应专业人员部分或全部费用是比较合适的做法。

2. 询价书或投标请求书

询价书（RFQ）或投标请求书（RFB），表示针对某一需求或多种需求认真地向供应商询问。询价书或投票请求书以及其他类似的文件，要求供应商清晰地表达供应产品的价格与条件。在公共部门，当采购超过一定金额时，需要采用竞标的方式采购，并将合同授予价格最低的投标人。这通常是一个组织性的要求。投标人须在一定截止日期前提交标书，并满足投标邀请报价申请中表述的所有条件。供应商将被邀请参加公开投标，因此每个投标人能够确切地知道所有投标人的报价是多少或在线查询中标价。公众投标开放以后，供应专家通常需要一些额外的时间来检查所有投标是否符合条件并处理特殊的投标。该过程看起来是公平的，但仍然存在不公平的情况。多种投标人可能会串通操纵价格。最近的一个例子是蒙特利尔道路施工合同。该例子中涉及一群投标人，报道称其与黑手党有关，事先决定最低的出价和最低价投标人，导致建造成本超额10%。

在私营部门，没有公开的招标，如果供应专业人员认为较高的投标价代表较高的价值，则可能不会接受最低投标价的投标。因为在投标的准备中供应商需要承担成本，并会提高中标的预期，因此邀请经验老到、极有可能接收业务的供应商投标是比较合适的做法。

在询价书与投标请求书中，假定需求规格是描述性的且标准的，多个供应商能够满足这些要求。因此，供应商提供的价格和条款可以区别开来。

3. 建议请求书

相对于 RFQ，当需求难以描述，或供应组织缺乏创建建议请求的能力，或供应专业人士认为市场中的创新或创造力可能会生成更优的解决方案时，在 RFP 中，供应商有更多的自主权。建议请求书中允许供应商提出适合其优势的建议。对于供应专业人员，评估其所收到的 RFP 比评估 RFQ 难度大得多，会涉及大量判断。此外，对于供应商来说，需要解决供应商在准备阶段耗费成本的补偿问题，RFP 的准备通常比 RFQ 更加昂贵。此外，如果 RFP 中包含私有的技术或商业信息，则保密性是非常关键的。RFP 通常只用于两阶段中的第一阶段。在这一阶段中，只邀请一些特定供应商报价或进入最后一轮谈判。

12.3 其他供应商选择决策

在本章中，供应商选择的要点主要集中在识别潜在供应商和获取供应商信息。然而在选择供应商时也需要识别其他的需求，尤其是下面五个：

（1）我们应该使用单个供应源、两个供应源，还是两个以上的供应源？
（2）我们应该从制造商或分销商处采购吗？
（3）选择什么位置的供应商？
（4）相对于我们的组织，供应商应该是小型、中型还是大型的？
（5）如果没有找到供应商，我们是否应该使用供应商开发策略？

12.3.1 单源采购与多源采购

选择单一供应商还是多个供应商？对于这个问题最令人不满意的答案为："看情况而定。"

表 12-1 列出了从一个供应商处采购某特定产品的主要论点；表 12-2 提供了从多个供应商处采购某产品的主要论点。

表 12-1 单源采购

1. 事先的承诺，过去成功的合作关系，或与首选供应商正在进行的长期合同，这些可能会降低拆分订单的可能性
2. 供应商可能是某些重要的专利或流程的唯一所有者，因此，他是唯一可能的采购来源
3. 特定的供应商在其所提供的产品或服务质量以及价值方面特别出众，以至于不再考虑从其他地方采购
4. 订单可能会很小，不值得拆分采购
5. 集中采购可以获得一定折扣，或者降低运费，这是多源采购不能获得的
6. 如果供应商包揽了所有买方的业务，则供应商合作性更强，对业务更感兴趣，更愿意做到采购商满意
7. 物料的采购涉及钢模、工具与模具或昂贵的调整准备工作，获得这些模具等的费用较高或调整准备费用很高
8. 交货会更容易安排
9. 使用准时制生产、零库存采购或系统契约
10. 有效供应商关系的维系需要相当多的资源和时间。因此，供应商数量越少越好
11. 单源采购是建立伙伴关系的先行条件

表 12-2 多源采购

1. 传统的做法是多源采购，特别是对重要的需求而言
2. 了解到竞争者正在获得部分业务，会使供应商对采购商的需求更加灵敏，并提供高价值的产品或服务
3. 供应的保障性增强。如果任一供应商发生了火灾、罢工、破产或者事故，仍然可以确保至少从其他供应商处可以获得部分产品或服务
4. 供应组织已经形成了与多个供应商交易的独特能力
5. 避免了买方对供应商的依赖性
6. 为了获得更高的灵活性，因为所有供应商未利用的产能是可用的
7. 即使在涉及密切的合作供应商关系的情况下，也需要做备份安排。所以供应商 X 主要从事产品 Q 的生产并作为供应商 Y 的备份；供应商 Y 专门从事产品 R 的生产，并作为供应商 X 的备份
8. 战略原因，比如为军事斗争做准备和供应安全，需要多源采购
9. 政府条例可能坚持使用多个供应商，或小规模的供应源或少数民族地区的供应源。如果小的或单一少数族裔地区的供应源伴有高风险，那么多源采购是有必要的
10. 产能不充足，不能够满足购买者当前或未来的需求
11. 可能必须用试用订单对潜在的新的供应商或未来的供应商进行测试，而其他现有的供应来源则可以接收大部分的当前业务
12. 供应市场的波动，使得单源采购存在令人无法承受的风险

企业高管真正担心的是，应与一个供应商签订多少业务，特别是，供应商规模较小，且买方的业务占了该卖方很大一部分收益的情况下。人们担心突然中止购买可能会使供应商的生存岌岌可危，买方也不想被所依赖的来源束缚而降低灵活性。一个经验法则是：供应商与一个客户签订的所有业务不应超过总业务量的一定比例，比如 20% 或 30%。

如果需要将一个订单分配给几个供应商，那么现在存在的问题就是如何分配业务量。实际的操作方法有多种。一种方法就是公平分配业务，另一种方法是基于地理覆盖范围分配，或者将大部分业务分配给偏好的供应商并将剩下的业务分配给一个或多个其他替代供应商。在化学工业中，和其他许多行业一样，常见的做法是基于总需求的百分比在各种供应商之间分配业务。总需求是可以预测的，且不必确保精准性，甚至可能不存在一个最低需求量。每个供应商知道自己业务数量的百分比，但是如果供应来源数量超过两个，那么供应商可能就不清楚谁是竞争者或竞争对手收到多少业务。关于业务量分配，没有惯用的或最好的方法或程序。随着品质运动、合作伙伴关系和战略采购的兴起，人们又开始对单一采购产生了兴趣。每次当有事件中断了全球供应链时，作为风险转移策略，人们会重新

对双源或多源采购感兴趣。最近的事件包括大萧条、日本地震和海啸供应商之间的业务分配是构建弹性供应链的关键内容之一。

12.3.2 制造商和分销商

供应专业人员直接与生产商做交易还是通过一些贸易渠道，如批发商、分销商甚至是零售商，与生产商做交易？有时候，各种贸易协会会促使供应专业人士惠顾批发商、分销商与工厂直供的销售点。实际的问题通常与从当地供应商处采购密切相关。

使用贸易渠道的合理性在于其所提供的价值增值服务。如果批发商出售不同制造商的产品，并在多种产品中分摊营销成本，则他们可以以更低的成本交付产品，尤其是当销售量很小、客户广泛分散或需求不规律的时候。此外，相对于制造商在自己的分部仓库中维持的商品库存量，批发商可能维持更多的库存，进而能够更加快速地交货并满足紧急订单的需求。同时，他们可以以整车为批量来采购货物，以节省运费，从而降低买方的成本。

当地市场会强烈支持某特定分销商，公共机构尤其容易受到影响。有时，通过分销商进行销售的公司，在政策上，尽可能地从分销商处采购物资。

另外，一些大型组织通常寻找方法来避开分销商，尤其当采购方对供应物资的需求量很大，或者货物直接从原始制造商配送，以及批发商不尽力销售或提供增值服务时。一些制造商经营自己的供应仓库，以在采购时获得更大的折扣，其他制造商尝试说服原始制造商建立批量折扣契约——这与钢铁贸易的做法不同。

还有一些组织寻求在一些不具有广泛分销网络的小的制造商之间开发供应商，并做了一些尝试以确保从选定的分销商处获得特定服务，如在协议中增加员工相关条款，例如"专门有两个人查找并推进解决公司其他生产线的障碍"。在类似的情况下，为提升服务水平，旅行社会直接到采购者现场为其提供服务，或要求公司差旅人员使用指定的在线旅行预订工具。系统承包和无库存采购系统在很大程度上依赖于将大量相对较小的订单集中从一个高能力的分销商处采购。

最终，价值链中的每个参与者都需要增加价值。这个指导原则也适用于在分销网络中选择非制造商。

12.3.3 供应商的地理位置

组织的供应商应该位于哪里，国内供应商还是海外离岸供应商呢？如果在国内，他们应该是地方性供应商、区域性供应商还是全国性供应商吗？如果是海外，应该在离岸什么位置？

1. 国内：当地、区域性或全国性

国内来源的供应商更可能是地方性、区域性或全国性的。例如，一家温哥华的公司可能更愿意与温哥华（地方性），或者加拿大西部（区域性），抑或加拿大（全国性）的供应商做生意。

尽管历史上已经开展了不同程度的全球贸易，但对大多数消费者而言，直到20世纪80年代中期国内采购才成为标准的运作程序。即使国内采购与国外采购相比，劳动率是有差别，但考虑到国外采购在通信和运输方面的困难和费用，国内采购更可行。从历史上

看，当地采购的优势在于可以提供更可靠的服务。例如，距离更短且交通中断的风险更低；了解买家的具体需求和卖方的特定资质；更加灵活地满足购买者的需求；相对海外供应来源，有同等的设施、技术和金融能力。因此，相比更远的供应源，偏好本地供应源，在经济上是比较合理的。然而，通信和交通的变革，基础设施、教育和法律框架的改进，使得海外采购也逐渐拥有了本地采购的优势。

在准时制生产系统和精益生产系统中，供应商的工厂临近买方是至关重要的。例如，汽车制造商鼓励供应商在靠近汽车组装业务部门的地方建立工厂。2012年，本田在美国有9个制造工厂，为美国的供应商投资了220亿美元，包括在34个州的500多家原始设备制造商（OEM）和13 500个修理服务供应商（honda.com）。

选择当地资源的第二个原因为公平性，尽管这不是很明显。一个组织的发展在很大程度上要归功于当地社区。组织的设施位于那里，大部分员工居住在那里，而且通常组织的大部分财政资助以及大量的销售额都来自当地社区。当地社区为公司员工提供了住房、学校、教堂和社交生活。可以说，参与到当地社区，如与当地供应商开展业务或发展当地供应商，是企业社会责任的一部分。

定义"当地"是一件复杂的事。当地是指买家的城市、县、省或州吗？如果一家公司在一个国家的许多地方都有员工和客户，那么"当地"是指整个国家吗？如果一家公司在许多国家有员工和客户，"当地"意味着全球范围内吗？越来越多的跨国公司从海外客户中获得收入和利润所占的比重更大。例如，2013年美国建立了Yum！知名品牌（肯德基、必胜客和塔可钟），有报道称其将近70%的利润来自美国以外的国家（yum.com），而这一指标在1997年仅为20%。为反映增长潜力的转变情况，2014年，重组之后该公司分为五个分部：百胜（中国）、百胜（印度）、肯德基、必胜客和塔可钟。其中后面三个分部的品牌覆盖了其他的所有地区（113个国家，包括美国）。

区域采购意味着与位于同一个地理区域的供应商建立业务关系，例如美国东北部。全国性采购意味着从与买家位于同一个国家的当地供应商处采购。贸易协定模糊了这些区别。例如，在区域贸易协定中区域也可能指的是国家，例如北美自由贸易协定（加拿大、墨西哥和美国），或欧盟，抑或东盟共同体，拥有10个成员国（包括新加坡、泰国、越南和印度尼西亚）的贸易团体又或者是其他涉及多个国家的贸易集团。这些贸易协定的目的之一是减少或消除贸易壁垒，本质上是将国内的贸易待遇扩展到近海区域的国家。区域贸易集团在多大程度上模糊了区域甚至国家的定义和边界？

双边贸易谈判也可能使国界模糊化。例如，对限制联邦向国内供应商采购这一立法，加拿大和美国进行了谈判。在谈判中有一个交换条件，加拿大供应商对美国政府合同进行投标，同时美国供应商可以竞标同样价值的加拿大联邦合同。谈判人员还争取将这些津贴分配给加拿大省和地区以及美国城市、州和市政府。

2. 离岸：近岸和远岸

离岸是指位于另一个国家。近岸是指就时区与运输时间而言更近的地区。例如，美国、墨西哥和加拿大相对于彼此是近岸地区。远岸，需要跨更多的时区以及更长的运输时间，例如从美国到亚洲国家。离岸与外包不是同一个意思。例如，大多数大型企业选择将内部餐饮服务外包出去，餐饮服务提供商可能当地的、区域的、国家范围内的或是一家国际公司，但是员工是境内的。

组织也会选择离岸外包。许多组织关闭了大量内部业务流程，包括呼叫中心、法律到信息技术，并外包给印度、菲律宾与其他国家和地区。制造和组装业务也是如此。耐克公司将所有的鞋类生产分包给独立经营的海外供应商。苹果大约90%的部分是离岸外包的，包括从德国和中国台湾地区引进先进的半导体，内存来自韩国和日本，显示面板和电路来自韩国和中国台湾地区，芯片组来自欧洲，稀有金属来自非洲和亚洲，在中国组装。苹果手机在100个国家和地区销售。该公司拥有100个当地市场。

另外，靠近客户端生产产品，是本田公司的一个运营策略。公司在日本建有内陆设施，在美国、墨西哥、欧洲、南美洲、新西兰、中国、印度、土耳其、泰国、印度尼西亚也拥有并运营（自制与外购决策）离岸制造设施。当本田首次在美国开始生产制造时，大多数组件都来自日本。目前本田汽车美国公司从美国的供应商处采购绝大多数的零部件。

世界各地的公司都面临同样的问题：从哪里采购商品和服务。富士康，苹果公司的一个重要组装商，2014年1月宣布，公司正在评估在美国建设制造工厂的可行性。该工厂主要用来生产大于60英寸的液体显示屏，以克服将显示屏从亚洲运输到美国的困难。

3. 回流

在某种程度上，没有任何一个选址决策是最终决策。随着内部组织和外部市场环境的变化，供应商的选址决策也会变化。采购商必须对从一个地点到另一个地点以及从一个供应商到另一个供应商的转换成本进行评估。最近，许多企业已经考虑将部分产品或服务的供应转向国内（回流）。例如，尽管呼叫中心仍然外包给印度，并越来越多地外包给菲律宾，但在美国使用虚拟呼叫中心的数量在不断增长，其中虚拟呼叫中心雇用在家中上班的代理。卡特彼勒（"财富500强"公司之一，总部在美国，主要经营工业农业设备）在得克萨斯州建立了一个新工厂来生产挖掘机，但也宣布了将在中国扩大其研发活动。联想，一家中国公司，将计算机生产业务引入北卡罗来纳州，以提高其声誉并获得直接的商业利益。一个组织制定的供应商选址决策是组织战略以及供应战略的关键部分（第17章将进一步讨论这一趋势）。

12.3.4 供应商的规模

如果供应专业人员可以选择从一个大型、中型、小型供应商处进行采购，则应该选择哪种规模的供应商呢？采购组织规模大小如何影响决策？可以开发一个与规模大小相关的矩阵（见图12-4）。需求的大小和性质也会影响决策，因为在一般情况下明智的做法是，对于较大的需求，供应商的规模也应该较大。一般来说，小供应商往往是为了满足当地较小的需求，在这种情况下灵活性、响应速度和可用性往往比价格更重要。较大规模的供应商往往更适合较大需求，在这种情况下技术、质量和总成本是至关重要的；中型供应商介于两者之间。总体上，例外情况很多。当大规模供应商不能或者选择不覆盖所有市场时，小规模供应商可以满足小的细分市场。据《西班牙商业》（*Hispanic Business*）杂志报道，增长最快的100家公司领导者的战略重点是注重并满足某一个细分市场。

采购商规模大小	供应商规模大小
小	小
小	中
小	大
中	小
中	中
中	大
大	小
大	中
大	大

图 12-4　采购商规模与供应商规模的关系

从历史上看，小供应商可以提供不可能从大型供应商处获得的忠诚和服务。许多大型供应商正试图通过建立一个强大的客户服务中心来扭转这种观念。小型供应商往往依赖某一个关键经理人的管理，且该经理人的健康状况和态度会影响到业务的风险。较大的组织倾向于稳定性更高且量更大的资源，以降低供应商绩效波动带来的日常风险。

人们对客户、员工以及供应商多样性的兴趣，再次引起了人们对大型购买者 – 小型供应商交互，以及教育、援助和持续观察对部分供应的作用的兴趣，以帮助供应商取得成功。

12.4　供应商开发 / 逆向营销

在供应商选择方面，迄今为止的假设是，至少已经存在一个合适的和具有意愿的供应商，并且购买者的问题主要是确定谁是最好的供应商。然而，没有合适的资源可用的情况也有可能出现，买方可能不得不开发一个供应源。逆向营销或供应商开发意味着在供应商选择中不会涉及侵略性的采购。例如，供应经理必须说服潜在供应商接受订单。在这种非选择性的情况下，采购商不仅仅将供应商开发作为一个合适的技术或工具，而是除了在内部制造零件或生产服务之外唯一的选择。

对于逆向营销 / 供应商开发，也有一个更为全面的观点。该观点定义了开发新的供应商或现有供应商的前提条件，即采购商清楚逆向营销 / 供应商开发对供应商和采购商来说都可以产生收益，该收益是供应商意识不到的。该收益可能存在于某现有特定订单中，或者包括更深远的方面，如技术、金融和管理流程、技能，或质量水平，降低营销力度，利用长期预测，或稳定的生产水平并维持最低库存等。

供应专业人员在进取性和主动性上有所不同（见图 12-5）。在正常的市场营销情境下，采购商对营销活动做出响应。但在逆向营销中，是采购商，而不是供应商，主动积极地预先确定价格、合同条款和条件。这需要供应专业人员广泛深入地进行研究，以充分了解组织的短期和长期需求，并评估供应商满足这些需求的能力，以便形成双赢的方案。这也是为什么选择"逆向营销"这一术语作为供应商开发的同义词。无数例子表明，可以从这种供应举措中获得较高收益，并且这种方式是适用于所有规模的供应商的。

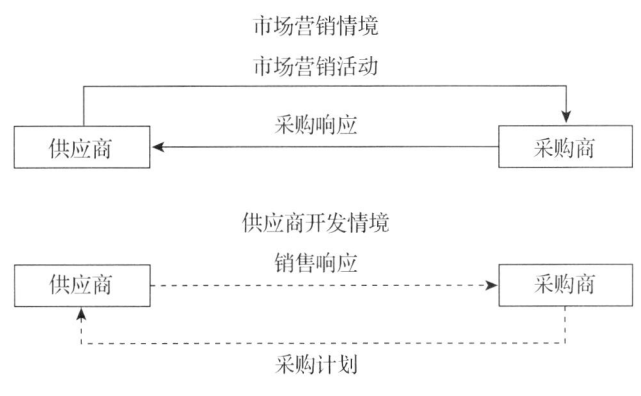

图 12-5 供应商开发计划与采购

采用逆向营销的另一个深层的原因是,营销人员通常采用的正常工业营销流程中必然存在一定的缺陷。即使供应商和购买者订立了日常的买卖双方关系,但双方可能都没有充分意识到在他们之间可能存在的所有其他的业务机会。这是由销售人员和供应专家的专业化分工、销售人员缺乏进取性,或者采购者缺乏求知欲而造成的。

如果即便建立了买卖关系,这种差距依然存在,那么在这种关系尚未建立之前,就必然存在更大的缺陷。例如,供应商可能由于地理偏远,广告不足,或缺乏销售队伍、经销商或代理商而无法覆盖全部市场。大多数供应商中都存在一些产品线,相对于该公司制造或销售的其他产品,受到更多的管理关注和销售压力。很难保证所有产品都是最新的。产品或服务引入的时间与供应经理发现该产品或服务的时间之间会存在时间滞后。通过积极地填补这些差距,供应专业人员可以有效地强化整个流程。

另外一个尚未提及的支持逆向营销的最重要论据为基于未来需求的考虑。如果供应的作用不仅仅是满足当前的需求,还为未来需求做准备,那么逆向营销可以确保未来需求的供应。

采购商越来越有必要创建未来的供应来源,至少存在以下三种外部的原因。首先是技术。新产品、材料和流程的开发率增加,工业营销任务更加复杂,不足更加明显。其次,国际贸易的增长将扩大供应商的范围,并增加采购商开发全球供应来源的需求。在经济不景气的国家,一家公司的一项需求最大且最重要的管理任务为供应商开发问题。最后,从供应链中获得竞争优势这一新的管理关注点,要求采购者更加积极地处理与供应商的关系,并开发满足预期的供应源。

例如,美国模具行业多年下滑后,本田汽车美国公司制订了一个计划,帮助在美国重新建立强大,财务稳定的工具和模具制造商。本田通过帮助他们的合作伙伴更高效地设计、制造与加工产品,并通过新的订单提供资金支持,使他们的合作伙伴在国内外更具竞争力。⊖

12.5 评价潜在供应源

相对于评估现有供应商,评估新的供应商往往更加困难。由于审查一个新供应商通

⊖ www.honda.com/newsandviews/local_news_content/[5032]_Honda_in_America.pdf.

常需要大量的时间和资源，因此只对那些有很大机会获得重大订单的供应商进行审查。一个潜在的供应商与现有供应商竞争，新供应商的预期绩效应当优于现有供应商。试用订单一直被认为是一种测试供应商产能的流行做法，但仍然无法回答该试用订单是否应该被给予某特定供应源这一问题。即使某一供应商可以成功地完成一个试用订单，从长远发展看，它仍然可能不是一个可接受的供应源。

因此，评估潜在供应源需要回答的一个关键问题是：在短期和长期，从战略和运营两方面来看，供应商是否能够为采购商的需求提供满意的供应？

这个问题需要在第 6 章所描述的三个层次需求标准的基础上进行评估。强调需求标准的三个层次是很有用的。因此，供应商评价和选择标准为：层次 1——战略标准；层次 2——传统标准：质量、数量、交货、价格、服务；层次 3——当前附加标准：金融、风险、环境、监管、社会和政治问题。以下部分将根据这些标准对供应商进行评估。

12.5.1　层次 1：战略标准

对任何组织而言，有效的采购决策都是合理供应的基础。这些决策是由与组织战略、目的和目标直接相关的采购战略驱动的。许多组织采用术语"战略采购"来表示采购战略和组织战略之间存在的联系。战略采购流程中供应商和供应基地对组织的竞争优势是不可或缺的。清楚地定义术语"战略"并确定什么使得一项采购或供应商对组织而言具有战略重要性，是很重要的。在通常情况下，战略采购是一项关键任务。产品或服务有可能帮助或者阻碍组织使命的实现。将采购分为战略性采购和非战略性采购是战略采购流程的第一步。这种分类引导整个采购和选择流程的决策，包括对任一特定购买的资源进行分配。如果没有这个分类，供应经理或采购团队可能会在战术性采购上投入过度的资金、时间和精力，而在战略性采购投资不足。

1. 将采购与战略联系起来

基于各种来源的信息，供应专业人员能够列出一个可用供应商列表，从这些供应商处可以获得必要的物品。第一层次的分析用于发现哪些供应商可以满足采购组织的需求。第二层次的分析用于确定供应经理或采购团队愿意将哪些供应商作为采购来源。对于高风险和高价值项目，可能需要开展广泛的调查，要求供应团队、内部用户与技术专家（如工程、操作、质量控制、系统和维护方面）合作，形成一个正式或非正式的团队。对于小批量采购且廉价的产品或服务，分析的成本要远远大于这些产品或服务带来的好处。

风险评估和战略开发是不可分割的。因此，将风险评估和战略开发在层次 1 评价标准中共同讨论。同样的观点也适用于层次 2 和层次 3 的标准，这一点将在稍后讨论。

2. 风险评估

根据预期回报，每个组织的管理者都会对组织愿意承担的风险做出决策。他们采取行动来避免、减轻、转移、投保、限制或者明确地承担风险。对供应经理来说，基于组织风险状况考虑每一个决策是至关重要的。

对供应专业人员的风险评估行为的研究表明，与一个新的且未知的供应商进行业务合作的感知风险很高。同样，与常规的、重复性购买相关的感知风险远低于与新的或不太标准的购买相关的风险。一般来说，使用未知材料、配件、设备、服务或供应商的风险会更高并且花费往往会更多。商品经理可以采取一系列行动来避免、减轻、转移、限制风险或通过投保来降低风险。例如，供应专业人员可以尝试通过征求意见（如工程判断），或寻求额外的信息（包括使用试用订单），或大宗商品市场对冲的方式来转移风险。供应专业人员可能需要投标担保、履约保证书或付款保证书来为风险投保，或者选择不与某些国家的供应商做交易来规避风险，抑或使用两次或多次采购而非单一采购来降低风险。通过协商付款条件来限制风险也是可行的。当满足某些重要指标时，允许实行按照进度付款，但保留一定比例的款项直到竣工验收。供应专业人员在选择供应商、切换供应商或同意某些条款和条件等的时候，应该明确理解所做决策将带给组织的风险和预期回报，以及两者之间的平衡情况。

损失风险。在选择性购买的情况下，采购需求规范可能会使购买组织面临风险。哈佛大学采购主任罗伯特·马伦引用了一个购买防火床垫的实例，总花费只要多出约1 000美元，就可以避免因学生受伤或死亡而产生的数百万美元的诉讼费。

环境风险是另一种风险类别。例如，随着越来越多的原油采用铁路运输，出现了更多的石油泄漏和火灾事故。2011年之前的油罐车，其加固程度最低，更容易被刺破。该油罐车携带的巴肯原油燃点较低（可点燃蒸汽的点）。2013年仅仅魁北克地区因火车脱轨和石油泄漏造成的回收成本就超过2亿美元。改装车队的成本估计为10亿美元，另外在需求高时还存在库存损失。铁路行业对于新的和现有的油罐车提出更严格的安全要求，包括厚壳、厚的防穿刺软盾牌和更牢固的阀门配件，以防止车脱轨后发生泄漏和火灾事故。因为铁路公司很少拥有自己的轨道车，这部分成本最初由油罐汽车租赁公司承担，包括GATX公司和通用电气机车服务公司以及油罐车厂家。最终，发货人将承担费用，通过铁路运输原油的费用将会增加。

另一种形式的损失风险与失窃相关。对消费者需求的吸引力和转售的便利可能会驱使盗窃发生。警惕性高的购买者可以通过小批量采购，坚持使用防篡改包装，选择合适的运输方式，听从安全专家的建议并且确保在收购和处置过程中严格地控制数量来有效地减少损失。

3. 战略开发

风险评估是战略开发的关键环节。采购商可以采用多种方式来评估供应风险。帕累托分析法（见第6章）将采购金额与供应商比重、存货比重和订单数量等进行对比。战略开发聚焦于高成本采购。投资组合分析方法通常用于评估包括供应市场风险在内的风险。考虑到一项采购在市场上的风险，投资组合分析方法注重于该采购产生价值的能力。然而也有很多采用二阶矩阵的分析方法，图11-1就是一个典型的例子。从价值和市场的分析中可以看出，一个组织采购的实际产品和服务可以放在适当象限中适当的位置，象限可以形成广泛的策略，并且象限中的每种商品会有特定的商品策略；然后可以决定为每个类别提供最适合的采购策略和工具。第13章章末的德尔菲公司案例说明了作为战略性采购流程一部分的大型汽车零部件供应商，是如何使用类似的框架来评估采购风险与采购数量的。

非关键性和杠杆性采购具有相同的市场风险，从低度风险到中度风险。这意味着有多个供应商和市场力量使价格保持竞争力。由于产品是有既定标准的，因此质量是可比较的，且存在替代品。因此，便利、易于收购、收购成本低与交付系统是最重要的决策标准。随着所需标准物品数量的增加、杠杆机会增加，单位价格成为一个至关重要的变量。采购量给予购买组织更多的市场力量，供应经理专注于开发战略来利用这一数量与规模效应。供应经理可以通过捆绑不同类别的物品、标准化购买或整合供应基地，制定策略，使物品从非关键性类别转变为杠杆性类别。这些举措将产品推向 x 轴（价值）的右侧，并可以通过增加数量来降低价格。因为供应经理开发的方法用来分析和整合经常分散在整个组织中的支出，因此这些举措通常需要将注意力集中在内部流程和业务关系上。

当公司开始注重采购与供应管理时，杠杆类别的产品或服务是公司最容易摘得的"果实"，因此，需要特别关注杠杆类别的产品或服务。在第 4 章被讨论的许多电子商务工具尤其适用于管理杠杆类别的采购。通过将供应基地数量减少到风险组合分析确定的合适数量，供应管理者可以节省价格，将现金用于其他用途，例如重新分配资金来增加收益。

瓶颈项目购买是中度到高度风险的采购，由于规范中内置的独特性，这是一个难以管理的范畴。有趣的是，通常是购买组织成员所做的决策导致风险上升。产品或服务的独特性或个性化程度越高，越难采购。第 2 章所讨论的供应的目标之一是尽可能标准化。在瓶颈项目购买中实现这一目标是最大的挑战。例如，一个全球供应组织希望为其位于 25 个国家的 2 500 个人员开发供应管理培训课程，涵盖多个时区、文化和语言。如果公司发出征求建议书来征求提案并要求高度定制化的课程，那么很少有供应商具备足够的能力承担这项工作，提案和报价将会反映这种复杂性。如果内部培训设计团队可以开发一个工作说明书，从定制化内容中明确划分出标准课程的内容，那么他们采购的风险和成本会降低。瓶颈产品或服务的管理者所面临的内部挑战与外部挑战一样多。供应管理人员必须与内部业务伙伴合作，确定适当的服务水平和服务类型来满足最终客户的需求。任何不被最终客户所重视的独特性能都是浪费，应该被淘汰。这是一个高风险的决定，因为不必要的独特性能的建设成本可能会相当高。而消除客户最终真正重视并愿意支付资金的独特性能所带来的成本可能会更高。从这个类别中提取价值的工具包括跨职能和跨组织团队、价值分析，以及总成本建模和客户关系管理。例如，汽车制造商已经成功地在汽车式样和型号方面实现了许多零件的标准化，且没有损害买方对产品的认知或公司的定价策略。在通常情况下，跨职能团队与跨组织团队需要努力，才能获得实现瓶颈项目购买中成本减少或价格降低的机会。

对于组织及其供应网络来说，战略采购同时代表了最大风险和最大回报机会。因为战略采购具有与瓶颈采购相同的特征。所采购项目通常是高度定制的，或者一些特征限制了可行供应商的数量。所不同的是，战略采购具有帮助或阻止组织完成任务的最大潜力。例如，如果该组织的任务被概括为"选用"，那么任何一项可以带动潜在客户选择和使用一项产品的采购，都视为战略采购。这可能包括洗涤剂中的成分或包装上的艺术字，但不包括一般办公用的办公用品。战略采购和战略支出的管理历来由供应组织以外的许多人处理。例如，航空公司的喷气燃料或某制造公司的能源供应为高资本和高价值的采购，而这些采购类别的主要所有者是具有技术而不是供应管理技能的业务专业人员。趋势是共同拥有这些采购的战略、目标、目的、指标和问责制的所有权。供应人员带来专业知识，例如供应基础知识、谈判技巧、合同开发和管理技能等，以及建立和管理长期关系的能力，以补充内部业务伙伴的技术知识。应用于战略采购的工具和技术包括总成本建模、价值分析及工程、跨职能团队和战略联盟。本书描述的许多效率工具和流程改进，使供应人员能够腾出时间以集中资源和人力来获取和管理战略采购。

另一项战略选择是，在采购组织的市场中利用供应专业知识和杠杆，为供应商、客户或其他供应链成员购买产品和服务。在通常情况下，这是为一级供应商采购可靠的材料、零件和/或包装，提供供应专业成本和质量控制。

在某些行业中，采购商往往是比供应商大得多的企业。采购公司的供应专业人士有能力要求小型供应商使用某特定的物料供应源。在这种安排下，供应商收取一定的手续费和行政管理费。汽车供应商钢材的供应通常是这种安排。

12.5.2 层次2：传统标准

在评价潜在的供应商时，应用层次2即传统上的评价标准，如质量、数量、交货、价格和服务，仍然是一个基本的评价任务。对于制造品，通常是基于技术、工程、制造、物流优势对潜在供应商进行评估；对于服务，通常是基于服务设计、操作与交付优势来评估供应商。

1. 技术、工程、制造、物流优势

技术和工程能力以及制造实力，影响了一系列供应问题。最明显的因素是供应商的质量能力。然而，一个能够满足当前质量标准的公司，却依然可能缺乏工程和技术优势，因而难以保持技术上的先进性。同样，制造企业可能缺乏产能，或扩张空间，或灵活性，以满足各种各样的需求。推测一下，选择一个供应商而不是另一个供应商的原因是，在对买方重要的方面该供应商有更大的优势。因此，对供应商的评估不仅要考虑到目前的能力，而且也要考虑未来供应商的优势。只有在非常大的组织中，供应组才可能有足够的技术优势进行这样的供应商评估。通常，其他职能部门，如工程、制造、内部用户，或质量控制，提供专家指导，以协助评估一个潜在供应商的技术和制造优势。

所选择的供应商是否应该是一个分销商，更需要考虑的是其物流能力。需要评估分销商与其供应厂商协议的性质、库存政策、系统能力和兼容性以及响应特殊需求的能力，并评估工作人员协助供应人员在一系列可接受的选择中做出正确选择的技术优势。许多分销商已经开发出强大的供应商库存管理程序，可使组织选择外包所有的非生产性物料供应，并大幅度减少总的供应基地。

2. 服务设计、操作和交付

服务设计、操作和交付影响一系列供应问题。首先，供应商的质量能力在很大程度上决定其满足工作说明书（SOW）中用户质量标准的设计服务能力。就像制造业一样，一个服务提供者可能没有能力满足未来的质量标准，因为供应商可能无法吸引和留住高资质的员工或者不能更新技术。例如，托运人对信息技术的期望和第三方物流提供商的能力存在一定的差距。有些是因为第三方物流提供商的信息技术升级缓慢，有些是因为托运人对其所在的供应链缺乏足够的信息。同样，供应商的服务运营与服务交付系统可能缺乏扩张能力或灵活性来满足多样性需求。例如，一家管理咨询公司，为了给某特定国家的采购组织提供目前及未来的服务，就需要熟悉该国文化并流利掌握该国语言的员工。假定卖家选择一个服务提供商而非另一个服务提供商的原因是其满足需求的能力，则对供应商的评价不仅要考虑到其当前的服务能力，也要考虑供应商未来的优势。通常，对于服务而言，其他职能部门，如内部用户和预算人员，在评估一个潜在服务供应商的能力时可以提供专

业的协助。例如，人力资源部门、法务部门可以与采购部门组成团队，采购服务，获取收益。

3. 管理和财务评估

人们对精益运营、精益供应与战略采购越来越感兴趣，且单源采购这一发展趋势将持续更长一段时间，因此，潜在供应商的管理优势将更加重要。从供应的角度来看，"供应商的管理是该供应商的优势还是劣势"？要回答这个问题需要对组织的使命、价值与目标，以及其结构、管理人员资质、管理控制、绩效评估和奖励体系、培训与开发、信息系统、政策和程序进行详细的检查。解释为什么供应商的管理层认为公司管理良好，并给出最为成功与失败的例子也是必要的。对营销、供应、会计等领域的优势和劣势进行功能性评估将反映供应商的总体情况。例如，在一个合同中，如果供应商从其供应商或分包商处采购原材料和零部件的成本占总支出的很大一部分，那么采购组织的供应组最适合评估供应商的采购系统、组织、程序和人员。在评估由多级供应商组成的供应链时，功能性评估是非常重要的。

通常，供应商的文件以及采购团队对供应商进行个人访问是必需的。对于与大型组织签订大的合同，采购团队详细描述潜在供应商管理优势和劣势的正式报告，在供应商选择过程中起到决定性作用。

供应商的财务优势和劣势影响到其响应客户需求的能力。供应专家必须确定每次采购对供应商财务评估的合适程度。正如在这一章前面所讨论的，关键的问题是：所采购的是战略性产品或服务吗？如果是，则供应商具有战略重要性，对其进行全面的财务分析是有必要的。虽然短期的替代方案可以降低风险，但采购的战略性质意味着需要全面了解供应商的财务状况所具有的长期风险和机遇。许多供应经理会利用早期预警系统来提醒可能会影响到购买组织的关键供应商财务状况的变动。这样他们可以进驻供应商并与其合作，或在供应商状况恶化时加强应急计划。持有大量库存的供应商，在缺货时能够确保供应并提供一定程度上的价格保护。其他没有材料或缺少资金购买材料的供应商无法获得这种优势。

供应商财务状况评价的指标包括但不限于信用评级、资本结构、盈利能力、偿付利息和股息债务的能力、营运资金、库存周转率、流动比率、投资回报。财务的稳定性与优势是供应商具有良好管理和竞争能力的表现。因此，财务报表是获取一个供应商以往绩效的重要信息来源。未来供应商是否会具有同样的绩效，购买者必须利用所有可用的信息（包括财务方面）对其进行评估。买家需要查看的一些财务比率包括利润与亏损、库存周转率、应收账款周转率、流动比率。其可以从邓白氏咨询公司（www.dnb.com）与胡佛企业数据库（www.hoovers.com）在内的各种来源处获得这些信息。对于私营公司来说，买方很难获取足够的该公司的财务信息。困难性取决于双方关系中买方的实力。

供应商的管理能力和财务实力在供应商评估和选择中是至关重要的因素。这一观点在供应高管中已达成广泛的一致性。即使已经完成了对供应商在管理、金融和技术优势上的评估，应该对每个不同的维度赋予多大权重，仍然是买方面临的一个问题。同样，供应经理是否应该主动要求供应商修正某些缺陷，尤其是在管理或财务方面？

有许多例子可以说明供应商能力的必要性。这些通常与公司的长期生存有关。小型供应商通常依赖于法人经理的健康、年龄和能力。法人经理承载着公司的命运。在确保供应方面，法人经理对某些客户的态度是非常重要的。

时间最长且最重要的供应商—采购商关系高度依赖于双方的管理者之间的关系和沟通渠道。双方都愿意倾听并回应对方提供的信息，才能解决问题，达到双方满意。

12.5.3　层次3：当前附加标准

接下来，将介绍当前的附加标准，包括财务因素、环境影响、创新、法规遵从性、社会和政治因素。所有这些因素都会影响到供应的战略方面，且已经对这种情况下的风险进行了讨论。

1. 财务因素

除了价格以外的财务因素都会影响到供应商的选择决策。在考虑将供应商作为长期合作伙伴时，供应商的财务状况评估在通常情况下是供应商评估的一部分。

在这一方面，通常采用机会主义的观点，来获得除较低价格之外，改善采购组织财务状况的方法。例如，供应商管理和拥有库存是否可行，这样库存就不会出现在采购组织的财务报表里？可以定时进行资本购买来节省税收吗？能否合理地通过国际金融专家，在贸易信贷、支付、担保和存货融资方面促进全球供应协议的签订吗？

2. 环境影响

可持续性是在实现经济繁荣的同时保护地球的自然系统，为今世后代提供更高生活质量的能力。要做到这一点，决策者必须考虑四类资本的作用：金融资本（现金、投资和货币工具）、生产资本（基础设施、机器、工具和工厂）、人力资本（劳动力和智力、文化和组织）和自然资本（资源、生态系统和生态系统服务）。供应管理人员在组织的产品或服务的设计、采购与承包，以及资产或投资回收方面的可持续性举措中，发挥着关键作用。因此，供应职能在帮助实现可持续性发展这一目标方面的作用需要得到仔细审视。

第一个问题是：我们的组织如何设计产品和服务，以直接或间接地帮助实现可持续发展？第二个问题是：组织如何购买材料、产品或设备，以直接或间接地帮助实现可持续发展？当组织中的其他部门不能这样做时，供应组如何提出可持续性发展问题？第三个问题是：我们如何从国内或国际上致力于可持续发展并具有良好实践经验的供应源处进行采购？在不清楚具体背景的情况下很难回答这些问题。将政府作为管控方则可以规避这些问题，有句话说"政府允许的，都是正确的"。一个实际需要考虑的情况是，政府关闭污染严重的供应商可能不会下发任何通知，导致不能正常供应。

环境供应链战略的范围从仅仅尝试避免违规到从设计阶段就开始考虑环境因素。首选的层次结构为：①来源减少——设计或使用较少；②重复使用，多次使用相同的物品如包装或容器等；③回收再加工成原料；④焚烧——至少提取能量，但产生二氧化碳的污染最少；⑤填埋——需要空间和运输来存储，并会对土地和水资源产生潜在影响。汽电混合动力汽车的引入和燃料电池技术的开发是减少来源举措的例子。"回收设计"要求电器和汽车制造商设计便于拆卸的产品，以便回收有用的材料。在汽车行业，这是一个极大的挑战。大部分重量减轻的重点都是为了提高政府要求的燃料等级，进而采用塑料代替金属部件。金属部件虽重却更容易回收，而塑料却难以回收利用。

供应商可以实质性地帮助解决这些优先事项，以尽量减少购买者及其客户的需求对环境的影响。在处理废物和有害物质方面，许多组织中的供应部门是受环境影响的个体、内部职能部门和供应商之间信息联系的纽带。政府法规规定对危险产品的使用、运输、储存和处置需要采取预防措施。例如，在美国，交通运输部、职业安全与健康管理局，以及环境保护局都设有与危险货物相关的规定。加拿大也制定了与危险品相关的联邦和省级法规。

许多组织和项目可被用来支持供应管理者的工作。例如，自1982以来，洛基山研究所（RMI）曾与企业、政府、社区和公民合作，以帮助解决问题，获得竞争优势，提高利润，并通过更高效地利用资源创造财富。RMI的研究与咨询团队帮助一家半导体制造商改进其建筑和设备的生产方式，从根本上减少能源成本和碳排放量；向城市规划者展示如何通过更好的建筑设计和水利基础设施带动经济的发展；利用资源有效的闭环工业流程以及具有创新性的商业模式，帮助构思成功的地板安装服务。

美国环境保护署（www.epa.gov）在规划与实践、科学工具和技术，以及测量流程方面提供有助于可持续发展的计划和工具。其出版物 *Sustainable Materials Management* 与 *The Lean and Green Supply Chain: A Practical Guide for Material Managers and Supply Chain Managers to Reduce Costs and Improve Environmental Performance* 介绍了企业将环境成本和效益纳入主流物料与供应链管理决策时产生的提高效率的机会。政策办公室（Office of Policy, OP）与行业协会、资深环保工作（EPA方案）、州和国家，以及其他团队合作，为特定行业的问题寻找解决方案。美国国家再生利用联盟（www.nrcrecycles.org）代表了所有致力于最大化资源回收利用这一共同目标的利益团体，以实现资源节约、减少固体废弃物、环境保护、节约能源，并促进社会经济发展。

在国际上，根据ISO 9000系列标准开发的ISO 14000认证，是一个验证组织环境管理体系的流程。认证有助于降低废物管理成本，节约能源和材料消耗，降低配送成本，改善在监管部门、客户和公众中的企业形象。

战略供应管理都是为了实现机会最大化和风险最小化。在环境影响和可持续发展方面，具有较强环保意识的供应管理者拥有很多机会。供给管理者可能会发现，在立法要求之前，而非之后，获得政府对于创新性实验的财政支持和公众认可的机会是存在的。简单的事实是，几乎每一个供应商选择决策都可能受到环境因素的影响。

3. 创新

评估供应商的创新潜力需要依据供应商持续改进的能力，以及管理能力与技术能力。在这方面，现有客户的参考资料也与此相关。当创新被作为一个战略问题时，评估供应商的潜力所需的技能远远超出了传统的供应专业知识。战略创新采购可能涉及并购、专利、许可与合同。这些专业领域远远超出了本书的范围。在这里可以说，对于有效创新来说，最为常见的持续性改进举措，参与到彼此运营中的采购商与供应商的建议，以及对现状不符合未来需求的认知，都是至关重要的。

4. 法规遵从性

供应专业人员不希望由于供应商缺乏对法规遵从性的了解而影响到供应工作的安排。因此，对一个潜在供应商的法规遵从性进行评估是必要的。供应商可以提供什么证据来向供应专业人员确保未来不会有违规问题？没有法院传票可以看作一种证据。收到传票后的修正速度也是一种证据。贸易、员工待遇、金融交易、环境、国际商业、工作场所的安全和健康等方面的规定非常广泛，需要一个综合性方法对法规遵从性进行评估。

5. 社会和政治因素

非经济因素可能对采购决策有重要的影响。这些包括社会和政治问题。在一个CAPS研究中，卡特（Carter）与詹宁斯（Jennings）将供应经理参与供应链中的社会责任管理定义为"广泛属于环境管理、安全、多样性、人权和生活质量、道德、社区和慈善活动范畴的一系列行为"。⊖

社会。大多数组织认识到，它们的存在可能会影响社会关注的问题。一些社会问题可以通过供给政策和行动来解决。例如，可以从雇用戒毒者、前囚犯或身心残疾人员的社会机构那里购买某些产品或服务；可以从低收入地区或高失业率地区的供应商处采购。政府立法要求与政府签订合同的供应商将一定比例的业务给予指定的残疾退伍军人、少数族裔或女性拥有的企业。许多供应经理已经发起了援助和教育支持计划，以实施他们的少数群体采购计划。例如，在美国能源部的部长建立的导师门徒制度中，主承包商帮助与能源相关的小型少数企业增强其能力，以换取分包信贷和其他奖励。从某种意义上说，这些早期的反向营销工作为与较大的供应商发展合作伙伴关系提供了有益的见解。

私营企业通常出于企业社会责任感而自愿开展这些行动，并获得战略优势。例如，福特、通用汽车和丰田汽车北美公司将供应商的多样性定位为一个战略优势，因为它们看到了从它们公司购买产品与服务的人员与它们所需产品或服务的供应商之间的联系。通过供应商开发计划帮助发展少数族裔群体社区的经济，也增强了社区成员的购买力。

在社会领域行使购买力时会存在一些问题和机遇。平衡组织中常常相互矛盾的目标（最低总成本与社会责任），评估、减轻供应商多样性计划所带来的风险，这给本已复杂的采购决策来说，又增加了一定程度的复杂性。大多数供应经理认同该交易必须要有良好的商业意义。买家可以通过许多资源和出版物寻找少数族裔和女性拥有的企业，部分如下：

（1）美国小企业管理局（U.S. Small Business Administration，SBA）（www.sba.gov）。

（2）全国少数民族供应商发展委员会及其区域采购委员会（www.nmsdc.org）。

（3）*Minority Business Entrepreneur* 杂志（MBE）（www.mbemag.com）。

（4）*Hispanic Business* 杂志（www.hispanicbusiness.com）。

政治。政治方面的基本问题是，采购应作为促进政治目标实现的一种手段吗？公共机构长期以来一直处在这种压力下。"地方采购"是市州采购官员的共同要求。"买美国货"是一种正常的必然要求。举另一个例子，加拿大政府尝试在全国各地扩大采购，大致按照人口地理分布来扩展采购范围。出于军事目的，美国政府拥有支持和开发国家供应基地的悠久传统，以在冲突的情况下能提供安全保障。最近，这样做是为了回报支持美国倡议的国家。

问题在于应该支付多少费用才符合政治要求？一个城市采购代理商从当地制造商处购买公交车，所支付的价格是否应该比从另一个州或其他国家处采购高出12%？关于离岸外包的争论增加了政治风险，许多公共实体正在通过立法来防止离岸外包导致国内就业

⊖ Craing R. Carter and Marianne M. Jennings, *Purchasing's Contribution to the Socially Responsible Management of the Supply Chain*（Tempe, AZ: Center for Advanced Purchasing Studies, 2000）, p.7.

岗位的流失。撇开政治不谈，这种行为从长远来看是否对经济有好处，这一争论一直没停止过。

对于私营行业而言，政治问题依然存在。企业是否应该支持管理机构的政治和经济目标？政府毫不犹豫地指定大额交易中国内分量所占的最低百分比。例如，在航空航天和电信行业中，国际订单能够完成往往基于在客户所在国家安排合适分包业务的能力。有趣的是，政府不担心涉及那些禁止私人企业涉足的领域。跨国公司往往发现自己陷入了拥有不同政治观点的国家。50 多年来，美国公司一直不被允许与古巴进行贸易。这些公司在其他国家的子公司则面临着强大的国家压力，要求其向古巴出口美国母公司不被允许从美国出口的产品。从政府不鼓励与之贸易的国家进行采购也是如此。位于其他国家的美国子公司经常发现自己陷入了当地政府与美国政府的矛盾之中。当地政府鼓励子公司进行当地采购，而美国政府鼓励其从母公司或其供应商处出口。政府在所有商业事务中的作用不断增强，会增加未来开展这种类型业务的困难性。解决这类问题是很不容易的，需要极大的智慧和相互理解。

第 17 章还介绍了供应职能在企业社会责任中的作用。

6. 层次 3：标准总结

根据层次 3 的标准对供应商绩效进行评估已成为供应商选择过程中需要考虑的问题。为确保符合现行的环保法规，供应商设有哪些环境计划？供应商有什么样的计划来满足未来的要求，管理者对环境的态度是什么？供应商对企业社会责任的态度是什么？在 20 世纪 90 年代初，人们发现耐克使用的一些不发达国家的鞋制造商中，有部分制造商使用童工且工作条件差，导致其股价大幅度下跌。从 1996 年开始，面对需求疲软的市场和无情的批评，耐克更新了工厂和员工标准，启用了一个非营利组织进行审核，并发布包括工厂条件和员工待遇在内的审计数据。因此，供应商确实会影响到采购组织的声誉，且潜在的声誉风险很高。

"任何组织中都应该对客户、雇员和供应商一视同仁"，从这一观念中得出的结论为，具有相似价值观的组织彼此可以成为优秀的客户和供应商。这体现在领导力，对创新和持续改进的态度，对环境和社会的关注，以及员工、客户与供应商的满意度上。尽管只有在交易关系建立之后，才能充分地发现双方价值观是否兼容，但可以通过公司领导之间面对面的会议，对公司出版物的审查，以及客户的反馈提取重要的线索。

12.6 对潜在供应商进行排名

在采购过程的前两个阶段——需求识别和描述中，重要的是确定三个层次的评选标准中的哪一个与当前的特定需求最相关。这不仅有助于鉴别潜在供应商，而且有助于评估标书与选择最终供应商。因为许多采购组织对现有的和新的供应商都使用正式的供应商绩效评估标准，所以供应商选择所用的标准与最终实际绩效评估所用的标准是一致的。

让供应商知道如何评价标书，并了解用于比较竞争性出价的权重，是比较好的做法。因此，在传统背景下，对于一次特定的采购，质量可能被分配 60 分，价格可能被分配 30 分，交货时间可能被分配 10 分。即使是如此简单的三要素，没有战略标准，或不考虑层次 3 的标准，也需要设定权重，并考虑如何给不同的投标打分。

第 7 章的卡利登混凝土搅拌机公司案例介绍了一家使用供应商评价系统的公司。该公司的供应商评价系统采用分数制度对供应商投标的各个方面赋予权重。如果有不止一个可用供应商，那么供应专业人员对每个供应商进行排名，并甄选面试，最终确定最佳供应源。本书中的几乎所有案例都需要进行这种判断。

最近世界银行价值数百万美元的纸张的采购，引起供应领域反思"如何衡量此类需求对环境的影响"这一问题。这催生了一套新的内含 7 项内容的环境评价标准：纤维类型、纸浆到工厂和工厂到银行的运输、化学处理、采购时的认证、工厂的能源资源、包装、法规遵从性及其他可持续性因素。环境评分低的供应商将被取消资格，即使之前年份它们在质量、数量、交货期、价格和服务等传统供应指标方面是备受认可的。在 100 分制的供应商排名体系中，上述技术环境评价标准共 70 分。年度总费用的总分为 30 分，费用最低的投标人将得到 30 分的总分。但是在技术指标上得的最高分都在 40 分以下，也就是说未来还有许多需要改善的地方，或者需要重新分配分值。

下一章"供应商评估与供应商关系"将介绍供应商排名系统。

本章小结

供应商选择是供应专业人员最关键的决策。供应经理需要根据组织战略层面和运营层面的需求，从短期和长期考虑，找出组织需求与市场环境相匹配的最好方法。寻找潜在供应商并搜集相关信息是需要在供应商选择之前执行的标准任务。供应商选择需要考虑从组织内部、现有的供应商还是新的供应商中选择，还要考虑选择单一供应商还是多个供应商，选择制造商还是分销商，选择国内还是国外的供应商，选择小型还是大型的供应商。在运营层面或战略层面是否应该开发供应商也是需要考虑的内容。根据三个层面的采购标准评价潜在的供应商需要一套严谨且合理的方法。供应商的绩效不能满足预期的风险总是存在的，风险管理与供应商选择紧密联系在一起。

复习题与讨论题

1. 为什么供应经理倾向于寻找一个新的供应商而不愿把额外的业务委派给现有的供应商？
2. 在评估供应商的环境绩效时有什么挑战？
3. 为什么单源采购是一个发展趋势？这一趋势的缺点是什么？
4. 标准供应的风险是什么？如何降低该风险？
5. 为什么采购商有时倾向于从分销商或批发商而不是直接从制造商处采购？
6. 从大型全球性的供应源处采购的优势是什么？
7. 什么时候适合进行正式而不是非正式的供应商评估？
8. 评估新的供应商和现有供应商的相同点和不同点是什么？
9. 作为评估流程的一部分，为什么供应部门更注重于供应商的内部管理？如何进行这种评估？
10. 社会或政治问题是如何影响供应商选择决策的？

参考文献

Carter, C. R.; and M. M. Jennings. *Purchasing's Contribution to the Socially Responsible Management of the Supply Chain.* Tempe, AZ: CAPS Research, 2000.

EPA. *Sustainable Materials Management.* Washington:D.C.: EPA, 2009, www.epa.gov/wastes/conserve/smm/pdf/vision2.pdf

Flynn, A. E. "Knowledge-Based Supply Management." Chap. 7. In *The Purchasing Handbook.* 7th ed., eds. J. L. Cavinato; A. E. Flynn; and R. G. Kauffman. New York: McGraw-Hill, 2006.

Gottfredson, M.; R. Puryear; and S. Phillips. "Strategic Sourcing: From Periphery to the Core." *Harvard Business Review* 83, no. 2 (2005), pp. 132–139.

Nelson, D. P. E. Moody; and J. R. Stegner. *The Incredible Payback: Innovative Sourcing Solutions That Deliver Extraordinary Results.* New York: AMACON, 2006.

Sako, M. "Supplier Development at Honda, Nissan and Toyota: Comparative Case Studies of Organizational Capability Enhancement." *Industrial and Corporate Change* 13, no. 2 (2004), pp. 281–308.

Thornton, L. M.; C. W. Autry; D. M. Gligor; and A. B. Brik. "Does Socially Responsible Supplier Selection Pay Off for Customer Firms? A Cross-Cultural Comparison." *Journal of Supply Chain Management* 49 (2013), pp. 66–89.

案例 12-1　罗兰股份有限公司

6月15日，原材料采购专员布伦特·米勒，需要就罗兰公司己糖酸年需求的采购提出自己的建议。自8月1日起，4家供应商已经为这项年度合同提交了不同的出价。布伦特明白他的建议必须考虑各种政策，他想知道选择哪个供应商最好。

罗兰股份有限公司

罗兰公司（加拿大）是加拿大一家大型国际化工公司的子公司。这家公司同时出售消费品和工业产品。凭借多年以来的优质产品和营销效应，该公司已经树立了极好的声誉，总销售额大幅度增长，并且财务状况良好。其在加拿大的总销售额大约是8亿美元，税后利润是4 000万美元，原材料和包装成本大约占销售额的50%。

采购

布伦特·米勒是一所著名商学院的毕业生，他了解到罗兰公司很重视采购这一职能。公司的采购部门雇用了12个高资质职员，包括许多工程和工商专业的本科与硕士毕业生，并且由一个直属于董事长的主管牵头。这是一个根据生产线组织起来的部门，布伦特·米勒最近被任命为原材料采购专员，由化学品采购组的经理管理。己糖酸采购合同必须经他的直接主管和部门主管批准才能生效。

布伦特意识到罗兰公司的一些采购政策和规定对其当前己糖酸合同的签订特别重要。经过多年努力，采购部门跟供应商建立了一项单一投标政策。他认为供应商应该在首次报价或者唯一一次报价中提供它们最好的报价，并且所有供应商都愿意践行它们投标的承诺。对采购战略来说，与最可能长期合作的供应商保持长期的合作关系是至关重要的。在所有可能发生的市场状况下确保物资供应也是主要关注的问题。相对于单源供应而言，多源供应看起来更加合理，没有固定的长期价格或其他缺点，通常更受欢迎。尽管需要根据过去的表现和新的报价调整供应商，但频繁更换供应商是不正常的。布伦特明白任何与传统实践相左的行为都必须经过仔细的论证。表1为采购部门的4个主要目标，表2是公司新供应商手册中的摘录。

表 1　采购目标

罗兰公司采购部门的基本目标：
（1）确保物资可获得性。采购的主要目标一定是确保支持生产需求的物资有充足的供应。
（2）物有所值。罗兰公司认识到价值是价格、质量、服务的结合，并且只有通过在短期和长期的基础上使采购价值最优化才能获得最大利润。
（3）道德信誉。所有的交易必须遵守法律，所有的商业关系必须建立在合理的道德基础上。
（4）信息收集。在不断变化的市场中采购需要不断探寻新的想法，并改善产品。采购部门也有责任使公司紧跟行业发展趋势，包括及时更新材料供应和成本方面的信息。

表 2　新供应商手册的摘录

编制本手册的目的是使我们的供应商能够对公司的某些政策和惯例有一个更好的理解。我们理解供应商，反过来，供应商理解我们，这是很重要的。正如罗兰公司相信自由企业，并且相信竞争是自由企业制度的主要动力。我们的许多基本政策起源于一个根本的信念：竞争是罗兰公司能采购最有价值原料的最公平的方法。然而，我们要在这里概述的政策和实践经验与罗兰公司的商业道德和供应商的道德待遇有关。简而言之，公平的交易意味着：
（1）我们要遵守约定。我们不会蒙蔽大家，同时也相信曲解事实、虚报价格、钻空子等不会出现在我们的交易中。
（2）我们尽量在对供应商的要求上做到公平，避免不合理的服务要求；当需要专门服务时，我们会支付报酬。
（3）我们尽力在公平和实事求是的基础上解决所有索赔和争端。
（4）我们避免任何形式的"偏待"，比如，告诉一个供应商出什么价来得到这笔交易或者通过迎合一个已存在的价格来达成交易。另外，所有有资质和我们做交易的供应商都将被给予完全一样的信息和平等的机会来为我们的需求报价。
（5）我们不会辜负供应商的信任。我们认为与一个供应商的竞争者谈论该供应商是不道德的。新的想法、方法、产品和价格都是保密的，除非供应商允许公开。
（6）我们会给所有供应商代表提示和有礼貌的提醒。
（7）考虑到未来的商业布局，我们愿意无偏见地聆听供应商对采购组织任何层面的投诉。
我们也不认为存在互惠的和需要捆绑购买的商品。
我们坚信应该妥善管理供应商关系，以使个人的义务（不论是实际的还是潜在的）都不存在。因此，我们不接受任何供应商的馈赠，不赞成从供应商处获得任何娱乐的机会。同样，我们尽力避免各种涉及人事利益的冲突。

己糖酸：近期市场概况

罗兰公司下一年预计使用大约 3 000 吨己糖酸。去年的需求量总计达到了 2 750 吨，分别由坎契姆化工公司和阿尔方索公司供应 60%、40%。

己糖酸是罗兰公司许多产品的主要原材料，它的需求量在过去几年稳定增长，并且在以后也将明显增长。而在市场中这种材料的可得性很难预测，制造它的流程中会同时产生己糖酸和辛糖酸，因此，市场会被其中任一种产品的需求所影响。

两年前，欧洲和日本市场的强劲需求，是造成己糖酸短缺的主要原因。此外，前几年己糖酸和辛糖酸的价格下跌，导致产能扩张被延期了太久。在短缺期间，罗兰公司的两个供应商阿尔方索公司和坎契姆化工公司都遭遇了市场冲击。阿尔方索公司关闭了温莎的老工厂，尚未提升其在魁北克市的新工厂的产能。同时，为适应近期的化工改良，坎契姆化工公司正在进行流程改进。两家公司都发现自己正被转型问题所困扰。它们都是位于加拿大的大型多厂公司，并且已经为罗兰公司供应了许多年。阿尔方索公司和坎契姆化工公司的母公司都面临着美国巨大的需求量，而无法为它们的子公司提供任何材料来满足加拿大的需求。结果，需要由两家加拿大的供应商来分担需求。然而，通过大量的努力，它们最终满足了罗兰公司的所有需求。原本这个时期大幅上涨的物价最后在合同条款中都有所下降，而且就算罗兰公司从海外进口材料，现在的价格也大大低于以前的价格。进口报价单显示价格为每吨 1 920~2 280 美元。

表 3 己糖酸：历史采购概况

时期	采购总量	坎契姆化工公司	阿尔方索公司
		交货百分比/费用	交货百分比/费用
3 年前	1 800 吨	50%，828 美元/吨	50%，828 美元/吨
2 年前	2 200 吨	50%，1 176 美元/吨	50%，1 084 美元/吨
去年	2 750 吨	60%，1 384 美元/吨	40%，1 296 美元/吨

这两个生产商几乎都以最高的生产效率运行，去年的产品供应是相对稳定的。罗兰公司根据自己的需要再次与阿尔方索公司和坎契姆化工公司订立合同，它们将继续以相同的高质量和服务来达成交易。多年以来，它们与罗兰公司早已约定俗成。

去年，基于多种因素，布伦特的前任建议把这笔交易拆分，60%给坎契姆化工公司，40%给阿尔方索公司。这时，决策要考虑的重点是阿尔方索公司启用了新工厂。相对于坎契姆化工公司每吨 1 384 美元的价格而言，阿尔方索公司的价格更低，为每吨 1 292 美元。但新工厂一直还不能确定是否能够保证生产量超过罗兰公司对己糖酸需求量的 40%。目前，阿尔方索公司的工厂已经处于满负载运行状态，并能够确保可以提供所有 3 000 吨的需求量（参见表 3 中己糖酸近期的采购情况）。

布伦特认为，最近的己糖酸需求周期已经好转。市场对己糖酸的需求已趋于缓和，现在反倒是蓬勃发展的涂料行业对辛糖酸产生了强烈需求。最近多个供应商已经完成了工厂扩建工作。这些因素综合起来产生的结果看似为己糖酸库存会过量。布伦特认为这会在将来影响买方市场，同时期待着从所有潜在供货来源中获得一个有竞争力的报价。

与己糖酸供应商的会议

在罗兰公司，采购专员岗位的一个重要目标是成为一个材料采购专家。此外，这意味着需要密切关注市场动向，同时与供应商建立稳定的关系。买方的责任是确保买卖双方的所有信息是完全保密的。采购部主管认为建立信誉是十分重要的，这样供应商才能信任罗兰公司的采购人员。5 月 14 日，布伦特给他认为对汉密尔顿工厂需求可以提供竞争性报价的 4 个供应商发送了己糖酸询价单。它们是现在的两个加拿大供应商——阿尔方索公司和坎契姆化工公司，还有两家美国公司。投标截止时间为 6 月 7 日下午 4 点。布伦特知道一旦收到询价，供应商的销售代表会急于讨论报价。实际上，他在询价单发出之前已与两家公司进行了接触。

与阿尔方索公司的会面

阿尔方索公司的销售代表贝克先生将在 4 月 20 日与布伦特会面。他说阿尔方索公司在魁北克市的新工厂产能是有剩余的，他显得急于了解罗兰公司未来对己糖酸的参考需求量。贝克先生告诉布伦特，他知道在欧洲市场上有低价己糖酸，而且一再强调，其在加上关税和运输成本后，在加拿大市场也将没有竞争性。布伦特说在美国己糖酸存货过剩，而其他己糖酸用户却有减少需求的迹象，这是一个众所周知的事实。

会议结束时，布伦特再次邀请贝克先生为下一期的业务做出报价。

密歇根化工的电话

密歇根化工的销售代表华勒斯先生在 4 月 30 日通过电话向布伦特保证他的公司今年将是一个竞争者。他说密歇根化工将由其加拿大经销商——位于安大略湖尼亚加拉大瀑布的卡特化工有限责任公司做代表。布伦特记得密歇根化工与罗兰公司（美国）有很好的业务往来。根据美国原材料采购团体所说，在最近的己糖酸供应短缺时期，密歇根化工仍然供应了承诺交易量的99%。布伦特通过电话跟华勒斯先生强调，现在的供应商都手握优势，他必须为罗兰公司提供更好的价值才能从这些供应商中分得部分业务。布伦特最后在电话里说密歇根化工将收到询价单，并且会认真考虑他们的报价。

与坎契姆化工公司的会议

6月3日，坎契姆化工公司的销售代表阿尔德特先生，当面提出了他们公司的报价，并且用一种明显自信的声调向布伦特提出了相关条款。阿尔德特先生解释说，尽管他的交货价格（每吨1 384美元）和当前罗兰公司支付给坎契姆化工公司已交货材料的价格相同，但这仍然是一个有竞争力的价格。布伦特不禁对阿尔德特感到失望，并说他期待的是更具竞争优势的报价。然而，他向阿尔德特先生保证，一旦所有报价在6月7日截止前提交，他会充分考虑坎契姆化工公司的报价。

与美国化学股份有限公司的会议

在6月7日的早上，美国化学股份有限公司的两位代表提交了己糖酸报价并向布伦特解释了其内容。美国化学股份有限公司最近完成了克利夫兰工厂的厂房扩建工作，确保有能力供应数倍于罗兰公司己糖酸的总需求量。布伦特认为每吨1 204美元的报价显得很有吸引力，并备注每吨的价格取决于分配给美国化学股份有限公司的具体成交量。每顿1 204美元应用于每年1 050吨的成交量，而对于每年2 250吨的成交量，交货价格将低于每吨1 192美元。

当代表们离开之后，布伦特查找了之前和美国化学股份有限公司进行己糖酸交易的有关文件。他发现美国化学股份有限公司在这之前已经为罗兰公司供应了7年的己糖酸。那时，美国化学股份有限公司已明显报出比坎契姆化工公司和阿尔方索公司更低的价格，最终得到了一部分交易量，这也导致了下一次的询价中两个加拿大供应商之间产生了斗争的火花。它们都在努力获得自己被抢走的市场份额。显然，那个时候坎契姆化工公司和阿尔方索公司都没有意识到它们的竞争者究竟是谁。

布伦特又打电话给罗兰公司（美国）的采购部门来尽力搜集有关美国化学股份有限公司经历的信息。这样的供应商信息在企业中根据需要可以自由地流转。美国子公司的采购专员告知布伦特美国化学股份有限公司的确曾一度为母公司供应己糖酸并且它们的质量和服务都十分好。然而，他又警告布伦特，在最近的己糖酸供应短缺时期，美国化学股份有限公司确实给罗兰公司（美国）供应过材料，但结果是在相当大的程度上并没达到所承诺的交易量。

与阿尔方索公司的会议

阿尔方索公司的销售代表贝克先生在6月7日下午3点向布伦特递交了公司的报价。他解释了合同条款，并指出每吨1 296美元的交货价格与现在和阿尔方索公司签订的合同是一致的。布伦特感谢贝克先生的报价并告诉他在6月下旬投标结果出来时将会通知他。

卡特化工的报价

6月7日下午，卡特化工的报价通过邮寄到达。每吨1 268美元的离岸价对布伦特来说是一个惊喜。早在密歇根化工说它们的经销商将提供一个有绝对优势的报价时，布伦特就觉得选择它们的公司是正确的。现在，布伦特已经收到两个比当前供应商价格更低的报价。

坎契姆化工公司的访问

6月7日下午3点45分，布伦特再一次接受了坎契姆化工公司阿尔德特先生的来访，他显然是对6月3日的会面感到很沮丧。从那之后，他就回到管理部门继续商讨，现在他准备了一个新的报价。他新的报价是以每吨1 192美元（包括运费在内）来为罗兰公司提供己糖酸的3年合同。这个价格似乎和当前已收到的最低报价相同。布伦特意识到可能是6月3日的会面时他给的反馈启发了阿尔德特先生，使其重新提交报价。考虑到这一点，布伦特谨慎地接受了这次报价，生怕这会是一个坏的先例。他告诉阿尔德特先生他可能不会接受他的报价，但是会让他知道结果。第二天，布伦特和他的上级威廉姆斯先生讨论了这个情况。威廉姆斯先生回溯了布伦特经历的步骤。公开收到的报价，在罗兰公司是正常的做法，而直到收到所有报价之前不给供应商任何报价反馈也是标准的政策。威廉姆斯先生让布伦特反复思考这种情况，然后对如何把坎契姆化工公司的第二次投标作为己糖酸合同审议的一部分提出建议。

报价汇总

布伦特把所有投标不分先后地放在一个报价汇总表中（见表4）。为了公平比较，有必要考核4个选项中每一个选项的到货成本。布伦特意识到他剩余的时间不多了，还需要更加深入地考虑关于坎契姆化工公司第二次投标这一例外的情况。威廉姆斯先生期待6月17日之前可以得到布伦特的书面分析和建议。

表4 己糖酸报价汇总

	价 格			条 款
	现 货	合 同		
阿尔方索公司	1 296.00 美元/吨	1 296.00 美元/吨		最低期限：1年 最小交易量：— 价格保护：90天 通知：15天
坎契姆化工公司	投标1：1 384.00 美元/吨 投标2：1 192.00 美元/吨	1 384.00 美元/吨 1 192.00 美元/吨		最低期限：3年（投标2） 最小交易量：1 000吨 价格保护：30天 通知：30天
美国化学股份有限公司	1 607.72 美元/吨	最少1 050吨 1 204.00 美元/吨	最少2 250吨 1 192.00 美元/吨	最低期限：1年 最小交易量：依照规定 价格保护：稳定 通知：—
卡特化工 （密歇根化工）	1 268.00 美元/吨	最少750吨 1 268.00 美元/吨		最低期限：1年 最小交易量：750吨 价格保护：90天 通知：15天

案例 12-2 凯特琳工业股份有限公司

凯特琳工业股份有限公司位于俄亥俄州代顿市。2月下旬，该公司供应经理维多利亚·杰克逊需要决定选择哪个玻璃供应商。她不确定过去采购玻璃的方式将来是否仍然适用。

凯特琳工业股份有限公司

凯特琳工业股份有限公司为美国中西部地区住宅改建行业窗户市场中具有竞争力的企业。工厂最初制造低成本产品，比如防风门、防风窗、校车铝窗和低端铝合金窗。近几年来，防风窗和铝合金窗被淘汰了，乙烯基窗被开发出来。86 000平方英尺的设备能制造乙烯基窗（800个/天）、防风窗（200个/天）、校车铝窗（50个/天）。

该公司去年一整年总共生产了160 000个窗户，销售额大约是2 500万美元。

乙烯基窗的销售是季节性的，主要集中于5~10月这几个温暖的月份。公司通过跨越整个中西部的大量分公司出售其高价格、高质量的乙烯基窗。从工厂收到订单开始，客户在10天之内就可以收到货物。

为了保持竞争力，同时增加股东收益，凯特琳公司致力于成为世界级的制造商。规划中的和正执行的计划都是为了实现更高的质量、更好的交货执行情况、更满意的客户反馈、更优质的工程产品这些目标。

乙烯基窗生产

凯特琳公司所有生产都是基于客户订单的。为了减少制造流程中的库存，窗户通常是同一天制造，同一天运输。

由于乙烯基窗的成本和性能比木制窗和铝制窗更有优势，因此管理部门预计需求将会增长，根据对整个街区玻璃使用的计算，生产量在接下来5年将会翻倍。所有增长的类别预计主要为节能玻璃窗。

乙烯基窗既可以用透明玻璃制造也可以用节能玻璃制造；两种类型的玻璃都能达到3毫米或4毫米的厚度。节能玻璃是一种覆盖可以减少红外光渗透和减少热量损失的不可见金属涂层的特殊玻璃。目前，节能玻璃窗约占工厂乙烯基窗产量的22%，并且这个产量在逐月增加。

玻璃选购

去年，凯特琳公司从4个供应商（见表1）处采购了总共115万美元的透明玻璃和节能玻璃。玻璃是成批采购的，每批由40块4毫米玻璃和50块3毫米玻璃组成。由于该公司使用的玻璃切割设备的局限性，3毫米玻璃必须以"72×96"的板材订购，4毫米玻璃必须以"60×96"的板材订购。

玻璃板的订货量是根据历史使用报告和销售预测确定的。为了充分利用数量折扣和获取最好的价格，维多利亚通常用由卡车订购。货车载荷大小根据卡车容量、包装和重量限制分为8块到18块不等。

根据仓库的最大容量，库存可以容纳的玻璃数量最多为32块。去年，为了确保需求高峰时期的产量（5~10月），每天需要生产6块玻璃，而在11~4月每个星期只需要生产13块玻璃。每周需要进行库存盘点，以便可以根据需要调整订单。去年原材料玻璃库存翻了14倍左右。

凯特琳公司偶尔使用毛玻璃代替透明玻璃和节能玻璃制造产品。毛玻璃只根据需要下订单，而不需要在库存中囤积。

表5　凯特琳公司去年的玻璃消耗量

供应商	3毫米透明	4毫米透明	3毫米节能	4毫米节能	合　　计
罗斯工业 666块	541 090				$541 090
清晰视界经销商	77 812				
94块		5 618			
8块			234 882		
110块				16 631	
12块					$334 943
特拉弗斯玻璃有限责任公司					
104块	85 902				
42块		29 494			
36块			76 822	0	$192 218

(续)

供应商	3毫米透明	4毫米透明	3毫米节能	4毫米节能	合　计
西本德玻璃					
36块	0	0	76 046		
4块				7 073	$83 119
批次总计	$704 804	$35 112	$387 750	$23 704	$1 151 370
透明玻璃总数	872块		$739 916		
节能玻璃总数	198块		441 454		
总计		1 070			$1 151 370

评选供应商

维多利亚需要寻找一个或更多的供应商来满足预期的需求。公司已经制定了一个目标,在两年内把原材料库存周转率从一年14次提高到一年30~35次。除了可以较少流动资金之外,增加库存周转率可以腾出其他生产活动需要的空间。因此需要执行供应商认证程序,与供应商建立长期的伙伴关系,以确保向工厂准时交付零缺陷材料。

凯特琳公司的董事长要求维多利亚调查4个潜在供应商,并就公司如何安排玻璃采购计划提出建议。维多利亚已经让一些供应商提交报价,从这些报价中她把选择缩小到去年的3个供应商和1个更早之前的供应商——杰克逊玻璃公司。她在如表6所示的投标汇总中总结了这些报价。

备选供应商

罗斯工业　罗斯工业是已经为凯特琳公司提供了20年卓越服务和高质量产品的玻璃制造商。它们的节能玻璃没有达到凯特琳公司的测试标准,因此,混合提供透明玻璃和节能玻璃是不可能的。罗斯工业要求一次最少需要预订12块,才能够提供一货车3毫米透明玻璃每块0.327 8美元/平方英尺的交货价格。如果少于12块,交货价格就变成每块0.33美元/平方英尺。罗斯工业的工厂距离代顿150英里,交货期是一个星期。如果不能满足凯特琳公司的需求,其可以通过位于伊利诺伊州的联合供应商来帮助供应玻璃。

表6　投标汇总和往年支付的价格

	透　　明		节　　能	
	3毫米 (822块 2 400ft²/bl)	4毫米 (50块 1 600ft²/bl)	3毫米 (234块 2 400ft²/bl)	4毫米 (124块 1 600ft²/bl)
罗斯工业	0.3278　12min 0.33　　1min [0.3384][1]		0.4371 0.44	
清晰视界	0.33 [0.3449]	8min	0.44 [0.3489]	0.8920 [0.8900]	1.142 [1.135]
特拉弗斯	0.3172 [0.3445]	12min	0.4389 [0.4389]	0.8830	1.160
杰克逊	0.33	6min	0.44		1.092
西本德[2]				0.8794	

[1] 括号表示去年的实际价格。
[2] 因为西本德玻璃是一个加拿大制造商,不能在美国为它的玻璃给出太具竞争力的价格,所以今年两种透明玻璃都不要求它提交报价。

清晰视界分销商 清晰视界分销商是一家当地的小型供应商,已经为凯特琳公司供货了 3 年。它能够始终如一、准时地交付节能玻璃。它也为凯特琳公司提供密封器,但是一些密封器存在问题。它在 8 块混装的车上也装载罗斯工业制造的透明玻璃和西本德玻璃制造的节能玻璃。它也能做到每天都交货,并且乐意为凯特琳公司囤积存货。

特拉弗斯玻璃有限责任公司 特拉弗斯玻璃有限责任公司是规模为清晰视界分销商两倍的分销商。它已经为凯特琳公司提供了 15 年的服务。罗斯工业也将其作为最佳的备选服务商。它以最低的交货价格——每块 0.317 2 美元/平方英尺提供透明玻璃(杰克逊玻璃公司制造),可以直接运送,或者与至少 12 块节能玻璃(西本德玻璃制造)一起混合运送。它的 4 毫米透明玻璃的报价是每块 0.438 9 美元/平方英尺;节能玻璃的报价 3 毫米厚度为每块 0.673 4 美元/平方英尺,4 毫米厚度为每块 0.438 9 美元/平方英尺。罗斯工业制造的透明玻璃也可以购买到,但价格比西本德玻璃要高。它的分销中心距离代顿 135 英里,交货期是 2~3 天,并且一个星期能交货 3~4 次。它也乐意为凯特琳公司囤积存货。

杰克逊玻璃公司 杰克逊玻璃公司是一家玻璃制造商,过去是凯特琳公司几家供应商之一。它对再次和凯特琳公司做生意很感兴趣。它们的玻璃质量很好,并且将以每块 0.33 美元/平方英尺的交货价格供应 3 毫米厚度的透明玻璃,一次订单最少订购量是 6 块。同时 4 毫米厚度的透明玻璃的报价是每块 0.44 美元/平方英尺。它们的节能玻璃需要凯特琳公司的测试实验室的批准才能使用。杰克逊分销中心距离代顿大约 130 英里,交货期是一个星期。它们和一家加拿大供应商结盟,如果需要的话,该结盟供应商可以作为一个可选择的玻璃来源。

维多利亚已经收集了必要的信息,她就需要对数据进行分析处理。她明白不久她将不得不对此提出建议。

案例 12-3 塑料电缆夹

费雪派克有限公司位于新西兰奥克兰市。9 月中旬,公司洗衣部门的采购官罗宾·彭伯顿,需要选择出能够最大限度地满足新洗衣机生产线对塑料电缆夹需求的供应商。

洗衣部门

费雪派克有限公司是新西兰最大的家电制造商。该公司主营电器的销售额总计达到 1.35 亿美元,到 3 月 31 日为止财政年总销售额为 2.7 亿美元,其中包括 3 600 万美元的外销和专利收入。公司由 8 个业务部门组成,洗衣部门是其中一个。洗衣机部门雇用了 500 多个人来生产洗衣机和烘干机。目前,洗衣部门生产了大约 50 000 台洗衣机,专供国内市场。

新型洗衣机

过去两年,洗衣部门一直在开发一种新型自动洗衣机。由工程师、生产和营销人员以及采购联络员组成的 7 人委员会进行了新机器的规划和开发。

完全由费雪派克设计的新机器使用电子控制,这被国际标准认定为先进技术。新机器的制造过程与旧生产线相比具有高度自动化、零部件合理化和节约成本的优势。其实,委员会主要考虑的问题之一是把成本维持在可能的最低水平。

有着出口和专利收入的好前景,洗衣部门希望每年生产 75 000~100 000 台新型洗衣机。然而,第一个全年生产量计划是 50 000 台,新生产线定于明年 4 月试行。

塑料电缆夹

每台旧式洗衣机大约使用 20 根不同的塑料电缆夹来系住大约 250 根连接线。现在，洗衣部门几乎每年都需要购入价值125万美元的塑料电缆夹：50万美元来自奥尔森塑料公司——一家新西兰制造商；50万美元来自巴里克利弗公司——一家以日本进口为主的当地代理商；20万美元来自罗尔曼——一家从澳大利亚进口的当地代理商；最多5万美元来自塑料分销商——一家相对新的较小的多源新西兰代理商。

由于新机器的生产采用自动化生产流程，在新机器中使用的电缆夹需要新的规格。现有的电缆夹供应商中其实没有一家有这种所需部件的库存。

一年前，新型洗衣机的采购联络员罗宾·彭伯顿设法说服规划委员会引入目前供应塑料电缆夹的新西兰代理商巴里克利弗公司的专业技术。随着巴里克利弗公司的投入，所需的电缆夹数量减少到了一半，每台新机器只需使用45个左右的塑料夹子。但罗宾·彭伯顿跟巴里克利弗公司说得很清楚，一旦所有新电缆夹的规格说明书制作完成，当前的供应商都要提交报价，并且他的参与并不会获得任何比其他人更多的优惠待遇。

供应商评选

由于设计变更，新电缆夹的规格直到7月初才被确定。罗宾立即寄信给现有的4家塑料电缆夹供应商要求它们提供报价（见表7）。

表7 报价要求函样本

7月5日
明年3月开始需要下列新部件。请注明价格、最少可供应量和配送等细节信息。

部件	描述	数量/年
816 549	铆头夹 0.125m*0.5	30 000
816 553	铆头夹 0.250m*0.75	30 000
817 709	系夹 HM FT	60000
817 803	锁夹 HBX	165 000
817 923	系夹 HM FT（SS）	650 000
817 975	系夹 HM RS.2	135 000

我们感谢提供报价，并期待回复。
费雪派克有限公司
洗衣部门采购官
罗宾·彭伯顿寄

奥尔森塑料公司

奥尔森塑料公司是新西兰唯一的一家生产电缆夹、夹子和铆钉制造商，已经为费雪派克公司供货很多年了。罗宾·彭伯顿认为费雪派克是其5大客户之一。罗宾觉得奥尔森公司的产品质量不如其他供应商，偶尔有质量和服务问题。奥尔森公司某些部件的价格是相同进口部件的两倍高。但是交付才是罗宾和这样的供应商合作最关心的问题。即使有6~8个月的交货期，交付也不一定可靠，因此罗宾不得不追踪每一笔订单。她认为奥尔森公司的产能有问题，虽然其不愿意承认。

然而，在通常情况下，在某种意义上奥尔森公司享受着政府保护。国家规定新西兰代理商不能进口国内可以制造的产品。

巴里克利弗公司

巴里克利弗公司是一家连续三代有着极好声誉的新西兰代理商，它每年收到费雪派克价值200万美元的订单。它的价格和服务通常都很好。货物交付也做得很好，并给予该公司 6~8 个月的充足的交货期。巴里克利弗公司从日本获取费雪派克公司需要的塑料部件。在卖方市场中，费雪派克公司订单的重要性相对较低，所以确保供应有难度。

然而，罗宾担心的是进口部件的长期可得性，如果存在可替代的国内供应商，这家代理商的资质可能会被取消。在法律上费雪派克公司可以自由地从新西兰的任何代理商处采购，只要代理商能够证明其符合贸易工业部法律政策的要求。然而，罗宾非常清楚该部门的许可政策（见表8），5月遭遇的塑料铆钉和一些电缆夹的问题仍然历历在目。

表 8　新西兰政府营业许可政策

如下政策应用于除具有特殊规定产品之外的所有产品。
1. 不产自新西兰的商品
不是新西兰生产的产品类型，但满足合理需求的商品可被授予许可证。
在这一条款下，除非十分明确进口的商品在国内无法替代，否则许可证将不被发放。
申请人需要提供充足的证据证明新西兰制造商不能提供合适的替代品。
对于申请，贸易工业部将评定已建立的且已使用和将使用的用于进口相关商品的许可证条款的范围。这样做的目的是确保不会因间接获得的许可证而直接进口有竞争性的商品而给国内产品带来不利影响。
2. 其他所有产品
如下一些特殊情况也可以授予许可证
• 特殊许可条款下产生的既定贸易模式
• 正常国内供应缺失
• 针对新制造商需要的特殊供应品
• 附件 3 中陈述的通用政策和条框下的申请
注：工业发展计划范围内的产品，须受计划内任何特殊进口许可证条文的限制。

注：该政策不适用于在澳大利亚制造的产品。

在奥尔森公司向贸易工业部投诉之前，一直是巴里克利弗公司向费雪派克提供日本铆钉和电缆夹。被投诉之后，巴里克利弗公司不仅必须停止进口，开始以三倍于从前的价格从奥尔森公司采购，而且其也很难达成费雪派克成交量的需求，因此只能交付一些日常需要的部件。在费雪派克公司开始注意这一点后，在从巴里克利弗公司采购来自奥尔森公司的铆钉时，罗宾都会先让奥尔森公司对铆钉进行报价，但是随后她惊奇地发现奥尔森公司的价格比巴里克利弗公司的高。

罗尔曼公司

罗尔曼公司是一家大型的新西兰代理商，主要从澳大利亚进口产品。尽管这家代理商的价格很高，但可以提供卓越的服务和良好的交付。平均的交货期是 3~4 个月。在紧急情况下，通过航空运输，可以在 6 周内交货。

罗宾·彭伯顿也意识到由于新西兰和澳大利亚之间密切的经济协议，从澳大利亚采购是有优势的。她知道，新洗衣机中新西兰和澳大利亚的零部件含量较高，可以使费雪派克公司免税或以最低税率进入澳大利亚市场。尽管她必须向成本计算部门报告所购买任一零件的原产国，但她不知道一些零件的价格降低到何种程度才能抵销关税的增加。她曾尝试寻找这一问题更多相关的信息，但没有一个很明确的答案。工党政府执政带来了大量的不确定性。所有她所知道的是，费雪派克公司的采购部门尽可能多地购买新西兰和澳大利亚的产品。

塑料分销公司

塑料分销公司是当地一家年销售额 100 万美元的代理商，从许多国家的进口塑料产品。这个年轻的公司急于获得订单，但没有提供任何技术支持。在过去，尤其是当供应紧张时，罗宾给该公司一些临时订单。她曾邀请该代理商为新塑料夹报价，主要是为了对价格进行比较。

选择决策

7月10日，罗宾收到巴里克利弗公司的报价。但直到9月12日，罗宾才收到了奥尔森公司的报价（表9为报价汇总）。9月中旬，罗宾和巴里·克利弗会面。巴里克利弗公司和一个技术专家会见罗宾和她的主管约翰·沃洛普。巴里明确表示，最近铆钉和电缆扎带供应方面的问题正在解决过程中。他们已经能够证明奥尔森公司没有足够产能满足需求，因此巴里克利弗公司可以重新获得工商业进口许可证。巴里向罗宾和约翰·沃洛普保证，进口所有新型洗衣机所需的新塑料夹是没有问题的。

表9 报价总结（每1 000单位的价格）

部分序列号	描述	巴里克利弗公司	奥尔森公司	塑料分销公司	罗尔曼公司
816 549	夹扣 1.25M*0.5	76.00	54.00	99.95	—
816 553	夹扣 0.250M*0.75	76.00	119.80	99.95	—
817 709	领带夹 HMFT	25.20	36.80	28.26	—
817 803	锁夹 HBX	39.20	61.82	—	134.40
817 923	领带夹 HMFT（SS）	23.06	20.40	28.12	—
817 975	领带夹 HMRS.2	38.40	50.00	63.22	—

罗宾不知道该怎么办。根据费雪派克整体采用的戴明思想，她感到单一采购有些压力。然而，她不相信在这个购买的背景下，单一采购具有稳健性。她也想知道如果奥尔森公司选择与巴里克利弗公司相伴而生，那么老洗衣机被淘汰了，奥尔森公司会是什么样的状况。她在想是否应该找奥尔森公司进一步协商。在任何情况下，她需要迅速做出决定，否则会影响提前期。第一次生产运行计划于明年4月进行。

Chapter13 第13章
供应商评估与供应商关系

供应决策者的关键问题

我们应该
- 改变评估供应商绩效的方法吗?
- 与关键供应商举行年度高管会议吗?
- 有更多还是更少的合作关系和联盟?

我们如何
- 减少不可接受供应商的数量?
- 加强我们与供应商之间的关系?
- 了解供应商对我们作为客户的满意度?

供应商的绩效评估以及供应商关系管理都是采购流程的主要部分。绩效评估可以确保供应商遵守合同并使得买卖双方进行持续性改进。类似客户关系管理,供应商的关系管理有助于组织的长期稳定。

本章中有两个关键决策:①我们如何评估供应商的绩效?②我们如何管理与供应商的关系?显然这两个问题是相互关联的。我们如何协调与一个供应商的关系也会影响其绩效,与之对应的供应商的表现也会影响其与我们的关系。本章首先介绍如何评估供应商的绩效。

13.1 评估供应商绩效

收集与分析绩效数据是评估供应商工作完成得好坏的基础。该信息有助于选择再采购供应商,并就如何改进向现有供应商给出有效反馈。一般来说,采购商会定期对供应商的绩效进行评估,以发现缩短周期时间、改善流程、降低成本、提升质量与服务水平的机会。定期绩效评估是供应商持续不断进步、提升的催化剂。

供应商绩效评估体系可能包含了许多指标。一些组织使用几个关键指标,而其他组织则开发了监测几十个指标的系统。在数据和决策之间必须要有一个清晰的联系,以避免抓取过多决策者不需要的数据信息。因此本章将讨论更为常见的一些指标。

关键绩效指标法

关键绩效指标法（KPI）是指在工作完成时用直接的标准量化供应商的绩效。例如，准时交货、次品数量、市场促销活动后销售量的提升以及在开发阶段开发特定产品/服务/技术的周期。质量、数量、价格与准时交货等实时指标的自动更新，以及慎重选择一些比较费时的数据收集活动有助于减少评估结果所需的时间。

供应商记分卡的内容包括供应成本、质量和时效性的总结陈述，以及满意度调查汇编、实时性指标、发票金额的差异估计或合同协议价，以及其他合同相关条款。

大多数供应专业人士通常将供应商分为两类：新的和当前的。一个新的供应商没有可用的记录信息。新的供应商对采购组织来说是全新的，并处于努力履行其在第一个合同中的义务的阶段。新的供应商需要经过试用期，采购组织通常进行密切监视并决定是否将业务授予该供应商。当前和长期的供应商已经在以往的过程中证明它们的表现至少满足了企业的最低期望，至少对它们的绩效评估越来越常规。

13.2　评估方法

供应商评估流程可以是非正式的，或高度结构化与正式的，这取决于采购的本质。在这一部分中，我们对几种方法进行了讨论，包括非正式和半正式评估、分类评估、加权点评估。

13.2.1　非正式评估

非正式评估包括购买组织的内部用户以及任何与供应商具有关联的人员对供应商的评价。"供应商X的进度怎么了？"是一个典型的问题，是组织中的供应人员在与内部的其他人员联系时能够而且应当提出的问题。同样，从专业会议的对话甚至是媒体那里获得的信息，在核查与对比个人对供应商的印象时也是很有用的。一个经验丰富的专业供应人员将积累丰富的供应商信息，而且对那些可能影响全盘评估的新信息时刻保持警觉。事实上，在大多数小企业中，几乎所有关于现阶段供应商的评估都是非正式的。当用户、供应经理与供应商保持日常联系并能够快速获取对供应商绩效满意与不满意的反馈时，这种非正式的评估则有很大的意义。

然而，在较大的组织中，沟通渠道扩展，供应人员和内部用户可能在不同的地点，而且大合同的谈判可能由处于主要设施中的集中的供应团队或者主要的承包商负责。而日常与供应商的沟通则发生在不同地点。如果供应商也大，则可以通过属于同一个供应商的不同工厂或办事处来满足来自全国或世界不同地点、不同程度的要求。随着买方—供应商网络的复杂性不断加深，对评估当前供应来源的更加正式的系统的需求也日益增长。

13.2.2　半正式评估：高管圆桌会议

定期或年度的高管圆桌会议是一个简单的半正式供应商评估方法。参与者是采购组织与供应商双方的高管。在正常情况下，这些高管只讨论战略性供应商以及关键物资需求供应商。双方高层管理人员的会面提供了一个重要的契机，利用这个契机，双方可以站在一个很高的层面上来讨论过去的绩效，未来的期望，经济、社会、技术的发展趋势以及长期发展战略等。首席供应官（CSO）通常在组织并邀请合适的人员参加圆桌会议的过程中起到主导作用。圆桌会议巩固了双方高管之间的关系，通过多次讨论，双方可以获得许多有价值的信息。这种类型的评估通常发生在购方组织，当然也不完全是。

这种高级会话的次数是有限的。对于优先级较低的供应商，较低级别的会议也有相当大的价值。相对于传统供应商—采购商针对当前特定订单的交流，该对话交流内容更为广泛，并定期举行。

13.2.3 正式评估

伴随着供应基地合理化、战略采购以及与关键供应商关系更密切的发展趋势，供应商绩效评估变得日益复杂。通常，采购商使用那些更传统的因素，比如质量、数量、交付与价格来追踪供应商绩效的持续改善。在其他情况下，重新设计产品或服务的建议、价值链的改进、供应链团队的工作意愿、协助投资回收或处置，或任何将为最终客户提供更高价值的发展状况也都有可能会被跟踪、记录。在评估当前供应商现状时，主要问题是供应商（过去）做得怎么样？在使用这些信息选择未来的供应商时，我们要解决的主要问题是：这个供应商在未来的绩效将会怎么样？

最正式的供应商评估方法试图对实际绩效进行全过程跟踪。供应流程软件技术的进步，使得实时跟踪更加容易，且绩效的可见性更高。随着订单的交付，采购商便可以跟踪记录质量、数量、交货、价格与服务目标及其他条款信息。因此，如果现有合同需要，那么就可以做出修正。此外，当下另一个订单时，过去的记录可以用来评估是否应该考虑从同一个供应商处采购。对于较小的组织来说，一个简单的方案可能包括一个标记，即对于所接受的特定订单这些因素是否可以接受。而更详细的评估还包括对供应商长期以来绩效的总结。

正常的做法是，紧密跟踪供应商的产品质量，并以充足的细节来说明需要采取的纠正措施。许多组织只考虑将未来的业务授予具有资质的供应商，并相应地对产品质量以及供应商属性的其他维度与绩效进行全面的评估。

1. 分类评估与评级

如果交付承诺和实际收货都有良好的记录，并很少进行非正式的修改，那么现有供应商的交货绩效是比较容易追踪的。在准时制（JIT）模式中，采购商对不履行交货的重视程度与对不尽人意的质量的重视程度相当，并对实际交付进行密切监控。下面的示例中，描述了不同等级的交付绩效，并一一分配等级（优秀、良好、公平、差）。

优秀	（1）满足交货日期而无须推进 （2）通常接受请求的交货日期
好	（3）通常符合出货期要求，没有大量的后续出货工作 （4）经常能够接受要求的交货日期
一般	（5）出货有时延误，需要大量后续出货工作
差	（6）通常发货时间晚了，很少满足交付承诺，经常需要赶工

量化评估意味着可以将主观因素从评估过程中剔除掉,是采购商倾向采用的一种方式。一些绩效方面如交付,比其他方便如服务更容易量化。例如,某特定的公司定义"准时交付时间窗"为主生产规划所要求的可以早两天到货而不能迟一天。采购商跟踪交货,并根据预先设定好的评级系统对供应商绩效进行评级。例如,交货也许在 100 分中占有 15 分,这就意味着交货的绩效占到制定决策所考虑比重的 15%,准时交货的分数大概会按如下标准给出。

15 分	>98% 准时
10 分	95%～97.9% 准时
5 分	90%～94.9% 准时
0 分	<90% 准时

供应商产品的实际性价比是很容易跟踪的。协商好的价格与供应商开具发票上价格的差异,通常会成为供应管理的关注点。因此,采购商通常采用比较的方式对供应商的价格进行评估,如实际价格和目标价格,或者是实际价格与其他供应商为相同需求提供的最低价格。从一个供应商转换到另一个供应商的总成本评估是比较难以跟踪的,而供应商转换的总成本同比带来的价格节省更为重要。评估从一个潜在供应商处采购的总成本相对于评估从现有供应商处采购的总成本是更加困难的,此外还使决策过程更加复杂。

服务领域,也许是最需要做出判断的地方。对于服务绩效的判断,需要收集技术帮助的质量、对请求帮助的响应时间与供应商态度、工作职员的任职资格以及其他方面的意见。因此,采购商通常对于服务会有一个相对简单的评级标准,比如杰出、可接受以及差,并通过对特定事件的解释来对这些评级做出说明。采购商应当积极创建服务绩效的目标评价体系,清晰定义服务水平与度量标准。令人满意的服务绩效的一个关键驱动因素是在工作说明中清晰而毫不含糊地描述所需要的服务水平。

在战略性的重要领域,如创新,建立衡量供应商绩效或预测绩效的指标是更难的。在组织层面衡量创新的指标包括新产品或者服务所带来销量的比重、成功引进新专利或新产品的数目,或者相对已有产品而言新产品带来的总利润。测量供应和供应商对这些指标直接与间接的贡献是一个持续性的挑战。

2. 加权点评估体系

许多组织通过给每个要素和每个等级赋予不同的点数来评估供应商。对于许多供给相同产品或服务的供应商来说,这样的体制可以实现交叉比较。对于具有优秀绩效的供应商,可以授予更多的业务。而与此同时,绩效较差的供应商可以开发并实施绩效提升计划,或者减少与该供应商的业务往来,甚至于直接淘汰它们。

案例 13-1 为一个很好的使用加权点评估系统的案例,并介绍了该系统是如何被应用于某特定供应商的。

开发加权点评估系统的典型流程为:①识别评估的因素或标准;②决定每个因素的重要程度;③建立依据每个因素来评估供应商的体系。

相关的因素或者决策标准应依据产品的采购环境和采购策略来决定。相对于对组织绩效影响较小的供应商,大多数组织都会更密切地跟踪主要的供应商。一些组织使用年度金额总量来指导供应商分类（例如，确认 A、B、C 类供应商），这与采用帕累托分析对库存进行分类类似。一些组织增加了"关键的"或者是"战略性的"这一产品或者服务类别，无关资金量大小。在这一门类中，令人不满意的供应商绩效也许会给这个组织造成严重的问题，而供应商良好的绩效则会提供战略性的机遇。该分类的目的在于对每一类别的供应商设计合适的供应商评级体系。例如，对于一个长期、大量且高价值的合同，购买者会考虑类似供应商的管理、人事资源以及信息系统等因素。对于 C 类产品（低价值、大量的），关键的因素在于运输、可获取性、便利与价格。有多种方法为各因素分配权重，其中的一个方法为采用百分制，给每个因素分配一个比重。

因素、权重以及测量方式的选择需要经过慎重思考，以保证组织对这一类别产品赋予的优先权与所设计的评级体系正确地识别优秀供应商的能力之间保持一致性。对于不同的产品种类，需要用不同的因素、权重和测量方式来反映其对组织的不同影响。

在电子采购系统中，当收到订单时，所有的供应商绩效数据都被记录下来，购买者（在某些情形下为供应商）在任何时候都可以在线讨论供应商的绩效。其应告知供应商它们在等级量表上的得分情况。对于部分供应商而言，绩效的提高往往是因为其知晓评级低于一些竞争对手或者自身缺乏设定的目标。

13.3 供应商排名

如果对供应商的绩效进行了定期公平的评估，那么采购商就可以对供应商按照"不可接受"到"优秀"的顺序进行排列。

13.3.1 不合格的供应商

不合格的供应商无法满足采购组织在业务和战略上的需要。停止与不可接受的供应商的业务，用更好的供应商取而代之，是需要采取的正常行为。对于组织而言，中断也许会造成更大的问题，这种特例也是存在的。一个典型的例子，只存在唯一供应商（比如专利注册的零部件或者非标准件的供应商），其不适当地利用其特权的情况。在短期内，中断也许是不可行的，但是如果供应组织专心致力于寻找一个合适的替代者或者发展另一个新的供应源，那么长远看来中断也是可行的。另一个例外是那些正在学习如何满足购买组织的需求，并勤恳努力地想要实现重大提升的新供应商。

13.3.2 合格的供应商

合格的供应商可以满足当前合同中所要求的业务需求。其他购买者可以很容易地对比合格供应商的绩效，因此合格的供应商不能够提供竞争优势。

13.3.3 优选供应商

采购商在系统或工艺流程上整合优选供应商。这种集成避免了不必要的重复工作，加快了交易速度。交易一般以电子（网络）为基础。双方都在为消除无价值的活动，实现共同进步而努力。优选供应商能够满足购买组织所有的业务需求以及部分战略需求。优选供应商对购买者的举措会做出积极响应，以改善当前的状况。

13.3.4 杰出供应商

杰出供应商可以预见购买者业务和战略上的需求并能够满足这些需求,甚至超出它们的期望。与杰出的供应商合作,实现共同突破,是一个重要的竞争优势来源。如同对待优秀的顾客一样,采购商需要珍惜杰出供应商。与杰出供应商合作可实现以下可能的情况:获得一种新的、不同的供应管理方法,同时为未来供应管理和供应商关系方向和目标提供指示。

为了获得更大的双赢回报,供应商和购买者双方都需要付出大量的努力,需要用耐心和坚持来维持双方投资建立的关系。在早期阶段,缺乏实质性的收益,可能会使那些仅对短期利益感兴趣的供应商感到失望。

13.4 供应商关系

供应管理中的关键战略决策为决定从哪一个供应商处采购以及与供应商之间维持一种怎样的关系。"一个组织能从其发展的供应商、供应系统以及供应商关系中获得明显的竞争优势",战略供应管理正建立在这一观念之上。任何组织依赖其供应商的帮助,才能满足其客户需求并持续改善客户服务的愿望能够实现(见图 13-1)。

供应商绩效对组织的生产力、质量和竞争力的影响较大,超过大多数经理的想象。当前发展趋势为采购代替制造、外包而不是继续生产,在这一新趋势下提高质量、降低库存、整合供应商和采购员系统,并建立合作关系(例如合作伙伴关系)。这些都强调了对杰出供应商绩效的需求。

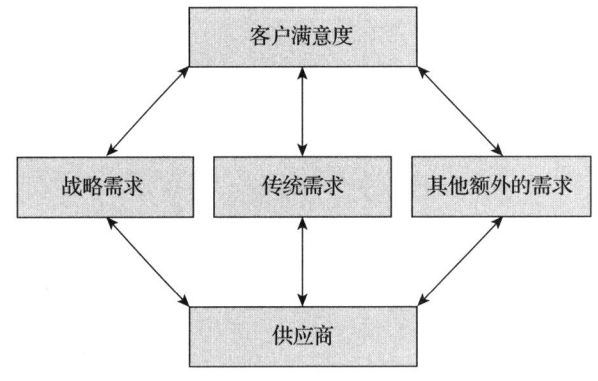

图 13-1 客户满意度取决于供应商绩效

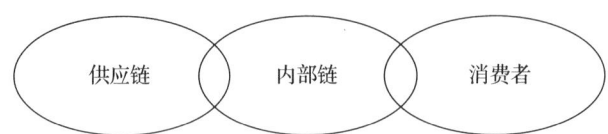

图 13-2 显示三个核心环节的简化供应链观点

在供应链管理观点中,购买组织和它的直接供应商(上游部门)之间的连接是两个主要的外部连接之一,另一个连接位于购买组织和其消费者(下游部门)之间,使供应链在出口,或者配送端,得以持续。任何组织通过其内部组织来连接这两个外部环节的能力,在很大程度上决定其所在供应链中的效率。图13-2为这些环节简化后的示意图。由于在任何供应链中，最薄弱的环节决定着整个链条的力量，所以各个环节的力量都均衡并相适宜是很重要的。任何一个环节的力量较强都会造成客户主导、内部主导或供应商主导的供应链，这是一个相对简单的观点。因此，在供应商关系中最主要的目标是开发一个既有短期战略竞争优势又有长期战略竞争优势的供应链。

13.4.1 供应商关系环境

无论是重复性采购、修正的重复性采购还是一个新的需求采购，无论涉及的资金数量有多大、市场条件如何，采购的性质不同，供应商选择的重要性或影响也会不同，并且采购过程和最终决策也会不同。过去，大多数购买者认为供应商选择决策是采购部门的主要工作。如今，在团队采购的趋势下有必要将组织供应职能领域内外关键的组织资源结合起来，以制定可靠的供应选择决策。此外，少量供应商、长期合同、电子采购与持续性改善（质量、交付、价格以及服务方面）的采购趋势，促使在购买组织和销售组织内各种人员之间进行更为密切的协作和交流。因此，提升买卖双方之间的关系是一个关键点。

优秀的供应商绩效通常需要采购组织和销售组织内部各种代表之间进行长期大量的交流合作。在充分认识到这一点后，先进的供应组织积极探寻限制供应商总数量并最大化从较少关键供应商处获取的资源的方式和手段。将新的供应商加入到供应链中的成本是很高的，而且双方需要一定的磨合期。为了获得看似较低的价格而频繁改变供应商，也许并不能取得最优的长期价值。随着质量改进计划和精益生产工作的开展，与供应商经营场所之间的距离成为购买者考虑的一个重要因素。对现有的和新的供应来源，开展富有想象力和积极性的供应商开发工作具有很广阔的前景。该工作对现有供应商进行审查以揭示差距，并将新技术转化为新的需求。随着缩短从采购请求到实际接收订单所花费时间的方法和手段被发现，采购商和供应商之间在系统和逻辑上的兼容性变得更加重要。

这些在供应商选择、供应商与采购商关系中令人兴奋的新方法，与老式不变的采购形成了鲜明的对比。过去，在通常情况下供应商很难意识到其在年度合同中所提供的报价是不是最低的。共享信息并帮助供应商提高绩效的想法已经不再新奇，而逐渐成为达到世界一流水平的必要条件。挑战在于如何实现这种想法。

当一个组织为另一个组织提供产品或服务时，这两个组织之间关系的本质是实现最终价值和客户满意度的一个主要影响因素。因此，供应管理不是简单地从事用资金换取产品和服务的活动，也致力于买卖双方关系的管理。

本节将讨论供应商商誉的性质以及优质供应商、合作伙伴与战略联盟应拥有的资质。

13.4.2 供应商的商誉

良好的供应来源是获得期望产品质量的保证。超前思维和计划是将来提高质量的进一步保证。因此，对任何组织来说，优越的供应来源是一项重要资产。

开发卖方在部分客户中的良好商誉，一直被认为是可靠的营销策略。建立商誉的方式有很多：建立商标与品牌、提高服务满意度、提高效用满足率（可以获取合适质量的产品和服务）、大规模的广告宣传、销售人员定期的电话推销、公平合理、关系承诺，以及所有让顾客感到卖方是合作伙伴而不是仅供应商的专业关系方面的感性与无形因素。近来，这些被称为"关系营销"。卖方很爱惜这种商誉，认为这是它们的主要资产之一。商誉具有实际的商业价值，并且法院也承认该价值。

采购组织与供应商之间的信誉需要尽力培养、小心维护。当买家如同市场营销经理与客户建立正确的友好关系一样，积极地保持与供应商的关系时，供应链的上下一致性才可以实现。由于战略计划往往基于供应商是合作的这一假设，因此确保供应商合作是有意义的。

先进的公司已经开始定期使用第三方研究机构对供应商进行调查，以测量供应商商誉。一家电子公司的总裁果断地说："不定期调查关键供应商的满意度，也不尝试持续地改善与供应商关系的公司，是不可能成为世界级的大公司的。"

在供应商满意度调查中有一个有趣的发现，即供应商认为最好的买家是那些对供应商业务的了解比它自己员工还多的企业。

13.4.3　采购商—供应商满意度矩阵

采购商必须做出的主要评估之一是"当前与供应商的关系是否令人满意"。这种关系是非常复杂的，采购组织中不同的人可能会有不同的看法。对一个还从未交付过商品的小订单的新供应商的满意度的认知可能基于对协议的评价以及买方对销售人员的印象。采购商根据过去和目前的绩效、两个组织中一些人员的专业关系，甚至未来的期望来对一个长期供应主要需求产品的供应商进行评估。这些评估结果可能由于市场上的竞争行为而发生改变。当信息表明某个竞争对手完全有能力以更低的价格提供相同的材料或服务时，今天看起来合算的交易价格会变得不那么有吸引力。

如图13-3所示的矩阵为在满意度和稳定性方面采购商—供应商关系的一个简单框架。该框架基于以下假设：

（1）对当前供应商关系的满意度可以评估，不论是否满意。
（2）不满意的一方（卖方或买方）或双方将试图使现状变得更加令人满意。
（3）这种尝试可能会影响关系的稳定性。
（4）这种尝试可能会出现赢输、双输、输赢以及双赢四种局面。
（5）买方和卖方对同一关系会有不同的看法。
（6）存在许多有助于任何一方改变处境和提高稳定性的工具、技术和方法。

显然，任一采购商—供应商关系可能落入四个象限中的任一象限。然而，只有象限A代表一个理想的区域，在该象限可以保持合理稳定的关系。在其他任一象限中，采购商、供应商或双方尝试增强满意度，都可能会降低另一方的满意度，进而削弱关系的稳定性。很明显，在象限D中双方都不满意，表示关系非常不理想、不稳定。

图中的对角线可以被看作一个"公平或稳定"线。只要位置沿着这条线移动，采购商和供应商至少处于同样的处境。（0，0）和（10，10）端点代表两个极端。（0，0）的位置代表双方都满意的状态。（10，10）代表了一种现实中很少出现的乌托邦式的状态。它要求一定程度的相互信任、分享和尊重，很难在我们这个"购物者当心"且竞争和定价机制自由发挥作用的社会里实现。然而，在一些合作伙伴企业中的关系已经接近（10，10）。买家愿意与卖家分享风险和信息，而卖家愿意打开账本供买方检查。买方和卖方共同承担风险和收益。以友好和相互接纳的方式解决问题，双方都能从这种关系中获益。

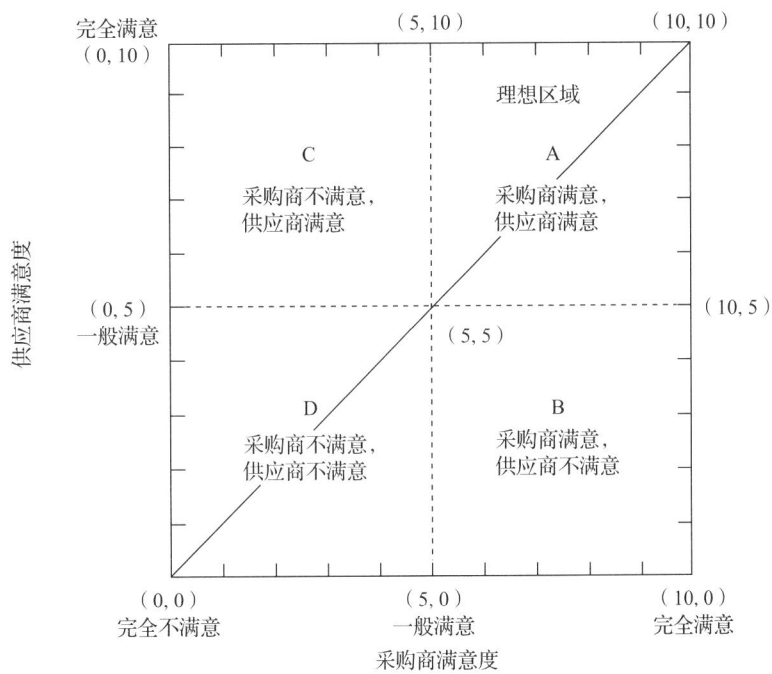

图 13-3　一个简单的采购商—供应商满意度矩阵

中间位置（5,5）被视为双方可接受的最低目标。要是没有达到这个位置，几乎没有协议可以达成。该位置的调整，要沿着对角线方向（10,10）努力。大幅的偏离对角线会增加合作的难度，会被认为协议给一方带来的利益少于给另一方带来的利益。不满意的一方可能会因嫉妒而企图将对方拖入共同的境地。因此，稳定性最高的区域位于对角线上的（5,5）到（10,10）这部分。

当双方的观点，即对自己的立场以及对另一方的立场，都被考虑到时，这种模式会变得更加复杂。例如，采购商认为合作关系位于 A 象限，对此供应商可能同意也可能不同意。

从供应的角度来看，对当前所有的供应商关系进行评估，并对有多少落在理想的区域内部，有多少落在外部做出决策是可行的。如果不满意或者边缘情况所占比重明显较大，那就需要做大量工作来重新调整当前安排。供应方面对双方关系的认知可以与供应商共享，以检查两者的认知是否一致，并作为相互诊断和改革计划的一个起点。根据模型框架评估合同和供应商的过程，有助于确定与所研究的特定要求相关的关键变量。此外，不满意或边缘情况的严重程度，是表明是否需要采取行动并应用工具与技术的指标。例如，相对于（5,5），在处于（1,5）的情况下购买人员可能会更努力工作。尽管在这两种情况下的资金价值相同，并对公司产生一致的影响。

改变象限中位置的工具和技术

多种供应管理和营销手段可以用来改变采购商与供应商关系在满意度图上的位置。其中一些方法会严重影响对方的看法，这些工具被称为"危机方法"或"消极措施"。其他方法对对方的看法影响较小，被称为"安抚方法"或"积极措施"。对于买方来说"危机方法"或"消极措施"有：

（1）未提前告知完全中断采购。

（2）拒绝支付账单。

（3）拒绝收货。

（4）提起法律诉讼，或使用法律手段恐吓。

对于供应商来说，它们包括：

（1）拒绝发送之前承诺的货物。

（2）单方面提价，不另行通知。

（3）坚持不合理的合同期限，无论提货与否均需付款的要求，大量使用自动调整条款，或其他不合理的条款、条件，不容讨价还价。

购买者的"安抚方法"或"积极措施"包括：

（1）授予大量的业务，给予长期的承诺，或者签订100%的需求合同。

（2）分享内部关于预测、问题的信息，共同寻找替代品。

（3）购方组织为了提高销售者地位而采取修正行为的意愿和能力。

（4）快速积极地回应供应商的要求，积极讨论并调整价格、质量、运输和服务等。

在供应商方面，它们包括：

（1）无较大争议地快速响应客户快速报价、交货、质量调整方面采购要求的意愿和能力。

（2）邀请买家讨论一些共同的问题与发展机会。

（3）对于价格、交付期以及产品可用量等的变化，较早提前通知采购者，尽可能使其有最多的时间提前规划。

有趣的是，"安抚方法"或"积极措施"更多地用于A象限，以进一步加强关系的稳定性，而使用"危机方法"或"消极措施"可能很好地实现短期目标，但可能会损害未来理想的稳定关系的建立。

对一种关系的看法基于双方所获得的结果以及实现这一关系的过程。例如，相对于供应商爽快地给予价格优惠，供应商勉强地降低价格且供应商部门人员不断表示不情愿的态度，可能会使采购人员的满意度降低。采用"危机方法"或"消极措施"远比用强硬的方式有更好的效果。例如，在价格上涨不可避免时，可由供应商销售经理事先解释。这样远比价格上涨后使用通函告知（购方）更令人赏识。与此类似，供应经理可以访问供应商的工厂以确定解决质量问题的途径和方法，说明在问题得到解决之前不会接受任何发货，而不是直接拒收供应商发送的货物并退回。结果—过程的结合强调了管理判断能力和有效地实现改变的能力。

13.4.4　供应商关系管理

满意度—稳定性矩阵强调了买卖关系中双方之间广泛交流的需求。从供应的角度来看，供应管理的目的是使双方建立有效的工作关系。这需要采购组织内部进行大量的协调工作，以确保最为关心某特定供应商绩效的人员能充分参与到项目的规划和执行的过程中，以促进达到预期的长期合作关系。因此，对于长期的供应商关系来说，团队工作是唯一合理的选择。在这样的团队采购中，采购人员或供应经理通常担任项目经理并起到协同作用。

如果没有内部合作和供应商关系改善相一致的战略性内部方法，供应商关系管理是不可能实现的。内部团队的成员是那些必须直接与供应商方面职务对等的成员接触的工作人员。双方需要对这种接触进行良好管理。当任何一方检测到了问题或看到了机会时，需要及时采取协调一致的措施。任何一个团队成员都必须具体了解双方的处境、宗旨、优势、劣势，只有这样才能判断改变、问题，或者机遇对对方的影响。简单地说，卖方和买方的人员需要充分了解自己和对方，只有这样双方才可以继续改善，互利互惠。坦白来说，买卖双方只能通过坦诚地讨论并共同解决问题，以及具有研究有意义的供应商关系的每个层面的意愿，才能达到相互理解。在许多组织里，不同职能部门的员工很难一起朝着一个共同的目标奋斗，却更容易理解第一级/直接供应商带来的这种挑战。与第一级供应商的关键供应商（第二级）以及供应商层级之间的关系管理，是非常困难的。在之后的几十年，发展卓越的供应商关系将是供应管理中最关键的挑战。

此外，与供应商建立有效工作关系的能力将取决于供应部门在组织内部建立有效工作关系的能力。因此，在组织内的供应状况以及合格可靠供应人员的可获得性将是决定组织最大化利用供应商资源的关键因素。

13.5　合作伙伴与联盟

在过去的 30 年，许多组织与它们的供应商已经建立了合作伙伴关系与联盟。这种长期的"合作伙伴关系"让律师很头疼，因为在法律意义上它有一定的义务，但又不是标准的买方卖方合作伙伴关系的必要组成部分。不幸的是，伙伴关系含义相当模糊。在销售界伙伴关系是对任何客户进行推销宣传的标准内容之一，进一步复杂化了合作伙伴关系。同样，一些购买组织把与每个供应商的关系都称为合作伙伴关系，在通常情况下为使供应商做出大力的让步。为了避免这种混乱，一些采购商选择了"优选供应商"这一术语。

供应商合作伙伴关系的兴起，始于 20 世纪 80 年代对与供应商保持密切关系的日本企业的研究。供应商合作伙伴关系被视为确保质量、快速发货以及持续进步的关键因素。北美地区首先采用合作伙伴关系的公司包括施乐公司、霍尼韦尔公司、宝丽来公司、摩托罗拉和 IBM。这些采购商—供应商的合作伙伴关系代表了传统的买卖模式的一个实质性的转变。其中两者之间一些关键的差异，如表 13-1 所示。

表 13-1　采购商—供应商关系一览表

传　　统	合作伙伴关系
最低的价格	总成本最小
产品或服务规格驱动	终端客户驱动
短期，市场响应	长期
困难避免	机会最大化
采购人员的责任感	跨职能团队和高层管理人员的参与
战术	战略
双方基本无信息共享	供应商和采购商共享长短期计划
	共享风险和机会
	标准化
	合资
	共享数据

20世纪90年代，采购商—供应商的合作伙伴关系，专注于合作、互惠互利；许多伙伴关系并行。运营目标包括标准化并统一标准货物的数量（例如非生产性物料），并与单一供应商建立期限更长的合同。战略联盟是一种伙伴关系，目标在于获得两者共同计划中的保证质量、成本低廉并可以持续改进的战略性产品和服务，以确保买方和供应商的竞争优势。

21世纪，伙伴关系和联盟以建立网络为导向，重点在于建立有效的多层供应链和全球网络。关注点转移到建设和维护具有弹性和可持续性的供应链上。

13.5.1　供应 / 供应商早期参与

相比后期，采购过程中影响价值的机会在早期阶段明显较大。供应商和买方的早期介入可以促进工艺、设计、再设计或价值分析活动的改善。在缩短时间周期、提高竞争力以及降低成本的驱动下，一些组织将供应商纳入到跨职能团队中来。

供应商早期参与进来，希望能够获得业务，或者作为当前合作伙伴 / 联盟关系的一部分。这通常必须提前处理保密问题，并且必须明确供应商参与进来是否可以确保获得业务。

合作的好处来源于公司间的亲密关系。原理与可制造性设计或装配性设计相似，移除设计、营销、生产、工程、质量保证、采购和业务之间的内部壁垒，以避免职能次优化。通过移除"把设计外包"相关的职能性障碍，推进新产品和服务的设计及推广，从而实现质量和成本的显著改进，使得供应商和供应部门成为设计流程的一部分，称为"可获得性设计"。有些人称之为供应 / 供应商早期参与（ESI）。此外，如果供应商让其供应商参与到这一流程中，采购组织就有机会接触各种专注于客户需求的人才。然后，在制定投资、招聘、新产品开发、流程或系统设计决策时，供应商也会考虑客户 / 合作伙伴的未来需求。在这种合作关系中，双方努力挖掘的正是这种潜在的改进机会。

在内制还是外购决策中，伙伴关系被视为一个替代解决方案。同样，伙伴关系也可以是垂直统一管理的替代方案。在伙伴关系下，双方尝试在不损害所有者利益的同时通过共享信息获得收益。

伙伴关系需要双方的共同努力来提高效率。双方需要容忍错误，还需要一个真正的承诺来确保伙伴关系正常运转。关键点是，每个合作伙伴都可以通过彼此共享的知识和资源来巩固自己的竞争地位。

13.5.2　合作伙伴的选择

在选择潜在的合作伙伴时，软、硬因素都要考虑。所有传统的困难因素，包括质量、配送、成本、环境、安全及持续改进、资金和管理稳定、风险降低措施和技术成就都是很重要的。软因素也变得重要，例如，在一些问题上一致的管理价值观，包括客户满意度、质量关注度、员工参与、供应商关系、对等职能中关系人员的融洽度。重要的问题是：我们能一起工作得很好吗？我们能相互尊重、相互信任吗？我们喜欢对方吗？这样的问题并不能轻松快速地得到回答。因此，在组织当前最好的供应商中更有可能发现潜在的合作伙伴（见图13-4）。同供应商建立伙伴关系需要时间，一些组织可能没有足够的时间以获得期望的结果。

- 正式的沟通流程
- 致力于供应商的成功
- 双方受益
- 稳定的关系，不依赖少数人员
- 供应商绩效的稳定性，以及对供应商绩效给予具体的反馈

图 13-4　一些有效的伙伴关系的指标

资料来源：SEMATECH。

13.5.3　伙伴关系和联盟的类型

伙伴关系和联盟有许多形式，并且根据多种目的组成。两种最常见的关系类型为：业务伙伴关系和战略伙伴关系。

1. 业务合作伙伴关系

业务合作伙伴关系通常在投资组合分析中围绕杠杆利益形成，以最低的总体成本获得期望水平的质量、数量、运输、价格和服务。通常业务合作伙伴关系关注的重点是采购流程的改进，以此作为实现最低采购成本（总拥有成本的一部分）的手段。通过与单个或多个企业合作，根据风险评估与风险转移策略，商品或品类经理主要通过改善采购流程、消费管理技术（如简化和标准化技术），以及库存和交付系统的合理化，来降低总成本。例如，可以采用电子采购系统来自动化下订单，采用供应商的库存管理系统可以缩短交货期和降低供应链上的库存数量。

业务合作伙伴关系，潜在结果可能是，对供应商在买方组织内部进行协同定位。随着组织寻求用更少的人做更多的工作，以实现公司生产力和竞争力目标，它们越来越多地寻求供应商的专业知识和帮助。一名关键供应商的工作人员被派驻到采购组织内部中的相关部门可以发挥买家、规划师与销售人员的作用，可以改善采购商—供应商之间的沟通流程，吸取公司员工的工作经验，降低管理和销售费用。

2. 战略合作关系和联盟

战略采购商—供应商伙伴关系或联盟使得买方和卖方在战略上都有所不同，并试图寻求可持续性的竞争优势。买方和卖方都相信，除了标准的贸易模式之外，双方利益的获取促成了这种关系的形成。作为公司战略的基础，这些联盟受到高层管理者的关注，并使其进一步认识到供应商和供应关系对任何组织来说都具有战略性意义。这些联盟通常是基于技术的，并要求买方和卖方进行大量的投资，以实现重大的市场突破。

战略联盟的成功取决于许多因素，包括组织在质量、持续改进和客户服务方面管理上的融合度，双方组织多层面（管理层、业务职能层）的承诺与参与，合适的技术应用的使用，经过协商达成一致的目标，关键绩效指标，风险和收益的分配，对解决问题和持续改进的承诺。双方为提高竞争力，建立了联盟，联盟是实现高质量、持续改进、创新的一种方法。

战略联盟是一种长期的关系，聚焦于双方在战略和战术上共同的目标，并需要客户/供应商团队的支持，以促进共同成功与盈利。持续改进是一个目标，必定存在这一目标可实现的证据。合作伙伴必须积极地促进彼此成功，高度重视合作关系，并共享风险、机

会、战略和技术路线图。一般来说，大多数组织，其战略联盟的数量是有限的（6～20个），并且通常会给每一个联盟供应商分配一位高管。这个高管每年都会与卖方组织中与之地位对应的人员进行互动交涉。他们一起监控内部合作项目的进展，为必要的改革铺平道路，以获得成功。买方和卖方代表之间通过各种媒介定期联系，是对这种关系进行管理的一个层面。同时，业务性项目团队成员之间也会有频繁的接触。业务性项目团队成员主要执行和管理与联盟目标相关的业务。来自买卖组织各种职能部门的工作人员，都将在组织联盟中发挥一定的作用。

13.5.4　长远前景

另一个有趣的问题是，在未来更长的一段时间内会发生什么。是收益率继续增加，还是收益出现递减规律？自 20 世纪 70 年代末以来，像本田这样的公司与一些供应商一直保持合作关系，显然已经找到了一种为各方持续提供利益的方法。公司之间能否长期维持这种关系取决于许多变量，包括合作的最初目标是什么，双方对于继续发展合作关系的承诺水平，以及公司与行业的具体情况。在建立合作关系的初始阶段考虑更长期的计划，从长期来看有助于防止不满意的情况发生。

13.5.5　伙伴关系和联盟的关注点

对于伙伴关系和联盟有几个需要重点关注的地方。买卖双方关系从交易关系转变为合作关系，再转变为协作关系，并不是所有供应专业人士都认为，协作或合作关系比竞争关系要好。大多数传统的采购工具和技术都基于企业之间具有竞争关系。关注点之一是，至少存在有一方想要利用自身优势使双方承诺和关系恶化。在一个技术驱动的环境中，新技术的知识产权非常宝贵，对机密的保护也是一个重要的关注点。对于采购商和供应商来说，如果相关信息表明对方在未来几年可能会采取竞争战略，此时评估对方是否是可以信任的，就显得至关重要。

同样，取消"货比三家"的方法是否符合买方的长期利益，取决于买方建立的以消费者满意度驱动的策略是否有效。建立伙伴关系的决策是一种组织承诺，不只是采购承诺。伙伴关系具有业务上的重要性还是战略上的重要性，取决于关系的本质。

通常，合作伙伴或战略联盟只涉及针对特定需求的单个或唯一供应源，因此风险会很高。对买家来说，单源采购的一个危险在于，在其中采购商极有可能受供应商的摆布。供应商知道客户依赖它们，它们可能会过度收费，让质量或成交量下滑，减慢或停止持续改进计划。对供应商来说，危险之一是对购买组织的过度依赖。因为其收入主要来源于该组织。买家知道这些供应商依赖它们。它们可能会要求供应商对价格或质量做出不合理的让步，或者拒绝共享必要的信息或利益。这就是需要谨慎管理供应商关系的原因。供应商关系管理需要对价值进行全面的理解和识别。产品或服务的价值是指长期生命周期成本以及给用户带来的收益。它并不一定意味着最低的购买价格，或最低的库存投资，或最快的交货时间，或最低的交付成本，或最长的生命周期，或最高的处理价值，甚至是可达到的最高质量，而是这些因素的最佳组合。通常购买价格是其中一个重要的部分。确保采购带来非常好的长期价值是供应经理的职责。此外，在选择首选供应商或建立合作伙伴关系时，采购商通常在充分认识到学习曲线理论以及买卖双方对持续改进方面的承诺后，商定未来质量、交付和价格的目标。

单源采购的另一个危险是，像日本的海啸、新奥尔良的卡特里娜飓风、政治动荡、工厂灾难，或恐怖主义行为等不可预见的事件会严重破坏供应链。供应经理在相当大的内外部压力下，专注于设计和维护可复原的供应链，这意味着供应链要能够抵制破坏性的力量，就算不能，它也能够使损害最小化，完全恢复相应功能。

13.5.6　多级供应商关系

供应链或供应网的长度和复杂性增加了伙伴关系和联盟的问题和挑战。精益供应网下的关系管理更可行，同时，也会增加供应中断的风险。供应链上的组织成员经常越过直接、一级供应商，努力将其经营理念与伙伴关系和联盟的实践经验，扩展到关键供应商、一级供应商。较长且复杂的供应网内有很多全球供应商，它们规模不同，涉及的主要领域也不同，其中包括管理、信息技术人力资本，及供应管理。这增加了价值共享、目标统一以及共同建立合作关系与联盟的难度。

合作伙伴关系处于一个动态的供应网络。随着双方在质量、成本、弹性和可持续性上的努力，它们的权利、地位、收入与成本时刻发生着变化。

本章小结

供应商评估是采购过程中必不可少的一部分，必须要通过检查来确保供应商是否遵守了合同安排。评估方法分为非正式评估与正式评估，并需要符合供应商选择建立的准则。供应商分为不合格的供应商、合格的供应商、优选供应商以及杰出供应商四类。

对组织来说，供应商关系管理与客户关系管理一样重要。因此，供应商关系管理是供应专业人员的首要职责，也是其他职能和高层管理人员的责任。关系管理的目标是达到双方满意，确保长期稳定。合作伙伴关系需要很高的满意度，并在买卖双方之间形成一定的紧密度和合作关系。这些是在普通供应商关系中没有的。战略联盟为一种特殊形式的伙伴关系，在这种体系内各方都在寻求机遇创造稳定的竞争优势。在全球供应链（网）中扩展这种关系并达到多层化是现阶段供应管理所面临的重要挑战。

复习题与讨论题

1. 什么是加权点评估系统？为什么要使用它？
2. 什么情况适用正式的供应商评估方法，而不适用非正式的供应商评估方法？
3. 评估新供应商与评估现有供应商有什么异同点？
4. 为什么采购工作更注重于供应商管理，并把它作为评估的一部分，这种评估如何实施？
5. 为什么买家与供应商的关系很重要？
6. 为什么要建立合作伙伴关系？
7. 什么是战略联盟，为什么使用它？
8. 供应商早期参与的目标是什么？供应商早期参与如何与跨职能团队相适应？
9. 业务联盟和战略联盟之间的区别是什么？
10. 买家与供应商关系的满意度和稳定性之间的关系是什么？

参考文献

Forrest, W. "McDonald's Applies SRM Strategy to Global Technology Buy." *Purchasing* 135, no. 12 (2006), pp. 16–17.

Krause, D. R.; R. B. Handfield; and B. B. Tyler. "The Relationship Between Supplier Development, Commitment, Social Capital Accumulation and Performance Improvement." *Journal of Operations Management* 25, no. 2 (2007), pp. 528–545.

Leuschner, R.; D. S. Rogers; and F. F. Charvet. "A Meta-Analysis of Supply Chain Integration and Firm Performance." *Journal of Supply Chain Management,* 49, no. 2 (2013) pp. 34–57.

Liker, J. K., and T.Y. Choi. "Building Deep Supplier Relationships." *Harvard Business Review* 83, no. 1 (2004), pp. 104–113.

Mena, C.; A. Humphries; and T. Y. Choi. "Toward a Theory of Multi-Tier Supply Chain Management." *Journal of Supply Chain Management* 49, no. 2 (2013), pp. 58–77.

Oke, A.; D. I. Prajogo; and J. Jayaram. "Strengthening the Innovation Chain: The Role of Internal Innovation Climate and Strategic Relationships with Supply Chain Partners." *Journal of Supply Chain Management,* 49 (2013), pp. 43–58.

Robitaille, D. *Managing Supplier-Related Processes.* Chico, CA: Paton Professional, 2007.

Reuter, C.; K. Foerst; E. Hartmann; and C. Blome. "Sustainable Global Supplier Management: The Role of Dynamic Capabilities in Achieving Competitive Advantage." *Journal of Supply Chain Management* 46 (2010), pp. 45–63.

Teague, P. E. "How to Improve Supplier Performance." *Purchasing* 136, no. 4 (2007), pp. 1–32.

案例 13-1　APC（欧洲）公司

APC公司欧洲分部位于荷兰的乌特勒支。10月5日，周二，包装采购经理麦琪·阿涅利，想知道在明天与定制化包装供应商布朗库公司工厂经理的见面会上应该讲些什么。在过去的三个季度里，布朗库公司工厂的质量绩效评估持续下降。麦琪认为，为了避免未来发生问题，得到工厂经理的合作是至关重要的。

APC公司

APC公司，是一个多样化的国际制造商，总部设在美国，为工业和消费市场提供一系列产品。它位于乌特勒支的工厂雇用了将近400个工人，欧洲市场每年销售额为1.5亿欧元，而且良好的业务绩效保持了很长的时间。

每个部门都根据一整套的企业指导方针来运营，并对自己的财务业绩负责。

质量控制

采购过程中严格的质量保证使APC取得成功。各个供应商与APC工厂之间的协调在避免生产减速中起到了重要作用。工厂人事部与销售代表之间保持联系，一旦在制造过程中出现供应产品引起的问题，相应的销售代表将会收到一个标准形式的邮箱通知——"不合格行为报告"，这个报告由最了解该问题的工厂操作员给出。销售代表需要通过电子邮件回复一个标准的"反馈表"，以确认问题，并解释如何解决问题。

"不合格行为报告"中提到的供应商绩效与标准绩效之间的差距也会推送给每个采购经理。供应助理汇编了这些表格，并收集了许多其他供应商绩效标准的信息，例如精准数量的货物交付、准时发货，以及文书工作的精确性（见表1）。每个季度，每个采购经理利用收集来的信息，通过计算，得出一个"供应商绩效排名"。所有供应商使用同一得分指标进行排名。

表 1　供应商绩效评分标准

质　量		
子项目	分　数	标　准
拒收与不符合规范的货物	4	没有货物拒收或不符合规范
	3	不符合规范的货物不超过 5%
	2	不符合规范的货物超过 5%，不超过 10%
	1	不符合规范的货物超过 10%，不超过 20%
	0	不符合规范的货物超过 20%
流程控制能力，数据/样品	4	不多于 1% 超过限制，所有发货均收到样品/数据
	3	高达 5% 超过限制，90%~99% 的发货收到样品/数据
	2	5%~10% 超过限制，80%~90% 的发货收到样品/数据
	1	10%~20% 超过限制，70%~80% 的发货收到样品/数据
	0	高于 20% 超过限制，低于 70% 的发货收到样品/数据

交　付		
子项目	分　数	标　准
数量	4	所有数量都是正确的（误差范围内）
	3	数量不正确的发货量不超过 5%（误差范围内）
	2	数量不正确的发货量超过 5%，不超过 10%（误差范围内）
	1	数量不正确的发货量超过 10%，不超过 20%（误差范围内）
	0	数量不正确的发货量超过 20%（误差范围内）
时间	4	所有发货量都是准时的（误差范围内）
	3	发货时间超过容忍范围的货物不超过 5%
	2	发货时间超过容忍范围的货物超过 5%，不超过 10%
	1	发货时间超过容忍范围的货物超过 10%，不超过 20%
	0	数量不正确的发货量超过 20%（误差范围内）
文书工作	4	没有遗漏批号、装箱单、没有发票错误或其他所需的文件
	3	文书出现错误的发货量不超过 5%
	2	文书出现错误的发货量超过 5%，不超过 10%
	1	文书出现错误的发货量超过 10%，不超过 20%
	0	文书出现错误的发货量超过 20%
到货状况	4	所有收到的货物符合期望
	3	发生托盘损坏、包装不足或者纸箱损坏的货物不超过 5%
	2	如上损坏的货物超过 5%，不超过 10%
	1	如上损坏的货物超过 10%，不超过 20%
	0	如上损坏的货物超过 20%

(续)

持续性改进		
子项目	分数	标准
纠正行为	4	与在30天内响应并实施纠正行为
	3	与在31~60天内响应并实施纠正行为
	2	在30天内响应纠正行为
	1	在31~60天内响应纠正行为
	0	60天内无响应
成本、交货期、库存批量的减少	4	单位成本、交货期与库存批量明显减少
	2	单位成本、交货期与库存批量少量减少
	0	单位成本、交货期与库存批量无减少

APC（欧洲）公司实行的这套标准与评分系统是在几年前由位于北美的总部供应组开发的，反映了一些APC在管理中认为非常重要的供应商绩效的关键方面。供应商会收到评分标准的副本，以便充分了解它们是如何被评估的。在每个季度结束的时候，供应商都会收到排名的结果。APC（欧洲）公司将对供应商活动以及与标准的差异，做出详细的解释。

排名标准包括三个部分：质量、交付以及持续绩效。其中质量占最大比重，高达总体的50%。每个部分都包括了一些具体子项。根据供应商对每个子项绩效进行评分，打分范围是0~4，然后对分数进行加权求和。通过分类总结得到一个季度的总绩效排名（见表2）。供应商的最大可能得分是4分。综合评分为3是绩效排名可接受的最低值。

表2 布朗库公司7月1日~9月30日的绩效评价

类别	描述	得分	权重	类别得分	权重	总分
质量	拒收与不符合规范	3	0.65	1.92		
	流程控制能力与数据/样本	2	0.35	0.70		
				2.65	0.50	1.33
交付	数量	4	0.3	1.2		
	及时性	4	0.3	1.2		
	文书工作	4	0.2	0.8		
	到货状况	4	0.2	0.8		
				4.00	0.30	1.20
持续性改进	纠正措施响应	3	0.50	1.50		
	成本、提前期与库存批量的减少	0	0.50	0.00		
				1.50	0.20	0.30
总计						2.83

布朗库公司

麦琪已经观察了布朗库公司过去三个季度的绩效排名情况，有些担心。虽然每个季度的问题布朗库公司都予以纠正，但是下个季度又会产生更多问题。这就导致了布朗库公司每个季度的绩效排名在持续下降。最终，在最近的一个季度，布朗库公司的评分跌到最低可接受分3分以下（具体见表2和图1）。布朗库公司的销售代表希尔·达姆萨收到评分排名后，立即给麦琪打了电话表示了自己的担忧。她们认为有必要马上召开会议，APC的生产经理埃里克·科恩迪尔以及布朗库公司的工厂经理穆伊也应出席。最终会议定于10月6日下午2点在APC公司召开。

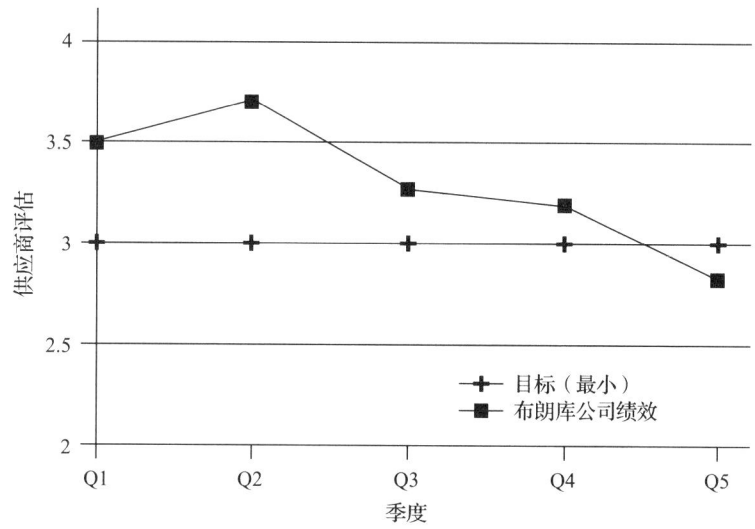

图1 布朗库公司的绩效等级（7月1日～9月30日）

布朗库公司位于阿姆斯特丹附近，是APC产品定制包装箱的供应商。这些包装箱为了满足特殊消费需求，有着特殊的尺寸和所需的定制规格。由于特殊订单、促销和满足客户的独特要求，因而需要定制包装。许多订单涉及小批量生产和规格频繁变更，因此对于布朗库公司来说，很有必要进行定制生产以满足APC的独特要求。布朗库公司已经成为APC（欧洲）公司的定制包装箱的唯一供应商，但也由于这个原因，麦琪不能轻易快速地从不同供应商那里获得这个定制产品。布朗库公司每日交付产品，并且对APC（欧洲）公司的年度销售额达到了50万欧元。定制工作需要双方做出实质性的承诺。而APC（欧洲）公司和布朗库公司之间的信任关系是花了8年时间才建立起来的。

质量问题给APC（欧洲）公司带来了很大的成本。由于物品叠放，大量布朗库公司的订单都有纸盒缺损。不合格问题通常在生产开始之前无法被识别出来，而且会导致设备停止运转。生产中使用全自动的流水线，一端的停工将导致整体延误。由于有缺陷的纸箱不会影响到客户的最终产品，因此为满足客户需求，工厂继续运行，不断加班。然而，布朗库公司上一次的发货，包装箱不合格，导致了整整一天（两班）生产30%的损失。在满负荷生产下，工厂生产2 000箱/小时，三个操作员每人每小时的28欧元。

与布朗库公司一起召开的会议

在过去的几年里，麦琪感到这个行业发生了巨大的变化。有一段时间，作为一个购买者，她尽可能要求供应商做出改变，

"不然就更换他人"。情况不再是这样了。麦琪认为,"在这样一个紧张的市场里,你无法轻易放弃供应商。关系就是一切。"

在会议的第二天,麦琪觉得打动希尔和穆伊,与他们继续加强这种关系是至关重要的。因此她必须以某种方式让穆伊最终明白他必须做出一些改变。麦琪想知道:"这次会议我的议题是什么?我该说什么呢?"

案例 13-2 德尔菲公司

鲍尔·布兰特是德尔菲公司精益采购的执行主任,正在为下周与全球供应管理副总裁大卫·尼尔森的会议做准备。大卫最近任命鲍尔领导开展德尔福公司全球供应管理(DGSM)组织的新供应商选拔计划。现在是8月18日周二,鲍尔与大卫和其他全球供应管理组织的高级成员进行了会面,并将在下周一上午9点审查有关精益供应商开发实施的关键决策。

德尔菲公司

德尔菲公司是移动电子、运输部件和系统技术方面世界领先企业,营业收入约为280亿美元。该公司生产汽车电子产品、汽车零部件、集成车辆子系统和模块,具体分为六个部门:德尔菲电子与安全、德尔菲能源及底盘、德尔菲散热及内饰、德尔菲转向盘、德尔菲产品和服务、德尔菲包装与电气。大约有185 000名工作人员在世界各地38个国家为德尔菲公司工作。

德尔菲公司的历史可以追溯到北美汽车业的初期。德尔福公司,于1991年从通用汽车公司(GM)的零部件制作部分离出于,于1998年注册成立。在1999年,它首次公开发行股票成为独立公司(纽约证券交易所代码:DPH)。

德尔菲制造系统

巴滕伯格是德尔菲的前董事长兼首席执行官,在1996年推出了德尔菲制造系统(DMS)。这一系统后来被丰田生产系统效仿,成为驱动公司向精益企业转型的基础。DMS系统主要关注六个相互依赖的元素,旨在消除浪费:员工环境和参与度、现场管理组织、质量、操作可用性、材料流程和流水线制造。在推出DMS的随后10年中,德尔菲因其出色的制造能力获得了23项卓越制造奖。

DSM系统主要用在德尔菲的工厂和生产设施中。该公司降低供应商成本的方法类似于传统行业的做法,即每年通过谈判减少所采购产品和服务的价格。尽管这种方法为公司的整体财务状况提供了稳定的成本节约来源,但它提供的成本节约量是很少的。

2002年,面对来自客户方面的成本压力的持续增加,巴滕伯格审查了德尔菲成本削减的机会。在认识到德尔菲约60%的成本来自购买零件和材料后,巴滕伯格决定做出改变。他的计划是将DMS的使用范围延伸到供应基地。

巴滕伯格在组织外部聘请大卫·尼尔森作为全球供应链管理的新一任副总裁。大卫是一名经验丰富的采购执行官,是天和(TRW)、本田汽车美国公司的前任采购负责人,最近在美国迪尔公司任职。巴滕伯格认为,从公司外部招聘人员担任这一重要职务,预示着德尔菲与其供应商的关系会发生明显的变化。

德尔菲供应管理战略

德尔菲的采购组织大约有1 800名采购人员,另外有500人负责供应商质量。公司有大约30个商品团队,横跨四个类别——化学、电气、工艺和金属,这四个类别大概需要直接材料费中80%的资金。该组织是一种集中式混合结构,由不同部门和地区组成。部门采购总监、地区采购总监以及商品采购总监向大卫以及部门、地区总裁汇报。商品团队领导人是部门的采购人员，通常包括跨部门代表，根据不同的需要，成员来自诸如质量、制造和产品工程等领域。工作人员主要位于业务部门，有50人在总公司工作。

德尔菲的供应目标是以总成本为中心，采取战略采购，将精益原则延伸到供应商，并与之建立深厚的关系。为了实现这些目标，大卫·尼尔森想将重点从价格转变为成本，在供应基地建立精益体系。他建议建立专注于三个关键领域的团队：直接和间接采购（包括全球采购）、成本管理，以及精益供应发展。他对面临的挑战做出如下评论：

公司直接采购总额约为140亿美元，间接采购额约为30亿美元，在实现显著降低公司制造和供应基地成本这一目标方面，我们的全球供应管理团队应该发挥重要作用。我们需要帮助我们的供应商更好地了解德尔菲公司面临的重大成本压力，这种压力主要来自客户每年对价格降低的需求。因此，我们需要更加紧密地与供应商合作，以控制和降低成本支出，而不仅仅是把这些成本转嫁到其他方面。

我确定了精益供应转型的九个要素（见图2）。我们为实现最大的利益需要整合所有这九个要素。

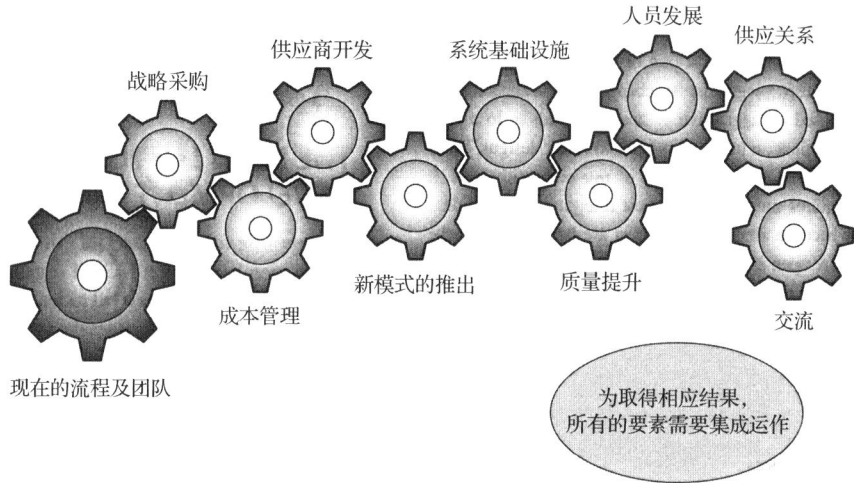

图2　精益供应管理战略：九个要素集成运作

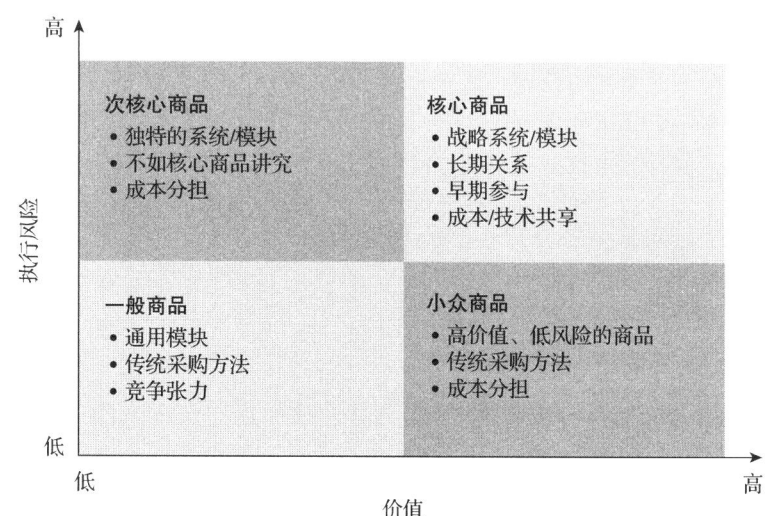

图3　德尔菲的战略采购框架

战略采购

在大卫·尼尔森来到德尔菲时,这家公司有一个全球供应基地,包括将近7 000个供应商。大卫·尼尔森相信随着供应商大幅度减少,德尔菲会变得更加灵活和成本更低,因此他强烈认为需要建立合适规模的供应基地(见图3的德尔菲的战略采购框架):

我们的愿景是,以具有高价值和复杂性的零部件为核心,该零部件最终会外包给一批与我们有深厚关系的战略供应商。我们将价值较低但复杂性较高的材料外包给次级供应商。小众市场供应商将是那些有着独特产品或专利的供应商,这限制了德尔福的竞争能力。另外,我们将使用更传统的方法来采购价值低和复杂性较低的商品。

成本管理

有效的成本管理需要具有开发与管理成本标准的能力。成本标准是指根据实际情况来确定的零部件或服务的成本。大卫·尼尔森描述了德尔菲的成本管理工作状况:

通过切实地了解零部件或服务所需的成本,以最终联合消除浪费为目的,在积极竞标的基础上,设计与采购根据拍卖的动态而变化。这将促使形成更好的设计、更好的流程,建立最高水平的真正竞争力。这还需要相互信任、最大程度的忠诚和保密性,因为所有的成本要素都会被研究——这些资料是开放的,讨论是很细致的。

仅仅要求降低成本并不能帮助供应商变得更具竞争力。供应管理需要成本管理工具和模型,以便制定明智的购买决策。成本管理对于供应商发展是必要且有效的,以使其了解是什么,在什么地方,什么时候做出改进和变化。

发展精益供应商

保罗在公司30年的职业生涯中曾从事过很多岗位,如工程员、生产操作员、质量检测员和工厂经理。在过去的5年中,保罗一直是公司两个最大部门的精益运作部董事,仅向制造业务主管和他的部门总裁汇报工作。因为他处在这个位置上,因此他一直负责在每个部门实施DMS。

大卫将建立一个新的项目,保罗被"改过自新"这样一个全新的机会所吸引。大卫的目的是要建立一个供应商发展小组,以向DGSM中补充其他关键举措,即战略采购与成本管理。大卫描述了他对供应商开发的展望:

供应商开发,需要拥有专业知识的专门工程师的努力工作,以使供应商能够在它们的工厂运营中达到精益生产的最佳水平。我要把在供应商的工厂直接为供应商工作的工程师编为一组,旨在消除各环节的浪费,如工艺改进、运营效率、产品质量与交货。

我的经验是,德尔菲的制造业务通过DMS实现成本为两位数的改善,当供应商可以获得如上的成本节约时,节约成本的机会对于供应商来说是很吸引人的。人员成本的降低范围是从20%到近50%,生产率可以从30%提高到60%,质量可以提高10%~45%。投资回报率很显著。为实施供应商开发所进行的投资,一般的投资回报率为3:1。

精益供应商开发计划

在准备与大卫·尼尔森及DGSM组织其他高级成员的会面时,保罗想确定精益供应商开发实施四大方面的关键问题:组织结构、流程、信誉与供应商、资源与预算。他的目标是使得DGSM领导团队在这些领域达成共识,以形成他实施战略的基础。然而,作为开始,保罗需要考虑可用的备选方案，并向小组提出初步建议。

组织的问题与德尔菲五个部门之间的差异性和公司供应基地的全球性质有关。虽然保罗赞成建立一个共同的供应商发展流程，但他认识到他的组织将必须容纳各部门之间在技术、工艺、产品生命周期以及客户群体方面的差异。部门和区域总裁需要了解精益供应商开发对组织和供应商的影响。

虽然德尔菲的大多数供应商的总部设在北美洲，然而从北美以外购买货物的比重却逐渐增加，特别是从亚洲。这一趋势是公司全球扩张、从低成本地区选择新的供应商，以及现有供应商的全球发展的结果。因此，新供应商开发组织的结构将不得不考虑到德尔菲运营的全球发展。如何快速地将供应商开发扩展到国际供应商？应该在世界各地的关键地区建立供应商发展办公室吗？

此外，还有一件事，保罗从哪里找到供应商开发工程师。德尔菲通过在自己的工厂实施DMS系统，积累了丰富的精益生产知识。保罗还可以利用组织内部一个强大的人脉网。然而，为确定集团将在内部招聘多少工程师以及将从公司外部聘用多少工程师，保罗还要制定关于这些问题的指导原则。

对第二个问题及相关问题，需要建立一个精益供应商开发流程。保罗想要确定精益供应商开发所贯彻实施的步骤，从供货商的选择开始，止于实施供货商同意的计划。然而，对于这些流程怎么样起作用，保罗有大量的疑问。例如，该如何选择合作的供货商，它们会愿意被DGSM中的某个人或者是其以外的人管理吗？又或者有供应商自愿来可以参与吗？关于一个供应商在什么时候可以作为比较好的开发对象，需要建立一个标准。另外，关于会议、评估还是实施，接下来的步骤是什么？德尔菲和供应商谁应该出面，何时介入都是要考虑的问题。

保罗最关心的是供应商如何接受德尔菲公司的供应商开发计划。根据历史经验他总结：

经过多年严厉方式的重击，它们可能没有信心、意愿，或承诺，采用新的精益模式，即使这样可以带来更大的利润、更高的质量，与更强的竞争力。它们可能不会信赖德尔菲，这与它们在过去与那些做了承诺而未兑现的顾客打交道的糟糕经历有关。我们必须改变这些供应商的观点。

那么德尔菲和供应商之间如何共享利益呢？大卫·尼尔森已经在第一次会面时和保罗表明："从概念上讲，德尔菲与供应商的利益分配是基于50/50的原则，但是，每一种情况都应该单独讨论。"保罗希望建立一个关于结余怎么分配的明确的基本规则。

最后一个问题是有关于预算和资源的。大卫·尼尔森已经和保罗表明他希望供应商开发组织的工程师人数能达到50个。保罗大致估计了每一个人每年在工资和津贴上都要花费差不多100 000美元，还要加上另外相关的费用，例如出差。保罗增加供应商开发工程师人数的速度也将受到一系列因素的影响，比如供应商的接受程度和项目的回报率。

保罗还认识到，对其组织绩效测量的主要指标是降低的成本。所以，他不仅将目标放在员工人数上，还放在节省开支上。然而，计算节省的开支并不是一个简单的任务。例如，多长时间测量一次降低的成本？是一个合同周期，一个零件的周期还是仅仅在本会计年度进行一次计算？需要同时计算避免支出的费用和减少支出的费用吗？或者只是年复一年地计算价格的减少量？

保罗坐在他的桌子后为下周一的会议做准备，他开始分析其所面临的挑战的复杂性。虽然精益供应商开发代表着德尔菲的一个重大机遇，但实施起来需要精心策划和执行，以避免公司的主要部门和关键供应商之间出现潜在的问题。

案例 13-3　东北医院

东北医院位于美国马萨诸塞州牛顿市。10月7日周二，东北医院高级采购员凯西正在审核三个供应商针对回收和转运垃圾的建议。医院政策要求供应商每5年进行一次合同审查，凯西需要去准备一份建议，可能会在明天的采购团队会议上对之进行审议。

东北医院是马萨诸塞州最大的急性病治疗教学医院之一，致力于对病人的优质照顾，及教学和研究。医师、住院医生和职员的数量将近15 000人，而且这家医院每年为就医病人提供超过100万次的医疗服务。牛顿市坐落于波士顿大都会地区，那有大概450万的人口。

东北医院注重环境保护，主要通过五大关键的环境项目来减轻医院对不可再生资源和废物源的依赖：节能、废物管理、可持续性运输、采购以及教育与意识活动。这个医院的废物和回收项目包括对玻璃、报纸、好的纸张、纸板、混合塑料、铝以及有机材料的收集。在过去的一年，东北医院收集回收了200吨合成品、240吨纸制品、290吨纸板以及230吨有机废物。

回收合同

东北医院和供应商合同的有效期最长为五年，而且大部分合同期限为一年、三年或五年。合同过期了，其将发布RFQ或RFP，以识别改善质量、服务和降低总成本的机会。通常是由采购团队管理RFQ和RFP的流程，团队成员包含可能受采购决策影响的相关人员、采购人员和关键利益相关者的代表。基金管理员凯茜、山姆格利菲斯以及设备经理里卡多，加入到了采购团队，负责编写回收与废弃物管理的RFP。他们期望回收和垃圾转运服务的合同能持续五年。

作为创建与审核RFP流程的一部分，团队要建立评级系统，该系统包含相应的标准集合与分值系统，用于评估每一个方案。为了给回收RFP开发评级系统，团队评估了当下的状况，并确定合同中的关键内容。委员会根据过去合同的问题，来确保过去的问题或遗留的内容都已经解决。分值系统也用于反映医院的整体战略方向。东北医院建立了许多高水平的标准，包括基于最优价值的定价、服务与规范和实地评估。实地评估的目的是考察位置、人员、设备以及每个潜在供应商的产能。总分被分配给每个部分的特定指标，每个部分的权重根据其重要性而定。一旦建立了标准，委员会将编制RFP，给出工作的范围、投标人须知、合同的期限和条件、服务或产品说明，以及东北医院的需求说明等。图4节选了东北医院回收和垃圾转运RFP中某部分的具体内容。

9月3日，东北医院将这个RFP公布在采购部门的网站上。两周以后，凯茜花了一天的时间接待潜在的供应商，带这些人参观了医院，检查了医院的运营，并要求其于9月26日前递交方案计划。其中，穆雷兄弟有限公司（MBD）、牛顿废物管理服务公司（NWMS）、环球废物管理与回收公司（UWM）递交了建议书。

一旦收到建议邀请书响应，委员会就会根据建议邀请书响应、财务数据以及参考检查对供应商建议书进行评估。供应商实地评估定于10月2日和3日。

2.1 根据相关部门要求，邀请投标者提交关于回收和废物利用服务的建议书。最近一年东北医院的成本据估计已经超过了 20 万美元。每一年的成本数据都提供给建议者来评估这份合同的年度总体基本价值。东北医院不能保证在 RFP 中标明的购买量/值。

2.2 东北医院的回收和垃圾转运项目包括：
（1）纸。纸制品：纸盒纸（麦片盒、洗涤剂盒、饼干盒和纸巾盒）；硬纸板（干净的比萨纸盒、打包的盒子）；目录集、杂志、报纸、电话簿、纸蛋托、杂项纸制品如传单、信封、论文纸。
（2）合成品。较硬的食物、饮料和液体容器、牛奶和果汁盒、饮料盒、铝和钢容器、空油漆罐、铝箔和馅饼盘、玻璃瓶子和罐子、塑料瓶和洗浴盆。

2.3 成功的建议者应该被要求提供必需的装备来执行这个回收项目：纸张的压实机、30 码垃圾箱或者其他合适的转换系统和相应的移动设备。

2.4 东北医院正在寻找成功的投标者来建议或确定替代方法，这将有利于为东北医院提供更高的效率和/或节约成本的计划。

4.6 最少成本的建议书或者任何其他建议可能不一定被接受。

6.1 东北医院对和成功的投标者在任何计划中合作很感兴趣，尤其是相互有利，使东北医院在管理、医疗、研究和教学方面取得战略性或经济性优势的计划项目。投标人应该提供任何以前互惠互利的合作，表明它们可以通过合作实现互利，为客户实现超过工作安排本身的、战略上或经济上的价值。

8.1 东北医院正在探寻一个折扣优惠方案，每月付款，适用于所回收的物品可以带来正向回报的情况。东北医院根据回收产品的市场价值减去处理费用和装卸费用来评定名单。投标者要在建议书中表明将使用的方法来：
（1）计算合理的市场价值。
（2）确定公平市场价值的日期。
（3）计算流程费用和装卸费用。

图 4　建议邀请书节选部分具体内容

穆雷兄弟有限公司的建议书

穆雷兄弟有限公司是当前为东北医院提供回收和垃圾转运服务的供应商，原先签订的五年合同已经到期。这家公司是当地一个声誉很好的公司，同时与当地许多地区签订了废物回收和垃圾转运业务合同。

尽管穆雷兄弟有限公司提供了最好的回收折扣，但其价格比牛顿废物管理服务公司要高 25%，凯茜期望穆雷兄弟有限公司提供的回收折扣能够抵销牛顿废物管理服务公司的价格差。穆雷兄弟有限公司的建议书不是特别详细，与当前提供服务签订的合同相比没有任何改变。凯茜认为穆雷兄弟有限公司没有特别的创新之处，但是她在过去的五年里也没有收到关于它服务的任何抱怨。

现场考察后发现，穆雷兄弟有限公司正在进行一个建设项目。项目建成后穆雷兄弟有限公司的所有设施以及一个新的办公大楼将会集中在一个地方。从人力、设备、产能以及能力来看，穆雷兄弟有限公司似乎可以很好地完成东北医院合同中规定的工作。然而，很少有迹象显示该公司拥有一个正规的系统和业务流程，例如设备维护、材料存储和员工培训。

牛顿废物管理服务公司的建议书

牛顿废物管理服务公司是由两个当地的生意人在两年前所建立的一家新的公司。在所有建议书的报价中，牛顿废物管理服务公司提供了最低的价格。这个建议书提供的信息很少，而且省略了许多内容。在某种程度上，凯茜不能确定牛顿废物管理服务公司是否能够满足 RFP 中所列出的期限和条款。其财务报表也有所缺失。

采购团队到牛顿废物管理服务公司进行实地考察时，他们惊讶地发现，操作间并不繁忙，只有 15 个人在工作，此外有少量的办公室职员。牛顿废物管理服务公司的加工和材料处理设备很少，凯萨担心这个供应商的是否有能力能处理东北医院产生的废弃物。牛顿废物管理服务公司的总经理带领着采购团队全场参观，表明如果公司能与东北医院顺利签订合同，公司将计划购买额外的设备。

环球废物管理与回收公司的建议书

环球废物管理与回收公司是一家世界500强公司，是北美地区最大的环境处理供应商之一。环球废物管理与回收公司的报价是三家公司中最高的，比穆雷兄弟有限公司的预案花费高了50%。环球废物管理与回收公司提出的商品回收价格非常低。此外，使用该公司的压缩机和拖车需要支付额外的费用。然而，在其他方面，环球废物管理与回收公司都是非常优秀的。建议书中提供了客户的推荐信，表明了其为客户提供的服务很优质。环球废物管理与回收公司彻底完成了RFP中所有的部分，包括公司的战略性计划和环境解决方案能力这一部分。环球废物管理与回收公司还提出了另外一个项目，建议东北医院作为全面可持续发展计划的一部分。

实地考察进一步给采购团队留下了深刻印象。很明显，环球废物管理与回收公司有能力来处理来自东北医院额外的工作量，职员是专业的，而且装备也处良好运转的状态，并支持现场维护。总体来说，其业务是非常专业的。

方案评估

凯茜用预先的评估系统评估了每一个供应商的方案（见表3）。根据她的评估，穆雷兄弟有限公司是第一名，领先于环球废物管理与回收公司。然而，在实地考察之后，凯茜对环球废物管理与回收公司的印象更加深刻而且感觉这个供应商更加适合东北医院。尽管环球废物管理与回收公司的花费更高一点，而该公司在评估系统的其他三个方面都很优秀。然而，她还是很担心，忽略了这个评估系统的结果将会违反东北医院建立的采购惯例，而她需要在10月8号下午采购团队会议上决定就与哪个公司签约合同给出建议。

表3 回收和垃圾转运服务建议邀请书评估

	总可能得分	权 重	牛顿废物管理服务公司的建议书	环球废物管理与回收公司的建议书	穆雷兄弟有限公司的建议书
A部分：包括价格在内的最优价值 具体包括：基于价格的最优价值、提供的折扣、没有额外的费用、供应商财政的稳定等	75	50%	52	33	50
加权供应商评分			35.67%	22.00%	33.33%
B部分：服务和规范 具体包括：类似合同、服务的保证、参考、实现每一个RFP书的能力等	45	30%	12	42	40
加权供应商评分			8.00%	28.00%	26.67%
C部分：其他方面 具体包括：履行条款，以及提交内容清楚而且易懂、其他增值的服务、证书等	20	10%	2	20	16
加权供应商评分			1.00%	10.00%	8.00%
D部分：现场考察 包括：解决东北医院需求的能力、职员、装备、整个现场的容貌、处理厂的地址等	25	10%	5	25	19
加权供应商评分			2.00%	10.00%	7.60%
总分	165	100%	46.67%	70.00%	75.60%

Chapter14 | 第 14 章

全球供应管理

供应决策者的关键问题

我们应该
- 更多地全球化采购产品和服务吗?
- 建立区域或全球采购办事处吗?
- 从供应商处直接购买还是通过中介购买?

我们应如何
- 选择和评估全球供应商?
- 组织以实现有效的全球供应管理?
- 克服供应方面来自海外供应商的潜在问题?

供应越来越趋于全球化。自第二次世界大战以来,许多不同的事件和力量削弱了世界贸易的壁垒。过去20年里的地缘政治事件,如欧洲联盟(欧盟)的建立、苏联(USSR)的解体、德国的统一、北美自由贸易协定的签订、全球经济大国中国和印度的崛起,还包括其他新兴经济体(如巴西、俄罗斯、墨西哥、菲律宾和马来西亚)的发展,这些都为全球经济发展创造了重大机遇。全球政治形势一直保持着快速的变化。

为了在全球市场上抓住机会,企业正在全球范围内部署其组织。对于供应经理来说,这是一种机会,使其通过在成本、质量、运输和绩效方面发展世界级供应关系来提高终端消费者获得的价值。对许多公司来说,要竞争,就必须重视全球供应。管理全球供应网络在各方面都面临着许多挑战,例如资源识别与评估、国际物流、通信与信息系统,以及风险管理(特别是安全和环境的风险)。

在本章中,我们讨论两个关键的决策问题:①我们如何选择和管理海外供应商?②我们如何确保从全球供应网络中获得价值?

14.1 全球供应的重要性

形象地讲,在过去的60年里,因交通运输和信息交流速度的提升,世界已经变得很小。互联网加速了全球供应的趋势，资源选择更简单，沟通问题也减少了。交易模式和合作伙伴的转变取决于许多经济因素，而明显的发展趋势是出现更多的全球贸易。世界商品贸易进口的价值在 1948～2001 年增长了 95 倍。⊖从 2008 年秋天到 2009 年春天，全球贸易量下降了 20%。这是"二战"之后，国际商品贸易量最大的一次下跌。据联合国贸易与发展会议称，全球危机对全球贸易的活力产生了明显影响，使得全球贸易量远低于危机前的增长预测。⊜

2012 年，世界商品进口总价值为 18.6 万亿美元，出口总价值为 17.9 万亿美元。世界贸易中的产品包括农产品、燃料和矿业产品和制造品。2008 年，中国取代德国成为世界第一的制造品出口国（不以所有商品出口总额衡量）。2012 年，世界前五大商品出口国出口总额占世界出口额的 36%，分别为：中国（11.4%）、美国（8.6%）、德国（7.8%）、日本（4.5%）和荷兰（3.7%）。2012 年，金砖四国（巴西、俄罗斯、印度、中国）的商品出口量相比 NAFTA（北美自由贸易协定）地区或欧盟增长更快，上涨了 4.5%。

国际贸易不局限于产品。2012 年世界贸易服务进口额达到 4.1 万亿美元，⊜具体包括运输、建筑、通信、计算机和信息、保险、金融服务。

14.1.1 全球采购的原因

从其他国家采购的原因是多方面的，根据具体的需求而定。然而，使用一个海外供应商的最根本的原因是人们认为从这个渠道获得的产品要比从国内获得产品具有更高的价值。供应商竞争力受到国家整体竞争力的影响。因此，相对于从国内供应商处采购，实施全球化采购战略，需要具备国家层面的知识与分析水平。

国际采购的具体原因多种多样。随着时间推移，技术知识可以从一个国家转移到另一个国家；质量控制的能力和意愿不断变化；更加强势的美元使海外商品的价格更具吸引力。海外供应商作为首要的商品来源，至少有如下 10 个具体原因。

1. 采购国内没有的物品

国际贸易产生的第一个且最古老的原因是在国内这种资源是无法获取的。例如，可可与咖啡、某些香料和水果、铬、钯，以及稀土元素，这些只来自一些特定国家。

随着比较经济优势的转移，生产工业制造品的国家也发生了变化。例如，美国不再生产电视机；鞋类的进口比率达到 90%，远远超过 20 世纪 60 年代的 2%。又如，电子元件、音频和通信设备、计算机及办公设备的生产制造厂已经从日本和韩国迁移到制造成本更低的国家，如中国、印度和菲律宾，又或者直接签订合同将这些业务外包给这些国家的企业。

全球供应链包括从设计到制造再到装配和营销的众多作业。在产品最终组装完成之前，半成品往往在多个国家生产加工。世界贸易组织发布报告称中间产品贸易急剧增长。因此，对于许多企业来说，全球供应已必不可少。

⊖ Word Trade Organization, *International Trade Statistics 2013*, p. 183.
⊜ Global Trade Trends, UNCTAD, http://dgff.unctad.org/chapter1/1.1.html.
⊜ Unless otherwise noted, all the data in this section came form the World Trade Organization, *Intera-tional Trade Statistics 2013*, www.wto.org.

2. 价格和总成本

大多数的研究表明，对美国和加拿大而言，海外供应商配送产品的总成本比国内供应商低，这是全球采购的一个主要原因。海外供应商能够以较低的价格生产货物并运输几千公里，这看起来很不可思议。一些特定的商品出现这种情况，可能的原因如下。

（1）**海外制造的人力成本比国内低很多**。北美、日本、韩国的许多生产商发现，员工工资的差异足够抵销海外采购增加的费用。许多生产商要么在成本更低的国家和地区建立工厂，要么外包业务给合约制造商。

纵观历史，制造商都追求廉价的劳动力。当日本出口带动了经济增长，提高了当地低水平、劳动密集型行业员工的工资水平时，生产车间便转移到了朝鲜、韩国、中国台湾地区和东南亚等地区；最近，其转移到了中国的沿海省份。随着中国沿海城市工资水平的上涨，其又转移到中国内陆地区或成本更低的国家，如越南、印度尼西亚和菲律宾。中国和墨西哥的工资差距缩小，墨西哥因地理位置上靠近终端消费者，运输成本更低，使墨西哥的优势大于中国的低工资水平的优势。当评估劳动力成本时，采购商也要考虑生产力和质量因素。

例如在 2012 年，墨西哥制造业工人的平均工资比中国略高。几个月的运输时间差相对较小的工资差而言，使墨西哥更有吸引力。成本，包括货币价值和汇率、航空运费（在很大程度上受燃油价格影响）以及劳动率将继续影响生产地点的选择。

在北美洲、西欧、日本和韩国以外的国家中，服务劳动力成本也相当低。低成本国家也有高学历和专业人员，包括律师、医生、软件开发师、工程师、教授。得益于技术的进步，许多采购组织外购（购买而不是国内生产）和海外采购（从国外供应商处采购）专业服务。

例如，可以外购和海外采购的专业服务包括如对印度和菲律宾进行的一些法律调研；印度的医疗服务研究，如转录、医疗记账与编码以及保险索赔过程等；对印度、菲律宾和澳大利亚等地放射线医师医疗测试的说明；印度、中国和乌拉圭的软件行业发展情况研究。一些服务有多个服务提供商，以确保一天 24 小时，一周 7 天，一年 365 天提供服务。

（2）**汇率有可能影响购买海外商品**。当美元持续升值的时候（像 20 世纪 90 年代后期的情况），它在很大程度上降低了海外供应商产品的出售价格。与之对应，美元贬值会使进口价格变高，缺少吸引力。

（3）**国际供应商使用的设备和工艺流程可能比国内供应商更高效**。这其中的原因可能是它们的设备更先进或它们投入了更多的资金。远东的钢铁业就是一个很好的例子。

最近的一个例子是韩国在动态随机访问存储器（DRAM）市场的优势。随着对中国销售额的增加，其他存储器供应商形成联盟加强竞争。许多中国公司可以投资这一资金密集型产业，尽管韩国生产商拥有先进的技术和良好的运营能力，但其还是难以长期继续占据主导地位。

（4）**国际供应商可能会关注某特定的产品，并将该产品的出口价格定在较为吸引人的特定水平上，以促进交易**。倾销就是一个实例，它发生在一个产品卖到国外，其价格比国内定价要低或比他国的成本低的时候。由于政府想去保护国内生产商，一些国家认定某些产品的倾销行为是违法的，认为倾销是一种不公平的竞争。虽然各国尝试了许多阻止倾销的方法，但是控制倾销是很复杂的事且目前没有特别有效的手段。一些国家和地区建立了大量的基础设施和供应网络来支持一些特定产品的高效生产，如马来西亚的闭合电路、计算机以及计算机零部件、中国的衣服和鞋子、墨西哥的电线和电缆零件。

一个国家可能形成工业集群。例如，墨西哥蒙特雷市的工业集群吸引了许多世界顶级的制造商，包括工业、贸易、家用冰箱、加热器和空调设备的制造商。LG 公司从 1988 年就在那里了。那里也吸引了零部件供应商。最大的精密铜管生产商——中国金龙精密铜管集团也在那里。第二集群正在航空航天业中蓬勃发展，第三集群则是在汽车制造业中。⊖

案例 14-1 就阐述了一个公司如何通过一个低成本的跨国采购计划来实现降低成本的目标。案例中的乔伊斯所面临的挑战是如何开发全球采购的流程以及决定哪种零部件最适合在亚洲采购。

3. 政府压力和贸易规则

北美地区的公司生产了许多出口全世界的商品。美国在 2013 年出口了价值 1.59 万亿美元的商品和价值 6 380 亿美元的服务；加拿大的出口额达到 4 773 亿美元。⊜这使得从消费者所在国家的供应商那里进行采购变得有意义。考虑到社会责任，许多高管愿意帮助公司运营所在的国家发展经济。⊜

此外，许多国家坚持这样一条销售条款，即向一个国家销售主要的产品（如飞机），那么销售者须同意从该国购买特定价值的产品或服务。这种类型的安排叫作补偿协议，本章的后面将对之进行详细讲述。

贸易的激励或限制措施也影响采购。例如，在美国提高了纺织品进口量后，中国纺织品的市场份额迅速增加。决策者必须综合考虑双边贸易协同中的产品与服务、采购地点、采购产品与服务输送的目的地，寻找节省成本机会。

4. 质量

国内供应商的质量水平通常并不比海外资源的高，尤其一些商品长期如此。这归结于许多因素，例如海外供应商具有更先进的资本设备、更优秀的质量控制系统，并能够成功地激发员工主动承担最开始就做完善（零残次品）的责任。另外，一些公司通过从全球各地采购来完善生产线，国内供应商装备顶端的生产线，国际供应商填补低端市场空缺，反之亦然。

5. 快速配送和持续供应

由于国内运能有限，在一些情况下，海外的供应商可能比国内供应商运输得更快。海外的供应商甚至可能会在北美洲维持一定的产品库存并实现及时运输。

一些国家投资了大量资金建设基础设施（公路、港口、电力），完善供应路线。例如，中国在基础设施的快速发展和扩张上投入了巨额资金。

⊖ Adam Thomson, Investors Shrug Off Mexican Drugs Violence, The Financial Times, July 29, 2011.

⊜ U.S.Census Bureau, U.S. Bureau of Economic Analysis, *U.S. International Trade in Goods and Services: Annual Summary, 2013*, www.bea.gov.

⊜ www. statcan. gc. ca/.

同样，循环周期也可以通过自动化运营流程来缩短。比如，美国现在施行的ISF（进口商安全申报）"10+2"的模式，公司必须准备并通过电子邮件的形式传递海关文件。电子申报现在已成为所有贸易进行高效报告和归档的必备方式。这种方式加快了跨界贸易并且降低甚至消除了传递与储存纸质文件的时间和成本。

另外，全球贸易管理（GMT）信息技术系统建立了一个包括供应商和政府组织在内的虚拟网络。全球贸易管理增加了合规性需求，如产品筛选与对外贸易区的支持。它们能加快信息收集的速度，提高数据的透明度。随着SaaS（软件即服务）等软件的应用，这些解决方案会更加经济（见第4章）。

6. 更好的技术服务

如果海外供应商在北美有一个组织良好的配送网络，那么可能会提供比国内供应商更优秀的零部件供应、保修服务与技术支持。拥有大量精通英语、拉丁美语、西班牙语并具备许多技术知识员工的海外供应商，可以提供更好的呼叫中心服务和客户服务。

7. 技术

随着国内外组织的专业化，具体生产线上的技术知识也呈现差异化。特别是在资本设备方面，如原生金属行业（钢铁和铝），海外供应商可能比北美的供应商具有更先进的技术。

在服务方面，相对于国内生产商，先进的通信技术，以及专业技术精湛的员工工资更低，使得海外供应商在软件开发、工程、会计服务、技术支持、客户支持中心和法律及医疗服务方面更有吸引力。例如，印度人在基于软基础设施（无形资产）的行业，以及软件开发和生物技术方面有一定优势。

政府通常鼓励技术集群或技术走廊发展。印度、中国、墨西哥正是这样做的，不过方式不同。这些地区吸引了各种投资并创造就业机会，包括同地协作的科技或商业园还有大学或培训中心等。这些地区吸引着许多IT外包工程，包括IT、业务处理、汽车和航空航天领域。这会造成基础设施的超额需求，房地产价格上升以及专业人才短缺。

8. 营销工具

为了把国内产品销售到某些国家，可能需要同意从当地供应商处采购指定金额的产品（具体详见本章后面的反向贸易）。

9. 配合海外子公司

许多公司在其他国家经营生产，开展分销业务或企业本身就是自然资源型企业。特别是在新兴市场和最不发达经济体的情况下，需要积极地制定决策，通过购买当地出口到本国的货物来支持当地经济。

10. 竞争实力

竞争迫使国内供应商变得更高效，以实现买卖双方的长期利益。购买者使用进口或将进口威胁作为一个杠杆迫使国内供应商让步。

当两个国家都无法同时在创新与低成本制造上占据优势时，合作可以提高双方的竞争力。清洁能源领域有许多混合型组织，例如位于密西西比州的皮博迪能源公司购买了绿色煤电企业的股份。绿色煤电企业是一家2011年挂牌营业的中国高科技、低排放的燃煤电厂。皮博迪从绿色煤电企业获得数据，并派遣专业知识人员到这一先进的中国发电厂。

14.1.2 潜在的问题区域

本章不能对全球采购面临的所有潜在问题以及最小化影响的方法给出一个完整的讨论，这里强调主要的内容。本书通篇讨论的有效供应的原则一样适用于全球供应，但是要除去那些因处理跨界交易而出现的特殊问题。

这部分主要介绍17个突出潜在的问题。精明的买家会意识到当评估一个海外商品时，他必须考虑总体拥有成本，而不仅仅是最初的购买价格。

1. 供应商选择与评价

有效供应的关键是选择响应灵敏和可靠的供应商。总体上看，这有时存在困难，因为获得相关的评估数据既昂贵又费时。然而，获取国际供应商数据的方法和获得国内供应商的方法基本上是一样的（第12章已经讨论过了），除了收集背景资料（在本章后面"定位与评估海外供应商的信息源"这节有所介绍）之外，获取详细数据最好的方法是到供应商处进行现场考察。考察一个外国供应商需要高额费用且耗费时间，因此必须精心策划。如果投资所涉及的资金与风险很大，那么现场考察显得非常必要。如果公司打算进行大量的国际采购，那么其应频繁考察海外的供应源。例如，一个公司计划购买上百万美元的电子设备，负责任的供应经理将会花大量的时间到远东进行考察，与潜在或现有供应商进行谈判。

采购商也可以请顾问、当地第三方采购企业等替代自己前往现场开展调查。互联网使得潜在供应商的信息更容易获得，同时电子邮件、短信和网络会议有效降低了沟通交流成本。

2. 提前期与交付

交通运输和通信技术的发展，缩短了海外采购的订货提前期。然而，在以下四个方面买家应该预留充分的订货提前期：

（1）为首次进行国际采购的买方建立信用证明，这是一个表明其获得信用认可的信件，是一个保证付款的文档。

（2）即使运输技术得到提高，买方仍可能遇到延误，特别会发生在供应商所在国家的内陆运输商身上。

（3）国内海关也可能发生延误，适当的文档和海关担保可以帮助加快货物通关的速度。海关担保允许商品在审查后通过，而买家可以后期再纳税。安全问题或与安全相关的紧急情况引起的延迟也应该提前考虑到。

（4）出站和入站时货物在港口停留的时间，还取决于排队卸货船舶的数量、港口业务时间以及额外的安保措施。

因为在国际采购中供应路线长、损坏的风险大，因此选择运输方式是一个重要的决策。高价值、低重量的物品可以选择空运，运输时间可能会与从国内供应商处获取的时间一样短。质量大的设备运输成本高昂应该选择海运，交付周期可能是几个星期。

体积大、质量大、价值低的商品，如钢铁，采购公司必须进行更长期的规划工作（在大多数公司可行），同时必须及时通知海外供应商进度的变化，选择运输商也必须十分谨慎。为了弥补运输中的不确定性，买方可以要求供应商在北美保持一个安全库存。要求供应商签订某种类型的履约保证书也是很有必要的。

大多数大型运输服务公司和国际货运代理机构都安装有信息系统，发货人可以记录和跟踪货物。这些信息可用于库存计划的制订而且可以帮助识别潜在的问题，如存货已售完或生产短缺。

3. 催货

催货是指加快生产或配送的流程。因为距离限制，催促海外供应商生产和运输是很困难的。因此这要求了解供应商的工作人员并确保他们能够及时响应。一些公司还在合同中安排稽查员到海外供应商的国家，或使用更接近供应商的子公司的内部人员协助公司解决催货问题。

4. 政治、劳动力和安全问题

供应商所在国家政府的问题（例如政权变革和商务争议等）导致供应中断的风险可能会相当高。供应链中断也可能是不安全的建筑和设备、恶劣的工作条件、违反童工法、罢工，或环境事件导致的。这些事件往往与保健、安全、环境相关的法律法规弱而不健全有关，也与现存的法律条例不协调性以及腐败有关。

恐怖行为、假冒商品或不安全产品的增加使供应链中断的风险加大，进而导致海外采购的时间和成本增加。由于政府不断地提高产品的安全标准和法规遵从性报告的要求，每一个进口商和出口商必须了解并记录它们产品的状况，包括销售到哪里，如何运输。产品召回或丑闻的公关成本，包括品牌或形象坍塌带来的成本，可能会很高。

风险管理策略和应急计划在全球经济中甚至更加重要。为实施应急计划，供应经理必须评估风险，建立监测系统，并及时沟通。

5. 隐性成本

在比较海外供应源和国内供应源时，很容易忽略海外采购的一些成本。买方必须在选择海外供应商之前比较总成本。下列成本因素提供了一些隐性成本的例子。

- 货币兑换费用。
- 报关员佣金。
- 付款成本和信贷费用：信用证费用、翻译成本、汇率差异。
- 外国税收。
- 进口关税。
- 额外的安全库存/缓冲与在途库存费用，较长的交货期带来的库存维持成本。
- 特殊搬运操作带来的额外劳动力成本。
- 产品废弃、变质、偷盗与损坏成本。
- 额外的管理费用。
- 包装和集装箱成本。
- 差旅费。
- 货运代理、顾问或检查员的费用。
- 海上保险费。

- 海关文件费。
- 运输费用，包括从制造商到港口的运输费用、海运费、从港口到公司工厂的运输费用货运代理的费用、港口装卸费用、仓库成本。
- 额外安保措施带来的成本。

6. 汇率波动

付款应该用采购方国家的货币支付还是用采购地所在国家的货币支付？如果付款是在很短的时间内完成的，那么货币汇率就可能是个小问题。然而，如果付款不是几个月就能完成或者供应关系持续了很长时间，汇率可能会发生明显的波动，使得价格与最初签署的议价相比有较大变化。

大多数国际上重要的汇率是自由浮动的，但有时其由于经济、政治和心理因素而迅速变化。这意味着买方在签订合同时，也必须对汇率从现在到付款时可能发生的变化做出预测。此外，某些国家有时会对使用本国货币施加约束和控制。这就需要采购公司拥有较好的理财顾问。例如，中美之间对人民币价值进行的讨论有可能会对供应决策产生影响。

最保守的方法是使用美元定价，买方就会精确知道成本是多少。如果美元汇率在签订合同到付款之间发生上涨，那么美元标价法将失去低价的优势。各种方法都是可行的，如使用供应商所在地区的货币定价并在合同中限制货币汇率波动的可接受区间（包括向上或向下），或有远见的买家通过采用外汇期权的方式进行交易以防止汇率不利的变化。为确保公司有效地管理货币风险和现金流，供应部门与财务部门密切合作是很重要的。

7. 付款方式

相对于国内采购，国际采购的付款方式通常会有很大的区别。在某些情况下，海外供应商可能会坚持现金交付，并要求下单时或在装运前付款。

只有那些与买方建立了长期关系的供应商才可能愿意赊账。卖方可能坚持直到付款后才会将货物的所有权转让。在这种情况下使用的工具是汇票，由卖方发给买方，在交由银行托收之前将其附在货运单据上，银行反过来将单据连同说明文件发送到买方所在国家的银行。说明文件中说明买方何时承兑给卖方，通常为见票即付——即期汇票。

商业信用证（commercial letters of credit，CLC）是全球贸易中最为常用的支付工具。其宗旨是提供安全、高效、快捷的支付。CLC 由买方银行根据买方的要求开出，并保证在达到所有规定的条件（如满意配送等）后银行会向卖方支付约定的金额。当卖方文件中的要求有差异时，付款可能会长期延误，并造成买方和卖方之间的误解。

8. 质量

买方和卖方对质量规范要求有清晰的认识是非常关键的。由于涉及距离和交货提前期，对质量的错误理解可能导致高额的损失。双方在解释图纸和规范时也可能出现问题。此外，买方和卖方对质量控制/验收程序达成一致也是非常重要的。

随着越来越多的服务来自海外，定义并确保服务质量面临的挑战，因距离、语言、文化差异等因素变得越来越多。清晰明确的工作说明书是服务质量的基础。案例 14-2 是一个在全球范围采购服务的案例。在这个案例中，受一个大型金融服务公司的委托，马克·拜伦去管理全球营销的支出。

9. 保修和索赔

当质量原因导致拒绝接收货物的情况下，双方各自存在什么责任？由于距离较远，退回和替换货物复杂而耗时。那么对买家来说存在产品返修的合同条款吗？谁应该为返修埋单，返修成本如何计算？这些问题应该在购买之前达成一致。

对服务采购来说，相对于国内供应商，解决海外供应商所提供服务的感知质量水平差异要难得多。在服务合同中明确定义预期服务是一个关键的成功因素。

10. 关税和税收

关税是加在进口货物上的一系列费用（或者，在某些情况下，用在出口）。然而，从理论上讲全球正通过各种世界贸易组织协议来消除关税，虽然其仍然存在。买方必须知道税率表上有哪些项目以及关税是如何计算的。此外，合同应该明确买方或卖方谁来支付关税。

由出口国家合法委任单位签发的原产地证书，用于证明产品生产中材料或劳动力的来源地。原产地证书可以用来获取优惠的关税税率。例如，北美自由贸易协定中对原产地有相关规定。美国采用了"商品名称及编码协调制度"，为在国际贸易中流通的货物提供统一的、最新的国际编码体系。

违反进口法规的成本可能是惊人的。当集装箱被标出并不来自原产国时，成本可以包括延迟收货、货运代理以及协助将货物从海关释放的律师的费用，重新标记、存储等费用以及修复问题所用的时间。更严重的情节可能是处以罚款，也可能被采取法律行动，如扣押、没收货物等，这些都时有发生。

11. 管理费用

全球供应需要额外的文件，主要涉及关税和海关、物流活动、交付过程和金融交易。尽管电子资金转账和基于互联网的通信系统得到了发展但国际采购中的管理成本仍然是一个大问题。

12. 法律问题

如果在国内采购潜在的法律问题会成为风险，那么在国际采购中这个风险将加剧若干倍。如果交货时间很重要，那么对延迟交货设置罚款或逾期交货违约金条款则是明智的选择。一旦出现不履行合同的情况，则需要履约保证书或银行担保。诉讼耗时且费用高，因此，大家越来越普遍同意由国际仲裁解决国际贸易争端。

《联合国国际货物销售合同公约》（CISG）于1988年1月1日生效。该公约只适用于商品，并不适用于服务。截至2013年9月26日，80个国家，包括加拿大、墨西哥、美国、中国、德国和日本都采用了该公约。公约的目的是创建一个统一的货物销售国际法。购买者都应该意识到《联合国国际货物销售合同公约》与《统一商法典》如下的几点关键差异：

（1）根据《统一商法典》，合同的条款从合同草案到验收可能有一定变化，并且合同可能依然可以签订。但根据《联合国国际货物销售合同公约》，如果验收条款与最初的目的条款不一致，则合同无法订立。

（2）根据《统一商法典》，如果货物的价值超过500美元，防止欺诈法要求一份书面协议；《联合国国际货物销售合同公约》则没有美元限制。

（3）《统一商法典》下，存在默示担保，如商销性默示担保，货物适合特定用途的默示担保；《联合国国际货物销售合同公约》下，没有额外的担保。

购买者应该仔细考虑国际合同管理所适用的法律。如果是和一个采用《联合国国际货物销售合同公约》标准国家的公司开展贸易，就要使用《联合国国际货物销售合同》来管理合同，买方应理解《联合国国际货物销售合同公约》和《统一商法典》之间的差异。《联合国国际货物销售合同公约》允许双方"不使用"《联合国国际货物销售合同公约》并用其他相关法律来管理合同。然而，除非有专门规定和约定要使用另一个法律体系，否则在两国采用了《联合国国际货物销售合同公约》的情况下，《联合国国际货物销售合同公约》将自动适用于合同。同样，如果对方是来自一个没有采用《联合国国际货物销售合同公约》的国家并且想使用其国内法律，那么美国购买者可以努力让对方接受并使用《联合国国际货物销售合同公约》。

《鹿特丹规则》。现已经有21个国家（包括美国）签署了该公约，这21个国家的贸易量占据了2008年世界贸易量的25%以上。20个国家议会和立法机构的批准使其生效。

该公约建立了统一的现代化全球法律制度。这个制度管理海上运输业利益相关者在送货上门的运输合同中的权利和义务。该公约在早期版本的基础上建立，提供了国际海上运输管理的一个现代方案，并且将重要行业的实例编纂成册。该公约提供了一个对海上运输中许多技术和商业上的进展进行解释的法律框架，包括集装箱运输的发展、独家承保运输合同对送货上门的需求，以及电子商务的发展。

服务。国际上没有通用的合同法。法律的选择将取决于交易中所涉及的国家。供应商可能更想采用其自己国家的法律，而美国法院可能更倾向使用美国联邦法律。两（或更多）方可能会同意服从美国州法律。或者合同是一个混合合同而且服务部分不构成合同的主要部分，那么协议各方同意采用《联合国国际货物销售合同公约》。

各方关于采用什么法律应该达成一致，包括将在哪里解决争端，用什么语言。与国内服务采购相比，海外工作说明书在签订合同过程中至关重要，用于指导供应商和买方履行合同。此外，合同中应包含一些特定服务条款来明确买家和供应商之间风险和回报的分配。

其他影响国际交易的美国法律有《埃克森－弗罗里奥修正案》《国际武器运输条例》、反经济抵制立法、《反海外腐败法》等。

13. 物流和运输

对开展国际采购的买家而言，物流往往是重大的问题之一。全球供应的发展趋势反映了国内物流的集成化发展。集成化物流是指所有物流功能的协同运作——包括运输模式和运营商的选择、库存管理政策、客户服务水平、订单管理策略选择。物流公司提供更广泛的服务基础，从而使企业协同物流功能，进而提高国际采购的成本效益和竞争力。

许多企业把物流活动外包给第三方物流供应商（3PL）。放松管制和全球化使得第三方物流行业出现了一系列兼并和联盟，为主要客户提供全球运输服务。国际货运代理也越来越多样化，提供多项增值服务，如运费支付、跟踪和催货、路线推荐、签发出口报告单、准备原产地证书。一站式服务提供商将继续发展，并将提供多式联运（如空运—海运，而不全是空运）与外包服务。

14. 语言

在不同的文化中，词语意味不同。一个美国词（合法的或者俚语）可能在英国或者南非（都是说英语的国家）有不同的含义。与一些非同种语言国家的人沟通困难，万事都必须通过翻译。通常，买方可能甚至不知道翻译人员所使用的词汇有什么含义。

因为语言上的困难，一些公司坚持要求与供应商经常打交道的供应经理掌握多种语言，或者要学习一个语言课程。即使这样，为使得沟通更加顺利，买方仍然需要使用翻译。电子通信，如电子邮件和发短信的普遍使用，使得语言使用的困难性变得复杂。运用第二语言或第三语言来书写可能会比面对面交流更难。

15. 沟通

在全球范围内，许多供应经理都习惯于与国内供应网络合作伙伴进行即时通信。在线视频会议的使用使得与海外供应商的沟通变得简单，如思科 WebEx 和 Skype 这些技术非常便宜，而且易于设置，通过互联网就可以连接。短信、即时通信、电子邮件、电话和传真都有助于使通信变得快速、经济、可靠。发短信这种广泛使用于全球个人的通信方式，正在逐渐适用于工作中。信息沟通的安全性、保密性、可靠性和速度至关重要。一些组织设定服务水平协议来定义可靠性和质量参数。

全球供应涉及沟通的问题。这些问题与时区的不同以及通信网络本身有关。当与一些跨时区的供应商洽谈业务时，购买者不能在白天或晚上的任何时间简单地拿起电话就与供应商交谈。由于存在时差，一些会谈必须在晚上或者凌晨进行。此外，长途电话增加了全球供应的成本。世界上一些通信网络不稳定的地区在一定程度上也增加了交流的困难。如果买家和供应商在同一时区，与供应商位置相近则成为一个优势。例如，墨西哥的大多数城市和芝加哥在同一时区，美国多个城市有许多直飞航班，现场考察非常容易。很多墨西哥经理会说英语，并且很多美国人熟悉西班牙语，语言不再是一个屏障。这些因素必须要被考虑进采购分析中，尤其是对总成本的分析。

16. 文化和社会习俗

即使在北美洲，地区之间的商业习俗也不同。例如，波士顿或纽约与休斯敦相比，伯明翰、蒙特利尔与墨西哥城相比。在其他国家商业/社会习俗区别更大。优秀的买家不仅注重经济交易，也会重视供应网络中的合作伙伴的非经济需求。此外，文化误解造成的问题会导致更高的供应链成本。因此，购买者需要有跨文化的社交技能，并且如果他们希望与供应商有效地开展沟通谈判，那么他们必须适应供应商的习俗。

总的来说，你应该了解所到国家的历史、文化和习俗，时刻注意那些被认为是粗鲁的或者不合适的简单的动作和行为。许多文化比美国文化更正式，这从姓氏和正式头衔的使用上就看得出来。你要试着从专业人士或者熟悉这个国家的同事那里得到文化方面的意见。确保你的翻译能够理解你将要讨论的问题。即使你的合作方说着你的母语，也得要慢慢说，避免使用术语，并且使用图表来说明关键点，记录下决策和讨论的关键内容。做好准备并花时间去了解人也是谈判的一部分。即便跨文化商业运作已经更加协调，但适应文化规范也有助于改善形成成功商业关系的机会。

17. 道德和社会责任

根据美国企业应对海外顾客或供应商中存在的问题，1997 年国会通过了《反海外腐败法》（FCPA）。该法禁止美国公司付钱给海外政府官员以获得特殊优势的行为。《反海外腐败法》区分了交易型回扣和"变异型"或"买断型"购买贿赂。

《反海外腐败法》的确允许给予交易型回扣或便利费来说服外国官员履行正常的职责，如安装电话或处理文件。引发调查的贿赂行为有支付大量佣金，给没有提供实质性服务的个体提供报酬、支付现金，以及支出标记为杂项费用的现金。如果北美地区供应行业的专业人士对于某特定环境几乎没有什么经验，那么他需要对《反海外腐败法》、1988年制定的《综合贸易法案》，以及该地区独特的贸易习俗非常了解。

随着越来越多的公司明确致力于公司的社会责任，对全球贸易和供应链活动进行正式监管和测量的方法需要被建立。公司应保证其制造的产品是通过了适当的检测，且不存在雇用童工以及其他非道德经营行为。环境影响对供应链设计和管理也越来越重要。供应链的可见性和责任性对于进口商而言正在变得更加重要（见17章）。

14.2　选择与管理海外供应商

选择和管理海外供应商需要建立一个基础组织机构，该机构可以弥补海外采购的不足并且优化全球网络化供应基地中的机会。需要制定以下决策：①全球采购小组的结构；②第三方中介机构的作用；③如何识别与寻找潜在的供应商。

14.2.1　全球采购组织

全球供应组织的结构受关键供应商的位置、公司运营以及企业整体组织结构的影响。一个具有分散组织结构的公司将国际供应的权责分给业务部门或当地供应人员。在一个集中或混合型结构中，全球供应活动可以通过以下几种组织模式的协调完成：①区域采购办事处；②全球商品管理组织；③国际采购办公室（IPO）。

1. 区域采购办事处

其中一个方法是创建区域采购办事处，如优利公司（Unisys）采用的方法。优利公司的全球供应组织分布在四个区域——美国，欧洲、中东和非洲，亚洲和太平洋，以及拉丁美洲和加勒比地区。每个区域都设有一个首席采购官。他们向公司负责全球采购的副总裁汇报。此外，每个区域的结构相同。全球采购副总裁认为，一些采购活动需要供应商和客户在地理上比较接近，如客户销售支持、过程管理、供应和服务等。

然而，对商品管理而言，地理位置并不一直是重要的。对许多商品，有必要协商签订当地与区域供应协议。对商品的全球供应商，欧洲和美国的商品采购组织之间划分责任。公司全球采购副总裁与美国和欧洲地区的商品管理主任经过讨论，在全球商品主要责任方面达成共识。这些决策基于供应商的位置、美国和欧洲的采购员工先前工作中处理有问题商品的经验，以及员工的可用性。⊖

2. 全球商品管理组织

另一个方法就是建立全球商品管理组织。当各个工厂或业务单元具有大量的共同要

⊖　M.R.Leenders and P.F. Johnson, *Major Changes in Supply Chain Responsibilities* (Tempe, AZ:CAPS Research, 2002).

求，并且与供应基地和采购公司运营不总是处于同一地理区域时，这个组织就能发挥巨大作用。全球商品经理负责识别能够满足公司全球业务重要需求的世界级供应商。同时，对于当地的独特需求，当地的供应经理被要求致力于识别能够满足该需求的当地供应商。

例如，法国电力和媒体服务公司汤姆森公司（北美洲知名的 RCA 品牌），其在北美和欧洲的主要业务严重依赖于亚洲的供应商。由于地理上分布的制造与实验室工厂具有大量的共同需求与供应商，公司全球采购副总裁认为增加全球商品管理人员是至关重要的。因此，大量的全球商品协调员职位应运而生，每位全球商品协调员负责某特定部分的共同需求。⊖

3. 国际采购办公室

第三种全球采购的途径是建立全球国际采购办公室。国际采购办公室将重点放在重要的原料，或重大资金项目上。通常，如果公司在重要的供应商所在地没有代表，那么国际采购办公室就派上了用场。建立国际采购办公室的原则是驻地人员可以以更低的成本去更好地管理供应商。国际采购办公室的设立有利于开展许多活动，如当地采购和检查、供应商发展、物料管理、质量控制与支付活动，还可以雇用熟悉当地语言、文化、经商方式的当地工作人员。

例如，当 2007 年约翰·布雷萧（John Bradshaw）成为纽约 Godiva Chocolatier 公司的全球采购副总裁时，他把"采购"改成"获取"并且把组织推向全球。他指派人到该公司拥有业务的各个地区比如布鲁塞尔、香港、东京和上海从事采购工作。⊜

14.2.2　中间商

直接从供应商处采购还是通过中间商完成采购？这取决于各种因素，例如供应部门拥有的专业化国际采购的知识水平、预期的采购数量和频率等。许多公司通过中间商开展部分或全部的采购工作。下面列举了一些中间商类型。

1. 进口经纪人和代理人

为了获得提成（通常占采购价值的百分比可高达 25%），经纪人和代理人会帮助采购商寻找供应商，并处理所需文档。在大多数情况下，所采购商品的所有权直接传递给购买商。当然买方必须保证根据经纪人或代理人的服务绩效向其支付相应的费用。

2. 进口批发商

进口批发商和买家签约，然后用自己的名义从海外供应商处购买商品，取得所有权，并将商品运输到与买家协商好的地方，然后用协商好的价格向买家递交账单。买家对提供的购买服务付费（包括在所付的总费用里）。

3. 卖家子公司

从海外供应商的北美子公司处购买商品是一种常见的方式。从子公司采购具有许多

⊖ M.R.Leenders and P.F. Johnson, *Major Changes in Supply Chain Responsibilities* (Tempe, AZ:CAPS Research, 2002).

⊜ S. Avery, "Godiva Transforms Purchasing into Global Procurement," Purshasing, January 14, 2010, www.purchasing.com/article/443489-Godiva_transforms_purchasing_into_global_procurement.php.

优势，如地理位置优越（正确的时区），可以用英语交谈，接受美金付款。它们也可能允许赊销付款。

4. 销售代理

有些公司在世界各地雇用销售代理人来代表公司。通常，销售代理负责处理小批量合约，并由供应商对其支付佣金，佣金包含在产品的价格里。

5. 贸易公司

贸易公司通常是一家大型公司，负责处理来自一个或者若干个国家的产品。日本的公司广泛使用贸易公司将产品运输到北美。买家使用贸易公司的好处是：①便捷；②高效；③量大导致成本很低；④由于其在北美通常有存货，因而可以缩短订货提前期；⑤贸易公司在装货之前会对产品进行检查，因此更好地保证产品满足质量规范的要求。但是，正如评估供应商一样，买家应对贸易公司进行仔细评估。

在全球采购中，定位与评估潜在供应商，选择与管理已选供应商的任务比在国内进行采购更困难。同时，为了全球化采购的高效与有效，必须优化组织的供应职能与供应流程。

14.2.3　定位与评估海外供应商的信息源

全球买家和国内买家享有类似的信息源。

（1）可以访问公司和政府组织的网站。大多数大中型公司都设有展示其主要产品与服务的网站。很多政府设有大量的网站来提供各种信息，例如贸易数据，以及其他对进出口产品和服务有帮助的信息。

（2）大量的政府信息资源是可用的。美国商务部可以根据生产产品的类型，提供一份当前海外供应商的名称和地址清单。位于大多数美国大城市的公司区域办事处对获取这样的信息有很大的帮助。

几乎全世界所有国家都在华盛顿设有大使馆。主要的工业国家（和许多较小的经济发达的国家）在美国和加拿大设有贸易领事馆（尤其是在华盛顿或者渥太华，许多也在别的城市设有办公地点，如纽约、多伦多、迈阿密、新西兰、芝加哥、旧金山、洛杉矶）。目的是促进自己国家的产品出口，因此它们会提供国内供应商的名称和背景信息。

（3）驻扎在美国、加拿大以及全世界大城市中的商会将帮助买家定位卖家资源。国际商会通过与驻扎在世界各地的分支机构联络，为买家提供可能的物资来源。

（4）一般而言，一个在海外具有采购经验的公司，其供应部门愿意和其他采购方分享信息，以此表现出它们并不是直接的竞争对手。美国供应管理协会的地方协会和加拿大供应链管理协会经常促进这样的信息交流。许多国家都设有类似的可以提供帮助的采购、供应以及供应链组织。由成员国协会组成的国际采购与供应管理联合会，与许多国家相关人员保持联系。这些人员同意把自己国家供应商的信息提供给别的国家的买家和供应管理者。

（5）各种供应链的合作伙伴可以帮助买家锁定资源位置。当前的本国供应商通常发挥提供非竞争性供应商信息和线索的作用。几乎所有大银行都设有国际贸易部。除提供货币、付款、文档管理程序、政府审批程序之外，银行的国际贸易部还可以帮助采购商寻找潜在的资源。

客户也可以协助定位国际供应商。当客户开展国际业务又进军国际产品市场时，提供的这些资源信息将非常有用。

（6）每个主要的工业化国家都有至少一个供应商定位目录，这类似于北美地区制造商通常使用的托马斯名录（thomasnet.com）。任何国家的外贸领事馆或大使馆都应该能够向采购商推荐适合它们所在国家的目录。D&B（邓白氏公司，拥有最大的企业信用数据库）在许多国家设有办事处，可以提供许多公司的 D&B 报告。

（7）进口商和外贸经纪人随时了解与他们交易的国家的供应基地的发展情况，同时也可以给予购买者优惠的折扣和有用的信息。

评估特定供应商的能力比选择供应商更难。两个关键的评估信息来源，一是其他供应商分享的经验，通常可以通过简单的询问获得；二是供应商走访，这在本章前面的内容中做了介绍。

如果没有对供应商进行走访，那买家至少应该要求潜在供应商提供以下信息：①一份当前和过去北美客户的清单；②必要的支付手续；③银行凭证；④工厂列表；⑤质量标准制定协会的会员资格；⑥基本的商业信息，例如业务时间长短、营业额和资产、生产线和所有权。

14.3 国际贸易术语解释通则

国际采购中的装运条款和责任相对于国内运输更复杂。国际商会创建了国际贸易术语，作为明确国际商业贸易中成本、风险以及买家与卖家义务的统一规则。国际贸易术语解释通则（Incoterms）提供了全球认可的定义，避免了专业名词含义方面的纠纷。通则中规定了谁支付运费，谁向承运商支付费用，谁处理进出口清关服务，且规则中有两个条款对保险问题做了说明。几乎任一国际采购或销售，都可以引用国际贸易术语解释通则。

1936 年，通则首次出版，并定期进行修改。最新的版本是 Incoterms2010。最新修改中将通则重新分为两类（对于任何运输方式都适用的规则和只适用于海洋及内河航运的规则），适用于国内和国际贸易。最新通则中增加了两项新规则，用于取代 2000 年制定的四个旧规则。新规则明确指出当货物在运输途中多次出售时，由首次交易的卖方对货物的运输负责，明确分配末端处理费用、保险责任和安全相关的义务，允许采用电子通信代替纸质合同或条例，并重申交易各方应该参考 Incoterms2010（或者倾向使用的任一版本），并在合同里明确表明。㊀

国际贸易术语解释通则分为两大类。㊁

14.3.1 适用于任何运输方式的规则

（1）EXW：工厂交货（指定地点）。卖方/出口商在其所在地制造或者取得了货物，并将货物交给买方处置时，即完成交货。买方承担从卖方指定点处领受货物的所有成本和

㊀ S. Shepherd and T. Graham. *New Incoterms 2010: A Summary of the Principal Changes to Incoterms 2000,* www.ince.law.com,2011.

㊁ Edward G. Hinkelman, Dictionary of International Trade, 10th ed., Novato, CA: World Trade Press, 2012.

风险。卖方不办理出口清关手续或将货物装上任何运输工具。使用该术语时卖方承担的责任最小，当卖方将货物准备好后，买方承担了所有的风险。

（2）FCA：货交承运人（指定地点）。这是指卖方只要将货物在指定的地点交给买方所指定的承运人，并办理出口清关手续，即完成交货。在该"指定地点"处，买方获得货物所有权。"指定地点"是在卖方国内，承运人可以是航运公司、航空公司、汽车运输公司、铁路运输公司，或从事这些运输方式（包括多式联运）的个人或公司，如租赁货运代理。从货物交付给承运人起，买方承担所有损失或损坏的风险。

（3）CIP：运输和保险费付至目的地（指定目的地）。卖方负责办理货物出口清关手续并将货物运输给承运方，同时承担支付将货物运输到指定目的地的运输费和保险费。卖方也承担装卸费用、通关费用、关税以及包括在运输费用中的其他费用，例如小包裹快递费用。

（4）CPT：运费付至目的地（指定目的地）。卖方负责办理货物出口清关手续并将货物运输给承运方，同时支付将货物运输到指定目的地的运费。卖方还负责卸货、进口报关以及计入运输过程中的其他费用，如小包裹快递费用。买方承担其他所有的费用，例如购买保险的费用。

（5）DDP：完税后交货（指定目的地）。卖方办理货物出口清关手续，并负责将货物送到指定的目的地，还要办理顾客进口清关手续。因此，卖方承担所有将货物运输到指定目的地相关的费用，包括进口关税与其他可能的开销。买方负责卸货。DPP可用于各种运输方式，并且货物到达指定目的地后，买方承担所有的风险。

（6）DAT：目的地或目的港的集散站交货（指定目的地）。卖方在指定的目的地或目的港的集散站卸货后将货物交给买方处置即完成交货，术语所指的目的地包括到达车辆、船舶需卸载到指定的港口等目的地。卖方应承担将货物运至指定的目的地或目的港的集散站的一切风险和费用（除进口费用外）。DAT要求卖方负责办理出口清关手续，但卖方没有义务负责办理进口清关手续，支付任何进口关税，或办理任何进口海关手续。

（7）DAP：目的地交货（指定目的地）。卖方在指定的目的地交货，只需做好卸货准备，无须卸货即完成交货。到达车辆包括船舶，目的地包括港口。卖方应承担将货物运至指定的目的地的一切风险和费用（除进口费用外）。DAP适用于任何运输方式、多式联运方式及海运。买方负责卸货并办理进口清关手续。买方承担自货物到指定目的地后所有的风险。

14.3.2　适用于海洋和内河航运的规则

（1）FAS：装运港船边交货（指定装运港）。卖方负责办理货物出口清关手续并将货物放置在船边以方便装载。买方在出口港的码头获取货物的所有权。

（2）FOB：装运港船上交货（指定装运港）。卖方负责办理货物出口清关手续，承担将货物运输到指定出口港口船只上的所有风险和开支。货物上船后所有权立刻转交给买方。FOB不应该和传统的北美术语F.O.B混淆。

（3）CFR：成本加运费（指定目的港）。卖方负责办理出口货物清关手续，将货物运输到装运港上船，并支付运输货物到指定的目的港的费用。买方承担货物自装运港装船起丢失或损坏的风险以及附加的运输费用。

（4）CIF：成本、保险和运费（指定目的港）。卖方负责办理出口清关手续，并负责将货物运输到装运港上船，支付与货物运输至目的港相关的费用，为买方办理货运保险，支付保险费。买方承担自货物在装运港上船起丢失和损坏的风险。应对买方在运输过程中货物丢失和损坏的风险，卖方也要订立保险合同。卖方要求取得最低限度的保险险别。为了提高限度，买方需要和卖方协商或者自己支付额外的保费。

在一些可能或需要的情况下，可以在国际贸易术语解释通则内加入注释以细化买方、卖方和承运人的责任。例如，在"完税后交货DDP"中，要求卖方支付进口关税，但是使用"完税后交货不付增值税 DDP VAT Unpaid"表明卖方不需要支付增值税。[一]

国际贸易术语解释通则①不适用于服务合同；②不指定交货以外的合同权利和义务；③指定转让、运输和交货的细节内容；④确定如何转移货物所有权；⑤不保证任意一方免遭损失风险；⑥不包括交付之前或之后的货物；⑦不指定违反合同的补救措施。[二]

另外，国际供应中包装与保险决策比国内采购的情况要复杂得多。尽管卖方负责提供包装，但重要的是买方和卖方需要在合同中对于包装达成一致。尽管国际贸易术语解释通则没有赋予买卖双方负责保险的义务，但是双方应该认知到存在的风险并为适合的保单做出安排。

14.4 全球供应工具

供应经理进行全球化采购时可以使用很多工具，包括①反向贸易；②对外贸易区（FTZ）；③保税仓库、临时进口债券（TIB）和关税退税。

14.4.1 反向贸易

反向贸易是贸易协议中一个有趣的术语，人们对它有一些曲解。实物交易已经出现并持续了很多年，其发生于买家和卖家通过货物交换而非现金来完成支付活动的时候。美国公司在物资短缺的时候经常交换货物，举例说，作为权宜之计，一家公用事业公司用燃料油与另一家公用事业公司交换铜电缆。然而，国际贸易的错综复杂性，尤其是在发展中国家，给反向贸易带来了一些新的变化。反向贸易变化有以下五个类型。

1. 易货/交换

易货是指商品交换而不是现金交易。通常，易货发生在一个缺乏硬通货的国家，该国同意与另一个国家交换产品。通常企业（国家）之间交换等价值的商品。例如，交换的商品为同一类型，如农产品或化学物品，可以节省运输费用，这样的交易活动被称为互换。

在混合交易中，卖方承运一定价值的商品，例如发动机，并同意使用现金和商品进行混合支付，然后由采购企业的供应部门转售产品，用现金或再把它易货给别人。一种商品转手两次被定义为两方交易。如果转手三次，那就是三方交易。

[一] Edward G. Hinkelman, Dictionary of International Trade, 10th ed., Novato, CA: World Trade Press, 2012.
[二] Ibid.

2. 互偿贸易

互偿贸易的特征是交易的一部分购买政府支持的出口产品和/或军事出口产品。根据这些协议，为了销售产品，销售公司同意在这些客户的所在国给予一定百分比的售价折扣，一般协商价格在 50% 上下浮动。无论协议的折扣比例是多少，供应部门需要确定如何使用特定的资金购买相应价值的货物或产品。在某些情况下，稍后会转售所购买的货物，使供应部门在很大程度上扮演贸易公司的角色。这种转售通常发生在其他采购公司供应部门无法找到合适的供应商而又需要在顾客所在国家购买相关商品，便简单地购买商品完成交易时。尽管某些交易可能是没有利润的，从事国际贸易的公司通常寻找的是长期的、有意义的，并与其他国家互惠互利的关系。

当其他国家购买北美生产的商品时，它们往往会努力得到补偿，获得技术和资金，增加就业机会，并/或通过保护就业和国内产品来帮助维护政治稳定。

3. 互购协定

互购协定要求最初的出口商在特定时期内从原来的进口商处购买指定金额的货物（通常以原始出口价值的百分比计量）。

4. 回购/补偿

在回购协议中，卖方同意在采购方国家建立一个生产工厂，或向该国出售资本设备或技术。然后原卖方同意回购指定数量工厂生产的产品、设备或技术。回购协议可以持续 10 年或更长时间。

5. 转口贸易

在转口贸易中，第三方公司采用"信贷"进行双边清算。通过信贷从亏损的公司或国家购买产品或服务。通常，代理商或贸易公司从事转口贸易。

当一个国家外汇不足或资助贸易流动的信贷短缺，希望分散其外汇收入，或者是通过劳动密集型产品出口促进国内经济的发展时，会用到反向贸易。参与反向贸易的国家数量稳步增加，包含美国的大多数主要贸易伙伴，如加拿大、英国和中国。

世界贸易组织、国际货币基金组织和政府，包括美国、德国和英国，普遍认为反向贸易不是一个开放的自由贸易体系。然而，美国政府并不反对美国公司参与其中。美国工业和安全国际清算银行每年向国会报告互偿贸易对国防行业的影响，以及对工业竞争力、就业和美国贸易方面的影响。美国公司签订国外防务销售合同必须汇报合同中超过 500 万美元的国防物品或服务的所有互偿贸易，以及已经完成的价值超过 250 000 美元的互偿贸易。

国际反向贸易交易额的确切值是未知的，出于交易的保密性，通常难以收集这些数据。然而，2011 年美国公司上报了 745 项有关 31 个国家实际总值为 40.1 亿美元的互偿贸易和价值 51.8 亿美元的抵销信贷业务。⊖

反向贸易还用于民用的政府采购项目，如民用飞机、电信设备和技术系统。在竞争激烈的全球市场中，能够以较好的成本效益进行反向贸易是一个竞争优势。供应部门在反

⊖ U.S. Department of Commerce, Bureau of Industry and Security, Offsets in Defense Trade, Sixteenth Study, December 2012, p.i.

向贸易协议管理上具有合法地位，并应该更早地参与这个过程。供应部门可以对成本、反向贸易市场状况、采购信息、可行的供应商和易货交易机会提出反馈。

不幸的是，供应商并不总是参与制定是否开展反向贸易这一决策，但是其参与到做出决策后对潜在反向贸易进行评估的阶段。鉴于反向贸易的风险，如产品与服务的质量低劣、交易无收益、收到不匹配的产品和服务，因此在建议评估阶段就应该咨询供应职能部门的意见。

通常，反向贸易对供应经理来说是一些复杂的问题。然而，这一工作可能提供在国际市场中开发低成本供应源的机会。

因为反向贸易对许多供应专业人士来说就是一种"生存之道"，一些指导建议如下：

（1）决定反向贸易是否是一个可行的选择。如果一个公司自身没有从事国际采购的组织，那么就需要与第三方服务提供者签订合同来管理反向贸易进度，或者拒绝参与反向贸易。

（2）把反向贸易的费用计入销售价格中。

（3）了解出口国家的政府、政治、法规。

（4）了解反向贸易中所涉及的产品并识别其中有用的资源。

（5）掌握反向贸易的谈判过程——抵销百分比、惩罚措施和贸易时间周期。

全球互偿与反向贸易协会（原美国反向贸易协会）中有 100 多个全球化公司从事反向贸易和互偿贸易。全球互偿与反向贸易协会旨在是通过对反向贸易和互偿贸易提供更好的认识来促进公司及其国外客户之间贸易和商务活动的发展。

14.4.2　对外贸易区

对外贸易区是一些临近港口和入关口的特殊商业与工业地区，旨在避免，或降低进口货物的关税，或使之延期。这里有许多外国或国内商品，包括原材料、零部件、成品在内的商品均可以不支付关税。美国对外贸易区是国际上认可的对外贸易区的美国版本。商品进入这些区域可能需要储存、销售、展示、改装、装配、分类、分级、清洗，或在重新出口或进入全国海关领土之前进行其他操作。

美国的对外贸易区是那些接近进口港或进口港内部的受限地区。这些地区由对外贸易区委员会授权，在美国海关和边境保护服务部门的监管下运营。贸易区的经营遵循公用事业原则，即创建和维护就业，主要方法是鼓励更多的业务在美国开展，否则这些业务就会流落到美国以外了。

对外贸易区有两种：大众化区和子功能区。

大众化区负责处理许多公司的商品，通常是由一个公共机构或公司主营，如港务局。

子功能区域是有明确目标的区域，通常位于制造工厂内。子功能区通常位于一个既存的生产地点，要由一个当地的大众化贸易区保证其运行。大众化区和子功能区里执行的活动类型是一样的，没有法律上的区别。政府数据显示，2012 年进入贸易区的货物价值达到了 7 320 亿美元，创 15 年来的新高，截至 2012 年年底，共有 174 个对外贸易区、276 家活跃的制造 / 生产公司。⊖

每个对外贸易区有不同的特点，这取决服务于贸易区中特有的贸易类型时所发挥的功能。贸易区的六大主要功能具体如下所示。

⊖ U.S.Department of Commerce, *74th Annual Report of the Foreign-Trade Zones Board*,2012.

生产制造。国外货物的生产制造流程可以在对外贸易区内进行。外国商品可以与国内商品进行混合生产。进口时，只付产品中外国商品的那一部分关税。在某些情况下，如果产成品中超过 50% 的部分有美国劳工参与或相关零件组成，则可能有获得减少关税或免关税的认证。这些商品可能会标上美国制造的标签并依据《北美自由贸易协定》出口。除了减少关税，还可以储蓄利息，因为需要到货物离开对外贸易区进入美国境内才会纳税。

转运。货物在等待装运到另一个港口时可能需要储存、重新包装、组装等操作，当在对外贸易区进行这些活动时不需要支付关税或保证金。

储存。部分或全部货物可以在一个对外贸易区内无限期地存储。这对那些因新出台进口限额，或者为等待需求或价格上涨，而暂时存储的货物来说意义重大。

处理。进口货物可以经过一些处理，或与国内商品相组合，然后进口或再出口，只对进口商品征收关税。

退税。当已经通过海关的进口商品退回到对外贸易区时，货物所有者可立即获得 99% 的关税退税。同样，当产品从保税仓库转移到对外贸易区时，保税取消，终止所有与税费支付有关的义务及时间限制。此外，受国家税务管控的商品，在出口时国内商品出口商将会收到一份退税金。

展览展示。对外贸易区内的用户不用支付债券和关税就可以向顾客展示他们的商品。因为他们可以提前确定明确的关税和税率，因此可以明确公司价格，并立即交货。关税和税收仅适用于进入海关领土的货物。

如果公司拥有大量海外供应商或正在考虑引进大量的应税产品，那就可以通过退税节约成本，还可以从进口材料运往到大陆腹地的工厂以及制成品运送至出口港口的运输成本入手。每个贸易区最终发挥的实际作用取决于商业社区与贸易的内在属性以及对外贸易内设施使用者的需求。

减免或延迟交付进口货物的关税，使其在美国市场更有竞争力，并通过创造就业机会的方式为当地社区带来经济效益。但对外贸易区仍存在一些潜在的劣势：①使用过程中产生了额外的劳动力成本，以及运营与搬运相关费用；②由于国际贸易协定中降低或免除关税的变化，长期使用具有不确定性。

边境加工厂

墨西哥边境加工厂是对外贸易区或工业园区模式的范例。为了利用墨西哥的低成本劳动力，非墨西哥人可以在边境加工厂内拥有自己的组装作坊或工厂。组装工厂最适合劳动密集型的装配业务。零部件与物资进入墨西哥是免税的，而出口到美国的产品只需要缴纳在墨西哥产生的增值税。边境加工厂行业协会的数据显示，出口和境外投资从 2009 年到 2012 年增长了超过 50%，2015 年分别达到了 1 960 亿美元和 74 亿美元。全球金融危机后就业率大幅下跌，出口与境外投资降低到原来的 25%，仅有 200 多万美元，略高于 2007~2008 年的平均水平。⊖

许多组装工作都转移到了低成本国家，例如中国。随着工资差异的减小，来自美国或其他地区的公司将视线转移到墨西哥组装工厂，利用其完成更精细的生产制造和产品设

⊖ Mexico's Maquiladoras: Big Maq Attack," The Economist(October 26,2013).

计。由于组装工厂最初做的是组装业务，因此组装工厂周边的供应基地有限。其中汽车和航天的产业集群化水平正在蓬勃发展。

14.4.3 保税仓库

保税仓库用来存储货物，直到为货物支付完关税或符合其他条例后才放行过关。商品的所有权由财政部批准，可以保证这些商品的处置严格遵守美国的税收法律。保税仓库的目的是免除进口商缴纳对外再出口的贸易关税，或者延迟缴纳关税直到所有者将商品移入东道国。货物在仓库可以保存三年，到时候如果还没有缴税，政府将公开拍卖这些货物。

所有商品从保税仓库出口必须使用原包装发货，除非有海关征税员的特许。保税仓库内的任何生产活动必须处于严格监督下，且产生的产品必须进行再出口。

14.4.4 临时进口保证金与关税退税

采用临时进口保证金（TIB）允许特定类别的商品进口到美国。这些物品是非卖品，如样品，或试销的产品。保证金是必需的，通常相当于估计关税的两倍。尽管需要支付TIB，但净效应是如果商品再出口，则不用支付关税。TIB 的有效期为一年，有两个为期一年的延长期。然而，如果货物不准时出口，罚款可能是正常关税的两倍。这也是 TIB 为正常关税两倍的原因。

关税退税允许退还为后期再次出口的进口材料所支付的税款。买方与美国政府签订关税退税合同，进口生产需要的材料，并支付正常的关税。如果最终生产或加工的产品在材料进口五年内出口国外，那么将退还关税。关税退税有三种主要的类型：直接认证退还、替代退税，以及拒绝商品退税。每种类型下关税退税的规定稍有不同。

14.5 区域贸易协定

消除区域之间贸易壁垒的努力，达成了双边、地区和全球的贸易协定。供应管理人员应该知道其所在国家主要的贸易伙伴是谁，适用哪个贸易协定，以及在新兴经济市场中存在什么样的机会。

下面的章节将描述几个主要的区域贸易协定。世界上大多数国家或区域贸易集团的交易模式数据都可从世界贸易组织获取。世界贸易组织拥有一个交互式数据库，统计着从 1948 年到现在的国际贸易数据。

14.5.1 《北美自由贸易协定》

1994 年，《北美自由贸易协定》（NAFTA）在美国、加拿大和墨西哥生效，旨在消除商品和服务中关税和非关税的贸易壁垒。最终的《北美自由贸易协定》于 2008 年 1 月 1 日实施。《北美自由贸易协定》创造了一个拥有 4.44 亿人口、商品和服务价值超过 17 万亿美元的自由贸易区。加拿大和墨西哥是美国两个最大的进口商，也是第二、第三大供应商。该两个国家购买了美国将近 1/3 的出口商品。在《北美自由贸易协定》生效以来，美国出口到加拿大和墨西哥的商品和服务增加了三倍，美国从加拿大和墨西哥获得的进口量也大幅上升。㊀由于该协议，协议内国家之间的商品贸易大幅增长。

建立在《北美自由贸易协定》上的活动包括，加强中间产品和供应链贸易的合作；改善边境基础设施，减少"9·11"后的安全事件导致的不可预知的延误，进而致使生产链条中断的情况；同时提高创建关税联盟的可能，关税联盟即具有统一对外税率的自由贸易区。

买家必须遵守《北美自由贸易协定》中产品原产地有资格享受降低关税税率这一优惠的规则。来自其他国家的货物将会被征税。由于特定产品的规则与文档不一致，对于许多进口商来说，填写并提交原产地证书是一个大问题。如果购买者预计每年不止一次购买相同的商品，那么其可以提交一个年度总结证书。统一的对外税率，使得《北美自由贸易协定》成员国消除了协议中的原产地规则。㊁

14.5.2 欧盟

欧洲在"二战"后开始大力加强经济和政治的合作。四大自由原则于1993年通过：商品、服务、人和金钱的自由流动。2002年，欧元成为欧盟成员国的唯一货币，价格更容易比较且外汇交易成本更低。目前争论的焦点为是否需要建立一部欧洲宪法。如果需要，应该采用什么形式呢？

截至2013年，欧盟已有28个成员国，使用24种官方工作语言，总人口超过5亿人。2012年欧盟生产总值达到129 454 200百万欧元。虽然这一地区的人口只占世界人口的7%，但欧盟与世界其他国家交易的贸易额占全球进出口总值的20%左右。㊂

14.5.3 东盟

东南亚国家联盟（东盟）成立于1967年。如今，东盟有10个东南亚国家（文莱、柬埔寨、印度尼西亚、老挝、马来西亚、缅甸、菲律宾、新加坡、泰国、越南）。东盟自由贸易区（AFTA）成立于1992年1月，旨在消除关税壁垒。东盟目标是到2015年，将东盟经济整合成为一个统一的生产基地，创造一个5.92亿人的区域市场。2009年，东盟内生产总值达到14.92亿美元。㊃

14.5.4 南方共同市场

南方共同市场成立于1991年，是一个成员国为阿根廷、巴西、巴拉圭、乌拉圭、委内瑞拉和玻利维亚的关税联盟。作为准会员，智利、哥伦比亚、厄瓜多尔、秘鲁、圭亚那和苏里南可以加入自由贸易协定，而不是关税联盟的成员。南方共同市场的面积是欧盟的4倍，人口超过了2.75亿，经济活动产生的价值超过了欧洲大陆总额的3/4（2011年生产总值为3.3万亿美元）。㊄

㊀ U.S.Census Bureau, Foreign Trade Divison, and U.S. Department of Commerce, Bureau of Economic Analysis.
㊁ www.ustr. gov/trade-agreements/free-trade-agreements/north-american-free-trade-agreement-nafta.
㊂ www. europa. eu.
㊃ www.aseansec.org.
㊄ www.mercosur. int.

14.5.5 安第斯共同体

安第斯共同体（CAN）的成员包括玻利维亚、哥伦比亚、厄瓜多尔以及秘鲁。安第斯共同体成立于1969年，最终目标是建立拉丁美洲共同市场。其于1993年建立了自由贸易区，1994年出台了统一的对外关税税率。安第斯共同体将1.03亿人紧密结合在了一起，在2010年生产总值达到了9 028亿美元。

安第斯共同体和南方共同市场，是南美的两个主要贸易联盟，2008年达成协议形成了南美洲国家联盟（unasur.org）。2012年，欧盟和哥伦比亚与秘鲁签署了一项贸易协定，并考虑将该协定扩大到厄瓜多尔和玻利维亚地区。⊖

14.5.6 中国贸易协定

根据中国FTA网（http://fta.movcom.gov.cn），中国政府部门将自由贸易协定作为进一步扩大对外开放、加快国内改革、融入全球经济、加强与其他经济体的经济合作、补充多边贸易体系的一种方法。中国有包括东盟、巴基斯坦、智利和新西兰在内的14个FTA伙伴，包括31个经济体。中国政府还建立了与国际联盟的互动机制（FOCAC）。2000年，中国与54个非洲国家开展了中非合作论坛。2014年，拉丁美洲和加勒比地区共同体（CELAC）同意与中国共同创建互动联系机制。

14.5.7 世界贸易组织

乌拉圭回合谈判，世界贸易组织（WTO）于1995年1月1日成立，取代了自1947年就存在的关税与贸易总协定（GATT）。

截至2013年，世贸组织拥有159个成员，占世界贸易额的90%，其最重要的目的是使贸易可以顺畅、自由、平等、可预见地进行。世界贸易组织通过管理贸易协定来实现这一目标。其作为一个贸易谈判的论坛，处理贸易纠纷，监控各国的贸易政策，协助发展中国家处理贸易政策问题，并与其他国际组织合作。GATT主要处理货物贸易，世贸组织对服务和知识产权贸易也有新的协定。⊜

14.6 新兴市场

虽然对新兴市场没有统一的定义，但一般来说是指增长速率高、经济自由化的国家或地区。评估新兴市场的一个指标是新兴市场指数（msci.com）。2014年年初，新兴市场是指美洲（巴西、智利、哥伦比亚、墨西哥、秘鲁）、欧洲、中东和非洲（捷克共和国、埃及、希腊、匈牙利、波兰、俄罗斯、南非、卡塔尔、土耳其和阿拉伯联合酋长国）和亚洲（印度、印度尼西亚、韩国、马来西亚、菲律宾、泰国和中国台湾地区）。这些以及其他的新经济体，代表着采购和供应管理发展的巨大机遇。

供应经理如何识别评估新兴市场存在的风险和机会？应该提出什么问题？如何寻求答案？国家和国际层面有许多资源可以协助供应专业人员开展全球贸易，包括联合国、世

⊖ www.comunidadandina.org.

⊜ www.wto.org.

界银行、世界货币基金组织和世界贸易组织的相关部门。密歇根州立大学的全球统一融资网站（globaledge.msu.edu）是一个出色的全球商业知识来源。其每年都会发布全球竞争力报告、世界概况以及廉洁指数三种资源，为更好地了解全球面临的机遇和挑战提供了一个良好的起点。另一种资源是行贿指数，这一指数每年都会更新。

世界经济论坛公布的全球竞争力报告中，将竞争力定义为决定一个国家生产力水平的机构、政策等因素的集合。其从12个方面对每个国家进行测量评估：机构、基础设施、宏观经济稳定性、保健与初等教育、高等教育与培训、商品市场效率、劳动力市场效率、金融市场成熟度、技术准备度、市场规模、商业成熟度和创新。⊖

《世界概况》（World Factbook）由美国中央情报局出版，包含了世界上大多数国家的所有重要信息和数据统计，包括地理、人民、政府、经济、通信、交通、跨国问题与军队。

国际透明组织（transparency.org）出版了许多关于全球透明度的报告。年度《贪污观感指数》考虑专家意见，衡量了177个国家公共部门的腐败水平，分值从0（高度腐败）分到100（非常干净）分。2013年，有69%的国家得分不到50分，并具有广泛的区域差异性。国际透明组织倡导并严格执行联合国反腐败公约。这种全球首创的举措提供了一个消灭腐败的框架。

该组织也发布《行贿者指数》。该指数基于业务主管以供应商、顾客、伙伴或竞争对手的身份对其有业务关系的国家的观点。该指数对于来自28个主要经济体的公司通过贿赂获得海外业务的可能性进行了排名。这些指数提供了商务环境指标，作为与不同国家进行商务往来时评估风险和总成本的考虑因素。确定在一个国家内采购的风险和机会，所需要的知识水平与分析能力超过了国内采购。这些报告和调查中的评估有助于供应决策者识别新兴经济体中的机遇和风险。

本章小结

在全球经济中，大多数公司几乎不可能百分之百地依赖国内供应基地提供的产品和服务。许多组织不得不寻求世界领先的供应商提供产品和服务，以保持它们的竞争地位。全球供应管理已成为一个现实。全球采购的好处往往超越简单的价格和成本优势。公司可以购买国外的产品和服务，以获得更好的技术，获得国内无法提供的安全条款，或购买质量更好的产品。

管理一个全球的供应网络是一个重要的机遇，同时也带来一些重大的挑战。因此，有效管理全球供应链的能力将成为竞争优势之一。

复习题与讨论题

1. 什么导致了全球贸易的增长？你认为未来10年会发生什么样的变化？
2. 为什么北美公司外包与离岸制造产品及配送服务？
3. 公司进行全球采购的主要优势是什么？主要劣势是什么？
4. 采购公司如何才能尽量减少全球采购相关的问题？你觉得最严重的问题是什么？

⊖ K.Scwab, *The Global Competitiveness Report 2013-2014* (Geneva: Wold Econonic Forum, 2013), pp.1-9.

5. 买方如何才能得到最优的潜在国际供应商列表？如何评价潜在的供应商？
6. 直接购买与使用某种形式的间接购买的利弊分别是什么？
7. 反向贸易有哪些类型？它们给买方带来怎样的问题？买方如何使反向贸易正常进行？
8. 买方如何有效利用对外贸易区？
9. 《北美自由贸易协定》对卖家有什么好处？什么是原产地证书？为什么买方需要关注这个问题？
10. 什么是国际贸易术语解释通则？在选择贸易术语解释通则时，应该考虑哪些因素？

参考文献

Daniels. J. D.; L. H. Radebaugh; and D. P. Sullivan. *International Business: Environments and Operations.* 14th ed. Upper Saddle River, NJ: Prentice Hall, 2012.

Fishman, T. C. *China Inc.* New York: Scribner, 2005.

Hinkelman, E. G. *Dictionary of International Trade*. 10th ed. Novato, CA: World Trade Press, 2012.

Kamann, D. J., and V. Van Nieulande. "A Four-Filter Method for Outsourcing to Low-Cost Countries." *Journal of Supply Chain Management* 46 (2010), pp. 64–79.

Leenders, M. R., and P. F. Johnson. *Major Changes in Supply Chain Responsibilities*. Tempe, AZ: Center for Advanced Purchasing Studies, 2002.

Oshri, I.; J. Kotlarsky; and L. Willcocks. *The Handbook of Global Outsourcing and Offshoring*. 2nd ed. London: Palgrave Macmillan, 2011.

"Reshoring Manufacturing: Coming Home." *The Economist*, January 19, 2013.

Schwab, K., et al. *The Global Competitiveness Report, 2013–2014*. Geneva: World Economic Forum, 2013.

The *World Factbook* 2013–14. Washington, D.C.: Central Intelligence Agency, 2013. https://www.cia.gov/library/publications/the-world-factbook/index.html.

The 2013 Corruption Perceptions Index. Transparency International, http://cpi.transparency.org/cpi2013/.

World Trade Organization. *Global Competitiveness Report 2013–2014*, www.weforum.org/issues/global-competitiveness

World Trade Organization. *International Trade Statistics 2008*. www.wto.org.

World Trade Organization Interactive Statistics Database. www.wto.org/english/res_e/statis_e/statis_e.htm

案例 14-1　加拿大特洁安技术公司

加拿大安大略省伦敦市的特洛伊技术公司的资深买家乔伊斯·郭结束了她的演讲。材料经理兰迪·哈尔，对她的演讲做了下面的评论：

表面上似乎有很多的机会，我想应该采取下一步措施。乔伊斯，我需要设计一个针对低成本地区的采购计划，我们可以向董事长申请批准。我们的计划必须包括采购流程、进度表和时间节点以及预算与预期节省成本大小。同时，我们也必须识别风险并准备应急计划。立刻开始着手这项工作，我们下周五早上碰面。

那天是1月23日周四，乔伊斯收拾了电脑和笔记，意识到在下周与兰迪会面之前要做大量的工作。

加拿大特洁安技术公司

加拿大特洁安技术公司是一家顶尖的水处理技术公司，安装有全球最大的紫外线水处理操作系统。加拿大特洁安技术公司专注于市政、商业以及住宅应用服务等领域的加压装置和开放式紫外线消毒与水处理系统的设计、制作及销售。其总部在加拿大安大略省的伦敦市。公司销售额达到1.4亿美元，在世界各地雇用了接近400人的办公室人员。公司通过一个由经销商以及各代表组成的范围广泛的网络服务其客户群。

加拿大特洁安技术公司属于达纳赫集团，该集团在2004年收购了加拿大特洁安技术公司。达纳赫集团是一个多样化的全球制造商，其业务涉及专业仪器、工业技术、工具和零件。其年销售收入达68亿美元，净利润7.46亿美元，雇用员工约37 000人。管理人员使用持续更新的达纳赫业务系统来指导与测试操作以及业务活动。

目前特洁安的产品线主要由分布在5个市场领域的10个系统组成：①住宅水处理；②市政饮用水；③城市污水；④环境污染物处理；⑤工业处理。用于商业与政府的系统，价格从5万美元到100万美元不等。这些系统通常会有7~10年的生命周期，之后被于伦敦市工厂设计和制造的新系统替换，以满足客户的个性化需求。通常一年里，特洁安公司为企业和政府客户开发500~600个系统。

采购组织

特洁安公司采购组织有7个采购人员，负责以下6种商品类别的采购：

（1）灯、石英套筒、压舱物。
（2）电气部件和面板。
（3）不锈钢制造零件。
（4）机加工塑料件。
（5）液压部件和传感器。
（6）非生产性物料。

前两种商品类别的采购费用大约占到特洁安公司4 500美元万直接材料购买费用的60%。然而，这些零件中的大多数是高科技零部件，属于战略采购协议采购内容。剩下的40%接近400个库存单位主要由北美供应商提供。

低成本地区采购项目

在收购特洁安公司后，为改善企业业绩，达纳赫集团实施了一些新举措。目标之一为实现全球采购，要求兰迪来负责。

兰迪转而要求乔伊斯主导这一项目，挖掘特洁安公司在全球采购中存在的机遇以及公司应当采取的措施。乔伊斯在获得理查德艾维商学院的工商管理硕士约一年之前，作为资深的不锈钢制造采购人员加入了特洁安公司。在去艾维商学院念书之前，乔伊斯拥有在中国国有企业做采购经理的工作经历。兰迪认为乔伊斯有很深的资历来领导低成本地区的采购项目。

在1月23日给兰迪的报告中，乔伊斯表示：

- 在特洁安公司，全球采购不是公司采购战略的一部分。目前，国际采购仅仅适用那些在北美无法获取的零件。
- 不参与全球采购，特洁安公司失去了降低成本、提高质量和提高产品可获得性的潜在机会。
- 使用全球采购的公司已经可以降低一些产品和服务的大量成本。
- 达纳赫集团有几个业务已在全球范围内采购零件，公司已经在中国建立了一个国际采购办公室，由五人组成：一个采购经理、一个买家和三个工程师。
- 在中国采购，是特洁安公司实现低成本的最好机会。乔伊斯建议，公司开始在中国开启全球采购计划。

作为给兰迪汇报报告的一部分，乔伊斯也制订了初步的购买零件列表，包括她认为适合全球采购的潜在零件。这些并不属于战略采购协议中的一部分（见表1）。

表 1　适合全球采购的潜在零件列表

零部件序号	描　述	单价（美元）	年度数量
PJ-224	不锈钢托盘	13.31	2 000
PJ-245	锈钢托盘	6.11	10 000
ML-092	金属盘	2.37	72 000
ML-667	钳	1.65	15 000
RK-376	弹簧	1.07	20 000
LM-144	环形垫圈	0.18	20 000
GA-136	石英套筒	27.62	15 000
GA-208	石英套筒	18.57	18 000
GA-659-1	石英套筒	6.19	700
GA-659-2	石英套筒	5.85	1 000
GA-659-3	石英套筒	8.66	11 000
GA-024	石英套筒	27.62	2 000
RR-061	陶瓷盘	1.87	70 000
JH-625	曲边机	139.15	500
DM-354-01	焊接件	52.03	6 000
DM-354-02	焊接件	63.03	1 000
TB-024-01	配线	9.47	2 500
TB-024-02	配线	13.27	2 500
TB-024-03	配线	17.15	2 500
TB-024-04	配线	21.37	2 500
PB-554	PS-120/130V 50W	46.20	250
ML-174	金属托架	15.95	1 050

实施计划

在准备与兰迪会面的过程中，乔伊斯想要准备一个实现低成本的地区采购的全面计划。乔伊斯认为如果项目获批，兰迪会让她负责，她需要确保项目可以成功。

作为切入点，乔伊斯需要创建用来实施低成本地区采购的业务流程。她期待工程与质量部门的人员参与进来。乔伊斯要识别出采购每类零件都需要使用的特定步骤。乔伊斯需要确定完成每一步的近似时间，据此估计采购周期。

开始低成本地区采购流程，首先需要明确选择零件并评估其适用性的标准。乔伊斯想给那些能够带来最大成功概率的零件建立指导原则。

对于乔伊斯来说，主要的考虑内容是，确立特洁安公司通过低成本地区采购可以实现的成本降低量的期望值。基于她到目前为止收集到的信息，乔伊斯发现，虽然全球采购提供的机会大幅削减了价格，但也会有额外的成本。例如，对从中国进口的产品，特洁安公司必须支付8%的关税。她还发现，基于其他达纳赫集团业务的经验，库存可能会增加25%，运输保险费平均为5%。此外乔伊斯相信她还需要其他管理和差旅方面的预算费用。

乔伊斯不仅要给兰迪提供特洁安公司每年通过低成本地区采购可以节省成本的估计值，而且需要设计关于何时价格降低可以弥补转换供应商所增加成本的指南。在准备进行成本节省估算时，乔伊斯还要考虑特洁安公司每年1月1日都会调整的标准成本。因此她只对发生采购的年份计算成本节省量。

最后要关心的是风险以及应急计划。特洁安公司正占有一个巨大且迅速扩大的市场，乔伊斯希望避免供应短缺以及质量问题。因此，乔伊斯希望制定合适的政策来降低低成本地区的采购风险。

案例 14-2　马克·拜伦

"我想让你弄明白供应是如何增加我们全球市场营销支出价值的。给你几个月的时间来给我一个计划。"马克·拜伦是BCI的供应部经理，BCI总部设在法国巴黎，是世界最大的金融机构之一。此时，马克·拜伦正思考着BCI供应副总裁新派给他的任务。

BCI

BCI，100多年前起步于一家小型的商业银行，多年来已经成长为可以提供各类金融服务的公司，其提供商业和零售银行业务、资产管理、保险、零售和批发等服务。在过去的20多年里，BCI通过在世界各地的几个重要国家收购地方性金融机构，极大地提高了其国际知名度。凭其超过2 000亿美元的年收益，BCI被认为是行业中的全球巨人。

BCI的供应工作

直到5年前，BCI的供应工作一直是分散的，每个地区的业务单位负责管理其自身的供应需求。专业咨询公司回顾公司供应工作的历史记录后指出，集中供应也许可以节省一定费用，具体可以通过整合全球需求，将供应专家的意见应用于BCI的需求采购工作中。例如，咨询专家指出根据他们的估计，BCI每年在IT供应商方面的支出可能超过60亿美元，其中在流程和支出方面是可以实现大幅度改进的。BCI的高级管理董事会遵循专家的建议，雇用了曾在BCI的一个竞争对手企业中负责供应管理的皮埃尔·贾汀来建立一个全球统一的采购组织。皮埃尔最先进行欧洲IT费用的整合，在总部成立了专业的供应专家小组。在刚开始的两年内，皮埃尔成功地在IT供应商支出方面为节省了约10亿美元，接着他雇用马克·拜伦来接管IT采购。在世界IT供应行业中摸爬滚打了3年的马克对每一个国际商业单位的运行规律已了如指掌。他清楚地意识到，各业务部门经理十分珍视他们地方部门的独立性，因而总是提防总部插手他们的业务。尽管如此，马克在协商IT供应合同上依然获得了成功，为BCI的IT方面每年节省了10亿美元。

新任BCI总裁

两年前，一位新总裁接手了BCI。他有着强有力的营销背景，新总裁坚持所有业务单位应在通信、销售和广告过程中展示其公司标识，以打造BCI的全球品牌认可度。此外，营销支出的大幅增加开启了品牌的成长之路。在前两年，没有任何国家的供应部门不涉及媒体上的花费，地方性的区域营销经理能自由支配他们的预算。

马克·拜伦的任务

皮埃尔·贾汀改善了BCI在特定产品类别供应商方面的支出，并节省了花销。除了IT在硬件、软件与服务上的支出，他还在增加供应职能在企业差旅、家具与纸张等采购方面的参与度上取得了进展。在每一类产品采购中，当地的经理对多个供应商具有选择偏好,这给采购带来了较大的阻力。

虽然不知道准确的数据,但皮埃尔意识到营销的花费过大,他觉得这也表示供应职能有很大的改进机会。BCI可以节省一笔数量可观的费用。而即使在那些有专门供应经理的地方业务单位,对于这一类别的支出,供应职能在以往也从未涉及过。因此,直接或间接地与地方供应经理合作并不可取。

虽然皮埃尔并不愿意把马克·拜伦从他的IT任务中抽出,但他认为马克有着国际经验、技能与品质,来解决市场营销的支出问题。因此,他把马克叫到他办公室,并且解释他为什么想要马克离开他现在的IT岗位转而肩负起改善营销支出这一任务。他给了马克两个月的时间来制定一个规划。

市场营销支出

马克·拜伦没有市场营销支出相关的工作经验。他同意皮埃尔的看法,营销这个科目是BCI开支最大的科目之一,并且如果IT方面的经验有任何可用来借鉴的地方,都可能会带来巨大的成本节省。这对他来说是一个重要的考验,在这项工作中获得成功将对他未来的职业生涯产生十分有利的影响。但寻找一个成功的方法,使得供应部门有意义地参与到营销方面是很困难的。他在想应该如何利用皮埃尔给他的接下来两个月的时间去进行规划,这个计划应该是什么样的。

案例14-3　萨林制药有限公司

艾伦·曼尼克是萨林制药有限公司的采购总监。公司的动物卫生事业部位于不列颠哥伦比亚省的温哥华。该部门的工厂正计划着从公司位于法国的工厂转移八项产品。艾伦将在6月11日与来自法国阿拉斯萨林工厂的弗朗索瓦·辛普森召开电话会议,就转移细节进行一番探讨。今天是6月2日周一,艾伦需要为会议做好准备,即为采购转移相关问题做准备。他特别关注原材料和包装的供应问题。

萨林制药有限公司

萨林制药有限公司成立于1865年,总部设在纽约,因在发现、开发和制造人与动物药物领域的卓越与创新而著名。在最近一年中,公司营业额为120亿美元,盈利14亿美元。公司雇用了45 000多名员工,他们在60多个国家为该公司工作。

萨林公司分为4个业务部门:制药、疫苗、消费者保健和动物保健。制药部门的收入占公司收入的约70%,而疫苗、消费者保健和动物保健部门则分别占萨林公司收入的13%、10%、7%。制药部门开发和制造了用于治疗各种严重疾病和慢性疾病的药物,如癌症、癫痫和心脏病。疫苗部门生产儿童和成人疫苗,以防止一系列的传染病,包括甲乙肝病、小儿麻痹症和流感的传播。消费者保健部门则专注于广泛的皮肤护理、保健、口腔护理以及营养等领域内消费者的保健产品。最小的部门——动物保健部门,为家畜、家禽和宠物研制和生产药物。

萨林的战略任务致力于研制、开发保健品,并把保健品以一种有效的方式推向市场来满足尚未得到满足的医疗需求。因此,该公司最近剥离了多项不符合公司战略的业务。同时,其收购了许多与萨林战略相互补的企业,并且预计将在未来一年内公布其他的收购计划。

动物保健部门

动物保健部门面临着重大的变化。公司最近收购了美勒-克奇动物保健公司(MKAH),这将使萨林公司成为动物保健产品领域的世界第一。萨林公司多年来在大型动物制药领域一直处于领先地位,且其在拉丁美洲和亚洲也有很高的地位。另外，MKAH 在北美洲宠物市场和世界疫苗领域都有很强的产品线。其在欧洲和澳大利亚也有优越的组织力量。计划中这两家公司将要合并，创建一个唯一、集成的单元，进而有助于萨林实现其对动物保健部门愿景，即"我们将会是动物保健产业的推动力量"。合并后的公司制造设施多达 46 个，分布在 35 个国家。

采购

动物保健产品的制造过程需要采购各种各样的化合物、注射器、瓶子、包装材料和标签。萨林生产的大多数产品都受到严格的监管，如组成成分、计量单位标度、专门用语以及剂量。各个国家对这些的要求不同。温哥华工厂的采购组织负责采购 1 600 多种原材料和包装产品，年总价值为 2 200 万美元（加拿大）。每一项都必须从萨林公司批准的供应商那里购买。供应商审批过程涉及一系列的测试和审查，可能需要一年完成，并涉及以下步骤：

（1）必须为其所提供的产品向萨林提供标准化操作规程副本且经过萨林批准。

（2）必须提供样品分析说明书，且要根据标准操作规程建立的流程来制造。

（3）需要提供来自三个不同地段的随机样本以及分析证书，随机样本由萨林自行测试并且将测试结果与该分析证书相对比。

（4）供应商的工艺流程和产能，需要在产品开发、质量控制和制造方面满足可接受的标准。

（5）将在萨林运行一批试点，使用来自供应商的材料，并且进行测试。

（6）只有在供应商成功地通过步骤（1）~（5）之后，产品才可以被用于生产。前三批由供应商发运并由萨林来测试。只有三批都合格的供应商才可以通过审核。萨林将定期对将来的出货量进行测试。

关闭法国工厂

今年 3 月萨林宣布其在法国的唯一动物保健工厂将在明年 5 月之前关闭。其将 8 项产品分阶段转移到温哥华工厂，并从 12 月开始生产，一年后开始全面投产。按计划，法国工厂将增加大量的产品，以提供足够的库存来满足需求，直到温哥华工厂可以提供充足的供应为止。这 8 项产品加入到温哥华的产品组合之中，将会提高 30% 的产量（见表 2），生产能力不再是一个问题。

表 2　法国转移到温哥华的产品

产品名称	配方数	规格	标签语言数量
Tetratex（注射器）	1	1	18
Vetracil（药片）	2	2	9
Baxotil（悬架）	1	2	3
Baxotil（给狗粘贴的泥膏剂）	1	2	14
Baxotil（给猫粘贴的泥膏剂）	1	2	14
Federex（泥膏剂）	1	1	1
Vitopax（1% 泥膏剂）	1	1	2
Vitopax（10% 泥膏剂）	1	2	2

到 5 月下旬，由于生产率低和员工士气问题，法国工厂无法提高生产量来提供足够的库存应对这一过渡阶段。此外，法国的规章制度限制了工厂加班时间。很显然，法国工厂向温哥华工厂的过渡将必须早于计划实现，以避免产品短缺。

包括遍布于欧洲各地的大大小小的机构，法国工厂约有 300 个获审批的供应商。一些代表性供应商如下：

公司名称：埃勒·杜兰德
位置：法国梅斯
规模：大约 400 个员工
产品：化学制品

公司名称：劳伦特
位置：法国梅斯
规模：家族企业，3 个员工
产品：印刷筒注射器

公司名称：综合塑料
位置：法国圣迪尔恩谷
规模：大约 100 个员工
产品：注射器筒和注射器活塞

公司名称：吕弗勒银
位置：德国弗赖永广场
规模：大约 500 个员工
产品：化学制品

艾伦想知道在未来 6 个月内如何确保温哥华工厂所有必要物资的供应，以保证有效并及时地进行生产。

第 15 章 | Chapter15

法律与道德

供应决策者的关键问题

我们应该

- 以书面形式签订所有采购协议吗？
- 制定并支持一套社会责任原则吗？
- 在大额购买协议中使用可替代性争端解决方案吗？

我们如何

- 使组织在法律和道德上的风险最小化？
- 使我们对购买行为的个人责任最小化？
- 避免与供应商发生法律纠纷？

所有供应方面的沟通、协议与共识，在组织内外都产生道德和法律方面的影响。在第4章中，我们将采购定义为商品与服务（供应商的责任）的货币（采购商的责任）交换。从法律的角度看，供应商的义务是转让与交付商品或服务，采购商的义务是按照合同要求接收商品或服务并支付资金。本章介绍三个关键的决策：①我们如何确保商业协议是合法的？②我们如何确认文件是合法的？③我们如何确保供应人员按照道德与监管要求行事，并符合组织的价值？

首先，必须认识到，起诉到法院是最后才采取的手段。买方或卖方很少诉诸法院来强制采购合同生效或评估财务损失。在那些罕见的采用正式法律行为的情况下，法律成本很高并且结果具有不确定性。采购主管希望尽量避免这样的情况发生，万不得已才会采取法律诉讼手段。掌握合同法和普通法法律知识，一方面可以帮助供应经理避免介入法律纠纷，另一方面可以帮助组织成功地完成诉讼，或者防范诉讼。

虽然专业供应经理不需要律师或伦理学家的培训，但他们应该了解基本的商业法律与伦理原则。这有助于供应经理认识到遇到什么问题和情况需要专业顾问，也可以帮助其避免日常运作中容易发生的错误。作为组织中的一个战略决策者，供应经理必须持续地为组织寻求机会最大化与风险最小化的机会。监管组织内法律与伦理方面的工作是供应专业人员可以为组织做出贡献的一种方式。

供应管理者对组织的另一种贡献是，确保供应流程的执行方式是尊重职业道德并对社会负责的。最近发生的事件再次使道德行为受到关注。具有职业道德的采购和供应行为将有助于避免违反道德的情况发生并提高组织声誉。

15.1 买方和卖方的法律权力

确保合适的人员签订商业协议是协调商业协议和法律协议的起点。买方和卖方的法律权力是不同的。了解谁拥有支配组织资金的合法权限、谁有权接收订单，对组织中的每一个人来说都是重要的。在组织中普遍采用买断合同采购或者规避供应过程时，这尤为重要，因为这些行为将会给买方组织带来法律风险。

15.1.1 买方的法律权力

供应官的法律地位是什么？根据代理法律，他有权作为一个组织的代理人按照雇主的指示参与到业务中来。这些法律权力可能是实际代理权（明示权利或暗示权利）或表见代理权。

1. 实际代理权（明示权利或暗示权利）

法律假定代理人（雇员）和委托人（用人单位）之间存在一个关于雇员权利范围的协议。这个权利可能是明示权利也可能是暗示权利。

明示权利包括明确和直接授权代理人执行的行为。这可以是工作描述文件所定义的责任和职责（见图 3-3 和图 3-4，职位描述示例），也可以是各级机关规定的政策和程序手册。

暗示权力是其他一些必要的、普遍的，并得到当地执行以完成所赋予的明示授权的权力。代理人的暗示权力范围是由企业的性质来确定的。总代理或经理的暗示权力范围是很广泛的。

第三方成员。第三方成员（例如，供应商的代表）的责任是确定代理人权力的范围。供应商不能仅仅依赖代理对于其自身权利的陈述。代理人权力具有局限性，并受到这些局限性的约束。供应商可以要求采购组织提供阐明个人权利程度的文件。在实践中，明确供应部门职工的职责和责任，会给供应组织带来最佳的法律和商业利益。同样，如果一个销售人员知道，在采购组织中某员工的活动超出了其权力范围，那么销售人员也应该在该员工的法定权力范围内依法经营。

2. 表见代理权

一个人的表见代理权是其看起来明显拥有的权利，是通过委托人（雇主）的语言与行为使得一般员工认为代理人已经被授予的权利。

举个例子，作为公司的代理，供应官有权在指定的范围内（根据实际代理权）约束公司。然而，约束委托人的权力，由表见代理权的范围界定。大多数供应官的表见代理权范围相当广泛。事实上，代理人的权力可能会大大超过约束委托人这一权力。

对于未被赋予任何代理地位的非供应人员来说，表见代理权是他们可能拥有的唯一一种权利。例如，工程师决定从卖方处购买某种东西，工程师不是公司的法律代理。买方收到货物，发票到达后，其付款。当该公司批准了采购该货物并付款时，工程师获得了表见代理权。在法律上，工程师现在拥有了不限期的表见代理权，可以从同一个供应商处以类似数量的资金采购类似的商品。

公司每批准一次未经授权的采购，即创建一个有效的合同，并授予采购人员表见代理权。

3. 表见代理权与独立购买

组织内根据表见代理权利用公司资金采购的人通常被称为独立采购人员。通常他们通过买断合同或规避采购政策及程序，制定自己的购买决策。

在许多组织中，拥有表见代理权的人员数量，以及他们所花费的资金量足以破坏供应过程的完整性，并损害组织与供应商之间的关系。

第4章中讨论的一些度量流程效率的措施，可以遏制独立购买。这些包括更好的支出类别管理、电子采购系统与采购卡。P卡给非采购人员有限的权力，设置支出金额限制，指定什么可以购买，什么不可以购买。P卡是授予供应部门以外的人员有限采购权力的一种有效且符合法律的手段。这样，供应专家可以注重于更加关键的商品和服务的采购。

15.1.2　个人责任

签合同的时候，在一定条件下供应官需要承担个人责任。作为供应代理，这些条件中，包含以下内容：

（1）为进行欺骗，或得到自然而言、可能的误导结果，而虚假描述自己的权利。

（2）在没有权限的情况下执行一种有害的行为，尽管其认为自己有这样的权力。

（3）执行违法行为，即使是基于雇主的权力。

（4）坚持执行会给任一人员带来伤害的某一行为。

（5）在其权力范围之外执行一种损害行为，即使执行这种行为是为了给雇主提供有价值的服务。

1. 代理人对卖方的责任

在卖方和委托人（采购公司）之间不存在有效合同的情况下，供应商通常不向雇用代理人的公司追偿。供应商唯一的追索权是对代理人本人。

在以下三种情况下，采购商需要向卖方负责：①采购商从事了欺诈活动；②采购商是真正的订约当事人；③采购商违背了其在此情况下拥有实际权力的担保。

当供应经理的委托人（雇主）未能付款时，卖方也会对供应经理提起诉讼。这在以下三种情况下发生。

（1）雇主无力偿还债务或者破产。

（2）雇主企图避免接受所购买商品并付款的法律义务。

（3）雇主与卖方一起卷入诉讼，其中卖方的律师决定可随时轻易地从供应经理处亲自收集合同价格。

2. 委托人对卖方的责任

在某些情况下委托人承担法律责任，如采购商在明见权利范围内执行采购活动，但超出了实际的权力范围；卖方不知道实际权力有限制。在这些情况下，采购商可能是错误的，要对委托人负责。

3. 代理人对委托人的责任

供应官由于错误的行为或过失造成损失时，供应官对委托人（雇主）负责。很难定义什么是过失，虽然一般来说它可谓是一个"在特定情况下没有给予适当的关注而发生的行为"。

供应官也有义务告知雇主为执行采购职能需要采取具体行动，并汇报结果。所涉及的任何资金或财产要提供适当的文件和账单。如果这些义务履行不足，雇主就可能要求赔偿损失。

应用于卖方的反垄断法案（稍后详细讨论）同样适用于买方。美国最高法院认为，这些法案适用于所有企图限制贸易的行为。不论这些限制行为是否作用于从事不同行业的人，不论是基于购买活动还是销售活动，只要最终结果是约束竞争的，就属于反垄断法管制的范围。

虽然供应官不应该试图履行一个合格律师的职责，但他应该持续了解法院的判决以及影响其行为的法律变更。相关贸易刊物上通常会公告法院判决以及影响供应管理的法律方面的重大变化。

15.1.3 供应商代表的权力

销售代表的权力与供应经理是不同的。一般，销售员的正常权力是招揽订单，并将订单送给其雇主批准和验收，美国法院一贯认为买方和卖方之间这种法律权力是有区别的。雇主在受雇范围内受代理人所有行为的约束，而销售人员仅仅征求订单。因此，供应官应明确在货物不交给公司验收的情况下，销售人员是否有权订立合同。买方可以要求由一名供应商公司官员发出签名的文件，文件中确定销售人员是否具有销售代理的权力。

然而，法院倾向于认为采购商和销售人员之间的协议有效。即使供应商没有授权其销售人员签订有约束力合同的权利，或者是公司没有做什么让其他人认为其销售人员具有这样的权利。因为卖方的行为被采购商解释为接受订单，所以协议生成。行为非常重要！卖方必须在一个合理的时间内通知买方，销售人员的行为已经超出了其权力范围。

如果卖方或其代表虚假陈述商品的特征，另一方可以行使撤销合同的权力。在此基础上，对商品和服务，为使合同无效相关法律和裁定被制定出来。除了任何法律问题之外，考虑到保护自己的声誉和商誉，卖方会做出实质性的让步。

15.2 《统一商法典》

在大多数国家，买家和卖家在治理交易的法律框架内从事商业活动。在美国，《统一商法典》（UCC）适用于每个州，并被每个州采纳，用于管理商品的交易。本节详细讨论《统一商法典》，下一节介绍管理服务采购的普通法。

15.2.1 《统一商法典》的目的

《统一商法典》的目的是促进交易的公平和高效。灵活的准则可以适应由于业务实践和支持技术的变化而产生的商业需要。对准则开发人员而言，面临的挑战是如何结合灵活性与公平和效率，并达到平衡。

在所使用的条款中，这种灵活性是显而易见的，根据美国《统一商法典》中第 1 章，第 201 条，"记录意味着信息刻在有形媒介或者是存储在电子媒介或其他媒介中，可以以可感知的形式检索出来""签字可以使用意在采用或接受一份书面文件而执行或采用的任何符号"。这些简单的改变带来了《统一商法典》下的新技术，如电子文件和电子签名（第 2-201 条）。

一个国家内部和国家之间管理商品销售的统一法律体系，可以最小化与采购流程相关的风险，促进公平和高效贸易。统一法律体系可以：

- 提供制定与解释合同的一系列规则。
- 明确合同当事人的权利、义务和补救措施。
- 提供一个更有效和经济的方式以采购与销售原材料、大宗商品和制成品。
- 给买家和卖家提供一个塑造合同规范的框架。
- 减少所使用规则的不确定性和疑问。
- 减少纠纷。

有些国家努力在国家和国际层面上制定统一的法律，例子如下。

美国：美国法律学会和统一国家法律全国专员会议联合发起《统一商法典》的修订和编制备工作。《统一商法典》是与商业交易有关的各种法规的全面现代化法规。

加拿大：统一法律会议是《商法策略》编制的主要推动者。《商法策略》目的是实现现代化并协调加拿大商业法。目标是建立一个综合的商业法律框架，以使在加拿大更加容易从事商业活动。类似于美国路易斯安那州，魁北克有自己的一套基于《拿破仑法典》的法律，用于处理财产和公民权利相关事宜。

联合国：在国际层面上，《联合国国际货物销售合同公约》（CISG）具有同样的服务目的。如果两国都采用了《联合国国际货物销售合同公约》，且没有制定其他的法律，一般应用《联合国国际货物销售合同公约》，也可以在合同中指定采用买方或卖方国家的法律。

《统一商法典》第 2 章

在美国，一些联邦、州和地方法规管理采购行为。《统一商法典》的第 2 章（由各州立法机关采纳和修改）涵盖了大部分商品采购与销售相关的交易活动。在美国法律学会和统一国家法律全国专员会议的联合推动下，《统一商法典》首次出版于 1952 年。《统一商法典》经历了无数次修订和完善，最新版本为 2012 出版的版本。《统一商法典》仅适用于在美国与商品（不包括服务）销售相关的司法领域。

美国所有 50 个州，哥伦比亚特区、美属维尔京群岛和波多黎各地区已经颁布并实施了全部或部分《统一商法典》。美国的商业法大致一致。在路易斯安那州，虽然其法律基于《拿破仑法典》，不是英国普通法，仍然采用了大部分《统一商法典》。

供应经理应该了解合同所在国家采用的《统一商法典》。在涵盖商品和服务的合同中，供应经理也想要在合同中包含与商品部分相关的独立合同条款。

15.2.2　采购订单合同

《统一商法典》第 2 章适用于商品交易（第 2-102 条）。买方是购买或者签约购买商品的人，卖方是销售或者签约销售商品的人（第 2-103 条）。

根据第 2-204 条，"销售商品的合同可以以足以体现双方同意的任一方式来制定，包括承认这种合同存在的双方的行为"。

合同的有效性基于以下四个方面：

（1）当事人具有行为能力——既包括委托人也包括有资质的代理。

（2）主题或目的合法——没有不合法或违反现有法律的行为。

（3）经历了要约和承诺两个阶段。

（4）约因（或对价）——经过议价而达成的交易，通常是对采购商品或服务的资金达成一致。

要约

买方和卖方都可以提出要约，在承诺之前可以修改甚至撤销要约。在法院，通常广告和价格表不构成具有法律效力的要约，除非是特别针对买方的广告或价格表，或基于广告或价目表所下的订单是供应商明确接受的。

一个采购订单（PO）通常包含了买方要约，而供应商的承诺使采购订单成为法律合同。采购订单（纸质的或者电子的）中通常包括承认或者承诺条款。

由卖家通过书写或者口述的方式制定的要约同样有效。买家的承诺则使其成为合法的合同。在美国《统一商法典》的规定下，如果卖家以实盘销售，但没有时间限制，则须在"合理"时间内保持有效（第 2-205 条）。"合理"被定义为三个月（这段不可撤销的时间段绝不可能超过三个月），除非在要约中卖家规定了更短的时间。另外，如果卖家的要约中提供了价格将在某具体时期内保持稳定的担保，那么期限截止前不能取消该价格。

采购订单的条款和条件。 采购订单中详细的条款和条件应该是什么没有广泛的一致性。存在以下三个选择方案：

（1）样板或框架协定。一些公司拥有适用于任何交易的完整的条款和条件。

（2）特定条款和条件。一些适用于特定订单的详细条款和条件。

（3）基本条款。仅为有效要约所必需的基本条款，取决于《统一商法典》所规定的适当法律范围。

供应商应当依靠公司的法律顾问来确需要遵守的政策。

15.2.3　承诺

知道何时接受销售或采购要约是很重要的。在法律方面这很重要，因为要约与承诺是一个有效合同的四要素之一。根据第 2-206 条，"除非当事方所使用的语言和客观环境明确地另有所指，否则要求订立合同的要约，应被解释为邀请以当时情况下为合理的任何方式和通过当时情况下为合理的任何媒介做出承诺。"这里的文句内容允许合同的电子承诺。

当买家发生以下情况时，表示买家接受商品承诺：①在合理地检验之后，表示商品符合需求标准或者可以接受；②在合理检验之后无法拒绝；③买方认为卖家不再拥有商品。

任何对商业个体部分的承诺就是对整体的承诺。通常买家会需要供应商提供一份承诺书来促进内部规划与运营。

采购订单或销售合同的形式意在涵盖交易的所有必要条款。通常，文件中包含了诸如"接受此订单意味着接受在此之上包含的所有条款"之类的声明。这个条款旨在提醒依卖家条件附于合同中的所有条款都具有法律约束力，并且防止卖家由于意识不足，后期产生争论。类似的声明在大部分购买协议中都可找到。

1. 承诺方式

要约人会在合同中加入要求以特定方式表示承诺的合同条款。美国联邦电子签章法中的"书面"方式表示手写签名或电子签名等任何合理的方式。买家或许会规定一种承诺的方式，例如手写签名、电子邮件或者 Twitter 消息。这可以通过合同中的一项条款来指定，"必须以函件（书面）或者下面的方式（电子版）来确认订单。"在电子采购系统中，采购订单和承诺书都通过电子方式传输。

当通过电子传输、传真或者邮寄的方式交流信息时，从发出具有签名的电子文件，或者发送传真，或者邮寄信件的时刻起，承诺生效，合同完成。电子数据传输（EDI）、数字签名以及基于网络的采购系统的应用，要求买卖双方在采购程序、条款方面达成一致，避免最终产生争端，诉诸法庭。

2. 冲突条款

有时供应商使用自己的承诺书，其中包含与在采购订单中部分条款相冲突的条款。将要约中声明的条款与承诺书中的条款比较过后，买家和供应商通过谈判，或者依据《统一商法典》来消除分歧。第 2-207 条声明"在合理时间内寄送的承诺表示或确认书，只要确定并及时，即使与原要约或原同意的条款有所不同或对其有所补充，仍具有承诺的效力，除非承诺中明确规定，以要约人同意这些不同的或补充的条款为承诺的生效条件。"当买家和卖家的条款发生冲突时，该声明用以减少或排除可能发生的"条款之争"。

根据第 2-207 条，额外的条款可以作为建议。在以下情况下，这些额外的条款不能作为合同中的一部分：①要约明确地限制了接受要约的条款；②这些条款实质性地改变了合同；③已经给出了反对这些条款的通知，或者在接受这些条款后的有效时间内给出反对接受条款的通知。

另外，"尽管当事人不以书面的形式另行订立合同，但双方承认合同存在的行为足以订立买卖合同，在这种情况下，该特定合同中的条款包括当事人书面同意的条款，以及纳入本法案中任何其他条款的补充性规定。"

15.2.4　口头采购：防止欺诈条例

有时候当时人是在私下里通过电话或者口头方式下订单的。美国《统一商法典》第 2-201 条规定如下：

（1）除另有规定外，价款达到 500 美元及以上的货物买卖合同，如果缺乏足够的书面材料表明当事人已达成买卖合同，且合同已有被要求强制执行的当事人或其授权代理人或经纪人的签名，那么合同即不得通过诉讼或抗辩强制执行。一份书面材料，即使疏漏或错误书写一项已经商定的合同条款，也不因此失去证明效力，但合同只能在不超出此书面材料中所表明的货物数量范围内强制执行。

（2）在商人之间，如果一方寄送出足以肯定自己的用以确认合同的书面文件，且书面文件在合理时间内由另一方收到，且收到方有理由知道其内容，则收到方如果未在收到后 10 天之内以书面形式拒绝其内容，该书面文件在对抗收到方时即满足本条第 1 款的要求。

当所谓口头交易被部分履行时，例如，1/10 的货物已发货，这时购买者取消了订单，则被履行的这部分可使合同有效，但仅指被接受的部分。当货物被接收并验收或者款项已支付并收到时，包括这些货物合同的同样有效（第 2-206 条）。

然而，如果一方在由另一方所做承诺的基础上"依赖损失"，那么整个合同通过验证。卖家和买家会依据"允诺后不得否认"的原则，这是防止欺诈法的一个例外。这意味着即使没有记录，在以下情况下整个合同也将合法化：①货物是为买家特别定制而且并不适合售卖给其他人；②卖家实质上已经开始生产或者已对买方的采购做出承诺。

15.2.5 检验

买方在收货之前，有权检验货物，以确认货物是否符合合同描述。依据第 2-513 条，"买家在付款或接收货物之前，有权在任何合理的时间和地点，用任何合理的方式，检验货物。如果卖家被要求或被授权将货物寄送给买方，检验可在货物到达之后进行。"

1. 签订合同之前的检验

买家在订立买卖合同之前检验货物，有望使用自己有关质量、数量和其他商品特征的判断。UCC 声明"如果买方在订立合同之前已完全按自己的愿望充分检验了货物或货物的样品或模型，或买方拒绝检验货物，那么卖方对货物中存在的通过检验在当时情况下应该发现的缺陷不做默示担保"（第 2-316 条）。

这意味着买家不能在检验和接受货物之后，对于货物质量或数量提起诉讼。此外，如果买家仅仅提供了材料规格，而设备不能完成买家期望的工作，那么卖家不能对此负责。如果卖家要为设备性能负责，那么买家应标明设备或者货物的作用。

2. 检验之前付款

在一些购买合同中，在买家检验货物之前，卖方要求付款（第 2-512 条）。例如，在卖家实际发货之前，付款可能已经完成。在这种情况下付款不代表接受货物，或者不用来损害买家的检验权，或不作为买家对违背合同的任何补救措施。在准时制生产方式或者免检制度安排中货物不被检验。由于 UCC 完全不包含这些情况，因而买家需要在书面合同中提出残次品告知的期限。

法庭通常会认为如果买家没有足够的经验完全胜任货物的检验，或者买家依赖卖家所做出的欺诈声明进行采购，那么买家应撤回合同或要求卖家对损失负责。

15.2.6 接受与拒收货物

货物的接受意味着买方成为货物的所有人。任何表明买方意图成为该货物所有者的语言或行为都是足够的。如果买方持有货物并对其行使所有权，那么货物已经被接受，即使买方可能已经声明货物被拒收（第 2-606 条）。

1. 违约通知

如果投标的货物不符合销售合同，买方没有义务接受该货物。即使买方接受不合格货物，卖方违约，仍存在损害赔偿的义务。买方应该在发现任何违约后的合理的时间内，将此种违约通知卖方，否则即无权得到任何救济。

"合理的时间"以正常的商业标准确定（第 2-201 条）。最近的法律裁决表明，如果买方告诉供应商货物存在问题，但没有明确通知其"违约"，供应商试图解决这个问题，供应商仍有法律谈判的余地。这部分法案的修正取消了需要提供违约通知与"及时通知"的要求（第 2-607 条）。

2. 应对不合格货物的措施

一旦卖方交付货物或者货物交付条件不符合合同的任一规定，买方就有权①拒收整批货物；②接受整批货物；③接受部分货物并拒收其余货物（第 2-601 条）。拒收货物的决定必须在交付或提示交付货物后的合理时间内做出。如果买方未能及时通知卖方，那么拒收无效。拒收后，买方有义务合理照管货物，并使货物服从卖方处置，直到卖方有充足的时间将货物运走（第 2-602 条）。

拒收货物的原因很多，补救办法也有很多。拒收货物的原因包括货物迟到、交付数量错误，或无法满足规格需求等。最终，买方想要得到货物。因此诉讼的方式是不可取的，即使买方可能会由于卖方违约而得到任何公认的司法补偿，如对金钱损失或绩效受影响的补偿。法律行为具有不确定性，且代价昂贵，并需要大量的时间，可能会失去一个好的供应商。买方往往倾向于以谈判的方式解决问题。

3. 应对违约事件的措施

卖方违约后，买方有几种应对措施。如果合同违约不太严重，对供应商发出一个简单的警告就足够了。如果收到的货物可以用于某些用途，即使不是非常符合规格要求，也可以通过价格调整来满足双方当事人的需求。有时货物可由供应商使用，或由买方使用，由供应商支付相关费用。如果货物是零部件，那么供应商需要替换掉这些零部件。如果购买的是设备，甚至是已加工的材料，且在当前的形式下不能够有效地发挥作用，那么供应商可以在用户的工厂里纠正产品缺陷；或者，作为最后的手段，买方拒收货物并将之运回供应商，通常由供应商支付相关费用。

在某些情况下，购买者使用全额支票来解决争端。买方会寄去一张包含所有货物价值与最低缺陷成本的支票，并写明全额付款，表示已经结算。采用《统一商法典》的供应商可以兑现支票，写下"有异议"或"不受损害"，以保护其收取余额的权利。

最近的法庭裁决表明，因此合同有效，如果支票和通知被发送到一个有意兑现支票的特定人选，那么就有在要约和承诺供应商也就没有了收取余额的权利。但是，如果支票被送到供应商公司的应收账款账户或其他常规的处理部门，那么其不会真正收到支票，因而供应商仍有收取或结算余额的权力。

15.2.7 担保

管理买方和卖方之间担保安排的规则，从"购者自慎"（让顾客小心）发展到《统一商法典》的法律规定。《统一商法典》承认以下四种类型的担保。

（1）明示担保（第 2-313 条）。
（2）默示担保：商销性、行业惯例（第 2-314 条）。
（3）默示担保：货物适用于特定用途。
（4）担保所有权：担保不存在侵权（第 2-312 条）。

1. 明示担保

明示担保包括卖方向买方就货物做出的许诺，对事实的确认、说明，符合货物相关样品或模型的说明（第 2-313 条）。

2. 商销性默示担保

商销性或行业惯例默示担保，意思是货物应适用于该种货物的一般使用目的。根据合同所提供的说明，货物应在本行业内可以不受异议地通过；具有良好的品质；货物应按协议的要求装入适当的容器，进而适当地包装并附以适当的标签；如果容器或标签上附有保证或说明，货物应与此种保证或说明相符（第 2-314 条）。在本条中，为取得对价而提供在店堂或其他地点消费的食品或饮料，亦构成买卖。

3. 货物适用于特定用途的默示担保

货物适合特定用途的默示担保，即卖方在订立合同的时候，有理由知道买方要求货物适用于特定用途，且有理由知道买方依赖卖方挑选或提供适用货物的技能或判断力，卖方即默示担保货物将适用于该特定用途，除非修改或排除此种担保（第 2-315 条）。

4. 所有权担保与不存在侵权担保

所有权担保与不存在侵权担保用以确保所转让的所有权是完好的，并且转让方式是适当的；所交付的货物不存在任何买方在订立合同时所不了解的担保权益或其他留置权，如专利或版权侵权（第 2-312 条）。

本担保对于供应经理尤其重要，因为采购订单中的货物描述类型影响到谁对侵权行为负责。如果卖方系惯常从事某种货物交易的商人，那么其担保该种货物交付后，不受任何第三人以侵权或类似原因提出的有效指控。但如果买方向卖方提供货物的技术规格，买方即担保卖方不因遵从其提供的规格而受损害。

5. 免责声明担保或排除担保

根据《统一商法典》，供应商可以以书面形式做出免责声明或排除担保（第 2-316 条）。

- 为排除明示担保，供应商可在合同中包含这样一项条款，"除本合同明确说明外，供应商不做其他明示担保"。
- 为排除默示担保，供应商必须把免责声明书写在显眼的地方。典型的语句是，"本销售不伴随任何商销性默示担保与适用于任何特定目的的默示担保"。
- 可以使用"依现状出售"或"不保质量"语句制定一个通用的免责声明。另外，如果买方在订立合同前已完全按照自己的愿望充分检验了货物或货物的样品或模型，那么卖方对货物中存在的通过检验在当时情况下应该发现的缺陷不做默示担保。

15.2.8 购买货物的所有权

对于买方来说,清楚货物所有权什么时候从卖方转移给买方是十分重要的。通常,买卖双方之间有一个协定好的FOB(离岸价格)交付点,买家在该点获得货物所有权。《统一商法典》第2-401条到第2-403条介绍法律义务。通常,《统一商法典》规定"货物所有权以当事方明确同意的任何方式和在当事方明确同意的任何条件下从卖方转移给买方"。第2-319条到第2-324条规定了交付条款,包括FOB(离岸价格)、FAS(船边交货)、CIF(成本加保险费加运费)、C&F(成本加运费)。第14章"全球供应管理"详细讨论INCOTERMS。与资本货物一样,由于税务和折旧的原因,在税务年度结束之前确定所有权特别重要。

如果买方指定了特定的承运人,那么卖方必须遵从买方的指示。但如果指定承运商未能提供足够的运输服务,则有必要替换承运商。卖方必须及时主动地告知买方替换承运商,这是合同的一部分。

买方可允许卖方选择承运人、规划路线,并安排其他事项。无论FOB条款是否要求买方支付运费,卖方必须负责任何合理安排,如冷藏、给牲畜喂水、防寒,以及选择特定车辆等。

有时候合法所有权转移之前,买方就拥有了货物。这称为有条件销售合同。只有在最后付款完成时,全部所有权才转移给买方。在此程序中,允许买方现在获得所需的材料或设备,并在未来的某个时间支付货款。

15.2.9 防止价格波动

取消协议是买方采取以下两个行动的直接结果:①避免亏损;②利用价格下降优势。

1. 为避免亏损,取消协议

首先,买方取消协议,是因为如果不得不履行协议,公司就会亏钱。市场状况已改变或销售额已下降。市场价格下降,买方可以用更少的资金来购买所需货物,或者买方不再需要此货物。

为了合理取消协议,这些买方对货物的交付极为警惕,并拒收即使只是晚一天到达的货物。货物检验更加严格了,将抓住任何未能满足的规格细节,作为拒收货物的理由。一位素养良好的供应官不能采用这种方法,长时间做出这些行为将破坏供应组织的信誉。

2. 因市场变化,取消协议

其次,买方取消协议,是由于采购合同中有力图防止跌价的相关条款,以免受不合理的价格波动的影响,符合买家的利益。

3. 缺少价格

有时,一个长期合同中的价格是缺失的,只有在产生交付需求时才确定准确的价格。在满足这些条件时,采购合同中可以包含如下条款:卖方担保,对于类似的货物,卖方所提供的价格与卖方提供给其他任一用户的净价中的最低值保持一致,且卖方同意,如果在任何时候相似的条件下卖方以更低的价格报价或销售类似的材料,那么当前的价格将由该更低的价格取代。

这些价格下降的规定不局限于采购协议。在某些情况下,买方在卖方的倡议下,接受降低价格。这类条款中一个例子如下：根据合同，在任一交付的时间点，一个有信誉的制造商给予买方类似数量与相同质量下更低的货物价格，这将提高买方对卖方的满意度。卖方可以以更低的价格供应此批货物，或者允许买方在其他供应商处采购该数量的货物，本合同中的总数量将减去从其他地方购买的数量。卖方在本合同有效期内降低货物价格，买方将获得该更低价格带来的收益。

这样的条款是具有法律效力的，通常有利于买方获取收益。然而，这些条款往往被忽视，存在需要强制执行的管理问题。

15.2.10 取消订单和违反合同

买方和卖方都应遵守合同条款。有时候，一方或者另一方试图取消合同。通常，相对于买方而言，对卖方来说这是一个更为严重的问题。

1. 卖方违反合同

有时，卖方希望避免遵守协议中的条款，如拒绝制造货物，或超出协议规定的期限，延迟交货。在这种情况下，买方的权利取决于交易的条件。当买方在初始协议上发生订单改变时，这可能造成卖方交货推迟，那么卖方不承担推迟采购货物的责任。

如果卖方未能在合同规定的交付日期交货，那么买方可能会拒绝（无责任地）接受延迟交货。然而，对于销售合同违约带来的损失，很难确保买方会获得其所考虑的赔偿。法院很难为陪审团设计评估损失时的指导原则，使买方可以避免因卖方未能履行销售合同而造成的财务损失。

2. 损失

如果存在一个普遍的损失计算规则（第2-713条），那么它是：卖方未能做出交付或毁约所造成的损害，是买方得知违约时的市场价与合同价格的差额，再加上任何附带损失或间接损失（第2-715条），减去因卖方违约而使买方节省的支出。

然而，在一个非常强大的卖方市场，卖方因未能在承诺的日期交付货物，或者甚至因不能遵守约定的价格而违约，而买方实际上几乎没有可选择的替代品。买方仍然想要获得货物，并且可能无法从任何其他供应商处准时或以任何更好的价格进行采购。

事实上，这是真实的，即使合同中提供了买方可以取消订单的选择权。买方需要的是货物，而不是损失赔偿或是取消合同的权利。由于从任何其他供应商处及时获得货物的机会都是渺茫的，因此买方有可能与原来的供应商合作，以确保交货。如果供应商在价格或交货上有不诚信的行为，那么买方将更努力地去寻找替代供应商。

3. 买方取消订单

有时买方试图取消合同，卖方通常在合同中包含这样一个条款："本合同不接受撤销"。纳入这样的条款实际意义不大，除非卖方试图向买方表明如果取消合同，将会因合同违约而起诉。

案例15-1描述了如下这种情况：买方取消了一家标签供应商的合同，而供应商威胁买方不给其发货，这将有可能导致买方生产中断。落基平原酿造有限公司的包装材料经理迈克·皮尔森必须想办法解决供应问题，以避免生产中断。

15.3 普通法与购买服务

《统一商法典》不解决服务合同问题。普通法管理服务的采购。这包括：①仅为服务采购合同；②商品和服务捆绑采购的合同，并且服务部分占合同价值的50%以上。

1. 普通法的起源

普通法起源于英国，并成为原有13个殖民地美国法律的基础。普通法不基于成文的法律规则，而是以司法裁决中所表述的法院法律为基础。随着法院以个案为基础做出裁决，普通法逐渐发展起来，形成众所周知的"判例法"。

当判决案件时，法官会查阅之前为既定的先例所做出的司法判决。他们只需要根据不断变化的条件和社会需求，做出修改。根据"遵循先例原则"，司法先例有法律效力。当一个问题已被起诉到法庭并做出裁决时，法院援引"遵循先例原则"。一般，法院将维持以前的裁决，虽然这不是普遍正确的。

普通法制度具有灵活性和稳定性。灵活性是指，在条件发生变化的情况下，先前的决策将不适用。然后法院学习其他英语国家（普通法）的司法经验。稳定性来自对特定权威材料的普遍接受性。当法庭未能在条件变化下提出合理解决方案时，代替普通法的法规将被制定出来。然而，在通常情况下，对于法定解释，法院将援引普通法原理。

2. 供应管理人员的影响

签订服务采购合同的供应管理人员必须明白，尽管普通法提供了采购服务的一般准则，但在履行义务方面没有提供太多内容。这是因为服务合同的当事人不能根据一组规则来管理绩效，而必须确保每一项绩效要求和期望在合同中都有明确的定义。许多服务合同从基于绩效的规范（工作说明书）开始。说明书的书写过程，应引导清晰的履约义务在合同中形成。

3. 服务合同

服务的采购协议通常被称为服务合同。服务合同可能是短期或长期的，可能是标准的也可能是自定义的文件。服务适合于多种多样的合同类型，包括固定价格、单位价格、成本加成百分比费用、成本加成固定费用，或激励合同。

很多专业服务提供商尝试使用专业协会约定的标准合同。通常，对于一向特定的工作类型，该协会甚至具有关于费用结构和合同类型方面的工作指南。然而，买方不被要求一定要接受这些合同。

大多数组织会建立多种类型的合同，每一个合同类型都使用其服务特定的术语。因此，形成的安保服务合同也完全不同于公司维修服务合同、餐饮服务合同，或市场咨询服务合同。每个服务领域的供应商都会建议使用自己的合同。在服务价值较低的情况下，使用这样的标准合同可能是最简单最廉价的方案；对于许多专业性服务，可能需要使用自定义的合同，以充分地说明关键问题。

4. 服务采购合同的类型

服务采购中使用几种合同的类型，包括服务水平协议（SLA）、里程碑交付成果合同、时间和原料（T&M）合同、服务量（VoS）合同、成本与成本加成合同。以下逐一进行介绍。

服务水平协议（SLA）：SLA 详细列举了物料需求相关的手段、方法、组织与流程。

里程碑交付成果合同：这种方法要求在规定的日期完成具体的活动，或者供应商准备并交付给买方一份报告正在进行的项目或活动当前状态的文档。在合同中详细列出提供里程碑交付成果的要求。

时间和材料（T&M）合同：该类型的合同以以下两种方式采购服务：①指定固定小时费率的直接人工工时，包括工资、间接费用、管理费用与行政费用，以及利润；②材料成本，在适当的情况下，物料搬运成本作为材料成本的一部分，包括在内。

服务量（VoS）合同：通常嵌入在服务水平协议及相关合同中，服务量指的是将在指定的时间内提供的预定的服务数量。服务量合同更多是项目导向的合同。买方可以指定为满足项目需要所需雇用的临时工人的数量。在未来一年或更长的时间内，工作范围和服务水平通常是结构化的。

成本与成本加成合同：这些属于有成本补偿类型的合同，规定在合同约定的范围内支付允许的发生费用。出于预留资金的目的，这些合同中通常会确立一个总成本估计值，并作为供应商提供服务的成本上限。没有买方的批准，供应商所提供服务的成本不能超过（除非自行承担）估计成本值。当不存在固定合同定价的合理基础时，买卖双方通常采用成本补偿类型合同。

5. 协调法律协议与商业协议

本章所介绍的关键决策之一为：供应经理如何确保法律协议准确反映了商业协议呢？由于服务具有无形性，因此，对于服务，回答这一问题尤其困难。努力将工作说明书中的条款与合同中的条款连接起来，则需要买方和卖方明确服务预期，开发专用语言，以及适当的度量标准。

6. 服务水平协议与合同条款

服务水平协议包括服务的每个重要的方面，以及用于确定服务提供者绩效水平的指标。SLA 经常用于重复性服务，如软件或设备维修、呼叫中心与专业性服务。

将 SLA 条款与合同条款联系起来有助于使商业协议与法律协议相一致，目的是驱动服务绩效。购买组织必须明确其服务绩效期望，并将这些期望提炼成可衡量的业绩目标。同样，销售组织（服务提供者）必须明确其声明绩效，并将这些声明绩效提炼成可衡量的交付成果。

第一步是定义变量和指标度量值。变量为绩效指标。例如，将响应时间作为一个变量，指标度量值被定义为可接受的响应时间。例如，供应商承诺在 98% 的概率水平下，在请求服务两小时内由服务技术员提供现场服务。该服务水平可以纳入合同条款，通过避免歧义来强化合同。

由此产生的合同明确地捕捉了双方当事人预期的绩效水平，并驱动双方行为以实现该绩效。同时合同中还将明确如果任何一方未能履行其承诺则将采取的行动。值得记住的是，买家和卖家都倾向于最后，而不是最初诉诸法院。一个强大的服务合同是一个很好的规避法律诉讼的措施。

7. 典型的服务合同条款

服务合同中的具体条款是多样的，取决于服务是战略性的还是非战略性的，是重复性支出还是非重复性支出，该合同是短期还是长期的，以及所提供服务的性质与地点。

对许多类型的服务，有大量典型的合同条款（见图 15-1），接下来将讨论几项条款。

```
1. 定义和规则建设                    9. 人事事项
2. 服务范围（指工作说明书）           9.1  关键供应商人员
3. 协议期限                          9.2  关键供应商人员调动的限制
4. 一般规定                          9.3  供应商人员的更换
4.1  全部协议                        9.4  供应商人员的资质
4.2  通知                            9.5  不招募其他方的雇员
4.3  适用法律                       10. 买方责任
4.4  保密                           11. 供应商的代表和担保
4.5  审计的权利                     11.1  供应商担保和附加契约
4.6  访问                           11.2  免责声明
4.7  可分割性                       12. 赔偿
4.8  媒体发布                       13. 责任限制
4.9  有权从事其他活动                14. 请求重新协商
5. 服务水平协议                     15. 参考文献
5.1  服务水平一般                   16. 附录
5.2  定期评审和修改服务水平         16.1  服务范围（工作说明书）
5.3  测量和监视服务水平的工具       16.2  服务水平协议／绩效信用
6. 终止                             16.3  收费、效用度量和财务责任
6.1  买方终止的原因                 16.4  行程准则和政策
6.2  供应商终止的原因               16.5  技术标准
6.3  为了方便终止                   16.6  报告和会议要求
6.4  服务级别终止事件               16.7  批准的分包商
7. 收费                             16.8  程序手册
8. 发票和付款
```

图 15-1　一般服务合同中的典型条款目录

资料来源：P.O'Reilly, D.H. Garrison, and F, Khalil, "Service Contracts" in NAPM InfoEdge, May 2001.

8. 服务合同中的条款

服务合同中的条款，类似于货物类合同中的条款，旨在清晰并明确描述双方达成一致的质量、数量、交付、价格／成本与服务。这些条款应当详细表述价格、价格的变动，还有面对市场价格波动应采取的措施或如何决定价格以及奖励或激励安排，包括折扣在内的支付计划或逾期付款利息、交货时间（可以是开始和结束时间、交货频率等），以及服务交付地点。质量通常是在服务水平协议中表述的，本节稍后对之进行讨论。

详细讨论每个条款将超出本书的范围。但是，以下部分将详细讨论在所有类型服务的合同中通用的一些合同条款。

9. 重新谈判请求

如果任何一方认为合同中赔偿或其他需求不再满足合同的基本目的，那么重新谈判条款需要双方真诚地同意再次进行协商。在一个长期的协议中，如果商业环境的变化或者一方可能利用另一方，那么这一条款就可能是有用的。本条款下的权利应该是相互的。该条款只要求当事人来到谈判桌前，进行真诚的谈判。

10. 纠纷解决方式

替代型纠纷解决方式条款可能有助于争端中双方不诉诸法庭而达成决议。本章后面

将讨论这些方法。

11. 终止事由

这一条款定义了构成了违约的要素，使得买方有充分的理由终止合同。该条款也描述了在该合同下供应商纠正该违约事由的权利。服务水平协议可用于专门识别触发合同终止的事件。触发服务水平协议终止的条款举例如下，"如果卖方连续两个月或在任何12个月期间有6次未能满足任何服务水平，则产生服务水平协议终止事件。服务水平协议终止事件将被视为本协议中终止事由条款下的一个终止"。

12. 为方便而终止条款

为方便终止条款常见于政府合同与越来越多的私人合同中。如果一份主合同中包含该条款，那么任何相关的分包合同中都包括该条款。此外，在主合同和分包合条款中也应该有相互补充的条款。

确定终止合同是不当的，通常在于明确终止合同是恶意的或构成明显滥用自由裁量权。如果恶意使用为方便而终止条款，该终止可能会违约。例如，如果一个服务采购商，在供应商完成90%工作时，为避免支付剩余合同工作的余额，而选择行使为方便而终止条款，该终止合同行为可以被认为是恶意终止行为，构成违约。

然而，很难证明终止合同是否是恶意的或明确滥用自由裁量权。1982年的一项法律案例中，法律裁定只有当实际情况发生变化确保可以使用该条款时，才能使用该条款以避免支付预计的余额。因此，自1982年之后，法院裁决限制使用恶意终止或自由裁量权测试。

13. 本地服务交付相关条款

如果服务在买方场地交付，则需要一些条款来解决可能出现的问题。例如，在建筑或安装服务方面，相关条款涵盖安全、访问、着装要求、工作时间、各种健康和安全规范的适用性，适用的工作日与工作时间点，以及由谁提供什么样的设备和材料。

14. 与专业服务有关的条款

更多的组织将专业性服务外包（离岸外包）出去，包括法律、技术、软件开发、医疗等。这些专业性服务合同中通常包括某些特定条款。

例如，咨询服务合同中，包括关键人员条款、保证条款、独立承包商条款、工作产品条款、赔偿条款、保密条款，以及分包合同条款。

关键人员条款。如果服务的成功取决于特定的个人，那么咨询服务合同中包含此条款。该条款①允许客户批准特定关键人员参与合同项目；②要求供应商保证所需的指定关键人员（例如，全职）参与合同项目；③调动关键人员时获得客户的批准。

保证条款。根据功能要求的清晰度和绩效评估客观标准的可用性，买方可以为服务供应商提供的工作协商一条保证条款。如果供应商所提供的服务是不可接受的，那么该条款可能要求供应商重新提供服务，并不需要支付额外的费用，直到所提供的服务可以接受为止。如果服务的功能要求是模糊的，那么服务提供商不会同意这一条款。

独立承包商条款。为了保护购买组织，根据美国国税局要求雇用一个独立的承包商，并包括一条表明承包商是独立的，并独自承担自己的税收的条款是很重要的。

工作产品条款。该条款将工作产品的所有权分配给购买组织。虽然大型服务供应商可能不愿意同意这一点,而许多较小的供应商会同意。即使所有权不转让给购买组织,合同中也应该要求包括工作产品说明性文件,以避免未来可能出现的问题。

赔偿条款。赔偿意味着未来不会遭受损失、损害,或承担责任。赔偿条款是用来保护买方免受因供应商违反义务而产生的所有索赔、成本与费用。这包括对供应商的专利、版权或商标侵权的索赔。

保密条款。承包商应按合同履行对组织的信息保密的义务。例如,顾问公司可能为许多公司提供服务,其中一些可能是竞争对手,该条款提供一个补救方法,进而不用诉诸法院。

分包合同条款。该条款下允许或不允许承包商进一步分包业务。如果允许,买方可以保留对分包商选择的审批权。随着越来越多的服务外包于海外,买家可能希望扩大或限制供应商使用海外分包商。

15. 起草服务合同时的错误

起草服务合同时最常见的错误是模糊性。自然,这在一定程度上源于服务的无形性,一些服务要求很难得到清楚明确的描述。

表 15-1 中列出的任意一点都可能具有模糊性。由于在采购流程的需要识别和描述阶段,服务的大多数质量和成本就决定了,因此采购团队应该制定一个明确的工作范围、可测量的绩效规格(包括在服务水平协议中),并明确对买方和供应商的责任。

提高起草有效的工作说明与服务合同的能力,是供应经理最大发展机会之一。

软件合同

根据美国法律学会,"软件的特征在于创新速度、易复制与存储功能,以及具有新的检验、监测和质量控制的挑战",因此,"管理耐用商品交易的法律不足以管理软件交易"。

这些固有挑战的组合,是授权开源软件与商业软件以及云计算增长之间的差异。一项研究识别了云计算合同谈判时的六个主要问题:⊖

(1)责任和补救措施的排除或限制,特别是关于数据的完整性和数据恢复。
(2)服务水平,包括可用性。
(3)安全和隐私,特别是欧盟数据保护指令下的监管问题。
(4)锁定和退出,包括期限、终止权和退出后数据的访问。
(5)供应商单方面改变服务功能的能力。
(6)知识产权。

美国法律学会(ALI)在 2009 年批准了《软件合同法的原则》(The Principles of the Law of Software Contracts)。这些原则旨在澄清冲突的法律决策以及应用于软件许可的多种法律所带来的歧义,如知识产权法(最重要的是版权)、《统一商法典》第 2 章,及各种消费法(尤其是保证法)。这些原则可用于解决合同订立、联邦知识产权法与地方法律管理的私人合同之间的关系、管理质量与补救措施相关合同条款的执行、违约的含义、侵害赔偿、自动失效、与合同解释相关的问题。

⊖ W.K.Hon, C.Millard and I.Walden."Negotiating Cloud Contracts: Looking at Clouds from Both Sides Now," *Stanford Technology Law Review*, 16 Stan.Tech.L. Rev. 79 (2012).

人们关心的是在软件行业中有关原则的规定,尤其是在以下两个方面:①商务软件许可条款谈判的局限性;②"保密条款"与软件中隐藏的材料瑕疵,其中隐藏与缺陷的定义可能不清楚。

软件许可证授权人需要处理法院受原则影响的可能性,并需要审查其协议和流程。负责软件合同的供应经理也应该注意这些原则如何影响案例法、法规,或《统一商法典》第 2 章的诠释,以及法院裁决对谈判方法和合同建立的影响。

15.4　电子商务与法律

电子商务的发展给许多领域同时带来了希望和绝望。一些人担心,它会导致国家之间及国家内部穷人富人之间的差距越来越大。一些公司、政府和非政府组织注重拓宽技术准入范围。它们通过将技术嵌入在人们使用的工具中,使得技术方便可用,进而将技术与人们的生活结合起来。

许多政策制定者认为,电子商务将给经济带来更广泛的增长,并赞成专注于促进市场驱动的电子商务发展的一般准则。例如,20 世纪 90 年代末,大量支持电子商务作为增长引擎的联合声明发布了(例如,美国和欧盟、美国和日本)。

电子商务的发展也提出了这样一个问题,现有的法律是否足以解决电子商务带来的法律问题。许多国家的政府以及世界知识产权组织(WIPO.int)、联合国国际贸易法委员会(UNCITRAL)和欧盟都注重电子商务在法律方面的问题。

在一些国家,人们认为,在政府允许和鼓励电子商务的发展之前,必须先制定一个法律体系。在其他国家,如美国,电子商务很快被许多企业所采纳,后来相关部门才颁布了相关法律。

15.4.1　电子签名

电子商务交易中的一个关键问题是合同签订中电子或数字签名的合法性。术语"数字签名"通常用来指文件电子认证。

联合国国际贸易法委员会(UNCITRAL)在 2001 年提出了《电子签名的示范法》(Model Law on Electronic Signatures)。大多数国家,包括加拿大、日本、中国、印度、巴西、俄罗斯、马来西亚和美国,都颁布了与电子签名相关的复杂多样的法律。《欧盟签名指令》(European Union Signature Directive)提供了一个与电子签名相关的深层次的法律体系,并在欧盟国家内部及之间有效。每个成员国都必须将其纳入该国家立法,由此一些国家额外增强了该法律的复杂度。电子签名可能不适用于跨国贸易。电子签名在特定贸易伙伴之间的适用性需要核实。

美国电子签名法

在美国,大多数州对电子签名都通过了立法。2000 年 6 月发美国颁布了《全球暨全美商业电子签章法》(Electronics Signatures in Global and National Commerce Act,Public Law No106-229),公共法第 106-229 条(电子签名法案),尝试在全国统一电子签名相关的法律规则。

电子签名法案通过电子手段允许运用自由市场力量和出于其他目的鼓励电子商务的持续扩张来规范州际贸易。这项法律授予具有数字签名或电子链代码的在线法律或金融协议与手写签名和文件等价的法律地位。它也包括电子记录保存的规定。正如本章前面所讨论的，为反映电子签名和记录的合法性，《统一商法典》得到了修改。

最重要的特点是：①技术中立；②当事人自治。技术中立的标准，防止政府为特定类型的技术立法。订立电子合同的当事人可以选择使用 IT 系统来验证在线协议。当事人自治是指在确定交易中特定条款时当事人具有"契约自由"的经营权。

15.4.2　美国统一电子交易法

1999 年 7 月，《统一电子交易法》(Uniform Electronic Transaction Act，UETA) 是由统一州法律委员全国会议 (The National Conference of Commissioners on Uniform State Laws) 批准并建议制定的。UETA 用于验证电子记录和电子签名的有效性。美国 47 个州、哥伦比亚特区、波多黎各和美属维尔京群岛都采用 UETA。伊利诺伊州、纽约和华盛顿都没有采用该统一法案，但也拥有电子交易相关的法规。

如果一个州已经颁布了 UETA，那么 UETA 先占联邦电子签名法案。UETA 和电子签名法有许多相似之处，在某些情况下，电子签名法案的制定者参考借用 UETA 的语言。不过，它们也有不同之处。UETA 比电子签名法案更加全面，并处理一些不同问题。UETA 包含了与以下问题相关的条款，而电子签名法案中不包含这些条款：

- **归因**。如果电子记录或签名是某个人的行为，那么电子记录或签名归因于该人。
- **其他州法律的效力**。UETA 承认电子签名与纸质签名是一样有效且可执行的。然而，权威、伪造与合同形成由其他州的法律确定。
- **当事人协议的效力**。合同各方可以自由地就使用电子媒体达成协议。
- **发送和接收**。UETA 关系着合同当事人使用的通信系统何时发送和接受电子记录。
- **变化或错误的影响**。电子签名不包含处理电子通信错误的条款，而 UETA 确实包含了由个人与电子代理人交易时违反安全规程和出现错误的相关条款。除非另外指明，否则应用该错误相关条款。
- **可采性**。UETA 规定，不能仅仅因为电子记录是电子格式的，就不允许其作为有效证据。⊖

15.5　知识产权法律

在知识时代，越来越多的财富来源于智力资本。按照世界知识产权组织，知识产权 (IP) 是指思想的创造：发明、文学和艺术作品、设计，以及应用于商业的标志、名称和图像。知识产权通过专利、版权、工业设计和商标的形式受法律保护。知识产权可以分为两大类。

⊖　Patricia Brumfield Fry, "A Preliminary Analysis of Federal and State Electronic Commerce Laws," UETA Online, www.nccusl.org/update/whatsnew-article1.asp.

工业产权包括发明（专利）、商标、工业设计以及地理标示源。版权包括文学和艺术作品，如小说、诗歌、戏剧、电影、音乐作品、艺术作品（例如素描、绘画、摄影和雕塑）和建筑设计。与版权相关的权利包括表演艺术家、录音制作者和广播电视节目播放者的权利。

新兴的全球性知识产权问题

根据世界知识产权组织（WIPO），知识产权在互联网到卫生保健，到科学技术和文学艺术的几乎所有方面，都出现了新的问题。谁实际拥有知识资本的法律问题在全球内引起了特别的关注。新技术使信息可以快速和广泛地复制和传输。但是，当涉及知识产权时应该给人以无限的访问权限吗？怎样合理使用？现有的国内和国际法律能够充分解决新技术的挑战带来的问题吗？

WIPO 是一个致力于促进知识产权使用和保护的国际组织。其总部设在瑞士日内瓦，是联合国的 16 个专门机构之一。它拥有 186 个成员并管理 23 个有关知识产权保护不同方面的国际条约。世界贸易组织也拥有关于服务贸易和知识产权的协议。

世界知识产权组织主要研究与药物和保健、中小型企业、电子商务方案和活动、互联网域名纠纷、遗传资源、传统知识和民间文艺相关的知识产权问题。

15.5.1 版权法

美国版权法是为保护作者的著作，由国会制定的联邦法律。随着技术的改变，术语"著作"的范围不断扩大，版权法现在延伸到建筑设计、软件、图形艺术、电影和录音作品。

版权赋予所有者复制、发行、表演、展示，或许可其从事相关工作的专有权。所有者也获得了出产或发行其作品衍生品的专有权（为了"合理使用"版权，除极少数例外），如书评工作。版权是提供给发表和未发表的"原创作品"作者的一种保护，包括文学、戏剧、音乐、艺术和其他一些智力成果。1976 年的版权法，普遍地给予版权人复制、公开表演，或公开展示版权作品的专有权。

为了受版权保护，作品必须是原创的，并具有具体的"表达媒介"。根据现行法律，不论作品是否附有版权声明，是否已经注册，均受版权法保护。美国国会图书馆（U.S. Library of Congress）的版权局（The Copy Right Office）负责管理版权法。167 个国家签署了《伯尔尼公约》（Berne Convention）。《伯尔尼公约》是领先的国际条约，用于处理版权问题，由 WIPO 管理。㊀

15.5.2 专利

专利是一种财产权，它提供给发明者/开发者制作、使用与出售所讨论物品的唯一权利，并否认他人也可以这样做，除非该发明者决定出售专利权。一项发明必须具备新颖性、实用性，而不是平常的东西。

专利是由国家（例如，美国专利和商标局）或区域（例如，欧洲专利局）的政府机构对于管辖范围内授予的权利。专利合作条约（PCT）由 WIPO 管理，是 148 个国家签署的国际条约，可以通过提交唯一一个"国际"专利申请来寻求成员的专利保护，而不是备案几个单独的国家或地区的专利申请。国家或地区专利局仍然管控着专利的授予工作。PCT

㊀ World Intellectual Property Organisation(WIPO),www.wipo,int/treaties/en/ip/berne/.

在国际上协助申请人，帮助专利局制定授权决策，并使公众方便地访问相关技术信息。申请人可以通过 E-PCT 应用程序提交电子化申请。世界各大公司、研究机构和大学采用了 PCT。例如，自从韩国在 1984 年加入 PCT，LG 电子公司已提交了 8 000 多个专利申请，是全球排名前列的 PCT 申请者之一。

发明的类型。为以下四种新的和有用的一般类型发明/发现颁布实用专利：①机器；②生产；③物质组合物；④方法。随着技术的变化，人们对于人造产品构成的理解不断扩大。这促使专利法案中补充了设计专利和植物专利。

专利侵权与责任。在美国，发行的实用专利通常有 20 年的不可再生期，从申请之日算起。设计专利有 14 年的不可再生期，从授予专利的之日算起。存在一个默示担保，供应商的正规产品不能侵犯任何第三方的专利权。合同条款可将这个责任转移给买方。

当买家订货，并要求按照买方需要的规格进行组装、准备或制造时，买方担保不存在专利或商标侵权行为。如果受到专利或商标侵权的指控，买家就可能会遭受法律诉讼。对于买方有一个默示表述，即卖方根据买方需求的规格制造产品或提供服务，卖方是安全的，买方就有义务赔偿卖方的任何损失（《统一商法典》第 2-312 条）。

如果专利侵权的指控是针对买方的，那么应当立即通知供应商，这样可以及时进行辩护或提出解决方案。同样，如果卖方试图在销售合同中包含一条专利免责条款，那么买方在接受这一条款时应非常谨慎。因为一旦有侵权行为发生，买方就可能会陷入代价极高的诉讼。

保护条款。有时买方与供应商签订合同，使供应商以买方的需求规格制造生产物品，生产过程包含尚未授予专利保护的新想法、新流程或新产品。这种情况经常发生在高科技产业中。为了防止失去新的发展以及后续财务回报的权利，买方将在合同中列出保护条款。

最新发展。2011 年的《莱希－史密斯美国发明法案》（The 2011 Leahy-Smith America Invent Act，AIA）对美国专利法做了较大的修改。一些变化涉及商业方法的专利化，如税收策略。其他改变则旨在减少诉讼。影响最为广泛的两个变化如下：

（1）美国从发明优先制转换到大多数国家使用的先申请制。当多个申请者同时申请类似发明的专利时，先申请制简化和降低了纠纷成本。这有利于有资源的大型组织提前申请专利，然后如果需要，在最终设计之后进行重新申请，而较小的公司通常在知道该发明有效之后才提交申请。

（2）对于至少在一年以前，发明人在商业上使用的某些发明，而另一个发明人对同一发明提交专利申请或公开披露，建立了"商业用户优先"抗辩权。这保护了公司使用但不想申请专利的发明，比如客户看不见的发明。

15.5.3　商标

商标是一个标志、品牌或设计，在市场上具有新颖性和独特性，可以代表一个公司或其商品和服务。通过确保享有使用商标来识别商品或服务的专有权，或授权他人使用商标以获得收益，来保护商标的所有者。保护期有所不同，但通过支付费用，商标可以无限期续期。商标保护是由法院强制执行的，大多数系统有权阻止商标侵权。

商标制度促进了全球贸易。对商标所有者的认可和财务利益的奖励，促进了企业的主动性和全球企业的发展。通过强制执行，这阻碍不公平竞争，如造假者使用类似特征的标志，在市场上销售劣质或不同的商品或服务。

假冒商品的制造和销售是一些行业面临的一个问题。在一些行业，如航空航天，假冒伪劣产品的设计、材料和制造可能会导致人命伤亡。在其他行业，如鞋、服装和配件，损失为品牌损毁，以及财务损失。国际知识产权法的缺乏加剧了这种情况。在一个国家的非法行为，而在另一个国家中则是完全可以接受的行为。

假冒伪造行为对商业的影响已经持续 2 000 多年了，大多数国家都曾经涉及过：从位于曼彻斯特的英国棉花工厂伪造美国商标，到美国纺织业抄袭英国水力纺纱机，再到韩国兜售高端手提包。假冒伪造通常发生在制造成本低、知识产权法不足且执法力度有限的发展中经济体中。随着时间的推移，通过双边和多边协议，国家内与国际之间的经济逐渐协调，知识产权法也随之得以完善。

例如，中国在 20 世纪 70 年代末首次引入了现代版权法、专利法和商标法。中国于 20 世纪八九十年代更新了知识产权法，又在 2001 年加入世界贸易组织之前再次更新。

2011 年，澳大利亚、加拿大、日本、韩国，摩洛哥、新西兰、新加坡和美国签订了《反假冒贸易协定》（Anti-Counterfeiting Trade Agreement，ACTA）。ACTA 是一个与知识产权相关的多边贸易协定，旨在完善并加强国际法律体制，以有效打击商业规模的假冒和盗版的全球扩散。为深化国际合作，并促进知识产权法（IPR）有效执行，该协议呼吁建立强有力的法律体制，并制定创新规定。欧盟、墨西哥和瑞士的代表，以及其余的谈判各方，表明将准备尽快签署该协议。该协议将在第六份批准书、接受书或认可书交存后生效。

15.5.4 工业设计

工业设计是一件物品装饰或审美的一个方面。这包括物品的三维特征，如物品的形状或表面；或二维特征，如图案、线条或颜色。工业设计应用于多种工业产品和工艺品中，如临床与医疗器械、奢侈品、家庭用品、电器、汽车、建筑结构。为受大多数国家的法律保护，产品的工业设计必须吸引眼球。它不保护产品应用的任何技术特征。

15.5.5 地理标志

地理标志是指来自某一特定产地的货物所使用过的标志，且该货物由于其来源而具有良好的质量或声誉。地理标志可用于各种农产品，如"托斯卡纳"（Tuscany），代表在意大利一个特定领域生产的橄榄油，或"洛克福"（Roquefort）是在法国生产的奶酪，或"香槟酒"（Champagne）是在法国生产的汽酒。这就是为什么在加利福尼亚此类酒称为汽酒，而不是香槟。

15.6 产品责任

从含铅玩具，到菠菜上的大肠杆菌，以及牛奶中的三聚氰胺，在不同行业和国家，确保产品安全都是一个持续的挑战。产品责任是指在制造供应链上任一或所有当事人对该产品所造成的损害需要承担的责任。这包括零部件制造商、装配商、批发商和零售店老板。针对具有内在缺陷的产品，且对消费者造成损害，受害者应当提出责任诉讼。

产品安全和产品责任的考虑变得越来越重要，原因如下：①当政府法规和监督增加，对现行法律的司法解释有利于原告人时，发生更多关于产品安全与责任的诉讼，公众意识也得以提高；②法规或监督的减少或消除，会导致供应链内部或供应链之间管控不严，造成大量产品召回；③全球供应链的发展以及跨国界、跨越法律和监管制度管理安全和质量的各个方面的内在困难，加大了对消费者危害的风险。

产品责任的定义已经从有形产品扩大到包括无形产品（气体）、动物（宠物）、房地产（房屋）、著作（航海图）在内。制定一套覆盖软件的法律举措主要集中在责任问题上。由于企业努力降低产品和服务责任问题带来的财务威胁，因此供应管理者的地位提高了同时其责任也加重了。

索赔可以基于疏忽、严格责任原则，或违反适用性担保。

严格责任

产品责任一般被认为是一种严格责任。这意味着，当产品具有缺陷时，被告应承担责任。如果产品被证明有缺陷，那么给予制造商再多的关怀，也不能免除其法律责任。

产品相关的缺陷有三种类型：设计缺陷、制造缺陷和营销缺陷。当一个产品可以发挥其功能，但由于设计上的瑕疵，其本质上仍然是危险的时，产生设计缺陷。制造缺陷出现在项目的施工或产品的生产过程中。营销缺陷是由不正确的说明及未能警告消费者产品潜在的危险而造成的。

美国没有联邦产品责任法，仅有州法。然而，美国商务部颁布了《统一产品责任法》（MUPLA），供某些州自愿使用。产品责任法主要存在于《普通法（判例法）》与《统一商法典》第 2 章 314-315 条（处理商销性的默示担保与明示担保）。

产品责任对供应的影响。 供应经理的部分战略职责是最小化组织风险。供应经理在可行性和可持续性设计中发挥更积极的作用，是供应经理行使战略职责的方式之一。考虑产品在整个生命过程中的潜在风险和相关成本，可以帮助组织避免产品责任诉讼。在产品采购、供应商评估、供应商选择、签订合同和接收商品阶段，存在识别和处理潜在产品责任的机会。在流程的早期识别并处理潜在的产品责任，则可以降低在财务、声誉或品牌上带来的成本。这需要设计部门、工程部门、质量控制部门、制造和营销部门之间保持密切的内部关系，以确保该组织没有被不合理地牵涉进产品责任诉讼中。这还需要高层管理人员参与，并与各职能部门形成亲密关系，以确保对因产品责任而产生的成本有充分的了解，并将该成本纳入组织的风险管理中。

严格责任测试的应用越来越多，且缺乏联邦产品责任法，这意味着根据购买者的行为，组织可能会承担更大的责任。供应经理必须确保材料无缺陷，零部件能够被全面的应用和使用，符合相关标准、测试和产品安全标准。

15.7　非诉讼纠纷解决方案

如果法律诉讼是发生供应商纠纷时采取的最后手段，那么非诉讼纠纷解决方案（alternative dispute resolution，ADR）被视为倒数第二个手段。ADR 是任何在法庭之外解决争端的手段，包括仲裁、调解、第三者早期的中立性评价和调解。法庭文件堆积如山、法庭诉讼会增加成本并推迟时间，促进了组织使用 ADR。有些方案是自愿的，有些是强制性的，所有这些都提供了通过谈判解决纠纷并保持工作上专业合作关系的机会。

在美国国会对州际贸易全权监管的基础上，美国法典第 9 号创建了支持仲裁的联邦法律条款。在使用时，该条款优先于州法。大量的州 ADR 法律也是存在的。35 个司法管辖区采用了《统一仲裁法》（Uniform Arbitration Act）作为州法律，其他 14 个司法管辖区与之类似。因此，仲裁协议和仲裁者的决定可以在州和联邦法律下强制执行。1970 年，美国加入联合国《承认及执行外国仲裁裁决公约》（UN Convention on the recognition and enforcement of foreign arbitral awards）。

ADR 的两个最常见的形式是仲裁和调解。

15.7.1 商业仲裁

无论哪一类型的合同，都可能产生纠纷。令人烦恼的是，将这些纠纷诉诸法律，通常会花费太多的时间和金钱。大多数都是买家和卖家之间协商解决。合同中要包含仲裁条款，以避免协商不能达成一致时进行法律诉讼。在商业仲裁中，一个公正的仲裁员或仲裁团，听取证据，做出判决。双方提前同意接受判决，不再上诉法庭。相比法庭诉讼，这样的花费和耗时更少。仲裁是审判的简化版本，不涉及显示证据和简化的证据规则。

关于选择仲裁者，双方可以同意选择一个仲裁员，或者每一方可以选择一名仲裁员，两个仲裁员再选择第三个组成一个小组。仲裁听证会通常只持续几小时，且意见不公开。长期以来仲裁一直用于劳动纠纷、房地产合同纠纷和证券交易纠纷中；当前也不断应用于其他商业纠纷中。

现有的标准仲裁条款是有效且不可撤销的，在某些州的仲裁法律下是可强制执行的。对于联邦法院管辖下的纠纷，适用联邦仲裁法。甚至在没有这样法律的州，如果合同中有仲裁条款，或者有一个规定使"未来的争议"成为具有约束力的仲裁协议的议题，就可以要求仲裁。

合同中的仲裁条款是可以防止发生昂贵的诉讼的合理措施。以下问题将有助于确保条款是合理的：

（1）是否是根据合理的仲裁法制定的适当形式的条款？除非得到适当的描述，否则该条款可能不具有法律效力，是可撤销且不可执行的。

（2）这条款完全表达当事人的意愿，或者该条款是否是模糊的？如果该条款的内容是不确定的，那么确定该条款的范围以及该条款下仲裁员的权力所需要消耗的时间和费用，会破坏该条款自身的价值或增加成本。

（3）该条款可以确保任命中立仲裁员吗？如果仲裁员是其中一方当事人的代理、支持者、亲属或代表，或与仲裁的纠纷有利益关系的人，则最终仲裁结果可能存在明显的腐败，或者偏向于仲裁员支持的一方，因此法院可能会撤销该仲裁结果。

（4）该条款是否参照协会的规则或其他方式提供一种提名仲裁员的适当方法，从而防止在诉讼中出现僵局或违约？如果不能，争议的实际听证会可能会不适当地延迟，仲裁的实际价值也会无效。

15.7.2 调解

相对于仲裁,调解是一种更加不正式的取代诉讼的方法。调解员是接受谈判训练的个人。他们把互相反对的各方集中在一起,试图达成双方当事人都接受的解决方案或协议。调解适用于广泛的案例类型。

15.7.3 内部逐级解决方式

第三种纠纷解决方式是内部逐级解决。如果出现纠纷,买方和卖方同意第一轮由采购员和销售代表来解决。如果他们不能解决问题,那他们的上级将聚在一起共同解决,以此类推。最后一轮是由双方组织的高层领导共同协商。只有在最终不能达成一致的方案时,才会采用其他形式的纠纷解决方法。

15.8 监管要求

有一系列影响商业的法规。有些是行业特定的,有些应用于各行各业。这里介绍三种:《多德-弗兰克法案》(The Dodd-Frank Act)、《萨班斯-奥克斯利法案》(The Sarbanes-Oxley Act)与环保法规。

15.8.1 《多德-弗兰克法案》与冲突矿物

根据《多德-弗兰克法案》(2010)的第1502(e)(4)节中的定义,冲突矿物,包括钽、锡、钨和金或其他由美国国务卿确定的并在刚果民主共和国(DRC)或相邻国家引起融资冲突的矿物或衍生物。毗邻国家与DRC共享一个国际公认的边界,包括安哥拉、布隆迪、中非共和国、刚果共和国、卢旺达、南苏丹、坦桑尼亚、乌干达和赞比亚。冲突矿物广泛使用的产品中,包括手机、电脑、数码相机、视频游戏机、珠宝、灯泡、管道、电子电路、汽车。美国上市公司每年都必须确认它们的供应链中没有使用冲突矿物,并提供一份描述对冲突矿产的来源和监管链进行尽职调查所采取措施的文件。尽职调查必须遵循国家或国际公认的框架。目前唯一公认可用的框架为经济合作与发展组织(OECD)发布的《受冲突影响地区和高风险地区矿业责任供应链尽职调查指导方针》。

根据经济合作与发展组织的尽职调查方针,矿物供应链是指矿物从开采点转移到下游公司以最终产品的形式提供给客户的过程中,所涉及的所有活动、组织、人员、技术、信息、资源和服务组成的体系。矿物原料进入消费市场的过程涉及多个环节,一般包括提取、运输、处理、交易、加工、冶炼、精炼合金,以及最终产品的制造和销售。

为避免和监控冲突矿物的采购,经济合作与发展组织的尽职调查方针给出了建立尽职调查程序的五个关键步骤:

(1)建立良好的公司管理系统。
(2)识别和评估供应链的风险。
(3)设计和实现应对所识别风险的策略。
(4)对供应链执行独立的第三方审计(如审计高风险供应商或冶炼厂)。
(5)向管理层汇报供应链的尽职调查报告。

做好以上五个关键步骤，需要有一个跨职能的团队，包括来自销售部门、采购部门、法律部门、高级管理层、客户服务部门、技术部门、投资者关系管理部门、质量和环境部门、健康和安全职能部门的代表。尽职调查程序所需的时间取决于供应链规模，冲突矿物的使用量替代供应源或材料的成本、可获得性、可用性和质量，供应链中已储备的矿物，以及公司的努力承诺。

美国证券交易委员会的标准聚焦于合理设计和诚信努力，因为该规则需要公司的供应商的合作，且很难迫使供应商合作。为识别供应商响应中潜在的危险信号，合理原产国调查（Reasonable Country of Origin Inquiry，RCOI）应包括对发行人的供应商 / 次级供应商数量的了解，评估供应商反应的框架或流程，以及对发行人供应链的充分认知。公司可能需要与产业组织合作，洽谈合作合同，或使用公司的购买力杠杆力推进执行；小公司的购买力杠杆较低，则比较难以执行。由于该规则得以广泛的应用，因而供应商可能更积极地去迎合该规则的要求。

苹果公司在 2014 年 1 月发行了《2014 年供应商责任进展报告》第 8 版，其中宣布停止使用冲突矿物。报告称，钽——用于生产电容器的稀有金属，其所有供应来自经过认证的无冲突冶炼厂。苹果公司的做法是通过认证关键供应商来影响需求，同时验证补给线并支持该地区的经济发展。然而，无冲突冶炼厂的认证程序并不完善。全球电子可持续发展倡议组织（Global e-Sustainability Initiative，GeSI）和电子行业公民联盟（Electronic Industry Citizenship Coalition，EICC）更新了它们的无冲突冶炼厂认证程序，将经济合作与发展组织的指导方针纳入了进来。参与其中的企业必须贯彻经济合作与发展组织的指导方针，并通过第三方审查其供应链，以验证是否与方针符合，并从矿山冶炼厂那里得到所有材料供应来源的文件。

2014 年 3 月，为阻止欧洲公司进口冲突矿物质，欧盟提出自愿规则。其根据是，美国的立法导致了美国的很多公司停止而不是通过烦琐的认证程序在非洲采购这些矿物。根据欧盟贸易委员会，最大的障碍是只有 20% 的冶炼厂和 40% 的炼油企业对供应链进行了尽职调查。欧盟进口全球贸易中约 25% 的锡、钨、钽和大约 15% 的黄金。⊖

15.8.2 《萨班斯 – 奥克斯利法案》

《萨班斯 – 奥克斯利法案》（2002 年）是《公众公司会计改革和投资者保护法案》。该法案中有几个部分会影响到供应管理。

第 401a 节要求列出账外交易和义务。对于供应管理，这包括长期采购协议，如多年的供应商管理库存计划、取消与退货费用，及租赁协议。

第 404 条要求创建和维护可行的内部控制体系，美国证券交易委员会裁定的内容包括政策、程序、培训计划和超出财务控制的其他流程。对供应管理而言，这可能包括与贸易伙伴交流中采用的不安全与不可靠的通信方式，如电子邮件（购买承诺可见性差），以及库存核销。

第 409 条要求及时地报告影响财务报告的与材料相关事件。可能达到重要性阈值的

⊖ C.Oliver, K. Manson, and J. Wilson, "EU Plans Voluntary Rules on Conflict Mineral Imports," *Financial Times*, March 5, 2014.

供应事件包括，供应商延迟交付、企业资源计划系统崩溃、库存准确率差。

15.8.3 环境法规

为什么供应经理，尤其是美国的供应经理关注环境问题？首先，美国人的消费大约占全世界资源的 25%，尽管只有不到 5% 的世界人口。企业与政府领导人应该考虑这些环境问题的影响。

美国和加拿大政府颁布了许多重要的法规，其中许多法规影响了供应职能。在美国，这些法规中重要的是四条联邦立法：①《资源保护与恢复法案》；②《有毒物质控制法案》；③《综合治理环境响应、补偿和责任法案》；④《清洁空气法案》。在加拿大，主要的环境立法为《环境保护法》和《水资源法》。

政府部门发布的环境法规对供应的影响如下。

（1）签订废物处置合同的购买者希望：①确保废物处置供应商具有能力和信誉，并拥有环保局许可证；②需要供应商担保其员工接受了特殊废物处置的培训；③具有检验供应商设施和环保局许可证的权力。

（2）购买者要求供应商担保其所提供的任何化学或化学混合物都是由环保局允许使用的。

（3）购买者必须监控进出厂的化学材料的数量和类型，并查阅《材料安全数据表》。

（4）购买者会选择环保产品；建立供应商选择标准，限制购买者从销售有害产品的供应商处购买；时刻关注可能有助于公司实现政府立法目标的替代品或新技术。

美国政府在环保局（EPA）网站（www.epa.gov）上提供其主要环境法的具体内容。

1. 环保采购

美国是世界上最大的商品和服务消费国家之一。美国环保局开发了环保采购（environmentally preferable purchasing，EPP）计划，要求所有联邦采购官员评估所要采购商品和服务的环保性，并优先采购环境友好型的商品与服务。现已开发一个包含各种产品的环境属性信息数据库。尽管该数据库是为联邦机构采购而开发的，商业采购人员也可以从中找到有用的信息。

环保采购帮助联邦政府进行"绿色采购"，并以联邦政府的购买力有效地促进市场对绿色商品和服务的需求。该网站可以帮助绿色企业、各种业务和消费者来：

- 发现和评价绿色商品和服务的信息。
- 识别联邦绿色购买需求。
- 计算购买方案的花费和盈利。
- 管理绿色采购流程。

2. 自愿遵守程序

环保局正在开发一个更全面的项目，旨在压低产业持续改进的成本。目标是发展一个适合各行业的方法，协调规则制定，简化记录保存和报告要求，允许精简流程和审查实施情况/目标的法规遵从性。为实现这些目标，美国环保局已经开发了各种自愿遵守程序（www.epa.gov/compliance/incentives）。

15.9 伦理学

伦理来自一个希腊的词语"ethika",意思是"品质"或者"习惯",涉及人类的行为原则或标准,有时被称为道德。伦理学作为哲学的一个分支,是一门规范的科学,主要关注与人类行为规范有关的问题。每个人都在一个道德框架下做出决定。作为组织文化的一部分,每个组织都会创建一个伦理框架,来驱动和约束工作行为。

影响伦理行为的因素有很多,包括家庭、教育、宗教、同行、性别、年龄、社会经济地位、文化与经验。当一个组织由一群不同的人组成时,有意识地创造一套伦理文化是很重要的。这种文化表现为伦理准则下的行为标准,在生活中表现为公司领导人以及每个人的态度、行为和实践。伦理挑战出现时尤其如此。监控伦理行为的程序和商业业务过程中使用的用语都强化了这一点。

采购表示用资金来换取商品和服务。通常,这类交易中会牵涉一大笔资金。因此,在最高道德水平下执行与这一过程有关的交易是至关重要的。不幸的是,涉及大量资金的地方总是存在很多诱惑。有时供应商将会费尽周折才能取得业务,并有可能采用不道德的做法,如贿赂或赠送奢侈贵重的礼物。有时无良买家利用优势地位获取不道德和非法的个人收益。

显然,确保不道德行为是不能容忍的,是供应商和买方共同的责任。加拿大供应链管理协会和美国供应管理学会都建有道德准则和采购原则与标准,用来指导其成员的专业行为(见图 15-2 和图 15-3。)

SCMA 道德规范

A. 行为标准
成员将采用一种合理和知情的第三方认为适合于供应链管理专业人员的方式来执行行为。
1. 避免利益冲突。成员应该培养职业判断力和决定力,以避免在履行职责时可能遇到的任何明显或实际的利益冲突。
2. 保护机密或敏感信息。成员有责任保护机密的或敏感的信息。
3. 业务关系。成员应当维持与供应商和第三方的关系,以有助于促进市场公平竞争并保护其雇主利益和声誉。
4. 礼品、酬金与款待诱导。在被聘用组织允许的情况下,成员必须确保其制定决策的客观性,不因礼物、酬金,或其他任何的款待而影响决定。
5. 环境和社会责任。成员行使自己职责的方式,必须能够促进自然环境的保护与维护。

B. 专业原则
成员将基于以下专业行为原则来执行其角色和职责:
1. 专业能力。通过实时获悉并遵循最佳供应链管理实践经验,保持成员的专业能力,并确保 SCMP 指定的成员保持良好的专业认证。
2. 职业水准。为雇主或任何其他受影响一方提供专业意见,认识到任何最终决定是雇用组织中高级权力机构的特权,礼貌且充分体谅地处理与其他专业会员及所有业务关系的交易。
3. 诚实和正直。在组织内外的所有商务工作中保持绝对的诚实与正直。
4. 责任管理。最优化而无偏见地使用组织资源,提供其所在组织认可的最大价值。
5. 服务公众利益。利用自己的地位,推动社会利益与福祉;告发各种可能会影响企业价值或破坏组织或社会名誉的商业行为。
6. 遵守法律义务。成员不得参与违法行为,或容忍任何试图钻法律空子的行为。

图 15-2 摘自 SCMA 道德规范

采购与供应管理国际联合会(IFPSM)是由全世界 48 个国家和地区采购协会组成的联盟。该联盟成员中有大约 250 000 名供应专业人士。IFPSM 促进了采购实践和供应管理理论在其成员组织形成的网络内的发展和共享,IFPSM 采用了图 15-4 所示的道德规范。

> **您诚信的决策和行为为雇主创造价值并对职业忠诚**
>
> 这些原则源于 ISM 供应管理行为标准:
>
> 标　准
>
> 1. **不当行为**。防止商业关系、行为与交流中明显的不道德的意图与行为。
> 2. **利益冲突**。确保任何个人、企业或其他活动不与雇主的合法利益相冲突。
> 3. **影响**。避免造成负面影响,或可能造成影响供应管理决策的行为。
> 4. **对雇主的责任**。合理谨慎地使用授予的权力,秉承诚信和其他责任,为您的雇主提供价值。
> 5. **供应商和客户关系**。促进积极的供应商和客户之间的关系。
> 6. **可持续性和社会责任**。支持供应管理中的社会责任和可持续发展实践。
> 7. **机密信息**。保护机密和私密信息。
> 8. **互惠**。避免不当互惠协议。
> 9. **应用法律、法规、贸易条例**。了解和遵守法律、法规和贸易协定的精神。
> 10. **专业能力**。发展技能,拓展知识,开展业务,并提升供应管理专业能力。

图 15-3　ISM 供应管理道德行为的标准与原则

> **条例**
>
> 各成员不得利用其权力或职权谋取个人利益,并通过以下条例努力维护和提高采购与供应管理职业和联合会的地位:
>
> A. 在所受雇组织的内部和外部所有业务中保持可靠的诚信标准。
> B. 在他们负责管理的人中培养最高的专业能力水平。
> C. 优化资源的使用,为雇主提供最大利益。
> D. 遵守信用:
> 　Ⅰ 遵守国家的法律。
> 　Ⅱ 遵守联邦对专业实践的指导方针(如下所述),并实时更新的指导方针。
> 　Ⅲ 遵守合同义务。
> E. 拒绝和谴责任何不当商业行为。
> F. 通过获取和维护最新的技术知识,提高专业能力和水平。
>
> **指导方针**
>
> 在运用以上条例时,各成员应遵循以下的指导方针:
>
> A. **利益声明**。在任何与其职责有关的事宜中,任何可能会触犯或被其他人视为违反成员公正性的个人利益,应当向雇主做出声明。
> B. **信息的保密性和准确性**。必须尊重在履行职责过程中收到信息的保密性,并且不能用于获取个人利益,在履行职责过程中提供的信息应该是真实和公平的,而不能设计误导信息。
> C. **竞争**。在考虑到会员雇主与供应商保持持续良好关系的优势时,应当避免任何长期看来妨碍公平竞争与有效运作的安排。
> D. **商务礼品**。为维护成员及雇主的形象和诚信,不应鼓励赠送与接受商务礼品行为。即使礼品的内在价值很低也不应该接受。
> E. **款待**。适度的招待在业务关系中是可以接受的。然而,接收方应该把握好这个度,以免因为接受了这种招待而影响自己的商业决定,或者是被别人认为接受了招待后才做出某些商业决定。接受这种招待的频率和规模不能明显地高于你的老板支付给你的薪酬。
> F. 当对礼物和款待是否可以接受疑虑时,应拒绝邀请,或寻求成员领导人的建议。

图 15-4　IFPSM 道德准则

资料来源:www.ifpmm.org/About/Ethics.cfm.

大多数大型组织在制定的政策和程序中,专门建立供应人员的行为以及供应人员与供应商关系的标准。许多组织正在转变到一致的立场上,将客户、员工和供应商的待遇视为相同。简单来说,组织中的每一位客户、员工,供应商有权享有同等程度的诚实、礼貌和公平的待遇。买方应以反映该组织的意愿的方式行事。

如感知、利益冲突、礼物和酬金、与供应商的关系、互惠,这几个方面的恰当处理有助于塑造和维护供应团队和组织的声誉。

15.9.1 感知

感知往往和现实一样重要。如果其他人认为采购人员的行为是不合适的，那么采购人员及其所在组织的声誉就有可能受到损害。由于存在这种危险，因而供应链中的每个人都必须考虑其他人如何感知某种行为。

15.9.2 利益冲突

利益冲突涉及感知问题。在有些情况下，当事人双方对现存的一个冲突不能达成一致。通常，所涉及的人都坚持相信，尽管有利益冲突，仍然可以保持客观性。然而，其他人可能会认为，涉事者为了个人利益而牺牲了商业利益。

例如，供应专业人员可能在涉及朋友或家庭成员的业务中处于决策职位。无论这个人的工作多么用功，一些人总是会认为获得这个业务职位是因为个人关系而不是专业关系。

15.9.3 礼物与酬金

供应人员可以通过行事方式有意识地避免伦理纠葛。是否接受消遣招待、礼品与酬金和个人观念相关。许多人认为，他们的购买决策决定不会因一次免费的午餐而动摇。另一些人则认为，即使买方知道消遣招待不会影响决策的制定，其他人（特别是被拒绝的投标人，与其他职能领域的工作人员）也没那么确定。

还有人担心，任何感觉到的关系不平衡都将潜意识地激励双方转向平等。例如，接受几次就餐邀请后，多数人会感到有义务回报。如何确定可以在接受销售人员的礼物与款待后仍然保持客观态度？

不公平影响的目标。采购人员不是相关人员企图通过行贿来影响决策的唯一目标，经理、管理人员、监事，以及位于生产营销、信息系统、技术或其他部门的任何人都有可能成为目标。任何对采购决策有直接责任或者有较大影响的人，都有可能成为行贿对象。即使没有直接影响到买方决策，但他们的任务也受到了影响。如果将这种不当影响视为一个严重的问题，那么所有的员工都应该被禁止从任一供应商那里接受实质性或潜在的任何礼物，无论这些礼物多么微不足道。

在一些组织中非供应部门的工作人员被允许接受礼物或者参加接待性娱乐活动，而供应部门的人员则不可以。这一政策可能会损害供应过程中的诚信。销售代表关注那些他们认为可以影响决策的非供应部门的人员。精明的销售代表可以很快确定谁是真正的决策者，以及购买组织遵守自身流程的认真程度。那些认为接受礼物和接待性娱乐活动没有什么大不了的人，往往会忽略这种行为对组织总成本的影响。

销售人员视角。销售人员的工作是影响和说服决策者。最有效的方式是通过了解商品或服务，掌握潜在客户的需求和建议，提供具有良好价值的采购建议。人们要了解其他人及其状况，需要与他们一起花费一定的时间，同时也需要建立良好的关系与信任基础。共同参加社交活动是增加了解的最简单方法。

维系业务关系。面临的挑战是如何寻求方法来促进对彼此组织的目标的信任和相互理解，同时保持业务关系。在买方-供应商合作或战略联盟中，这个问题更加明显。在一个长期协议中，供应商可能是唯一的商品与服务来源。在该协议下，这两个组织的人员，会定期会面，有时候甚至每天见一次。需要特别注意的是，他们要确保聚焦于业务重点。

供应经理如何处理各种各样、形式微妙的过度款待和礼品的问题？这种做法旨在通过礼品、娱乐，甚至公开贿赂创造义务感来影响决策者。当然，供应商为了商誉而采取的合法支出和试图将买方置于供应商某种义务下的非法支出通常很难区分。在这些边缘案件中，只有明确行为准则并具备基本常识才能解决问题。

大多数供应专业协会的道德规范强烈谴责接受超出名义价值的礼物与酬金。然而，不遵守本守则的个人每年都在少量案件中被发现，从而使整个行业受到怀疑。必须明确的是部分责任在于那些使用非法诱惑来保障业务的人，例如销售人员打电话给购买者，并邀请其共进午餐，以便他们可以在不浪费时间的情况下讨论交易，或作为一种礼节。这种行为被认为是符合商誉利益的，虽然销售价格里加上了午餐的成本。供应商可以提供有吸引力但便宜的礼物来装饰买方的桌子。供应商的名字可以出现在礼物上，因此可以作为一种广告。销售代表可以在交易完成后赠送一瓶葡萄酒或体育比赛门票。

赠送简单礼物的习惯可能发展为提供更大的礼物，很难区分这些不同的情况。在一些组织中，供应经理或买方经常拒绝销售人员为其支付午餐，或坚持支付相等的数额。

商业贿赂

除了经济方面，商业贿赂还是许多法律案件的主题。从根本上说，商业贿赂的判定取决于代理原则。法律认可代理人为受托人，不允许代理人违反诚信。因此，法律不允许代理人接受贿赂从而从事违背其委托人利益的行为。

商业贿赂的危害比预想的更深远。虽然只发生在一起业务中，但它可能很快成为行业中的实践。不管货物的质量如何优越或它的价格有多低，该生产者将难以与采取贿赂行为的企业进行竞争。接受贿赂的买方，其行为将发生变化。他可能会支付比正常更高的价格。购买的产品工艺或质量方面的缺陷很可能被隐藏，其他制造商的材料可能会被故意损坏或破坏。由于商业贿赂，总成本会上升。

几乎在世界上每个国家，贿赂都是非法的。而不论合法与否，贿赂行为总是得以存在并发展。联合国为伊拉克的粮食计划赞助石油的过程中涉及的贿赂问题，给人们带来了惊人的启示，是对贿赂这种做法普遍存在的一种悲伤的提醒。

在过去的 10 年中，国际组织和个别国家已经通过并开始执行了反贿赂与反腐败法律。多元法律和司法使员工的行为更加透明化，并且在贿赂普遍存在的地区拒绝贿赂的力量越来越大。然而，这也增加了解和遵守法律的复杂度。

在美国，由于加大了对贿赂行为的处罚力度，联邦反腐败法的执行力度也大大加大；同时对洗钱、欺诈和税务问题以及向禁止国家出口商品，也加大了执法力度。同样，管理私人企业的新法规，包括对冲基金和衍生品等金融产品的管理法规，可以应用于国外的业务活动。

制定全球道德政策和程序的供应管理团队，需要回答以下三个关键问题：

（1）你会如何避免麻烦？

（2）当你发现不符合道德规范的行为时你会怎么做？

（3）你会采取什么补救措施？

合适的答案是：

（1）公司的体系制度已经就位，例如公司行为准则以及在公司范围内实施准则的政策和程序，以及匿名热线，公司提供这些政策和流程培训。员工积极地将这些政策和流程用于业务中。例如，该公司对商业伙伴、代理商、分销商和供应商进行尽职调查。

（2）在《反海外腐败法》/合规问题出现或被发现后，公司启动了一项调查。执行调查的人员中不涉及与该问题有关的员工，或者由外部机构或律师事务所开展调查。

（3）在完成调查后，公司对涉及违反《反海外腐败法》/法规遵从性的人员进行纪律处分。该公司自愿向司法部披露此事，且该公司与司法部合作进行调查。⊖

15.9.4 促进与供应商的积极关系

大多数组织都制定了关于供应组织和供应商代表之间关系的政策和程序。世界上许多国家的采购与供应管理协会都采用了自己的道德准则来管理供应商和购买者之间的关系。如前所述，国际采购和供应管理联合会为所有成员协会及其成员制定了一套道德准则。所有准则的建立均基于卖方和买方彼此之间合理交易的需求，以确保良好的业务交易基础。

因此，供应组织的礼貌、忠诚和公平被强调。买家被要求以最高的职业操守行事。一般来说，这包括一系列行为：与供应商会面毫不拖延；所有陈述都是真实的；确保完全了解采购的所有要素；当供应商有较大的机会获取采购合同时才要求其报价；保持需求规范公平并明确，竞争公开并公平；尊重供应商对所有机密信息的保密要求；不要利用卖家错误的不当优势；与供应商合作解决困难；积极协商并合理调整争端。对买方也有要求：有礼貌地拒绝供应商投标，并给出合理的解释；不泄露机密信息；及时回答问题；快速处理样品、测试和报告中的信息，并确保信息的完整性和真实性。最后，所有道德准则都强调，除严格的商业义务外，还需要避免对卖方的所有义务。

有时候，销售代表会试图绕过供应部门，认为这样做对他们有利。如果供应商在没有采购知识和采购协议的情况下确定订单，可能使供应商内部产生不一致的意见，以及对销售代表的不满。短期的收益可能会变成长期的损失。

供应人员应较好地熟悉组织的运作、设备、材料及各种要求。供应人员有资格获知供应商的技术建议与方案的实用性。然而，供应经理通常不是技术专家（工程师、科学家等）。而跨职能采购团队可以汇聚供应专家和技术专家。团队中的每个成员都可以管理其主要专业领域的供应商关系。团队方法减少了个人成员担心其他人会做出不符合其最佳利益决定的恐惧。

在合作伙伴关系或买方-供应商联盟关系中，供应商工作人员和买方组织中的非供应部门工作人员之间有大量定期的直接联系。直接接触对于有效执行合同和维持优越的工作关系至关重要。

15.9.5 互惠

互惠是"优先向作为采购公司客户的供应商采购的做法，而不是向非公司客户的供应商采购"。如果有机会，在什么情况下应该实行贸易关系或互惠关系？从供应管理的角度来看，当在某些条件下购买物品会造成价格较高或服务质量较差时，互惠是不可接受的。假定价格、服务和质量的条件基本相同，那么它应该在多大程度上实施也是值得商榷的。

⊖ D.B. Henriques, "F.B.I. Charges Arms Sellers with Foreign Brilbes," *New York Times, January* 21, 2010, www.nytimes.com/2010/01/21/business/21 sting.html?th&emc=th Jan.21,2010 p. A3 in print version.

反对任何一般性使用互惠关系的情况是，该做法不符合买卖双方合理的原则。产品或服务的销售必须基于产品质量和相伴随的服务。持续性客户—供应商关系的永久性基础为：①买方坚信某特定卖方的产品或服务是最适合需求的产品或服务，并提供全方位的最佳价值；②卖方坚信买方将诚实地以双方的利益最大化为目标行事。只要销售部门将注意力集中在这种需求上，就会发现并保留住永久的客户。

几乎没有买家会反对，质量、服务和价格相匹配下的互惠购买。在实践中，滥用互惠购买的情况基本上是肯定存在的。例如，促使买家从 X 购买的原因，并不仅仅是因为 X 是客户，而是 X 是 Y 的客户，Y 是我们的客户，而 Y 想要卖给 X。

卖方使用互惠策略的正常期望是希望买方愿意给予价格、质量或交货方面的优惠。在北美地区，互惠交易没有稳固的法律基础。美国最高法院支持《莱顿法案》，根据该法案第 7 条，互惠限制了贸易，造成了不公平竞争。⊖

如第 14 章 "全球供应管理" 所述，持有 "抵销" 观点的政府广泛采用互惠形式。例如，卖方在另外一个国家获得合同的条件是，必须严格满足当地成分要求。因此，为确保业务，供应商必须开发新的产品来源，通常带来巨大的成本。更有甚者，这种外国合同通常涉及易货，买方用原材料或本地制造的货物而不是货币支付从供应商处采购的产品的费用。

15.10 企业社会责任

当今的组织更自觉地将保护自然环境（如可持续性发展）作为自己的责任，并确保以对社会负责的方式从事业务活动。在可持续性计划以及建立用于管理供应商的行为准则的方面，供应职能发挥了重要的作用。第 16 章介绍了投资回收和废品处置问题，第 17 章介绍了供应在企业的社会责任和可持续性方面的作用。这些主题必定对组织的道德行为与供应职能有一定的影响。

本章小结

供应专家在组织中发挥战略与战术的作用。战略作用是最大化组织的发展机会并最大限度地减少组织的风险。战术作用是尽可能以最有效的方式来执行组织战略。

监控法律和道德环境是供应对组织在战略与战术上所做贡献的一个方面。供应经理有能力确定潜在的法律和道德机会和风险。

复习题与讨论题

1. 什么是仿制品，这个问题会对供应经理产生什么影响？
2. 在什么条件下，买方取消货物合同是可实现的？服务合同呢？在什么条件下，卖方取消货物合同是可实现的？服务呢？
3. 供应商是否必须完全接受买方提供的采购订单，以制定具有法律约束力的合同？
4. 替代性纠纷解决方案是什么？何时，且该如何使用它？
5. 销售人员和买方具有基本相同的法律权力吗？如果不是，他们之间有什么不同？

⊖ The case is *FTC v.Consolidated Foods,* 380 U.S.592 (1965).

6. 如果供应商提供不符合规格的货物，那么买方有哪些合法权益？
7. 在什么条件下，采购人员需要为其参与的合同负个人责任？
8. 口头合同是否具有法律效力？在什么样的条件下，其具有法律效力？
9. 供应经理有什么权力做出对委托人有约束力的决策？采购代理对他们决策的后果负有什么责任？
10. 供应经理可以采取什么样的行为来保护知识产权和避免法律行为？
11. 供应管理者如何最大限度地减小因产品责任带给公司的诉讼风险？
12. 在公司建立电子采购系统之前，需要考虑哪些法律问题？
13. 当签订软件采购合同时，相关责任问题是什么？
14. 酬金和贿赂的界线在哪里？

参考文献

American Arbitration Association. *Dispute-Wise℠ Business Management: Improving Economic and Non-Economic Outcomes in Managing Business Conflicts*. 2006. www.adr.org.

American Arbitration Association. *Drafting Dispute Resolution Clauses: A Practical Guide* 2013. www.adr.org.

BSR: Business for Social Responsibility. www.bsr.org.

Franklin, J. *The e-RG: International Intellectual Property Law,* American Society of International Law, last updated February 8, 2013. www.asil.org/.

Global Reporting Initiative. www.globalreporting.org.

ICDR Guide to Drafting International Dispute Resolution Clauses. International Centre for Dispute Resolution, 2011. www.icdr.org.

OECD Due Diligence Guidance for Responsible Supply Chains of Minerals from Conflict-Affected and High-Risk Areas. 2nd ed. Paris: OECD Publishing, 2013. dx.doi.org/10.1787/9789264185050-en.

Towle, H. K. "Modern Contracts: Boilerplate Needs an Overhaul for the Information Age." *Electronic Commerce and the Law Publication of the Bureau of National Affairs, Inc.* 14, no. 42 (November 4, 2009).

Wang, F. F. *Law of Electronic Commercial Transactions: Contemporary Issues in the EU, US and China*. 2nd ed., New York: Routledge, 2014.

Uniform Commercial Code: Official Text and Comments 2013–2014 edition. Philadelphia, PA: American Law Institute and the Uniform Law Commission, Thomas West Publishing Company, 2013.

World Intellectual Property Organization (WIPO), www.wipo.int/.

Wydick, R. C. *Plain English for Lawyers*. 5th ed. Durham, NC: Carolina Academic Press, 2005.

Zimmerman, A., and P. E. Chaudhry. *Protecting Your Intellectual Property Rights: Understanding the Role of Management, Governments, Consumers, and Pirates*. New York: Springer, 2013.

案件 15-1　落基平原酿造有限公司

落基平原酿造有限公司位于蒙大拿州比林斯市。4月21日，公司包装材料部经理迈克·皮尔森收到了来自吉拉德·吉尔平的电话。吉拉德是吉尔平印刷有限公司的所有者和总裁，该公司是当地一家标签供应商。两天前迈克通知吉拉德，5月30日之前落基平原酿造有限公司将终止与吉尔平公司签订的标签合同，并要求返还690 000美元合同回扣。吉拉德告诉迈克，他拒绝支付回扣，并要求第二天电汇4 400 000美元后才能继续供应。

落基平原酿造有限公司

落基平原酿造有限公司有100多年的历史，是美国最知名的啤酒品牌之一。该公司因卓越的品质、高标准的原材料、成熟的酿造方法、严谨的生产流程而享有盛名。作为家族企业经营了80多年后，该公司目前由一个大型跨国啤酒集团所拥有。该公司的比林斯市工厂大约拥有500名员工，每年酿制啤酒三四百万桶。

吉尔平印刷公司

吉尔平印刷公司是一家家族企业，其总裁吉拉德·吉尔平是公司创始人的儿子。吉尔平公司作为落基平原酿造有限公司主要的标签供应商已经有大约15年了。迈克认为吉尔平公司的在质量和服务方面的表现不错。迈克预计吉尔平公司年收入的45%~50%来自给落基平原酿造有限公司的供货。

吉尔平印刷公司为落基平原酿造有限公司提供服务的交付期为3天——通常为周四订货，下周一上午交货。因此，吉尔平公司持有大量的原材料安全库存，而落基平原酿造有限公司则维持最小的标签库存。

落基平原酿造有限公司的产品所用标签中的约80%是金属标签，其余的是纸质标签。吉尔平公司提供的大多数高容量标签是通过凹版印刷工艺制造的。该工艺使用印板将墨水印到纸张上。凹版印刷工艺需要将标签设计蚀刻在铜圆柱体上，这通常需要4周的提前期。平版胶印是为落基平原酿造有限公司提供标签的第二种方法，通常用于特定的少量品牌。与凹版印刷工艺不同的是，平版胶印将标签设计蚀刻在橡胶圆柱体上。

合同审查

落基平原酿造有限公司与吉尔平印刷公司签订的供应合同将于5月30日到期。11月，在迈克与其老板即公司采购总监布莱恩·埃文斯协商后决定试探下市场，来寻找更好的价格、材料与印刷方法。迈克和布莱恩主要担心的是吉尔平印刷公司当前的财政问题（见表1）。吉尔平印刷公司过去两年努力遏制其财务损失，但没有成功。迈克还听说了吉拉德·吉尔平试图出售其业务的传言。

表1　吉尔平印刷公司财务报表信息汇总　　　　（单位：千美元）

销售	34 296
税前利润	-1 014
减计	13 715
净利润（亏损）	14 729
当前资产	9 222
非流动资产	9 953
流动负债	12 239
长期债务	21 471
股东权益（赤字）	-14 535

为期三年合同的要约请求发送给了八家潜在的供应商，包括吉尔平印刷公司。有五家供应商在12月的最后期限之前给予了反馈。迈克对供应商进行分析的内容包括：供应商财政的稳定性、原材料价格上涨的保护措施、货币与外汇风险、运费、印刷尺寸和标签剪裁方案。2月，迈克将选择范围缩小为两家供应商：吉尔平印刷公司与斯蒂尔斯印刷公司。斯蒂尔斯印刷公司位于比林斯市，是一家具有良好声誉的大型印刷公司。

吉尔平印刷公司提出了将其目前定价延续，为期三年，其中包括延续每年7月31日支付的年度回扣。回扣基于每年6月至次年5月间12个月的采购总额，3%到5%不等。迈克估计，本年度的回扣大概为从吉尔平公司进行采购总额的4.4%。

斯蒂尔斯印刷公司提供的方案，通过使用具有金属油墨的白纸，消除装饰／方形标签，优化尺寸，以及节省货运成本的倡议，确定了各种降低成本的机会。斯蒂尔斯印刷公司还承诺，在合同的第二年不会提高价格，第三年的价格上涨上限为3%。此外，该公司还表示未来各因素成本的降低，包括原材料成本，将直接传递到落基平原酿造有限公司。迈克估计，相对于吉尔平印刷公司，斯蒂尔斯印刷公司的提案在次年大约可以节省250万美元。

与吉尔平印刷公司的谈判

由于和吉尔平印刷公司具有长期良好的合作关系，并担心吉尔平印刷公司失去合同后可能会破产，迈克允许吉尔平印刷公司递交第二份提案。在2月19日与吉拉德的会面上，迈克表示："如果您想维持与我们合作的业务，我们需要一个可以大大降低成本的具体方案。"

3月25日，迈克收到了吉尔平印刷公司的第二份提案。提案中提出全年度价格减少200万美元，但并没有包括可以实现较低价格的具体措施。在迈克和吉拉德的见面中，在介绍第二份提案的时候，吉拉德证实了他打算出售业务的想法，虽然还没有找到买方。

最后决策

在目前的情况下，迈克不得不建议将标签供应合同授予斯蒂尔斯印刷公司。其决策的基础是斯蒂尔斯印刷公司提供更优惠的价格，并考虑到吉尔平印刷公司财务的不稳定性。在4月的第一周，迈克走访了斯蒂尔斯印刷公司位于比林斯市的工厂，并在接下来的一周完成了采购审计。布莱恩·埃文斯同意了迈克的建议。在4月19日的会议上，吉拉德·吉尔平被告知，其公司的标签供应合同将在5月30日到期，并不再续约。

同时，迈克一直在与斯蒂尔斯印刷公司的项目经理帕特协作，来建立一个移交计划。主要任务是：

- 为高容量品牌创建凹版印刷缸（总量为285缸）——完成日期为5月15日。
- 斯蒂尔斯印刷公司生产试验标签与合格标签——将于5月22日完成。
- 在落基平原酿造有限公司生产线试验高容量品牌标签（由落基平原酿造有限公司支持组领导）——完成时间为6月15日。
- 在落基平原酿造有限公司ERP系统中实施斯蒂尔斯印刷公司的定价——6月1日完成。

吉尔平印刷公司的回复

4月21日，周五上午，迈克·皮尔森接到来自吉拉德·吉尔平的电话通知，吉尔平印刷公司拒绝支付原定于7月1日支付的合同回扣，并因已印刷好的成品库存、待办订单及未清发票要求其支付440万美元。吉拉德表示，他希望在交易结束日最后一天前收到电汇，否则他会立即切断供应。

接到吉拉德的电话之后，迈克立即核查了电脑系统，查看到落基平原酿造有限公司当前的处境。他估计，在7月吉尔平印刷公司将欠落基平原酿造有限公司约690 000美元的年度回扣；落基平原酿造有限公司应付给吉尔平印刷公司的账款为442 398美元，待办订单为583 165美元，标签总库存成本为846 835美元。然而，他最担心的问题是，标签缺货造成的是潜在的生产问题。迈克预计生产中断最早可能从4月25日周期二开始。迈克清楚他需要很快想出一个计划。

案件 15-2　辛克莱 & 温斯顿律师事务所

莫伦公司供应部门的副总裁卡特先生，刚刚收到来自辛克莱 & 温斯顿律师事务所关于在一条新的电源线路中横臂出现故障的法律意见。在新的装饰性管状杆竖立的阶段，莫伦公司遇到了这个重大问题，卡特先生急于确保该线路初期运作的安全性。由于有三个不同的供应商参与该项目，故障修复会产生额外的成本，卡特先生不知道该如何开展下去。

横臂故障

在横臂故障发生时，不清楚到底是什么原因。经过近三个月的工程检测后才发现主要原因。如该地区所有其他管状钢铁电线杆竖立的正常操作一样，只有及时安装导体或绝缘体，在安装后一个月内横臂才不会发生故障。但是，测试也表明，线路摆动是导致长期发生故障的一个重要原因。

卡特先生曾建议故障的发生涉及所有三个供应商。三个供应商表示了它们对故障的关注，但都宣称它们各自负责的一部分工作不承担故障的责任，所有的工作都是按照规格需求来完成的。它们已尽可能地提供了帮助，并在故障研究阶段给出多种建议。在故障原因明确之前，莫伦公司停止了所有输电线路相关的工作。一旦真正原因被找到，工程师将会给出维修和巩固加强的建议，以防止同样的故障再次发生（见图1）。初步估计，故障维修将额外花费540万美元。

辛克莱&温斯顿律师事务所

卡特先生写了一封信给莫伦公司的律师事务所——辛克莱&温斯顿，总结了目前的情况。五天后辛克莱&温斯顿事务所接待了卡特先生，次日通过信件确认了这次会议上的发言（见图2）。

自三年期项目（见表2）开始以来已经过去了26个月。莫伦公司面临着客户电力需求巨大的压力，供应商方面提出了价格上涨，也没有给莫伦公司带来特别优惠待遇。卡特先生不确定维修横臂的额外资金从哪里出。公司对资本的需求非常高，所以必须探索每一条道路，以收回在输电线路故障上产生的额外成本。工人担心在电线杆附近工作的安全性。准时完成工作和安全性是同样最重要的，卡特想知道接下来应该如何做。

回复：替换亨迪·尼尔森公司——345千伏横臂——艾迪生—史密斯菲尔德—梅萨峡谷

所有相关地线和导线的横臂都要移除，用改良的或新的横臂替代。本次通信的目的是审查已经发生的问题，并概述处理这些受损横臂的具体规范。我们将继续提供在已经竖立的电线杆以及未竖立的电线杆上安装新横臂的程序。

通过大量的工程研究项目，可以确定尼尔森公司的横臂存在低疲劳性。第一，这种横臂会因低速率风引起的震动而发生问题，在不到一个月时间里就会出现疲劳性故障。第二，导体摆动带来的持续扭转压力，会使这种横臂在连续工作大约15年后由于疲劳而出现故障。

风的震动问题可以通过在横臂末端安装风速减弱设备来解决，例如在导体横臂上使用绝缘串，在地线横臂上使用储能桥式防震锤。震动设计问题需要降低横臂轴焊件处到横臂基板的应力水平。这可以通过在已经制造但未架设的现有横臂上使用刚性杆来实现；对导体横臂中受损的横臂，可以通过使用新的加厚基板来实现；对于新的需要制造的横臂，参考之前所描述的类型。

预估成本

损坏的横臂维修：

	1 310——加拿大建筑公司	$1 492 504

未损害臂杆维护：

	1 245——加拿大建筑公司	$929 176
	3 007——亨迪·尼尔森公司	$1 256 860
订约人——解除和替换		$1 280 000
研究成本		$400 000
总计		$5 358 540

图1 莫伦公司传输工程部

约翰·卡特先生
供应部副总裁
莫伦公司

尊敬的卡特先生：
回复：关于 345 千伏输送电线杆故障

写这封信是为了再次表达周一在您办公室会面时表述的观点。正如你所回想到的一样，我们讨论了两项基本的法律问题，来确定这次牵涉的三个供应商的责任基础，公司在没有咨询三个供应商任何一方意见的情况下继续进行维修横臂是否会损害自身利益。

关于后者，如果公司有权从任何一方获得补偿，那么可以合理地解决故障维修的成本。这样做的成本必定是合理的，为纠正问题而进行的维修工作也是合理的。换而言之，你不能因"镀金"问题获得补偿，也不会因为解决问题的维修工作而获得补偿。获得补偿的权利不受与任何一方索赔谈判失败的影响。如果在维修计划开始之前，提前咨询任何一方，并给予任何一方参与制定维修决策的机会，那么后期要求其承担维修工作的必要性以及成本合理性的概率则大大降低。

调查结果认为，造成臂杆损坏的原因是风引起的震动。这本来可以通过安装导管来抑制横臂震动以避免发生故障，而不是直接架立裸臂。因此，就各方的责任而言，根据调查结果，对合同及相关文件做了详细审查。正如会议强调的那样，基本可以列出各方潜在的责任。然后公司可以根据事实评估每一个公司应该承担的成本。

麦克塔格特建筑公司根据具体的合同内容，提供了服务，但合同里并没有给出在当前的问题下该建筑公司具有的任何具体权利或采取的补救措施。为了从麦克塔格特建筑公司获得补偿，无论是按照违反合同或是依据过失理论，都需要指出在电线杆架设的时候，作为合格的电线杆和高压线架设的承建商，麦克塔格特建筑公司没有展示出来应有的细心、技能和勤奋水平。在我们看来，在麦克塔格特建筑公司的合同中没有给出任何承担关于工程或设计方面责任的说明。

至于亨迪·尼尔森公司，其合同中包含一个附有详细规范说明的采购订单。但合同里没有与故障直接相关的商业条款，如担保条款。然而，仍然存在四种可能的责任：

1. 错误的设计：这将需要说明亨迪·尼尔森公司承担总体设计责任，且现在的问题是由错误的设计导致的。这一方面的主要问题是，根据合同，该公司仅仅承担根据佩蒂格鲁联营公司提供的规范进行设计的责任。

2. 违反担保：如果该公司有理由知道电线杆的使用状况，并清楚莫伦公司需要依靠亨迪·尼尔森公司的技能和能力生产合适的产品，则合同中会有一项默示担保，即电线杆必须满足使用的需求。这里的主要劣势是电线杆可能会很好地实现最终使用目的，并有必要表明，亨迪·尼尔森公司知道或有理由知道电线杆是在没有安装导管的条件下架设起来的。

3. 未能详细列出组装程序：佩蒂格鲁联营公司提供的规范中的第 14 条表示，"供应商须提供设计图显示组装程序，以及用于竖立结构体的最理想附着点"，事后看来，这可以说亨迪·尼尔森公司负有指导横臂的安装需要附带导管的职责，虽然普遍认为这似乎未必是第 14 条内容旨在覆盖的内容。

4. 未能符合国家电气安全准则：佩蒂格鲁联营公司提供的规范中的第 24 条表示需要遵守国家电气安全准则。这里看起来可能有些依据来推断亨迪·尼尔森公司没有遵守。据我所知，很大程度上这要取决于 NESC 的相关部分是否可以解释为竖立电线杆不需要附带导体。

最后，至于佩蒂格鲁联营公司，根据公司的一项合同选择佩蒂格鲁联营公司"……为史密斯菲尔德－艾迪生山谷 345 千伏输电线路项目提供工程和设计服务。"合同中第一条规定，佩蒂格鲁联营公司"将提供完善的项目管理，以协调和推进工作"，并提供具有"最高的专业水平"的服务，以及对"莫伦公司工程设计和相关数据的正确性负全责"，这包括臂杆设计。此外，佩蒂格鲁联营公司评估所有投标，包括设计，并建议将合同授予亨迪·尼尔森公司。如果可以表明工程设计和相关数据不正确，或没有达到最高的专业品质，那么则有充分的理由对佩蒂格鲁联营公司提起诉讼。另外补充一点，术语"不正确"容易解释为包括"遗漏"。至于专业质量，有必要引入专家证词或证据，或者两者都有，建设一项高质量的工程至少会考虑风震问题。

根据你所提供的事实，贵公司可以对一个或多个参与方提起诉讼。如果需要的话，我们乐意对贵公司希望处理的任何问题提供进一步帮助。

诚挚的
辛克莱

图 2　辛克莱 & 温斯顿律师事务所

表2 莫伦公司关于艾迪生—史密斯菲尔德—梅萨峡谷输电线路项目计划时间表

第一年	
3月	管理员批准140英里线路使用装饰性钢材管状电线杆
4~7月	准备工作，并寻找工程顾问公司
8月	选择佩蒂格鲁联营公司作为咨询工程公司，由该咨询公司准备电线杆需求规范，布局线路，并协助选择制造商和架设公司
第二年	
3月	佩蒂格鲁联营公司电线杆需求规范与线路布局方案
4~7月	前半部分电线杆线路制造的设计与采购评估
7月	选择亨迪·尼尔森公司为电线杆制造商
8~9月	基础工程与安装承包商的工程与采购评估
9月	选择麦克塔格特建筑公司为新输电线路的基础工程与安装工程承包商
10月	亨迪·尼尔森公司交付测试用电线杆，测试表明电线杆安装符合需求规格
1月	开始安装，吸引了良好员工与公众的关注
2月20日	亨迪·尼尔森公司完成艾迪生-史密斯菲尔德线路段电线杆的制造
2月24日	第一个横臂发生故障，通知三个供应商，但它们相互推卸责任
2月26日	所有项目工作停止
第三年	
3~4月	电线杆横臂依旧故障，工程部开始检修，查找原因
5月11日	工程部确认故障原因
5月25日	采购部确定维修成本
5月25日	卡特先生发备忘录给辛克莱&温斯顿法律事务所，以征求法律意见
5月30日	辛克莱&温斯顿法律事务所代表会见卡特先生
5月31日	辛克莱发来法律意见确认函件
第四年	
4月30日	项目截止日期

Chapter 16 第 16 章

其他的供应责任

供应决策者的关键问题

我们应该

- 尝试使废料与剩余的材料投入生产吗?
- 安排我们的物料供应商回购多余的物料吗?
- 管理应付账款吗?

我们如何

- 改善投资回收流程?
- 改善收货流程?
- 与运营、销售及营销职能部门有效合作,以更好地实现供应链整合?

正如在第 3 章所讨论的,供应管理与传统采购相比,是一种更为广泛的采购活动,涉及供应商的选择、商品和服务的采购。供应职能深入广泛地参与到一系列供应链活动中,如仓储、运输和物流。此外,许多重要的企业活动(如兼并和收购)中,涉及供应。供应在采购、供应链活动以及企业活动中的参与水平因组织而异,取决于许多因素,包括行业、组织规模、客户需求与竞争性环境。

本章的重点在于供应职能参与到的或者供应职能具有直接相关责任的供应链活动。供应活动职责如表 3-3 所示。本章涵盖了在许多组织中的供应职能下的六大活动:收货、物流与仓储、进出厂运输、生产计划、应收账款、投资回报。因为这些主题中有几个也将在其他章节中进行讨论(例如生产计划在第 8 章讨论,运输与物流在第 9 章讨论),所以本章的重点放在投资回报,其他章节并未涉及这一主题。

16.1 收货

收货是内部供应链的第一步,是采购过程中重要的组成部分(见第 4 章)。收货表明在该节点与供应商的合同结束,采购方开始对商品负责。

收货包括进货检验、搬运与信息处理。进货检验是为确保货物满足采购订单所规定的数量和条件需求。大多数企业用验收单来识别收货过程中的各项活动。验收单一般包括核对产品运输的数量，确认货物是否为正确产品，产品的型号以及质量测试。例如，一批钢材的收货过程包括称重、审查轧机规格以及测试钢材以确保符合冶金规格。本书第 7 章介绍的质量控制技术可以在收货过程中使用。

通常，装箱单和提货单会描述商品相关的信息。内部收货表格包括质量检查表或者差异报告。在收货过程中使用物流条码等技术，可以提高工作效率和准确性。

装箱单由供应商填写，提供诸如货物类型和数量的信息。同样，装箱单也可以提供顾客的采购订单号，在某些情况下它可以作为跟踪物流信息的跟踪码。装箱单可以用于确认实际发货数量与订购数量是否匹配。因此，收货员可以根据装箱单，对实际出货量与采购订单数量进行比较，以确定供应商是否存在运输误差。

提货单是托运人与承运人之间的合同，包含发货量、发货地和最终目的地等相关信息（关于提货单的相关内容详见第 9 章）。

服务收据更加多种多样，并可以包括服务过程中组织的工作人员信息。一些服务，如电子资金转账或工作人员的培训，可以在异地或在没有工作人员在场的情况下进行。

供应多半与收货过程中出现的问题相关，如对货物质量的担心或货物数量、价格的差异。

16.2　物流与仓储

如第 1 章所述，为控制库存水平以及确保物料的可用性，供应职能涉及广泛的物流活动。这些活动包括库存控制、物料流动、调度和规划，以及仓储。

收货后，必须入库保存。通常，采购商会指派特定的工作人员管理原材料与在制品库存（WIP），并将其运输到使用地点。这往往是仓储与物料搬运人员的责任。仓储与物料搬运的关键决策为：是否应该存储它，应该如何储存与存储在哪，如何运输，以及应怎样进行库存跟踪？本书第 8 章介绍了库存管理技术。

仓储与库存可以在企业内部完成或外包给第三方物流公司（3PL）。因此，供应对仓库人员或供应商的选择和监督负有直接责任。目前许多组织机构更倾向于将这项工作外包出去。

每一个组织的运营都贯穿着物流活动——无论服务型组织还是制造业机构，公有制企业还是私营企业，从物料验收到产成品的运输。供应部门对部分甚至所有的物流活动负责。例如，供应部门负责原材料的计划与存储，而销售部门可能负责产成品的储存和分配。第 9 章介绍了供应链中物流所发挥的作用与离岸价格条款，第 14 章介绍了国际贸易术语解释通则。

16.3　出入厂运输

采购中不可分割的一部分是确保适当的、成本效益最大化的交付。在一些组织中，运输成本是最大的成本构成部分之一。供应商负责交货并不少见（如目的地交货）。在其他情况下，公司自营车队或专业的交通运营商负责入厂运输。及时交付系统需要频繁的、小批量的货物。因此，供应职能经常投入或直接控制入厂运输。第 9 章介绍了运输和交付的相关内容。

协调出入厂运输有助于降低成本，提高运输相关资源的利用率。因此，通常供应组织内设置独立的运输部门专门负责出入境运输事宜。

16.4　生产计划

根据库存控制和生产安排需要，生产计划分为短期、中期和长期三种。由于生产计划的制订需要与供应商协调关键原材料的交货和存储问题，因此一些组织指定供应部门负责制定生产计划。

生产计划在很大程度上依赖根据销售与市场营销状况对产品与服务的需求所做的预测。此外，运营部负责推进该计划。因此，在开发生产计划时，供应职能部门必须与其他关键职能部门紧密合作。第 8 章介绍了预测与计划方法。

16.5　应收账款

在支付货款时，采购商需要明确采购合同的相关条款和条件。当原始订单发生变化（如技术变更）或纸质文件不匹配（如提货单和采购订单）时，就会出现与账务相关的问题。但一些组织通过延迟向供应商支付的方式来满足短期财务营运周转资金的需求。

如今一些组织将处理应付账款的责任赋予供应部门，这种做法因为组织对应付账款难以控制而一度被认为是不可接受的。但其潜在的好处是供应部门熟悉供应商与订单，能够降低交易成本并减少工作人数，以及确保按时向供应商付款。

案例 16-1 为将供应职能与应付账款相结合而产生潜在收益的例子。这个案例告诉了我们两者相结合可以提高流程效率，并减少员工数量。

16.6　投资回收

投资回收与企业社会责任和可持续发展密切相关，代表了有效、高效、盈利的回收以及对公司内部废弃、多余与过时的废料及资产的处置。近年来，环保法规越来越严格且处置成本不断上升，导致处置问题变得更加重要且复杂。对终端到终端供应链的关注意味着管理者必须通过再制造、维修、重新配置和回收的方式实现闭环，收回初始物料投资。相应地，需要开发并使用新方法在最开始就避免固体废弃产品的产生，采用更加先进的方法处理气体与流体废弃物，避免其排入空气和水体而造成污染。供应职能在投资回收活动中起着至关重要的作用。

合理出售废弃物料与余料不仅为卖方增添了额外的收入，还能通过防止污染并保护原材料等资源和能源的方式减少组织对环境的影响。例如，每一吨的钢铁废料回收可以节省一吨的铁矿石、一吨的焦炭和半吨的石灰石以及将原材料转换成原始产品所需的能量。废钢回收利用，在回收过程中可节约大量的能源和自然资源。

因此，投资回收需要注意环境问题和法规（如危险废品处置要求），并需要具有获取收益或降低成本的能力（如通过循环利用或新的处置手段）。在许多企业中，投资回收是供应职能的责任。

采购商通过重视对供应链合作伙伴网络的管理，在一些以往管理忽视的领域中会发现大量降低成本的机会。环境安全与健康就是这样一个领域，供应职能可以通过以下方式在降低成本的同时改善环境：①提供优质材料与先进的库存管理，减少维护、维修与运行（非生产性物料）带来的浪费；②减少材料报废，大规模降低成本；③降低对危险材料的培训费用、搬运费用及其他费用；④通过将废品转化为副产品来增加收入；⑤通过使用更及时、准确的物料跟踪和报告系统减少危险材料的使用；⑥通过化工业务的合作伙伴关系减少化学品、废溶剂和油漆的使用与浪费；⑦开展有效的物料回收项目，回收有价值的物料。

废料往往是一个潜在的利润来源，因此合理地管理废料处置事项最大的贡献是回收成本。将废料送到垃圾填埋场是一种奢侈的处置方法，在某些地区此填埋方法收费成本超过100美元/吨。此外，如搬运和运输等相关的成本，使得此填埋方法场变得更昂贵。企业可以通过寻找减少废料产生或废料重利用的方法来降低成本或避免增加成本。

注重传统成本如直接人工成本和原材料成本的管理者，往往会忽视处置成本。在企业产生大量废料的情况下，定期检查工厂的投资回收活动可以降低成本。管理者应当检查废料处理过程、隔离活动、物流成本，以及那些由经销商、经纪人和废料处理机构收取的费用。

16.6.1 处置材料的种类

不管一个公司管理得多好，每个组织都会有一些浪费、废弃、剩余或过时的材料。当然公司会尝试让这样的材料数量降到最低限度。但无论如何尝试，这种废料是永远无法完全避免的。废料的产生有多种原因，包括过于乐观的销售预测、产品设计和规格的变化、错误估计的用途、生产流程中不可避免的损失、工厂人员使用材料时的粗心大意，以及为避免价格上涨或为确保大量购买时的数量折扣而过多地购买。

我们目前并不关心最小化多余、废弃或过时材料持有量的方法；这些已经在前面章节中关于库存、标准化、质量测定、价值分析与期货采购的部分讨论过。现在的问题是一旦出现这些材料应如何及时处理。首先将需要处理的材料分为六类。

1. 过量或多余的材料

过量或多余的材料是指超过组织合理需求的材料库存。产生的原因是购买量错误，或者没有实现预期的生产量。有多种方式处理这类材料。在某些情况下，它们可以存储在仓库中。当然，前提是这种材料不易损坏，预计存储成本可以接受，有合理预期表明未来需要该材料，或者公司经营着许多分公司，可以将多余的原料转移到另一个工厂。

然而，有时候这些前提条件不满足，有时候急需快速销售材料。产品风格或设计的变化可能会减少这种特定材料的需求，或者这种材料是易损的。根据工厂的要求，可能需要推迟今后对这种材料的大量需求，最经济的行为是先处理掉，日后再进行回购。

案例16-2描述了采购主管必须处理剩余的塑料树脂，而供应商只有在提供足够折扣的情况下才会回收树脂，且在未来使用该材料的机会也不大的情况。

2. 过时的材料或设备

过时的材料不同于过剩的库存材料，后者可能在未来的某天被消耗掉，而前者永远不可能被消耗。例如，生产过程对材料的需求发生改变或者有更好的材料可以替代现有材料时，过时的材料就产生了。一种材料一旦变成了过时材料，最明智的选择就是以最佳价格马上将它处理掉。

尽管材料或设备可能被一个用户淘汰，但这并不意味着对其他用户来说也已经过时了。比如，一个公司可以用新设备代替旧机器，使生产更现代，更有效率。然而，废弃的机器可能仍然在开展同一类型业务的其他制造商或在其他行业具有价值，这代表需要处理过期材料的公司存在一个盈利的机会。同样，有时航空公司会决定停止使用某种类型的飞机，这样不仅会使飞机过时多余，还会使该种飞机对应的修理和维护所需物品存货过时。但是这两者对于其他的航空运营公司或飞机用户而言可能还存在着大量的利用价值。

3. 不合格产品

由于生产过程的不确定性，或复杂的成品质量规格，公司的出货核查部门可能认为部分成品不合格。在某些情况下，这些成品可以通过维修或返工的方式以达到质量标准，但在有些情况下维修或返工的方式是不划算的。半导体产业就是一个很好的例子，由于工艺过程的复杂性，一些特定生产线的产品可能只有70%最终达到产品规格要求。

这些不合格的产品为工厂的残次品，可能会被卖给那些对质量要求不高的客户。这类产品存在一个问题：这类产品如果拥有名称或商标，无良买家可能会把这类不合格的产品当作合格产品进行二次销售。为了避免这种情况，销售合同会包括这样一个声明："买方同意并保证产品不会再以其目前的形式或因其原始用途进行再次销售"。如果卖方觉得这个合同条款仍提供不了足够的保护措施，那么生产产品的公司可能就会觉得销毁这些不合格的产品（如在制药行业），删除识别标记或标志，或者熔化不合格产品以回收其所有有价值的成分是十分有必要的。

4. 废料

废料与过剩或过时的材料不同，因为其不是全新的或未使用的材料。废料是指不可再用并被丢弃的材料或设备。废料的另一种形式是生产过程中产生的副产品，如从纺棉中产生的碎料；编织过程中产生的线头；钻、探、冲压过程中产生的黑色及有色金属废料；铸造过程中产生的闪亮金属；剪裁装订书本时产生的纸屑。

生产启动与调试过程中产生的废料通常是非常重要的，在诸如造纸、纸张加工、印刷和聚乙烯颗粒制造行业中，这是小订单中产品价格显著增加的主要原因之一。在小订单中，设备运行速度越快、自动化程度越高，启动与调试产生的废料占总材料的比例就会越高。通常来说，启动与调试废料是正常生产过程的一部分，是废料的一种形式，但是这种材料是可以回收利用的。在金属工业中，这种形式的废料对成本和价格具有明显的影响。例如，对锻件、冲压件、铸件的选择可能取决于废料的重量。被丢弃的废料重量加上移除废料所需要的人力可能会导致价值较高的物品价格更高。在车削黄铜零件中，原材料的成本（如黄铜棒）可能大于制成的零件的价格，这是因为回收废弃黄铜的成本非常高。的确，作为一种成本因素，废料是非常有价值的。对于有色金属的采购合同而言，把供应商回购废料的价格包含在采购合同中的行为是十分常见的。

金属废弃物通常分为黑色金属和有色金属两类。黑色金属为由铁构成的产品，包括废钢、生铁、白铁等。有色金属由四个大类组成：①基于铜的红色金属；②基于铝、锡、铅或锌的白色金属；③镍合金；④贵金属，例如金、银和钯。目前，用于黑色金属和有色金属废料（如铜、钢、玻璃和纸）分级的行业标准已经建立起来了。

在美国有大约 1 500 个经销商和中间商购买、中转或处置废品，包括金属、纸、塑料、玻璃、橡胶和纺织品等。经销商或中间商为卖方（通常是供应企业）和最终买方（例如钢铁厂）之间的中介。制造公司在正常的制造过程中会产生大量的废料和副产品。这些组织可以为制造公司安装用于处理余料、拖运材料的厂内设备，并帮助公司销售废料，是制造公司重要的服务提供商。

5. 废弃物

废弃物是在生产过程中发生了改变的材料或零部件。这些废弃物由于粗心、生产方法错误、搬运不当或其他原因而被损坏、破碎或者不适合进一步使用、回收。有些废弃物不是由于过时，也不是因为疏忽或处理不当而造成的。例如，因为机械故障或因不可预见的化学作用，造成材料的不符合规范，而产生的废弃物。

在某些情况下，废弃物可以简单地定义为正常的生产过程中产生的没有经济价值（再次销售价值）的材料（这一点和废料不一样，因为废料还有残留价值）。燃料燃烧产生的烟就是一个例子；切削油在正常的生产过程中被严重污染，而不能回收利用。然而，当前没有经济价值的废弃物在将来可能变得有价值。例如，之前原油生产过程中产生的天然气由于没有销售价值而成为废弃物，如今天然气具有重大的经济价值。

6. 危险废物

危险废物是具有某些特定的危险特性的废弃材料，如有毒、可燃、具有腐蚀性或危险的活性物质。由于供应职能在采购材料和废物处置中具有重要作用，采购者应该考虑到企业处理危险废物的成本。这些成本包括直接清理成本、处理成本（由于垃圾填埋场短缺而造成处理成本迅速上升）、管理和法律成本、新厂房和设备成本（为了减少浪费与治理受污染而建立的工厂）。

美国交通部通过危险品运输法（Hazardous Materials Transportation，HMTA）的条例来管理所有危险品的运输。在加拿大，联邦交通部门负责制定危险货物运输管理规定。采购者在危险通信标准（Hazard Communication Standard，HCS）所要求的信息传输条例以及美国职业安全与健康管理局开发的所谓"知情权"法规中具有重要的法律地位。化学品安全信息卡（MSDS）提供了识别对雇员和大型社区具有潜在健康危害的物品所需的必要信息。消费者应当要求制造商或供应商提供一张 MSDS，以评估所需的化学物品对员工和社区存在的潜在危害，如果有必要，选择其他替代物品。MSDS 应当归档保存。

危险材料法律、法规也涵盖了对危险材料的包装和运输。HMTA 要求工厂遵循特定的包装、标签、运输和应急计划要求。

关于废料、废弃物和危险废物的确切定义可能会存在意见分歧。从需要处理这些材料的供应经理的角度来看，这些差异是次要的。目标是从这些材料的安全处置中获得尽可能多的回报。

16.6.2 处置材料的责任

谁来承担一个组织机构中材料处置的管理责任？这个问题从来就没有一个标准答案。在一家会产生大量的废料、过时的材料与设备、多余材料与废弃物的大公司中，由一个单独的部门来负责管理是最佳的选择。这个部门的经理向总经理或者产品经理直接汇报工作。一些公司中，在制造部门内部，设有独立的投资回收、回收利用，或"利用"部门，处理可能的回收问题。事实上，许多大公司都设立了"投资回收"组织。设计回收流程、跟踪废弃物、废料，或者多余材料的实际回收情况，以及减少此类材料总量等，主要是制造的责任。大多数公司依靠供应部门来处理此类材料的变卖销售。

由 CAPS 主导的一项关于采购组织的关系研究，发现 45% 的公司中的供应职能部门负责废弃/剩余库存处理，43% 的公司中的供应职能部门负责设备的再次销售。⊖物料处置工作分配给采购与物料管理职能相关部门的合理原因为：①具备价格趋势预判的能力；②与销售人员接触，是一个很好的潜在用户信息的来源；③熟悉公司的需求，可提出在组织内部使用与转让相关物料的建议；④除非在公司内部建立一个特定的部门来处置相关物料，否则供应职能部门可能是唯一合理的选择。⊖

大型且高度多样化的组织，为取得最佳收益，废品协同处理是非常有必要的。在一个公司的管理组织结构拥有供应部门时，即便该供应部门仅为公司中其他各个部门提供咨询服务，供应部门提供的可用信息与记录以及所建立的沟通渠道，有助于确保公司任何部分产生的可回收废料在出售之前已经物尽其用。

因为社会与金融风险较高，以及考虑到法律法规的复杂性，对产生废弃材料的中小型组织而言，将废料处置业务外包是一种可行的选择。这些组织对废料处置的需求差别太大或废料总量太小，而无法通过贮存或处置设施直接处理。

因此所得到的基本结论是，除了公司设有独立的回收或投资回收部门外，管理层认为，由于供应部门了解原供应商、材料、市场、价格与可能的用途，相对于公司其他部门而言，在回收有用的物料并处置没用的物料方面，其更具有优势。

16.6.3　盈利处置的关键

显然，最佳的解决方案应该是不产生需要处置的材料。虽然这是完全不可能的，但应尽一切努力，通过良好地规划和利用技术，尽量减少产生的需要处理的材料。

处理各种过时材料、废料和剩余材料，应尽量减少净损失，以尽可能低的代价处理来实现最高的潜在收益。因此，首先应权衡多种可用处置方法中每种方法的净收益。多余的材料通常可以从公司的一个工厂转移到另一个工厂。该过程中除了包装、装卸和运输费用外，几乎没有什么其他的支出项目。另外，通过再加工或翻新，材料可以在工厂内实现回收利用。这种情况显然涉及一笔较大的支出费用。一旦决定对材料进行再加工或翻新，就要确保无论其最初的使用目的或实现一些替代使用目的的价值，都足以弥补增加的处置费用。

是否回收某一特定材料的决策，本质上是由此产生的产品质量和生产成本之间的权衡。通常也应当由生产或工程部门做出决策，而不是供应职能部门或投资回收部门做出决策。供应经理所能做的是在该材料被以其他方式处理之前，考虑回收该材料。

16.6.4　处置渠道

有这样几种可能的材料处置方法。在一般情况下，将这些方法按照公司可以获得的

⊖　P.F. Johnson and M.R. Leenders, *Supply's Organizational Roles and Responsibolitis* (Tempe, AZ:CAPS Research, Mqy 2012).

最大收益排序，如下：

（1）基于"原样"，不做修改，在公司内的其他地方使用。尝试按"原样"使用该材料，或者对该材料进行修改，以将之用于其他用途。例如，类似等级和相近大小的材料之间互相替换，用车削或刀削的方法使粗粒金属片的宽度更窄。在多部门经营的情况下，各部门应定期向其他部门传发报废/盈余/过时的材料和设备列表，进而可以安排其中部分物品在部门之间转换使用。

（2）在工厂内回收使用。由于20世纪70年代初的材料短缺，并考虑到最近的可持续发展举措，许多公司对如纸、铜、锌、锡、铝罐和贵金属等材料的回收越来越有兴趣。例如，材料可以回收或处理后为焊接使用吗？还包括这些例子：缺陷和损坏的铸件和金属部件可以以极低的成本回收；较短的棒料和管子可焊接成所需要的长度；破损的夹具、家具和机器零件可以重新组合或修补。贵金属废料通常是运到贵金属精炼厂，将其熔炼回原始的形式，作为原料加工成更具价值的东西。厂内回收，相应地减少了废弃物流，扩展了市政回收系统，并通过收集材料，转化为具有成本竞争力、高品质、可回收的产品，然后销售给采购方，实现材料的"闭环"利用。

（3）出售给另一家公司，按"原样"使用。是否有公司能按照"原样"使用材料，或是对材料进行经济性地修改后使用？应该指出的是，也可以将材料直接卖给可以采用该材料替代当前其正在购买的原材料的用户。或者一家公司的过剩或过时的设备可以很好地满足另一家公司的设备的要求。一个很好的例子是，在已经存在多年的航空业市场，其他航空公司可购买一家航空公司过时的飞机使用。在某些情况下，特别是在公共机构中，剩余或过时的设备和车辆会被公共拍卖出售。作为员工关系管理计划的一部分，一些公司允许员工以预设的价格购买这样的设备或多余的材料。在这种情况下，应建立适当的控制机制，以确保公司由此而产生的盈利在一个合理的水平上，所有感兴趣的员工都能够受到公平对待。

（4）返还给供应商。这些废料可以返还给售出该材料的制造商或供应商吗？大量的钢材废料由采购商直接出售给工厂，作为钢铁生产过程中的原料。通常，使用这种处置途径的公司必须是一个大型用户，一旦出现库存剩余，供应商愿意收回并全额退款。

（5）通过经纪人出售。可以通过经纪人出售废料、剩余与过时的设备和材料。经纪人可以把买方和卖方联系起来，收取佣金。许多金属废料是通过这个渠道出售的。经纪人还会处理过时、剩余、使用过与重组设备的采购和销售，通常限定于某行业，例如食品加工等，或者特定类型机器，如计算机。销售组织通常使用这些中介销售物品。对采购方而言，中介可以为其提供有意义的替代方案。大多数的设备经纪人都拥有自己的网站，这些网站会提供有关可用设备及其价格的信息。

（6）出售给当地的废料或剩余材料处理经销商。无论多大的社区都会有一个或多个废品经销商。通过这个渠道进行回收处理的回报很低，原因有四：①很可能只有一个经销商——非竞争性、独家购买源；②经销商承担着投资、控股的风险，并寻找买家；③承担这种风险可能会带来较高的边际利润；④昂贵的额外装卸和搬运费用。

（7）捐赠、丢弃或销毁材料或物品。在某些情况下，一个公司可能会向教育或慈善组织捐赠使用过的设备以减少税额。一些非营利清算组织配送商品到学校和慈善机构。这种捐赠方式的税收计算是复杂的，在决策过程中，应当考虑税务律师的建议。

利用想象力、创造性思维来解决问题，大多数物品的处置都可以获得收益。有关供应链管理中环境因素重要性的研究表明，避免违规行为仍是主要被关注的问题。然而，许多组织正在设法提出具有创造性且划算的方法来处理投资回收问题。投资回收协会，一个国际非营利企业行业协会，建立了投资回收计划，协助公司处置可回收的产品、资本资产与剩余材料。

16.6.5 处置程序

出售废料和剩余材料要求建立适当的程序，来保护公司因方法不严谨、员工不诚实，以及部分采购方不守规则而遭受的损失。这些程序必须涵盖范围广泛的活动，包括分离和存储、称重和测量、交货、谈判、供应商选择、付款。

废料中混入杂质通常会显著降低其回收价值。如果两种废料混合（例如钢和铜的混合废料），销售利润率可能会低于单价最低的废品，因为在加工之前任何买家都必须支付分离废料的费用。因此，应对废料进行分离、制备，并在生产过程中的各个阶段进行系统分析，以保护其价值。

废料可以按类型、合金、等级、大小和重量分开，并应在废料产生的地方就地进行。这需要适当地规划和组织废料拣选活动，包括对采集点员工提供指导，也可以通过培训来帮助公司员工识别和分离废料。工厂，而非经销商或中间商，应管理废料的收集和分类。公司人员应定期按照不同数量与不同等级的废料混合物对效率最高的废料处置方法进行评估。

对精准汇报与付款进行合理管理。所有的销售应该由部门负责人批准，现金交易应通过会计部门来处理，而不是洽谈销售的人员。通过发行订单，完成所出售产品相关所有文件的配送，并应准备足够数量的副本，以保证交易中涉及的所有部门都有一个完整的记录。运输部门应确定货物的重量和数量，并将这些信息直接发送到应收账款部门。

负责材料处置的部门，应备有一个在处置一系列特定的材料或设备上具有信誉的经销商名单，并应定期审查此列表。工厂管理者应进行定期库存清理，并报告需要处置的不同类别材料的重量、数量。

常见的处置程序是向四五个经销商发送邀请信，邀请它们到工厂庭院检查需要处理材料的批量，并获取报价。通常，在交易中由公司认可的投标者对材料的重量和数量进行检查，并在转移材料前支付现金。这并没有什么稀奇的，它们之间建立了一种互相满意、认可的关系，也不需要其他人出价投标。现在技术工具越来越多地应用于投资回收项目中。不少公司正在利用互联网做广告来销售过剩和过时的设备和材料。

如果一个公司持续产生大量的废料，投标者可能会要求购买这一废料的时间为六个月到一年。每年进行至少一次再投标或再谈判的做法通常是可取的，这样可以鼓励竞争。然而，在确定合同期限时，工厂需要考虑相关的交易成本。不仅有招标的管理成本，其他成本也需要被考虑到，如由新设备替代旧设备可能导致的生产中断。工厂经常与加工公司签订长期协议，以鼓励其在工厂管理方面通常认为是有利的设备上的投资。

通常材料处置协议里面有这样一个条款，希望把价格与整体市场的变化联系起来，如 AMM.com 等网站特定的独立市场指数报道的那样。许多类型和等级的废料的市场价格可以在一个相对较短的时间内发生较大的变化，这也是使用自动调整条款的原因。

废旧物品买卖合同中应包括价格以及如何确定价格、所涉及的数量（所有，或一个百分比）、交货时间、交货点、取消特权、如何确定重量以及付款的条款。为了便于汇报，与废料处置活动有关的收入设有独立的账户，而不是将其归入某一采购或支出账户。将废料收入与原材料成本相抵销的做法是合理的，但这种收益应在管理报表和预算中列出来。

16.6.6 处置合作伙伴的选择

选择适当的公司来处理废物和废料是一个具有挑战性但又十分关键的任务。第一，大多数废料可以出售，然而供应经理过去都是擅长购买材料，而不是销售材料。第二，危险物品必须妥善处置，否则会导致巨额罚款和清理成本。这也需要了解周围残余物处置的法规问题。第三，处置方法会对公司总体的制造运营有一定的影响，如分离作业，影响工厂的加工作业，并影响成本结构。因此，在选择一个公司执行处置活动的时候，传统的供应认知并不总是适用的。

在大多数情况下，工厂必须依靠废料经销商的支持来帮助他们管理其处置活动。由于监管违规会产生相关费用，产生废料与垃圾的公司必须了解废料与垃圾转移出公司场地后的情况。因此，只能使用获得批准的，并具有符合一系列标准的资质的加工商、交易商或经纪人：二次加工和废物处理能力；车队的规模及装载能力；提供可靠服务的能力；解决问题的能力；提供产品报废销毁以避免进入市场的能力；金融稳定性。评估交易商、经纪人或中间商的金融稳定性，通常需要查看信用证记录或从类似于邓白氏咨询公司的组织中获得信用报告。

废料或浪费的物料的体量会明显影响企业如何管理处置活动。废弃物体量大的工厂通常支持专业工作人员的处理活动，并在处置过程中使用更多的资源。待处理材料体量不同，物流系统也不同。例如，可生成较大体量的特定等级废料工厂，可能会发现铁路或专用公路拖车运输更加适合。

应尽一切努力最大化废料或剩余材料采购者之间的竞争程度。不幸的是，特定领域内废料的潜在用户和买家数量可能只有一小部分，材料处置没有竞争性。供应职能部门应积极尝试寻找新的买家，并鼓励它们就所提供的价格与服务进行竞争。

投资回收涉及供应商管理问题，供应商管理影响公司的总体绩效。测量处置总成本有助于识别合作伙伴之间改善处置活动效率的一系列机会。例如，在合作伙伴关系中，工厂和废料投资买家之间共同解决问题，有利于及时响应变化的问题。自制或外购决策标准也可用于工厂确定合适的废料处置活动。为适应不断变化的形势，这些活动应定期进行再评估。

本章小结

供应职能广泛地参与到企业的各项活动中。在收货、物流与仓储、进出厂运输、生产计划、应付账款、投资回报领域，供应职能发挥着重要的作用。是否给予供应职能对这些领域的部分或全部负有直接的责任，取决于成本降低与业务流程改进之间的权衡。探索参与这些领域中的部分或全部的机会，可以帮助改善内部供应链的集成化。虽然供应职能可能不一定在每个公司中对所有这些活动都负有直接责任，但是参与一部分是可能的，这使得优秀的供应专业人员很有必要精通这些领域。

复习题与讨论题

1. 为什么往往由供应部门承担物流的责任？
2. 为什么往往由供应部门承担投资回收的责任？
3. 将应付账款的责任给予供应部门存在哪些优缺点？
4. 企业如何从处置不需要的物品中获得最大的回报？
5. 为处置不需要的物品，供应部门应提供哪些具体程序？
6. 处理物品使用的渠道有哪些？每种渠道的优点是什么？
7. 过量或多余的材料、过时的材料或设备、不合格产品、废料、废弃物和危险废物之间有什么区别？这六个类别之间投资回报和处置做法有何不同之处？
8. 如何在处置和投资回报活动中实现成本降低？主要的成本驱动因素是什么？
9. 对环境问题的担忧是如何影响废料、剩余和过时材料处置的？
10. 如何将环境问题纳入供应商选择？

参考文献

The Environmental Protection Agency (EPA). *The Lean and Green Supply Chain: A Practical Guide for Materials Managers and Supply Chain Managers to Reduce Costs and Improve Environmental Performance.* EPA 742-R-99-003, February 2000. www.epa.gov.

The Environmental Protection Agency (EPA). *Enhancing Supply Chain Performance with Environmental Cost Information: Examples from Commonwealth Edison, Andersen Corporation, and Ashland Chemical.* EPA 742-R-99-002, April 2000. www.epa.gov.

Gattiker, T. F., "ISO 14000 at Veris Industries." *Practix.* Tempe, AZ: CAPS Research, July 2009.

Gattiker, T. F.; W. Tate; and C. R. Carter. *Supply Management's Strategic Role in Environmental Practices.* Tempe, AZ: CAPS Research, 2008.

Gobbi, C. "Designing the Reverse Supply Chain: The Impact of the Product Residual Value." *International Journal of Physical Distribution & Logistics Management* 41, no. 8 (2011), pp. 768–796.

Green, K. W.; P. J. Zelbst; J. Meacham; and V. S. Bhadauria. "Green Supply Chain Management Practices: Impact on Performance." *Supply Chain Management* 17, no. 3 (2012), pp. 290–305.

Hall, D. J.; J. R. Huscroft; B. T. Hazen; and J. B. Hanna. "Reverse Logistics Goals, Metrics, and Challenges: Perspectives from Industry." *International Journal of Physical Distribution & Logistics Management* 43, no. 9 (2013), pp. 768–785.

Institute of Scrap Recycling Industries, www.isri.com

Investment Recovery Performance Benchmark Report. Tempe, AZ: CAPS Research, December 2013. www.capsresearch.org.

Turrisi, M.; B. Manfredi; and S. Cannella. "Impact of Reverse Logistics on Supply Chain Performance." *International Journal of Physical Distribution & Logistics Management* 43, no. 7 (2013), pp. 564–585.

案例 16-1 罗斯·伍德

在一个周四的午餐过后，迪克森电子公司的供应链管理副主席罗斯·伍德，会见了高级会计师克劳德·达金。克劳德提出应将应付账款科目从会计部门中转移到供应部门。

迪克森电子公司

迪克森电子公司是一家价值数十亿美元的国际公司，总部位于加州硅谷。这家公司成立于1971年，销售各种生活用品、工业制品和军工产品。在过去两年里，迪克森公司发生了重大变化。新的管理团队为提高公司的财务业绩，出售了公司的一些子公司，并完成了对一些具有相当大增长潜力的小公司的收购工作。在这些重大战略决策下，公司正朝着正确方向前进。

但公司的高层管理人员仍然远远不满足于公司目前的绩效。

罗斯·伍德

罗斯·伍德曾经在另外一家加利福尼亚州的电子公司的供应管理部门中担任二把手。在他女儿的学校聚会中，他遇见了迪克森电子公司的高级运营副总裁吉姆·安德森。吉姆·安德森表示他正在为迪克森电子公司的集中供应部门寻找一名新的领导。吉姆觉得罗斯满足这个工作所需的所有条件，于是他向罗斯提供了这个机会。罗斯考虑到现公司的上级与他差不多岁数，他觉得自己能够升职的机会非常有限。更重要的是，迪克森公司将供应管理与公司新的合作战略相协调带来的挑战激起了罗斯的好奇心。他也被吉姆·安德森的热情所打动，于是他接受了这个职务。

在罗斯到来以后的三个月里，迪克森电子公司的总裁宣布要缩减公司总人数并且大幅度提高收益。这要求罗斯·伍德实现两个目标：①将总部办公室的人员削减至200人；②将公司花费在供应商上的4.1亿美元减少200万美元。这些目标被宣布的两个月之后，迪克森电子公司的首席会计师克劳德·迪肯会见了罗斯·伍德，提出供应部门应该承担应付账单的全部责任。

罗斯·伍德认为，他满足总裁总人数要求的唯一方法就是将供应部门中的物流团队外包出去。他开始与一些第三方物流服务供应商协商，并且认为他能够通过将所有物流团队人员转移走的方式，在年底将职员总数减少到200人。他也认为有大量的方法可以实现收益目标，包括战略性采购、进军海外。因此，这时罗斯不乐于接受供应部门承担应付账单的全部责任这一提议。

克劳德·迪肯的提议

克劳德·迪肯在某个周二的下午抵达并且直接提出：

我希望你能够承担应付账款的责任。我知道你现在正在策划一个裁员计划，我也是。在你提出异议前，先听我说。我们已经非常努力地在寻求提升我们部门效率的方法，甚至引入一些工作研究专家来测量我们的效率。从他们的工作中我们可以明显地看到，在应付账款中多数延迟支付和效率低下是由供应问题引起的：供应商提货单与采购单不一致，质量、价格和批次不同，是主要的问题。我们想要解决这些问题，你们却声称自己太忙了，无暇顾及这些细节，从而造成了更多更长久的滞留。我们仔细检查后发现由于供应相关问题至少使我们的生产率降低了30%。因此，我们认为将应付账款工作转移给供应工作人员，并由他们向你报告工作，在沟通和协调上将会产生巨大的提升。更重要的是，到现在为止大量的应付账款方面的工作还与供应部门相关。我现在的小组有16个人，如果你接管此项职责，我相信可以减少到11个。

案例 16-2　罗利塑料公司

6月8日，位于密歇根韦斯特兰的罗利塑料公司的采购主管查德·凯尔斯特听说公司没有获得一家大型汽车设备制造商的新合同。因为预料会得到这个合同，理查德已经订购了大量的定制塑料树脂货物。现在，他考虑着如何处理手上这批原材料。

罗利塑料公司

罗利塑料公司是一个汽车零部件制造商，作为北美汽车行业的供应商有40余年了，生产的产品包括汽车上的缓冲板、门饰板以及汽车内饰座椅零部件等。这个公司现在生产超过50多种零部件，有员工大约150人。罗利塑料公司的使命就是"通过员工、团队和科技,生产具有世界竞争力的零部件来满足顾客在质量、价格与配送上的期望。"

供应管理

罗利塑料公司使用的树脂有两个主要来源:60%来自麦克法登树脂公司法明顿山的位于密歇根的一个工厂,剩下的来自诺克斯维尔市肯塔基地区的桑德斯塑料公司。这两个供应商是行业里的领先者,理查德相信它们产品的质量也是行业里最好的。

由于对于塑料树脂的需求较高,供应商也按罗利塑料公司的要求根据不同类型的材料制定了不同的运送时间表。标准树脂材料一般运送周期为10周,而特殊树脂材料则要达到16周。因此,较长提前期也就要求较长时间的库存计划。更重要的是,有时候原材料要在客户确认合同之前订购。

塑料树脂供应商意识到执行这个物料计划的困难,于是给大多数零件制造商60~120天的托管时间。在这一托管条款下,罗利塑料公司仅仅只需为其所使用的树脂支付货款。因此,如果在公司竞标成功之前就已购买树脂,而该订单最终由其他竞标者获得,只要这批树脂还未使用,就可以在2~4个月退货。然而,托管协议并不适用于客户定制的订单。

新合同

在前一年的7月,罗利塑料公司投标了制作缓冲板的订单,该缓冲板为将于次年3月投入生产的新型汽车所需。由于原材料采购的提前期较长,早在11月理查德就为个性化零部件所需的树脂下了初始订单,并选择麦克法登树脂公司以每磅0.90美元的价格生产提供200 000磅树脂。在16周的等待时间后,这20 000磅树脂将以每月50 000磅进行分批配送。

到了3月,理查德还没有收到合同信息。这些树脂开始在仓库堆积起来,但是他一点也不担心,因为这个工厂有足够的储备空间。然而,在8月8日,理查德从公司销售副总裁怀特·米兰拉那里得知,这个合同已经授予了另外一个供应商。理查德立即要求停止现在正在进行的所有配送活动,麦克法登树脂公司同意停止运输,但是理查德已经收到了150 000磅树脂。现有存储的树脂是通过赊账购买的,而供应商希望在月底就能拿到货款。

现状

理查德想知道如何处置现在已经储存在仓库里的150 000磅树脂。他想到了两种方案。其一,罗利塑料公司将库存树脂退回。麦克法登树脂公司理解理查德现在所面临的两难局面,而且该公司的销售代表已经口头上同意了其可以作一个销售代理来帮理查德将库存卖给另外一个制造商。在这种安排下,罗利塑料公司被要求支付每磅0.2美元的佣金而且对于是否能够以每磅0.9美元的全价卖出没有任何保证。尽管这对罗利塑料意味着一笔损失,但理查德还是觉得这不失为一个可以考虑的选择。

理查德同时也在考虑着保留库存,寻找其他潜在的使用途径。在一个阴凉干燥的地方,这些树脂可以保持完好数年之久。然而,理查德明白,大多数制造商会担心保存超过两年时间的树脂的质量。

理查德意识到他有一个机会,在公司正在洽谈的项目中也许能将这150 000磅的树脂在接下来的几个月里使用掉。然而,剩下的库存将可能没有办法在未来的18个月之内全部使用完。通常罗利塑料公司的库存维护费用大约为存货价值的2%。现在工厂里有足够的空间来存放存货,但是真正令他担心的是存货潜在的损失。理查德知道存货滞留的时间越长,包装所受到的损失也将越大,导致存货更大程度的损坏。更重要的是,如果确定这样做,他们就将与供应商重新协商树脂的支付计划。

第 17 章 | Chapter17

供应职能评价及趋势

供应决策者的关键问题

我们应该

- 将供应研究视为一个正式活动吗?
- 建立一个一致的、正式的系统来评价供给绩效吗?
- 审核供应商的可持续发展实践吗?

我们如何

- 更有效地衡量供应的贡献?
- 对供应绩效影响预算进行内在验证?
- 制定具有经济优势且有益于环保的商业决策?

在快速变化的环境下,制订综合计划、评估成就和不足并报告结果,可以最好地帮助我们促进生产力的创新和改进。本书之前讨论的重点集中在供应对组织贡献的识别,以及做出贡献的方式。如今,必须执行另外两个活动:①对计划和指标制订、实施的研究;②组织内外部供应贡献的沟通。

不断变化的需求和不断增长的供应期望,导致供应管理人员需要更广泛和更深入的知识与技能。整个供应流程都需要研究技能:首先,收集、分析并综合可能有助于需求识别与描述的信息;其次,根据组织目标和任务确定潜在供应商;最后,进行供应商选择,全程管理供应商关系,并度量这些活动的结果。

同时,需要建立相应的指标来度量整个过程中产生的各项结果。许多传统的采购绩效指标更注重效率度量(如根据单位价格或成本制定采购订单),而不是有效性度量(如与企业目标或者客户满意度一致)。在第 1 章中,供应贡献被分为运营和战略贡献,直接和间接贡献,消极、中立和积极贡献。度量标准应当从以上四个维度来度量供应贡献。其面临的挑战是如何建立度量指标,使供应贡献在企业内部高级管理人员、内部业务合作伙伴之间达成共识;在企业外部与利益相关者,如股东、社会团体、供应商和其他供应链成员之间统一认知。

本章介绍了供应研究、供应预算和绩效指标,考虑了对供应管理人员的工作绩效进行衡量、评估与报告的需求,以及高层管理人员对获得供应过程中可靠结果的要求。本章还概述了未来的供应趋势和挑战。

17.1 供应研究

供应研究是指系统性的采集、分类和分析数据的过程，是优化供应决策的基础。图 17-1 展示了一些有效采购可能需要的数据（信息）。

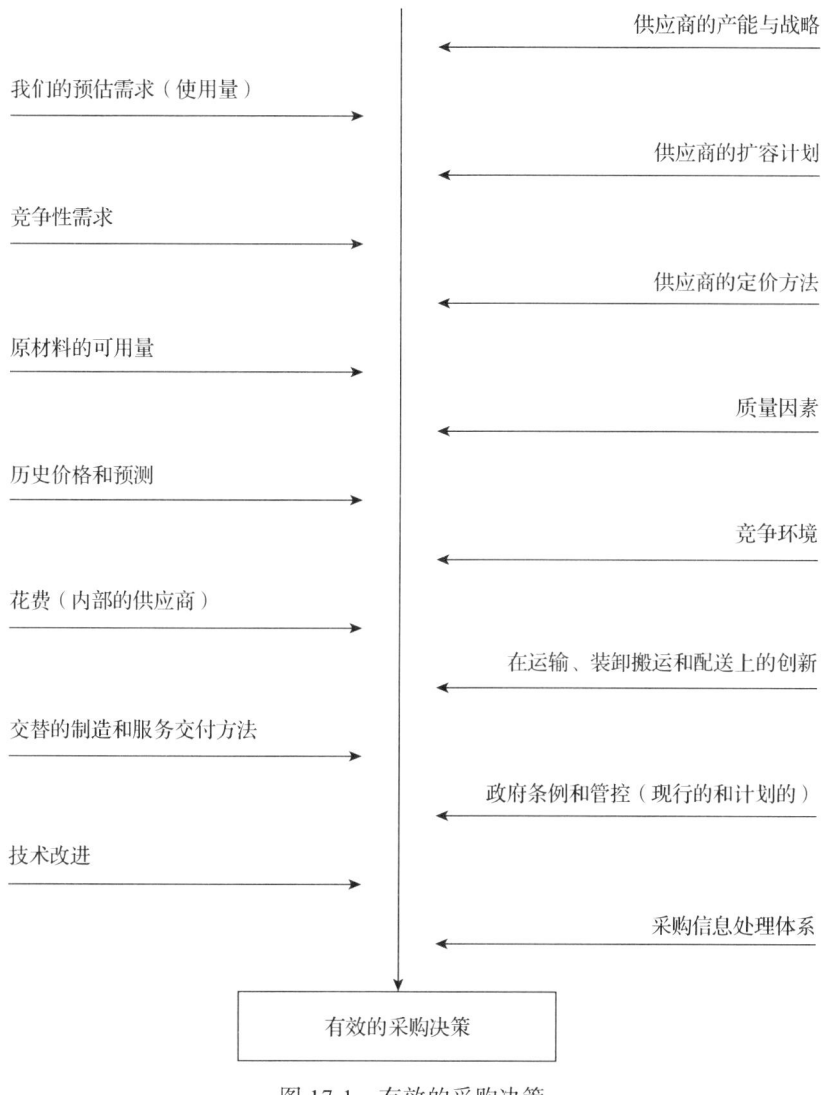

图 17-1 有效的采购决策

供应研究主要包含以下四个主题方面的内容：①采购材料、产品或者服务（价值分析）；②商品；③供应商；④供应过程。

作为与供应类似的活动，营销研究职能已经获得了充分的关注。作为制定决策的必要因素，营销研究在所有大中型企业中得到广泛认可，并在那些系统地进行营销研究的公司中发挥了重要的作用。如果以组织化的方式进行供应研究，其同样具有对供应决策的制定产生较大的改进的潜能。

公司可以采用以下三种方法之一进行供给研究：①设置专职研究岗位；②将其作为供应工作人员的部分责任；③跨职能团队合作，以此拓宽供应研究过程中的知识基础。

17.1.1 专职或兼职研究职位

配合营销研究职能，设置专职职位从事供应研究在当前饱受争议。这些职位通常被称为采购分析专员、成本管理专家、价值分析专员或者商品专员（图17-2为迪尔公司对供应成本管理专员的工作描述的例子）。

职位名称：	供应成本管理专员
部门：	供应管理
监管：	无，可以帮助或领导团队活动
工作职能：	使设计和采购流程从供应基地获得最佳价值

主要职责：
1. 开发针对直接材料的成本模型和表格，用来：
   ----- 评价产品设计的成本竞争力
   ----- 以零部件为基础，建立产品目标成本
   ----- 建立供应商目标成本，确保能够进行基于事实的谈判
   ----- 着重找出可能减少成本的方面
2. 利用成本管理技术，对零件的设计进行准确、及时的成本评估
3. 为达到或超过产品成本目标，支持战略采购原材料
4. 在降低成本活动的所有方面支持战略采购，包括：
   ----- 利用成本管理技术，以确定潜在的可以降低成本的各方面
   ----- 跟踪、预测和预算订单处理成本降低活动的成本
   ----- 在业务单元层面促进迪尔公司降低成本机会的流程
   ----- 参与或促进战略采购和价值改进流程的比较及共享过程
5. 参与或导致企业级的成本管理活动，如成本建模或培训

图17-2 迪尔公司供应成本管理专员的工作描述

完整的采集与分析数据的工作需要不少整块的时间。而在许多供给部门，采购人员没有这样的时间。他们完全忙于为即时问题寻找可行的方案。另外，供应研究的许多领域，比如商业流程的经济性研究和分析，需要较深的研究技术知识。一般的采购人员通常不具备运用这些研究技术需要的技能，主要原因在于在招聘采购人员时，该研究技术没有作为遴选条件。

供应研究人员必须以全局的观点来看待供应决策在运营绩效方面的综合影响。另外，采购人员可能会过于关注自己的职责领域，而忽视了企业的总体发展蓝图。

在专职研究人员这种模式中，采购人员或者企业家根据数据、分析与研究人员的建议来制定供应决策。在研究人员和供应决策者之间可能会产生矛盾，因此研究人员的建议可能得不到公平的考虑，从而其努力的价值会被否定。基于采购人员对所购买商品与服务最为熟悉这一认识，出现了兼职研究员模式，采购人员需要对供应研究负责。

17.1.2 跨职能团队

供应职能分为运作要素与战略要素，加上组织的精简和扁平化，导致越来越多的企业采用跨职能采购团队的方式进行供应研究与规划，但不进行实际的采购工作。这种模式

在一定程度上是专职供应分析员与兼职采购研究员之间的折中方式。该团队通常被称为采购团队、商品管理团队或者价值分析团队（更多细节请参考第 3 章）。

团队方式的困难在于结果由多个个体承担，很难明确个人的责任。不过，满足以下五个前提，团队方式将会发挥很好的作用：①团队成员是认真选择出来的，确保每个人都能做出一定的贡献；②团队具有强大的领导力（从职能的角度来看，领导应当是来自供应领域的某个人）；③设置一组详细的目标与期望，并在团队每个成员之间达成一致；④合理安排每个小组成员的正常工作职责，给予其必要的时间与资源，以确保结果最优；⑤设计合理的绩效评估与奖金制度，促进团队参与、提高团队整体绩效。如果以上五个条件中的任何一个没有满足，几乎可以肯定最终达不到最优结果。

17.2　供应研究机遇

与主要供应决策相关的数据类型众多，许多不同类型的数据可能会被购买，因此可能的供应研究项目的数量几乎是无限的。然而，即使是一家设有专职供给分析专员的公司，其拥有的资源也是有限的。必须采用某种方法来决定哪些项目具有最高优先级。

以下是公司用来指导其供应研究方向的一系列标准。这些标准没有优先顺序（最广泛采用的方法是"最高报酬"标准）。

（1）**产品或服务的价值**。最高报酬（当前的或预计的）。

（2）**产品盈利能力**。亏损（不赚钱的产品）。

（3）**价格/成本特征**。少见的价格变动、频繁的或季节性的价格波动，终端产品的成本没有竞争力，原材料成本上升的比率大于产品销售价格增长的比率。

（4）**可利用性**。数量有限的供应商，增加有效供给的新供应商，国际采购的可能性，内部生产或外包的可能性。

（5）**质量**。存在的质量或规格问题。

（6）**数据流**。与决策相关的信息往往是不准确的、延迟的、或不可用的；获取数据的成本过高。

研究项目通常为以下四大类之一：①采购材料、产品或服务；②商品；③供应商；④供应过程。

17.2.1　采购材料、产品或服务

为了制定能够带来最佳价值增值的决策，通常对所采购的材料、产品或服务开展研究。相关研究项目包括：

（1）**规范**。分析当前的规范说明，并与最终客户对材料、产品或服务的性能水平需求相比较，去除不必要的属性或不必要的高水平性能要求，使得采购具有竞争性。

（2）**标准化**。回顾如何使用特定产品，并考虑使用一种商品来满足当前需要采购多种商品才能满足的需求。

（3）**替换**。分析使用与当前采购所不同的商品所带来的技术和经济方面的后果。

（4）**包装**。研究生产工艺和材料，制定满足需求的最佳方法。

（5）**供应商转换**。分析机会，通过与不同供应商合作来提高产品价值。

（6）**投资回收**。分析能为公司提供最大净回报的处理方法（包括回收）、渠道与技术。

（7）**租赁或购买**。收集每种方法的优点和缺点的相关数据，以识别出最有吸引力的方法。

（8）**制造或购买与继续生产或外包**。比较每种方法在经济方面和管理方面的结果，以做出明智的选择。

有两种比较有用的技术用来研究采购的材料、产品或服务：价值分析法与目标成本法。

1. 价值分析

价值分析法是第一个在世界范围内受到重点关注、宣传和接纳的供应研究方法。价值分析（value analysis，VA）最初由通用电气公司的劳伦斯·戴罗斯·麦尔斯（Lawrence D. Miles）开发，在美国工业界以及日本得以广泛认可，并被称为日本成本－效益制造系统的基石。日本价值工程学会创立了麦尔斯奖以发掘私营或公共部门里杰出的价值分析成就。价值分析可以同时应用于商品和服务。

与通过较低的成本采购商品所实现的职能相比，价值分析试图找到一个更优的价值方法。首先是选择零部件、材料或服务来分析；接下来是组建一个跨职能的价值分析团队（通常包括一个供应商）；最后是用动词和名词相结合的方式来定义商品或服务的功能。例如，如果一个装饮料的容器被选来做价值分析，那么它的功能被定义为"盛装液体"。这种方法鼓励创新性思维，并且防止团队止步于现有的解决方法，比如仅仅将这个容器看成一个铝盒。价值分析法是一个系统的方法，可以作为供应管理过程中的持续内容。

标准的价值分析法是提供对于当前购买的物品的一系列问题的详细回答。图17-3详细描述了这种方法并且列出了标准的价值分析问题。

很多不相关的商品制造商，像电子产品商和自动化公司，都使用价值分析法。例如，丰田对其供应商采用价值分析法进行分析，来减少其产品和生产的成本。其在确定最终的产品设计之前，在每个项目中使用逆向工程方法。⊖

在很多情况下，由于时间的紧迫性或者是技术与生产方法的急速变化，我们需要以较高的价格来购买一件不必要的商品。价值分析主要是针对已买的、当前生产过程中正在使用的物品，而价值工程关注在产品设计时提升价值的各种机会，两者的区别很大。不过，价值分析过程在这两个阶段是一致的。显然，价值工程是达到最佳的价值规格和设计、充分发挥其绩效的最有效方法。但不幸的是，这种分析方法往往由于时间紧迫而无法执行。

另外，在一个产品上市一段时间后，企业能够得到关于这个产品的市场需求、新的可选择技术或更加确切的供应商信息。除此之外，产品主要原料或成分的价格也可能变化。因此，完成产品的原始设计之后，一次谨慎的价值分析也许能揭示一个令人惊奇的提升价值的机会，即使最初设计时已经进行过详细的价值分析。价值分析法同样可以应用于服务、供应过程以及电子商务活动中。

⊖ D. Hannon, "Shoter Is Better for Toyota's Supply Chain," *Purchasing* 137, no. 8 (2008), p.4.

1. 理论基础：价值分析法是一个在保证质量的前提下，提升价值的系统的、创造性的方法。
2. 选择一个相对高价格或者是高容量的已购买的物品进行价值分析。这个物品可以是一个组成部分、一个原材料或是一种服务，但最好是性价比较低的物品。
3. 详尽地描述这个物品的使用方法以及它的功能。用"动词—名词"的形式定义物品的功能，两个单词结合起来描述，例如"装液体"。
4. 对物品提出以下问题：
（1）这个物品的作用有价值吗？
（2）它的价格与它的作用相符吗？
（3）它的初级功能和中级功能可以分别使用吗？
（4）对这个物品功能的需求会随时间变化吗？
（5）这个物品的所有特征都是必需的吗？
（6）这个物品有什么比预期作用更好的用途吗？
（7）这个物品原始的规格在现在的环境下是否现实？
（8）这个物品会被淘汰吗？
（9）如果这个物品不标准，那么有标准的物品可用吗？
（10）如果这个物品标准，那么它真的完全适合它的用途吗？还是根本不适合？
（11）这个物品的性能是否好于人们对它的要求？
（12）是否存在与这个物品相似的、可用的物品？
（13）这个物品的重量是否可以再减轻？
（14）是否有能够改变这个物品的功能的，新的原材料或新的设计被开发出来？
（15）是否设计更接近的而非必要的容忍值？
（16）这个物品上有不必要的部件吗？
（17）需要进行过度的装饰吗？
（18）商品质量是否有明确说明？
（19）可以从内部降低这个商品的成本吗？
（20）如果是从内部设计制造的话，这个物品的价格可以降低吗？
（21）如果出于航运的目的，那么这个物品的分类是否合理？
（22）包装的成本可以降低吗？
（23）该物品的供应商是否被问及如何降低成本？
（24）原材料、合理的劳动力、管理及利润与成本相匹配吗？
（25）是否有另外一个可靠的供应商能以一个更低的价格提供该商品？
（26）是否有人能以更低的价格买到该商品？
5. 最初的分析之后：
（1）在可行的情况下，获得拟议项目的样本。
（2）选择可能性最大和优先推荐的改变。
6. 随机调查：这个物品是否实现了它的功能？
7. 结果：详细的调查几乎都能够揭露一个商品的很多可以节省成本的方面。

图 17-3　价值分析法：功能与成本的比较

2. 目标成本法

目标成本法是将最终产品或服务的销售价格减去预期的营业利润，以获得足以支付所有成本资金的方法。成本库的责任分解到整个组织的各个职能部门。供应团队进一步将原材料和服务成本进行分解，建立成本目标，并给采购者、商品管理者和采购团队分配责任。这些人实施各种计划和策略以与供应商共同实现成本目标。有效的目标成本法分析需要对成本进行详细的分解并进行价值分析工作，以分析如何确保在目标成本之内实现产品或服务的绩效。由来自供应部门、技术部门、设计部门、销售与市场分析部门的人员，质检员、成本分析员以及供应商人员组成的跨职能团队通常从事目标成本项目工作。

在产品设计过程中使用目标成本法的公司包括本田汽车公司、丰田汽车以及惠而浦。例如，惠而浦使用目标成本法解决了产品美学模块 30% 的价格差的问题。跨职能团队，其组织包括来自供应、销售、市场分析、技术、设计、产品以及质量控制部门的人员，分析模块成本，辨别成本动因，并在满足目标成本的可选设计方案上达成一致。惠而浦的例子很好地说明了应用目标成本法进行分析的价值。⊖

17.2.2 商品

"商品"这个词可以被用于几个方面。从严格的意义上来说，商品是一种在商品市场上交易的原材料，例如面粉、钢铁或者铜。在许多组织中，这个词应用更为广泛，用来描述一个购买类别，例如计算机、旅行或者印刷电路板。因此，商品研究可能运用于主要的原材料、制造业（例如摩托或者半导体），以及服务（例如旅游）方面。

通常，商品研究专注于占年度支出较大比例的项目（例如 A 项目），也有可能对占支出比重较小却是关键性的短期供应物资或战略物资进行研究。这个研究是为了预测未来短期或长期供应环境而设计的。它应当能够为合理决策打下基础，并为供应与高级管理人员提供未来的产品可用性和价格方面相对完整的信息。就较好完成这项工作的难度与所需要的技术而言，这一工作是最为复杂的。

一个全面的商品研究应该包括以下几个主要方面的分析：①作为采购者，企业当前以及未来的运营状况；②生产或服务交付过程；③商品的用途；④需求；⑤供应；⑥价格；⑦降低成本和/或确保供应的策略。通过商品研究所获取的信息包括：

（1）为制定理性采购决策提供基础支持。

（2）为供应管理以及高层管理人员提供关于所采购商品未来供应情况与采购价格相关的信息。

图 17-4 提供了一系列可用于商品研究的指南。

完成的商品研究应在特定商品所要求的范围内提供以下每个类别的数据和答案。此外，一些附加项目也可能与这些商品研究密切相关。

1. 当前以及未来的运营状况。包括对于商品的描述、它当前的作用，以及预测其将来的需求量、供应量、价格、项目、年度支出、运输方式以及当前的合同。

2. 生产或服务交付过程。包括商品的制造方式或运输方式、制造用的材料、原材料的价值、需要的劳动力、当前和未来的劳动境况、生产过程的多样性以及实现该商品有关项目的可能性，这又包括成本、时间因素以及生产和服务交付的难度。

3. 商品的用途。包括初、高级用途，可能的替代品以及替代品的经济效益。

4. 需求。包括公司当前和未来的需求、内存状况、预测信息的来源和交货时间以及在工业、成品作用、个体公司等方面当前和未来的竞争需求。

5. 供应。包括当前制造商的位置、可靠性、质量、劳动力状况、容量、分配渠道以及每个供应商的优缺点；还包括供应商当前和未来总体的供应状况以及外部因素——进口问题、国家政策、技术革新预测以及政治经济发展趋势。

6. 价格。包括制造工业的经济结构、以往的价格、未来的预测、决定价格的因素、生产和运输的成本、关税和进口政策、质量和商业周期变化对价格的影响、每个供应商的估计利润率、供应商的价格目标、可能的最低价格以及用户行业之间的价格差异。

7. 降低成本和/或保证供应。包括考虑预期的供应、用量、价格、盈利能力、供应商的优缺点、供应公司在市场中的地位以及它降低成本和保证供应的计划。它还包括考虑在内部制定项目、使用短期或长期合同、获得或开发生产者、寻找替代品、进口、对冲、执行价值工程/分析，以及和供应商就供应量进行谈判并签署承诺。

8. 附录。包括一般的信息，例如规范、质量需求和方法、运输成本、存储和处理、原材料储备；还包括统计信息，比如价格、生产以及购买趋势。

图 17-4 商品研究指南

⊖ P. Teague, "Target Costing Leads to Profits," *Purchasing* 138, no.10(2009), PP. 45-47.

一些企业做全面复杂的商品研究，得出了详细的战略采购计划。当常态下规划期为5～10年时，一些公司会做一个15年的滚动预测，每年更新。如果一个企业做了一个15年的战略性市场计划，由于长远来看获取充足的关键性原料可能是一个组织达到市场目标的重要决定因素，那么制定一个与市场计划相匹配的战略性供应预测和规划是很有意义的。企业需要对价格趋势做出一个合理的估计，从而对物料输入的调整策略进行规划，以应对这一价格变化趋势。同时，有些商品来自海外采购，而由于国际政治或者物资储备不足，这些商品的获取稳定性饱受争议，因此，其可用性也是值得怀疑的。

17.2.3　供应商

前两个研究领域——采购材料、产品或服务和商品，主要在商品采购时进行展开研究，第三个领域的研究方向是商品的来源。前两个领域关注"什么"，而该领域关注"来自哪里"。很明显，具备更多的当前与潜在供应商信息、供应商运作方法及市场定位，购买者或采购团队能够更好地选择或创造一流的供应来源，为之准备并成功地进行供应商谈判。同样，供应管理者获取供应商绩效测评系统里的相关数据，这有助于制定将来的供应决策。如果一个组织能有更好的纪律性、协调性和侧重点，那么供应团队就能更好地捕捉并表达供应商与供应职能对组织战略的贡献。

第12章"供应商选择"，详细地讲述了供应商评估的问题。这一章的主旨为：在每次采购之前，必须根据这次采购对组织终端客户的价值量以及采购所承担的风险对供应商进行评估。在供应商之间进行比较可能要关注大量的影响因素，包括供应商在价格方面的竞争力、合同的条款条件、运输或者供给的保障、品质、补给程序、服务和技术条件等。明确的是，有效地进行供应商选择或者制定绩效指标，需要研究目标与组织战略保持一致，以最大限度地提高终端用户的使用价值。

在供应商研究的分类中，有11个特定的主题，其中大部分主题已经在第12章中进行了详细的探究。

1. 财务能力分析

风险评估中的一个关键工具是对当前与潜在供应商财务健康情况的调查研究。这份评估需要预测：在供应商遭遇财政危机概率的基础上，买方所承担的风险等级，并且要明确对买方可能造成的影响，确保买方制定风险最小化的策略。通常由财务部门进行财务能力分析。但是在一些情况下，财务能力分析由供应分析专员或跨职能团队所应负责。不管怎么样，如果涉及资金较多，承担风险较高，那么所做的分析就一定要透彻而完备。举个例子，一些计算机软硬件采购商突然会惊奇地发现其供应商已经破产了。

2. 生产设备分析

在追求最低总成本的情况下，收集有关供应商的设备资料是很重要的，尤其是生产能力高低与限制水平。回顾和分析生产过程可以进一步优化流程并节省成本。

3. 服务配送能力

对大多数组织来说，获取服务的成本是重要的开支之一，比如在信息技术、维护、运输与物流领域。甚至那些提供工业化产品和资金设备的供应商也可能需要设置维护消费者关系的服务部门，比如产品配送、维护与维修服务。了解关键供应商的服务配送能力与分析供应商的生产能力同样重要，并可以用来识别优化流程与降低成本的机会。

4. 寻找新的供应源

通常，寻找新的供应商是很合算的事情。采购方进行供应商研究并制订长期经营计划，说服供应商开发满足其当前与将来需求的能力，由此可能会引起反向营销。第12章"供应商选择"和第13章"供应商评估与供应商关系"介绍了采购与反向营销的问题。

5. 供应商成本分析

因为供应商成本分析（连同价值分析）可以在极大程度上节省成本，效果立竿见影，所以它已经成为一个众人皆知的研究热点。供应商成本评估可以分为产品和服务两个方面，并且应该包括材料、劳动力、工程技术、器械、工厂和设备开销，管理费用，物流/配送成本与收入。了解供应商的成本结构，是与供应商谈判，有效管理供应链成本，制定公平合理的价格，确定目标价格，并且评估过程效率的有力工具。供应商成本分析更多的内容见第11章"成本管理"。

6. 关系分类

通过与单一供应商建立伙伴关系或者战略联盟，买卖双方能够集中精力解决联合决策的问题，优化生产流程，提高盈利能力。与单一供应商建立紧密的伙伴关系，鼓励协同合作、相互信任，并承诺互利共赢，将买卖双方的未来发展绑定在一起，从而能降低供应风险。在谈判一份完整的协议合同之前，分析供应商的经营管理能力并且预测所有可能的事故是必不可少的。第13章介绍了关于供应商联盟与伙伴关系的其他内容。

7. 原料采购的品质保障

与供应商建立相应体系，在质量标准上达成一致，达到产品合格率，确定供应商生产与质检人员培训的需求，建立双向品质追踪系统，并确定相应的校正措施，是非常有用的。和质量相关的一些度量标准包括"每百万中包含的残次品""残次品分级""品质或交付目标下跌量"等。

8. 供应商认知调查

系统地调查供应商对采购企业的认知、供给流程与实际操作，能够弄清楚如何改善买卖双方的关系。这些信息可以用来审查供给组织和/或修改其相关政策。

9. 供应商的战略

更好地理解关键供应商的经营目标，以及其用来达成目标的方法，包括营销策略等，采购方可以更好地预测供应商的下一步行动。采购方与其关键供应商在战略上达成一致有助于持续获取总成本最低的商品供应。

10. 反向贸易

在需要本地同意的政府合同里，许多国家都有具体的反向贸易条款，具体来讲就是一个比例，或者固定金额。其本质是一个以物易物的合同，供应分析专员要负责收集和分析相关数据，为签订此类合同奠定基础。

17.2.4　供应过程

为获取采购资金价值的最大化，充分了解所采购产品及供应商的相关信息是很重要的。但是这些信息还不能保证以最有效的方式进行供应交易。高效的供应流程能够减少供应运营成本。通过减少不必要的环节，并借由互联网和局域网应用尽可能使供应环节自动化，进行供应研究可以改善流程管理，确保供应速度和成本效益。研究方向包括支付流程请求，并可集中在供应流程中任何一个或所有的步骤（见第4章详细讨论供应流程和技术应用）。

质量大师爱德华·戴明表示，通常问题产生的原因是糟糕的过程，不是人。然而，优秀的人才能够有助于将糟糕的供应流程转变为优秀流程。因此，供应部门的招聘、培训、保留和接任计划是供应流程的重要方面。

17.2.5　评估研究成果

供应研究本质上能够有助于提高供给职能部门成功地应对未来的材料不确定性、服务成本增长、更高的供应效率需求的能力。在适当情况下，为获取组织的最大收益，供应研究结果应当与其他职能领域共享。

17.3　供应规划过程

实际的供应规划过程始于来自年度销售预测、生产/服务交付预测与总体经济预测的信息。销售预测能够提供物料需求、所需购买产品与服务的全面估计；生产/服务交付预测能够提供物料、产品和服务的需求部门；经济预测能在估计价格、工资与其他成本的变化趋势上提供有用的信息。

在大多数组织中，所购买商品中不超过20%的系列商品占总支出比重超过80%（见第8章中的"ABC分析"）。一旦高价值产品购买已确定，广泛的预测可以进一步细分。下一步是对每个主要的采购类别或商品进行价格与供应可用性预测。

物料和服务需求量预测可以分为月度和季度两种时间周期。这些数量的预计需要核对提前期与安全库存的库存控制数据，并与价格发展趋势及可获取性预测进行比较，以形成购买计划。

供应规划必须考虑市场条件。如果预测估计市场供应量充足且价格可能有所下降，那么可能的购买政策将减少库存，使其保持在经济上可行的最低水平。但是，如果预测供应短缺且价格有增加的趋势，那么购买策略需要通过存货、签订合同或购买期货的方式确保物料、产品或服务的可用性。如果预测显示零部件和/或服务的可用性及价格将受到影响，那么在预测期内供应商所属行业的运营情况预期也是必须考虑的。

当月度和季度预测数量和估计价格被做成列表，且为制订采购计划做进一步修改之后，单个采购者需要对其负责购买的商品进行分析。由于公司、供应职能目标或者目标成本可能发生变动，有需要对采购计划做进一步修改。

任何不确定性，如提前期、需求预测，都会使供应规划变得困难。

17.4　供应预算

供应预算流程应该始于供应目标与目的的审核,然后是满足目标所需行动和资源的预测,最后是预算的编制。通常需要缝制以下四个独立的供应预算:

业务采购预算。业务预算流程始于基于销售预测和规划的期望业务估计。在物料和服务上的投资可能很大,短缺会造成代价昂贵的缺货与商品交付延迟。业务预算流程的主要优点在于其识别现金流约束并很好地在前期规避问题的发生。灵敏度分析可以为供应管理提供探索和／或发展多种选择的机会。通常,业务采购预算的规划周期为一年或更少。而高成本、复杂度高、生产周期较长的产品或服务,如飞机或发电站,需要多年的预算周期。

非生产性物料预算。非生产性物料预算涵盖了包括维护、维修和运作供给的采购计划,通常周期为 12 个月。它可以包括服务性企业中的办公用品。数目巨大的个人订单项使得不可能对其每项产品编制预算;需要使用过去的比率,比如通过库存的预期变化而调整的非生产性物料成本,与常规价格水平来编制预算。

资本预算。在考虑公司生产线或服务的战略计划、市场份额与新进企业的基础上,资金支出计划往往是一个多年的规划。根据生产需要、目前设备的陈旧老化情况、设备更换需求、硬件和软件升级与扩张计划,可以制定预计的资本购买决策。资本预算需要考虑的内容包括供应商交货期的时间长度、资金成本、预期价格增加,以及对供应商分期支付的需要。

管理或运营预算。在预期的运营工作量的基础上,年度行政预算包括供给职能运营中所有的费用,包括工资和薪金、空间成本(包括取暖和耗电费用)、设备成本、信息技术费用、旅行和娱乐费用、办公用品费用;供应人员的教育支出;邮资和电话费;订阅贸易型出版物的费用。将上一年财政的预算与实际支出相比较,调节较大的差额的。通常,需要每月进行一次比较,以控制运营费用并及时发现问题。对过去财务状况进行审查之后,下一个财政周期预算要对工资增加、人员调动,以及对供应规划需求所预测的其他费用做准备。

最后,将预算与组织预算进行协同。

17.5　绩效测量系统

供应职能,作为大多数组织资源流分配中的一个主要的决策领域,应该是在设计整体战略,执行这一战略,并收获未来决策成果的"主角"。本节,我们主要讲述三个基本问题:①供应职能如何有效地促进组织目标与战略实现?②组织的目标和战略如何正确地反映供应领域所做出的贡献和提供的机会?③如何获取并传达供应的贡献?第三个问题是本节的重点。

17.5.1　供应指标值

供给若对生产结果产生影响,则需要得到首席执行官的重视和支持。而越来越多的高管认识到,经过合理组织,配备高素质的员工队伍的供应职能部门,将有能力做出重大的贡献,其他人仍然不相信,如果有机会,供应能提供有意义的结果。供应的贡献必须得到有效的获取与传达，这样其才能够被广泛认可为组织成功的主要贡献者。这是改善供应的绩效指标与评价方法，并使供应结果得以验证的重大挑战。

仔细评估供应链绩效的好处有很多：①关注重点领域，使组织目标更有可能实现；②为提高绩效（如果需要）而采取的纠正措施提供数据支撑；③通过隔离问题领域，其应当有助于发展更好的内部关系；④强调人才培养的需要；⑤记录对额外的资源的可能需求，例如人员和信息技术；⑥为高级管理层提供关于供应贡献的信息；⑦那些表现超出一般水平的员工得到认可并获得奖励，提高组织内员工的动力。

17.5.2 挑战

俗话说："如果你不能衡量它，你便不能管理它"，这仍然适用于今天。大多数管理者都认识到绩效考核的必要性和开发有意义的供给指标和评价方法的困难。对组织理论和人类行为的研究表明，要达到有效的结果，必须对该职能及其员工的预期目的和目标有清晰的定义。许多组织中的一个主要问题是对供应部门及其人员缺乏明确目标的要求。只有确定了要评价什么，如何评价的问题才有意义。因此，第一个挑战是建立明确的目标。

案例 17-1 是说明建立供应组织绩效指标挑战的一个例子。兰达尔公司的首席执行官想打算设计 10 个指标：4 个针对首席执行官的执行层指标与 6 个针对首席产品官的功能性指标。问题是：针对组织和供应部门的正确的指标是什么？

设定目标

首席采购官具有确定供应职能总体目标，且协调该目标使其与公司的战略目标保持一致的职责。一个基本的假设是，设定的指标是支撑组织使命的。开发有效的供应绩效测量系统关键的第一步是，明确行业公认的绩效指标，并将其与组织使命结合起来。此外，必须有一个改善管理的与质量有关的流程——与供应工作人员、内部业务合作伙伴和供应商的酬劳体系结合起来。

一旦设计了目标，该目标将作为下级决策者的一般准则，用来设定其工作目标，在一定时期内管理相关活动。当管理适当时，个人的目标成为指引工作前进的动力，并随之作为绩效评价的基础。个人实现目标的动机和满意度，部分受到个人在建立和实施目标方面的责任程度的影响。

世界级供应组织中有两个必要的绩效测量领域：供应商绩效测量和供应管理绩效测量。由于供应工作的主要焦点是获得供应商对组织的贡献，因此两者是密切相关的。以下部分介绍了这些内容。

17.5.3 供应商绩效评估

绩效数据的收集和分析是判断供应商工作优劣的基础。根据该信息，可以对再次购买制定更加智能的决策，并获得对当前在供应商改进方面更有用的反馈。

在合作伙伴或联盟关系中，需要定期评估供应商的绩效，以进一步缩短时间周期，改进运作过程，降低成本，提升产品质量与服务水平。定期绩效评估是供应商持续改进的催化剂。第 13 章章末的 APC（欧洲）公司案例描述了一个公司利用供应商评级系统来监控和管理供应商绩效的例子。

供应商绩效测量系统包含许多指标。一些组织将其简化为几个关键的指标，而其他组织则开发了跟踪数百个指标的系统。获取的数据与决策之间要有明确的关联，以避免使用过多的资源获取一些信息决策者从不使用的信息。下面的章节将讨论一些比较常见的度量指标。

关键供应商绩效指标

在工作完成时，使用量化指标对供应商绩效进行直接量化，这些指标包括按时交货、残次品数量、营销活动后的销售增加量以及在开发阶段开发特定产品、服务或技术的时间周期。实时指标的自动化，如准时交货指标，与慎重选择耗时较长的数据收集活动，有助于减少测量评估所花费的时间。

供应商计分卡上包括供应商的成本、质量、时效性，以及满意度调查的编制、实时指标、发票金额与估值或谈判价格的差异，以及其他合同条款的总结描述。

在供应工作与供应商绩效评估上价格是最常见的一种指标。有许多不同的方法来衡量性价比，包括新旧价格比较、最低可接受的初始报价和最终价格、实际价格与预算对比，以及供应商报价和最终报价。另一个用来评估实际支付价格的合理性的方法是比较实际价格与市场价格指数。这对于所支付价格的变化趋势与整个市场所经历的价格变动相比的优劣性有一个较好的认识。

17.5.4 供应管理绩效指标

获取供应管理对组织的贡献是必要的且具有挑战性的任务。在传统意义上，企业集中力量，通过比较它们当前供应绩效与其过去的绩效来判断分析改善其自身的发展趋势。越来越多的高级主管开始侧重于设计相应指标，捕捉在第1章中讨论的实打实的财务方面的贡献和"较轻"或间接的供应贡献。当前从三个维度度量供应贡献：收益增加、资本管理与成本管理。供应管理人员也与公司财务部门及内部业务合作伙伴合作，以证实供应的贡献。

每个组织都有自己独特的需求，必须根据自身情况进行供应管理绩效评价。然而，管理者应该遵循以下12个准则来建立绩效测评体系：

（1）需要为一个时间点设计测量指标。
（2）每个组织在给定的时间点都有特定的测量需求。
（3）绩效测量应该描述财务结果、供应商绩效、信息系统、内部实践与政策。
（4）措施必须根据需要改变。
（5）趋势分析通常是有用的。
（6）测评不应过度或没有得到充分利用。
（7）测评只是工具。
（8）标准管理是新的理念和测评方法的来源。
（9）高级管理人员必须看到所使用测评方法的价值。
（10）测评可以显示供给的有效性，并识别需要改进的地方。
（11）必须保证测评的可信度。
（12）供应工作持续改进取决于测评工作。

17.6 指标开发

供应管理的绩效可以根据任何数量的指标来衡量。必须解决的三个关键问题是：①设置目标；②建立有效的指标；③获取内部验证。

17.6.1 设定目标

在规划过程中，能够确定下一财政年度的目标与相关措施。例如，可以与内部业务合作伙伴一起确定并优先考虑成本节约措施。在一些组织中，这些成本节约被编制进预算中，并成为运作计划的一部分。当年，供应人员将跟踪节约成本情况。财务经理确保所使用成本的可接受量与成本节约时机，并在成本节约与成本规避之间做决策。

大多数组织使用的关键评价工具之一是预算程序。如果基于对未来做出的符合实际的假设，精心准备物料采购、非生产性物料、资金与采购行政预算，确实可以形成一个合理的标准，可以与实际支出相比较。如果预算标准和实际发生的费用之间有显著的差异，在没有有效的证据表明预算的基础假设发生改变的情况下，可以判定绩效变好或者变差了。这取决于两者之间差异是正的还是负的。

许多组织中的标准成本也用于评估供应部门的定价绩效。标准成本的设置应基于对未来整体市场的价格走势的预期；为更加符合实际，在设置价格/成本标准时，供应人员必须作为主要参与方。如果标准设计仅仅依据几乎完全根据历史成本绩效设计的会计成本，那么该标准就失去了其衡量业绩的效用。但如果考虑整体经济和市场趋势设置符合实际的标准，那么该标准可以用于测量价格的有效性，是一个具有操作性且有用的标准。

17.6.2 建立有效的指标

指标可以分为两大类：效率和有效性。供应部门作为组织整体的一部分，其关键绩效指标必须与组织关键绩效指标保持一致。供应管理人员据此制定相关供应部门的指标。

17.6.3 效率指标

度量供应部门绩效的传统方法侧重于效率，强调价格与部门的经营效率。绩效度量包括原材料与服务的价格降低水平、运营成本，以及订单处理的时间。如在第1章中所讨论的，由于采购的利润—杠杆效应，其将对公司的利润做出直接的贡献。效率或操作指标试图获知供应过程中的效率。所需的信息随着行业类型不同而不同，但通常包括采购总额、部门运营开支，以及采购订单总数量。

这些数据可用于计算如下所示平均值和百分比：

（1）采购订单的平均费用，计算公式如下所示。

$$采购订单的平均费用 = \frac{部门运营成本}{采购订单数量}$$

（2）运营成本占采购总成本的百分比。

（3）运营成本占销量总额的百分比。

将以上数值与往期同类指标进行比较，可以了解供应职能的效率水平。

然而，考虑到质量、服务与客户需求，在评估供应职能提供原材料、服务以及以最低成本购买设备的效率时，很少使用该类比较分析数据。因为以最低的价格采购并不一定获能得最低总成本。

17.6.4　有效性指标

有效性指标试图衡量供应工作是否运行良好。衡量的内容包括评估供应管理对最终客户满意度、利润、收益增量，或资产管理的直接和间接贡献。当前使用或暂行的措施可能包括供应商关系质量或内部业务伙伴的满意度。收益可能来自运营成本和物料成本的减少，其他方面绩效的改善（物料质量的提升减少了不合格品的数量，使终端客户满意度提高），缩短交货期，缩短上市时间，并且/或者因增加末端客户眼中的商品或服务价值而增加销量。

17.6.5　运营报告

以固定周期来准备供应运营报告，这个周期可以是每月、每季度、每半年或每年，可以按照以下标题进行分类：

（1）市场、经济条件与性价比。

1）所采购的主要物料、服务与商品的价格变化趋势。与以核算方式中使用的标准费用、市场报价，和/或通过成本分析决定的目标成本，进行比较。⊖

2）所采购的主要物品和服务供求关系的变化情况，以及工人罢工或威胁性罢工造成的影响。

3）对主要物品和服务交货时间的期望。

（2）库存投资。

1）按主要商品与物料分组进行分类的库存投资金额。

2）主要商品和物料日与月的供应与订购。

3）库存投资金额与商品销售总额的比率。

4）主要物品的库存周转率。

（3）采购/供应运作及其有效性。

1）由供应研究与价值分析研究带来的成本降低。

2）主要物品的废品率。

3）物品实时配送的比率。

4）库存短缺导致原计划的生产或者服务交付中断的次数。

5）订单变更次数，按原因进行分类。

6）所接受并处理的采购申请单的数量。

7）发行采购订单的数量。

8）员工的工作量和生产效率。

9）运输成本。

（4）对管理和金融活动产生影响的相关操作。

1）对实际部门的运营成本与预算进行比较。

2）现金折扣盈利和现金折扣损失。

⊖ 对所支付价格的合理性进行评价的有用方法之一是将之与市场报价进行比较，这样可以较好地了解所支付的采购价格的变化情况与当前市场价相比存在的优劣情况。

3）购买承诺，按照正式合同类型与采购订单进行分类，按照预计交付日期排序。

4）经供应商许可的现金折扣的变化。

供应商关系的测量需要从两个方面来看待。供应商绩效的测量不仅包括传统观念上的质量、交付、成本和灵活性，还包括其他评判标准，如沟通与合作；还可以对采购组织为供应商提供的服务测量进行测量。

由于供应行为影响到客户的满意度，因此使用终端客户的满意度作为测量供应有效性测量的方法具有丰富的意义。在现实中，供应的实际影响可能难以确定。

许多由供应与供应商带来的更有价值的贡献是难以估量的，包括供应对加快商品上市速度的贡献、资产/资源利用率、成本规避、工艺改进、服务水平提高、创收与新产品/服务的价值工程。

如果供应要对组织的竞争力做出战略性贡献，必须注重质量、成本、客户服务和周期时间。为此，供应必须强调创建一个有竞争力的供应基地和取得供应商对竞争优势的贡献。

成本指标

成本管理是公认的有关供应的关键绩效领域。大多数人认为所支付的价格是总成本的唯一组成部分。努力开发指标，以有效地捕捉一个决策或行为对总成本的影响，而最终往往功亏一篑。可能需要度量的四大成本类别为：①节约成本；②降低成本；③规避成本；④流程成本节约。可报告的节约成本可能来自折扣、支付条款、价格重新谈判、延期付款、延期付款条款、标准化、供应商参与、流程改善、替代材料的建议、运输路线改变、设计/规格变化及物流的改进。

17.6.6 验证结果

内部结果验证已成为许多供应高管的目标。通常，供应职能具有开发、实施成本节约举措，并实现年度节约目标的职责。然而，对结果验证具有一定的困难，容易导致夸大或低估供应带来的成本节约，进而导致错误的决策以及对员工的不当行为进行奖励。对结果进行验证面临以下挑战：①系统没有考虑成本节约；②市场形势、技术与市场容量的变化；③没有意愿去确定累积节约量；④供应节约定义不完整；⑤无法将节约成本转化为利润；⑥不愿回顾过去的决策。克服度量与说明节约成本困难的建议为：要聚焦于总拥有成本，按照预算对不同类型的节约进行分类，并将节约编制进预算中。⊖

17.6.7 评价团队绩效

有效的团队绩效类似有效的个人绩效，如果将团队作为一个整体设立具体目标，并建立了评估与奖励体系，如加薪、晋升、奖金，就能够鼓励团队参与并积极表现，进而更有可能产生有效的团队绩效。许多组织中，在考虑个人绩效的基础上，管理者努力开发能够促进团队的参与和产出的评价和奖励制度。

团队绩效评估非常棘手。有三种可能的选择：

（1）团队成员的管理者对每个成员进行评估。然而，相对地，管理者可能没有参与到团队工作中，对团队的工作情况不太了解。同时，不同的管理者可能会对相似的绩效有

⊖ P.F. Johnson and M.R. Leenders,"Minding the Supply Saings Gaps,"*MIT Sloan Management Review* 51, no.2 (2011),pp. 25-31.

不同的评估结果。评价结果的不一致性，可能导致员工忠诚度降低，团队成员士气降低。

（2）团队成员互相评价。这种方式可以确保对团队活动最为了解的人执行绩效评估工作，确保那些最接近团队活动的人执行评估。然而，团队成员有可能不能真正客观地评估团队的整体绩效。

（3）采用联合评估或360°评估。团队成员互相评估（包括团队领导者），团队领导评估每个成员；外部管理者对团队的整体绩效进行评估。

17.6.8 供应绩效标准

标准管理是依据有效的标准，评估一个公司的工作方法、流程、服务水平，或产品与服务的过程，并回答这一问题：相比其他公司我们做得怎么样？企业可以根据特定指标的平均值及取值范围做相关数据分析。利用数据分析结果，做出较好的决策，以形成企业最佳的运作方式，带来最优绩效。总体企业绩效（如利润、销售额和资产回报率）相关的行业标准已经通过财务报告公开了很长时间。但考虑到竞争因素，还没有形成有效的采购/供应职能绩效指标值。

绩效标准用来度量组织在采购/供应活动中取得了"什么"成果；流程标准尝试决定组织"如何"获得这些成果。

为执行流程标准研究，组织需要识别绩效最优组织的运作方式，并进行参观该组织，以确定自己最佳的运作方式。因为没有任何两个组织是相同的，所以很难进行直接的比较。绩效标准研究需要识别绩效最优的组织。

高级采购研究中心具有各种行业的绩效标准报告，包括航空航天、国防、汽车、化工、工业制造、金融服务。部分行业已经被多次作为标准来确定绩效管理趋势。

高级采购研究中心提供的绩效标准数据为供应专业人员评估其组织绩效提供了一个参考点。作为一个独立、公正的非营利性研究机构，高级采购研究中心的研究员整合来自一个行业中最大的前10~20个公司的数据，并报告各项绩效值的平均值与范围。其从来不会泄露任一企业的情况及其相应的详细指标值。

为在不同行业之间进行比较，高级采购研究中心已经建立了20个规范的标准：[一]
（1）总支出占销售额/收入的百分比。
（2）总支出中由供应管理工作控制或管理的成本的百分比。
（3）公司员工中供应管理员工的百分比。
（4）供应管理员工中战略性员工的百分比。
（5）反映供应管理战略性员工的数量增加/减少的公司比重。
（6）供应管理员工中操作性员工的比例。
（7）反映供应管理操作性员工的数量增加/减少的公司比重。
（8）供应管理运营支出占总支出的百分比。
（9）每位供应管理员工的供应管理运营费用。
（10）每位供应管理员工的总支出（单位：百万美元）。
（11）每位供应管理员工管理的支出（单位：百万美元）。
（12）总支出中通过采购卡支付的百分比。
（13）每位供应管理员工的年培训支出。

[一] www.capsresearch.org, April 2014.

（14）管理的支出中，成本降低带来的支出节约比重。
（15）管理的支出中，成本规避带来的支出节约比重。
（16）平均订单处理成本。
（17）直接商品从采购申请审批到生成采购订单的平均周期（单位：天）。
（18）间接商品与服务从采购申请审批到生成采购订单的平均周期（单位：天）。
（19）占总支出的80%的活跃供应商的百分比。
（20）花费在符合社会经济计划的供应商方面相关的支出比例。
案例17-3对组织如何使用高级采购研究中心的标准报告进行了说明。

17.7　供应管理的发展趋势

以下部分回顾了未来几年供应管理者面临的发展趋势。如第1章和第2章所指出的，每一个组织——公共部门与私营部门、大型与小型企业、服务企业与制造企业、国际或国内企业，都在不断地审视竞争环境，并适应竞争环境的变化、发展，抓住机遇。因此，谨慎的供应经理一直留意着供应管理的发展趋势。

尽管没有确凿的证据表明所有这些趋势将继续下去，但它当下正在发生着。有些已经持续了相当长的一段时间，而有些相对较新。然而，每一个趋势都代表了供应管理面对的一个挑战与机遇。

17.7.1　强调全面质量管理和客户满意度

在过去的几十年里，为提高产品或服务的价值，重视质量和客户满意度是一大发展趋势。供应管理需要在战略层面思考通过提供更高的价值来进行质量管理并满足组织客户需求的责任和参与，对所输出商品和/或服务的质量必须承担"买进"责任。

这将需要注重了解供应决策总成本和成本管理能力。成本管理开始于产品和服务设计早期的供应参与，并不断地努力以分析成本因素、识别降低供应链总成本的方法。这需要跨职能部门的支持、供应商的参与，并由经过培训的成本管理专家来主导。

17.7.2　可持续性

不论动机是来自政府管控、客户的压力、降低成本的机会，还是来自提高品牌形象的激励，组织已经接受了可持续性观念。当前组织更多地关注社会、环境与财务绩效的组合。此三种绩效被称为"三重底线"。这种关系有时也被称为可持续性的"3P"：地球（planet）、人（people）和利润（profit）。因此，可持续性这个词包含"三重底线"的所有三个维度。本部分将聚焦于两个维度：环境可持续性和社会可持续性。[一]

1. 环境可持续性

文献中有许多环境可持续性的定义，我们采用下面的定义："环境可持续性是指在使用地球资源来满足当代人的需要同时，不损害后代人满足自身资源需求的能力。"[二] 环境

[一] J.Elkington, *Cannibals with Forks: The Triple Bottom Line of the 21st Century* (Stoney Creek, CT: New Society Publishers, 1998).

[二] J.L. Hartley, et al., *Environmental Sustainability Across the Extended Value Chain* (Tempe, AZ: CAPS Research Focus Study, 2014).

可持续性项目的例子包括以可再生的能源取代碳基能源，减少温室气体的排放，并消除供应链在任一方面的浪费。环境可持续性不仅支持遵守法规，改善公众形象和品牌声誉，也可以是成本节约的来源，如减少能源的使用。

大多数组织多年来持续改善其内部环境绩效。未来改善环境绩效的最佳机会是参与涉及外部利益相关者（包括供应商在内）的项目。与供应链相关的环境可持续性项目可使组织解决困难的内部项目，追求高机会的外部项目，并与日益严格的规定保持一致。供应职能在环境可持续方面起到核心作用，体现在以下四个方面：①数据收集并管理供应商使其支持遵守法规；②与供应商沟通环境可持续性期望；③测量供应商的环境可持续性绩效；④识别并实施特定的供应链相关项目。○

施乐公司是在供应链中成功集成环境可持续性的一个例子。施乐公司的产品回收系统支持再制造和回收利用。公司具有收集废旧产品进行再制造，且在零部件质量或性能没有退化的情况下对 70%～90% 的机械部件进行再使用的综合性过程。施乐收回系统每年能使 42 000 公吨废弃品免于垃圾填埋。○

2. 社会可持续性

通过技术和 24 小时的新闻播报，关键的利益相关者、客户和公众可以了解全球供应链中正在发生的事情。因此，公司需要为其供应商的社会行为负责。涉及的问题包括对工人安全的相关规定、日常工资的支付及童工问题。如沃尔玛等公司对其供应商设置了清晰的标准，对供应商的工厂及分包设施中的相关人文环境设置了基本期望。为了确保供应商遵守相关规则标准，沃尔玛提供了一个详细的供应商手册，并对供应商运营进行定期审核。○由于存在公司及其品牌声誉受损的风险，未来社会责任采购将继续增加。

17.7.3　全球采购

全球化不是一个新的趋势。但全球供应链管理的复杂性不断加深，全球化一直在加速发展。直到最近，在那些被称为"低成本区域"，采购被视为降低成本、保持竞争力的一个显然的和必要的环节。然而，越来越多的公司正在重新审视其全球采购策略，不再注重低成本地区。卡特彼勒、通用电气、苹果公司、沃尔玛和惠尔浦，都宣布了在美国制造或采购产品的计划，而以往这些产品都是在亚洲生产的。当前流行的描述这种变化的术语被称为"重新定位"，但我们相信，这种描述是过度简化和不准确的。下面是对此做的解释。

有多个因素激励公司改变其全球采购方式，但主要的问题是总拥有成本。在过去的 10 年中，运输成本增加，货物从亚洲运到北美和欧洲的费用更加高。与此同时，当通货膨胀和工资成本上升在北美和欧洲已经相对温和时，中国工人的工资持续快速增长。其他因素也在发挥作用：在美国和加拿大，随着页岩气的勘采，能源成本降低，制造业的成本相应下降；在中国，随着本国货币相对西方货币的增值，采购的成本增加了。

公司开始理解为支撑其全球供应链所需的大量库存而产生的持有成本的影响。2～3 个月的交货期需要巨大的营运资金投资，更不用提供应中断风险的增加。漫长的交货期

○　Ibid.

○　Xerox 2013 Environment, Health, Safety and Sustainability Report, www.xerox,com.

○　www.corporate.walmart.com/global-responsibilit.

也有其劣势，降低了应对客户需求和购买喜好变化的灵活性。飒拉与新百伦等公司证明企业能够生产接近主要市场需求的产品，并盈利，还证明了快速响应客户需求能够带来竞争优势。

考虑将高价值与昂贵的产品在北美和西欧采购和生产是最有意义的。由于这些产品是大型与/或重型物品，运输起来非常困难且费用昂贵；劳动力要素较低；需要使用复杂的设备和技术工人进行制造和组装；机械程度较高。进一步考虑工程－制造接口。对于有些产品来说，当研发、新产品开发与制造相互促进合作和创新时，扩大生产将更容易并更快。

然而，全球采购策略的变化预计不会在北美等发达地区驱动制造业复兴。基于以上描述的标准，适合从亚洲调回的产品范围相对狭窄。这些组织从哪里采购所需产品和服务这一问题变得越来越复杂。在发达国家，轻松、高薪且低技能水平的制造业工作岗位不再存在。这些组织更注重选择接近其主要市场的供应商，这样可以形成有竞争力的成本结构，而不是北美和欧洲公司倾向于国内采购与生产所带来的大量归返的供应商。因此，真正的赢家可能是墨西哥和东欧等地区，这些地区成本相对较低，劳动力技术娴熟，基础设施很发达，与大市场的距离较短。

作为一个制造业和经济强国，中国的发展重塑了全球供应链管理。在许多方面，中国是独一无二的。中国具有巨大的人口量来支持工业生产能力的发展，并具有坚实的基础设施和稳定的政治环境。中国在许多领域仍然有成本优势，这种成本优势是其他国家难以匹配的。没有其他发展中的低成本地区的国家能够取代中国。越南等国家可能有廉价的劳动力，但是它们没有基础设施或基础设施能力不足以与中国展开竞争。因此，企业将依旧认为，在中国采购和制造是一个有吸引力的选择。对中国经济的额外需求也是需要考虑的因素。在未来，越来越多的制造业产出将支持不断壮大的中产阶级的消费要求。

未来的供应经理在制定全球采购决策时需要平衡更大范围的竞争和经济因素；考虑到更广泛的业务问题范围，需要扩大过去使用的狭隘的成本因素集合。其他职能的投入，如衡量全球采购决策对客户满意度和市场份额影响的销售和营销职能，将至关重要。

17.7.4 风险管理

如今，很多组织中的供应风险比以往任何时候都更加严峻。不仅对首席采购官且对每位高级行政官来说供应链风险管理问题日益凸显。货币价格的波动、全球供应链的扩展，较低库存的精益运营、外包的增加与全球交通基础设施的能力约束仅仅是部分风险来源。谨慎的供应经理需要充分认识并理解一些日常供应决策是如何危及组织的财务业绩和声誉的（见第 2 章）。案例 9-2 对全球供应链环境中的供应中断风险进行了较好说明（第 2 章提供了风险管理的详细内容）。

一些供应链风险是无法预测的，如自然灾害和大宗商品的价格波动。其他风险，如质量问题、供应商财务与信息技术中断，通过可靠的供应管理实践至少可以在某种程度上解决。首席采购官需要继续寻找方法提高其在采购、供应商绩效评估、供应商关系管理等方面的风险防范能力。在有些情况下，其需要制定均衡的决策。例如，相对于单一采购，二重/多重采购可能难以在一致的基础上达到价格、质量和交付要求，但可以确保长期的商品供应。

17.7.5 安全与保障

随着全球贸易的增加，政府监管部门越来越多地关注供应链安全与保障。例如，美国联邦政府于2012年发布了《全球供应链安全国家战略》（National Strategy for Global Supply Chain Security）。需要持续的努力来促进合法商品高效、安全地流通，培育能够抵御自然与人为造成破坏的全球供应链系统。[一]无论对食品还是儿童玩具，私营部门组织也关心如何维护公众对产品的信心。恐怖主义的威胁对供应链的安全提出了新的要求。

供应链安全与保障对供应商选择与供应商管理流程（包括法规遵从性审计和物料跟踪系统）等领域的供应高管提出越来越多的要求。科技在供应链安全与保障方面起到重要的作用，但其需要兼顾合理的企业战略与管理实践。

17.7.6 供应流程与技术

在过去的10年中，许多组织在信息技术上做出了很大投资。到现在为止，这些投资主要集中在供应流程自动化及为决策者提供相关数据的能力上。随着企业将现有的信息系统（如ERP）与移动手机、云技术以及社交媒体技术（见第4章）相整合，在未来技术融合将持续存在。这些技术进步，使得员工将更容易地获取相关数据，并且为供应链利益相关者之间进行合作创造了机会。使用移动技术，员工将能够随时随地访问信息，审核采购订单并且在忙碌时审批合同。供应商与顾客之间的实时信息共享将变得更加容易，并将创造与关键供应链伙伴加强合作的机会。

17.7.7 供应组织

供应组织和领导方面的许多趋势将持续下去。首先，将会有更多没有供应经验的首席采购官。随着组织继续在精简、裁员、重组、合并和出售中循环，许多有才华的管理者得以摆脱他们当前冗余的境地从而进入其他管理职能部门。有些进入供应职能部门，因为管理技能和内部信誉比以往的供应经验更重要。

其次，合作将继续扩大，基于项目的工作也将变得更加普遍。许多供应和采购决策的复杂性，需要由关键专家/管理者组成的跨职能团体进行分析与决策。团队成员来自例如供应、工程设计、营销与运营方面的职员。在跨职能团体工作要求具有与传统采购角色不同的技能，包括强大的"软技能"，以及在参与全球性项目时对管理跨文化关系的理解（第3章综述了供应团队）。

再次，组织将继续在供应中把战略和战术上的角色分开。随着流程、实践与战略的变化，供应在战略与战术上的角色开始不同。

最后，在供应组织的所有层级中识别、吸引和留住人才将继续是一个挑战。本章介绍了供应管理者将在未来面临的巨大范围的挑战。需要具有必要技能和能力的人帮助引导供应职能走过一段非常时期。不可忽视的是供应链运作层面的人员需求。例如，北美时有时无的卡车司机短缺问题可能造成卡车工业能力不足，并且促使组织转而增加采用多式联运方式。

[一] www.whitehouse.gov/sites/default/files/national_strategy_for_global_supply_chain_security.pdf.

17.7.8 内部与外部合作

组织通常有很多的客户和供应商,处理日常的跨企业的关系是一种正常的业务过程。最重要的是,在正常业务流程中这些工作处于战术层。供应链合作是一个过程,锚定在双方(例如供应商和客户)之间的战略关系上,以实现不能独立完成的有重大价值的目标。而第 13 章所讲述的供应商伙伴关系与联盟关系,是以关系为基础的,合作是以过程为基础的。无论其合作的性质是内部还是外部的,对象是客户还是供应商,管理高层对合作给予支持是必不可少的。

合作是劳动密集型的,需要明确的沟通与信息共享机制。正如本章前面所讨论的内容与第 4 章所述,技术的进步,如云计算,为提高跨企业沟通的速度和效率提供了机会,为合作提供支持。

在组织中,供应对支持和参与合作起到独特的作用。在成本减少/规避、产品/服务开发、改进质量以及发展新技术等领域,组织越来越依赖供应商合作。供应商需要一个治理结构,解决过程问题如沟通流程、人员分配、财政义务、资源需求、利益共享与知识产权共享以及合作终止事项。

合作将形成采购商与供应商之间的长期伙伴关系,因此加强有效工作关系的供应商管理方法是必要的。然而,正如一些学者所建议的,企业必须准备好与多个供应网络中的一部分进行合作,并不仅仅是单一的供应链。不同的客户群将提供不同的合作机会和对供应的需求。某一公司在一个网络中可能是潜在客户,在其他网络中却可能是竞争者或供应商。管理和平衡不同的供应商与客户关系将是一个持续的挑战。

供应链设计是竞争优势的潜在来源。公司需要考虑与采购还是自制相关的决策的战略意义,与其关键供应商及供应商的供应商的供货能力。供应商之间的网络拥有获得共同设计和应用专业技能等协同优势,这将有利于提供更好的产品和服务,并且减少周期时间与成本。

由于供应管理研究主要关注供应商与客户之间的外部合作,所以其经常忽略内部合作的机会。有趣的是,内部供应链的合作往往更加困难。供应和运营、市场和管理之间的"地盘争夺战"是很普遍的。制定新产品设计决策没有考虑成本和零部件的可获性,营销活动没有考虑顾客需求即将发生的变化。生产安排的改变需要加快原物料供应与加工。然而,供应也可以成为其他部门的对应职能痛苦的来源。在关键项目中,有效的跨职能关系可以有助于早期的供应参与。

17.7.9 指标和绩效测量

正如本章之前讨论的,如何测量供应对于组织目标与战略所做出的实际贡献引起越来越多的关注,这需要开发新的且适当的绩效测量措施。信息技术将继续有助于更容易地获得衡量供应和供应商绩效的数据。挑战将集中于一系列可控数量的关键测量指标,并抵制对一切行为进行绩效测量的想法。

17.7.10 创新

正如创新在供应过程中的作用一样,所提供的产品与服务方面的创新性是任一企业成功的关键。得益于供应链流程创新,沃尔玛和丰田发展为各自行业的领头羊。对创新的构思与实施是创新的两大挑战。对创新的构思需要以新的方式创造和思考。实施需要供应商的信任与合作来改变管理技能。

17.7.11 公共采购

政府在经济发展中起到了越来越重要的作用，而且这种趋势必定会继续下去。通常，在对市、州、省及联邦级别政府经济发展中，公共采购的重要性往往被低估。公共供应管理的两大挑战是人才的竞争以及并在遵守政策和秩序下实现所支付资金的价值。

对向员工支付的工资水平经常不能与私营企业相匹配的公共采购组织来说，在市场上争夺人才是一个传统的问题。然而，相对于大型私营企业，公共采购中供应的潜在贡献没有什么不同。随着供应在私营公司中的地位上升，在同样的趋势下，未来供应在公共部门的机会将会持续存在。

公共采购政策和程序可以影响供应工作获取资金最大值能力。由于公共部门的预算继续收紧，公共部门的供应组织将采用源自私营部门的做法。面临的挑战是继续满足公平性并与利益相关者一同实现公平和透明的目标。

本章小结

研究和指标是成功的供应管理过程的两个组成部分。没有对所采购的物品与服务、商品、供应商与供应流程的充分研究，是不可能获得有助于组织成功的最优决策的。而且，没有有效的测量系统，也不可能对专业人员的研究和决策是否成功进行验证。因此，研究和测量举措是很值得投入资源的。

在当前集中持续发展以及正在涌现的发展趋势下，从事供应工作是一件令人兴奋的事情。例如，全球采购、合作和供应技术等一些趋势已经发展了好几年。另外，可持续性、供应链安全与保障等是最近才出现的趋势。谨慎的供应管理人员需要不断审查甄别新的发展和新的趋势——最新的趋势在未来几年必然会出现。

复习题与讨论题

1. 价值分析与价值工程有何区别？
2. 供应研究的各个学科领域是什么？分别在短期与长期内，你认为哪一领域最有创造性？
3. 企业以什么方式组织供应研究？每种方式的优点和缺点是什么？你会推荐一个小型组织、一个中型组织还是一个大型组织？
4. 在一项商品研究中会考虑什么问题？你从哪里得到的信息？
5. 供应规划和供应预算之间的区别是什么？在哪些领域应准备供应预算？如何编制这些预算？
6. 为什么没有一个在所有类型组织中用于评估供应绩效的标准系统？开发这样一个建立系统会非常困难吗？
7. 供应绩效的关键指标是什么？
8. 标准成本和预算在评估过程中有用吗？在什么条件下，它们有用？
9. 为什么一个组织想成为其供应职能上的"标杆"？应如何做？
10. 绩效标准和流程标准之间的区别是什么？
11. 什么是三重底线？供应如何影响组织的可持续性绩效？

参考文献

Awaysheh, A., and R. D. Klassen. "Supply Chain Structure and Its Impact on Supplier Socially Responsible Practices." *International Journal of Production and Operations Management* 30, no. 12 (2010), pp. 1246–1268.

Carter, P. L.; R. J. Trent; R. M. Monczka, K. J. Petersen; W. J. Markham; E. L. Nichols, and J. L. Hartley. *Collaboration Across the Extended Value Chain*. Tempe, AZ: CAPS Research, 2013.

Fawcett, S. E.; A. M. Fawcett; B. J. Watson; and G. M. Magnan. "Peeking Inside the Black Box: Toward an Understanding of Supply Chain Collaboration Dynamics." *Journal of Supply Chain Management* 48, no. 1, pp. 44–72.

Hora, M., and R. D. Klassen. "Learning From Others' Misfortune: Factors Influencing Knowledge Acquisition to Reduce Operational Risk." *Journal of Operations Management* 31 (2013), pp. 52–61.

Miles, Lawrence D. *Techniques of Value Analysis and Engineering*. 2nd ed. New York: McGraw-Hill, 1972.

Pagell, M.; D. Johnston; A. Veltri; R. D. Klassen; and M. Biehl. "Is Safe Production an Oxymoron? Exploring How Firms Simultaneously Manage Safety and Operational Competitiveness." *Production and Operations Management*, 2014. http://onlinelibrary.wiley.com/doi/10.1111/poms.12100/pdf.

Presutti, W. D, and J. R. Mawhinney. "The Supply Chain–Finance Link." *Supply Chain Management Review* 11, no. 6 (2009), pp. 32–38.

Tate, W. L. "Offshoring and Reshoring: U.S. Insights and Research Challenges." *Journal of Purchasing and Supply Management* 20, no. 1 (2014), pp. 66–68.

Zacharia, Z. G.; N. R. Sanders; and Brian S. Fugate. "Evolving Functional Perspectives Within Supply Chain Management." *Journal of Supply Chain Management* 50, no. 1 (2014), pp. 73–88.

案例 17-1　兰达尔公司

纽康咨询公司的高级合伙人保罗·叙利，正在准备第二天针对大客户——兰达尔公司首席执行官的演讲。六个月之前，兰达尔的首席执行官雇用了纽康公司对其供应组织绩效进行评估，并为降低成本，提高该公司的整体竞争力提出建议。现在是3月23日，周一，周二上午会议的目的是建立适当的指标来监管兰达尔公司供应职能的绩效。

兰达尔公司的咨询项目

兰达尔公司是一个年销售额330亿美元的"财富世界500强"公司，其业务涉及国防、科技、航空航天、建筑系统行业。兰达尔公司在过去的10年中盈利稳定，但其新的首席执行官韦斯利·莱利曾承诺要注重成本控制与利润增长。

每个业务单元有一个单独供应组织，由一个50人组成的公司供应小组提供支持。分部供应组织侧重于其部门的具体需求，因此工作优先级与资源在业务单元层次确定。同时，共性的需求与公司范围的采购活动由设在芝加哥总部公司的采购团队来做决定。首席采购官格雷厄姆·钱伯斯对公司执行副总裁兼首席行政官罗纳德·缪斯汇报，当前总采购额约占销售额的50%。

兰达尔公司的首席执行官雇用了纽康公司。他认为纽康公司可以在供应方面开发使兰达尔公司进一步发展的机会。通过与来自纽康公司的大型咨询团队共同合作，保罗及团队发现，兰达尔公司有太多的供应商，供应职能部门有太多的工作人员，成本太高。纽康公司的团队与首席采购官合作，建立了一系列解决所发现的问题的项目，包括业务流程的改变与新的电子采购系统的实施，高支出项目的整合与标准化，与关键供应商进行合同再谈判。

供应指标

在项目的最后一步，韦斯利·莱利要求保罗为供应组织建立一套新的评价指标，他说："我希望每月你向我汇报四五个关键测量指标，据此我可以判断出采购进展如何。你也需要给钱伯斯一套指标，让他一直有目标。我不想我们滑回到去年的状态。我想给钱伯斯和他的团队一个激励措施，让他们达到目标。所以我计划给格雷厄姆和他的下属制定一些额外目标。"

经过慎重考虑，保罗决定提出 10 个指标：4 个首席执行官（CEO）行政级别的指标和 6 个针对首席采购官的职能级别的指标（见表 1）。各项指标将每月上报。

表 1　提出的供应指标

行政级别的指标	职能级别的指标
• 占 80% 支出的供应商的数目 • 投资在企业合同中的资金比重 • 通过电子商务系统进行的总支出的百分比 • 成本降低目标	• 供应商的总数 • 每笔交易的电子商务成本 • 供应组织中的每个员工的交易数量 • 通过网络拍卖的资金比例 • 来自供应商的零部件的首次质量验收的比重 • 供应基地的健康状况

保罗检查这些指标时，停下来考虑开发这些指标的用途是什么。韦斯利·莱利和格雷厄姆·钱伯斯认为这些指标有用吗？这些指标对兰达尔公司是"正确"的吗？每个指标应该设计什么样的目标值？还有其他的指标应该添加到列表中吗？保罗知道这些都将是他在第二天的会议中会被问到的问题。

案例 17-2　斯图尔特公司

总部设在纽约的斯图尔特公司的副总裁兼首席采购官莎拉·麦考密克正在准备供应商可持续发展顾问委员会（Supplier Sustainability Advisor Council，SSAC）的第一次会议。2 月 4 日，莎拉正准备设计供应商环境可持续积分卡。有些决策必须在定于 3 月 11 日的会议召开前做出决定。莎拉觉得与理事会的会议是从供应商代表那里获取资源输入和购买的重要一步，她想确立一个能够正确获取关键信息的会议议程。

斯图尔特公司

斯图尔特公司是由乔治·斯图尔特于 1853 年建立的一家美国跨国消费品公司，其制造和出售个人护理产品、食物和饮料，还有清洁剂。其最近一个会计年度的利润为 73 亿美元，收入为 560 亿美元。公司在 120 个国家销售了 200 多个品牌的产品，有 80 000 个员工。

斯图尔特有几个大的、成熟的品牌，同时该公司还有一套创新的企业文化。产品创新的形式来源于对新产品开发以及现有产品的改进。其对供应商的目标要求为每年至少提供 50% 的创新产品。

由于总采购金额约为 250 亿美元，该公司从超过 60 个国家的 16 000 多家供应商处进行直接或间接采购，战略供应商约有 500 家。每年采购组织会对各战略供应商进行业绩评估（business performance assessments，BPA）。评估过程中使用积分对供应商的商品成本、配送、质量、创新、协作进行评价。每个类别使用的评级系统级别从 1 到 7，评级为 7 表示"超出预期"。业绩评估也提供了供应商向斯图尔特公司反馈的机会，以便其提供更好的业务成果和合作。战略采购组织进行供应商选择决策会用到业绩评估评分。

斯图尔特公司的可持续性

由于斯图尔特公司是世界上最大的消费品企业之一，管理层的人认为它有义务成为一个可持续发展企业的领导者。斯图尔特公司的可持续发展战略，强调两个主要领域：环境可持续性和社会责任。环境可持续发展主要体现在制作产品时使用更少的能源、水和物料；客户使用产品时需要更少的资源；在制造和运营中增加可持续能源、可再生材料和可再生能源的使用；在产品生命周期终止时找到避免浪费的办法。由此通过回收、再利用或能源转化，所有制造过程和消费产生的废品都能够产生价值。社会责任主要体现在给那些无力支撑生活和流离失所的家庭提供日常必需的帮助；支付有竞争力的工资；尊重职员与供应商的员工；支持健康教育和日常健康行为，以防止疾病。

准备供应商可持续发展顾问委员会会议

供应商可持续发展顾问委员会由 25 个战略供应商组成，代表了广泛的行业与地区的利益。委员会中不仅有几家全球性的大型供应商，还也有中小型供应商。

莎拉的目标是建立环境可持续性的记分卡，以跟踪关键的环境指标值。她希望借此满足斯图尔特公司及其供应商的需求。从供应商那里得到与斯图尔特公司的材料和服务直接相的环境持续性信息是最终的目的。然而，莎拉意识到一些供应商最初可能没有能力汇报如此细致的问题。作为一个中间环节，她觉得斯图尔特公司可能不得不接受有关供应商的整体可持续性结果有关的数据。

在 3 月 11 日的会议中，莎拉希望解决四个主要问题。首先，是供应商社团会支持斯图尔特公司的供应商的环境可持续发展所倡议的事项吗？几年来斯图尔特公司一直在测量其运营的环境可持续性绩效，下一步将其拓展到更广泛的供应链上似乎是合乎逻辑的。然而供应商的支持和补进是关键的。莎拉需要在会议上清晰地阐释为什么供应商应该支持这个倡议。

其次，在与斯图尔特公司可持续性团队工作的时候，莎拉已经起草了一个用于供应商环境可持续性记分卡的指标清单（见表 2）。这份清单中所说的供应商的可持续性指标是否合适？斯图尔特公司在全球范围内采购了许多种类的材料和服务。莎拉可以期望在不同的行业和地区的供应商那里使用一套标准的环保措施吗？这些是不是正确的措施，需要进一步修改吗？

表 2　供应商环境可持续性指标

首要指标	次要指标
• 温室气体的排放量（直接）	• 废物循环、再利用和恢复的量
• 能量使用量	• 可再生能源的使用量
• 水的使用量（输入和排出）	• 温室气体间接排放量
• 危险废物的处理量	• 交通燃料的效率
• 环保罚款和制裁	• 环保认证与奖项
• 斯图尔特公司产品和服务的可持续性举措	

再次，供应商需要多少时间去开发系统和能力来为斯图尔特公司的产品和服务提供环境可持续性绩效？莎拉知道，一些供应商已经准备好让系统可以很容易地提供相关数据。然而，许多供应商，特别是小型和中小型企业，在环境可持续性领域不够精通，并可能将记分卡看作一种行政负担。

最后，环境可持续性记分卡应该如何被纳入业绩评估的流程？供应商对于业绩评估流程的改变及其可能如何影响其同斯图尔特公司关系，包括赢得新业务的机会，是非常焦虑的。这种焦虑是可以理解的。莎拉认为环境可持续性最终应被纳入业绩评估，但是问题是，它应该在什么时候被纳入，值得投入多少资金？

莎拉想在3月11日让供应商可持续发展顾问委员会第一次会议成功召开。她知道在会议上，四个领域中的每一个领域都会被找出问题，她需要在每个问题上找到一个切入点作为与供应商团队谈判的起点。

案例 17-3　塔顿食品公司

厄尔·琼斯，塔顿食品公司的供应副总裁，刚刚收到了最新的美国食品制造业的CAPS采购绩效标准。塔顿食品过公司去不是为这项学术提供数据的公司。

塔顿食品公司的年销售额接近被报告的样本组的平均销售额，并且是拥有着罐头、冷冻食品和包装消费品种类等广泛品种的食品制造业的一部分。厄尔·琼斯仔细阅读了报告中的摘要。他了解到，在其中的部分领域，塔顿食品有其自己的绩效指标，而在其他领域，其指标与标准存在很大差别。

报告中接下来的几页对每个标准及该标准是如何计算的做了进一步解释。然而，在担心这些细节之前，厄尔首先急于考虑更大的设想。

厄尔·琼斯想知道CAPS数据对于他的组织来说有什么用。塔顿食品公司的等效标准数据会是什么？在向采购研究组中一位分析员提问之前，厄尔·琼斯想确认这项操作是不是有益的。如果塔顿食品公司的数据接近行业平均水平，那么这说明什么？同样，如果差在差别，其或高或低又会对塔顿食品公司有何影响？厄尔·琼斯决定带着这些想法去审视每一个标准。

推荐阅读

中文书名	作者	书号	定价
公司理财（原书第11版）	斯蒂芬 A. 罗斯（Stephen A. Ross）等	978-7-111-57415-6	119.00
财务管理（原书第14版）	尤金 F. 布里格姆（Eugene F. Brigham）等	978-7-111-58891-7	139.00
财务报表分析与证券估值（原书第5版）	斯蒂芬·佩因曼（Stephen Penman）等	978-7-111-55288-8	129.00
会计学：企业决策的基础（财务会计分册）（原书第17版）	简 R. 威廉姆斯（Jan R. Williams）等	978-7-111-56867-4	75.00
会计学：企业决策的基础（管理会计分册）（原书第17版）	简 R. 威廉姆斯（Jan R. Williams）等	978-7-111-57040-0	59.00
营销管理（原书第2版）	格雷格 W. 马歇尔（Greg W. Marshall）等	978-7-111-56906-0	89.00
市场营销学（原书第12版）	加里·阿姆斯特朗（Gary Armstrong），菲利普·科特勒（Philip Kotler）等	978-7-111-53640-6	79.00
运营管理（原书第12版）	威廉·史蒂文森（William J. Stevens）等	978-7-111-51636-1	69.00
运营管理（原书第14版）	理查德 B. 蔡斯（Richard B. Chase）等	978-7-111-49299-3	90.00
管理经济学（原书第12版）	S. 查尔斯·莫瑞斯（S. Charles Maurice）等	978-7-111-58696-8	89.00
战略管理：竞争与全球化（原书第12版）	迈克尔 A. 希特（Michael A. Hitt）等	978-7-111-61134-9	79.00
战略管理：概念与案例（原书第10版）	查尔斯 W. L. 希尔（Charles W. L. Hill）等	978-7-111-56580-2	79.00
组织行为学（原书第7版）	史蒂文 L. 麦克沙恩（Steven L. McShane）等	978-7-111-58271-7	65.00
组织行为学精要（原书第13版）	斯蒂芬 P. 罗宾斯（Stephen P. Robbins）等	978-7-111-55359-5	50.00
人力资源管理（原书第12版）（中国版）	约翰 M. 伊万切维奇（John M. Ivancevich）等	978-7-111-52023-8	55.00
人力资源管理（亚洲版·原书第2版）	加里·德斯勒（Gary Dessler）等	978-7-111-40189-6	65.00
数据、模型与决策（原书第14版）	戴维 R. 安德森（David R. Anderson）等	978-7-111-59356-0	109.00
数据、模型与决策：基于电子表格的建模和案例研究方法（原书第5版）	弗雷德里克 S. 希利尔（Frederick S. Hillier）等	978-7-111-49612-0	99.00
管理信息系统（原书第15版）	肯尼斯 C. 劳顿（Kenneth C. Laudon）等	978-7-111-60835-6	79.00
信息时代的管理信息系统（原书第9版）	斯蒂芬·哈格（Stephen Haag）等	978-7-111-55438-7	69.00
创业管理：成功创建新企业（原书第5版）	布鲁斯 R. 巴林格（Bruce R. Barringer）等	978-7-111-57109-4	79.00
创业学（原书第9版）	罗伯特 D. 赫里斯（Robert D. Hisrich）等	978-7-111-55405-9	59.00
领导学：在实践中提升领导力（原书第8版）	理查德·哈格斯（Richard L. Hughes）等	978-7-111-52837-1	69.00
企业伦理学（中国版）（原书第3版）	劳拉 P. 哈特曼（Laura P. Hartman）等	978-7-111-51101-4	45.00
公司治理	马克·格尔根（Marc Goergen）	978-7-111-45431-1	49.00
国际企业管理：文化、战略与行为（原书第8版）	弗雷德·卢森斯（Fred Luthans）等	978-7-111-48684-8	75.00
商务与管理沟通（原书第10版）	基蒂 O. 洛克（Kitty O. Locker）等	978-7-111-43944-8	75.00
管理学（原书第2版）	兰杰·古拉蒂（Ranjay Gulati）等	978-7-111-59524-3	79.00
管理学：原理与实践（原书第9版）	斯蒂芬 P. 罗宾斯（Stephen P. Robbins）等	978-7-111-50388-0	59.00
管理学原理（原书第10版）	理查德 L. 达夫特（Richard L. Daft）等	978-7-111-59992-0	79.00

推荐阅读

中文书名	作者	书号	定价
供应链管理（第5版）	马士华等	978-7-111-55301-4	39.00
供应链管理（第2版）	王叶峰	978-7-111-52425-0	35.00
供应链物流管理（原书第4版）	唐纳德 J. 鲍尔索克斯（Donald J. Bowersox）等	978-7-111-45565-3	59.00
供应链物流管理（英文版·原书第4版）	唐纳德 J. 鲍尔索克斯（Donald J. Bowersox）等	978-7-111-47345-9	59.00
物流学	舒辉	978-7-111-49905-3	40.00
物流管理概论	王勇	978-7-111-54639-9	35.00
现代物流管理概论	胡海清	978-7-111-58576-3	39.00
物流经济学（第2版）	舒辉	978-7-111-50312-5	35.00
采购与供应链管理（原书第9版）	肯尼斯·莱桑斯（Kenneth Lysons）等	978-7-111-59951-7	89.00
采购与供应管理（原书第13版）	米歇尔 R. 利恩德斯（Michiel R. Leenders）等	978-7-111-27379-0	65.00
物流系统规划与设计	陈德良	978-7-111-54660-3	35.00
物流系统规划与设计：理论与方法	王术峰	978-7-111-58897-9	39.00
运输管理	王术峰	978-7-111-59221-1	39.00
电子商务物流	刘常宝	978-7-111-60671-0	35.00
电子商务物流管理（第2版）	杨路明	978-7-111-44294-3	39.00
社交商务：营销、技术与管理	埃弗雷姆·特班（Efraim Turban）等	978-7-111-59548-9	89.00
电子商务安全与电子支付（第3版）	杨坚争等	978-7-111-54857-7	35.00
网上支付与电子银行（第2版）	帅青红等	978-7-111-50024-7	35.00
区块链技术与应用	朱建明	978-7-111-58429-2	49.00
企业资源计划（ERP）原理与实践（第2版）	张涛	978-7-111-50456-6	36.00
ERP原理与实训：基于金蝶K/3 WISE平台的应用	王平	978-7-111-59114-6	49.00
SAP ERP原理与实训教程	李沁芳	978-7-111-51488-6	39.00
企业资源计划（ERP）原理与沙盘模拟：基于中小企业与ITMC软件	刘常宝	978-7-111-52423-6	35.00
商业数据分析	杰弗里 D. 坎姆（Jeffrey D. Camm）等	978-7-111-56281-8	99.00
新媒体营销：网络营销新视角	戴鑫	978-7-111-58304-2	55.00
网络营销（第2版）	杨路明	978-7-111-55575-9	45.00
网络营销	乔辉	978-7-111-50453-5	35.00
网络营销：战略、实施与实践（原书第5版）	戴夫·查菲（Dave Chaffey）等	978-7-111-51732-0	80.00
生产运作管理（第5版）	陈荣秋，马士华	978-7-111-56474-4	50.00
生产与运作管理（第3版）	陈志祥	978-7-111-57407-1	39.00
运营管理（第4版）（"十二五"普通高等教育本科国家级规划教材）	马风才	978-7-111-57951-9	45.00
运营管理（原书第12版）	威廉·史蒂文森（William J. Stevens）等	978-7-111-51636-1	69.00
运营管理（英文版·原书第11版）	威廉·史蒂文森（William J. Stevens）等	978-7-111-36895-3	55.00
运营管理（原书第14版）	理查德 B. 蔡斯（Richard B. Chase）等	978-7-111-49299-3	90.00
运营管理基础（原书第5版）	马克 M. 戴维（Mark M. Davis）等	978-7-111-46650-5	59.00